KB220843

도올의 마가복음 강해

Doh-ol's Commentary on the Gospel According to Mark

도올 김용옥

통나무

도올의
마가복음
강 해

총론總論
— 마가복음 이해를 위한 신학산책 ····· 23

마가복음 강해
A Commentary on the Gospel According to Mark

도올의 마가복음 강해

총론
總論

— 마가복음 이해를 위한 신학산책

4복음서와 그 외의 23편

눈물이 흐른다. 내가 설교하고 있는 벙커1교회에 앉아있으면 눈물이 흐른다. 내 설교에 앞서 부르는 찬송가는 내가 선택하기로 되어 있는데, 당연히 나는 내가 어렸을 때 가장 잘 불렀던 찬송가들을 고르기 마련이다.

> 시온성에 사는 처녀들이여(64장) …
> 내 영혼의 그윽히 깊은 데서 맑은 가락이 울려나네(439장) …
> 나의 사랑하는 책 비록 헤어졌으나(166장) …

이런 옛날 찬송을 부르다 보면 엄마 생각이 나서 나도 모르게 눈물이 흐르는 것이다. 무엇인가 태고적 전율이 나를 감싸며, 억제하기 어려운 감회가 일시에 쏟아지는 것이다. 나는 아주 어렸을 때부터 엄마에게 성경과 동양고전을 동시에 배웠다. 그래서 신약성경은 극복되어야 할, 아니 바르게 해석되어야 할 필연이자 숙명이 되었다.

내가 벙커1에서 마가복음을 강론하기로 한 것은 너무도 뚜렷한 이유가 있다. 마가의 예수야말로 내가 추구하고자 하는 "인간 예수"(신학계에서는 같은 말이지만 "역사적 예수Historical Jesus"라는 표현을 선호한다. 그러나 "역사적 예수"는 "인간 예수"일 수밖에 없고, "인간 예수"는 "역사적 예수"일 수밖에 없다)의 원상原相을 가장 정직하게 간직하고 있기 때문이다. 그러나 이런 표현도 조금은 어폐가 있다.

우리가 예수라는 역사적 인간을 알고자 할 때 일차적으로 의존하는 전기자료는 매우 명백한 것으로 이미 드러나 있다. 그것은 사도행전 이후로부터 요한계시록에 이르는 23편의 역사나 편지나 계시 환상담에 있지 아니 하고, 맨앞에 편집되어 있는 4개의 "복음εὐαγγέλιον"(기쁜 소식good tidings, the reward of good tidings)이라는 단어가 들어가 있는 "서書"에 있다는 것은 누구나 알고 있다. 그러니까 "복음"이라는 말이 "예수의 인생이야기"와 모종의 관련이 있다는 것은 누구나 추론할 수 있는 사실이고, 따라서 예수라는 인간을 알기 위해서는 사도행전 이후의 문헌보다는 4복음서를 들춰보게 된다.

공관복음과 요한복음

그런데 이 4복음서는 예수라는 한 사람을 주인공으로 한 4개의 전기자료이지만, 그 삶의 언행에 관한 기록방식이나 내용이 각기 다르다. 사람은 한 사람one man인데 바이오그라피는 4개four biographies라는 뜻이다. 그런데 4서가 각기 다르지만, 그 중 3개는 공통자료를 중심으로 한 것이라서 비슷하고 1개는 그 체제나 서술내용이 나머지 3개와 아주 다르다는 것이 드러났다. 시대도 3개가 엇비슷한 시기에 쓰여졌다고 한다면 나머지 1개는 그 3개와는 별도의 더 늦은 시대환경의 소산이라는 것이 밝혀졌다. 비슷한 3개를 공통된(공共) 관점(관觀)을 가지고 있다 하여 공관복음서synoptic gospels(syn-"공통"의 뜻, optic "보다"와 관련된 뜻)라 부른다.

공관복음서에 들어가지 않은 제4복음서가 "요한복음"인데, 요한복음은 공관복음과는 별도의 맛이 있다. 예수의 생애를 구성하는 방식도 다르고, 사건도 다르고, 등장인물도 다르고, 예수가 말씀하시는 방식도 다르고, 예수라는 인격체를 바라보는 인식론적 거점이나 철학이 다르다. 그럼에도 불구하고 제4복음서에는 공관복음서보다 더 "인간적인" 예수의 면모가 드러나기도 하고, 공관복음서에서 취급하지 않은 다른 계통의 전승기록이 삽입되어 있기도 하다. 오리지날리티 originality의 관점에서 본다면 당연히 공관복음서가 제4복음서보다는 더 오리지날하다. 다시 말해서, 너 질박하고, 덜 가공된 원래 면모를 보존하고 있다고 말할 수 있겠지만, 예수의 전기를 구성하는 데 있어서 이러한 방식의 프라이오리티(우선순위방식)는 별 의미가 없다(이런 문제에 관해서는 이야기가 진행되면서 보다 명료한 그림을 독자들은 얻게 될 것이다).

공관복음 중에 어느 것이 오리지날한가?

그러나 일단 요한복음 자료를 제켜놓고, 공관복음서만을 가지고 이야기할 때, 이 셋 중에서 어느 것이 가장 먼저 쓰여졌냐 하는 문제가 제기된다. "가장 먼저 쓰여졌다"고 하는 문제는 공관복음서의 경우 매우 중요한 문제가 아닐 수 없다. 여타 복음서는 가장 먼저 쓰여진 복음서를 보고 쓴 것이 아닐 수 없기 때문이다. A를 B와 C가 보고 베꼈다고 할 때 당연히 서지학적으로나 내용상으로나 우리는 B, C를 읽기보다는 우선 A를 읽고 싶어 할 것이다. 왜냐하면 A 속에 모든 담론의 원형이 간직되어 있다는 것이 자명하기 때문이다.

A, B, C가 다 비슷비슷하다 할 때 어떻게 오리지날리티를 가릴 수 있을까? 그런데 이런 것을 분별하는 문제는 실상 어렵지 않다. 3개 중 2개가 나머지 한 자료를 공통으로 가지고 있다고 한다면, 그 공통자료의 주체가 당연히 원복음자료가 될 수밖에 없다. 이때 원복음자료는 분량이 여타 2개의 자료보다 적을 것임에 틀림이 없다.

마가복음은 그 전체가 661개의 문장으로 구성되어 있는 것으로 계산된다. 그런데 그 중 600개 이상이 마태복음 속에 고스란히 들어가 있고, 최소한 350개가 누가복음에 들어가 있다. 역으로의 상황이 성립하지 않는다면 "마가우선성Marcan Priority"은 움직일 수 없는 사실이 된다. 다시 말해서, 마가복음이야말로 복음서의 원형이고, 마태와 누가는 마가복음을 원자료로 하여 타 자료를 더 보탠 증보판이다. 마태 600개, 누가 350개라는 사실로 미루어 보아도 마태는 보다 충실하게 마가자료를 계승했고, 누가는 보다 자유롭게 다른 자료를 엮어 넣었다는 것을 알 수 있다. 마태에는 유대인정통주의의 색깔이 있고, 누가에는 그레코−로만시대의 보편주의적 정조가 깔려있다.

Q자료, M자료, L자료, 그리고 두 자료 가설

하여튼 마태−마가−누가 세 자료에서 마가우선성이 확립되고 나면, 마태와 누가 중에서 마가자료를 빼버리고 난 여분자료 속에서 또 하나의 공통자료를 추출해볼 수 있다. 만약 그것이 가능하다고 하면 그 공통자료는 마태와 누가가 참고한 또 하나의 원자료가 될 것이다. 그런데 과연 200개 정도의 문장으로 구성된 또 하나의 자료가 있었다. 이 자료는 마가자료와 병렬되어야 할 또 하나의 원자료가 된다. 그래서 "자료"를 뜻하는 독일어, "Quelle"의 첫글자를 따서 "Q자료"(Q material)라고 부른다. 그러니까 Q자료는 현행 공관복음서 속에 들어있는 또 하나의 복음서인 셈이다. 그래서 그것을 "Q복음서"라고도 부른다. 마태와 누가는 마가복음과 Q복음 두 자료를 책상머리에 놓고 새로운 복음서를 집필했던 것이다(이것을 보통 "TDH"라고 부르는데 "두 자료 가설The Two−Document Hypothesis"의 뜻이다. 1920년대에나 확정된 가설).

마태와 누가에서 마가자료와 Q자료를 제거하고 남는 자료를 각기 마태자료(M자료), 누가자료(L자료)라고 부른다. 그러니까 마태와 누가는 각기 3개의 자료로 구성된 셈이다.

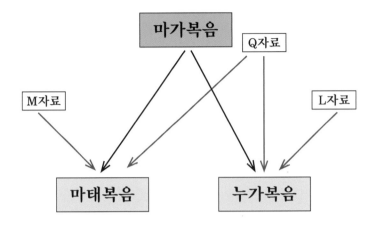

【공관복음서의 자료연관구조】

이러한 신학자들의 자료분석에 힘입어, 우리는 성서를 아주 새롭게 해석할 수
있는 획기적 안목을 가지게 되었다. 19세기 말까지만 해도 성서를 분석하는 성서
신학(New Testament Theology, Old Testament Theology, Biblical Theology)이라는 것은
존재해본 적이 없다. 사실 서구역사는 문헌분석에 있어서 매우 후진적인 역사를
지니고 있다. 성서는 신앙과 봉행의 대상일 뿐, 분석의 대상일 수가 없었다. 여기
"분석"이라 함은 성서가 신령하고 성스러운, 특수영역의 그 무엇이 아니라, 인간
이 쓴 "문헌"일 뿐이라는 명백한 상식적 사실을 전제로 하는 것이다.

신앙과 상식의 연속, 신앙과 과학의 연속

따라서 그것은 모든 역사적 문헌과 동일한 차원에서 분석이 되어야 하는 것이
다. 이와같이 성서가 평범한 문헌으로서 분석의 대상이 될 수 있기까지는, 우선 민
권(인권)이 정치권력과 결탁된 교권으로부터 해방되어야 하고, 인간의 이성의 권
위가 신앙의 지배로부터 독립되어야 하며, 이성의 표상인 과학적 사유가 진리의
표준으로서 상식의 기준이 되지 않으면 안된다. 19세기 서구의 신학계는 불란서
대혁명 · 산업혁명의 대세와 더불어 자유주의신학Liberalist Theology이 발흥하여

대세를 이루었는데, 자유주의신학을 특징 지우는 것은 과학적 정신의 존중과 함께 "연속성Continuity"이라는 한마디이다.

신앙이 상식과 연속되어야 하고, 신앙의 테제들이 역사와 과학과 학문과 문화 현상 제반의 테제들과 연속되어야 한다. 신앙의 제 현상이 물리적 인과성과 연속되지 않으면 자유주의는 성립할 수가 없다. 따라서 "몸의 부활"은 우리가 관찰하는 물리적 인과현상과 연속될 수 없으며, 따라서 그것은 상식이 아닌 "신화"가 된다. 따라서 신학의 과제는 그 신화의 의미를 묻는 학문적(이성적·경험적) 작업이 될 뿐이다. 자유주의신학은 일종의 가교신학으로서 "해석의 자유"라는 인간이성의 자율성을 제고시킴으로써, 20세기의 다양한 신학사조를 잉태시키는 데 공헌을 했다.

자유주의신학 vs. 절대주의적 변증신학

그런데 자유주의신학은 이성주의의 해방론적 테제들을 실천했지만, 또 한편으로는 수천 년 동안 전통적인 신앙생활에 젖어온 사람들에게는 허무감, 공허감, "방탕·방종의 느낌"(자유주의신학자들이 너무 방탕하다는 뜻)을 주었다. 그래서 자유주의신학에 대해 인간에 대한 하나님의 절대적 주권을 다시 주장하는 매우 보수적인 절대주의가 대두하게 된다. 그 절대주의적 변증신학, 신정통주의의 대표가 바로 칼 바르트Karl Barth, 1886~1968라는 인물이다. 이 칼 바르트라는 인물로 인하여 20세기 조직신학Systematic Theology이 새로운 경지를 개척한다.

바르트의 조직신학 vs. 불트만의 성서신학

그러나 조직신학의 대두와 더불어 같이 등장하는 것이 칼 바르트의 친구이며 칼 바르트의 반자유주의적 성향과는 전혀 다른, 자유주의신학

칼 바르트

의 테제를 보다 충실히 계승하면서 성서라는 문헌 자체로 파고들어 신앙의 테마를 심화시킨 루돌프 불트만Rudolf Bultmann, 1884~1976의 성서신학이다. 20세기의 모든 신학사조는 칼 바르트의 조직신학과 루돌프 불트만의 성서신학의 양대산맥으로 대별된다고 말할 수 있다. 그러나 우리나라에는 조직신학만 있고 성서신학이 부재하다. 그 이유는 매우 간단하다. 조직신학은 성서를 연구대상으로 삼지 않는다. 조직신학이 대상으로 삼는 것은 "그리스도교의 신앙"이다. 신앙심을 불러 일으키는 사유를 조직화하는 것이 그 임무다. 따라서 조직신학은 교의학敎義學이라고도 부른다. 다시 말해서 조직신학에서는 교회, 교리, 계시, 윤리, 신앙 등등 이런 추상적 테마가 조직의 대상이 된다. 조직신학은 교회, 교권을 유지하는 데 불가결한 이론체계이다. 그러니까 1세기부터 19세기 말기에 이르기까지 2천 년 동안 서양에는 "조직신학"만 있었던 셈이다. 동양의 "주소학注疏學"과는 차원이 다른 독단론Dogmatics만 있었던 것이다. 칼 바르트는 이 2천 년의 독단정통주의를 새로운 언어의 틀을 씌워 부활시킨 인물이니까, 자유주의신학에 쐐기를 박지 않을 수 없었다. 그의 『로마서강해』는 자유주의신학자들이 군집하여 살고 있는 기숙사의 콰드랭글 마당에 떨어진 원자폭탄과도 같은 것이었다. 그러나 나는 그렇게 평가하지 않는다. 실제로 폭탄이 떨어져야 할 곳은 바르트의 정원이었다.

불트만의 폭탄제조와 브레데의 탐색

실제로 가장 본질적인 폭탄을 제조한 인물은 불트만이었다. 불트만의 폭탄은 기숙사의 마당에 떨어진 것이 아니라, 성서라는 문헌 내부에서 터졌다. 성서가 박살난 것이다. 성서가 매우 평범한 역사문헌이 되어버린 것이다. 성서 그 자체의 치밀한 중층구조, 연기구조가 다 분해되어 버린 것이다. 이러한 성서문헌분석은 19세기 말기의 브레데William Wrede, 1859~1906로부터 본격적으로 시작되어, 알버트 슈바이처Albert Schweitzer, 1887~1965의 역사적 예수Historical Jesus 탐구를 거쳐 불트만의 양식사학Formgeschichte에 이르러 찬란한 꽃을 피우는데, 그 핵심은 마가복음의 새로운 발견으로부터 시작된 것이다. 이러한 이론적 문제를 일일이 다 설명할 수도 없고, 또 독자들이 다 전문적인 지식을 소유해야만 할 이유도 없다.

마가복음은 최초의 복음서

마가복음이 마태·누가복음의 원형이라는 사실, 그러므로 마가복음은 기독교 역사에 있어서 복음서 문학양식의 최초의 형태라는 사실, 그러기 때문에 마가복음에는 사전의 뽄model이 없는 창조의 고통이나 절박감, 질박한 개척자의 언어감각이나 소박한 시대성의 반영이 보다 절실하게 느껴진다는 것을 인지하는 것으로 족하다. 마가복음은 최초의 복음서이다. 마가복음으로써 최초의 복음서 문학양식이 출현한 것이다. 마가복음은 예수의 삶에 관한 가장 오리지날한 기록일 수밖에 없다. 마가복음은 신약성서 27편 중 가장 질박한 오리지날리티를 보유한다고 말할 수 있다. 마가복음은 신약성서 27편의 핵이다!

불트만의 비신화화

우리나라에 성서신학이 제대로 도입되지 않는 이유는 성서신학이 본격적으로 연구되면 "교회장사"가 잘 안된다고 생각하기 때문이다. 교회의 권위는 성서의 권위에서 비롯되는 것인데, 성서의 권위를 성서신학은 거부하는 듯이 보이기 때문이다. 조직신학자들의 입장에서 보면 성서신학은 "불경不敬스럽게" 느껴지는 것이다. 불트만의 "비신화화Demythologization"는 성서의 신화적 권위를 여지없이 박살내는 것처럼 느껴지는 것이다. 그래서 우리나라에서는 불트만을 공부하는 신학자들을 이단자로 휘모는 경향이

루돌프 불트만

있다. 그리고 칼 바르트의 『로마서강해』나 『교의학』을 읽는 사람은 정통파 신앙의 "안전한" 인간으로 간주된다.

그러나 실제로 불트만의 "비신화화"는 신화를 제거하는 것이 아니라, 신화를 해석하는 것이다. 그 실존적 의미를 묻는 것이다. 그 실존적 의미를 성서라는 문헌에 즉即해서 묻기 때문에 실제적으로는 훨씬 더 보수적이다. 우리나라에서는 칼 바르트야말로 열렬한 공산주의자였으며, 불트만이야말로 매우 보수적이고 경건한 실존주의자였다는 사실을 쉬쉬하고 숨긴다. 바르트주의자들의 입장에서는 불트만신학이 매우 불경하다고 생각할지 모르지만, 불트만주의자들의 입장에서 보면 바르트신학은 "공허하고" "헛소리"가 대부분이다. 확실한 문헌적 근거가 없는 사유의 체계적 소산일 뿐이다. 하여튼 진영의 논리로써 신학적 문제를 따지다 보면 피장파장 아무 결론이 나질 않는다.

성서신학이 우리나라에 정착되지 못하는 이유

그러나 성서신학이 말하고자 하는 것은 성서는 단지 "문헌"일 뿐이며, "인간의 언어"일 뿐이라는 것, 진실로 성스러운 하나님이나 예수를 만나고자 한다면 성서라는 언어의 권위에 맹종할 것이 아니라, 그 언어를 뚫고, 그 언어를 넘어서 살아있는 하나님이나 예수를 만나야 한다는 것이다. 20세기 성서신학의 성과를 철저히 습득하지 않고서는 성서를 바르게 해석할 길이 없다. 양심있는 신학도라 한다면 성서신학의 문헌비평적 성과를 충실히 이해해야 할 것이요, 조직신학의 막돼먹은 "구라"에 너무 감염되지 않는 것이 좋다. "구라"는 이래도 좋고 저래도 좋은 것이다. 그러나 문헌학은 문헌이라는 확실한 근거 위에서만 논의될 수 있는 것이다. 문헌비평이라는 것은 문헌의 원전(희랍어, 히브리어, 아람어, 근동언어들)에 대한 이해와, 그 문헌이 처한 시대와 문학양식, 그리고 문헌을 만든 사람이나, 문헌 속에 등장하는 사람들의 "삶의 자리Sitz-im-Leben" 등등에 대한 치열하고도 포괄적인 이해가 없이는 불가능한 것이다. 실제로 성서신학이 조직신학에 비해 더 난해하기 때문에, 더 많은 공력이 소요되기 때문에, 기피되는 상황도 적지 않다. 많은 한국의 신학도들이 진지한 공부보다는 빨리 대형교회 목사가 되어 입신양명하는 것을 지향하는 성향이 있기 때문이다. 그리고 신학대학은 재정이 빈곤해 중후한 학자를 기를 생각을 하지 못한다.

4복음서, 원래 제목이 없었다

자아~ 우리가 이제 이야기해야 할 것은 "복음"이라는 말은 우리말로 "복된 소리," "기쁜 소식"이라는 뜻인데, 왜 그 말이 예수의 전기자료를 의미하는 함의를 갖게 되었느냐 하는 질문에 답해야 한다. 지금 우리가 보통 "4복음서"라고 말하지만, 원래 마태복음서니, 마가복음서니, 누가복음서니, 요한복음서니 하는 말들은 그 문헌의 타이틀 이름으로서는 애초로부터 존재하지 않았다. 그러니까 4복음서를 지은 사람의 저자로서 마태, 마가, 누가, 요한이니 하는 고유명사도 전혀 의미없는 것이다. 애초에 이 4복음서는 원래 제목이 없는 문헌이었다. 그러니까 마태복음서를 마태라는 사람이 지었냐 안 지었냐 하는 물음 자체가 우문愚問이다. 마태는 단지 "χ"와 동일한 기호일 뿐이다. 마태라고 하는 χ가 누구냐 하는 문제는 신학적으로 제기될 수는 있지만, 그 χ를 "마태"라는 이름에 즉하여 추론할 수는 없다. 대체적으로 이 문헌들에 대한 타이틀이 나타나는 것은 기원후 2세기 말 이후의 사건에 속한다. 그리고 정경화작업이 이루어지기 전에는 이 문헌들에는 정본이라는 개념이 있을 수 없었다. 초기 교부들의 인용에서 나타나는 복음서 구절들은 우리의 텍스트와 출입이 있다.

복음서라는 규정의 유일한 근거는 마가예수전의 첫줄

하여튼 "마태예수전"이라는 이름으로도 그 제목이 붙여질 수 있었는데 왜 "마태복음서"가 되었나? 사실 4복음서 중에서도 복음서라는 제목이 붙을 수 있는 유일한 문헌은 마가복음일 뿐이다. 마태복음 1:1은 "아브라함과 다윗의 자손 예수 그리스도의 세계라" 하여 예수의 족보를 읊고 있다. 누가복음은 "테오필로 각하에게 그간 일어난 일들을 순서대로 정리하여 보낸다"는 사무적인 얘기로 시작하고 있고, 요한복음은 "태초에 말씀이 계시니라"는 매우 철학적인(영지주의의 영향) 로고스론을 피력하고 있다. 그러니까 4복음서에 제목이 없는 원래 상태에서는 4복음서를 모두 "복음서"로 불러야 할 근거가 없는 셈이다. 그런데 마가복음만 유독 이런 말로 시작하고 있다: "하나님의 아들 예수 그리스도 복음의 시작이라Ἀρχὴ τοῦ εὐαγγελίου Ἰησοῦ Χριστοῦ, υἱοῦ Θεοῦ." 그러니까 제목이 없는 상태에서 텍스트만으로써 이 문헌이 "복음서"로 불릴 수 있는 근거를 제시한 유일한 문헌이 바로 마가복음인 셈이다. 타 복음서들은 마가복음을 기준으로 하여 복음서로 불리게 된 것이다. 마가(물론 이 마가라는 χ가 누구인지 아무도 확실히 모른다)는 자신의 문헌을 "복음서"라는 문학양식으로서 규정하고 들어간 것이다. 자기가 집필한 문헌 전체가 "복음" 즉 "유앙겔리온"이라는 말로 정의될 수 있다는 개념적 의식을 가지고 출발한 것이다.

"복음" 즉 "복된 소식"이란 원래 어떤 의미로 쓰인 말인가?

그렇다면 과연 "복음"이란 무엇인가? 마가의 언어적 용례 속에서 "복음"이란 무슨 함의를 지니는가? 우선, "복음"이라는 말의 용례가 마가의 창시인가?

물론 "유앙겔리온"이라는 단어가 마가의 창작은 아니다. 구약(셉튜아진트)에서도 자주 쓰이고, 희랍사상들의 문헌에도 자주 등장한다. "유"라는 말은 "좋다"는 의미의 접두어로 쓰이고 또 독립적으로 쓰일 때는 "잘"이라는 의미의 부사가 된다. "앙겔리온"은 "앙겔로스ἄγγελος"와 같은 어원의 말인데, 앙겔로스는 "사자messenger," "천사angel"를 뜻한다. 영어의 "에인절angel"이 "앙겔로스"에서 온 말이라는 것은 쉽게 알 수 있다. 좋은 소식을 전하는 신적인 사자인 것이다. "유앙겔리온"은 대단히 좋은 소식을 선포하는 것이다.

여러분들은 BC 490년에 일어났던 마라톤전투Battle of Marathon의 일화를 기억할 것이다. 숫적으로 너무도 빈약했던 아테네의 군대가 페르시아 대함대 병력을 맞이하여 스파르타의 도움에도 의존하지 않고(스파르타는 종교축제를 빙자하고 불참) 현명하게 지형을 활용하여 그 대병력을 교란시키고, 기적적으로 궤멸시키는 쾌거를 올림으로써 제1차 그레코-페르시아 전쟁을 종료시킨 사건! 또 아테네의 자존심과 패권을 제고시킴과 동시에 희랍고전시대의 흥기를 가져온 그 위대한 분수령 사건! 그 승리의 전령 파이디피데스Pheidippides는 쉬지 않고 50km 이상을 달려와 아테네 의회로 직행하여 운집한 사람들을 향해, "네니케카

멘νενικήκαμεν"(우리는 이겼다), 이 한마디를 외치고 쓰러져 죽었다 한다(구체적 사실 여부는 잘 모른다. 오늘 마라톤 경기의 시원으로 회자됨).

바로 이 마라톤전투의 승리를 알리는 소식, 이러한 기쁜 소식이 바로 "유앙겔리온"이다. 로마시대로 접어들면서 유앙겔리온은 황제컬트와 결합되었고, 새로운 황제의 출생소식, 그리고 등극소식이 유앙겔리온의 의미가 되었다. 새롭고 희망적인 시대의 도래를 선포하는 것이다.

아마도 "유앙겔리온"이라는 말은 세례 요한이나 예수가 제일 먼저 사용?
그러나 신약성서의 "유앙겔리온"은 이러한 그레코-로만의 의미맥락과는 약간 차이가 있다. 신약에서 "유앙겔리온"이라는 단어는 과연 마가가 제일 먼저 쓴 단어일까? 이러한 문제는 대답하기가 쉽지 않다. 한 단어는 화자의 맥락에 따라 수없이 다른 계통의 의미를 지니기 때문이다. 내가 생각하기에, 그 최초의 용례를 추구해 들어간다면 "유앙겔리온"에 해당되는 말을 역사적 예수나 세례 요한이 제일 먼저 사용했을 가능성이 농후하다. 신약에서의 "유앙겔리온"의 용례는 "하나님의 나라의 도래"라고 하는 기쁜소식의 선포와 관련이 있다. 그리고 이러한 기쁜소식, 다시 말해서 이 땅에 새로운 하나님의 질서reign(=나라)가 임한다는 선포는 예수의 사명과 아이덴티티mission & identity의 핵을 형성한다. 따라서 당연히 유앙겔리온이라는 말을 사용했을 가능성이 크다. 그러나 예수 본인의 용례는 개념적인 규정성이나 자기만의 독특한 의미규정이 없는 일반용례에 따른 것임에 분명하다. 성서에서 문제가 되는 이 유앙겔리온은 교회사적 맥락을 떠나서는 이야기될 수가 없다. "교회사적 맥락"이라는 뜻은 초대교회가 선포하고자 하는 그리스도론의 맥락을 지칭하는 것이다.

바울의 유앙겔리온, 마가의 유앙겔리온
마가의 "유앙겔리온" 이전에 이 "유앙겔리온"의 특별한 의미를 개념화시키고 그 개념성에 매우 심오한 철학적 해석을 부여한 사람이 있다. 그가 바로 사도임을 자처하는 "바울"이라는 사상가이다. 성서문헌에 대한 세밀한 지식이 없는 사람들을 위하여, 복음서의 성립연대와 바울의 서신의 성립연대를 성서의 편찬순서 때문에 혼동하기 쉬운데, 바울의 서한이 마가복음보다 한 세대, 약 20년가량 앞선다는 것을 명기해둔다. 바울서한에 유앙겔리온의 용법이 나온다면 당연히 마가복음의 유앙겔리온에 선행하는 것이다.

신약 전체를 통틀어 유앙겔리온(영어의 "가스펠gospel"도 올드 잉글리쉬의 "고드스펠godspell"에서 온 것인데, 고드god는 굳good이며, 스펠spell은 메시지를 뜻한다. "가스펠gospel"도 유앙겔리온과 동일한 뜻이다)은 76회 출현하는데, 그 중 60회가 바울서한에 등장하고 있다. 확실한 바울의 서한으로 계산해도 48회에 이른다. 그 외로도 "기쁜소식을 선포한다"는 의미로 쓰이는 "유앙겔리조마이*euangelizomai*"라는 동사가 21회 나오는데, 확실한 서한으로 계산하면 19회에 이른다. 또 "복음을 전하는 자evangelist"라는 의미의 "유앙겔리스테스*euangelistēs*"라는 명사도 두 번 나온다(엡 4:11, 딤후 4:5). "시대에 앞서 복음을 전한다to announce good news ahead of time"라는 뜻의 동사, "프로유앙겔리조마이*proeuangelizomai*"는 갈라디아서 3:8에 한 번 나온다.

마가의 유앙겔리온은 바울의 유앙겔리온을 부정하는 데서 출발

이렇게 보면, 유앙겔리온은 사도 바울의 신학적 어휘 속에서 중심을 형성하는 하나의 개념이라 할 수 있다. 그리고 신약의 어휘로서 유앙겔리온을 확고한 하나의 중심개념으로 자리잡게 한 것은 바울의 공헌이라고 말한다. 어찌 보면 "유앙겔리온"이라는 바울의 어휘 용례 속에는 바울신학의 핵심적 요소가 다 내포되어 있다고도 말할 수 있을 것이다. 그러나 바울의 유앙겔리온과 마가의 유앙겔리온이 함의의 연속성을 지니고 있다고 생각하는 것은 거대한 착오에 속하는 것이다. 결론부터 말하자면, 마가의 유앙겔리온은 바울의 유앙겔리온을 "부정"하는 데서 출발하는 것이다. "부정"이라는 말이 과격하다고 생각하는 사람들을 위하여 보다 정밀하게 말한다면, 마가의 유앙겔리온은 바울의 유앙겔리온과 전혀 다른 차원의 새로운 맥락을 도입하는 데서 출발하는 것이다. 그것은 같은 트랙을 달리는 두 개의 다른 전차가 아니라, 출발지도 다르고, 트랙도 다른 전혀 이질적인 두 개의 복음전차인 것이다.

바울의 복음은 하나님의 복음, 기독론의 전제

바울에게 있어서 유앙겔리온이란 특별하게 규정된 독특한 개념이라기보다는 희랍적 사유의 일반적·일상적 함의를 크게 벗어나지 않는다. 당시 헬라화 된 로마황제컬트의 가치관, 황제는 구세주(소테르sōtēr)이며 구원salvation의 선포자라는 논지가 배어있다. 바울의 유앙겔리온은 항상 예수를 주어로서, 주체로서 인식하는 기쁜소식이라기 보다는, 하나님을 주체로 삼는 기쁜소식이다. 바울의 유앙겔리온은 예수 그리스도 안에서 역사하시는 하나님의 구원의 사업에 관한 메시지이다. 그래서 그의 용법을 보면 로마서 1:1에 나타나있듯이 "하나님의 복음the gospel of God"이라는 의미맥락이 주종을 이룬다. 바울이 자신의 존재를 규정하는 방식도 "하나님의 복음"이라는 의미맥락을 전제로 하여 이루어지고 있다: "예수 그리스도의 종 바울은 사도로 부르심을 받아 하나님의 복음을 위하여 택정함을 입었다." 하나님의 복음을 위하여 선택된 특별한 사도라는 것이다.

그렇다면 "하나님의 복음"이란 무엇인가? "하나님의 복음"이란 문자 그대로 하나님께서 인간에게 내려주시는 기쁜소식이다. 그런데 그 기쁜소식은 오직 예수의 "그리스도되심"이라고 초대교회 기독론Christology의 관점을 떠나지 않는다. 그렇다면 예수는 어떻게 그리스도가 되었는가?

> 이 아들로 말하면 육신으로는 다윗의 혈통에서 나셨고 성스러운 영으로 말하자면 죽은 자들 가운데서 부활하심으로써 하나님의 권능을 나타내어 하나님의 아들로 확정되신 분이니, 곧 우리 주 예수 그리스도이시니라(롬 1:3~4).

그러니까 인간 예수가 그리스도(기름 부음을 받은 자the Anointed, 구세주Savior, 메시아Messiah)가 되기 위해서는 반드시 죽은 자들 가운데서 부활하는 하나님의 권능을 나타내야만 한다. 그러니까 그러한 권능을 나타내지 않으면 그가 하나님의 직계 아들임을 입증할 방법이 없다. 죽었다 살아났다고 하는 초능력적 사태야말로 예수가 하나님의 아들임을 확정케(ὁρισθέντος호리스텐토스, 인정케) 하는 유일한 빙증 자료라는 것이다.

바울의 복음: 삶의 환희가 아닌 죽음의 어둠

그러니까 바울의 유앙겔리온은 예수라는 인간의 **삶**에 관한 기쁜소식이 아니라, 예수가 그리스도 된 **죽음**에 관한 기쁜소식이다. 죽지 않으면 부활할 수 없다. 바울의 궁극적 관심은 예수의 "부활"이지만, 바울의 유앙겔리온에는 **삶의 환희**가 아닌 **죽음의 어둠**이 드리워져 있다. 바울은 죽은 예수를 선포한다: "우리는 십자가에 못박힌 그리스도를 선포하노라!"(고전 1:23). 보다 정확하게 말하자면 죽었다 다시 살아난 부활의 예수를 선포한다. 이 부활의 메시지는 곧바로 "기쁜소식"이 되기에는 매우 난해한 요소를 많이 내포하고 있다. 그 난해한 요소를 해설하는 과정이 곧 바울의 신학을 형성하는 것이며, 초대교회라고 하는 공동체의 성격을 규정지었다.

"하나님의 복음"이라는 말(롬 1:1, 15:16 등의 예) 이외로도 "하나님의(그의) 아들의 복음the gospel of his Son"(롬 1:9), "그리스도의 복음the gospel of Christ"(롬 15:19)이라는 말을 하나님의 복음과 대차 없는 의미로 사용하며, 그냥 아무런 수식이 없이 "복음the gospel"이라는 말도 사용한다. 그러나 "예수의 복음"이라는 말은 등장하지 않는다("우리 주 예수의 복음the gospel of our lord Jesus"이라는 표현이 데살로니카 후서 1:8에 등장하지만 "우리 주"라는 수식구는 이미 "그리스도"화 된 예수를 지칭하는 것이다. 그리고 데살로니카 후서는 바울 정품서한에 들어가지 않는다).

총론: 마가복음 이해를 위한 신학산책

바울의 복음은 "예수의 복음"이 아닌 "그리스도의 복음"

바울의 신학체계 내에서는 "예수의 복음"은 성립할 수가 없다. "그리스도의 복음"이 있을 뿐 "예수의 복음"은 있을 수 없다. 다시 말해서 살아있는 인간 예수의 복음은 있을 수 없고, 오직 죽었다가 다시 살아난, 부활의 예수의 복음만이 있을 수 있다. 부활한 예수만이 그리스도가 될 수 있고, 하나님의 아들이 될 수 있기 때문이다. 바울이 선포하는 것은 부활한 예수이지 인간 예수가 아니다. 이것은 초대교회의 일반적 케리그마(이 "케리그마" 문제는 다음에 다시 설명)와 합치되는 것이다. 바울이 자기 소신을 이야기하는 다음의 구절들을 한번 살펴보자!

1. 내가 너희들과 함께 지내는 동안 예수 그리스도와 그의 십자가에 못 박히신 것 이외로는 아무것도 알지 아니하기로 작정하였음이라(고전 2:2).

2. 유대인은 표적을 구하고 헬라인은 지혜를 찾으나 우리는 십자가에 못 박힌 그리스도를 선포할 뿐이외다. 이것은 유대인에게는 거리끼는 것이요 이방인에게는 미련하게 보이는 것입니다(고전 1:22~23).

3. 내게는 우리 주 예수 그리스도의 십자가 외에는 결코 자랑할 것이 아무것도 없습니다. 그리스도의 십자가로 말미암아 이 세계(코스모스)는 나에게 못박혀 죽었고, 나 또한 이 세계에 못박혀 죽었습니다(갈 6:14).

바울의 선포의 핵심이 "십자가"라는 상징체에 있다는 것은 바울 자신의 언어를 통하여 여실히 드러나는 것이다. "십자가"는 단순한 로마의 형틀에 불과한 것이지만, 바울의 언어를 통하여 그것은 예수의 죽음과 부활의 상징체가 되었다.

갈라디아서 제6장의 정확한 해석

갈라디아서 마지막 부분에 해당되는 제3의 인용문은 학자들간에 해석이 분분하지만, 바울이 자랑할 것은 그리스도의 십자가뿐이라고 말한 그 언명의 맥락에서 풀어야 한다. 개역한글판에 "그리스도로 말미암아 세상이 나를 대하여 십자가에 못 박히고"라고 되어있어 그 뜻이 도무지 애매하게 되었다. 그 후의 번역자들도 명료한 의미를 표출하지 못한다. 이 문장의 해석에 있어서, 세상(코스모스)과 나(바울)와 십자가의 3가지 실체가 엄존하는 것으로 해석하면 안된다. 희랍원문에 가깝게 번역된 RSV에는 "by which the world has been crucified to me"로 되어 있는데, 이 문장에서 십자가는 나와 세계 사이에 따로 존재하지 않는다. "crucified"(ἐσταύρωται)라는 동사에 이미 흡수되어 버렸다. 세계는 물질적 존재로서의 세계가 아니라 나의 관념으로서, 하이데거가 말하는 도구연관구조로서의 세계이다. 바울에게 있어서는 율법과 죄악의 세계이다. "세상이 나를 대하여 십자가에 못 박힌다"라는 뜻은 이 세계가 나의 몸을 십자가로 하여 못 박힌다는 뜻이다. 그리고 거꾸로 말하면 "내가 세상이라고 하는 십자가에 못 박힌다"는 뜻이다. 이 세계는 나의 몸에 못 박히어 죽고, 나의 몸은 이 세계에 못 박히어 죽는다는 뜻이다. 이것은 장자가 「대종사大宗師」편에서 말한 "양망兩忘"의 경지와 견줄 만하다(不如兩忘而化其道). 세계와 내가 다 사라진다는 것이다. 그러면 무엇이 남는가? 오직 "그리스도의 십자가"만 남는다. 그래서 "내가 자랑할 것은 그리스도의 십자가 이외에는 아무것도 없다"라고 말한 것이다(cf.『도올의 로마서 강해』pp.380~383).

바울이 말하는 "나의 복음"은 무슨 뜻인가?

바울의 유앙겔리온 용법에 매우 특이한 용례가 있다. 로마서와 디모데후서에 언급되고 있는 "나의 복음my gospel, τὸ εὐαγγέλιόν μου"이라는 재미있는 표현이다(롬 2:16, 16:25, 딤후 2:8). 이 표현에 관해서 성서주석가들은 바울이 복음을 사유화 한 것은 아니라든가, 바울이 다른 사람들이 선포하는 것과는 다른 특수한 복음을 가지고 있었다는 것은 아니라고, 강변하기에 바쁘다. 그러나 문자는 있는 문자 그대로 읽어야 마땅하다. "나의 복음"은 명백히 "바울의 복음"이고 "바울이 전하는 기쁜소식"일 뿐이다. 그 외로 특별한 의미가 있을 수 없다. 그러니까 바울은 복음이라는 의미를 특수한 개념으로 사용한 것이 아니라, 매우 일반적인 의미로서, 그냥 "기쁜소식"이라는 일상적 용례에 따라 쓴 것이다. "복음"이 매우 객관화

된 어떤 실체였다고 한다면 "나의 복음"이라는 개인적 소유관계를 표명했을 리 없다.

바울시대에는 "복음"이란 특정한 문학양식이 아니었다

더구나 로마서 끝부분의 송영doxology에 해당되는 부분에서, "나의 복음과 예수 그리스도를 전파함my gospel and the preaching of Jesus Christ"(16:25)이라는 표현이 있는데 약간 논란의 여지가 있을 수 있다. 여기 "예수 그리스도를 전파함"의 "전파함"은 "케리그마κήρυγμα"라는 단어인데 로마서에서는 이곳에만 유일하게 등장하고 있다. 여기 "예수 그리스도의 케리그마"는 소유격적 소유격이 아니라 목적격적 소유격이다. 이것은 예수가 지상에서 전파한 케리그마의 내용을 의미하는 것도 아니며, 그의 종 바울을 통하여 드러낸 예수의 설교를 의미하는 것(고후 13:3)도 아니다. 여기서 "예수 그리스도의 케리그마"라는 것은 예수 그리스도를 주제로 하는 바울의 선교메시지를 의미하는 것이다.

그러니까 "나의 복음"과 "예수 그리스도의 케리그마the kērygma of Jesus Christ"는 병치될 하등의 이유가 없다. 그러나 내 생각으로는 "나의 복음"을 재차 부연설명한 것이 "예수 그리스도의 케리그마"라기보다는, 예수 그리스도의 케리그마 이외로 바울에게는 "나의 복음"이라는 독특한 양식이 있었다고도 말할 수 있다. 고린도 후서 11:4에 보면 수없이 많은 사기꾼 같은 복음의 전파자들이 초대교회에 있었고 그들에 의한 "다른 복음a different gospel"이 교인들에게 유행되고 있는 현실을 개탄하고 있는 것으로 보아 바울에게는 "나의 복음"이라는 의미는 일반론적 케리그마와 다른 어떤 특별한 그 무엇을 지시했을 수도 있다. 그러나 바울이나 바울시대에는 "복음"이라는 것이 어떤 특별한, 어떤 특정한 문학양식을 지칭하고 있지 않았다는 것을 나는 상기시키려는 것이다.

유앙겔리온에서 케리그마로

바울에게서 "유앙겔리온"이라는 의미가 점점 케리그마의 대세를 점유하는 방식으로 외연을 넓혀간 것은 사실이라고 보아야 할 것이다. 그러나 바울의 유앙겔리온의 핵심은 예수의 죽음과 부활이다. 바울은 죽음과 부활의 의미를 합하여 "십자가"라는 독특한 상징체계를 만들었다. 그런데 이 십자가라는 상징체계는 "죄"라는 개념을 대전제로 하고 있다. 죄라는 것은 법적으로 처벌되어야만 한다. 인간이 원죄의 존재라고 한다면 그것은 동시에 정죄되어야만 하는 존재라는 것을 의미한다. 판결을 기다리는 존재, 그 판결의 궁극에는 "죽음"이 기다리고 있다. 천지의 프로세스로서의 인간의 자연사自然死를 인간의 원죄에 대한 피치 못할 응보라고 규정한다면 그것은 참으로 우리 동방의 상식인에게는 황당하게 들릴 수밖에 없다. 왜 인간이 죄인인가? 왜 인간이 죄인이기 때문에 죽어야만 하는가? 천지의 과정에서 엔트로피의 증대를 감당할 수 없는 유기체의 종언을 어찌하여 원죄에 대한 처벌이라고 말하는가?

> 이러므로 (아담) 한 사람으로 말미암아 죄가 세상에 들어오고 죄로 말미암아 사망이 왔나니, 이와 같이 모든 사람이 죄를 지었으므로 사망이 모든 사람에게 이르렀느니라(롬 5:12).

> 죄의 삯은 사망이요, 하나님의 은사는 그리스도 예수 우리 주 안에 있는 영원한 생명이니라(롬 7:23).

우리의 자연사가 원죄의 대가? 바울의 절묘한 기획: 그리스도론

우리의 사망이 "죄의 삯"(원죄의 대가)이라고 하는 바울의 논리는 "원죄"를 문화적 가치로서 생각없이 자명한 것으로 받아들이는 사람들에게는(미국의 민주주의가 모든 사람은 동등하게 창조되었다고 하는 명제를 자명한 가치로서 받아들이는 데서 출발하는 것처럼. 미국독립선언서 전문前文) 그럴듯한 "구라"로 용납될 수 있을지는 모르겠으나, 실제로 이런 논리를 지어내는 바울의 속셈에는 예수의 죽음과 부활이 우리 삶에 지니는 필연적 의미를 우리 실존의 문제와 결부시켜 엮어내는 절묘한 기획이 들어있다. 아담의 원죄로 인해 우리는 죽을 수밖에 없는 존재가 되었지만, 이제 우리는 그 최종적 사태를 극복할 수 있는 영생의 공짜 선물the free gift of God을 하나님으로부터 받을 수 있게 되었다는 것이다. 사실 "공짜"는 아니고, 반드시 "믿음 πίστις"을 전제로 하는 것이다. 나는 믿는다. 무엇을 믿는가? 예수를 믿는다. 예수를 믿는다는 것은 구체적으로 무엇을 의미하는가? 예수가 그리스도임을 믿는다. "그리스도되심"이란 무엇을 뜻하는가?

바울 그리스도론의 핵심

예수는 죽었다. 죄가 없는데도 죽었다. 그것도 십자가에 못 박혀 아주 고통스럽게 죽었다. 죄가 없는데도 불구하고 그렇게 수난을 당하고 죽은 것은 그가 인류의 죄를 대신 뒤집어쓰고 죽었다는 것을 의미한다. 그런데 그는 죽었을 뿐 아니라 다시 부활함으로써 인류의 죄를 대신 뒤집어쓴 하나님의 은사를 실현하였다는 것을 보여주었다. 그러니까 그는 부활함으로써 인류에게 진정한 생명의 길을 제시한 것이다. 그의 부활은 인간의 원죄를 극복한 것이다. 그러나 예수가 그리스도임을 믿는다는 것은 단순히 관념의 회전을 의미하지 않는다. 나의 모든 죄를 그리스도의 십자가에 더불어 못박음으로 그리스도의 십자가에 동참하는 수난의 실천을 행해야 한다.

> 내가 그리스도와 함께 십자가에 못 박혔나니 그런즉 이제는 살고 있는 것은 내가 아니요, 오직 내 안에서 그리스도께서 살고 계신 것이라. 이제 내가 나의 몸 안에서 살고 있는 것은, 나를 사랑하사 나를 위하여 당신의 몸을 버리신 하나님의 아들을 믿는 믿음 안에서 사는 것이라(갈 2:20).

참으로 파워풀한 강론이 아닐 수 없다. 기독교인이 된다는 것은 바로 이러한 삶의 양식, 즉 다시 태어남의 부활양식을 나의 실존의 지평에 받아들이는 것이다. 예수가 그리스도라는 것을 나의 삶의 지평에 받아들이는 사건, 그 사건이 바로 바울이 말하는 "기쁜소식"이요, 유앙겔리온이다!

바울이 말하는 "믿음에 의한 인의認義"와 동방인의 양망兩忘

바울은 더 나아가 "율법행위에 의한 인의認義Justification by the works of Law" 가 아닌, "믿음에 의한 인의Justification by Faith"를 논구한다. 그의 이러한 논구는 그의 "종말론"과 관련되어 있다. 이러한 문제는 나의 『로마서 강해』를 참고하는 것이 좋겠다. 결국 인간은 믿음으로써 죄의 삯인 사망을 극복하게 된다. 종말의 대심판정에서도 무죄를 선고받게 되어 영생을 확보하게 된다는 것이다.

자아! 이러한 바울의 구라는, 우리 보통사람이 한번 그 구라의 트랙에 빠지게 되면 영원히 벗어나기 힘든 괴력을 지니고 있다고 말할 수 있을 것이다. 그러나 우리는 끊임없이 반문해야 한다. 인간은 과연 죄인인가? 원죄로써 규정되어야만 하는 존재인가? 인간이 죽는다는 것이 과연 나쁜 것인가? 인간의 삶에 텐션을 주는 요소가 죽음밖엔 없는가? 과연 인간은 "죽음을 향한 존재Zein zum Tode"인가? 삶과 죽음, 하나님과 인간, 요堯와 걸桀 그 양자를 모두 해탈해버리는 "양망兩忘"의 경지를 지양하여 도道와 하나가 되는 혼일渾―을 추구하는 동방인에겐 아무래도 낯선 논리들이다.

인간 예수를 둘러싼 질문: 과연 예수가 기독교를 만들었을까?

동방의 사유를 논하기 전에 우리가 근원적으로 캐물어야 할 사실은 과연 예수가 인간을 "죄인"으로 인식했는가 하는 것에 관한 것이다. 예수가 과연 인간에게 "믿음"을 강요했을까? 예수가 과연 인간을 구원되어야만 할 존재로서 파악했을까? 예수는 과연 자기 스스로를 이 세계를 구원해야만 하는 구세주(=메시아)라고 인지했을까? 예수의 자기인식 속에 메시아라는 형상이 있었을까? 예수는 교회운동을 한 사람일까? 예수는 교회라는 조직을 만들려고 노력한 사람일까?

예수는 기독교의 창시자일까? 예수는 기독교를 만들려고 했을까? 예수와 기독교가 무관한 것이라면 과연 예수 본인에게 케리그마적인 요소가 있었을까? 예수에 관한 케리그마는 과연 예수 자신이 선포한 내용과 관련이 있을까? 예수는 과연 하나님의 아들일까? 예수는 과연 몸으로 부활했는가? 삼위일체는 궁극적으로 무엇을 뜻하는가? …… 이런 수없는 질문에 대해 우리는 매우 명료한 대답을 하지 않으면 아니 된다. 이러한 문제에 대한 대답의 명료성을 위하여 제기되는 다양한 주제의 갈래들과 관련하여 우리는 "유앙겔리온"의 본래적 의미를 추구하지 않으면 아니 된다.

"케리그마"란 무엇인가?

자아! 여기서 우리가 논의의 출발점으로 삼아야할 과제는 바울의 유앙겔리온과 마가의 유앙겔리온은 어떻게 다른가에 관한 것이다. 그러나 이런 문제를 논의하기 전에 앞서 언급한 바 있는 하나의 주제를 명료하게 인식할 필요가 있다. 그 주제란 "케리그마κήρυγμα"(정확하게는 "케뤼그마"라고 표기하는 것이 옳다. 그러나 이 희랍어 단어는 신학세계에서는 거의 영어화되어 "kerygma"라는 영어단어로서 통용된다. 그래서 편하게 그냥 "케리그마"라고 표기해도 무방할 것 같다)라는 이 한 단어를 정확하게 이해하는 것이다. 이런 신학용어는 알고 보면 매우 단순한 의미인데 너무도 다양한 맥락에서 어지럽게 쓰이고 있기 때문에 신학계 밖에 있는 일반인들에게는 이해하기가 매우 어렵다. 그리고 신학관계서적이나 사서류에서 정확하게 항목설정이 되어있질 않기 때문에 그 뜻을 일목요연하게 찾아볼 곳이 별로 없다.

케리그마는 "선포"

케리그마란 문자 그대로 번역하면 "선포proclamation"라는 뜻이 된다. 우리말의 "선포"라는 단어는 케리그마의 원래적 의미를 잘 드러내는 좋은 번역이라고 할 수 있다. "선포"라는 것은 어떠한 메시지의 쌍방적 교감이라기보다는 일방적인 전달을 의미한다. 케리그마는 "설교preaching"라고도 번역될 수 있는데, 설교 역시 쌍방적이라기보다는 일방적인 의미전달의 의미가 강하다. 라디오나 신문이 없던 고대사회에 있어서는 "선포"는 궁중에 소속된, 목소리가 특별히 크고 좋은 전령(이 전령을 케뤽스κῆρυξ라고 부르는데 선포자, 전달자의 뜻이다)이 메시지를 포고하는 것을 의미했다. 로마시대를 배경으로 하는 영화를 보면 분수대가 있는 광장 같은 데서 황제나 원로원의 포고문을 크게 낭독하는 그런 장면을 종종 볼 수가 있다. 이렇게 공적으로 선포하는 것을 동사로는 "케뤽소κηρύσσω"(공포한다, 선포한다, 공공연히 말한다, 전한다, 전도한다, 전파한다, 설교한다 등의 의미를 가지고 있다)라고 한다.

양식사학과 케리그마

그런데 20세기 서구신학에서 "케리그마"는 이전에 쓰이던 일상적 용례와는 달리 매우 제한된 의미로 쓰인다. 우선 "케리그마"라는 말은 양식사학Formgeschichte(브레데로부터 시작되어 디벨리우스, 불트만 등에 의하여 본격화된 성서문헌 분석방식. 20세기 전반의 성서신학의 대세)이라는 학문적 방법론이 정착되면서 중요한 의미를 지니게 되었다는 것을 기억해둘 필요가 있으며, 양식사학운동 속에서 이 케리그마는 반드시 "초대교회"라는 개념과 묶이어 있다는 것을 알아둘 필요가 있다.

"초대교회"란 무엇인가? 이 교회라는 것은 오늘의 제도화된 조직 속의 한 단위를 의미하는 것이 아니고, 그냥 사람들의 모임, 회중이라는 의미의 "에클레시아ἐκκλησία"를 가리키는 것이다. 희랍문명에서는 민주적 투표를 위하여 모이는 정규적 회합을 의미했다. 오늘날 민주주의제도가 말하고 있는 의회Parliament의 뿌리를 이루는 모습이지만, 에클레시아는 대의정치가 아닌 직접민주주의(시민이면 누구나 참석할 수 있다)적 공개회합을 의미했다. 초대교회를 지칭하는 말이 "에클레시아"가 된 것 자체가, 초기에는 "공개적 모임"이었고 아무런 하이어라키(위계질서)가 없었을 뿐 아니라 종교적인 교리나 조직성이 없는 세속모임secular meeting이었다는 것을 의미한다.

모임과 교회

그런데 왜 모이는가? 사람들이 무엇 때문에 모이는가? 사람들이 모여 그룹을 형성하는 가장 직접적인 이유는 대체적으로 세 가지로 집약된다. 첫째, 완벽하지는 않다 해도 모이는 사람들간에 공통의 신념common belief이 있기 때문이다. 둘째, 그 공통의 신념이 사회적 상식과 다르기 때문이다. 셋째, 그 신념의 절대적

선과 영원한 지속을 목표로 하게 되면 어떤 그룹이든지 종교화 된다. 모종의 신념을 공유하고 있고, 또 그 신념이 사회적 상식과 다를 때 이들은 사회로부터 격리되는 에클레시아를 형성하게 된다. 1970·80년대 격렬했던 대학사회의 의식서클을 연상하면 쉽게 이해가 갈 것이다. 이들은 자연스럽게 모임의 조직을 형성하게 되고, 또 동시에 자기들의 공통의 신념을 명료화 시키고 조직화 시키게 된다.

선포와 박해

이들은 이 공통의 신념을 숨기거나, 표방하거나, "선포"하게 된다. 숨기면 지하조직이 되고, 표방하거나 선포하게 되면 "박해"가 뒤따르게 된다. 이 선포와 박해의 주기적 리듬을 잘 활용하여 모임을 지속하게 되면 그 조직은 궤멸하는 것이 아니라 오히려 강력해진다. 박해는 교회조직 성장의 원동력이다. 그러나 박해에 견딜 수 있기 위해서는 자기들이 선포하는 바의 신념을 내면화 시키고 정교하게 다듬을 필요가 있다. 이렇게 초대교회가 공통의 신념으로서 표방(선포)한 것이 바로 "케리그마"라는 것이다. 그러니까 케리그마는 어떤 불변의 고정적 실체가 명료히 있는 것이 아니다. "초대교회의 신념체계"라는 추상명사로 등식화하면 무난히 이해가 될 것이다.

초대교회 케리그마의 핵심

자아! 그렇다면 초대교회의 케리그마의 핵심은 무엇인가? 그 케리그마가 왜 문제가 되는가? 초대교회의 사람들이 공통으로 가지고 있는 신념이 고립된 그룹을 형성하게 만드는 가장 본질적인 이유는, 그 신념이 우선 보통사람들의 인과적 상식에 위배되는 특수한 사실을 가리키고 있기 때문이다. 그것은 복잡하거나 난해한 철학, 혹은 이론, 혹은 신앙체계가 아니라 아주 단순한 사건을 가리키는 것임에 틀림없다. 그런 단순한 사건이 아니라면 많은 민중이 즉각적으로 공동체를 형성할 만큼 강력한 에너지를 방출할 이유가 없다. 아주 단순한 팩트simple fact가 아니면 개념적·이론적·추상적 사고를 하지 않는 민중은 움직이지 않는다, 단합되지 않는다. 최순실이라는 단순한 팩트가 아니면 촛불혁명은 일어나지 않았다. 그 팩트에는 이론이 필요없는 것이다.

자아! 그 팩트란 무엇인가? 우선 다음과 같은 바울의 변론을 한번 살펴보자!

> "만일 죽은 자의 부활이 없다고 한다면 그리스도께서도 다시 살지 못
> 하셨으리라. 만일 그리스도께서 다시 살지 못하셨다면, 우리의 전파
> 하는 것(케리그마)도 헛것이요, 또 너희 믿음(피스티스)도 헛것이며, 또
> 우리가 하나님의 거짓 증인으로 발견되리니, 우리가 하나님께서 그
> 리스도를 다시 살리셨다고 증거하였기 때문이라. 만일 죽은 자가 다
> 시 사는 것이 없으면 하나님께서 그리스도를 다시 살리지 못하셨으
> 리라. 만일 죽은 자가 다시 사는 것이 없으면, 그리스도께서 다시 사
> 신 것도 있을 수 없을 터이요, 그리스도께서 다시 사신 것이 없으면,
> 너희의 믿음도 헛되고, 너희가 여전히 죄 가운데 있을 것이니라. 또한
> 그리스도 안에서 잠자는 자도 멸망하였을 것이니라"(고전 15:13~18).

바울이 여기서 확고하게 선언하고 있는 것은 "부활"이라는 "사건"이다. 부활이 없다면, 교회라는 모임도 없고, 교리도 있을 수 없고, 전도도 있을 수 없다. 부활이 없다면 믿음도 헛것이고, 전파하는 것도 헛것이고, 예수가 그리스도라고 하는 간증도 헛것이고, 재림의 대망도 헛것이고, 모든 것이 말짱 황으로 돌아간다는 것이다.

부활의 의미

부활이란 십자가에 못 박혀 죽었던 인간 예수가 사흘만에 죽음으로부터 해방되어 다시 살아났다는 매우 단순한 "사실"이다. 죽었다 다시 살아났다는 것은 우리의 인과적 상식으로 볼 때 사실이 될 수 없는 사실이다. 그러나 이러한 인과를 거부하는 사실로 인하여 예수는 분명 보통 인간과 다르기 때문에 "하나님의 아들"이 된 것이고, 따라서 "그리스도"라 칭함을 얻게 되는 것이다. 부활이라는 사건이

없으면 예수는 평범한 인간일 뿐이요, 하나님의 외아들일 수 없으며, 따라서 그리스도가 될 수 없는 것이다. 당시 민중이 갈망한 것은 "그리스도"였다. 그리스도는 "기름 부음을 받은 자the anointed"인데, 기름 부음을 받는다는 것은 이 세상을 구원할 "왕"으로서 하나님(구약시대에는 야훼)의 권능을 부여받는 것을 의미한다.

그리스도의 역사적 지평에로의 부상

"세상을 구원한다"는 것은 이스라엘 민족을 모든 억압과 구속으로부터 해방시킨다는 것이요, 구체적으로는 강력한 로마제국의 식민지배로부터 벗어나는 것을 의미한다. 외세의 식민지배로부터 벗어나게 만드는 권능을 가진 자가 곧 "구세주"요, "그리스도"요, "메시아"요, "하나님의 아들"이다. 당시 이스라엘 민중, 특히 갈릴리의 민중, 로마식민지배와 예루살렘의 종교적 이스태블리쉬먼트의 지배, 소작료와 세금의 강탈에 이중삼중으로 억압되고 착취되어 기아선상에서 헤매고 있던 민중(오클로스ὄχλος)에게 메시아(=그리스도)는 매우 절실하고 절박했던 구체적인 대망이요 기대였다. "타는 목마름으로" 갈망했던 구원의 빛이었다. 그런데 "부활"이라는 기대하지도 않았던 사건으로 인하여 갈릴리의 목수청년 예수가 갑자기 "그리스도"로 부상되었던 것이다.

이 사태에 대한 인과론적 설명이나 과학적 탐색, 혹은 역사적 실상에 관한 탐구는 과히 중요한 문제가 아니다. 그러나 이러한 문제를 배제할 필요도 없다. 우리 동방인의 사유 속에서는 이성과 비이성, 혹은 이성과 초이성의 간극은 존재하지 않는다. 초이성 자체가 이성의 힘이다. 그러나 신앙의 사실은 역사나 인과에 쉽게 문을 열지 않는다. 이러한 주제에 관한 모든 담설은 내가 이 책의 집필을 끝낼 무렵이면 독자들에게 궁금점이 없이 다 밝혀지리라고 믿는다. 여기서 확고한 사실은 이것이다.

교회의 출발은 부활, 기독교는 "인간 예수"와는 아무 상관없다

교회의 출발은 부활이다. 부활이라는 사건으로 인하여 교회라는 모임이 가능케 된 것이다. 교회의 출발이 부활이라는 이 사실은 초대교회, 즉 크리스챤(예수를 그리스도라고 믿는 사람들의 뜻)의 모임, 즉 크리스치애니티christianity(=기독교)의 출발이 곧 부활이라는 사건이었다는 것을 의미한다. 역설적으로, 아주 극단적으로 이야기하자면 기독교의 출발은 "인간 예수"와는 아무 관련이 없다는 것을 의미하는 것이다. "인간 예수"는 살아있는 예수요, 죽은 예수가 아니다. 더구나 죽었다 살아난다는 부활의 사태는 인간 예수의 삶 속에 포함되어 있지 않다. 나중에 케리그마의 영향으로 삶 속에 부활이 침투하는 사태와는 별개의 문제이다. 사는 것은 사는 것이요, 죽는 것은 죽는 것이다. 삶은 삶이요, 죽음은 죽음이다. 이 양자의 관계는 관념적인 함입涵入은 가능할지언정 물리적으로 혼효될 수 있는 사태가 아니다.

부활은 "다시 삶," 갈릴리 지평의 삶

사도 바울은 예수의 부활을 최초로 발견한 사람이 아니다. 부활이라는 사건에 아주 뒤늦게 가담한 사람일 뿐이다. 부활을 최초로 발견한 사람들은 예수의 "죽음"(십자가사건)만을 경험한 사람들이 아니라, 예수와 같이 살았던 사람들, 갈릴리로부터 예수의 삶에 동참했던 사람들이었다. 부활은 죽음이 없이는 있을 수 없지만, 또 동시에 삶이 없이는 있을 수 없다. "삶"이 없다면 "다시"라는 뜻의 "부復"가 성립하지 않는다. "부활"은 "다시 삶"이다. 예수와 같이 살았던 갈릴리의 민중들에게 예수의 부활의 궁극적인 뜻은 "갈릴리의 삶을 다시 사는 것"을 의미했던 것이다. 그런데 바울에게는 완벽하게 예수의 삶이 괄호로 빠져있다. 바울은 살아있는 예수를 만난 적이 없다. 더구나 살아있는 예수에 관한 정보도 없었다. 아니! 그의 지적 능력으로 예수의 삶에 관한 정보를 수집하려면 얼마든지 수집할 수 있었을 것이다. 그의 서한문 속에 예수의 출생이나 가족, 생활사나 미니스트리에 관한 언급이 일체 결여되어 있는 것은, 그가 예수를 바라보는 시각이 오로지 예수의 "죽음"에 있었지, 예수의 "삶"에 있지 않았다는 것을 의미하는 것이다: "나는 예수 그리스도와 그의 십자가에 못 박히신 것 이외로는 아무 것도 알지 아니 하기로 작정하였다"(고전 2:2). 사실 이 말은 성서라 하여 사람들이 그럴듯한 진리로만 떠받들기만 하고 있지만 그 실내막을 자세히 살펴보면, 바울이라는 인간의 편협성, 사상가적 고집, 관심의 집중성, 그의 사상혁명전략의 깊이와 일관성을 나타내는 매우 중요한 전술전략적 언급임을 알 수 있다.

바울이 십자가 이외로는 아무것도 알지 아니하기로 작정한 6가지 이유

바울이 만약 그 시대에 예수의 삶에 관해 보다 치열한 성찰을 남겨놓았더라면 기독교는 매우 다른 양상으로 출발했을 것이다. 그런데 그는 예수의 삶에 관해서는 알지 아니 하기로 작정하였다. 오로지 예수의 십자가, 즉 예수의 수난과 죽음, 그리고 부활에 관해서만 알기로, 그 외로는 알지 아니 하기로 작정하였다. 죽음을 안다고 삶을 몰라야 할 법칙이 있나? 죽음에 관해 연구했어도 삶에 관해 연구하면 어디가 덧나는가? 이러한 질문에 대답할 수 있는 매우 구체적인 증빙논리가 우리에게는 마련되어 있다.

1) 바울은 예수가 죽은 후 예수의 부활을 믿고 그의 재림을 기다리는 에클레시아 회중의 정당성을 인정할 수 없어, 그들을 박해하던 중에 예수라는 존재를 알게 되었다. 따라서 그에게 "예수"는 이미 "부활된 예수 Resurrected Jesus"일 뿐이었다.

2) 산 예수를 아는 작업은 그에게는 실제로 난감한 작업이었다. 생전에 예수를 만난 사람들을 인터뷰하고, 현지답사를 다니고 해야 할 텐데, 그러한 시간적 여유나 열정의 방향성이나, 논리적 필연성이 그에게 대두되지 않았다.

3) 바울은 사상가요, 사색가였다. 역사가가 아니고 실증적 과학자가 아니었다. 귀납적 탐험가가 아니고 연역적 사유인이었다. 예수의 삶에 관한 번쇄한 사실들은 그의 사색에 방해를 줄 뿐이었다. 예수의 삶에 관한 관심은 바울의 "기질"에 맞지 않는 행위일 뿐이었다.

4) "십자가에 못 박히신 것 이외로는 아무 것도 알지 않기로 작정하였다"는 뜻은 오로지 "십자가"에 대한 사색만으로도 기독교Christianity라는 인류사 초유의 운동을 강력히 전개할 수 있다고 하는 바울의 사상가적 신념을 나타낸다. 그것이 바디우Alain Badiou, 1937~ 가 말한 대로 레닌이 맑스의 관념적 혁명이론에 근거하여 현실적인 공산혁명을 주도하고 세계사적 흐름으로 구현해낸 사태와도 아날로지가 성립한다.

5) 예수의 삶에 대하여 모르면 모를수록, 예수의 죽음에 관한 체험이나 이론은 전일해지고 깊이 있게 된다. 당시 바울에게 예수의 삶은 장사가 되질 않았다. 오직 예수의 죽음만이 훌륭한 장사가 될 수 있었던 것이다. 이것이 바로 바울이 처한 "삶의 자리"였다.

6) 그리고 또 하나의 구체적인 문제는 초대교회체제 내에 있어서 바울의 사도됨의 정당성apostolicity에 관한 논란과 걸려있다. 예수의 삶에 집착하는 한, 바울은 사도직분의 정당성의 서열에 있어서 독자적인 위치를 확보할 길이 없다. 바울은 성문聲聞제자들의 우월성에 항상 길을 비켜주지 않으면 아니 되었기 때문에 이방인의 사도로서의 자신의 독자적인 영역을 확보할 길이 없었다. 바울은 추상적인 새로운 주제를 개발함으로써 성문제자들이 따라올 수 없는 독자적인 활동공간과 사고영역을 확보해야만 했던 것이다.

초대교회의 케리그마란 바로 부활을 선포하는 것이다

자아! 이제 우리가 논의했던 본래의 테마, 케리그마의 문제로 되돌아가 보자! 케리그마란 무엇인가? 케리그마란 "초대교회의 신념체계"라고 이미 말했다. 그렇다면 초대교회의 신념체계란 무엇인가? 그것은 이제 너무도 명백해졌다. 초대교회의 케리그마란 바로 부활을 선포하는 것이다. 예수가 죽었다가 다시 살아나셨다는 것을 선포하는 것이다. 그런데 죽었다가 다시 살아났다는 것을 믿는다는 것만으로 구원의 역사가 성립하지는 않는다.

구원이란 개인의 구원뿐만 아니라 내가 소속한 사회집단 전체의 구원이 이루어 질 때 의미를 갖는 것이다. 메시아 즉 구세주라는 것은 "세상 전체를 구원한다"는 집단적 의미를 가져야만 설득력이 있는 것이다. 다윗이 골리앗을 쓰러뜨려 국가 전체가 승리와 번영의 기쁨을 맛보듯이 그런 어떤 거국적, 거족적 역사회전이 이 루어져야만 "구세救世"라 말할 수 있는 것이다. 예수가 죽었다 살아났다는, 믿기 어려운 사실을 내가, 즉 나 개인이 믿는 것만으로 곧 구원의 역사가 이루어지지는 않는다. 나의 믿음은 나 개인의 실존적 판타지로서 끝나버릴 수가 있다. 그렇다면 초대교회를 형성한 사람들은 도대체 왜 뭉쳐 살게 되었는가?

부활이라는 사건은 궁극적으로 재림으로 연결: 인류 전체의 구원

부활이라는 사건은 보다 자세히 말하면 단순히 죽었다 다시 살아났다는 한 시점의 사건을 의미하는 것이 아니라, 수난Passion ── 십자가에 못 박혀 죽으심 Crucifixion ── 현시Appearance(아는 사람들에게 나타남) ── 승천Ascension이라는 복잡 한 과정을 의미한다. 그런데 나타남(현시)은 반드시 승천을 전제로 한 나타남이며, 승천은 또한 반드시 "다시옴"이라는 구극적 대사건을 전제로 한 것이다. "다시 옴"을 한자식으로는 재림再臨The Second Advent(Coming)이라 하고, 희랍어로는 파루시아Parousia παρουσία라고 한다. 그런데 이 재림이야말로 부활의 궁극적 의미가 된다. 그것은 크리스챤 전체, 이스라엘 전체, 아니 인류 전체, 아니 우주 전체의 대사건이 된다.

예수의 재림은 단순히 그가 아는 사람들을 다시 만나러 오는 개별적 사태가 아 니라, 우주의 대변혁을 의미하는 최후의 심판the Last Judgement을 의미한다. 그러 니까 예수의 부활은 예수라는 개인의 기적적 소생을 의미하는 것이 아니라, 인류 전체의 구원을 의미하는 것이며, 그러한 집단적 구속사의 문제는 예수의 재림사 건으로 연기되었던 것이다. 부활은 그가 "하나님의 아들"이라는 것을 입증하였고, 그 입증은 궁극적으로 재림과 관련하여 우주적인 의미cosmic significance를 지니게 된다. 인간세의 집단적 구원은 예수의 부활사건으로 인하여 보장된 재림사건으로 연기된 것이다. "연기"라는 것은 "기다림"을 전제로 하는 것이다.

부활과 종말론, 종말론과 계시론, 종말론적 회중

그런데 이 기다림은 "종말ἔσχατος"의 기다림이다. 그것은 이 세계, 이 코스모스의 종료를 의미하는 것이다. 따라서 예수의 재림은 현세의 종말, 우리가 알고있는 시공간의 종료를 의미하게 된다. 예수의 재림을 "종말론eschatology"으로규정한 것은 19세기 조직신학자들에 의한 것이다. 그리고 또 하나의 비슷한 개념으로서 "계시론apocalyptism"이라는 것이 있으나 "계시론"은 반드시 우주의 종말을 전제로 하는 것은 아니다. 그러나 계시가 대체적으로 종말에 관한 계시이기 때문에 그것을 "묵시"라 하여 종말론적 함의로 사용하기도 한다. 그러나 에스카톨로지(종말론)와 아포칼립티즘(계시론)은 계보를 달리하는 것이다. 그러니까 부활의 궁극적 의미는 초대교회에 있어서는 종말론과 분리되어 생각되지 않았다. "부활을 믿는다"는 것은 "종말에 대비한다"는 긴박감을 수반하는 것이다. "종말에 대비한다"는 것은 "최후의 대심판정에서 구극적인 구원을 얻을 수 있도록, 다시 말해서 무죄판결을 받아 천국의 복락을 누릴 수 있도록" 도덕적인 삶을산다는 것을 의미했다. 이러한 도덕적인 대비가 곧 초대교회인들의 신앙생활의실내용이었다. 그래서 신학적으로는 초대교인을, 거저 친목을 위하여 모인 회중이 아니라, 우주의 종말을 전제로 경건한 삶을 사는 사람들의 회중이었기 때문에 "종말론적 회중eschatological congregation"이라고 부른다. 이 종말론적 회중이라는 특수한 성격을 이해하지 않으면 "케리그마"의 성격도 충분히 이해되지 않는다.

뮈토스와 로고스가 짬뽕된 바울의 전략: 종말론적 회중의 믿음체계

자아! 과연 재림은 이루어졌는가? 내 얘기를 하기 전에 바울 본인의 이야기를한번 들어볼 필요가 있다.

우리가 주님의 말씀을 근거로 너희에게 이것을 말하노니, 주께서 재림하시는 날 우리가 살아남아있다 해도, 이미 죽어 잠자고 있는 자들보다 결코 앞서 하늘나라로 가지는 못할 것이니라. 명령이 떨어지고 대천사의 부르는 소리가 들리고 하나님의 나팔소리가 울리면, 주님께서 친히 하늘로부터 강림하시리니, 그리스도를 믿다가 죽은 자들이 먼저 일어나고, 그 다음으로 그때에 살아남아있던 우리가 저희와 함께 구름을 타고 공중으로 들리어 올라가서 주님을 영접하게 될 것이니라. 이렇게 해서 우리는 항상 주님과 함께 있게 될 것이니라. 그러므로 그대들은 이런 말로 서로를 위로하라(살전 5:15~18).

로마서 5~8장 언저리를 읽으면서 느끼는 심오한, 너무도 심오한, 이성적이고도 또 동시에 초이성적인 실존의 심연을 파고들어가는 바울이라는 지성의 웅장함에 감복하지 않을 수 없는가 하면, 이 데살로니가전서前書의 너무도 받아들이기 어려운, 에스에프영화의 장면보다도 더 유치하고도 구체적인 파루시아에 관한 바울의 이매지너리를 접할 때, 과연 바울이라는 인간은 어떤 인간인가? 신화와 신비와 신묘한 사유와 이성적 전략이 마구 혼효되어 있는 기발한 천재일까? 자기기만적인 무제약적인 지략가일까? 뮈토스와 로고스는 근본적으로 차이가 없는 것일까? 기묘한 질문을 던지지 않을 수 없다.

하여튼 파루시아의 때가 되면 하나님의 명령이 떨어지고, 예수는 요란한 팡파르를 울리면서 천사들을 대동하고 외계인처럼 하늘로부터 하강한다. 마치 비행접시 군단이 하강하듯이! 그러면 그리스도 안에서 죽은 자들이 모두 무덤에서 벌떡 일어나 산자들과 함께 손잡고, 구름을 타고 하늘로부터 하강하고 있는 예수를 영접하기 위하여 상승한다. 예수의 발길이 땅에 닿을 새도 없이 지상의 인간들은 공중으로 들어올려지는(harpagēsometha) 것이다.

예수와 부활한 자, 살아있는 자들의 해후가 공중에서 이루어지고 곧바로 저 하늘나라로, "주와 함께 있는" 영광을 누리게 된다. 분명한 실체가 있고, 공간의 이동이 있고, 장면들의 연쇄가 확실한 매우 구체적인 이미지가 바울에게는 있는 것이다. 바울은 이러한 사건이 곧 일어날 것이라고 예견하면서 "이런 말로 서로를 위로하라"고 권면한다. 이러한 그의 권면의 진지함을 보면, 바울은 자기가 죽기 전에 이러한 파루시아의 장면이 일어날 것이라고 믿었던 것 같다. 어찌 되었든 바울은 이러한 방식으로 부활과 재림을 선포하면서 바울교회를 만들어왔던 것이다. 데살로니가의 교회는 바울이 마케도니아에 초기에 건립한 교회이며 이 서한문도 바울의 편지 중에서 가장 초기의 문헌 중의 하나로 꼽힌다. 대략 AD 50년 봄에 쓰여진 것으로 추정되는데, 로마서와는 5~7년의 시간의 추이가 있다. 그러니까 데살로니가전서는 바울 미니스트리 초기의 작품이고 로마서는 후기의 완숙한 작품에 속한다.

일어나지 않은 일이 일어났다: 재림 불발, 재림 연기

그 사이에 무슨 일이 일어났는가? "일어나지 않은 일"이 일어났던 것이다. 예수는 다시 오지 않았다. 재림은 일어나지 않았다. 우주의 종말은 오지 않았다. 시간은 종료되지 않았다.

자아! 기차역 플랫폼에서 열차를 기다리는 사람들에게 와야 할 기차가 오지 않을 때, 역장은 무엇을 발표하는가? "연착"을 발표할 수밖에 없다. 이 연착의 발표를 신학계에서는 "재림의 연기"라고 말한다. "긴박한 재림Imminent Second Coming"의 기대가 맥이 풀리고 마는 것이다. "긴박한 재림"은 "느슨한 재림"으로 바뀌고 만다. 그런데 이러한 사태는 종말론적 회중의 공동체에 있어서 엄중한 사태가 아닐 수 없다. 실로 많은 문제를 야기시킨다.

종말론적 회중의 이삿짐, 교회의 공동소유

독자들이 사도행전 2장에 기록된 초대교회 최초의 모습에 관한 기술을 보면 심각한 사태를 좀 짐작할 수 있을 것이다: "믿는 사람은 모두 함께 지내며, 그들의 모든 것을 공동소유로 내어놓고, 재산과 물건을 팔아서, 모든 사람에게 필요한 만큼 나누어주었다. 그리고 한마음이 되어 날마다 열심히 성전에 모였으며 집집마다 돌아가며 같이 빵을 나누고 순수한 마음으로 기쁘게 음식을 함께 먹으며 하나님을 찬양하였다."(행 2:44~47).

"종말"이라는 사태는 더 이상 개인의 소유를 불필요하게 만든다. 모든 것이 끝나는 마당에, 이 세상의 삶이 끝나버린다는데, 더 이상 이 세상에 미련 가질 일도 없고 세간살이를 유지할 필요가 없다. 집 팔고, 땅 팔고, 세간 팔아, 다 교회에 공동소유로 내어놓는다. 그야말로 칼 맑스가 꿈꾸는 공산사회가 실현된 것이다. 지금 우리나라 박장로교회 신앙촌 이래의 모든 신흥종교가 바로 이러한 종말론과 공동체 공동소유를 신념으로 내건다. 가족과 싸우고 이혼을 해도, 집문서를 가지고 와도 다 환영한다.

하늘나라 공동체의 번영에 기여한다고 격려하고 고무하면서 교회재산만 늘려먹는다. 순식간에 여기저기 교회 브랜치가 생겨난다. 사실 초대교회의 형성과정에는 한국 신흥교회의 형성과정에 내포되어 있는 기만성이나 사기성이 충분히 내재하고 있었다고 보아야 한다. 역사는 낭만이 아니다. 온갖 선·악, 희·비의 복합체이다. 초대교회가 모든 교회의 이상적 원형, 그 이데아인 것처럼 쳐다보는 환상은 금물이다. 희비의 복합체로부터 헤쳐 나온 그 인간들의 여정이 중요할 뿐이다. 진실은 과정일 뿐이다.

종말의 열차가 오지 않는다! 열차는 반드시 온다!

그러니까 역전 플랫폼에 나온 사람들은 집 팔고 땅 팔고 세간 팔아 나온 사람들이다. 그리고 열차도 보통열차가 아니라, 이 세상, 이 코스모스를 떠나는 영원(=영생)으로의 열차이다. 그런데 그 열차가 오지 않는다니! 말이 되는가? 종말론적 공동체는 파루시아의 지연으로 배신감과 불안감으로 분규에 휩싸이지 않을 수 없다. 우리나라 교회들이 항상 분규에 휩싸이는 꼴과 대차가 없다. 사실 데살로니가

도올의 마가복음 강해

전서에 나타난 바울의 메시지는 이러한 긴박한 상황에 처하여 우선 불을 끄기 위하여 강력한 메시지를 발한 것이다. 희망을 잃지 마라! 서로 권면하라! 열차는 반드시 온다! 곧 온다!

이 데살로니가전서의 바울 언어에는 먼저 죽은 자, 이미 고인이 된 자들에 대한 콘선concern(배려)이 있는데, 이것은 교회에 나온 후로 이미 많은 사람들이 재림을 기다리는 중에 죽었다는 것을 의미한다. 집 팔고 땅 팔고 교회에 나왔는데 엄마, 아버지마저 먼저 돌아가셨다. 그럼 우리 엄마·아버지는 열차에 탈 수 없나? 바울은 말한다: "그리스도 안에서 죽은 자들이 우리보다 먼저 일어나 먼저 들리워 올라가게 되리라!"

바울은 사기꾼인가? 비신화화의 필요성

바울은 이렇게 강력하게 "긴박한 재림"을 선포했지만, 과연 바울과 같은 당대 최고의 지성이 이러한 자기의 선포를 진실로 믿었을까? 바울이 이러한 긴박한 재림을 진심으로 믿지 않고 이러한 메시지를 면피용으로 혹은 전략적으로 발했다면 바울은 사기꾼이 될 수밖에 없다. 바울은 과연 사기꾼인가?

이러한 질문은 지극히 난감한 과제상황을 제기한다. 과연 사기를 쳐서라도 어떠한 대의를 구현하는 방편이 생겨난다면 사기를 칠 수도 있다고 말할 수 있을까? 바울의 진실한 인격, 성실한 삶의 자세, 그리스도복음에 대한 헌신, 그리고 진정성 있는 언어사용 등등의 총체적 상황을 고려해볼 때 바울을 사기꾼이라고 생각하기에는 어렵다. 그렇다고 그가 정말 긴박한 재림을 믿었을까? 최소한 이러한 문제는 오늘날 같이 우리가 체험하는 모든 상식적 세계가 과학적 인과성에 의하여 "제일적uniformly"으로 설명되는 합리적 세계관rational Weltanschauung이 정착되지 않은 시대적 분위기 속에서 생겨나는 한 사상가의 특이한 계시경험과 현실과의 괴리감의 맥락 속에서 이해되어야 할 것이다. 그래서 불트만은 "비신화화"를 요구한다. 모든 신화적 요소를 비신화화 함으로써 신화의 의미를 드러내는 것이다.

긴박성의 후퇴: 부활은 설명 가, 재림은 불가!

아무리 바울이 강력하게 재림을 선포했다 할지라도 그 "긴박성imminency"은 후퇴하지 않을 수 없다. 사실 재림의 기대란, 현실적으로 자기가 살고 있는 세계에 대한 절망감이나 저주로부터 생겨나는 것이다. 당시 초대교회에 매달린 사람들에게 그러한 절망감이 짙었다고 말할 수밖에 없다. 그러나 "재림"은 애초로부터 불가능한 예기豫期였다. 재림은 불가능한 사태였다. 나중에 밝혀지겠지만 "부활"이란 오히려 가능할 수 있는 사태이다, 아니, 정확하게 말하면 설명될 수 있는 사태이다. "부활"의 최종적 사실은 "빈 무덤"일 뿐이다. 그러나 "부활의 신념"을 가능케 한 집단적 각성이 "재림"으로 나아간 사태는 심히 유감스러운 것이다. 그러나 그 진전사태에도 모종의 시대적 필연성이 있었다고 말할 수밖에 없다.

열차는 온다. 3시에 온다. 아니, 5시에 온다. 아니 10시에 온다. 아니, 내일 온다, 모레 온다, 몇 년 뒤 온다, 몇십 년 뒤 온다! 다양한 문헌들의 언어를 살펴보면 재림은 AD 110년 정도의 시기까지 연기되었던 모양이다. 그러나 그러한 연기선포가 종말론적 회중에게 특별한 의미를 지닐 수 없다는 것은 너무도 뻔한 이치이다. 재림은 물리적으로 현실화될 가능성이 없다!

재림 지연으로 인한 바울사상의 변화

데살로니가전서와는 달리 후서後書에만 와도 바울은 이미 긴박한 재림을 운운하지 않는다. 연기된 상태에서의 공동체 소속 교도들의 정신상태를 말하고 있는 것이다. 그리스도인들에게 가해질 박해에 대하여 굳센 의지를 가져야 한다는 것과 가짜 그리스도 사기꾼들의 출현에 대한 경계태세를 강조한다. 그리고 희망을 테마로 내세운다. 좌절하지 말고 승리에 대한 확신을 가져라! 투쟁정신을 불태우는 덕성으로서 희망을 제시하고 있는 것이다.

그러나 결국 바울과 같은 심오한 사상을 가지고 있고, 치밀하게 설득력 있는 논리를 개발할 수 있는 사람이 계속 "재림"에 매달릴 수는 없다. 재림은 부활의 필연적 귀결로서 초대교회의 케리그마의 핵심으로 이미 자리잡았기 때문에 그 논리에 의존하지 않고서는 창조적인 교회활동을 벌일 수가 없었다. 그러나 그 논리의 자가당착적인 모순성, 한계성, 기만성은 너무도 명백한 것이다. 바울은 열차가 오지 않는다는 것을 선언할 수는 없었다. 그리하면 자신의 선교의 모든 것이 사기, 거짓으로 판명되기 때문이다. 사실 바울의 사상이 심오하고 오묘하게 보이는 이유는 그의 사유와 논리에는 황당하게 신화적인 측면과 심오한 실존적인 고뇌와 합리적 설득국면이 항상 동시에 배접되어 있기 때문이다.

하나님의 인의認義

바울은 긴박한 재림의 논리를 근원적으로 전환시키는 새로운 선교의 국면을 창출하지 않으면 아니 되었다. 그것이 바로 로마서의 테마인 "인의認義Justification"라는 것이다. 인의란 "의롭다고 인정한다, 판결한다"는 것이다. 재림의 논리를 구체적인 최후심판의 법정논리로 변환시킨 것이다. "인의"의 주체는 인간이 아니라 어디까지나 하나님이다. 인간은 자기 스스로를 의롭다고 판정할 수는 없다. 다시 말해서 인의라는 것은 하나님과 인간이 정의로운 관계, 평화로운 관계로서 새롭게 설정된다는 것을 의미한다. 그런데 인간은 어떠한 경우에도 율법의 행위에 의하여 정의롭게 될 수가 없다. 율법은 끊임없이 더 많은 죄의식을 생산할 뿐이다.

너의 죄를 그리스도와 더불어 십자가에 못박아라!

"인의"의 핵심, 다시 말해서 최후의 심판정에서 정의로운 인간(=무죄의 인간)이라고 판결을 받기 위한 그 유일한 통로는 그리스도에 대한 믿음뿐이다. 예수께서 우리의 죄를 대속하여 돌아가셨다는 것을 믿는 길만이 나의 죄가 일시에 사하여질 수 있는 유일한 방편이다. "의롭게 된다"는 것은 내가 덕성을 닦아 의로운 인격자로 변모하는 주관적 품성의 과정을 의미하지 않는다. 그것은 내가 타자의 행위, 즉 신적인 행위에 의하여 의롭게 된다고 하는 그런 특별한 믿음에 의거하여 즉각적으로 무죄판결이 나는 것을 의미하는 것이다. 그 믿음은 나 실존내면의 결단인 동시에, 자력이 아닌 타력신앙이다. 불교로 말하면 점漸이 아닌 돈頓이다.

그 신적인 행위divine act가 바로 예수 그리스도이다. 바울은 데살로니가전서에서부터 이미 "그리스도 안에서in Christ"라는 표현을 많이 사용하는데, 그것은 그리스도와 같은 가치관 속에서 산다고 하는 크리스챤의 삶의 기본적 성격을 나타내는 것이다. 믿음이란 곧 "그리스도 안에서의 믿음faith in Christ"이며, 그리스도의 십자가를 실천하는 삶이다. 그것은 나의 모든 죄를 그리스도와 더불어 십자가에 못 박는 것이다.

> 그러므로 우리가 믿음으로 의롭다 하심을 얻었은즉 우리 주 예수 그리스도를 통하여 하나님과 더불어 평화를 누리게 되었나니라(롬 5:1).

로마서의 이 언명은 실로 바울신학의 주요테제를 함축하고 있다. 인의는 오직 믿음으로써만 가능한 것이다.

재림의 새로운 해석: 플랫폼 바로 그곳에서 구원을 얻어라!

그러므로 이제 바울의 강조는 기차를 어디로 가는 예기에 있는 것이 아니라 바로 기차를 기다리고 있는 플랫폼에서, 당장 지금 여기서 구원을 얻는 삶의 자세의 문제로 강조점이 옮겨지게 된다. 부활·재림의 문제상황은 인간의 "죄"라고 하는 실존적 상황으로 대치된다. "재림의 구원"은 "믿음에 의한 인의," 다시 말해서 인간이 삶의 죄로부터 해방됨으로써 하나님과 화평한 관계를 가지게 되는 구극적 사건으로 환원된다. 그 사건의 핵심적 브릿지가 바로 예수 그리스도인 것이다. 인간은 오로지 그리스도를 통하여 구원을 얻을 수 있고 영생을 얻을 수 있다. 그것이 바로 그리스도의 "재림"이 아니고 또 무엇이랴!

바울의 궁극적 메시지는 이 한마디에 있다: "내가 원하는 바 선은 행치 아니 하고 도리어 원치 아니 하는 바 악은 행하는도다 …… 오호라! 나는 곤고한 사람이로다. 이 사망의 몸에서 누가 나를 건져내랴!"(롬 7:19~24). 부활·재림의 외형적 문제가 오늘 나 여기의 실존의 문제로 내면화 되기에 이른다. 이러한 실존의 문제로 심화되면 교회공동체의 사람들도 마지막 열차를 기다리지 않고도 오늘 여기에서의 세속적 삶을 반추하고 그리스도 안에서의 삶을 살게 되는 것이다.

부활에서 재림으로, 재림에서 십자가사건으로! 의타에서 자내로!

우리가 초대교회의 "케리그마"라고 하는 문제를 이야기하다가 이야기가 좀 길어졌는데, 시대에 따라 케리그마의 강조점이 움직였다는 것을 알 수가 있다. 케리그마의 최초의 초점은 "부활"이었을 것이고, 그 "부활"은 공동체가 비대해짐에 따라 "재림"으로 그 초점이 옮아갔을 것이다. 그리고 재림이 지연되면서 "재림"은 다시 예수의 "십자가사건"으로 환원되었을 것이다. 바울은 부활의 발견자가 아니라 부활의 해석자였다. 그리고 "십자가사건Crucifixion"에 최대의 의미를 부여한 이론가였다. 바울이 어떠한 계기에 의하여 개종Conversion(우리말에 적당한 번역말이 없었다. "믿음의 역전"이라는 뜻이다)케 되었는지는 도무지 알 길이 없다. 우리가 흔히 알고 있는 사도행전 9장에 나오는 다메섹 도중의 사건은 픽션화된 기술이며, 신빙성이 없을 뿐 아니라 바울 내면의 진실을 밝히는 내용이 없다(사도행전에는 비슷한 내용이 3번 반복적으로 나온다). 바울이 본인의 입으로 밝힌 기술로서는 오직 갈라디아서 1:16에 있는 매우 간결한 한 줄의 언명이 있을 뿐이다: "하나님께서 당신의 아들을 이방인들에게 널리 알리게 하시려고 기꺼이 그 아들을 나에게 나타내 주셨습니다."

바울의 아포칼립스: 이방인의 사도됨, 고린도전서 15장의 기술

여기 우리가 취할 수 있는 의미는 "하나님께서 그 아들을 나에게 나타내주셨다"라는 명제 하나뿐이다. "이방인들에게 널리 알리게 하시려고"라는 것은 결과론적 기술이지 목적론적 기술이 아니므로 별 의미가 없다. 결과적으로 하다 보니 이방인을 위한 사도가 된 것이지, 개종 전부터 그가 이방인을 위한 사도로 점지되었던 것은 아니다. 만약 바울이 기존의 교회에 핵심멤버로서 흡수되었다면 바울은 이방인의 사도가 되지 않았을지도 모른다.

중요한 표현은 "나타내주셨다"라는 동사 하나뿐인데, 그것은 원어로 "아포칼사이"인데, 우리가 흔히 말하는 "아포칼립스"의 동사형이다. 그것은 "베일에 가렸던 것이 드러난다"는 뜻이요, "은밀하게 숨겨져 있는 의미가 계시된다"는 뜻이다. "그 아들을 나타내셨다"라는 뜻은 "숨겨진 그 아들의 의미가 나에게 드러났다"는 뜻이다. 바울의 내면적 심경의 변화를 암시하는 표현임에는 틀림이 없다. 바울이 예수의 의미에 관해 최초의 해석을 내린 사람도 아니고 바울이 최초의 교회운동을 한 사람도 아니다. 바울 이전에 이미 에클레시아는 여기저기 산발적인 그룹운동으로 존재했다. 자아! 다음으로 예수의 부활·현시에 관하여 바울이 기술하고 있는 대표적인 대목을 한번 살펴보자!

나는 내가 전해 받은 가장 중요한 것을 여러분에게 전해 드렸습니다. 그것은 그리스도께서 성서에 기록된 대로 우리의 죄 때문에 죽으셨다는 것과 무덤에 묻히셨다는 것과 성서에 기록된 대로 사흘 만에 다시 살아나셨다는 것과 그 후 여러 사람에게 나타나셨다는 사실입니다. 그리스도께서는 먼저 베드로에게 나타나신 뒤에 다시 열두 사도에게 나타나셨습니다. 또 한번에 오백 명이 넘는 교우들에게도 나타나셨는데 그 중에는 이미 세상을 떠난 사람도 있지만 대다수는 아직도 살아 있습니다. 그 뒤에 야고보에게 나타나시고 또 모든 사도들에게도 나타나셨습니다. 그리고 마지막으로 팔삭둥이 같은 나에게도 나타나셨습니다. 나는 사도들 중에서 가장 보잘것없는 사람이요 하느님의 교회까지 박해한 사람이니 실상 사도라고 불릴 자격도 없습니다. 그러나 내가 오늘의 내가 된 것은 하느님의 은총의 덕입니다. 하느님께서 나에게 주신 은총은 헛되지 않았습니다. 과연 나는 어느 사도보다도 더 열심히 일했습니다. 그러나 이것은 내가 한 것이 아니라 나에게 주신 하느님의 은총으로 된 것입니다. 내가 전하든지 다른 사도들이 전하든지 우리는 그리스도의 죽음과 부활을 전하고 있으며 여러분은 그것을 믿었습니다 (고전 15:3~11).

여기 제3절의 "나는 내가 전해받은 가장 중요한 것을 여러분께 전해 드렸습니다"라는 표현은 그 이후의 내용이 바울이 직접 체험한 내용이 아니라 바울이 전해받은 바의 중요한 것이라는 뜻이다. 어디서 전해받았나? 그것은 이미 바울의 개종 이전에 엄존한 교회로부터 전해받았다는 것이다. 그 내용은 무엇인가?

바울이 교회로부터 전해받은 내용이 무엇인가?

"그것은 그리스도께서 성서에 기록된 대로 우리의 죄 때문에 죽으셨다는 것과 무덤에 묻히셨다는 것과 성서에 기록된 대로 사흘만에 다시 살아나셨다는 것과 그후 여러 사람에게 나타나셨다는 사실입니다."

여기 "우리의 죄 때문에 죽었다" 앞에 "성서에 기록된 대로according to the scriptures(복수)"라는 수식구가 있는데, 이것은 진실로 웃기는 표현이다. 이때는 우리가 알고 있는 구약성서도 없었고, 신약성서도 없었다. 그 비슷한 것이 있다 할지라도 "그리스도께서 우리의 죄 때문에 죽으셨다"라는 기록은 존재하지 않는다. 이 표현은 "사흘만에 다시 살아나셨다" 앞에서도 반복적으로 나타나는데, 이것은 실제로 이것을 기록한 성서가 당시 문헌으로서 있었던 것일 수 없다. 단지 "그리스도께서 우리의 죄 때문에 죽으셨다"는 명제와 "사흘만에 다시 살아나셨다"라는 명제를 절대화 시키고 추상화 시키고 일반화 시키기 위하여 삽입한 모호한 표현에 지나지 않는다. 사실을 사실 그대로 말하는 표현양식이 아니다. 언제, 어디서, 어떻게, 누가 왜 예수를 죽였나 하는 구체적 사태를 은폐하기 위하여 그 사건을 비역사화 시키고 있는 것이다. 모든 공적인 발표, 즉 선포의 형식이 이러한 것이다.

7절까지는 객관적 교회의 케리그마, 8절 이후는 주관적 기술

그런데 이어서 예수의 현시Appearance를 말하는 장면에서도 전혀 우리가 알고 있는 사태와 다르며 구체성이 없다. 그리스도께서는 제일 먼저 베드로에게 나타났다고 했는데 이것은 복음서의 사실과 일치하지 않는다. 베드로는 부활하신 예수를 처음 본 사람이 아니었다. 그리고 열두 사도에게 → 오백 명이 넘은 교우들에게 → 그 뒤에 야고보에게 → 또 모든 사도들에게도 나타나셨다고 기술하고 있다. 바로 이 7절까지의 언급이 초대교회에서 정식화 된 논의의 형식이라는 것을 알 수 있다.

제8절 "그리고 마지막으로 팔삭둥이 같은 나에게도 나타나셨습니다" 이후의 기술은 바울 자신의 체험에 속하는 것이다. 그러나 15:3~7절의 내용은 추상화 되고 비역사화 되고 절대적인 신념의 체계가 된 초대교회의 입장을 대변하고 있는 것이다. 이것은 바울의 주장이나 실존적 계시체험과는 무관한 매우 객관화 되어 있고 정형화 되어 있는 교회의 입장으로서 바울에게 전해진 것이다. 바울도 이것을 어길 수는 없었다. 그래서 첫머리에 바울은 "나는 내가 전해 받은 가장 중요한 것을 여러분에게 전해드렸습니다"라고 말한 것이다.

바울이 전해받은 초대교회 케리그마의 정체

바울이 전해 받은 것, 이것이 바로 초대교회의 케리그마라는 것이다. 그 케리그마의 내용은 매우 명확하다: "그리스도께서 우리의 죄 때문에 죽으셨다는 것과 무덤에 묻히셨다는 것과 사흘만에 다시 살아나셨다는 것과 그후 여러 사람에게 나타나셨다는 사실입니다." 초대교회의 케리그마의 핵심은 이제 명료해진다. 그것은 예수의 죽음과 부활이었다: "내가 전하든지 다른 사도들이 전하든지 우리는 그리스도의 죽음과 부활을 전하고 있으며 여러분은 그것을 믿고 있습니다."

자아! 이제 독자들은 "케리그마"에 대한 매우 명료한 인식을 갖게 되었을 것이다. 기실 사도 바울에게 계시된 예수의 의미가 무엇이었든지간에 바울은 이미 기존의 케리그마에 대한 새로운 해석을 내린 사상가임에 틀림이 없다. 그리고 바울은 재림의 문제까지를 포섭하여 새로운 케리그마를 선포함으로써 독자적인 교회운동을 이방의 세계로 펼쳐나갔던 것이다. 그런데 초대교회운동은 결코 바울이 주도했던 것이 아니다. 바울의 교회운동은 예루살렘 이스태블리쉬먼트의 입장에서 보면 어디까지나 아웃사이더적, 페리페리적인 것에 불과했다. 그러나 바울의 언어는 강력했고 그 이론적 틀은 아무도 거부할 수 없는 인간 실존의 총체적 테마들을 다 건드리고 있었다.

바울은 인간 예수를 만난 적이 없다, 성문이 아니다

그러나 바울의 논리에는 결정적인 하자가 있었다. 아니, 결함이라고나 할까? 아니, 결여 정도라고 표현해야겠지. 바울은 살아있는 예수를 만난 적이 없다. 예수의 삶에 관해 관심을 갖지도 않았다. 가질 필요가 없었다. 아니, 그의 이론적 체계의 일관된 철저성을 위하여서는 알면 안되었다. 누구든지 그 삶은 구질구질하다. 논란의 여지가 너무 많다. 인간됨을 말하자면 항상 약점이 끼어들게 마련이다. 초대교회가 선포하고자 하는 것은 인간 예수가 아니라 하나님의 아들 예수다. 인간 예수가 아니라 그리스도 예수다. 바울의 모든 논리는 "그리스도됨"의 의미에 관한 것이다. "그리스도됨"이라는 것은 오로지 "부활"을 기점으로 삼는 것이다. 브레데가 말하는 "메시아의 비밀"도 메시아라는 개념은 부활사건 이후에만 적용될 수 있는 사태이기 때문에 살아있을 동안에는 "메시아"라든가 "하나님의 아들"이라는 규정성이 거부될 수밖에 없다는 뜻이다.

다른 색깔의 복음을 원하게 된 사연

그러나 부활의 시점으로부터 예수를 말한다는 것은 너무 어둡고 이론적이고 사변적이고 추상적이다. 예수는 부활의 예수이기 전에 갈릴리 지평에서 민중과 같이 웃고 울고 먹고 노래하고 살았던 한 인간이었다. 그 인간을 기억하는 사람들! 즉 불교에서 말하는 붓다의 소리를 직접 들었다 하여 성문聲聞 śrāvaka이라고 표현하는 그런 사람들이 아직도 많이 살아있었다. 더구나 그에 관한 이야기들이 여러 갈래로 갈릴리 민중 사이에서 전승되고 있었다. 바울의 이방인교회, 야고보·베드로 중심의 예루살렘교회와는 별도로 갈릴리 지역에, 혹은 지금의 레바논·시리아 지역에 살아있던 예수를 기억하는 사람들에 의한 에클레시아가 다수 존재했다.

이들은 자연히 어둡고 이론적이고 사변적이고 추상적인 부활의 예수보다는 밝고 활동적이고 실천적이고 구체적인 삶의 예수를 그리워했다. 죽음은 추상이지만 삶은 구상이다. 죽음은 단색이지만 삶은 다양한 색깔이다. 단색은 심오한 이론을 만들어내는 데는 편리하지만 살아있는 인간들에게 감동을 전하는 데는 너무 지루하고 단조롭다. 다양한 색깔의 그림은 일관된 이론을 만들기에는 난감한 측면이 있지만 살아있는 인간들의 심장을 뛰게 만드는 생동하는 공감의 폭을 가지고 있다. 재림이라는 긴박성으로 공동체가 유지될 때는 바울의 이론과 권면이 절대적인 위로가 되었고 권위가 있었다. 그러나 재림의 기대가 물건너가게 되면 공동체는 보다 다른 색깔의 복음을 원하게 된다.

예수는 과연 누구인가? 바울은 예수를 모르지 않는가?

예수는 과연 누구인가? 과연 그는 어떤 인간인가? 어떤 삶을 살았길래 부활할 수 있었는가? 그가 과연 하나님의 아들이라고 한다면 하나님의 아들로서의 인간적 삶은 과연 어떤 모습이었을까? 예수는 어디서 태어났는가? 부모가 누구인가? 형제가 있는가? 애인이 있었는가? 결혼은 했는가? 일상적 삶이 어떠했는가?

자아! 여기 한 갑돌이가 있다. 갑돌이는 갈릴리 사람이다. 갑돌이가 열 살 때 예수가 죽었다. 바울은 갑돌이가 서른 살 되었을 즈음 죽었다. 지금 한 쉰 전후의 나이다. 그는 팔레스타인 북부 크리스챤 공동체의 한 사람이다. 예수를 직접 만나본 사람은 아니지만 꾸준히 그에 대한 풍문을 들어왔다. 그는 바울교회의 사람들이나 예루살렘교회의 사람들과는 매우 다른 신념을 가지고 있다. 바울교회의 짙은 이론적 구라도 싫고 예루살렘교회의 하이어라키 중심의 교회조직도, 사도성 정통주의도 싫다. 그는 어렸을 때 어렴풋이 들었던 갈릴리 흙모래 바람을 흩망또 하나 걸치고 뚫고 지나가는 인간 예수의 모습이 그립다.

추상과 구상, 논리와 이야기, 이론과 실천

바울에게 예수는 추상이지만 갑돌이에게 예수는 구상이다. 추상은 지어낼 것이 논리밖에 없다. 그러나 구상具象은 논리가 아닌 "이야기Story"를 지어낸다. 논리적 담론은 이론theoria을 구성하지만, 이야기는 무한히 다양한 호기심과 논리적 충돌과 삶의 모순성을 자극하고 실천적praxis 결단을 요구한다. 삶의 이야기는 무엇보다도 살아있는 사람들의 공감을 자아낸다. 공감이란 쉬운 것이다. 이론적 각성은 어렵지만 감성적 교감은 쉬운 것이다. 철학적 저술을 읽고 깨닫는 것은 어렵지만 영화를 보고 감명을 받는 것은 쉬운 것이다. 전자가 지적인 소수를 대상으로 한다면 후자는 헬라말로 "오클로스ὄχλος"라 불리는 대중을 상대로 한 것이다.

헬레니즘 영향권에서 활동한 극작가·연출가 갑돌이

그런데 갑돌이는 여러 극장에서 연극을 연출해본 경험이 풍부하다. 갑돌이가 살았던 시대의 갈릴리 지역은 유대 지방과는 달리 문화적으로 매우 개방적이었으며 상당히 헬라화 되어 있었다. 알렉산더대왕의 지배를 거쳐 로마시대에 이르기까지 희랍의 폴리스를 본뜬 도시들이 여기저기 건설되었다. 두로(뛰레Tyre)와 시돈을 비롯하여 세포리스Sepphoris와 같은 갈릴리 행정수도 그리고 데가볼리(데카폴리스Decapolis: 열 개의 폴리스라는 뜻. 이 지역은 유대종교문화에 대한 반감이 많았으며 매우 개방된 문화를 유지했다. 희랍철학과 희랍적 삶의 방식의 요새였다)의 여러 도시에는 극장이 건설되었다.

티베리우스황제의 치세로부터 문학적 창작이 매우 번성했는데, 갑돌이가 살았던 시기는 로마문학의 실버에이지The Silver Age of Roman Literature라고 불리는 그러한 시대였다. 당시 갈릴리 지역의 극장에서 아이스퀼로스, 소포클레스, 유리피데스의 비극은 단골메뉴였고, 키케로Marcus Tulius Cicero, BC 106~43와 같은 작가의 산문, 루크레티우스Lucretius, 버질Virgil, 호러스Horace BC 65~8의 아름다운 시詩도 계속 회자되었다. 스토익 철학자인 세네카Seneca the Younger, BC 4~AD 65도 9편의 비극을 썼다. 하여튼 갑돌이는 이들의 작품들을 연출해본 적이 있으며 희랍비극의 양식이나 테마에 관해 깊은 통찰이 있었다.

예수와 소크라테스

그의 머릿속엔 예수의 삶이 아테네의 철인 소크라테스의 삶과 겹쳐 떠오르기도 했다. 소크라테스도 계속 드라마 작가들의 주제가 되어왔다. 예수나 소크라테스나 다같이 재판을 받았고, 억울한 죄명으로 처형되었다. 소크라테스는 아테네의 청년들의 심령을 타락시켰다, 그리고 국가가 믿는 신을 믿지 않는다는 윤리적 이유와 종교적 이유로 처형되었다. 단지 두 사람에게서 크게 다른 것은 예수는 부활했고 소크라테스는 부활하지 않았다는 것이다.

비극의 주인공이 대면해야만 하는 가혹한 운명

희랍비극의 주인공들은 가혹한 운명*moira*과 싸운다. 대체로 그 운명은 주인공들에게 미리 암시되어 있다. 그럼에도 운명의 장난은 주인공의 항거나 저항에도 불구하고 어김없이 진행된다. 자유의지를 가진 인간이 어김없이 진행되는 대자연의 섭리나 신탁의 명령에 굴복할 수밖에 없다는 것이 희랍비극이 노리는 주제가 아니다. 굴복할 수밖에 없는 인간의 운명은 "비극적 정조"를 자아내기 위한, 관객의 카타르시스를 유발하기 위한 장치일 뿐이다. 주인공은 자기의 가혹한 운명에 순응하는 것이 아니라, 끝까지 처절하게 그 운명의 진실을 알아내고자 몸부림친다. 오이디푸스왕이 목자와 주고받는 이 한마디에 희랍비극의 정신은 압축되어 있다.

목자: 아아~ 이제야말로 끔찍한 말을 하지 않을 수 없게 되었구나!
  Oh God, I am on the brink of frightful speech.

오이디푸스: 그리고 나는 듣지 않을 수 없고, 그래도 기어이 들어야겠다!
  And I of frightful hearing, But I must hear.(English translation by David Grene.)

듣는 순간, 오이디푸스는 더 이상 감내할 수 없는 운명의 장난에 휘말리고 만다. 물론 오이디푸스는 그것을 직감한다. 그러나 그 진실을 덮을 수는 없다. 비록 운명과 싸운다는 것은 애초로부터 가망없는 일처럼 보이지만, 주인공은 조금도 동요

함이 없이 적극적이고 능동적으로 자신의 운명과 끝까지 대결하고 그것을 받아들인다.

희랍비극의 주인공은 운명이 자기의 과실이 아닐지라도 피하지 않고 받아들인다

진실의 외면은 파멸의 모면을 가져올 수 있지만, 주인공은 결연히 생존보다 명예를, 외면적 가치보다 내면적 가치를, 그리고 정신적 죽음보다는 육체의 죽음을 택한다. 희랍비극에서는 운명을 관장하는 신이 주인공이 아니라, 자신의 운명과 자발적이고 적극적으로 대결하는 인간 자신이 드라마의 주역이다. 도덕적 과실을 통해서 얻은 고통이 아닐지라도 인간은 그 고통을 통해서만이 지혜에 도달케 된다는 것이다. 이러한 인간의 절대의지, 비타협성, 운명애가 주인공을 비극의 주역으로 만들고 있는 것이다. 희랍비극의 주인공들은 이러한 고통을 통해서 한없이 불합리하고 무자비한 우주의 비밀을 캐내려고 하며, 자신의 존재의 제약성의 답답함을 뛰어넘으려 하며, 현세적 안락의 질서를 파괴하며, 삶의 잔인한 모순을 직시하며, 궁극적 실재의 진상을 파악하려고 몸부림친다.

희랍비극의 주인공과 같은 운명의 사나이, 예수의 더 짙은 파토스

갑돌이는 이러한 희랍비극의 주인공들과, "하나님의 아들" 혹은 "메시아"라는 이름으로 주어진 파악할 수 없는 운명을 받아들이며 혹은 저항하여 갈릴리의 풍진 속에서 예루살렘성전에까지 어김없이 나아가는 고독한 예수의 십자가 여로 사이에 모종의 아날로지가 성립하고 있다는 것을 발견했을 것이다. 예수의 갈릴리 미니스트리(사역), 민중과의 교감, 민중의 고통을 대신하여 예루살렘성전에까지 입성함, 수난, 십자가라는 형틀 위에서의 처절한 죽음, 빈 무덤, 부활의 스토리는 어떠한 희랍의 비극보다도 더 강렬한 비극적 파토스와 민중의 소망을 불러일으키는 대단원의 드라마가 성립할 수 있다고 생각했다.

AD 70년 예루살렘의 멸망과 마가복음의 성립

자아! 가자! 갈릴리로! 갑돌이가 산 시대에는 매우 중요한 정치적 사건이 하나 있었다. 중요하다기보다는 유대민족사에 있어서 가장 비극적인 파멸의 장면, 1948년 이스라엘 국가가 성립하기 이전까지 대략 2천 년의 세월을 또다시 다이애 스포라에서 보내게 되는 비운의 사건이 개재되어 있었다. 갑돌이가 새로운 복음 서 문학장르를 구상한 것은 AD 70년 예루살렘성전의 멸망, 그 직후였다. 역설적 으로 말한다면, 티투스의 로마군단에 의한 예루살렘성전의 파괴야말로 현재 우리 가 알고 있는 이 기독교라는 종교를 탄생시킨 결정적인 계기가 되었다고도 말할 수 있다. 우선 갑돌이의 상상력이나 운필의 자유를 억압하는 예루살렘의 일체의 종교적 하이어라키가 파괴되었다. 예루살렘성전의 파괴는 예수의 물리적 죽음 과도 같은 사건이었고, 바울의 신학으로 말하자면 율법의 근거가 사라지는 사태 였다.

정통 유대인들에게는 크리스챤은 을사오적

둘째로는, 기독교인들은 이스라엘국가의 세속적 존립에 관하여 특별한 관심이 없었다. 열렬한 유대인 정통주의자들은 로마의 강압적 지배에 항거하였지만 기독 교인들은 로마정권과 타협적인 자세를 취했고 이스라엘 국가주의와 완전히 결별 했다. 로마황제 트라이아누스Trajan에 대한 유대인들의 반란(AD 115~117)에 유대 인 기독교도들은 가담치 않았고, 하드리아누스황제의 탄압에 대한 메시아적인 지 도자 시몬 바르 코크바Simon Bar Kokhba의 반란(AD 132~136)에도 가담치 않았다. 그들은 바르 코크바의 호소에 귀를 기울이지 않았다. 100여 개의 도시에서 85만 명의 인명이 죽임을 당하는 현실을 외면했다. 이러한 문제는 실제로 유대민족에 게 세속적인 국가의 의미가 과연 무엇인지를 반문케 한다. 바울은 이방인전도 라는 보편주의를 통하여 유대인의 율법주의를 새롭게 완성시킨다고 하는 그랜드 한 구상을 세웠지만, 유대인 정통주의자들에게 크리스챤은 을사오적 그 이상의 아무것도 아니었다.

성전의 멸망, 하나님 나라의 도래

갑돌이는 예루살렘성전의 멸망을 오히려 예수의 메시지가 새롭게 들릴 수 있는 호기로 생각했을지도 모른다. 예수가 뒤엎어버렸던 예루살렘성전이 완벽하게 파괴되고 난 후의 세계야말로 오히려 하나님의 새로운 질서(하나님 나라)가 임할 수 있는 새로운 토양일 수도 있다.

가자! 갈릴리로! 갑돌이는 혼자 갔을 수도 있고, 작가그룹과 함께 갔을 수도 있다. 갑돌이의 프로젝트는 진실로 세계사를 뒤흔드는 에포칼 한 작업임에 틀림이 없었다. 유례가 없는 작업이었기에 그만큼 창조적인 공포가 그들을 리드하고 있었다.

"마가복음의 저자"라는 기술구, 신학은 서양학자들의 전유물이 아니다

자아! 지금쯤 이 갑돌이라는 이름을 마가로 바꾸어도 상관이 없을 것 같다. 마가복음의 저자가 "마가"라는 이름의 사나이였는지 어떤지는 아무도 모른다. 단지 "마가복음의 저자"라는 기술구가 있을 뿐, 그에 해당되는 사람이 "마가"라는 고유명사로 지칭되는 사람인지 어떤지는 아무도 모른다. 그래서 편의상 갑돌이라 하든, 마가라 하든 아무 상관 없다. 내가 여태까지 갑돌이라 말한 것은 마가복음의 저자에 관한 어떠한 이론도 정밀한 해답이 되지 않는다는 뜻이다. 다양한 자료로 미루어 추론된 가장 정합적인 이론을 나는 제시한 것이다. 우리나라 사람들은 신학은 서양사람들의 소유물이라는 그릇된 편견을 가지고 있다. 성서를 탐구하는 태도와 방법에 있어서 서양의 성서학자들의 견해가 우리보다 더 우수하거나 오리지날하다든가 더 스탠다드한 기준이 된다든가 하는 것은 실로 편견에 불과하다. 이스라엘은 기본적으로 아시아대륙에 속한 영역이며 그곳에서 벌어진 일들이 반드시 서구라파인들의 판단에 귀속되어야만 정통성을 획득한다는 생각은 아주 단순한 편견에 속하는 것이다. 만약 바울이 선교전략을 인도나 중국 방면으로 잡았더라면 기독교는 전혀 다른 모습을 띠게 되었을 것이다.

이스라엘은 아시아에 속한다, 마가의 지리적 표상 그 자체가 드라마

하여튼 갑돌이는 갈릴리 지역에서 살아있는 예수에 관한 많은 전승을 직접 걸어다니면서 채집했다. 혹자는 갑돌이가 갈릴리 사람이 아니라고 말하면서 그가 팔레스타인의 지리를 정확히 알고 있지 못하다는 비판을 제기하지만, 그러한 비판은 문헌을 바라보는 지극히 단순하고도 천박한 견해에서 비롯되는 것이다. 갑돌이처럼 팔레스타인 지역, 특히 갈릴리 지역의 지명을 세밀하게 전승과 관련시켜 명기하는 예는 고대문헌에서 드문 사례에 속한다. 그것이 지리적인 거리감각에 비추어 인과적인 충돌을 일으킨다 할지라도 그것은 크게 문제되지 않는다. 이야기 전승은 그 이야기를 채집한 지역의 이름이 그 이야기 속에 유기적 구조로서 들어가 있으며, 그것은 편집될 때 현실적 지리감각과 무관하게 배열될 수가 있다. 마가는 오늘날 우리가 알고 있는 지리적 표상의 리얼리즘에 관심이 없으며 지명을 채용하는 행위 그 자체로써 예수의 생동하는 모습을 나타내고 있는 것이다. 지명 자체가 하나의 의미체로서 취급되고 있는 것이다.

마가의 자료채집

갑돌이는 갈릴리호수 주변의 정황을 특별히 잘 알고 있다. 그 정황으로 미루어 보아도 그는 갈릴리호수 주변의 사람인 것 같다. 그리고 그는 가버나움이라는 갈릴리 북부 해변촌에서 특별히 많은 정보를 수집한 것 같다. 예수가 나사렛 출신이라는 것을 확실히 지적하면서도 나사렛은 무시해버린다. 가버나움을 중심으로 한 예수의 공생애가 그의 관심이었기 때문이다.

하여튼 갑돌이 그룹은 여기저기서 많은 자료를 수집하였다. 가장 중요한 것은 말씀자료(예수 가라사대 자료. 로기온*logion*이라고 부른다)이고, 다음으로 예수의 행적을 기억하는 사람들의 이야기자료, 그리고 놀랍게도 그들 이전에 이미 편집된 문헌자료가 있다는 것을 발견하게 된다. 초기 문헌자료는 대부분 말씀자료, 즉 예수어록 계열의 문헌이었을 것이다.

플롯구성회의와 마가공동체

이렇게 모은 자료들을 놓고, 요즈음 방송사에서 드라마를 만들기 위하여 헤드

작가와 조수작가들이 한데 모여 플롯구성회의를 하듯이 수없는 회의를 거쳐 마가복음이라는 새로운 문학장르를 창조해내었다. 오늘 우리가 알고 있는 마가복음은 이러한 치열한 과정을 거쳐서 탄생된 것이다. 그 복음서를 탄생시키는 데, 요즈음 방송드라마 탄생에 돈이 들어가듯, 자금이 많이 들었을 것이다. 그 자금을 댄 사람들을 우리는 "마가공동체Markan community"라고 부른다. 물론 마가공동체는 AD 70년대에 팔레스타인 북부 어디서 활동하던 초대교회 중의 하나였을 것이다.

마가복음: 인류사상 최초로 등장한 유앙겔리온 문학장르

마가복음은 인류사상 최초로 등장한, 유앙겔리온이라고 하는 유니크한 문학장르이다. 바울이 예수의 죽음을 선포하는 유앙겔리온의 선포자였다고 한다면, 마가는 예수의 삶을 선포하는 유앙겔리온을 창시했다. 바울의 유앙겔리온이 편지였고 권면이었고 이론이었다면, 마가의 유앙겔리온은 이야기였고 감동이었고 드라마였다. 두 유앙겔리온은 전혀 차원을 달리하는 것이다. 전자가 예수의 십자가사건의 의미를 물었다면, 후자는 예수의 생애를 있는 그대로 보여주려고 노력한다.

양피지와 유앙겔리온 판소리

마가의 유앙겔리온은 요즈음 우리가 텔레비젼에서 보는 연속극과 별 차이가 없는 문학작품이다. 우리는 책이라는 매체가 하도 발달해서, 누구나 이야기책을 싼 값에 소유할 수 있기 때문에, 마가가 복음서를 썼다고 하는 것을 책이 보급된 현상으로 착각하는데, 옛날에는 대중에게 책이 보급될 길이 없었다. 그 시대 유대인 문화의 문헌이라는 것은 대부분 파피루스 아니면 양피지parchment(고급품은 vellum)인데 양피지가 주종을 이룬다. 그런데 양피지 자체가 양가죽을 무두질하여 길게 늘려 만든 것인데 그 자체로 엄청 고가에 속한다. 양피지에 특별한 잉크를 써서 갈대펜으로 깨알 같이 쓰는 것인데 소재가 귀하여 양면을 다 쓴다. 따라서 마가복음서 하나가 완성되기까지의 공력은 오늘날 방송드라마 한 편이 만들어지는 것 이상의 공력이 들어간다.

그런데 이 작품이 완성되면, 많은 카피를 만들어 유통시킨다는 것은 불가능하므로, 그 유통은 앞서 말한 케릭스가 담당하게 된다. 목소리가 낭랑하고 암기력이 탁월한 사람들이 이 복음문학을 대중 앞에서 낭송하거나 암송하게 되는 것이다. 문자 그대로 그것은 "보는 문학"이 아니라 "듣는 문학"이다. 기쁜 소식(=드라마)을 보는 것이 아니라 듣는 것이다. 이 복음의 전령(케릭스)들은 에클레시아를 돌면서 순회공연을 한다. 유앙겔리온은 극장에서 공연되는 비극(트래지디)과도 상통점이 많은, 교회에서 공연되는 판소리였던 것이다. 따라서 이 유앙겔리온 판소리는 한 에클레시아에서 히트를 치게 되면 삽시간에 주변의 교회로 퍼져나간다.

마가복음에 남아있는 창자를 위한 기호

마가복음 13:14에 보면 괄호가 있고 "(읽는 자는 깨달을진저)"라는 글귀가 적혀 있는데 대부분의 목사님들은 이것이 바로 유앙겔리온 소리꾼들을 위한 감정표현의 지시기호라는 것을 알지 못하고 넘어간다. 알레그로(빠르고 유쾌하게), 아모로소(사랑스럽게)와 같은 악보지시와 같은 유앙겔리온 낭송자들을 위한 기호가 우연하게 남아있는 것이라는 사실을 깨닫지 못하는 것이다. 마가복음은 듣는 문학이기 때문에 청중이 빼먹거나, 되돌아보거나, 대충 스쳐지나가거나, 반복하거나 할 수 없다. 그것은 청자의 경험방식을 따르는 것이다. 따라서 언어도 그러한 청중의 특성을 고려하여 구성된 것이다.

마가복음은 기본적으로 "스토리Story"문학이지 "히스토리History"가 아니다. 역사적 예수의 전기를 집필하려는 전기문학의 소이연을 모티브로 하는 작품이 아니다. 예수의 삶이 그 자체로 하나의 복음이라는 것을 선포하려는 새로운 개념의 유앙겔리온 문학이다. 여기 또 다시 우리는 "케리그마"의 의미를 물어봐야 한다.

신약성서에 기술되어 있는 케리그마의 샘플들

케리그마란 무엇인가? 여러분들에게 이미 충분히 숙지되었을 것이다. 그것은 초대교회의 신념체계라고. 초대교회의 신념체계란 무엇인가? 그것은 이미 고린도전서 15:3~7, 빌립보서 2:6~11(초대교회에서 찬송가처럼 많이 암송되었던 시구로서 현대신학에서 "그리스도찬가Christ hymn"라고 하는 것인데 케리그마의 원형을 알 수 있는 내용이다. cf. 골 1:15~20, 엡 2:14~16, 딤전 3:16, 벧전 3:18~22, 히 1:3, 요 1:1~18) 등에서 언명되었다: "우리의 죄 때문에 죽으셨다. 무덤에 묻히셨다. 사흘만에 다시 살아나셨다. 그후 여러 사람에게 나타나셨다." 빌립보서에는 보다 아름답게 표현되어 있다.

그리스도 예수는 본래 하나님의 본체이셨으나, 굳이 하나님과 동등한 존재가 되려하지 않으시고, 오히려 당신의 것을 다 비워 놓고 종의 모습을 취하셔서 우리와 똑같은 인간이 되셨습니다. 이렇게 인간의 모습으로 나타나 당신 자신을 낮추셔서 죽기까지, 아니, 십자가에 달려 죽기까지 순종하셨습니다. 그러므로 하나님께서도 그 분을 높이 올리시고 모든 이름 위에 뛰어난 이름을 주셨습니다. 그래서 하늘과 땅 위와 땅 아래에 있는 모든 것이 예수의 이름을 받들어 무릎을 꿇고 모두가 입을 모아 예수 그리스도가 주님이라 찬미하며 하나님 아버지를 찬양하게 되었습니다.

케리그마와 역사적 예수의 대립적 성격

자아! 이제 케리그마는 명백하다. 자아! 마가복음을 창출하는 데도 막대한 돈과 정력이 들어갔다. 그런데 마가에게 투자한 사람들은 과연 누구인가? 나는 말했다. 마가공동체라고. 그렇다면 마가공동체는 초대교회가 아니란 말이냐? 당연히 마가공동체도 초대교회의 케리그마(신념체계)를 위배하지 않는다. 그런데 케리그마 자체가 이미 바울신학의 출발점이며, 바울신학적 논리에 의하여 그 디프 스트럭처deep structure가 강화된 것이다. 그렇다면 아무리 마가가 바울의 유앙겔리온과는 전혀 다른 유앙겔리온의 장르를 창출했다 할지라도, 이미 그 새로운 유앙겔리온조차 초대교회 케리그마의 우산 속에 있을 수밖에 없다는 것은 피할 수 없는 운명이다.

여기서 20세기 성서신학의 중요한 테제가 등장한다. 일반적으로 성서신학에서는 "역사적 예수Historical Jesus"와 "케리그마Kerygma"는 반대되는 개념으로 쓰인다. 신학자들은 이렇게 톡 까놓고 이야기하지 않지만, 내가 보기에 대충 그렇다는 말이다. 역사적 예수와 케리그마는 서로가 서로를 좋아하지 않는다. 역사적 예수를 추구하는 사람들은 케리그마를 걷어내야 역사적 예수, 인간 예수가 보인다고 말한다. 케리그마를 연구하는 사람은 아무리 역사적 예수를 추구한다 해도 그 역사적 예수를 중빙할 수 있는 모든 자료가 케리그마(초대교회 선포양식)의 소산일 뿐이라고 주장한다. 역사적 예수는 영원히 케리그마에 덮여있을 뿐이라고 한다. 마가복음 1장 1절에 무엇이라 말했던가?

> **하나님의 아들, 예수 그리스도의 복음의 시작.**

마가의 유앙겔리온도 "그리스도"가 빠진 "예수"가 아닌 것이다. 더구나 그 예수 그리스도는 하나님의 아들과 동격으로 명기되어 있고, 하나님의 아들로서 규정되어 있다. 복음의 목적이 예수가 그리스도(우리의 구세주 메시아)이며 하나님의 아들이라는 것을 알리는 데 있다는 것을 선포하고 있는 것이다. 이것이 초대교회의 케리그마가 아니고 또 무엇이랴! 그러나 문제는 여기서 끝나지 않는다.

역사적 예수	케리그마Kerygma
예수운동 전승	그리스도 전승
예수의 삶	예수의 죽음
메시아 의식 없음	메시아 신앙
부활전제 없음	부활을 전제로 함
종말론 신앙 없음	종말론적 회중
지금 여기 하나님 나라	최후의 심판
죄의식 없음	죄의식 최대 강화
메타노이아(사고의 회전)	무조건 신앙, 회개
갈릴리 중심, 교회 없음	예루살렘 중심, 교회 있음
예수는 단지 선생님Teacher이다	예수는 하느님의 아들이다

서구인들은 2천 년 동안 성경을 읽지 않았다

서구인들은 2천 년 동안 성경을 읽지 않았다. 교회권위의 근거 내지 상징으로서 성경을 모시기만 했다. 읽지 않으니 그 내용을 알 리가 없다. 일례를 들면 4개의 복음서가 하나의 성경 안에 들어있다는 사실도 알지 못했다. 마태, 마가, 누가, 요한복음서가 존재한다는 것을 몰랐다는 이야기가 아니라 이 4개의 복음서가 얼마나 많은 문제를 야기시키고 있는지, 이 4개의 다른 전승이 얼마나 서로 충돌하고 서로 부정하고 서로 모순되는 이야기를 전해주고 있는지에 관해 거의 관심이

총론: 마가복음 이해를 위한 신학산책

없었다는 것이다.

무지스러운 크리스챤 멘탈리티의 실상

조화될 수 없는 4개의 전승이 존재한다는 사실이 가톨릭 신부님이나 프로테스탄트 목사님을 괴롭힌 적이 없다. 이 4개의 개성 강한 전승은 아무런 저항 없이 크리스챤의 믿음 속에서 하나로 융합되는, 성령의 역사하심이 발동되었던 것이다(이것은 나의 이야기가 아니라 미국신학계의 가장 존경스러운 원로 중의 하나인 버튼 맥Burton L. Mack의 이야기다. *The Lost Gospel*, p.238). 이 융합은 가장 문제없는 방식으로 케리그마의 표피적 상식의 틀에 의하여 이루어진다. 이 융합된 하나의 복음의 메시지가 소위 기독교인이라고 하는 사람들의 멘탈리티Christian mentality를 결정해온 것이다.

마태중심주의의 오류, 마가복음은 마태복음의 생략본

성서27편체제에 대한 맹신 때문에 사람들은 당연히 맨처음에 오는 마태복음이 복음의 원형이라고 생각했다. 마태는 유대정통주의자Judaizers(초기기독교인들 중에서 기독교의 개혁적 면모를 신앙하기보다는 그것이 유대교정통신앙의 새로운 측면이라고 믿은 사람들. 이들은 율법의 고수를 주장했고 따라서 이방인들에게 할례를 강요하였으며 결국 바울 선교와도 충돌을 일으켰다)들의 구미에 맞았으며 매우 포괄적인 기독론을 구비하고 있었다.

과거에는 마태가 가장 먼저 쓰여진 복음서였고 가장 완비된 모습을 갖추고 있다고 생각했기 때문에 당연히 마가는 마태의 축약판이며 생략본이며 불완전한 판본으로 인식된다. 그 유명한 "산상수훈The Sermon on the Mount"도 사람들이 암송하기 좋아하는 "지복팔단至福八端the Beatitude"(산상수훈 내에 있는 것)도 마가복음엔 없다. 갑자기 심심해지는 것이다. 그러나 마가복음이 복음의 원형이라는 것을 알면 마태복음의 산상수훈은 초대교회의 창작물로 격하되어 버리고 만다(불트만).

마가의 독자적 이해: 마르크센의 『에반젤리스트 마가』

마태가 완정完整한 것이고, 마가는 그것을 생략한 축약판이고, 누가는 그 두 자료를 종합하여 부연설명한 것이고, 요한은 그것을 더 발전시킨 것으로 보는 이러한 견해는 2천 년 동안의 기독교계의 상식이었다(아우구스티누스도 이러한 견해를 가지고 있었다). 두자료설(TDH)이 20세기 초에 확립되기까지 진실로 마가복음의 원자태는 사람들에게 드러날 길이 없었다. 마가가 제대로 읽히기 시작한 것은 극히 최근의 일이다. 마르크센의 『에반젤리스트 마가*Mark the Evangelist*』(1956년 초판)를 기점으로 삼는다(빌리 마르크센Willi Marxsen은 뮌스터대학의 신약학교수였으며 편집비평을 창시한 사람 중의 한 사람이며 초대교회의 부활이해를 깊게 분석하여 초대교회의 아무도 "사실적 부활"을 믿지는 않았다고 주장했다. 예수는 케리그마를 향하여 부활했을 뿐이라고 주장했다. 그리고 마가야말로 원시기독교 신학자들의 진정한 구심점이었다는 것을 밝혔다).

마가는 마가 그 자체로 읽어야 한다

마태복음이나 누가복음을 연구할 때는 마가라는 원텍스트Ur-Text가 있기 때문에 마태나 누가가 어떠한 방식으로 편집되었나를 쉽게 알 수 있다. 대비의 기준이 있기 때문이다. 그러나 마가라는 텍스트는 전혀 그러한 대비기준이 없다. 마가는 마가 자체로 읽어야 한다. 마가의 궁금한 점은 마가의 텍스트 그 자체를 심각히, 중층적으로 분석해내야만 한다. 마가의 분석을 마태, 누가, 요한에 의존하면 마가의 오리지날 메시지는 왜곡되고 마는 것이다. 마가라는 텍스트의 궁극적 기준은 마가라는 낭송문학(구비문학, 판소리)을 직접 들었던 제1세기 팔레스타인의 민중(오클로스)의 반응체계reaction system이다. 그것을 알기 위해서는 제1세기 팔레스타인의 역사와 문화와 언어와 사회의 모든 양식에 통달하는 것이 급선무이다. 우리가 이상李箱(김해경金海卿, 1910~1937)의 작품을 이해하기 위해서는 1930년대의 우리의 역사적 환경을 파악해야 하고, 세익스피어William Shakespeare, 1564~1616의 작품을 이해하기 위해서는 16세기 영국의 언어와 습관과 문화를 이해해야 하는 것과 다름이 없다.

마가복음은 복음서 양식의 최초출현

마가복음이 복음서 양식의 최초출현이라는 이 사실은 매우 중요하다. 그 창조적 긴장은 이루 말할 수 없는 스릴을 우리에게 전해준다. 마가를 읽는 가장 정당한 방법은 어떠한 이론적 틀이나 선입견을 부여하지 않는 것이다. 다시 말해서 우리가 이미 부여받은 선이해pre-Understanding(이 선이해는 대개 케리그마의 소산이다)의 편견을 마가라는 텍스트에 부과하지 않는 것이다. 이제 마지막으로, 우리는 케리그마와 역사적 예수의 문제를 최종적으로 담판 지어야 한다.

우리 속담에 "제아무리 구슬이 서 말이라도 꿰어야 보배"라는 말이 있다. 자아! 아까 갑돌이가 갈릴리 지역을 돌아다니면서 자료를 수집했다고 말했다. 그 자료는 어록자료, 비유담론, 선언담화pronouncement stories, 기적사화, 그리스도신화담론, 공동식사사건이야기, 히브리어로 된 바이블이야기 등등의 수없는 파편들이었다. 이 파편을 하나하나 분리해서 보면 복음이라는 문학장르는 생겨나지 않는다. 이 파편 하나를 하나의 구슬이라고 생각하면, 이 구슬들을 어떻게 꿰는가? 즉 꿰는 방식에 따라 복음이라는 전체 보물의 전혀 다른 모습을 지니게 될 것이다.

복음서를 잘 들여다보면, 분명하게 "틈새"가 드러난다. 그 틈새와 틈새 사이에 있는 것이 한 파편이고, 그것이 하나의 양식Form을 형성한다. 정확하게 말하면 양식이라는 것은 그 파편의 성격을 규정하는 문학양식인데, 그것은 궁극적으로 그것을 말한 사람들의 "삶의 자리"에서 우러나온 것이다. 초대교회사람들이 어떠한 목적에서 왜 그런 담론을 만들어냈는가 하는 것이 "양식"을 형성하는 것이다. 디벨리우스는 이러한 양식을 패러다임paradigm(목적성을 가진 설교의 한 담화유형), 이야기tales, 전설legends, 신화myth, 예수말씀sayings 등으로 나누고, 불트만은 아포프테그마apophthegma, apophthegm니 하는 매우 복잡한 개념들을 써서 여러 유형의 아포프테그마를 운운한다(논쟁대화, 사제대화, 전기적 아포프테그마 등).

양식사학의 성과

　결국 양식사학이라고 하는 것은 이러한 양식에 따라 성서라는 텍스트를 원래의 구슬로 분해하는 것을 주업으로 삼는다. 구슬을 꿰는 "실"은 다양한 방식으로 구슬을 접합시켜 놓고 있는 것이다. 로기온 자료에 대해서는 내러티브가 실의 역할을 담당할 수도 있다. 그리고 또 여러 충차의 연결방식이 있다. 양식사학은 그 구슬 하나하나의 문학적 양식의 분석을 통해 그 구슬들이 역사적으로 어떻게 발전해왔는가를 밝혔다. 그리고 그것이 성장해온 삶의 자리를 구성함으로써 각 장르들의 내용과 의도를 밝혔다. 신약에서는 각 양식의 유니트들이 예수 본인의 것인지, 초대교회의 것인지, 그렇지 않으면 복음서 기자들의 편집행위의 소산인지를 밝히려고 노력했다. 그러나 이러한 문제들이 전반적으로 개념들의 모호성에 의하여 양식사학 초기의 희망을 충족시키지 못했다.

　하여튼 양식사학의 덕분으로 우리는 복음서의 원자료 모습에 관하여 상당히 정확한 지식을 획득할 수 있었다. 그런데 양식사학은 지나치게 "쪼갰고," 지나치게 그 구슬의 규정성에 매달렸고, 지나치게 구슬 파편의 독자적 성격에 집중했고, 지나치게 성서외적 문헌과의 연관성이나 일반적 공통성에 지적 해박함을 과시했다. 그래서 양식사학은 결과적으로 너무 쪼각난 사소한 문제에 몰입하고 말았다는 비판을 면치 못하게 되었다.

편집비평

　이에 새롭게 등장하는 것이 바로 "편집비평Redaction Criticism, *Redaktions-geschichte*"이다. 편집비평은 양식비평을 부정하는 것이 아니라 그 성과를 흡수한다. 그러나 구슬 한 알 한 알의 성격을 독자적으로 연구하는 것이 아니라(미세적, 미시적 연구방법) 그 많은 구슬들을 어떠한 방식으로 꿰었는가? 그 총체적 모습을 하나의 유기적 의미체로서 파악하는 것이다(거시적 연구방법). 일례를 들면 양식비평에서는 구슬 한 알 한 알의 성격규명에 집중하기 때문에 복음서간의 차이가 부각되지 않는다. 복음서 전체의 의미와 무관하게 구슬들의 동이同異에만 관심이 집중되기 때문이다. 복음서를 구성하는 전승들 그 자체의 성격을 규명하는 일보다는 그 전승들을 취하고, 안 취하고, 변화시키는 복음서기자들의 편집방식을 문제시하는 것이다. 복음서의 미장센의 거시적 구조를 밝히는 것이다. 복음서기자들의 편집태도가 곧 최초 신학이론이었음을 밝히는 것이다. 20세기 후반의 편집비평의 성과에 힘입어 마가는 새롭게 인류지성사의 지평에 등장하게 되었다.

불트만의 주장: 케리그마까지, 역사적 예수는 알 수 없다

불트만은 "역사적 예수"는 오히려 픽션일 뿐이라고 주장했다. 역사적 예수를 논하는 슈바이처의 담론이 오히려 픽션이라는 것이다. 우리가 정직하게 알 수 있는 것은 "초대교회의 케리그마까지"라는 것이다. 그 이상은 알 길이 없다는 것이다. 모든 역사적 예수에 관한 자료가 초대교회에서 나온 것이며, 그것은 종말론적 회중들의 인식체계의 필터를 이미 거친 것이며, 케리그마에 철저히 복속된다는 것이다. 케리그마를 넘어서서 역사적 예수의 실상을 알 수 있다는 신념은 부정직한 것이며, 환상적이라는 것이다. 예수는 궁극적으로 사실이 아니라 복음일 뿐이라는 것이다. 불트만의 결론은 매우 정직한 듯이 보인다. 그러나 그것도 절대화되고 이론화되고 교조화되고 학파화되면 생명력을 잃는다. 불트만은 자기가 창안한 양식사학의 한계에 스스로 갇히고 만 것이다.

갈릴리 지평의 예수는 케리그마에 덮일 수 없다

옳다! 마가도 결코 동시대의 쥴리어스 시저가 『갈리아 전쟁기』를 쓰듯이 역사적 예수의 전기를 쓰려고 했던 것은 아니다. 그것은 어디까지나 그리스도의 복음이었고, 그리스도를 목적으로 하는 복음이었고, 그리스도에 관한 복음이었다. 마가에는 갈릴리 예수와 그리스도 신화Christ myth가 오묘하게 배접되어 있다. 그러나 갈릴리 예수는 어디까지나 갈릴리 예수일 뿐이다. 케리그마가 인간 예수, 갈릴리 모래바람 속의 예수, 민중 속에서 애통해 하는 예수를 덮지 못한다. 인간 대접도 받지 못했던 뭇 여인들이 그토록 사랑하고 따랐던, 창녀·세리들과 자유롭게 먹고 마시고 떠들었던 예수를 덮지 못한다. 나는 편집비평의 성과에 힘입어,

그리고 나의 영적 교감에 의하여, 마가의 예수상을 매우 명료하게 그릴 수 있었다. 나는 이 새로운 예수를 조선의 민중에게 전하고자 하는 것이다.

벙커1교회, 초기기독교 동굴교회

이 마가의 예수 이야기는 내가 김용민 목사(그는 나의 한신대학교 신학대학원 교수시절의 제자이다. 현재는 전도사이지만 곧 목사가 될 것이다)가 전도사로서 목회하고 있는 벙커1교회에서 행한 나의 설교를 바탕으로 집필된 것이다. 나의 벙커설교는 중요한 특징이 있다. 우리나라의 목사설교는 물론 다 그러한 것은 아니지만 성경봉독이라 하여 한 구절을 인용해놓고 그와 관련된, 혹은 무관한 인생잡설이나 생활한담을 늘어놓는 것이다. 성경 그 자체의 집요한 분석이 없다. 나의 설교는 인생잡설이 전혀 없다. 오로지 성서의 말씀만으로 설교시간을 백프로 충당하는 것이다. 나의 설교는 보통 2시간을 지속하는데, 일반 대예배 설교가 20분 정도만 되어도 길게 느껴진다는 것을 생각하면 과도하게 긴 시간이라 말하지 않을 수 없다. 기실 나도 20분 정도의 설교를 할 생각으로 단 위에 섰다. 그러나 하다보면 도저히 중단할 수 없는 힘에 의하여 떠밀려 내려가게 된다. 그런데 나의 설교가 2시간의 시간 길이를 잡아먹었다고 느끼는 사람은 거의 없다는 것이다.

그만큼 나 본인이나 듣는 대중이나 서로가 서로에게 몰입하는 집중도가 강렬한 것이다. 재미있는 인생이야기도 없고, 오직 성서구절만을 해석하는데(그러기 때문에 설교용 성경구절봉독의 양이 매우 많다) 그토록 많은 대중이 한눈 팔 겨를이 없이 집중하는 모습은, 그 시선만 한군데로 모아도 불이 훨훨 탈 것 같다. 그만큼 강렬한 에너지가 발출하는 성스러운 예배공간이 되어가고 있는 것이다. 우리 교회가 공간을 빌려 쓰고 있는 충정로 20번지의 벙커1 건물은 그렇게 말끔하게 도장되어 있는 곳이 아니고 부정형의 건축물이라서 정말 팔레스타인 북부지역에서 내가 목도한 초기기독교 동굴교회를 방불케 하는 느낌이 있다(평생 나를 시봉하면서 사진을 찍어온 임진권군의 사진 한 컷이 그 분위기를 잘 전달하고 있다. 걸작이다).

도올의 마가복음 강해

벙커1교회 2018년 2월 25일

총론: 마가복음 이해를 위한 신학산책

신유박해 시절의 교회집회

이렇게 많은 사람들이 모일 수는 없었겠지만, 신유박해(1801년) 시절의 우리나라 교회집회가 이러한 열망을 담고 있었으리라고 생각해본다. 비록 정치적으로 억눌린 기호 남인들의 분노와 원망이 그 열망을 창출했을지라도, 그들은 이미 썩을 대로 썩어문드러진 조선왕조문명에 절망감으로부터 벗어나 새로운 하나님 나라의 질서를 열망하는 카이로스를 포착하고 있었다. 아낌없이 목숨을 던져 이 땅에 새로운 유앙겔리온을 선포하고자 했다.

루터의 종교개혁은 불완전한 개혁

벙커교회에 모인 사람들은 정치적으로 매우 진보적인 신념을 가지고 있을 뿐 아니라 한국의 기성교단, 특히 보수교단의 대형화, 즉 대형교회의 부패와 비생명화의 막다른 골목에서 반란을 일으키고 새로운 삶의 진로를 모색하는 혁명적인 사유를 가진 사람들이 대부분이다. 그들은 종교개혁을 갈망한다. 그래서 마르틴 루터의 종교개혁 500주년을 맞이하여 그 혁명의 시기가 끝나고 새로운 혁명이 시작되는 신기원의 2018년부터 나에게 설교를 부탁하기로 결심한 것이다. 물론 김용민군의 깊은 배려가 나의 충심의 호응을 불러일으켰다. 20세기 조직신학의 대가 중의 한 사람인 위르겐 몰트만Jürgen Moltmann, 1926~은 한신대학교 신대원 채플에서 나와 같이 행한 "동서석학의 만남"이라는 강연 속에서 "미완의 종교 개혁"이라는 페이퍼를 발표했는데, 그는 종교개혁 그 자체가 재형성Re-Formation 되어야 한다고 역설했다.

2017년 6월 1일
한신대 신학대학원 채플에서

500년 전 마르틴 루터가 일으킨 종교개혁은 매우 제한된, 불완전한 혁명이었다고 말했다. 일례를 들면, 우리가 재세례파라고 아나밥티스트Anabaptist(유아세례는 비의식적인 것이기 때문에 세례로 인정될 수 없다. 오직 그리스도 안에서의 믿음을 고백하는 의식 있는 신앙인에게만 세례는 인정된다)의 운동을 루터는 "광신자"라고 불렀고, 역사가들도 그들을 너무 급진적인 좌파로만 규정했다. 그리고 이들에 대한 탄압도 너무 가혹했다. 이들의 침례를 희화하여 산 채로 물에 빠뜨리기도 했고, 화형에 처하거나, 사지를 절단하는 예도 흔했다. 이렇게 수만 명이 희생되었다. 마르틴 루터는 자신의 혁명적 사상에 힘입어 일어난 농민반란German Peasants' War(1524~25)도 가혹하게 무력으로 진압하는 것을 적극 지지했다(10만 명 이상이 학살되었다). 몰트만은 16세기 종교개혁의 한계를 깨닫는 것이 중요하다고 지적한다.

> 첫째, 종교개혁은 서구의 라틴교회에서만 일어난 것이다. 동방의 정교회들에는 종교개혁운동의 이념이 전혀 미치지 않았다.

> 둘째, 종교개혁운동은 신성로마제국 국가종교의 환경과 조건 아래서만 진행된 매우 편협한 한계 내의 개혁이다. 재세례파들은 그 한계를 넘어섰던 것이다.

> 셋째, 16세기 종교개혁운동은 미래적인 기독교의 비전보다는 기존의 기독교에 대한 비판에 중점을 두었다. 그것은 고질적으로 사판화死板化된 믿음의 개혁운동이었으며 하나님의 의를 실현하는 교회를 진정으로 새롭게 형성하자는 "희망의 운동"이 아니었다(『월간중앙』, 2017. 07).

니체는 신은 죽었다고 말했다. 나는 말한다: 교회는 죽었다

나는 기존의 기독교 교리를 재해석하거나, 교회라는 제도를 개혁하거나, 대형교회에 대하여 저항운동을 일으키는 것이 종교혁명이라고 생각하지 않는다. 기독교는 이미 죽었다. 기독교는 이미 생명을 상실한 종교다. 니체가 20세기를 바라보며 "신은 죽었다"고 외쳤다면 나 도올은 21세기를 바라보면서 외친다: "기독교는 죽었다." 니체가 신은 죽었다고 말했을 때에만 해도 서양에는 기독교가 살아있었다. 기독교가 살아있다는 뜻은 교회가 정치권력과 결탁하여 신앙에 대한 강제력을 가지고 있었다는 것을 뜻한다. 그러나 이 강제력이 사라지는 순간, 교회와 정치권력의 고리가 끊어지는 민주사회의 이상이 인간세의 원리가 되는 순간, 기독교는 더 이상 생명력을 지닐 수가 없게 된 것이다. 종교적 진리에 관한 자율적 결정권이 개개인의 실존의 내면영역으로 옮겨지면, 기독교신앙은 더 이상 고뇌의 바위덩어리로서 우리의 사유나 행동을 짓누를 수 없다. 기독교가 죽었다는 것은 나의 외침이 아니라 현실이다.

한국민중은 아직도 기독교를 껴안고 살고 있다

그럼에도 불구하고 내가 기독교신학의 문제를 나의 실존적 테제로서 부둥켜안고 고민하는 이유는 매우 단순하다. 한국민중이 아직도 기독교를 껴안고 살고 있기 때문이다. 예수가 아직도 민중의 삶의 에너지의 원천이 되고 있기 때문이다. 몰트만은 "종교개혁"을 운운할 자격이 없다. 아니, 그 신바람의 원동력이 없다. 이미 개혁해야만 할 "종교"가 존재하지 않기 때문이다. 비종교화된 서구의 청년문화는 오히려 매우 건강한 것이다.

종교혁명이 가능한 곳은 오직 대한민국뿐

종교개혁이 가능한 곳은 오직 대한민국뿐이다. 아직도 다양한 시각에서 해석될 수 있는, 신유박해 때와도 같은 에너지가 민중 속에 살아있는 문화적 토양을 유지하고 있는 나라는 대한민국뿐이다. 정말 기적적이다. 아직도 기독교는 대형의 교회조직을 유지하고 있고, 그 조직은 상권商圈과 정치권에 영향을 미치고 있으며, 반공이데올로기와 굳건하게 결합하여 있으며, 박근혜의 파면을 아포칼립스처럼 받아들이고 열심히 태극기를 흔드는가 하면, 조선역사의 중세기적 퇴행을 독려하고 있는 것이다. 예수가 말하는 하나님나라의 새로운 질서The New Order 감각은 전무한 채, 오직 교회라는 조직의 권력·재정유지에만 전념하고 있는 것이다.

그런데 그러한 교회사회악ecclesiastical social evils이 우리 시대에 만연하면 할수록 그 반성과 새로운 신념과 소망의 빛줄기가 강렬하게 빛을 발한다. 벙커1교회는 그러한 반성과 반추와 반정(反正: 정도로 되돌아감) 위에 서있다.

그러나 벙커1교회의 혁명성은 기존의 제도에 대한 항거라든가, 교리의 보정이라든가, 대형교회에 대한 항변 내지 부정의 담론에 존存하지 않는다. 구악舊惡에 대한 저항으로서의 혁명이 아니라, 완전히 새로운 바실레이아(하나님의 나라의 "나라"에 해당되는 말. 그것은 제도가 아니라 "Reign" 즉 하나님의 통치의 질서를 말하는 것이다. 바실레이아는 권능power이고 강력한 행위mighty deeds이다)를 수립하는 미래지향적 사업이다.

한국의 기독교는 이 지구상에서 유일하게 "전도되지 않은" 기독교

어차피 대형교회들은 이미 죽었다. 생명이 없는 껍데기일 뿐이다. 뿐만 아니라 존립의 강압성이나 필연성이 아무 것도 없다. 이 땅의 기독교는 애초로부터 제도로서 들어온 것이 아니라 인간 심령의 개신改新이라는 추상적 테제로서 들어온 것이다. 선교사들이 주입한 것이 아니라, 왕조개혁을 지향하는 남인 선각자들이 자발적으로, 주체적으로 도입한 것이다. 전도된 것이 아니라 대유학자들이 능동적으로 전도를 요청한 것이다.

1779년 겨울 천진암天眞庵 주어사走魚寺의 세미나 이래 최근의 민중신학에 이르기까지 한국기독교는 그러한 주체성의 혈맥을 잃지 않았다. 그래서 그나마 그 생명력을 유지해온 것이다. 그리고 조선왕조로부터 일제강점기에 이르기까지 그 탄압의 여정이 초대교회의 역사와 상통하는 측면이 많았다. 예수의 수난이야기는 한국인의 내면을 울리는 공감의 정조를 수반하고 있었다. 그러나 지금 한국기독교는 그러한 환경을 상실했으며 교회가 중세기 교황청이라도 된 듯한 착각 속에서 권력을 휘두르고 있다. 예수도 고난 받는 예수가 아니라, 황제권력의 상징이 되어버린 예수를 숭앙하고 있는 것이다. 하나님도 이 역사와 더불어 역사하시는 하나님이 아니라, 전지전능의 추상적 존재물이 되어버렸다.

교회는 사람이 안 가면 끝난다

한국의 교회는 사람이 안 가면 끝나는 것이다. 교회권력은 그 이상의 아무런 존립의 근거가 없다. 두 세기라는 짧은 세월 동안 기독교는 우리 역사의 디프 스트럭처에 진입을 하지 못했다. 그것이 공헌한 측면은 대체로 "개화"와 관련된 가치이지만, 지금은 "개화" 그 자체의 정당성에 대한 질문이 일고 있다. 기독교는 죽었고 쉽게 끝나버리고 말 수가 있다.

기독교는 신생종교이다

나는 2018년 2월 4일, 벙커교회 첫 설교시간에 이와 같은 이야기를 했다: "기독교는 신생종교이다." 나는 기독교를 개혁할 생각이 없다. 여태까지 우리가 알고 있는 2천 년의 서구의 기독교를 우리가 반드시 기독교라고 불러야 할 것인가에 관한 근원적인 문제를 제기한 것이다. "예수가 없는 기독교"는 물론 기독교가 아니다. 예수를 빼놓고 예수에 관한 헛된 이론만으로 구성된 기독교를 과연 기독교라고 할 수 있는가? 서구역사에 과연 기독교가 있었는가? 나는 첫 설교에서 이렇게 교우들에게 물었다: "그대들은 예수를 믿습니까?" 물론 대답은 "예!"라고 할 것이다.

나는 또 물었다: "그렇다면 예수를 믿는다는 것이 도대체 뭔 말입니까?" 잠시 후 나는 이렇게 물었다: "당신들은 도올을 믿습니까?" 이 질문에 당연히 움츠러들 것이다. 예수를 믿느냐는 말 다음에 도올을 믿느냐고 물었기 때문에 어떤 연상작용이 일어났을 것이다. 혹자가 "네"라고 대답하길래, "그렇다면 도올을 믿는다는 것이 뭔 소립니까?" 하고 물었다.

"믿는다"는 것이 무슨 뜻인가?

"도올을 믿는다는 것이 도올이 설교제단에서 헛소리 안 하리라고 믿는다는 것입니까?" 자아! 여기 내가 아는 친구가 있다고 하자. 그런데 그 친구가 판사이고, 공교롭게도 내가 걸려있는 재판을 담당하게 되었다고 하자. 그렇게 그 친구에게

"자네만 믿어!"라고 말했다면 그 친구가 결코 나에게 불리한 판결을 내리지 않을 것을 믿는다는 의미일 것이다. 자식의 교육을 담당하고 있는 선생님을 만나, "선생님을 믿습니다"라고 말했다면 자식교육을 잘 시켜 주리라는 것을 믿는다는 말일 것이다. 나의 인생에 유리한 조건이 형성되도록 도와줄 것을 믿는다는 것이 대부분 우리가 쓰는 "믿는다"는 말의 의미를 형성한다. 그렇다면 "예수를 믿는다"는 것이 예수에게 뭘 잘 부탁한다는 의미일까? 분명 그런 뜻은 아닐 것이다.

신도들이 목회를 하는 나를 믿는다는 것은, 아마도 그들에게 하나님이나 예수에 관한 바른 말씀을 전해줄 것을 믿는다는 말일 것이다. 더 나아가 예수를 믿는다는 것의 궁극적인 의미는 예수가 한 말씀을 믿는다는 것이며, 그 말씀에 담긴 뜻에 따라, 그 가치를 구현하는 삶을 살겠다는 의지를 표명하는 것일 게다. 그러기 위해서는 우리는 예수가 하신 말씀을 알아야 한다. 정확히 알아야 한다. 의미가 정확히 통하도록 알아야 한다. 그러려면 우선 예수가 하신 말씀을 적어놓은 성경을 읽어야 한다. 그런데 그 성경을 읽지 않고 과연 예수를 안다고, 믿는다고, 그 말씀을 실천한다고 말할 수 있을까?

서양인들은 2천 년 동안 성경을 읽지 않았다

내가 누누이 말한 대로 서양인들은 2천 년 동안 성경을 읽지 않았다. "삼위일체"라는, 성경과 무관한 추상적 주제에 관하여 조직신학적인 논쟁을 끊임없이 전개했어도, 막상 그 궁극적 근거인 성경은 읽지 않았다. 성경을 읽는다는 것은, 그것을 완벽한 인간의 문헌으로서 분해하는 것을 의미한다. 제 아무리 그 말씀에서 성령을 취한다 할지라도 우선 말씀 자체를 이해하는 작업을 선행하지 않으면, 성령도 정당한 성령이 될 수 없다. 그것은 임의로 구성된 악령일 수 있는 것이다.

나는 20세기 독일신학계를 중심으로 발전한 "성서신학"이야말로(전통적 "조직신학"에 대비된) 성서이해의 출발이며, 성서독법의 효시라고 생각한다. 그 전의 사람들은 성서가 있어도 성서가 뭔지를 몰랐다. 그러니까 성서라는 기독교경전은

20세기에 생겨난 것이다. 따라서 기독교는 20세기 초에나 새롭게 출발한 "신흥종교"라고 나는 생각한다. "신흥종교"라는 말이 어감이 좋지 않으므로 나는 "신생종교新生宗教"라고 표현한 것이다. 기독교 자체가 20세기 신생종교라고 할 때, 서구신학자들은 모독감을 느낄지 모르지만, 근원적으로 기독교는 "개혁"의 근거를 상실했다고 말하는 나의 주장은, 역사적 맥락 속에서 새로운 의미를 갖는다. 기독교는 이제 비로소 새로운 건축의 토양을 마련한 것이다. 우리는 새로운 건축의 시공을 위한 준비작업과 설계에 바쁘다. 기존의 건축물을 허무는 작업에 정력을 낭비할 아무런 건덕지가 없다. 헐릴 것은 그냥 두어도 헐린다. 벙커에서의 나의 설교는 새로운 시작이다. 개혁이 아니다. 기존의 것에 대한 혁명革命이라기보다는 새로운 입명立命이다.

내 마가강론은 조선민중의 주체적 해석이다

내가 지금부터 행할 마가강론은 20세기 서구성서신학의 성과를 나의 주체적 판단 위에서 종합한 것이다. 나는 브레데 – 슈바이처 – 불트만 이래의 서구성서신학의 수없는 대가들에게 무한한 존경심을 표한다. 그러나 나는 그들을 연민의 정으로 바라본다. 그들은 성서를 분석하는 틀을 마련했지만, 결코 그 틀을 민중과 소통하는 영광을 누리지는 못했다. 그들의 작업은 상아탑 속에서 질식되고 만 것이다. 그러나 나는 이 성과를 조선의 민중들과 더불어 향유하는 특권을 누리고 있다. 나의 설교내용은 하바드나 시카고 신과대학원에서 소수정예 엘리트와 세미나를 할 그런 수준의 내용이다. 그런데 이 한국땅에서는 그러한 수준의 2시간짜리 학술세미나가 민중의 심령을 울리는 설교로서 선포되고 있는 것이다. 아멘!

새로운 신앙고백

내가 벙커1교회에서 설교를 한다는 사실과 관련하여 기존의 교회관행을 약간 수정해야 할 필요성이 있었다. 우선 교인들이 모두 설교 전에 일어나 봉독하는 "신앙고백문"이 있었는데, 그 내용은 통속적인 사도신경Apostles' Creed, *Symbolum Apostolorum*을 약간 변형시킨 것에 불과했다. 그것은 교회에 나오는 사람들이 공통의 신앙체계로서 고백하는 것이라, 그 신념을 받아들이지 못하는 사람들에게는 양심의 가책을 느끼게 하는 레토릭을 담고 있었다. 그 내용은 다음과 같다:

나는 모든 생명체 위에 실존하시며 통치하시는
전능하신 하나님 아버지,
하늘과 땅의 창조주를 믿습니다.
하나님의 외아들, 우리 주 예수 그리스도가,
성령으로 동정녀 마리아에게 잉태되어 나시고,
억압과 고통 속에 있는 백성에게 하나님 나라를 보여주셨으며,
율법을 완성함으로 정의와 평화 사랑의 모범이 되셨고,
본디오 빌라도 치하에서 고난을 받으시고,
십자가에 못 박혀 죽으시고 묻히셨으며,
장사된 지 사흘 만에 죽은 자 가운데서 부활하시고,
하늘에 올라 전능하신 하나님 오른편에 앉아 계시며,
거기로부터 산 사람과 죽은 사람을 심판하러
다시 오시리라 믿나이다. 성령을 믿으며,
거룩한 공교회와, 모든 성도의 교제를 믿으며,
죄의 용서와 몸의 부활을 믿으며, 영원한 생명을 믿습니다.
아멘.

우리가 알고 있는 사도신경은 AD 390년의 밀라노공회a synod in Milan에 제출된 것이며, 삼위일체사상을 근간으로 한 것이다. 그것은 벙커교회가 추구하고자하는 신념체계와 맞아떨어지지도 않을 뿐더러 실제로 일반 프로테스탄티즘의 정신을 수용하지도 못한다. 나는 교인들과 오랜 협의를 거쳐 그 내용을 다음과 같이 수정하기로 합의했다.

모든 생명체 속에 실존하시며 역사하시는

영원과 이상의 표상이신 하나님 아버지,

하늘과 땅을 늘 새롭게 창조하시는 당신을 믿습니다.

하나님의 외아들, 우리 주 예수 그리스도가

이 땅에 온전한 사람의 형상으로 태어나시어,

억압과 고통 속에 있는 민중에게 하나님 나라를 보여주셨으며,

모든 율법을 완성하심으로써 정의와 평화와 사랑의 모범이 되셨고,

본디오 빌라도 치하에서 고난을 받으시고,

십자가에 못 박혀 죽으셨으며,

장사된 지 사흘 만에 죽은 자 가운데서 부활하시어,

우리에게 끊임없이 새로운 생명의 길을 보여주고 계심을 믿습니다.

성령을 믿사오며, 거룩한 공교회와, 모든 성도의 교제를 믿으며,

남과 북이 하나 됨을 믿으며,

전 인류가 하나님의 품안에서 하나 됨을 믿습니다.

죄의 용서와 존재의 부활을 믿으며, 영원한 생명을 믿습니다.

아멘.

   이 변경내용에 관해서 해설을 가하는 것은 너무도 방대한 지면을 소요하므로 생략하기로 한다. 이 수정으로 인하여 나는 마음 편하게 설교할 수 있게 되었고 교인들과 마음을 터놓고 교감할 수 있게 되었다. 새로운 신앙고백문은 결코 "이단적" 내용을 포함하지 않는다. 한 구절 한 구절이 모두 성서적 근거를 가지고 있다. 그리고 이스태블리쉬먼트 기독교의 도그마와 타협할 수 없는 사람들도 별 부담없이 보편적인 명제로서 이 고백을 공유할 수 있다. "새 술을 새 부대에"라고 외친 예수님의 말씀을 이해한다면 이러한 벙커교회의 혁신은 모든 교회에 귀감이 될 수 있으리라고 생각한다.

남·북의 코이노니아를 위한 기도

내가 이 원고를 긁고 있는 이 순간에 김정은 위원장과 문재인 대통령의 회담이 판문점에서 진행되고 있다. 나는 조선민중의 기나긴 인고의 세월을 되돌아보며 오늘의 이 순간을 위해 헌신한 수많은 지사들의 피눈물과 희생에 봉헌의 기도를 올린다. 나는 이 조선의 땅에 천국의 봄이 찾아오는 이 계절의 환희를 벙커의 성도들과의 코이노니아κοινωνία(교제fellowship)를 통하여 향유하는 축복을 누리고 있다. 이 주간의 나의 설교는 마가 제4장의 "비유담론"에 관한 것이었다. 나의 기도는 다음과 같다.

> 주님! 우리의 마음에 하나님의 나라가 도래하고 있습니다. 그토록 넘기 어려웠던 장벽이 일시에 무너지고, 장벽 너머 사는 사람들의 웃음소리가 들려옵니다. 드디어 하나 된 마음들의 교감이 북과 남, 하늘과 땅을 소통시키는 노래를 지어냅니다. 한 사람 한 사람이 들었던 촛불이 거대한 화염으로 타올라 원한과 원망으로 쌓아올린 모든 장벽을 살라 버립니다. 이 해방과 평화를 불안과 의구의 눈으로 쳐다보는 불쌍한 인간들이여! 하나님의 선물을 받아라! 완악한 마음이여 더욱 완악하게 되어라. 그 헤아리는 마음의 헤아림으로 다시 헤아림을 받을 것이니, 결국 있는 것까지도 다 빼앗기리라! 깨닫지 못하면 죄사함을 얻지 못하리니, 결국 너희는 구극적 진리, 그 평화 앞에 무릎을 꿇고야 말리라!

> 한 세기 동토의 두꺼운 얼음을 뚫고 새파랗게 솟아오르는 봄의 제전이 조선대륙의 전토에 펼쳐질 때, 전 인류는 그 신선한 새싹의 따스함과 화사함을 찬양하리라. 이 삼천리 금수강산의 찬란한 햇살이야말로 하늘나라가 아니고 무엇이오리이까? 하늘나라는 이미 임하셨다. 그 선포는 이미 거역할 수 없는 것이다.

우리의 마음, 그 덤불과 자갈이 걷힌 옥토에 천국의 씨앗을 뿌리옵
소서! 어떠한 환난이 닥칠지라도, 그 씨앗은 우리 인간의 인위적 조
작과 무관하게 스스로 자란다는 것을 보여주소서. 그 대지의 풍요
로움과 위대함을 우리 인간이 깨닫게 하여주소서. 그 모든 씨앗이
삼십 배, 육십 배, 백 배, 아니 천만 배의 결실을 거두고야 말 것이
오니이다.

만국의 성도들이여 노래하라! 조선의 대륙, 대흥안령에서 백두까
지, 백두에서 한라까지, 하늘나라가 임하고 있음을 찬양하라! 조선
민중의 십자가로 인하여, 그 기나긴 고난의 십자가로 인하여, 전 인
류의 죄가 대속되고 있다는 것을 깨닫게 하소서. 때가 왔다! 때가
왔다! 남북동포와 전 인류의 가슴속에 하늘나라의 씨를 뿌리소서!
씨를 뿌리소서! 씨를 뿌리소서! - 아멘 -

　아무래도 나는 고전학자이기 때문에 "주석"이라고 하는 형식을 완전히 탈피할
길이 없다. 그러나 지금부터 나는 마가복음이라고 하는 "판소리"를 읊는 느낌으
로 이 복음서의 해설을 일반인들이 알아들을 수 있는 "이야기"로서 엮어 나갈 것
이다. 처음에는 성서본문이 없이 그것을 이야기 속에 흡수시키려고 했으나, 독자
들이 따로 성서를 조회하는 이중작업을 없애기 위하여 성서본문을 이야기와 더불
어 싣기로 했다. 성서본문은 개역한글판을 쓴다. 개역한글의 난해함을 보조하기
위하여 한자를 병기하기도 하고, 또 명료한 현재적 영어로 번역된 RSV 성서도
병치할 것이다. 그러나 해설은 공동번역이나 새번역, 그리고 나의 희랍어원문
해석을 자유롭게 활용할 것이다. 독자들의 가슴에 성령이 충만하기를 빈다.

Doh-ol's Commentary on the Gospel According to Mark

•다소

안디옥

실루기아 •알레포

오론테스강

카데쉬

비블로스

바알베크

시돈

헤르몬 산
2,814m
두로 •다메섹
단
기살라 가이사랴 빌립보

가버나움 벳새다

카멜 산 갈릴리 데
나사렛 디베랴 가
므깃도 갈릴리호수 볼
거라사 리
(움케이스)

가이사랴
마리티마 세겜 제라쉬
실로 요
벧엘 단 암만
예루살렘 여리고 강
쿰란 느보 산
베들레헴 베레아
유대 사 해 마캐루스
헤브론
마사다
브엘세바

구브로

지 중 해

사마리아

그리심

팔미라

에 돔 (이두매)

•페트라

나일강

시 내 광 야

아카바 만

홍 해

마가복음
Gospel of Mark

하나님의 아들 예수 그리스도 복음의 시작
〈 마가 1:1~8 〉

¹The beginning of the gospel of Jesus Christ, the Son of God.

²As it is written in Isaiah the prophet, "Behold, I send my messenger before thy face, who shall prepare thy way;

³the voice of one crying in the wilderness: Prepare the way of the Lord, make his paths straight—"

⁴John the baptizer appeared in the wilderness, preaching a baptism of repentance for the forgiveness of sins.

⁵And there went out to him all the country of Judea, and all the people of Jerusalem; and they were baptized by him in the river Jordan, confessing their sins.

⁶Now John was clothed with camel's hair, and had a leather girdle around his waist, and ate locusts and wild honey.

⁷And he preached, saying, "After me comes he who is mightier than I, the thong of whose sandals I am not worthy to stoop down and untie.

⁸I have baptized you with water; but he will baptize you with the Holy Spirit."

¹하나님의 아들 예수 그리스도 복음의 시작이라

²선지자 이사야의 글에 보라 내가 내 사자使者를 네 앞에 보내노니 저가 네 길을 예비하리라;

³광야에 외치는 자의 소리가 있어 가로되 너희는 주의 길을 예비하라 그의 첩경捷勁을 평탄平坦케 하라 기록된 것과 같이

⁴세례 요한이 이르러 광야에서 죄 사赦함을 받게 하는 회개의 세례를 전파하니

⁵온 유대 지방과 예루살렘 사람이 다 나아가 자기 죄를 자복自服하고 요단강에서 그에게 세례를 받더라

⁶요한은 약대털을 입고 허리에 가죽띠를 띠고 메뚜기와 석청石淸을 먹더라

⁷그가 전파하여 가로되 나보다 능력 많으신 이가 내 뒤에 오시나니 나는 굽혀 그의 신들메를 풀기도 감당치 못하겠노라

⁸나는 너희에게 물로 세례를 주었거니와 그는 성령으로 너희에게 세례를 주시리라

진정한 복음의 시작

하나님의 아들 예수 그리스도의 복음의 시작이라! 아르케 투 유앙겔리우 이에수 크리스투 휘우 데우Ἀρχὴ τοῦ εὐαγγελίου Ἰησοῦ Χριστοῦ, [υἱοῦ θεοῦ]. 그 얼마나 장쾌한 시작이요, 선언인가? 이 첫 문구를 읽는 나의 가슴은 흥분으로 설레인다. 과거에 마가복음을 마태복음의 불완전한 축약판으로 읽었던 사람들에게는 이 말이 흥분을 자아낼 아무런 이유가 없다. 그러나 이 마가야말로 진정한 복음의 "시작"이라는 것을 알면, 그 완벽한 새로운 창조물의 출현이라는 것을 알면, 그것이 갈릴리의 지평 위에 떠오르는 예수라는 위대한 인간의 삶, 바로 그 무대의 최초의 등장이라는 것을 알면 누구든지 가슴을 설레이지 않을 수 없다. 예수를 좋아하든 싫어하든, 믿든 불신하든, 사실이라 생각하든 신화라고 생각하든 축복이라 생각하든 저주라 생각하든, 예수라는 복음의 등장은 인류사의 운명을 뒤바꿔놓은 대"사건"이지 않을 수 없다.

예수는 이해되어야 한다

싯달타를, 콩치우孔丘를, 소크라테스를, 라오쯔老子를, 단군을 예수보다 더 위대하게 생각할지라도, 예수에 대한 믿음이 거부될 이유는 없으되, 예수의 등장이야말로 2천 년 인류사에 가장 강렬한 드라이브의 모티브를 제시한 사건임을 거부할 길은 없다. 예수는 축복이라 해도 그렇고, 저주라 해도 그렇고 하여튼 가장 강렬한 형태의 발자취를 인류의 명운命運 위에 찍어놓았다. 예수를 무시해버릴 길은 없다. 무시하면 그만일 수도 있겠으나, 그 과제상황은 지워지지 않는다. 니체가 예수를 살해한들, 예수는 살해되지 않는다. 예수는 이해되어야 한다. 그런데 아무도 예수를 이해하려들지 않았다. 심각한 성서문헌의 분해를 감행한 온갖 서구의 성서신학자들도 이해를 감행하지는 못했다.

신학자들은 자신의 언어와 그 속에 축적된 문화와 교리의 무의식적 아라야阿賴耶에 예속되어 예수를 객관화시키지 못한다. 거리를 두지 못하면 이해는 불가능하다. 예수는 사랑의 대상일 수는 있으나, 권위의 대상일 수는 없다. 권위주의나 초월주의에 빠지는 순간 우리의 의식은 거리를 상실한다. 여태까지 서구신학자들이 예수를 이해하지 못한 가장 큰 이유 중의 하나이다. 예수는 신화화되어서도 아니 되지만 과학화되어서도 아니 되는 것이다. 예수는 숭배되어도 아니 되지만 저주되어도 아니 되는 것이다. 예수는 하나님이 되어서도 아니 되지만 인간이 되어서도 아니 되는 것이다. 하나님과 "내"가 "하나"라는 생각을 갖지 못한 사람에게 예수는 영원히 이해되지 못한다.

마가의 프로젝트

마가가 이 복음서를 집필할 AD 70년대까지만 해도 예수에 관한 이야기전승들은 단편들fragments로만 존재했다. 단편의 성격에 관해서는 내가 여기서 중언부언할 생각이 없으나, 마가의 기발함, 그 위대함이란 바로 그 단편들을 하나의 직선적 시간틀에 꿰어 하나의 유기적이고 완정한 "삶의 모습"을 인간세라고 하는 무대 위에 올리는 발상에 있었다. "직선적 시간틀"이라 함은 지역적으로는 갈릴리로부터 예루살렘까지요, 사건적으로는 갈릴리사역(공생애)으로부터 예루살렘에서의 죽음까지이다. 그것은 평범하다면 평범한 한 삶의 이야기이다. 그 삶의 이야기가 인간세를 개벽시키는 혹은 인간세를 암흑으로 빠뜨리는 대 전변이 되리라는 것을 마가는 이해하고 있었을까?

마가의 시작, 마가의 언어의 미니말리즘

마가의 시작은 야심차다. 그 시작은 예수 그리스도의 시작이었고, 복음의 시작이었고, 갈릴리축 서부의 서양의 역사를 지배력 있는 독단의 문명사로 만든 계기의 시작이었다. 판본(희랍어 수고들MSS)에 따라 이 첫 문장 중에서 "하나님의 아들"은 없는 경우가 많다. 아마도 마가의 원래 수고手稿에는 이 말이 없었을 것이다. 그렇다면 "예수 그리스도의 복음"이라는 말만 그 핵심으로 남는다. 그렇다고 내가 예수 그리스도는 "하나님의 아들"이라는 동격의 수식어가 부적합하다는 것을 말하는 것은 아니다. 예수를 "그리스도"라고 말했다는 것 그 자체로써 이미 예수 그리스도는 하나님의 아들이라는 생각이 마가의 의식권에는 전제되어 있는 것이다(마가 1:11, 3:11, 5:7, 9:7, 12:6, 13:32, 14:36, 61, 15:39 등에 나타남).

그러나 마가는 언어의 미니말리즘minimalism에 대한 존중이 있다. 장황하게 구라치는 것을 좋아하지 않는다. 바울의 언어와는 애초부터 맛이 다르다. 그 인간 됨의 초점이 다르다. "예수 그리스도의 복음"으로 충분하다. "하나님의 아들"을 첨가할 필요도 없다.

역시 초대교회 케리그마의 담론

여기서 우리가 일단 기억해야 할 사태는 마가복음이 초대교회 케리그마의 담론 (에피스팀episteme)의 소산이지, 결코 예수라는 역사적 인간의 전기문학은 아니라는 것이다. 희랍·로마세계에 이미 "전기문학"은 하나의 뚜렷한 장르를 형성하고 있었다. 마가는 그러한 전기문학biographic literature에 관심이 없다: "예수라는 인간, 그 삶의 이야기의 시작이라" 이런 식으로 서두를 장식하지 않았다는 것이다.

이제 우리가 논의해야 할 것은 "예수 그리스도의 복음의 시작"이라는 말이 과연 무슨 말인지를 이해하는 것에 관한 것이다. 예수는 예수라는 역사적 χ의 진짜 이름인지 아닌지는 모르겠으나, 우리가 알려고 하는 그 인간의 사람으로서의 이름이다. "예수"는 특별한 이름이 아니고, 아주 팔레스타인에 흔하게 굴러다니는 "철수" 같은 이름이다. 히브리말로 "여호수아Joshua"(미국사람들도 이런 이름이 많은데, "죠슈아"라고 발음한다)라고 하는 이름을 헬라어 형태로 고치면 "예수Jesus"가 된다. 그러니까 예수와 여호수아는 같은 이름이다. 여호수아는 "야훼께서 구원하신다"는 뜻이다.

"그리스도Christ, χριστός"는 "기름부음을 받은 자"라는 뜻일 뿐 희랍어로는 아무런 의미가 전달되지 않는다. 그것은 오직 "메시아"라는 히브리말의 번역텀으로서만 새로운 의미를 지니는 말이다. 초대기독교도들의 의미부여 이전에는 "기름을 뒤집어쓴 놈" 이상의 의미가 없었다. 기독교인, 크리스챤이라는 말 자체가 "그리스도"를 인지하는 능력이 있는 소수의 그룹이라는 뜻이다. 그 말은 역사적으로 안티옥에서 처음 생겨났다(행 11:26이 그 출전이다. 행 26:28, 베드로전서 4:16에도 크리스챤의 용법이 나온다). 예수를 그리스도라고 인지한다는 것은 이미 바울신학에 오염되어 있다는 것을 의미하기도 하고, 바울신학 이전에 초대교회 케리그마의 공통분모로서 통용되었던 신앙체계를 받아들이고 있다는 것을 의미한다. 그렇다면 마가복음은 단순한 초대교회 케리그마의 소산인가?

"예수 그리스도의 복음"이라는 말의 분석

이 질문에 대답하기 전에 "예수 그리스도의 복음"이라는 말을 분석할 필요가 있다. 그리스도가 "크리스투χριστοῦ"로 되어있는 것은 분명 속격(소유격)임을 나타낸다. 그러나 "χ의"라는 말은 너무 애매해서 해석의 여지가 많다. 복음이 예수의 것(소유)이라는 말일까? 분명 그런 말은 아닐 것이다. 복음이 예수에게 소유되는 물건으로서 객화될 수 있는 것은 아니다. "나의 연필"처럼. 소유격은 소유격적 소유격도 있고, 주격적 소유격도 있고, 목적격(대격)적 소유격도 있다. 예수 그리스도의 복음은 예수 그리스도가 주체가 되어 만들어내는 기쁜 소식일 수도 있으나 직접적인 주격으로서 해석하는 것은 약간 문제가 있다(그렇다면 "The gospel by Jesus Christ"가 된다).

역시 이 소유격은 목적격적 소유격으로 해석되는 것이 보다 포괄적인 의미를 담을 수 있을 것이다. 즉 예수를 대상으로 하는, 예수에 관한 기쁜소식이 되는 것이다. 한글개역판은 번역문에서 소유격을 아예 명기하지 않았다: "예수 그리스도 복음의 시작이라." 그런데 공동번역은 "예수 그리스도에 관한 복음의 시작"이라고 했고, 새번역은 "예수 그리스도의 복음의 시작"이라고 했다. 새번역은 원문의 구조에 충실했고, 공동번역은 목적격적 소유격이라는 의미맥락을 명료히 드러냈다(The gospel about Jesus Christ).

무엇이 기쁜소식인가? 예수의 삶 그 자체가 기쁜소식이다

복음은 "기쁜소식"이다. 그런데 무엇이 기쁜소식이란 말인가? 예수의 삶, 그 자체가 이미 기쁜소식이라는 것이다. 바울은 복음을 구원론적인 맥락에서만 이해했고, 그 구원의 근거로서 예수의 죽음과 부활과 재림만을 생각했기 때문에 예수의 삶에 대한 인식과 지식과 관심이 거의 전무했다. 바울은 이야기꾼이 아니라 이론가였다. **귀납적 채집가**가 아니라 **연역적 구성가**였다. 바로 마가는 이 바울의 구성construction에 대하여 반역deconstruction을 일으킨 것이다. 복음은 예수의 죽음에 있는 것이 아니라, 예수의 삶에 있다. 예수의 삶 그 자체를 복음으로 인식하는 것이 바로 마가공동체의 혁명적 성격이었다. 초대교회의 흐름에 있어서 최대의 반역이자, 새로운 정통의 출현이었다.

시작, 아르케는 무슨 뜻?

자아! 이제 이 말을 분석해보자! "예수 그리스도 복음의 시작이라"할 때의 "시작"은 과연 무엇을 의미하는가? "시작beginning"이라는 의미를 표현할 수 있는 희랍어단어는 매우 많다. 그런데 여기 선택된 단어는, "아르케ἀρχή"라는 좀 복합적인 사변적 의미를 갖는 매우 중후한 말이다. 구약의 첫줄, 창세기 1:1에는, "태초에 하나님이 천지를 창조하시니라"라는 말이 있는데, 이 "태초"가 시간 자체의 창조를 의미하는지는 알 바 없으나, 시간이 인식되는 최초의 시점을 의미하고 있다. 그런데 그 "태초"를 희랍어로 번역한 셉츄아진트의 첫 구 역시 "아르케archē"를 사용했다. 이 "태초"의 의미를 "복음의 시작"과 연결시킨 마가의 구상은 매우 웅장하다. 그리고 이 마가의 단어선택을 모방하여 특유한 로고스론을 펼친 것이 요한복음이다: "태초에 말씀이 계시니라."

아르케는 "시작"이라는 시간의 단초를 의미할 뿐 아니라, 우리 철학사에 있어서는 고대 희랍인들의 본체론적 사유, 소크라테스 이전의 자연철학자들에게 나타나는 "원질stuff"(만물이 이 원질로부터 생겨난다)을 가리킨다. 아르케는 "시작"인 동시에, 원리며 궁극적인 실체ultimate underlying substance이며 현상화될 수 없는 궁극적 원리를 나타낸다. 모든 것을 포섭하는 원점이며, 다양한 현상이 환원되는 본체인 것이다. 마가가 말하는 "복음의 시작"은 복음서의 최초의 출현을 선포하는 장엄한 서막인 동시에, 여태까지 "기쁜소식"이라고 떠들어댔던 모든 담론의 궁극적 실상實相이다. 이 "아르케"라는 단어 선택이야말로 바로 마가가 구상하는 "복음"이라는 새로운 형식에 대한 자신감, 그 원초성, 그 실체감을 드러내고 있는 것이다.

마가의 복음은 추상적 논리가 아니라 삶의 이야기, 문학장르이다

그런데 여기 마가가 말하는 "복음"은 이전의 어떠한 복음(유앙겔리온)과도 성격이 다르다. 이전의 복음은 그냥 "기쁜소식"이라고 하는 추상명사에 불과했다. 바울이 말하는 "복음"은 예수 그리스도 안에서 역사하시는 하나님의 구원론적 작업에 관한 소식이며, 그것은 하나님의 은총에 대한 전통적인 표현에 불과한 것이다. 그러나 마가의 복음은 "기쁜소식"이라는 추상적 의미 외로도, 구체적인 예수의 삶의 이야기를 담은 문학장르를 의미한다. 유앙겔리온이라는 말이 마가복음에 7번 등장하는데(막 1:14, 15, 8:35, 10:29, 13:10, 14:9. 원래 사본 밖에 있는 16:15를 계산하지 않으면 6번), 그 용례는 모두 예수의 지상에서의 사역이 소기하는 바 하나님나라의 도래와 관련된다. 그것은 지상에서 하나님의 새로운 통치(개벽開闢)가 시작된다는 것을 알리는 굿뉴스의 선포를 의미한다. 그것은 예수라는 인간의 존재이유, 그 삶의 전체, 그 비극적 드라마의 프로세스 전체를 가리키는 것이다. 그 유앙겔리온의 아르케가 곧 마가복음인 것이다.

구전전승에서 문헌전승으로

마가복음은 예수의 삶에 관한 구전전승oral tradition을 최초로 문헌전승written tradition으로 바꾼 것이다. 마가는 분명 마가복음서를 하나의 완정한 드라마로서 집필하였다. 그러나 우리가 명심해야 할 사실은 마가복음은 문헌인 동시에 문헌으로서 유통된 것이 아닌, 다시 구전문학으로서 암송한 케릭스, 즉 창자들의 노력에 의하여 유통된 "소리"요 "이야기"라는 것이다. 이 문헌전승과 구전전승의 공존共存이라는 사태를 염두에 두지 않으면 마가복음의 그 총체적 다이내믹스는 이해될 길이 없다.

이 1장 1절의 해설만으로 2018년 2월 4일 내가 충정로 20번지 벙커1교회에서 행한 2시간에 걸친 설교가 끝났다. 비좁은 공간에 400명이 넘는 인파였다. 그날 설교와 함께 내가 설교의 매듭으로 행한 기도가 있는데 역사적인 문헌이므로 그 기도를 여기 남겨둔다.

> 험난하고 초라하기 그지없는 오늘의 세태를 견디며 살아가는 가냘픈 성도들이여! 우리는 인간의 역사 속에 행위로써 역사하시는 영원과 이상의 표상이신 하나님을 믿습니다. 그리고 우리와 똑같은 희노애락의 인간으로 갈릴리의 풍진 속에 도포자락을 흩날렸던, 지팡이 하나에 의지하여 맨발로 걸어간 사나이, 그 사람 예수님을 가슴속에 모십니다. 어찌하여 그 예수님이 하나님의 아들이 될 수 있었는지, 어떻게 하면 우리가 이 푸른 대지 위에서 그 예수님을 만나고, 수난과 부활의 의미를 우리 실존 속에 구현하고 실천할 수 있는지, 그것이 그토록 궁금해서, 그것이 그토록 알고 싶어서, 우리는 평생토록 헤매고 또 헤매었습니다. 그러나 아직도 조선땅 비바람 속에는 침묵의 소리만 흐릅니다. 인간들은 어찌하여 이토록 완악하고 무지하며, 투기하고 배타하며, 자신의 좁은 소견만을 절대선인 양, 전체와 영원과 화합과 아가페를 외면하고만 있나이까? 어찌하여 우리가 이 꼴이 되었습니까? 이것이 진정 당신의 모습입니까? 우리는 정말 알고 싶습니다. 예수님이 누구인지, 예수님이 어떠한 삶의 의미를 우리 가슴에 새겨 놓으셨는지를 알고 싶습니다. 신앙의 타협을 넘어서서 절대무絶對無의 심연 속에서 활연관통하는 대오大悟의 맑음을 체험하고 싶습니다.
> 하나님! 저희는 고통 받는 영혼이올시다. 영원히 그러한 고통 속에서

이 생을 마감할지도 모르겠습니다. 그러나 이 자리에 고개 숙인 영혼들에게, 당신의 말씀을 통하여 자신의 무지를 깨고 신화를 넘어서서 살아있는 예수님을 만날 수 있는 그 감격을 허락하소서. 지혜와 인종과 평화를 우리 민족 모두에게 선물하시옵소서. 당신이 우리와 함께 하심을 굳게 믿사오며, 벙커1교회 성도들의 평강을 기원합니다. 당신의 모든 말씀이 우리의 생명의 은총이 되도록 당신의 품 안에서 간절히 기도드리옵나이다. 아멘.

1장 1절의 해설에 있어서 내가 빼먹은 것이 하나 있다. 우리 개역판에는 "예수 그리스도 복음의 시작이라"라고 되어있는데, 원문에는 Be동사에 해당되는 "이라"가 없다. 그러니까, "하나님의 아들 예수 그리스도의 복음의 시작"에서 끝난다. 그러니까 문장이 아닌 제목과 같은 효과를 주는 시작구이다(공동번역은 원문대로 "시작"에서 문장이 종결됨). 혹자는 1장 1절이 구체적으로 다음에 나오는 세례 요한 이야기를 수식하는 구절일 뿐이라고 말하지만, 그것은 터무니없는 졸견에 불과하다. 여기서 말하는 "시작"(아르케)은 전체 복음의 시작이요, 이 전체 복음을 이야기로서 전하는 판소리창자의 선포 "아니리"와도 같은 것이다.

복음 판소리는 처음부터 끝까지 통으로 다 들어야 그 의미를 말할 수 있다

자아! "이야기"는 "시작"이 선포되었으면, 끝까지 들어야 한다. 1장 1절부터 16장 8절까지 원래 수고에는 장절의 구분도 없었다. 그것은 통짜로 연속된 이야기였다. 사실 우리는 "역사적 예수"라든가 "케리그마"라든가 하는 것을 운운할 필요조차도 없다. 인류사에 최초로 등장한 유앙겔리온 이야기창唱을 최초의 청중들이 들은 대로 들으면 그만이다. 예수의 전모는 바로 이 마가의 유앙겔리온의 전체 시퀀스 그 자체가 드러내주고, 웅변해주는 것이다. 예수가 처녀자궁에서 나왔는가? 정말 하나님의 아들인가? 정말 무지막지한 기적을 행하였는가? 정말 죽었는가? 정말 부활했는가?

이런 질문들은 오직 이 마가의 예수이야기를 통째로 들은 후에만 대답할 수 있는 것이다. 한 영화의 시작을 보았으면 끝까지 보아야 한다. 끝까지 보지 않은 이상, 그 영화의 장면이나 주제나 의미에 관해서 올바른 평론을 할 수 없는 것과 마찬가지다. 판소리를 안 듣고 판소리를 이야기할 수 없다. 그 이야기, 그 감격과 그 정취는 다 들은 사람만이 이야기할 수 있는 것이다. 심청가만 해도 막간이 없이 6시간 정도 지속되고, 춘향가만 해도 보통 8시간 반 정도 지속된다(안숙선의 경우, 8시간 30분). 우리나라 최고의 명고수라 할 일산 김명환 선생의 말씀에 의하면 옛날에는 춘향가가 10시간도 지속되는 길이었다고 했다.

해남 대갓집에서 늦가을쯤, 창자·고수·시종 몇 사람을 데려다가 일주일 정도 잘 멕이고, 어느날 "오늘 목구녕에 소리가 걸리오?"하고 물으면 소리꾼이 "할 만하옵죠"라고 대답한다. 그러면 소리판을 대청마루에 벌이는데, 주인집 남성들은 안방에서 보고 여성들은 건너방에서 발을 치고 본다. 멍석 깔은 마당에는 동네사람들이 가득 앉아 듣는디, 초저녁에 시작하면 그 누구도 움직이질 않아 새벽이 되면 머리에 쓴 고깔에 서리가 눈 내린 듯 하얗게 뒤덮였다고 했다. 아버지 제사를 지내러 가던 나무꾼 청년이 한번 궁둥이를 붙였다가 일어나곤 또 주저앉고 또 주저앉고 하면서도 동이 틀 때까지 자리를 뜨질 못하고 들었다 했다.

마가복음은 행위의 복음

마가의 유앙겔리온도 그런 식으로 초대교회 사람들이 경청했던 판소리였다. 마가만 해도 대략 6시간 정도의 시간이 걸렸을 것이다. 마가의 유앙겔리온은 보통 "행위의 복음The Gospel of Action"이라고 부른다. 행위의 복음이라는 뜻은 장황한 구라의 복음이 아니라는 뜻이다. 장황한 구라의 복음의 대표적인 사례가 요한복음이다. 마가는 최초의 복음이다. 그 특징은 간결함이요, 포커싱(주제초점)의 명료함에 있다. "예수 그리스도의 복음의 시작"이라 하는 것은 예수를 그리스도로 만든 공생애public ministry의 행위에 명료한 초점을 맞춘다는 뜻이다. 따라서 마가에는 산상수훈과 같은 설교조차 등장하지 않는다. 물론 출생과 성장에 관한 "시시껄적한 이야기"가 일체 등장하지 않는다.

그런 이야기는 희랍·로마시대의 바이오그라피(비오스βίος) 문학장르에서는 중요할지 모르지만, 마가에게는 전혀 중요하지 않다. 관심 밖이다. 아니, 정직한 정보를 수집할 길이 없었다. 예수는 역사의 지평 위에 오로지 "천국의 도래"에 관한 선포와 더불어 등장한 인물이기 때문이다. 예수가 과연 베들레헴에서 태어났는가? 왜 갈릴리 나사렛 사람들인 요셉과 마리아 부부가 아기를 낳으러 그 머나멀고 험난한 여정을 거쳐 베들레헴으로 가는가? 왜 편안한 집을 놓아두고 만삭의 배를 이끌로 타지로 가서, 그것도 알도 못하는 남의 집 말구유간을 빌려 출산을 한단 말인가?

누가의 호구조사령은 코미디, 완전한 픽션

우리는 이러한 황당한 사건을 성스러움에 대한 예찬 속에서 아름다운 사실로서 받아들이고만 있다. 그것은 누가복음에 기록된 탄생설화에 의한 것인데(눅 2:1~7), 카이사르 아우구스투스Caesar Augustus, BC 63~AD 14(정적 안토니우스와 클레오파트라를 죽음으로 몰고, 로마 전체의 실권을 장악한 옥타비아누스Octavianus를 가리킴)가 온 천하에 호구조사령을 내림으로써 생겨난 사건이라는 것이다. 우선 로마황제 아우구스투스 시대에 관하여서는 상당히 정확한 사료들이 남아있는데, 그 시대에는 그러한 종류의 온 천하 호구조사령이 내려진 적이 없으며 그러한 개념조차 성립하지 않는다.

로마는 공화정의 전통을 가진 나라였기 때문에 그러한 발상이나 유례가 성립할 수 없었다. 단지 과세taxation를 목적으로 지방총독 명으로 해당 관할구에서 호구조사를 할 수는 있었으나 예수가 탄생한 BC 4년경에는 팔레스타인에서 그러한 호구조사가 행하여진 사례가 없다. 단지 사가 요세푸스가 『유대인고대사Jewish Antiquities』 속에서 팔레스타인에서 최초의 로마식 호구조사가 이루어진 사례를 언급하고 있는데 그것은 AD 6년의 사건이다.

이때는 예수가 10살경이었다. 더구나 이 호구조사는 과세를 목적으로 한 것이며, 과세를 목적으로 한 호구조사는 현주소를 중심으로 하는 것이지, 사람들이 원적지로 돌아가서 호구조사를 받아야 한다는 것은 상식에 어긋난다. 현주소의 삶의 터전에서 호구조사를 해야만 과세가 가능한 것이다. 당시 원적지라는 것이 과연 현실적으로 무슨 의미를 지닐 수 있겠는가?

요셉의 원적지가 베들레헴이라는 사실 자체가 아무런 근거를 발견할 수 없는 누가의 창작일 뿐이다. 그리고 예수의 탄생을 원적지 호구조사와 관련시켜 나사렛사건에서 베들레헴사건으로 뒤바꿔놓은 것 또한 누가의 날조에 속한다. 이 사태에 무엇인가 큰 의미부여를 하기 위해 누가는 지역의 작은 호구조사사건의 기억을 아우구스투스 온 천하 호구조사령으로 뻥튀기한 것이다. 누가가 노리고 있는 것은 과연 무엇일까?

그것은 너무도 명백하다. 베들레헴은 다윗의 출생지이며, 그리스도는 다윗의 혈통, 그리고 다윗이 살던 촌락, 베들레헴에서 나오리라는 메시아대망사상이 유대인들에게 보편화되어 있었기 때문에(요 7:41~43), 초대교회의 케리그마구조 속에서 예수드라마를 쓰는 작가들은 예수의 출생을 베들레헴사건으로 만들었어야만 했고, 그 계기를 억지로 성립시키기 위해 아우구스투스의 원적지 호구조사령이라는 허구를 만들어낸 것이다.

헤롯대왕의 유아살해령도 픽션

마태는 여기에다 헤롯대왕의 유아살해령Herod's infanticide까지 첨가시킨다. 헤롯이 아무리 폭군적인 인물이라도 자국민의 귀엽기 그지없는 2살 이하의 남자아기 전체를 죽이는(마 2:16) 그러한 잔악한 행동을 자행했을 리가 없다. 헤롯은 예루살렘성전을 복원하여 유대인의 프라이드를 세운 인물이다(헤롯의 성전을 보통 세컨드 템플The Second Temple이라 말하는데 실은 제3의 성전이며, 제3의 성전이야말로 솔로몬, 스룹바벨[에스라 제4장 참고]이 지은 성전보다 훨씬 더 장대한 것이다).

헤롯의 유아살해는 전혀 역사적 사실이 아니다. 이것 또한 마태라는 작가가 예수의 탄생을 유대인의 설화구조의 아키타입이라 말할 수 있는 모세의 탄생설화구조와 오버랩시키기 위하여 날조한 것일 뿐이다. 헤롯의 유아살해는 파라오의 유아살해를 전이시킨 것이다. 구사일생으로 강물에서 건져진 모세와 구사일생으로 현몽 덕에 피신한 예수의 이미지가 또다시 애굽땅을 배경으로 전개되고 있는 것이다. 마태는 신약의 케리그마를 철저히 구약의 맥락 속에서 규정지으려 하고 있는 것이다.

예수의 탄생을 12월 25일로 비정한 크리스마스의 설화도 1년 사이클에서 동지를 기점으로 생명을 부여하는 태양이 회복된다고 하는 근동의 신화양식의 한 전형에서 비롯된 것이다. 오시리스-디오니소스 비의종교에서 갇맨godman의 탄생은 대강 이 시기에 이루어진다. 그것은 사실이 아닌 양식樣式이다. 복음서 기자들은 이러한 근동의 신화양식을 동원하여 자유롭게 드라마를 구성하고 있는 것이다. 폭군의 유아살해도 희랍·로마시대의 작가들이 흔하게 동원하는 양식화된 사건일 뿐이다(Gerd Lüdemann, *Jesus After 2000 Years*, p.128).

복음서 작가들은 크로놀로지의 객관성에 관심없다

헤롯대왕은 BC 4년에 죽은 사람이고, 시리아 총독, 구레뇨(퀴리니우스Quirinius)의 호구조사는 AD 6년의 사건이다. 예수의 탄생을 놓고 마태와 누가 사이에는 10년이라는 갭이 있는 것이다. 다시 말해서 복음서의 작가들은 전혀 역사적 사실에 관심이 없는 것이다. 자기들 이야기의 내래이션을 엄밀한 역사적 사건의 시퀀스, 그 크로놀로지에 맞추어 기술할 생각조차 없는 것이다. 그들이 전달하려고 하는 것은 복음이지 역사가 아니다. 기적의 문제이든, 부활의 문제이든, 내가 말하고 있는 중요한 테제, 복음서의 성격과 복음서작가의 의도를 이해하면 쉽게 풀려나갈 수 있는 것이다.

정통 유대인계 초기기독교인들을 위하여 복음서를 집필한 마태는 복음서의 시작을 예수 그리스도의 족보the genealogy of Jesus Christ로부터 시작하고 있다.

> **아브라함과 다윗의 자손 예수 그리스도의 세계世系라. 아브라함이 이삭을**
> **낳고, 이삭은 야곱을 낳고, 야곱은 유다와 그의 형제를 낳고, ……**

여기 서술방식은 아브라함, 즉 조종祖宗으로부터 내려오는 방식(從上而下)을 취했고, 예수가 "다윗의 자손"이라는 것을 이 세계로부터 입증하고 있는데, 이러한 족보가 유대인 외의 이방인들에게는 아무런 의미가 없다는 것은 너무도 명백하다. 그런데 이 족보는 부계의 혈통을 구체적으로 제시한 것이다. 그런데 동정녀 마리아 잉태설화는 부계의 혈통을 단절시키기 위한 장치이다. 예수는 하나님의 아들이지, 인간 요셉의 아들이 아니다. 요셉의 정액이 마리아의 자궁으로 들어간 사실이 없는 이상, 결국 요셉의 족보는 예수의 다윗의 혈통됨을 보장할 수가 없는 것이다. 족보를 밝혔다는 것 자체가 이미 논리적인 모순인 셈이다.

누가 또한 예수의 족보를 공개하고 있는데 그 서술방식이 마태와는 정반대로 아래로부터 위로 올라간다(從下而上).

> **예수께서 가르치심을 시작할 때에 삼십 세쯤 되시니라. 사람들의 아는**
> **대로는 요셉의 아들이니, 요셉의 이상以上은 헬리요, 그 이상은 맛닷이요,**
> **그 이상은 레위요, 그 이상은 멜기요 …… (눅 3:23~24).**

마태족보와 누가족보의 비교

그런데 이 두 개의 족보를 비교하여 보면 세계가 완전히 딴판이다. 아버지 요셉만 일치하고 요셉의 아버지인 예수 할아버지부터는 그 이름이 일치하지 않는다. 마태는 요셉의 아버지가 야곱이라 했고, 누가는 헬리라 했다. 그 이상부터도 서로 들어맞는 이름이 단 한 번도 없다. 마태의 기록에 의하면 예수로부터 다윗까지 28대인데, 누가의 기록에 의하면 다윗까지 43대이다(다윗의 시대를 기원전 10세기로 본다면 28대는 좀 부족한 숫자이다). 누가의 족보에 의하면 29대 할아버지 이름이 또다시 예수라는 이름으로 되어있다. 이것은 다른 전승에 의거한 것이 아니라 각기 다른 상상력에 의한 작명일 뿐이다. 마태는 그래도 족보가 아브라함에서 끝나지만, 누가의 경우는 족보가 아브라함(57대)에서 다시 노아, 므두셀라를 거쳐 아담에 이르기까지 20대를 더 거슬러 올라가는데 결국은 하나님에게까지 올라간다.

결국 하나님까지 인간족보에 계열화시켰다는 것은 그들의 하나님 인식이 야훼가 야훼부인과 섹스를 해서 아담을 낳았다는 이야기수준에 머물고 있다는 것을 입증하는 것에 지나지 않는다(근동 성서고고학의 대가인 윌리엄 데버William G. Dever의 연구에 의하면 이스라엘의 신들도 항상 부인과 함께 발굴된다고 한다. 아쉐라Asherah 컬트를 야훼신앙과 분리해서 생각할 수 없다고 주장한다. 그의 저서는 매우 계발적이다. 『유일신론의 다양한 측면들Aspects of Monotheism』, 『야훼도 부인이 있다 — 고대 이스라엘에 있어서의 민속종교와 고고학Did God Have a Wife?: Archaeology and Folk Religion in Ancient Israel』).

이 모든 유치함을 역대의 성서연구자들은 문제삼지 않는다. 성서는 기본적으로 성스러운 책이기 때문에 읽지 않고 믿는 것이다. 분해하지 않고 있는 그대로 그 성지聖旨를 봉승奉承하는 것이다.

4복음서 속에는 4명의 다른 예수가 들어있다

사실 4개의 다른 복음서 속에는 진실로 4명의 다른 예수가 들어있다. 이 다른 예수들은 하나의 단일한 이미지로 뭉뚱그려지기에는 각기 너무도 뚜렷한 개성을 보지保持한다. 그러나 이 모든 예수상의 아키타입, 프로토타입이 바로 마가가 그리고 있는 예수다! 이 예수에게는 동정녀잉태 얘기도 없고, 족보도 없고, 베들레헴, 다윗도 없다! "예수 그리스도의 복음의 시작"이라고 선포한 이상, 그리스도됨의 성스러운 이미지가 인간 예수의 족적의 배면에 깔려있는 것은 분명하지만 그 성스러운 이미지를 증보판들이 임의적으로 마구 신화적 담론 속에서 조작해내는 것과는 달리, 갈릴리 지평 위를 걸어가는 그의 행위의 연결고리를 통하여 담박하게 그려나가고 있는 것이다.

생각해보라! 과연 예수가 자신을 다윗의 후손이라고 믿었을 것인가? 그것은 초대교회 조직의 이기적 관심이 예수에게 덮어씌운 누명일 뿐이다. 예수가 그런 얘기를 들었다면 예수는 모독감을 느꼈을 것이고 분노했을 것이다. 예수는 예루살렘이라는 종교적 하이어라키, 그 이스태블리쉬먼트를 근원적으로 거부한 사람이었다. 예수는 인간을 종교적 율법으로부터 해방시키려 했다. 예수는 인간을 종교라는 굴레로부터 해방시키려 했다. 그런 의미에서는 싯달타가 베다의 권위를 거부하고 인간의 독자적인 각성에 의한 해탈을 추구한 것과 다를 바가 없다.

다윗 이전의 개방된 시공, 예수의 원형
예수에게 야훼는 해방의 하나님일 뿐이다. 출애굽 자체가 이스라엘민족을 애굽의 압제로부터 해방시킨 사건이다. 야훼는 끊임없이 이스라엘민족과 더불어 유랑하며 행동하는 오픈 스페이스open space의 하나님이다. 그런데 다윗은 군주국의 창시자로서 이스라엘을 이끌어온 법궤를 찾아내어 예루살렘의 지성소에 안치하여 가두어버린 장본인이다. 그 뒤로 야훼는 정치권력의, 그리고 정치권력과 결탁한 성전제도의 권위 속에 감금된 클로우즈드 스페이스closed space의 폐쇄적 권위체가 되고 만 것이다.

예수는 이 종교적·정치적 하이어라키를 근원적으로 인정하지 않는다. 그가 동경하는 세계는 다윗 이전의 개방된 시공이다. 예수는 결코 다윗의 후손일 수가 없는 것이다. 예수를 다윗의 후손으로 만들려는 마태·누가의 담론이 얼마나 예수에 대한 몰이해에 기초하고 있는 것인가를 생각하면 예수의 억울함은 호소할 길이 없어 보인다. 그러나 우리에게는 마가가 있다. 예수의 원형이 2천 년 만에 그 모습을 드러내고 있다. 그 얼마나 감격스러운 해후邂逅인가! 그 기쁜소식은 이미 시작되었다! 이제 듣는 일만 남아있다!

마가는 처음부터 예수의 공생애로부터 시작, 탄생·성장에 관심없다

마가는 "곧바로" 처음부터 예수의 공생애로 진입한다. 당연히 우리가 관심을 가져야 할 예수는 공생애의 예수다. 예수의 탄생과 족보와 성장에 관한 모든 이야기는 복음서기자들에 의한 픽션이거나 초대교회의 전승이거나 할 것이지만, 중요한 것은 마가가 제시한 예수의 모습에는 그러한 문제는 개입될 여지가 없었다는 것이다. 마가의 원초성과 진실성에 기초하여 타 복음서의 자료를 분별해야지, 타 복음서의 권위를 빙자하여 마가를 운운하면 안된다.

마가복음의 한 특징, "유튀스"

내가 모두冒頭에서 "곧바로"라는 말에 인용부호를 썼는데, 이 말은 헬라말로 "유튀스εὐθύς"라 하는데, 마가 본인이 가장 쓰기 좋아하는 말이다(10절에 "곧" 이라는 표현이 있는데 이 개역판의 "곧"에 해당되는 헬라말이 "유튀스"이다). 제1장에만 11번이나 나오고, 마가복음 전체를 통해 41회나 쓰였다. 이 "유튀스"야말로 "행위의 복음서"라는 별명을 정당케 만드는 긴장감을 나타낸다. 마가는 유튀스를 사용해 장면과 장면 사이의 긴박한 사건전개와 긴장된 분위기를 효과적으로 강조한다. 그의 여행의 장면, 장면의 행위가 바로 가치의 극점을 전달하는 교훈이다. 장황한 언어적 설명을 필요로 하지 않는다. 예수는 끝날이 며칠 남지 않은 사람처럼 빨리 빨리 곧, 곧, 장면을 전환시키며 전진한다.

한 30세 청년의 8개월 생애단면

이 마가복음이 그리고 있는 예수의 공생애는 짧게는 8개월, 길게 잡아야 10개월 정도에 지나지 않는다. 많은 사람들이 예수의 공생애를 3년 이상으로 알고 있고, 복음서는 예수 생애 전체를 담은 기나긴 르뽀로 알고 있는데, 복음이란 한 30세 청년의 8개월 생애단면에 지나지 않는다. 보통 3년이라는 숫자는 요한복음에 유대인 명절인 유월절이 3번 나오기 때문에(첫 유월절이 요 2:13, 두 번째 유월절이 요 6:4, 세 번째 유월절이 요 11:55에 언급되어 있다. 요한복음은 3년의 시간길이를 가지고 있는 셈이나, 예수의 생애를 사실적으로 바라보는 자료로서는 사용하기 힘들다. 특히 지리적 위상이나 시간적 흐름이 현실적인 인과성을 무시한 채 마구 단절되고 뒤죽박죽 배열되기 때문에 의미론적으로는 풍요로울 수도 있으나 예수의 생애를 말하는 기준으로 사용하기에는 어렵다) 그에 근거하며 말하는 것이지만 예수생애의 표준이 되기 어렵다.

예수의 생애에 관해서는 마가복음의 기술이 정론이 될 수밖에 없다. 예수의 생애를 현실적으로 구성하는 것은 극히 난해한 것이지만, 그것은 대체로 AD 29년 7·8월에서 시작하여 AD 30년 4월 초순에 끝난다(1년을 앞당겨 AD 28~29년으로 재구할 수도 있다). 이렇게 짧은 생애의 긴박한 이야기를 청중들은 유튀스적 기법, 급박한 장면의 전환 속에서 듣게 되는 것이다.

예수시대에 구약은 존재하지 않았다

2절과 3절의 이야기는 선지자 이사야서에 쓰여있는 것으로 묘사되어 있으므로 (As it is written in Isaiah the prophet), 독자들은 이사야서라는 구약의 서물이 있고 그것을 인용한 것으로 생각하기 쉽다("쓰여진 바대로kathōs gegraptai"라는 표현이 현재완료형의 시제를 쓰고 있어 이미 성립되어 있는 서물이라는 인상을 강하게 풍긴다). 그런데 우리가 알아야 할 사실은 우리가 생각하는 구약이라는 문헌은 예수시대에 존재하지 않았다. 오늘날의 구약을 구성하는 대부분의 글들은 단편으로 산재했으며 그것도 통일된 정본이 없었다. 구약도 신약이 형성되어간 시기에 같이 편집되어간 것이다. 따라서 마가가 말하는 이사야서가 무엇을 의미하는지는 아무도 모른다. 아마도 초대교회에서 사용한, 메시아 중빙서류로서 편집된 구약발췌문집 같은 매우 엉성한 문헌이었을 것이다.

> 내가 내 사자를 네 앞에 보내노니
> 저가 네 길을 예비하리라

여기서 "내 사자my messenger"는 분명 세례 요한을 지칭한 것이다. 이 글은 문자 그대로는 출애굽기 23:20에 가깝다.

내가 사자使者를 네 앞서 보내어 길에서 너를 보호하여 너로 내가
예비한 곳에 이르게 하리라.

또 말라기 3:1에 이런 표현이 있다.

만군의 여호와가 이르노라. 보라! 내가 내 사자使者를 보내리니
그가 내 앞에서 길을 예비할 것이다.

마가는 여기 "내 앞에서 길을"이라는 표현을 "네 길"로 바꾸었다.

광야에 외치는 자의 소리가 있어 가로되
너희는 주의 길을 예비하라! 그의 첩경을 평탄케 하라!

이 마가의 메시지는 우리가 보통 제2이사야서Second Isaiah라고 부르는 부분인
이사야 40:3~5 그 비슷한 표현이 있다.

외치는 자의 소리여 가로되 너희는 광야에서 여호와의 길을 예비
하라 사막에서 우리 하나님의 대로를 평탄케 하라
골짜기마다 돋우어지며 산마다, 작은 산마다 낮아지며 고르지 않은
곳이 평탄케 되며 험한 곳이 평지가 될 것이요
여호와의 영광이 나타나고 모든 육체가 그것을 함께 보리라 대저
여호와의 입이 말씀하셨느니라

신약의 구약인용은 구약을 빙자한 창작

마가의 "광야"는 사해로 들어가는 요단강 하류부근의 사막지대를 가리킨다.
그러나 이사야서의 광야는 바빌론 포로시대의 유대인들의 피폐한 영적·정치적
상황을 비유적으로 가리킨 것이다. 시온성으로 돌아가는 해방의 기쁨을 노래하고

있는 것이다.

하여튼 우리가 신약에 나오는 구약인용문에 관하여 무슨 "예언의 성취"니 운운하면서 그 절대적인 권위를 맹신하는 성향이 있는데, 구약인용은 대체로 상황적 맥락이 잘 들어맞지 않으며 그 의미맥락을 뜯어맞추는데 견강부회가 심하다. 신약에서 구약을 말하는 것은 판소리에서 『논어』『맹자』를 이야기하는 것 이상의 의미가 없다. 그저 듣기에 좀 근사하게 들리고, 유식과 권위를 가장하는 방편일 뿐이다. 2~3절의 이야기는 이사야서의 글이라기보다는 마가 자신의 구약을 빙자한 창작이라고 보는 것이 옳다. 판소리의 의미맥락과 감성적 느낌의 스펙트럼을 넓히기 위한 고전적 변양變樣일 뿐이다.

왜 복음서에 세례 요한이 최초로 등장하는가?

4절에서 "광야에서 외치는 자의 소리"의 주인공, 세례 요한이 등장한다. 광막한 유대광야의 지평 위에, 아니 마가라는 최초의 복음서의 무대 위에 최초로 등장하는 인물이 곧 세례 요한인 것이다. 독자들은 당연히 의문을 가져야 한다. 마가복음의 주인공은 어디까지나 예수인데 왜 세례 요한이 최초로 등장하는가?

현재 우리의 통용되는 한국말 속에서도, "쟤는 세례 요한이야"라든가, "세례 요한으로 만족하겠습니다"라든가 하는 언명은 명료하게 일치된 뜻을 전달한다. 그 뜻인즉, 세례 요한은 뭔가 "진짜배기," 즉 본물건이 등장하기 전에 길을 닦거나 그를 예비하기 위한 작업을 하는 것으로 만족하는 사람, 진짜 물건과 비슷한 하중을 지니는 같은 수준의 인물이면서도 자신을 규정하는 데 있어서 겸양의 미덕을 발휘하는 좋은 사람이라는 의미를 정확히 전달한다. 우리 일상언어화 된 이러한 "세례 요한"의 이미지는 전적으로 마가의 창작이며, 이러한 우리의 일상언어 관념의 족보 또한 전적으로 마가의 창작에서 유래한 것이다. 여기 "창작"이라 함은 실제로 초대교회에서 케리그마화 된 세례 요한과 역사적 세례 요한Historical John the Baptist의 실상 사이에는 큰 갭이 있다는 것을 말하는 것이다.

케리그마의 요한과 역사적 요한

여러분, 한번 생각해보시라! 예수활동시대 당시, 세례 요한과 예수와 그 누가 더 유명했겠으며, 그 누가 더 사회적인 신망과 영향력을 가지고 있었을까? 그것은 이미 마가의 드라마에서 설정된 두 사람의 해후의 장면 그 자체로써 이미 명백하게 드러나는 것이다. 세례 요한은 유대광야 요단강 하류 어느 지점에서(요단강과 얍복강 Jabbok R.이 만나 사해로 내려가는 하류지점. 여리고Jericho의 동쪽에 있는 하즐레 개울이라는 설도 있다) 강물세례운동을 벌이고 있었고, 이미 유대지방 전체와 예루살렘 사람들이 그에게 몰려들고 있었다(예루살렘은 유대지방에 속해 있지만 서울특별시처럼 독립된 행정조직을 가지고 있었고 인구도 많았다. 유대지방은 척박한 곳이라서 광야라 불리었고 인구가 많지 않았다. 그래서 온 유대지방과 예루살렘을 병기해서 칭한 것인데, 이것은 팔레스타인 남부 전체를 가리킨다).

그러니까 세례 요한은 이미 수도권에서 거대한 정신운동을 일으켜 큰 성공을 거두고 있었던 거목이었다. 그런데 예수는 저 강원도 접경지역에서 혼자 터덜터덜 서울 한강변에 이른 홀몸의 서른댓 살의 청년이었다. 그 예수라는 외로운 청년은 요한에게 세례 받는 군중 사이에 끼어 요한에게 세례를 받았다. 자아! 하드코어 팩트는 이것이다. 예수라는 한 청년이 갈릴리 깡촌에서 기나긴 여행 끝에 당대 최대의 사회운동의 리더였던 세례 요한에게 왔다. 그리고 세례 요한에게 세례를 받았다. 과연 이 사실이 무엇을 의미하는가?

예수는 요한의 세례운동에 참여함으로써 공생애를 시작했다

우선 이 사실, 인간 예수가 세례 요한에게 세례를 받았다는 이 사실 자체가 회피할 수 없는 역사적 팩트를 우리에게 전해주고 있다. 예수는 갈릴리 사람이었고, 주변에 벌어지고 있는 눈뜨고 보지 못할 세태의 타락상에 관해 통렬한 비분을 참지 못했고, 개혁을 꿈꾼다. 이 세상은 근원적으로 변혁되어야만 한다! 그때 예수는 예루살렘 주변에서 활동하면서 전국적인 영향력을 행사하고 있었던 세례 요한 그룹의 세례운동을 주목하게 된다. 예수는 뜻을 세운다. 가자! 그에게 가자! 그의 성공적인 운동에 뜻을 합하여 세상을 바꾸자! 예수의 놀라운 능력과 인품과 비전을 세례 요한이 첫눈에 파악했는지 어떤지는 우리가 알 수가 없으나, 예수는 세례 요한에게 발탁되어 세례 요한 그룹의 핵심멤버로서 활약하게 된다.

예수가 세례 요한에게 세례를 받았다는 이 사실은 이러한 역사적 사실을 전제로 하지 않고서는 이해될 수 없다. 예수를 교주로서, 완벽한 절대적 존재로서 받들고자 하여 그의 부계까지 잘라버리고 처녀잉태설을 만드는 초대교회인들이 어떻게 예수에게 세례를 부여하는 세례 요한이라는 또 하나의 정신적 주체를 설정할 수 있단 말인가! 예수가 세례 요한에게 세례를 받는 한, 예수는 정신적으로 세례 요한에게 예속될 수밖에 없다. 움직일 수 없는 역사적 사실의 구체적 사태를 전제하지 않으면 이러한 기술방식은 이해될 길이 없다.

요세푸스의 세례 요한의 세례운동에 관한 기술

세례 요한은 당대 거목이었다. 요세푸스는 세례 요한에 관하여 매우 엄밀하고 쿨한 기술을 남기고 있다. 그는 세례 요한의 세례운동의 사회적 영향력에 관하여 매우 의미 있는 멘트를 하고 있다:

"세례 요한은 매우 좋은 사람이었다. 그는 유대인들로 하여금 덕성을 발현케 명하는 카리스마를 지니고 있었다. 인간적으로는 서로가 서로에게 의로운 사람이 되게 만들었고, 하나님에게는 경건한 마음을 품게 만들었다. 이러한 삶의 실천을 통해 모든 사람이 그의 세례를 받게 만들었다. 그에게 있어서 세례는 하나님과의 관계에서 특별한 의미가 있었다. 물로 몸을 씻는다는 것이 그들이 삶에서 저지른 구체적 죄악을 씻기 위한 것이 될 때는 별 의미가 없었다. 일상생활 속에서 의롭게 삶으로써 이미 영혼을 철저히 정화시켰다는 것을 전제로 할 때만 몸의 정화라고 하는 것이 하나님에게 받아들여질 수 있는 것이라고 생각한 것이다."

이것은 요세푸스가 세례 요한의 "세례"라고 하는 종교적 행위가 가지는 함의에 관하여 순수하게 유대인의 입장에서 자기 나름대로의 유니크한 해석을 내린 것을 기술한 부분이다. 세례의 직접적인 "죄사함"의 효과를 인정하고 있지 않은데 이것은 세례 요한의 "세례"의 본래적 의미를 왜곡한 것이다(이 문제는 조금 뒤에 상술한다).

요세푸스가 세례 요한의 죽음에 관하여 매우 객관적으로 기술한 자료

그러나 요세푸스는 세례 요한을 "이 세상에서 보통 세례자Baptist라고 불리고 있는 존John"이라고 정확히 지칭하고 있으며, 세례 요한의 존재감이나 영향력에 관하여 명료한 인식을 가지고 있었다. 뿐만 아니라 그의 죽음에 관하여 매우 적확한 기술을 남겨놓았다(이것은 AD 90년대의 기술임을 상기할 것).

"자아! 세례 요한에게는 항상 사람들이 떼 지어 구름같이 몰려들었다. 군중에게 행하는 세례 요한의 연설이 항상 그들을 깊게 감동시켰기 때문이었다. 헤롯 안티파스 Herod Antipas는 두려움을 감지하기 시작했다. 세례 요한이 민중에게 가지고 있는 강력한 영향력은 그의 권좌를 위태롭게 할 수 있는 파괴력을 가지고 있었다. 군중은 세례 요한이 명하는 대로 기꺼이 움직일 수 있었기 때문에 반란을 일으킬 수 있는 경향성을 과시하고 있었던 것이다. 그러므로 헤롯 안티파스의 입장에서 본다면 세례 요한을 처형함으로써 그와 그의 군중이 일으킬 수 있는 사태를 미연에 방지하는 것이 최선의 방책이었다. 그를 방치했다가 뒤늦게 후회하게 되는 사태를 자초하기보다는 싹을 잘라버림으로써 자신의 안전을 도모하려 했던 것이다.

이에 따라, 헤롯의 의심 많은 성품 때문에, 세례 요한은 내가 앞서 언급한 바 있는 마캐루스 성채의 감옥으로 이송되었고, 그곳에서 처형되었다. 이 사태에 대하여 유대인들은 헤롯의 군대가 나바테아왕국의 왕 아레타스 4세The Nabatean King Aretas IV의 군대에 의하여 궤멸된 사태가 헤롯에 대한 요한의 복수라고 생각했으며 헤롯에 대한 하나님의 진노의 징표라고 생각했다. 그러한 견해가 일반적으로 팽배해 있었다."

자아! 이러한 사가 요세푸스의 기술을 검토해보면, 지금 우리가 마가의 기술에 의하여 형성된 선입관의 요한과는 매우 다른 그림이 떠오른다. 광야의 외로운 늑대와도 같은, 고독의 금욕의 선지자 요한이 아닌, 사회적으로 엄청난 영향력을 행사하고 있으며, 대중선동적인 연설의 달인이며, 그러면서도 의롭고 종교적인 정통을 고집하는 경건한 인물, 이미 당대에 정권을 뒤엎을 만한 현실적 파워를 가지고 있는 인물, 그러니까 광야의 수행인이라기보다는 대중운동 속의 정치적 리더로서의 이미지가 훨씬 강렬하게 떠오른다.

요세푸스의 『유대인 고대사』 속에 있는 예수기술

이에 비하면 예수는 무명의 인간이었다. 요세푸스는 예수를 언급하지 않는다. 요세푸스의 『고대사』 속에 두 문단의 아주 짤막한 예수 언급이 있기는 있다. 그리고 그것은 우리가 알고있는 예수의 이미지와 일치한다. 그러나 기술방식의 어색함은 누구나 그것이 후대의 삽입이라는 것을 쉽게 논증할 수 있게 되어 있다(다양한 견해가 있으나 이에 관한 논쟁은 회피하기로 한다).

그러나 설사 그 예수 언급이(Jesus, a wise man) 우리가 알고 있는 예수에 관한 것이라 해도 아주 무의미한 내용에 지나지 않는다. 그리고 중요한 것은 세례 요한과 예수는 전혀 연결되어 있지 않다는 것이다. 무관한 별개의 사건일 뿐이며, 예수의 사건은 세례 요한의 정치적 중대성에 비해 아주 빈약한 무명성의 사건에 지나지 않는다. 이 모든 역사적 사태가 마가의 복음서 구조 속에서는 역전되어 있는 것이다.

세례 요한과 예수의 관계

예수는 갈릴리에서 큰 뜻을 품고 예루살렘 근방의 세례 요한에게 왔다. 예수는 요한에게 세례를 받고, 그 조직 속에서 일했다. 그 조직 속에서 정신적으로 성장했으며, 사회적 관계의 제반사태에 관한 독자적 견해를 형성시켰으며, 세례 요한과는 다른 "하나님 나라"의 비전을 획득했다. 세례 요한은 결코 헤로디아의 요청으로 살해된 것이 아니다(막 6:14~29). 요세푸스의 말대로 세례 요한이 형성한 정치적 파워 때문에 억울하게 죽임을 당한 것이다.

세례 요한의 죽음은 당대의 주요한 정치적 사건이었다. 당연히 세례 요한의 사후 거대한 세례 요한 팔로우어집단은 분열될 수밖에 없었다. 그 분열집단 중에 가장 중요한 하나의 집단이 바로 예수집단이었다. 예수는 세례 요한 아래에서 성장하여 세례 요한보다 더 위대한 인물이 되었지만, 예수가 죽은 후의 초대교회운동사에 있어서는 세례요한파의 성세는 결코 무시할 수 있는 수준의 것이 아니었다. 요한복음에 보면 세례 요한의 제자들과 예수의 제자들은 경쟁적 관계에 있었다는 것이 드러난다. 사도행전에 보면 바울은 소아시아의 에베소에서 세례 요한의 제자들을 만나게 된다(행 19:1~5).

바울시대에 세례 요한의 제자들은 이미 시리아, 소아시아 각지에 널리 퍼져 있었다고 사료된다. 바울의 경쟁자였던 알렉산드리아 출신의 아폴로도 세례 요한의 제자였다. 예수신봉교회 못지 않게 세례요한신봉교회는 각지에서 지속되었고, 오늘날까지도 이라크 지역에서 존속하고 있는 만대이즘Mandaeism의 교리 속에는 세례 요한의 독자적인 가르침이 살아있다. 만대이즘 성경에 의하면 기독교이론의 상당부분이 세례요한파의 이론에 의하여 형성된 것이라고 한다(대속신앙사상, 요한복음의 주요개념들, "빛," "생명," "진리," "물," "빵," "생명의 샘" 등등이 불트만이 말하는 바 영지주의신화에서 온 것이 아니라 세례 요한의 가르침에 기인한다고 본다).

나는 지금 이러한 자질구레한 신학논쟁을 소개하려는 것이 아니다. 마가가 복음을 쓸 때에만 해도 세례 요한의 성세는 예수의 성세보다 거대했다는 것을 말하려는 것이다.

조만식옹의 모습에 비치는 세례 요한

1945년 9월 19일, 김일성은 소련군함 뿌가초프호를 타고 꿈에 그리던 조국땅 원산항에 상륙했다. 그리고 10월 14일, 7만이 넘는 평양시민이 공설운동장에

운집한 가운데 그 모습을 드러냈다(북한에서는 30만으로 기술하기도 한다). 그런데 사실 김일성 장군의 신화는 동북항일연군 소속 시절의 보천보전투, 홍기하전투 등의 쾌거에 의하여 형성된 것인데, 그 신화적 이미지와는 달리 김일성은 33세의 청년 장교에 불과했다. 그런데 김일성을 소개한 인물은 당시 조선의 간디라고 불리었 던 조만식曺晩植, 1883~1950 옹이었다. 조만식은 김일성을 위대하게 소개했고, 김 일성은 단 위에 올라서자, "돈이 있는 자는 돈을, 지식이 있는 자는 지식을, 힘이 있는 자는 힘을 써서 정말로 나라를 사랑하고 대동단결하여 민주주의 자주독립 국가를 건설합시다"라는 명연설을 행한다.

독자들은 내가 여기 예수의 등장과 김일성의 등장을 비교하는 것을 불경하다고 외치겠지만, 성서의 해석은 어디까지나 우리 조선인의 손아귀에 쥐어져 있는 것이다. 불트만의 해석도 바르트의 해석도 다드의 해석도 한낱 레퍼런스에 불과 하다. 성서는 이미 서양인의 것이 아니다. 해석의 주체는 나 여기 오늘의 한국인 이다. 그러면 우리의 체험과 비교해보는 것이 정당할 것이다.

조만식의 소개가 없었더라면 김일성의 등장은 힘들었을 것이다. 마가가 갈릴리 지평 위에 지팡이 하나만을 의지하고 걸어가는 예수, 그 위대한 예수를 등장시키 는 데는 세례 요한이 반드시 필요했다. 세례 요한이 조만식 역할을 해줄 때 예수는 멋드러지게 갈릴리사역을 유튀스적으로 감행할 수 있는 힘을 얻는다. 더구나 세례 요한이 예수의 스승이었던 것 또한 움직일 수 없는 사실이다. 그러나 세례 요한을 예수의 스승으로 만들 수는 없다. 그렇다면 어떻게 등장시키는가?

마가는 세례 요한에게 겸손을 부여했다

약대털을 입고 허리에 가죽띠를 띠고 메뚜기와 석청을 먹는 외로운 선지자, 근 동지방의 모든 성스러운 선각자의 이미지를 지닌 사나이, 그리고 엘리야와 같은 구약의 예언자의 이미지를 가진 사나이! 그 사나이에 겸손을 부여하는 것이다. 그가 전파하는 내용인즉, "나보다 능력 많으신 이가 내 뒤에 오시나니 나는 굽혀 그의 신들메를 풀기도 감당치 못하겠노라."

　이스라엘은 신분사회였다. 당시 주인이 집을 나가고 들어올 때 신고 벗는 신발
은 가죽밑창에 긴 가죽끈이 달린 특수한 모양의 가죽샌달이었는데 그 끈을 매는
방식이 매우 독특했다. 그것을 전담하는 종이 있어 문간에서 정성스럽게 매어준
다. 알맞게 잘 매는 종은 주인의 사랑을 받았고 또 하루종일 가뿐하게 걸어다닐 수
가 있었다. 그리고 주인이 돌아오면 문간에서 신들메(가죽끈)를 풀어드리고 주인의
발을 물로 씻겨 드렸다. 이러한 당시 유대풍습에 따라 요한은 "나는 엎드려 그의
신들메를 풀기도 감당치 못하는 인물"이라고 자신을 극도로 비하시키는 것이다.
예수의 스승이 예수의 종으로 전락하는 것이다.

　이것은 결국 마가시대에 이미 예수파가 세례요한파에 비해 우위를 점령했다는
시대적 분위기를 표명한 것이지만, 그것보다는 마가가 "복음"이라는 판소리를
엮어가는 구성력이 탁월하다고 말할 수밖에 없다. 그 판소리의 최초의 서장을 엮
어가는 그 문학적 구성 기법이 정말 탁월하다는 찬탄을 금할 수밖에 없는 것이다.
세례 요한을 예수보다 먼저 등장시킴으로써 그 역사적 존재가치를 시인하고, 예
수가 그에게 세례를 받게 하지만 동시에 신들메를 풀기에도 당치않다고 겸손을
표명하게 함으로써 그 존재에 영원하고도 존엄한 가치를 부여한 것이다. 이제 우
리는 마지막 한 구절, 물의 세례와 성령의 세례를 해설해야만 한다. 그것은 동양의
수화론水火論을 연상시키는 명언인 동시에 복음서 전체의 철학적 성격을 규정
짓는 금언인 것이다.

세례 요한과 쿰란공동체

　세례 요한에 대한 연구는 1947년경부터 발굴되기 시작한 800여 개의 쿰란문서
와 그 공동체의 성격의 규명으로 일대 전기를 맞이하게 되었다. 쿰란공동체는 기
원전 150년경에 형성되었으며, 기원후 68년 로마군에 의해서 폐허가 될 때까지
존속했다. 150~200명 정도의 사람들이 살 만한 크지 않은 공동체 생활주거공간

이 오늘까지 고고학적 유물로 남아있어 그 흔적을 더듬어볼 수 있다. 나는 2007년 4월 이 쿰란공동체를 방문하여 세밀한 답사를 행하였다. 한국사람이 남의 나라의 역사를 안다는 것은 매우 어려운 일이다. 중국역사는 우리가 같은 문화권에 있으니 이해가 쉽다. 그 외의 역사는 생활풍습이나 관념이나 제도가 너무 달라 실제로 이해하기 어렵다. 일본만 해도 우리가 쉽게 이해할 수 있는 나라가 아니다. 그런데 한국사람들은 일본을 아주 잘 아는 것처럼 착각한다. 진정한 일본역사의 전문가가 우리나라에는 거의 없다.

마찬가지로 우리가 유대민족의 역사를 이해한다는 것이 결코 쉬운 일이 아니다. 왕들의 이름은 씹어댈 수 있을지 모르지만 그 당시 사람들의 삶의 모습이 과연 어떠했는지를 알지는 못한다. 대체적으로 구약이라는 좀 황당한 문헌에 근거하여 이스라엘민족을 선민인 것처럼 찬양하는 선이해Pre-Understanding에 몰입된 피상적이고도 양식화된 이야기만 늘어놓기 마련이다. 구약학 교수로부터 이스라엘 역사를 듣는다는 것처럼 어리석은 일은 없다. 구약은 구약일 뿐이다. 그것은 결코 이스라엘역사가 아니다.

쿰란공동체의 발견, 그리고 그와 더불어 출현한 기원전후 시기의 방대한 문헌은 우리에게 이스라엘 역사를, 아니 팔레스타인의 역사를 전체적으로 조망하는 매우 구체적인 근거를 제공한다. 종교적 문헌을 통해 각색되지 않은 역사의 현장을 있는 그대로 볼 수 있기 때문이다. 쿰란의 연구는 앞으로도 계속 신선한 통찰을 우리에게 던져줄 것이다. 쿰란공동체가 재미있는 것은 그 존속기간이 신구약간시대intertestamental period에 속하며 예수와 동시대라는 사실에 있다. 예수시대의 한 유대인공동체의 모습을 2천 년 동안 변형 없이 보존된 그 모습대로 들여다볼 수 있기 때문이다. 쿰란문서에 "예수"라는 사건은 동시대임에도 불구하고 전혀 등장하지 않는다. 그만큼 예수는 한정된 소수그룹의 문제였다. 그렇다면 세례 요한과 쿰란의 관계는?

바빌론유치시대와 예루살렘에로의 귀환

이 문제를 논하기 전에, 이스라엘역사의 대강을 논할 필요가 있다. 어려서부터 들은 "바빌론유치시대!" 이 바빌론유수라는 것이야말로 진정한 이스라엘역사의 출발이라고 말할 수 있다. 우리 역사에 비유해서 말하자면, 바빌론유수 이전의 역사는 고조선에 해당되고, 바빌론유수야말로 고구려역사와도 같은 구체적인 힘을 느끼게 하는 역사의 원천이다. 이스라엘은 그 자체로서 존속되는 역사가 거의 없다. 항상 포로가 된 상태에서 비로소 진정한 역사의식이 싹트는 것이다. 애굽포로시절이 그렇고, 바빌론포로시절이 그렇고, 예루살렘멸망 이후 2천 년의 다이애스포라 방랑시절이 그러하다.

바빌론유치시대라 하는 것은 바빌로니아제국이 융성하면서 예루살렘의 유대족속이 모두 바빌론으로 끌려간 사건을 의미한다. 이때 솔로몬성전The First Temple이 파괴되었다. 그런데 이 기간 동안에 실상 "유대교"라는 개념이 생겨났고, 바이블의 기초가 되는 문헌들이 창작되고 편집되고 문헌화되기 시작했다. 바빌론유치시대가 자이오니즘Zionism적 관념 때문에 매우 침소봉대되어 있지만 그기간은 불과 50년에 불과했다(BC 587~538). 바빌로니아제국을 새로 흥기한 페르시아 싸이러스대제Cyrus the Great, BC 600c.~530(우리 성경에 "고레스kōréš"로 나와 있는데, 히브리어발음이다)가 멸망시켜 유수가 풀렸기 때문이다. BC 538년, 유대인들은 5만 명 가량이 예루살렘으로 돌아왔고 성전을 재건한다(제2의 성전The Second Temple. BC 520~515). 그리고 관대한 페르시아제국의 지배하에 유대인들은 자치권을 얻어 비교적 안온한 삶을 누릴 수 있었고, 제2성전 중심의 종교적 하이어라키를 통치질서로서 회복시킨다.

희랍문화권에로의 복속: 프톨레미왕조의 지배에서 셀레우코스왕조의 지배로

그러나 페르시아제국의 주도권은 마라톤전투에서부터 깨져나가기 시작하면서 희랍문화권에 복속된다. 결국 BC 332년 마케도니아의 알렉산더대제가 페르시아 제국을 멸망시키자, 유대지방의 페르시아 지배도 끝나 버린다. 그리고 이 지역은 프톨레미왕조의 지배권에 복속되는데(BC 301), 결국은 셀레우코스왕조의 지배권으로 이관된다(BC 175. 안티오쿠스 4세AntiochusIV가 정권 장악). 이집트 베이스의 프톨레미왕조 시절은 타 문화에 대한 존경이 있었기 때문에 유대교문화가 번창했다. 이 시절에 알렉산드리아가 번영하였고 헬라화 된 유대교의 중심지가 된다. 그리고 셉츄아진트라는 기념비적인, 헬라어권의 다이애스포라 유대인들을 위한 성서 편찬사업이 이루어졌다.

셀레우코스왕조는 타 문화와 종교에 대한 관용이 부족

그러나 시리아 베이스의 셀레우코스왕조는 타 종교문화권에 대한 관용이 부족했다. 그래서 셀레우코스 지배자들은 유대인 전인구의 종교문화를 말살시키고 생활양식 그 모든 것을 헬라화 시키려 했다. 실상 이 셀레우코스 시대의 노력으로 예수시대의 팔레스타인은 상당히 헬라화 되어 있었던 것이다. 유대인들이 혐오하는 이교도들의 우상숭배의식과 성창聖娼제도가 예루살렘성전에 도입되었으며 이를 거부하는 사람들은 모조리 처형되었다. 이러한 안티오쿠스 4세의 가혹한 정책은 근본적으로 예루살렘과 팔레스타인 지역의 정치적 불안요소를 제거하기 위한 것이었다.

마카베오 혁명

그러나 이러한 맹목적인 종교탄압은 유대인의 정신적 단결을 불러일으키고 정치적 권력에 항거하는 강력한 레지스탕스세력을 키운다. 이교예식의 강요라는 참을 수 없는 모욕에 항거하는 레지스탕스 핵심세력이 된 것은 하스모니아 가문 Hasmonean Family의 제사장 마따디아Mattathias와 그의 아들들을 중심으로 뭉친 보수적 유대인세력들이었다. 이들은 안식일에도 싸울 것을 결의하면서 안티오쿠스 4세의 군대에 항거하며 마카베오혁명Maccabean Revolution을 일으켰다. 최초로 잘 싸운 제사장 마따디아가 죽자 그의 아들 유다가 그 지도력을 계승하여 (BC 166) 매우 성공적인 게릴라전을 펼친다. 이 아들 유다를 다른 이름으로 마카베오(마카비Maccabee)라고 부르기 때문에 보통 마카베오혁명 혹은 마카베오반란이라고 부르는 것이다. 그러니까 이름이 많아서 헷갈리는데 "하스모니아"와 "마카베오"는 다 같은 패밀리를 가리키는 말이다. 우리 공동번역에는 외경으로 마카베오 상과 마카베오 하가 들어가 있는데 신구약간역사(보통 간약시대間約時代라고 부름)를 아는 데 불가결의 자료이다.

하누카축제와 하스모니아왕조의 성립, 유일신론의 정착
이 마카베오의 저항운동은 매우 성공적인 전투를 이끌었고 BC 164년에는 예루살렘 성전을 정화시키는 쾌거를 올렸고, 유대인은 신앙의 자유를 다시 획득한다. 이 사건을 매년 축하하는 명절을 하누카축제The Festival of Hanukkah("하누카"는 히브리말로 "봉헌Dedication"이라는 뜻이다. 그래서 "봉헌의 축제" 혹은 "빛의 축제"라고도 한다. 중앙의 샤마쉬shamash로써 8개로 된 하누카 메노라의 촛불을 밝히는 제식의 뜻에서 "빛의 축제The Feast of Lights"라고 하는 것이다)라고 한다. 키슬레브 25일부터 8일간 계속되는 이 하누카축제야말로 이스라엘 민족이 가장 사랑하는 축제이다. 하스모니안 투쟁의 승리 끝에 셀레우코스왕조는 BC 142년에 이르러 유대 지방에 정치적·종교적 자치권을 인정한다. 이때 비로소 성서에서 말하는 "유대Judea" 지방의 개념이 확고히 성립한 것이다.

그러나 BC 129년에는 셀레우코스왕조 자체가 붕괴한다. 그러면서 하스모니안 지배는 완벽한 독립을 성취한다. 그때부터 로마의 폼페이우스 군단이 BC 63년 예루살렘을 장악할 때까지, 하스모니아왕조가 성립한다. 실제로 이 하스모니아왕조는 BC 142~63년까지 80년의 짧은 기간 지속된 왕조(하스모니아 패밀리가 세습적 군주로서 다스렸다)이지만 솔로몬왕의 제국의 영토를 회복했고, 순결한 유대인에 의한 정치적 안정성, 그리고 유대인 고유의 문화가 주체적으로 번성한 시기였다. 이 하스모니아왕조의 시기에 실제적으로 야훼의 유일신론monotheism이 유대인의 가치관으로 정착된 것이다.

로마에 다시 복속됨, 헤롯 패밀리의 지배
이 시기가 없었더라면 유대교는 영원히 사라졌을 것이며, 그의 자매 종교인 기독교나 이슬람도 인류사에 탄생하지 않았을 것이라고, 유대인에 의한 최고의 권위서인 『유대교 백과사전』에 기술되어 있다. 그만큼 하스모니아왕조Hasmonean Dynasty(마카베오왕조라 해도 마찬가지 의미)의 존재감은 유대인에게는 강렬한 것이다. 이 하스모니아 패밀리를 물리치고 로마상원의 지지를 받아 "유대의 왕"으로 군림한 자가 바로 이두매 출신의 헤롯이다. 그때부터 헤롯 패밀리의 지배가 계속된다.

하스모니아왕조에 대한 기대의 좌절감, 종말론적 분위기의 원천

자아! 이제 대강 유대민족역사의 흐름을 파악했을 것이다. 바빌론유치로부터 헤롯대왕에 이르기까지! 이 중요한 근동고대세계의 격동기에서 유대인 아이덴티티와 관련하여 가장 의미 있는 사건은 역시 하스모니아왕조의 출현일 것이고, 유대인이 독자적인 자신의 역사를 건설할 수 있는 위대한 기회였다. 그런데 이러한 기대와는 달리, 하스모니아가문의 사람들은 셀레우코스왕조에 반란을 꾀할 때는 매우 헌신적이고 합리적이었지만, 일단 독자적인 세습왕조를 만든 후로는 말할 수 없이 퇴폐적이고 음란하고 무책임하고 대의가 없었으며 종교적 질곡에 빠져 있었다.

그리고 허망하게 로마의 지배 속으로 다시 무릎을 꿇었다. 하스모니아왕조에 대한 기대의 좌절감, 그 좌절감이야말로 성서에서 우리가 느끼는 모든 종말론적 분위기의 원천이라고 나는 감언敢言한다. 쿰란공동체의 탄생도, 세례 요한의 세례운동도 바로 이러한 역사적 맥락 속에서 이해되어야 마땅하다.

나는 안병무 선생께서 서양역사에는 진정한 "민중"이라는 개념이 없다고 단언斷言하신 그 말씀을 매우 의미심장하게 받아들인다(이 말씀은 선생께서 독일신학자들과 "민중신학"에 관해 논쟁할 때 하신 것이다). 이 말을 내 식으로 해석하자면 서양에는 기나긴 인문학의 축적이 민중레벨에서 결여되어 있다는 것을 의미한다. 우리 민중은 아무리 고난을 당해도 인문주의전통의 가치관 속에 최소한의 개선이나 희망의 여지를 축적해나간다. 문명적 가치의 주체로서 자기정립과 자기초월이 민중에 내재적으로 확립되어 있는 것이다. 서양에는 그러한 인문주의적 전승 속에서 인내하며 자기초월을 감행하는 민중이 없다는 것이다. 서양의 무민중성은 종교적 권위주의, 그 하이어라키의 조직 속에 밀폐된 인간들의 자아상에서 비롯되는 것이다.

하스모니아왕조와 쿰란공동체의 적대적 관계

하스모니아왕조의 출현은 사실 민중운동의 한계를 잘 보여준 사건이다. 민중이 봉기하여 셀레우코스왕조라는 거대한 외세의 속박에서 풀려나 완벽한 자주독립을 쟁취한 사건이었지만, 그 짧은 왕조의 역사는 결코 유대민족에서 새로운 가치의 전범을 제시하지 못했다. 쿰란공동체를 창건하고 초창기 공동체를 직접 이끌었던 "의義의 교사The Teacher of Righteousness"(쿰란문서에서 이런 상징적 이름으로 나타나지만 구체적인 역사인물이다)는 마카베오혁명 시기에 예루살렘성전의 대제사장을 지냈던 인물이며, 하스모니아가문의 사람들과 적대적 관계에 있었기 때문에 결국 대제사장직에서 축출된 인물이다.

쿰란공동체의 현존하는 폐허

의의 교사

따라서 쿰란공동체는 이 "의의 교사"라 불리는 대제사장을 따르는 사람들이 그의 가르침을 신봉하면서 새로운 공동체를 형성한 것이다. 이들은 예루살렘성전의 제사나 성전건축구조나 칼렌다 시스템 등 그 모든 것이 잘못되었다고 주장하면서 성전예배를 거부했다. 그렇다고 그들이 생각하는 성전예배의 모델을 따로 만들지는 않았다. 그들 공동체의 거룩한 삶 그 자체가 예루살렘성전의 예배를 대신할 수 있다고 생각했다. 그들은 육체의 부활을 믿었으며 하나님의 최후의 심판을 믿었다. 그러나 그 심판이 하늘나라에서 이루어지는 것이 아니라 이 땅위에서 이루어진다. 하여튼 종말론사상과 메시아사상이 이들 삶 곳곳에 배어있다.

빛의 자녀들과 어둠의 자녀들

그리고 빛의 자녀들과 어둠의 자녀들, 선한 영과 악한 영이라는 이원론이 강렬하게 대비되지만 그것은 하나의 하나님, 하나의 인간, 하나의 세계 속에서 이루어지는 구분이며 실체론적인 이원론은 아니다. 그들은 빛의 자녀들과 어둠의 자녀들의 전쟁에서 빛의 자녀들이 최후의 승리를 거두고 예루살렘성전을 탈환하게 되는데 이것은 의의 교사의 역사적 체험이 이 공동체의 정체성과 정당성을 부여했다는 것을 의미한다.

하여튼 이들이 기대했던 이상적 미래는 하늘에서 이루어지는 것이 아니라 이 땅에서 이루어진다. 인간의 구원은 하늘의 영역에서 이루어지는 것이 아니라 이 땅에서 현실적으로 이루어진다는 것이다. 한마디로 요약하자면 이들은 자신들의 공동체가 임박한 하나님의 심판 때에 악과 전쟁을 하고 새로운 시대를 맞이하기 위해서 선택된 새계약공동체라고 인식하면서 매우 정결하고 금욕적인 생활을 준수했다. 그리고 토라와 기타 경전에 관한 연구를 주요한 일상업무로 삼았다.

쿰란공동체와 엣세네파의 유사한 속성

대체적으로 오늘날의 학계의 일치된 정론은 쿰란공동체를 엣세네파Essenes라고 규정한다. 그런데 엣세네파라는 명칭은 신구약간 시대에 팔레스타인 지방에 널리 퍼져있었던 것 같은데, 신·구약 성경 어디에도 그 명칭은 등장하지 않는다. 이 이름이 알려진 것은 요세푸스가 젊은 날, 엣세네파에 소속되어 매우 엄격한 금욕주의적 생활과 경전의 연구를 행하였다는 것을 상세히 보고하였기 때문이다. 제식적 순결성, 칼렌다의 정밀성, 엄격한 토라 준수, 공동육체노동, 공동식사, 공동체의 삶 등등의 요소가 공통분모로 남는다(필로, 유세비우스, 플리니 장로도 엣세네파에 관하여 보고한다). 그러나 "쿰란=엣세네파"라는 등식은 성립하기 어렵고 쿰란을 포괄한 다양한 공동체가 엣세네주의Essenism라는 운동 속에 포섭되는 것으로 보아야 할 것이다.

세례 요한과 쿰란공동체, 예수와 쿰란공동체

세례 요한이 세례를 행한 지역이 쿰란공동체의 지역으로부터 멀리 떨어져 있지 않다. 도보로 불과 5시간 정도의 거리인데 세례 요한이 활약한 시기는 쿰란공동체가 매우 활성화되어 있었던 시기였고, 또 양자간에 사상과 행동·생활 방식에 많은 공통점이 있기 때문에, 세례 요한을 엣세네파의 일원으로 바라보는 시각은 요즈음 지배적인 견해로 되어가고 있다. 이 문제에 관하여 우리는 확고한 답변을 내릴 수는 없으나 양자간에 깊은 관련성이 있다는 것은 배제하기 어렵다. 예수도 이 지역에 왔었다고 한다면 쿰란공동체에서 잠시 생활을 했을 가능성이 없다고만 말할 수도 없을 것이다. 그러나 중요한 것은 세례 요한은 쿰란공동체, 혹은 엣세네파의 국한성을 파괴하고 사회로 나간 사람이라는 것이다. 그리고 예수는 그 세례 요한의 사회운동의 국한성을 더욱 파괴하고 새로운 하늘나라운동을 전개하였던 것이다. 이들의 관계는 연속적으로 이해할 수도 있겠지만 단절적으로 파악하는 것이 더 정당하다고 보아야 할 것이다.

세례는 세례 요한 이전에 존재하지 않았다

가장 중요한 것은 세례 요한의 "세례"라는 개념을 정확히 파악하는 것이다. 세례 요한은 "세례"라는 새로운 사회적 행위를 창안하였기 때문에 세례 요한이다.

그러니까 독자들이 알아야만 할 것은 세례 요한 이전에는 "세례"라는 것은 존재하지 않았다는 것이다. 유대교에 세례라는 개념은 존재하지 않는다. 구약에도 그 유례가 없다. 이전의 모든 세례는 그냥 씻음이요, 우리가 말하는 바 "시킴굿"의 "시킴"(씻음)이다. 그것은 "정화"(Purification)의 의미일 뿐이다.

세례 요한의 세례와 쿰란공동체의 정화

우선 세례 요한의 세례와 쿰란공동체의 정화와 비교해볼 필요가 있다. 쿰란에 가보면 정화의 욕조가 있다. 첫째, 쿰란의 정화의식에는 세례자가 없다. 본인이 홀로 그냥 욕조에 들어가는 것이다. 그러나 요한의 세례는 세례자의 권능으로 피세례자를 물에 빠뜨리는 것이다. 둘째, 요한의 세례는 일반제례가 아니고, 최후의 심판을 전제로 한 특별한 새크라먼트이다. 쿰란의 정화는 일상적인 제례일 뿐이다. 셋째, 세례 요한은 요단강 동편의 특정한 지역에 국한되었다. 세례 요한은 특정한 장소에 특정한 의미를 부여하고 있다. 그러나 쿰란의 정화의례는 그러한 장소의 특수성이 없다. 생활공간 어디서나 가능한 것이다. 넷째, 요한은 한 사람의 일생에 있어서 단 한 번의 세례를 행하였다. 그러나 쿰란의 정화는 하루에도 몇 번씩 행할 수 있었다. 다섯째, 가장 중요한 포인트는 요한의 세례는 죄사함의 행위라는 것이다. 다가오는 최후의 심판에서 구원을 보장받는 **죄의 소멸**을 의미하는 것이다. 그러나 쿰란의 세례는 죄사함의 개념이 없는 정화일 뿐이다. 여섯째, 요한의 세례는 새사람으로 태어난다고 하는 "회심" 즉 "메타노이아"를 전제로 하는 것이다. 그러나 쿰란의 엣세네파는 메타노이아의 개념은 없고 오직 토라의 준수를 목표로 한다. 구원은 토라의 준수일 뿐이다. 일곱째, 쿰란공동체에서는 정화의 욕통에 들어갈 수 있는 자격을 획득하기 위해서는 일년 이상의 수업을 받아야만 했다. 그러나 요한의 세례는 오는 사람에게 즉각 시행된다. 의무적인 웨이팅 피리어드가 필요치 않았다. 여덟째, 쿰란에는 멤버십기준이 엄격했다. 그러나 요한은 누구에게든지 세례를 허용했다. 멤버십이나 조직에 대한 의무조항이 없었다. 그것은 개방된 공동체였다(cf. Hartmut Stegemann, *The Library of Qumran*, p.222).

쿰란공동체가 우리에게 가장 큰 의미를 지니는 것은 이 공동체가 어마어마한 성서의 사본과 기타 문헌을 보유하고 있었고 그것을 동굴 속에 감추어 보관했다는 사실에 있다. 이것을 사해문서Dead Sea Scrolls라고 부른다. 동굴은 많지만 문서가 발견된 동굴은 12개다. 1946년부터 1956년 사이에 베두인 양치기들과 성서고고학자들에 의하여 집중적으로 발굴되었는데 여기 사진에 찍힌 구멍이 제4동굴이다.

이 제4동굴은 양쪽으로 뚫려있는 굴인데(1952년에 베두인들이 발견) 5백 개가 넘는 두루마리 조각들이 발견되었으나 대부분이 찢어진 조각들이었다. 2천 년 동안 뒤덮고 있던 박쥐똥의 부식작용으로 분해되어 버렸다. 쿰란은 이러한 와디의 석회암 절벽 위의 평평한 구릉에 자리잡고 있으며 예루살렘 동쪽 20.8km 거리, 사해를 굽어보고 있다.

세례 요한의 세례는 돈오, 기타의 정화는 점수

이러한 시각에서 보면 요한을 구태여 쿰란공동체와 연관시켜 바라볼 필요가 없다는 생각이 든다. 요세푸스는 세례 요한의 "세례"의 특수성을 충분히 인지하면서도 그것이 곧바로 "죄사함"을 초래한다는 것을 인정하지 않았다. 죄사함은 오로지 평소에 살면서 의로운 행동을 축적함으로써만 이루어지는 것이며 세례는 단지 그러한 덕성과 경건함의 축적의 증표일 뿐이라고 보았다. 이것은 철저한 "점수漸修"를 말하는 것이며(유대교적 율법주의에 근거함) "돈오頓悟"를 말하고 있지 않다.

그러나 세례 요한의 세례는 돈오頓悟의 해방이었다. 그에게 오는 사람은 누구든지 요단강에 한번 들어갔다 나옴으로써 즉각적으로 죄사함을 얻는다는 논리는 율법의 관념에 묶여있던 대중에게 복음이 아닐 수 없었다. 그것이 바로 4절에서 말하는 "죄사함을 받게 하는 회개의 세례"(밥티스마 메타노이아스 에이스 아페신 하마르티온βάπτισμα μετανοίας εἰς ἄφεσιν ἁμαρτιῶν)라는 뜻이다. 여기 "회개"에 쓰인 단어도 "메타노이아"이다.

세례 요한의 세례는 공개적 대중운동,
예수는 그것을 승계하여 성령의 세례로 나아갔다

이러한 세례 요한의 세례는 최초의 공개적 대중운동이었고 폭발적인 사회적 영향력을 펼쳐나갔다. 예수는 세례 요한 밑에서 그 운동의 폭발력에 내재하는 모든 논리와 방법론을 배웠을 것이다. 이러한 정황 속에서 "물의 세례"에 대한 "성령의 세례"를 운운하는 것은 세례 요한 자신의 언명이라기보다는, 마가가 규정하는 예수운동의 특수한 성격(요한의 세례운동과는 다른 측면)을 선포하는 것이다. 기실 "성령의 세례"이 한마디는 마가복음 전체의 주제를 형성하는 것이다.

세례 요한은 분명 예수의 삶의 한 방양榜樣(모범, 기준, 귀감)이었다. 요한이 광야로 갔다면, 예수 또한 광야로 갔다. 요한이 유능한 설교자였다면, 예수 또한 다양한 재능의 설교자였다. 요한이 청중에게 메타노이아를 요구했다면, 예수 또한 메

쿰란공동체 정화의식 장소

타노이아를 요구했다. 요한은 죄를 사해준다. 예수 또한 죄사함의 다양한 모습을 보여준다. 요한이 사회적 영향력을 지니는 대중운동가였다면, 예수 또한 민중과 더불어 사역하는 대중운동가였다. 요한은 정치적 폭력에 의한 죽음을 맞이한다. 예수 또한 정치적 폭력에 의한 죽음을 맞이한다.

세례 요한과 예수의 같고 다른 점

그러나 이 양자간에 좁힐 수 없는 간극 또한 명백하다. 요한은 한 곳에 머물러 있다. 그러나 예수는 끊임없이 움직인다. 예수의 공생애는 유튀스(곧)로 연결되는 끊임없는 장면의 전환이다. 제자들은 안주를 원하는데 예수는 안주를 원치 않는다. 한 곳에서의 성취에 안거安居하지 않는다.

요한은 기본적으로 금욕주의의 엄격한 실천자이다. 그러나 예수는 금욕에 집착하지 않는다. 예수는 잘 먹고 잘 마시고 잘 어울려 논다. 그는 술도 엄청 잘 마신다. 사람들이 자기를 일러 "탐식가요, 술주정뱅이요, 세리들과 부랑자들의 친구"

라고 한다고 서슴없이 말한다(마 11:19). 그의 비유에도 술과 관련된 것이 많다. 마가의 이미지에 의하면 요한은 고독을 즐긴다. 그러나 예수는 인간들과의 교제를 즐긴다. 요한의 제자들은 금식을 한다. 그러나 예수의 제자들은 금식을 하지 않는다(2:18). 뿐만 아니라 밥먹기 전에 손을 씻는 정결의 예식도 지키지 아니 한다(7:2). 요한은 고독을 즐긴다. 예수는 그 사회에서 가장 경멸시 되었던 세리와 창녀들, 온갖 불결한 천민들(죄인들이라고 표현됨. ἁμαρτωλοὶ하마르톨로이)과 같이 식사하는 것을 즐긴다(2:16).

예수의 삶은 "공동식사commensality"라고 하는 것을 빼놓고는 이야기될 수 없다. 요한의 금욕주의에 대비하여 말한다면, 예수는 여인들의 사랑을 받았고, 예수 또한 사랑을 주었다. 예수의 이성과의 사랑에 성적 관계가 배제된다는 것은 우리의 관념, 선이해의 오류일 뿐이다. 예수는 자유로운 인간이었다. 요한은 "온 유대 지방과 예루살렘의 사람들"에 국한되어 있다. 그것은 좁은 의미에서의 "유대인"에게 국한된 것이다. 그러나 예수의 상대자들은 시리아, 페니키아, 갈릴리, 데카폴리스(데가볼리), 페레아(베레아), 사마리아, 유대, 이두매(에돔) 등 팔레스타인 전 지역을 대상으로 한다. 이미 유대인의 한계를 뛰어넘어 이방인, 아니 인간 본연의 보편성에 도달한 것이다.

세례 요한은 부활하지 않았다, 예수는 부활하였다
세례 요한과 예수의 가장 큰 차이는 다음의 두 가지 사실에 있다. 세례 요한의 죽음은 사회적·정치적인 성격이 강하다. 그러나 예수의 죽음은 인간 내면의 정신적 성찰이라는 새로운 주제의 성격이 강하다. 그리고 나 도올은 말한다. 세례 요한은 부활하지 않았다. 예수는 부활하였다.

프뉴마와 기
이러한 테제를 설명한 것이 바로 "물의 세례"와 "성령의 세례"이다. "물ύδωρ 휘도르"은 우리가 이해하는 데 어려울 것이 없다. 그것은 물질적인 것이며 우리 감관의 대상이기 때문이다. 그러나 여기 쓰인 "성령ἐν πνεύματι ἁγίῳ엔 프뉴마티 하기오"은 원어의 "성스러운 영"을 축약한 말인데, 그 핵심단어는 "프뉴마πνεῦμα"이다. 프뉴마는 바람wind이요, 숨breath이다. 그것은 동시에 기운, 목숨, 생명, 영혼, 육과 영의 영, 영적 상태, 마음의 상태, 성질, 기질, 의향, 영물, 유령, 귀신, 인간의 활동을 통하여 드러나는 신의 능력, 독자적인 초월적 인격체 등등의 다양한 뜻을 맥락에 따라 드러낸다. 그러나 프뉴마를 한마디로 쉽게 이해하자면 우리말의 "기氣"의 포괄적 의미에 다 들어온다. "기氣"라는 현재 우리가 쓰고 있는 글자는 쌀의 관념이 보편화된 이후의 글자이며(쌀 미米가 들어가 있다), 본래의 글자는 쌀 미米가 빠진 "气"자이다. 이 "气"는 입에서 기가 서리는 것을 형상화한 글자이며 우리가 "말한다"는 뜻의 "운云"자와 상통하는 글자이다. 기는 생명의 기운이며, 말을 지어내는 힘이다. 기는 프뉴마이며 로고스이다. 또 운云은 비雨와 합성되어 구름雲이 된다. 대기의 작용과 인간의 숨은 상통하는 것이다.

프뉴마와 혼

우리 글자에 영(프뉴마)을 나타내는 혼魂이라는 글자를 보면 그 앞에 운云이 들어가 있다. 혼魂과 운云은 상통하는 것이다. 그것은 로고스이며 동시에 백魄을 떠나 독자적인 지속성을 갖는 영험한 기운이다. 또 귀신 귀鬼 자를 보아도 "厶"가 얹혀져 있는데, 그것은 운云과 같은 계열의 자형이다. 다 기가 서리는 모습이다. 귀신도 결국 로고스의 변형이다.

형이하자와 형이상자

물의 세례에 대비되는 "성령의 세례"는 알고 보면 "기의 세례"이다. 기는 "숨"이요, 생명력의 표현이다. 예수가 "죽은자를 살려냈다"는 것도 결국 "숨이 없는 존재에 숨을 부여했다"는 뜻이다. 물과 기, 물과 성령은 형이하학과 형이상학의 구분으로 이해하면 족하다. 물의 세례는 형이하학적 세례요, 기의 세례는 형이상학적 세례. 형이하자形而下者는 기器, 구체적 현상물을 말한 것이요, 형이상자形而上者는 도道, 즉 개별자적 기물器物을 통섭하는 보편이다. 형이하자는 감관에 쉽게 포착되는 것이요, 형이상자는 감관에 쉽게 포착되지 않는다. 그러나 동방인의 사유 속에서는 서구인들의 관념체계와는 달리, 형이상자와 형이하자는 이원론적으로 분리되지 않는다. 물이 없는 기(성령)가 있을 수 없고, 기(성령)가 없는 물이 있을 수 없다. 형이상자는 형形이 있고나서而 상上이요, 형이하자는 형形이 있고나서而 하下이다. 형이상자와 형이하자는 모두 형形, 즉 몸Mom에 통섭되는 것이다.

물의 세례와 성령(불)의 세례, 동방인의 수화론

물의 세례와 성령의 세례는 동방인의 수화론으로 쉽게 해설될 수 있다. 수는 하초下焦의 세계이며 불은 상초上焦의 세계이다. 하초는 정精의 세계이며 상초는 신神의 세계이다. 그 양자를 통합하는 것이 기氣라 할 수 있다. 이렇게 보면 요한의 세례는 정精의 세례요, 예수의 세례는 신神의 세례이다. 요한의 세례를 물의 세례라고 한다면 예수의 세례는 불의 세례이다. 그래서 마태와 누가에서는 모두 성령에다가 불을 첨가하였다(마 3:11, 눅 3:16). 성령을 부연하여 "불"이라 한 것이다. "불의 세례"는 과연 무엇인가? 그것은 나의 설명을 필요로 하지 않는다. 마가복음이라는 문학장르가 바로 독자들에게(원래는 청중들에게) "불의 세례," "성령의 세례"를 주기 위하여 설정된 것이기 때문이다. 예수와 함께 여행을 가면서 그의 말을 듣고 그의 행위를 목도하면서 결국 여러분들은 물의 세례가 아닌 성령의 세례를 받게 될 것이다.

남과 북을 위한 기도

이상이 내가 벙커1교회에서 제3 일요일(2018년 2월 18일)에 행한 "세례 요한은 누구인가?"라는 제목의 설교의 내용이다. 나는 2월 14일 강릉에 가서 여자 아이스하키 남북한단일팀이 일본팀과 싸우는 역사적 장면에 참여하고 돌아왔다. 김여정과 김영남 최고인민회의 상임위원장이 내려왔고, 남북정상회담을 향한 분위기가 무르익어가고 있을 때였다. 그러나 단일팀구성조차도 부당한 것인 양 비아냥거리는 졸렬한 목소리들도 만만치 않았다. 세례 요한에 관한 설교 끝에 내가 한 기도는 다음과 같다.

남과 북은 2008년 북경올림픽경기대회에 남북응원단이 경의선 열차를 처음으로 이용하여 참가하기로 하였다. — 2007년 10·4남북정상선언 제6항 —

당신의 길을 평탄케 하소서.

남과 북이 소통되는 길을 닦아 고르게 하소서.

헤어졌던 가족이 다시 하나가 되게 하소서.

미움과 증오의 언사들이 사랑과 호혜의 언어로 바뀌게 하소서.

당신의 이름을 빙자하여 분열을 획책하고 억압을 정당화하고

사리사욕을 책동하는 간교한 무리들을 벌하소서.

마가 1:1~8

너, 시온아. 높은 산에 올라 기쁜소식을 전하여라. 너, 예루살렘아. 힘껏 외쳐 기쁜소식을 전하여라. 두려워 말고 소리를 질러라. 유다의 모든 도시에 알려라. 너희의 하나님께서 저기 오신다.

너, 서울아. 남산 팔각정에 올라 기쁜소식을 전하여라. 너, 평양아. 금수산 을밀대에 올라 힘껏 외쳐 기쁜소식을 전하여라. 두려워 말고 소리를 질러라. 우리는 하나다! 우리는 평화를 갈구한다! 우리의 자손들이 영원토록 복락을 누릴 수 있는 금수강산 앞세우고 우리의 하나님은 권능을 떨치시며 오신다. 이 땅에 하나님의 나라가 오신다. 이 교회에 모여드는 진리의 신도들에게 이미 나라가 임하셨다. 주여! 이들을 강력한 평화의 사도들로 만드소서.

빛으로 모든 것을 변화시키는 광화光化의 거리를 힘차게 행보하게 하소서. 당신이 불러 세우신 진리평화운동의 사도 벙커의 일꾼들에게 더욱 더 풍요로운 은혜와 지식과 성령의 권능을 허락하소서. 더 많은 이들이 이 벙커모임을 찾아 당신의 본래의 모습을 이 땅에 전파하게 하소서. 벙커1교회에 모인 모든 회중이 무술년 올해에도 건강하게 지혜의 은사로 충만한 삶을 누리게 하소서. 예수님의 가슴으로 간절히 기도드렸사옵나이다. 아멘.

도올의 마가복음 강해

세례를 받으신 예수, 광야에서 받으신 유혹
〈 마가 1:9～13 〉

⁹In those days Jesus came from Nazareth of Galilee and was baptized by John in the Jordan.
¹⁰And when he came up out of the water, immediately he saw the heavens opened and the Spirit descending upon him like a dove;
¹¹and a voice came from heaven, "Thou art my beloved Son; with thee I am well pleased."
¹²The Spirit immediately drove him out into the wilderness.
¹³And he was in the wilderness forty days, tempted by Satan; and he was with the wild beasts; and the angels ministered to him.

⁹그 때에 예수께서 갈릴리 나사렛으로부터 와서 요단강에서 요한에게 세례를 받으시고
¹⁰곧 물에서 올라 오실새 하늘이 갈라짐과 성령이 비둘기 같이 자기에게 내려오심을 보시더니

¹¹하늘로서 소리가 나기를 너는 내 사랑하는 아들이라 내가 너를 기뻐하노라 하시니라
¹²성령이 곧 예수를 광야로 몰아내신지라

¹³광야에서 사십 일을 계셔서 사단에게 시험을 받으시며 들짐승과 함께 계시니 천사들이 수종隨從들더라

예수의 등장

여태까지 마가복음의 오리지날한 성격을 독자들이 명료하게 인식해야만 했기 때문에 나는 좀 기나긴 해설을 첨가할 수밖에 없었다. 그러나 이러한 방식으로 모든 것을 헬라원문에 즉하여 한 구절 한 구절 해석하려면 10권의 책을 써도 모자랄 것 같다. 이제부터는 죄송하지만 간략하게 그 대의만을 짚고 넘어가려 한다.

8절까지의 무대에서 예수는 전혀 등장하지 않았다. 오직 유대광야의 무대에 세례 요한만 낙타 털옷을 입고 허리에 가죽띠를 두르고 나타났다. 예수라는 인물이 나타날지 안 나타날지 아무런 보장도 없었다. 요한의 메시지는 아주 간결

하다: "회개하라! 세례를 받아라! 그리하면 너희 죄가 사하여질 것이다." 예수에 대한 이야기는 예수님 앞에서 한 얘기가 아니고 그가 모놀로그처럼 한 얘기다. 희랍비극의 코러스처럼 그는 사람들에게 외쳤다: "나보다 더 홀륭한(이스퀴로테로스 ἰσχυρότερός 나보다 더 능력이 많은, 영적인 권세가 많은) 사람이 내 뒤에 올 것이다!" 여기 "에르케타이 Ἔρχεται"는 직설법 현재동사이다. "앞으로 올 것이다"가 아니라 "지금 오고 있다"이다.

이때에 드디어 예수가 등장한다. 전혀 낯선 인물처럼 등장한다. 사실 실제적으로는 예수와 요한의 이 사건 이전에 오랜 접촉이 있었을 수도 있다. 그러나 마가의 드라마에서는 예수가 복음서에 처음 등장하는 이 장면이 곧 예수와 요한이 첫 대면하는 장면이다. 이 스릴 있는 첫 장면을 마가는 지극히 단순한 두 마디로 처리했다.

1. 예수께서 갈릴리 나사렛으로부터 왔다.
2. 요단강에서 요한에게 세례를 받았다.

마태의 구질구질한 변명이 마가에는 없다, 예수의 겸손

"요한이 말려 가로되, 내가 당신에게 세례를 받아야 할 터인데, 어찌 당신이 내게로 오시나이까?"(마 3:14)와 같은 구질구질한 이야기가 없다. 마태는 이미 마가의 간결한 기술에 대한 초대교회의 반발을 의식하고 있다. 아폴로지(변명)가 삽입된 것이다. 초대교회에서는 어떻게 신의 아들인 예수가 죄사함을 위하여 메타노이아(회개)의 세례를 하나의 인간일 뿐인 세례 요한에게 받을 수 있는가 하는 문제가 대두되었음이 분명하다. 그리고 예수는 죄가 있을 수 없다고 강변했을 것이다.

그러나 마가는 그러한 문제를 의식하고 있질 않다. 예수 또한 평범한 죄인의 한 사람이고 예수는 스스로 인성의 허약함에 자기동일성을 선포한다. 예수 또한 연약하고 죄인인 사람일 뿐이다. 그래서 세례 요한에게 세례를 받는 것에 아무런 저항감이 없었다. 겸손하게 세례라는 행위에 자신을 던진 것이다.

마가의 지리적 표상, "갈릴리"라는 개념의 특수성

상기 9절의 두 명제 중에서 우리가 주목해야 할 가장 중요한 사실은 지리적 표상이다: "예수는 갈릴리 나사렛으로부터 사해 부근의 요단강으로 왔다." 갈릴리 나사렛으로부터 사해 부근의 요단강까지는 팔레스타인의 긴 스트립을 세로로 주욱 갈라지르는 험로이다. 결코 옆 동네 마실 가듯이 갈 수 있는 곳이 아니다. 그런데 더 중요한 것은 예수의 첫 등장씬 첫마디부터 예수는 "갈릴리 나사렛" 사람이라고 말함으로써, 그의 인간됨의 아이덴티티를 명료히 밝히고 있다는 사실이다. 여기서 핵심적인 사실은 마가는 "나사렛"이라는 말 앞에 "갈릴리"라는 더 큰 지역개념을 첨가하고 있다는 것이다. 다시 말해서 예수에게 중요한 사실은 그가 "나사렛 사람"이라는 것이 아니라 "갈릴리 사람"이라는 것이다.

요즈음은 그런 감각이 무뎌졌지만 우리 어릴 적만 해도 "전라도 사람"하면 경멸적인 의미를 내포했다. 좀 머리가 영민하고 반골기질적이며 어디서나 문제를 잘 일으키고, 좀 독특하다는 식의 의미를 내포했다. 그리고 성품이 좀 끈적끈적하고, 어디서나 자기들끼리 잘 뭉친다. 전라도 사람들의 다면적 성격을 가리켜 "하와이"라고 표현하기도 했다(물론 이상의 표현은 단지 해방 후의 왜곡된 정치가 만들어낸 편견일 뿐이다). 그런데 전라도 사람들의 그러한 기질은 그 지역이 빈곤해서가 아니라 풍요롭기 때문에 생긴 것이다. 전라도평야는 우리나라 최대의 곡창이었다. 그래서 "판소리"와 같은 유니크한 오페라양식이나 시나위, 시킴굿 같은 복잡한 가락의 예술이 발달했다. 풍요롭기 때문에 부재자지주가 많았고 외부로부터 착취가 심했다. 부자와 빈곤층의 갈등이 극심했다. 전라도는 반란의 지역이었고 또 동시에 조선왕조의 운명을 지탱한 수호신들의 뿌리였다.

예수를 "송정리 사람"이라 말하지 않고 "전라도 사람"이라고 말하는 것은 그 전라도(=갈릴리)라는 말에 특별한 뉘앙스가 있기 때문이다.

예루살렘의 실질적 하부구조, 갈릴리, 착취와 빈곤의 땅

유대인의 중심이라 말할 수 있는 예루살렘은 찬란한 성전의 도시였지만, 그들의 호화스러운 종교생활과 문화생활을 누릴 수 있는 하부구조가 전무했다. 그곳은 매우 척박한 사막지대였다. 유대광야에서는 착취할 건덕지가 없었다. 그러므로 그들의 하부구조는 전적으로 갈릴리 대지에 의존하고 있었다. 갈릴리는 레바논산맥─안티레바논산맥, 그리고 헤르몬산Hermon Mt.(2,814m)의 기운이 카멜산, 예츠렐 밸리Jezreel Valley까지 연결되는 비옥한 초승달 지역Fertile Crescent에 포섭되는 팔레스타인 북부지역으로서 갈릴리호수의 풍부한 수량과 더불어 상당히 풍요로운 풍작이 가능한 지역이다.

그러기 때문에 예루살렘의 종교적 · 정치적 지도자들은 갈릴리 지역을 어떻게 착취하냐 하는 문제에 혈안이 되어 있었다. 왕족과 총독 기타 지배자들, 인구의 1%도 채 안되는 이들이 토지의 50% 이상을 차지했고, 제사장들이 토지의 15% 가량을 차지했다. 그리고 고급관료와 장성급 군인들, 그리고 부와 권력을 쥔 상인계급(원래 하층민이었지만 정권과 결탁하여 막강한 부를 획득한 상류계급) 또한 나머지 토지의 대부분을 점유했다. 한편 농민이라고 부르는 갈릴리 인구의 광범위한 대중은 그들의 농사 소출량의 3분의 2를 무조건 상부계급에게 상납해야만 했다.

이들은 운이 좋다고 해봐야 가족과 가축, 사회적 의무, 내년에 뿌릴 씨 수요를 충당하는 최소한의 생존수준의 소득을 유지할 수 있었다. 운이 나쁘면, 기근이나 질병이 덮치면 경작지에서 쫓겨나거나, 소작, 머슴일, 그 이하의 천직으로 전락했다. 그 밑으로 인구의 5% 정도를 형성하는 공장인工匠人들이 있었고, 그 이하는 불가촉천민에 해당되는 부랑자 · 부스러기 인간the Degraded and Expendable classes이 거의 10% 이상을 형성하고 있었다. 예수 시대에 문맹률은 95~97% 수준이었다. 역사적 예수는 결코 사도 바울과 같은 지식인은 아니었다. 통찰력은 풍부했으나 개념적 사고를 하는 사람은 아니었다. 개념적·논리적 사유에 젖은 인간은 그토록 풍요로운 비유를 만들어내지 못한다.

암하레츠와 오클로스

구약에서부터 쓰이는 말인데 "암하레츠Am Ha-arets"라는 말이 있다. 그것은 히브리말로써 "땅의 사람들"이라는 뜻이다. 원래는 "젖과 꿀이 흐르는 땅을 부여받은 자"라는 의미에서 좋은 의미였으나 시대가 내려가면서 그것은 "가난한 하층민 농부계급"(왕하 24:14)을 의미했다. 미쉬나Mishnah가 지배하던 시대에는 그 말은, 너무 무식해서 할라카Halakha 율법을 지킬 줄을 모르는 소외계급을 의미했다. 힐렐Hillel(BC 70~AD 10. 헤롯대왕시대의 바리새파의 리더)과 같은 대표적 장로도 "암하레츠 치고 종교적인 사람은 아무도 없다"라고 말했으며, 랍비들도 암하레츠가 기른 곡식은 먹지 말라고 경고할 정도였다.

암하레츠는 자녀의 교육에 무관심하며, 정결의 예식도 지키지 않으며, 토라에 전적으로 무지하여 사후에 아무런 자리를 차지할 수 없는 사람들이라고 멸시하였던 것이다. 바로 갈릴리는 암하레츠의 땅이었다. 예수가 상대한 민중, 오클로스는 암하레츠였다. 그들에게 유대교의 율법이나 종교적 계율은 사치에 불과했다. 근원적으로 삶 속에서 그런 문제에 관심을 지닐 수 있는 여유가 있을 수 없었다.

예수의 갈릴리 아이덴티티는 마가복음을 통관한다

예수는 갈릴리 사람이다. 마가는 예수의 갈릴리 아이덴티티를 처음부터 끝까지 전 공생애 드라마를 통하여 집요하게 부각시킨다. 요한으로부터 세례를 받은 후에도 바로 즉각적으로 "갈릴리"로 돌아간다. 그가 예루살렘으로 진격했을 때 그와 동행한 사람들 전부가 갈릴리 사람이다. 그의 부활을 최초로 증언한 사람들도 모두 갈릴리 사람이었다. 예수가 부활 후 현시한 곳도 예루살렘 아닌 갈릴리였다. 최초의 초대교회라 할 오순절교회를 형성시킨 사람들도 갈릴리 사람들이었다. 갈릴리라는 대맥을 놓치면 마가복음이라는 판소리는 생명력을 잃는다. 여기서 하나의 사실이 명백해진다.

마가, 복음서기자 본인이 갈릴리 사람이었던 것이다. 타 복음서기자들은 예수의 갈릴리 아이덴티티를 별로 좋아하지 않았지만, 마가는 같은 "전라도 사람"으로서 예수가 같은 전라도 땅꾼, 쌍놈, 암하레츠인 것을 자랑스럽게 여긴다. 예수는 갈릴리의 예수였고, 마가도 갈릴리의 마가였고, 마가가 전하는 최초의 복음서도 갈릴리의 복음이었다. 오늘날 이 조선땅에서도 복음이 갈릴리땅을 찾지 못하면 복음서는 생명력을 잃는다. 단언컨대, 오늘날 한국의 대형교회 기독교는 갈릴리의 복음을 철저히 외면한 무속의 대형화일 뿐이다. 예수는 대형교회 무당이 아니다!

예수는 과연 유대인인가?

여기서 우리는 또다시 하나의 중요한 주제를 건드려야 한다. 예수가 과연 유대인일까? 이러한 질문은 서양인사회, 특히 서양의 신학자들이나 지성인들 사이에서는(한국의 신학계는 두말 할 나위도 없다. 태극기와 더불어 이스라엘국기를 흔드는 사람들에게 무슨 얘기를 할 수 있을까보냐?) 제기될 수조차 없는 질문일지도 모른다. 그러나 나는 예수를 유대인으로 규정하는 것 자체가 아주 단순한 오류일 수 있다고 감언한다. 예수가 유대인이다 아니다 하는 문제를 떠나, 과연 예수에게 유대인 혈통주의나 유대인 아이덴티티가 있었냐 하는 문제는 충분히 논란의 대상이 될 수가 있다.

이스라엘의 일부로서가 아닌, 갈릴리 그 자체의 역사

갈릴리 지역은 역사에서 이스라엘 민족이 정착하기 전에 이미 이집트의 파라오 투트모세 3세Pharaoh Thutmose III가 이곳의 23개 도시를 점령하여 통치하였다고 기술되고 있다(BC 1468년). 그러니까 갈릴리 지역은 본시 이스라엘 민족의 역사와 태생적인 관계가 없다. 여호수아가 이끈 이스라엘 민족이 가나안에 정착한 후에, 갈릴리 지역은 이스라엘의 12지파 중 납달리Naphtali, 아셀Asher, 잇사갈Issachar, 스불론Zebulun, 4개의 지파가 분포되어 있었다. 결국 단Dan 족속이 그곳으로 이동하여 정착했다고 한다.

역사적으로 이 지역은 남·북조시대에는 북조에 속했다. 우리가 보통 유대인이라고 말하는 것은 남조의 유대지방에 사는 사람들을 가리키는 것이다. 솔로몬의 죽음과 더불어 이스라엘왕국은 남조와 북조로 분열되는데 북조를 이스라엘이라고 부르고 남조를 유다라고 부른다. 유대인이라는 것은 구체적으로 남조 유다왕조의 유다지파 사람들을 가리키는 것이다. 다윗은 이 지역에 대한 이스라엘 사람들의 지배를 공고히 하려고 노력했으나 솔로몬시대에 내려오면 사정이 달라진다.

솔로몬왕은 예루살렘성전을 건축하는 데 20여 년의 세월을 소비했고, 막대한 자금과 건축자재를 필요로 했다. 현재 레바논에 속한 지역의 백향목이 없이는 건축이 불가능했던 것이다. 그래서 두로(띠로, 뛰레Tyre)의 왕 히람Hiram에게 도움을 요청했는데, 그 대가로 갈릴리 지방의 성읍 20개를 바친다. 그런데 히람왕은 그 성읍을 받고도 기뻐하기는커녕, "도대체 이게 뭡니까?" 하는 식으로 콧방귀도 뀌지 않았다. 그는 그 지역을 "가불의 땅the Land of Cabul"이라고 불렀는데, "아무 것도 아닌 것"이라는 뜻이다(왕상 9:10~14). 그만큼 갈릴리는 고대역사에서는 존재감이 없었다. 그리고 북이스라엘왕조는 앗시리아에 의해 점령당했고, 또 포로로 잡혀가면서 완전히 해체되었다. 이 시점에서 이미 이스라엘 12지파의 신화는 다 깨져 버린다. 유대지파와 베냐민지파 두 지파를 제외한 나머지 10개의 지파는 흔적 없이 사라져버린 것이다.

갈릴리지역이 역사에 등장하는 것은 하스모니아왕조 시기

알렉산더대왕 이후에나 이 지역은 역사에 문명의 장으로 등장하기 시작했고 그 이전의 역사는 원시적 상태로 남아있었으며 그 실제적 정황은 누구에게나 오리무중이다. 갈릴리지역이 유대역사에 구체적으로 등장한 것은 하스모니아왕조 때였다. 그리고 BC 4년에 헤롯대왕이 죽으면서 그의 아들 헤롯 안티파스가 갈릴리와 베레아(페레아Perea)의 태수가 되면서 비로소 갈릴리는 유대인의 통치개념 속에 들어오게 된 것이다. 역사적으로 과연 갈릴리 사람들을 유대인이라는 개념으로 규정할 수 있는가? "유대인Jews"이라는 개념은 기실 20세기에 들어와서 시오니즘 Zionism의 등장과 함께 막연하게 보편적 함의를 지니는 개념으로 확대되었다.

이렇게 확대된 20세기 개념으로 보면 예수를 "유대인"이라 말해도 불가不可할 것이 없다. 그러나 AD 1세기 예수시대의 개념으로 말하자면 갈릴리 사람은 갈릴리 사람일 뿐이지 유대인이 아니다. 이것은 함경북도 회령에 사는 여진족이나 말갈인이 한국사람이냐 아니냐를 따지는 애매한 문제와 똑같다. 유대인이 되기 위해서는 반드시 토라와 예루살렘성전의 절대적 권위에 복속되어야만 한다. 그러나 예수의 하나님은 유대인이 믿는 종족의 신, 야훼나 엘로힘이 아니었다. 그냥 하나님일 뿐이다. 마가가 갈릴리 민중을 말하는데 라오스(백성)라는 개념을 선택하지 않고 오클로스(민중)를 선택하는 이유는, 갈릴리 민중을 이스라엘왕국의 백성이라 말할 수 없기 때문이다. 그들은 일정한 국가체제 속에서 주인의식을 가지고 살아본 적이 거의 전무한 "무리"들이다. 갈릴리 민중은 그냥 "사람들"일 뿐이다.

갈릴리 사람은 성전 그 자체를 거부한다

쿰란공동체의 사람들이 예루살렘성전의 권위를 거부한다는 이야기를 앞서 말했다. 그러나 쿰란의 사람들은 성전을 거부한 것이 아니라 예루살렘성전의 모든 방식이 틀려먹었다고 비판한 것이다. 자기들이 생각하는 진짜 성전을 새롭게 건설할 목적으로 고립된 공동체를 구성한 것이다. 예수에게는 이런 발상이 없다. 예수는 예루살렘성전이고 쿰란성전이고 솔로몬성전이고를 막론하고 성전 그 자체를 거부한다. 민중은, 사람이라면, 성전 없이 직접 하나님과 교섭해야 한다. 성전이라는 권위에 갇힌 하나님은 하나님일 수가 없다. 하나님과 인간 사이에 어떠한 브로커들도 끼어들면 안된다.

브로커 없는 하나님 나라의 도래

예수는 브로커 없는 하나님 나라의 도래를 선포하였던 것이다. 새로운 창조가 시작되고 있는데, 옛 창조와 관련된 토라의 권위는 이미 낡아빠진 관념이다. 새로운 천국의 시대에는 토라는 사라져야 한다. 토라의 권위를 가지고 인간을 짓누르는 모든 제식, 율법, 금기, 정화, 생활규칙, 제사, 안식일금기, 제사장계급의 존재, 성전, 이 모든 것이 다 사라져야 한다. 하나님에게는 자비와 용서와 사랑이 있을 뿐이다. 예수의 사상은 오늘 21세기에도 실현하기 어려운 래디칼리즘이다. 과연 이러한 예수를 "유대인"이라는 황당한 민족개념 속에 묶어둘 수 있겠는가? 예수는 "사건"일 뿐이라고 말한 우리민족의 지혜 속에서 우러나온 민중신학의 규정성이 보다 적확하지 않을까?(이 문제는 후술).

세례받고 물에서 올라올 때의 첫 인가장면

얘기가 또 좀 길게 새어나갔는데, 이제 10절의 말씀을 살펴보자! 10절의 시작에 개역성경에는 "곧"이라는 표현이 살아있는데, 공동번역은 그 마가의 핵심적 표현을 제거했다. 여기서 말하는 "곧"이 곧 "유튀스"이다. 예수는 물에 빠졌다가 곧 물에서 올라왔다. 세례에서 물이라는 것은 "죽음"을 상징하고, 물에서 나온 것은 "부활"을 상징한다. 새사람이 되는 것이다. 이때 하늘이 갈라지며 성령이 비둘기 모양으로 내려온다. 여기 하늘이 "갈라진다"는 "찢어진다"는 뜻의 강한 어조를 나타내는 말인데, 예수가 죽었을 때 성소의 장막이 위로부터 아래까지 찢어져 둘이 되었다고 했을 때 쓰인 단어와 같은 계열의 동사이다(15:38).

여기서 "하늘이 갈라진다"는 일종의 "개벽"을 의미하며, 하늘과 땅이 소통되는 것을 나타낸다. 여기서 "성령"은 "프뉴마"이다. 그것은 앞서 말한 바 "기氣"요, "구름"과 같은 계열의 글자라는 것을 생각하면 "비둘기 모양의 성령"은 별로 신기한 표현이 아니다. 비둘기는 온유, 평화, 천진성, 도덕적 순결을 나타낼 뿐 아니라, 하나님의 창조적 능력을 나타내는 상징으로도 쓰인다. 페르시아나 이집트의 전승에서는 왕을 세우는 신적 능력을 나타내는 상징으로서 비둘기가 쓰인다고 한다(불트만). 그런데 여기서 가장 핵심적 사태는 "자기에게 내려오심을 보시더니"라는 이 한마디의 표현구에 있다.

인가의 목소리는 예수만 들었다. 그리고 우리 독자가 듣고 있다

다시 말해서 하늘이 갈라지고 성령이 내려오는 것을 오직 예수만 보았다는 것이다. 이것은 일종의 예수 개인의 환각상태라고도 말할 수 있다. 예수 홀로 자각한 환상인 것이다. 그리고 곧바로 예수에게 환청이 들린다: "너는 내가 사랑하는 아들이라. 내가 너를 기뻐하노라." 이 환상과 환청을 세례 요한도 그 주변의 어떠한 사람들도 듣지 못했다. 이것은 무엇을 의미하는가? 이것은 마가가 세례 요한의 세례행위의 궁극적 의미에 관하여 그 한계성을 설정한 것이다. 세례는 비록 요한에게 물로 받았지만, 그 세례는 예수의 하나님의 아들되심을 인가받는 특별한 성령의 세례였다. 그것은 직접 하나님과 예수 사이에 이루어진 기氣의 교감交感인 것이다. 이 환상과 환청을 예수만 들었는가? 아니다! 세례 요한은 보고듣지 못했을지라도 이 복음서의 낭송을 듣는 우리들이 보고들은 것이다. 복음서의 묘미는 바로 영원히 시대를 초월하여 복음을 듣고있는 청자들에게 있는 것이다.

12절에 또 "곧"(유뛰스)이라는 부사가 나온다. 1장에만 11번 나오고 전체에 41번이나 나온다. 성령을 받는다는 사실은 그것으로 만족하고 기뻐만 할 사태가 아니라, 성령을 받은 만큼 그 성령의 임재하심을 시험받아야만 한다. 그래야 비로소 성령의 임재하심이 인가되는 것이다: "성령이 곧 예수를 광야로 몰아내었다."

광야는 카오스, 선신과 악신의 2원론은 유대사상 아니다

광야는 코스모스가 아닌, 카오스의 세계이며, 그곳은 사탄이 거하는 영역이다. 많은 사람들이 사탄이 유대민족 고유의 사상이라고 생각하는데, 유대교에는 선신善神과 악신惡神의 대결이라는 근원적인 2원론이 존재하지 않는다. 사탄이라는 말도 구약에 거의 나오지 않는다. 겨우 3번 나오는데(동사형으로는 6번), 그것도 모두 바빌론유치 이후에 쓰여진 문헌에 뒤늦게 들어간 것이다. 그것은 "적대자"라는 뜻이다. 그러니까 사탄이라는 개념은 신구약간시대에 유행한 용어임을 알 수 있고, 그것은 바빌론종교의 이원론의 영향인 것이다.

그러나 사탄의 존재는 하나님과 대등한 존재가 아니라 그 하위개념이며 하나님의 창조 속에 있는 한 측면일 뿐이다. 예수가 사탄을 내쫓는 것도 신체적·정신적 질병이나 자연재해와 관련된 하위개념이며 하나님의 나라가 임하면 쫓겨날 운명에 있는 것이다. 선의 악에 대한 승리는 종국적으로 보장되어 있는 것이다.

세 가지 유혹은 Q자료, 마가는 간결하게 처리

마태복음에는 40일 동안 광야에서 밤낮으로 금식하셨다고 쓰여져 있는데 마가에는 그런 이야기가 없다. 유대광야는 정말 뜨거운 사막이며 그곳에서는 40일을 금식하는 것은 신체적으로 불가능하다. 마가는 현실적인 사태에 관해서는 그 기술방식이 매우 쿨하다. 이 유명한 광야에서의 예수의 시험이야기는 너무도 예수를 알고 있는 사람들에게는 상식화되어 있는 것임에도 불구하고 마가는 그런 구질구질한 "질문과 답변"을 일체 언급하지 않는다: "광야에서 사십 일을 계셔서 사탄에게 시험 받으시며 들짐승과 함께 계시니 천사들이 수종 들더라." 이것이 전부다. 마가는 그 유명한 예수의 시험The Temptation of Jesus담론에 불과 2절만 할당했는데, 마태는 11절, 누가는 13절을 할당했다.

세 가지 유혹의 순서가 마태와 누가가 다른데, 마태의 순서에 의하면 첫째는 돌을 떡으로 만들어보라는 것이고, 둘째는 성전 꼭대기로 데려가 뛰어내려 보라는 것이고, 셋째는 나에게 엎드려 경배하면 천하만국의 권세와 영광을 다 주겠다는 것이다. 첫 질문은 배고픈 자에게 닥쳐오는 물질의 유혹인데, 이에 떡과 말씀을 대비시켜 답변한다. 인간은 떡으로만 살 것이 아니요, 하나님의 말씀으로 살 것이라고 답변한다. 둘째 질문은 명성을 얻는 비정상적 수단에 관한 것이요, 이적을 행함에 대한 유혹이다. 이에 대하여 예수는 하나님을 시험치 말라고 답변하는데 이것은 이적에 의존하는 신앙은 신앙이 아니라는 것을 확인한 것이다. 하나님은 시험의 대상이 아니다. 세 번째는 결국 정치적 타협에 관한 것인데 예수는 타협을 거부한다. 예수는 당시 이스라엘 사람들이 꿈꾸었던 정치적 메시아상을 거부한 것이다. 타협의 거부는 곧 십자가를 의미하는 것이다.

세 가지 유혹, 공생애 전체를 통관하는 내면의 고뇌

이 세 문답은 사실 알고 보면 예수의 공생애 전체를 통해 끊임없이 그의 내면에서 솟구치는 유혹이요 고민이요 고통이었을 것이다. 이 세 문답은 Q자료에 속하기 때문에 마태의 날조라고 볼 수는 없다. 그러나 마가는 "사탄에게 시험을 받으셨다" 이 한마디로 모든 것을 끝내버렸다. 이것이 마가의 매력이다.

"들짐승과 함께 있었다"는 것은 들짐승과 재미있게 지냈다는 것이 아니라 들짐승의 신체적 위협을 감내해야만 했다는 것을 내포한다.

40이라는 숫자의 심볼리즘

"40일"이라는 것은 모세의 시내산 40일체험(출 24:18)과 엘리야 선지先知가 40일 동안을 걸어 호렙산에 도착한 이야기(왕상 19:8)와 오버랩 된다고도 말할 수 있으나, 구약의 이미지를 의식했다고 말하는 것보다는 40일이라는 숫자의 양식적 의미가 이 판소리를 듣는 사람들에게 묘한 반향을 일으킨다고 말해야 할 것이다. 모세가 이스라엘민족을 애굽에서 구해내는 공생애를 시작하기 전에 미디안광야에서 생활한 것이 40년이요, 이스라엘민족이 애굽의 압제에서 구출되어 시내광야를 만나를 먹으며 헤맨 것이 40년이다. 베냐민지파의 사람 기스의 아들, 사울이 왕노릇 한 것도 40년이요(행 13:21), 다윗이 삼십 세로부터 왕노릇 한 것이 40년이요(삼하 5:4), 솔로몬이 예루살렘에서 온 이스라엘을 다스린 것이 40년이다(대하 9:30). 그러니 어찌 이것을 "역사"라 하겠는가? 문학적 양식일 뿐이요, 그들의 언어의 어감에 내재하는 수數의 감촉일 뿐이다.

예수의 여자들

너무 이야기가 빡빡하게 진행되었는데 잠깐 쉬고 가자! 2018년 2월 25일 나의 설교는 제목이 "예수의 여자들"이었는데, 아마도 내가 행한 두 번 다시 반복하기 어려운, 매우 감동적 설교였을 것이다. "예수와 여인들"이라는 제목은 있을 수 있어도 "예수의 여자들"이라는 섹시한 설교제목은 이 조선땅에서 있어본 적이 없을 것 같다. 이날 사람들도 무척 많이 왔다. 나는 최근에 유튜브에서 임희숙의 "내 하나의 사람은 가고"라는 노래를 우연히 들었는데 그 가사내용의 심도와 임희숙이라는 가수의 자유로운 창법에 깊은 감동을 받았다. 나는 1970년대 내내 외국에서 유학하면서 살았기 때문에 그 시대에 활약한 가수를 잘 알지 못한다. 그 가사내용(박창우 작사·작곡)이 나의 설교내용과 묘한 공명을 일으키기 때문에 나는 가수 임희숙씨를 내 설교제단에 초대했다. 임희숙은 기꺼이 나의 요청을 수락하여 나의 설교 중간에 그 노래를 불렀다. 자신의 노래를 가장 빛내는 자리라는 믿음이 있었던 것 같다. 이 자리를 빌어 임희숙씨에게 심심한 감사의 뜻을 전한다. 실로 위대한 퍼포먼스였다. 그날 행한 나의 기도는 다음과 같다.

오래도록 잊었던 눈물이 솟구칩니다. 뒤늦게 참회하고 또 참회했어도 쓸쓸한 그 길에서 당신은 돌아오지 않았습니다. 당신은 돌아오지 않으심을 통하여 영원히 영원히 우리 삶의 모든 순간에 돌아오고 계십니다. 우리는 당신을 찾아 헤매고 있습니다. 우리는 당신을 그리워하고 있습니다. 우리는 진정코 당신을 껴안고 싶습니다. 우리는 진리의 막다른 골목에서 당신의 선명한 모습을 알고 싶습니다. 우리는 당신이 갈릴리 지평 위에, 저 바이칼호수, 대흥안령 고조선의 지평 위에, 저 고구려, 북부여의 광활한 대지 위에 남겨놓으신 평화와 평등과 평안의 족적을 지금 여기 이 남·북의 조선대륙 위에 다시 구현하고자 합니다.

우리는 진정 **사람의 아들**이고 싶습니다. 우리는 진정 당신이 그리워하던 **하늘나라의 임하옵심**을 이 조선대륙 위에 펼치고자 합니다. 남북을 가로막고 있는 모든 장벽을 거두기 위해 노력을 기울이고 있는 당신의 아들들을 축복하소서, 격려하소서. 그리고 그 장벽을 더 높게 세우고 싶어하는 가련한 대국大國의 전쟁광들, 소리小利를 탐하여 인류보편의 대의大義를 망각하는 자국의 인간들에게도 메타노이아, 회개의 기회를 허락하소서! 핵무기조차도 사랑의 품으로

녹여 버리지 않는다면 어찌 천국이 도래할 수 있으오리이까?

우리가 서로를 믿고 사랑할 수만 있다면 핵무기는 반드시 사라집니다. 시간이 걸릴지라도 결국은 하나님의 섭리 속에 만백성이 기쁨에 충만한 그날을 맞이하오리이다. 평화의 섭리를 믿고 매진하지 않는다면 우리가 어찌 신앙인이라 하오리이까?

당신의 말씀을 듣기 위하여 오늘 이 자리에 모인 모든 성도들에게 건강과 소망, 그리고 영원히 열린 마음을 허락하소서. 갈릴리의 예수는 지금 이 순간에도 우리의 기도를 듣고 계십니다. 아멘.

갈릴리전도의 시작, 부르심 받은 어부 네 사람
〈 마가 1:14~20 〉

¹⁴Now after John was arrested, Jesus came into Galilee, preaching the gospel of God,

¹⁵and saying, "The time is fulfilled, and the kingdom of God is at hand; repent, and believe in the gospel."

¹⁶And passing along by the Sea of Galilee, he saw Simon and Andrew the brother of Simon casting a net in the sea; for they were fishermen.

¹⁷And Jesus said to them, "Follow me and I will make you become fishers of men."

¹⁸And immediately they left their nets and followed him.

¹⁹And going on a little farther, he saw James the son of Zebedee and John his brother, who were in their boat mending the nets.

²⁰And immediately he called them; and they left their father Zebedee in the boat with the hired servants, and followed him.

¹⁴요한이 잡힌 후 예수께서 갈릴리에 오셔서 하나님의 복음을 전파하여

¹⁵가라사대 때가 찼고 하나님 나라가 가까왔으니 회개하고 복음을 믿으라 하시더라

¹⁶갈릴리 해변으로 지나가시다가 시몬과 그 형제 안드레가 바다에 그물 던지는 것을 보시니 저희는 어부라

¹⁷예수께서 가라사대 나를 따라 오너라 내가 너희로 사람을 낚는 어부가 되게 하리라 하시니

¹⁸곧 그물을 버려 두고 좇으니라

¹⁹조금 더 가시다가 세베대의 아들 야고보와 그 형제 요한을 보시니 저희도 배에 있어 그물을 깁는데

²⁰곧 부르시니 그 아비 세베대를 삯군들과 함께 배에 버려두고 예수를 따라 가니라

요한의 시대의 종료, 예수 공생애의 시작

14절에 나타난 사태의 전개는 매우 간결하지만 마가 드라마의 중요한 결구結構를 나타내고 있다.

1. 요한이 잡혔다.
2. 그 후에야 예수는 갈릴리로 왔다.
3. 예수는 갈릴리에서 하나님의 복음을 전파하기 시작하였다.

"요한이 잡혔다"라는 표현에서 "잡혔다, 파라도테나이*paradothenai*"는 "파라디도미*paradidōmi*"(to arrest)의 수동형인데, 그것은 "넘겨진다"는 뜻이다. 그런데 이 단어는 예수가 나중에 당국에 넘겨질 때 쓰여지는 단어와 동일하다(9:31, 10:33, 14:21, 41). 세례 요한의 삶과 예수의 삶 사이에 존재하는 파라렐리즘을 암시하고 있다. "파라도테나이"는 요한이 헤롯 당국에 넘겨진 것을 의미한다. 요한의 활동 영역인 유대지방은 공식적으로 헤롯 안티파스의 지배영역이 아니었다. 유대지방은 헤롯 대왕의 살아남은 아들 중에서 나이가 가장 많았던 헤롯 아켈라우스Herod Archelaus가 계승했으나 그는 악덕의 군주였고 AD 6년에 거세된다(마 2:22). 그래서 실제적으로 헤롯 대왕의 영역을 전체적으로 승계하여 지배권을 가진 사람은 헤롯 안티파스Herod Antipas(Tetrarch of Galilee and Perea BC 4~AD 39)였다.

실제로 세례 요한이 체포되어 헤롯 안티파스 당국에게 넘겨졌다는 것은, 세례 요한이 베레아 지역 마캐루스성채의 감옥으로 수감되었다는 것을 의미할 것이다. 하여튼 이로써 "요한의 시대"가 끝났다는 것이 암시되고 있다. 다시 말해서 예수의 공생애는 요한의 시대가 종료되면서 시작되었다는 것이 마가의 복음서의 구조이다(실제적 정황을 말한다면 이 두 파의 길항관계는 지속되었다). 그런데 예수는 공생애를 유대지방의 예루살렘지역에서 시작하지 않는다. 자기가 생장한 토양인 갈릴리로 돌아간다. 그 사건의 시퀀스는 이러하다. 예수는 갈릴리에서 요한 세례운동이 일어나고 있는 유대땅으로 갔다. 그리고 요한에게 세례를 받는다. 그리고 성령을 받는다. 그리고 마귀(사탄)에게 시험을 받는다. 그리고 승리한다. 그리고 갈릴리로 돌아간다. 그는 성령을 받은 승자라는 것이 입증되었다. 그 힘에 의하여 그는 "갈릴리에서" 선포한다. 무엇을? "하나님의 복음τὸ εὐαγγέλιον τοῦ θεοῦ"을!

"하나님의 복음"이란 하나님이 복음의 근원으로서 주격subjective genitive이 될 수도 있고, 또 복음의 대상으로서 목적격objective genitive이 될 수도 있다. 하나님 으로부터 오는 기쁜소식인 동시에 하나님에 관한 기쁜소식이다. 그 하나님의 복음이란 무엇인가?

가라사대 때가 찼고 하나님 나라가 가까왔으니 회개하고 복음을 믿으라!

하나님의 복음의 실체

이 짧은 한 줄이 예수의 최초의 선포내용이자, 예수라는 한 청년의 사상, 그 지 향하는 비젼의 전부라고 말해도 과언이 아니다. 그렇다면 이 한마디야말로 서구 문명정신사의 전체라고 말할 수도 있다. 예수가 과연 이 한마디만 말했을까? 물론 그렇지 않다! 예수는 이 한마디만 얘기한 것은 아니다. 이 한마디가 성립하기까지 예수는 무수한 설법을 행하였을 것이다. 그런데 예수의 복음의 전체를 이 한마디 로 압축한 것은 예수 자신의 작업이 아니라 마가라는 천재의 작업이었다.

이 압축된 언어를 단도직입적으로 갈릴리 지평 위에 최초로 등장하는 예수의 입에서 나온 한마디로서 인류사에 제시한 그 과감성, 그 마가라는 작가의 저돌적 인 천재성에 우리는 경탄에 경복을 금치 않을 수 없다. 시작이 반이 아니라, 시작 이 전체였다. 이 최초의 발설은 다음의 4개의 명제로 구성되어 있다. 이 명제를 해 설하고 나면 독자들은 이제 예수의 복음을 료해할 수 있는 확고한 발판을 획득하 게 되는 것이다.

1. 때가 찼다.
2. 하나님 나라가 가까왔다.
3. 회개하라.
4. 복음을 믿으라.

크로노스와 카이로스

"때가 찼다"라는 것은 무엇을 의미하는가? 희랍인들은 시간을 묘사하는 어휘로서 두 개의 단어를 썼다. 하나는 "크로노스χρόνος"라는 것인데 그냥 우리가 시계로 계산할 수 있는 객관적 시간의 경과, 흐름을 말하는 것이다. 호머나 희랍비극의 작가들에게서 표준적인 시간의 의미로 이 단어는 잘 쓰였다. 제우스의 아버지가 크로노스Cronus, Kronos인 것도 모종의 관계가 있다.

그런데 희랍인들이 진정으로 사랑하는 단어는 "크로노스"가 아니라 "카이로스καιρός"였다. 카이로스는 객관적인 변화의 흐름, 즉 죽음의 시간이 아니라, 생명의 시간이다. 카이로스는 정확하게 들어맞는, 알맞은 때, 그러니까 타임이 아니라 타이밍의 시간just right timing(바로 그 시각the right point of time, 결정적인 그때the exact and critical time, 기회opportunity, 유리한 때advantage, 득보는 때profit, 열매 맺는 때fruit)이다. 우리가 산다고 하는 것은 크로노스의 문제가 아니라 결국 카이로스의 문제이다. 오래 사는 것이 목표가 아니라, 얼마나 정확한 카이로스(기회, 성공, 전환의 계기)를 포착하느냐 하는 데에 우리 삶의 의미가 결정되는 것이다.

동방인의 "때"도 대체적으로 크로노스가 아니라 카이로스

동방인의 시간도 대체적으로 크로노스가 아니라 카이로스였다. 여러분이 『논어』라는 서물을 펼치면, 제일 먼저 "학이시습지學而時習之"라는 말이 나온다. 많은 사람들이 이 뜻을 원래의 맥락에서 파악하지 못하고 천박한 현대어의 일상적 어의에 따라 "때때로 복습한다"는 뜻으로 푼다. 그러나 "학學"이라 하는 것은 예禮·악樂·사射·어御·서書·수數의 육예六藝를 가리킨 것이요, "시습時習"이라 하는 것은, 율곡이 "시로 습하면"이라고 훈했듯이, "때로 익힌다"는 뜻이다. 그것은 카이로스에 따라 익힌다는 뜻이다. 나이에 따라, 계절에 따라, 하루의 때에 따라, 내 몸의 상태에 따라 익힘은 적절한 카이로스가 있게 마련이다. 노자가 "동선시動善時"라 말한 것이나, 맹자가 "성지시聖之時"라 말한 것이나, 『중용』에 "시중時中"을 말한 것이 다 일맥상통하는 것이다. 「향당」편에 "불시불식不時

도올의 마가복음 강해

不食"이라는 말이 있는데, 그것도 "때가 아니면 먹지 않는다"는 뜻이고, 「학이」 편에 "사민이시使民以時"라 한 것도 "백성을 부릴 때는 반드시 때로써, 때에 맞게 부려야 한다"는 뜻이다. 그 모두가 카이로스를 말한 것이지, 크로노스를 말한 것이 아니다.

동학의 검결

마가의 용법에 가장 가깝게 오는 우리 표현은 동학을 창시한 최제우崔濟愚, 1824~1864의 "검결劍訣"에서 찾아볼 수 있다.

> 시호時乎시호時乎 이내시호時乎!
> 부재래지不再來之 시호時乎로다.
> 만세일지萬世一之 장부丈夫로서
> 오만년지五萬年之 시호時乎로다
> 용천검龍泉劍 드는 칼을
> 아니 쓰고 무엇하리!
>
> 때다! 때다! 오~ 나의 때다!
> 다시 오지 않을 때다!
> 만년에 한번 날까말까 하는 장부에게
> 오만년만에 주어진 때다!
> 용천검 날 푸른 칼을 아니 쓰고 무엇하리!

월명풍청月明風淸한 달밤에 남원의 교룡산성 은적암 마당에 도력이 높아지는 기쁨을 스스로 이기지 못하여 목검을 휘두르며 지은 이 수운의 시야말로 고조선의 기상을 나타내는 우리 조선남아의 드높은 기개라 할 것이다(수운 38세경). 여기서 말하는 "시時"야말로 카이로스요, 조선의 왕조지배체제가 무너지는 혁명의 때였고, 인내천의 후천개벽이 이루어지는 메타노이아의 때였다.

요한이 잡혔을 그 카이로스에 예수는 갈릴리로 간다

요한이 잡혔다는 것은 정치적 상황이 매우 악화되었다는 것을 의미한다. 그때 예수가 갈릴리로 간다는 것은 마치 5·18광주항쟁이 일어난 직후에 광주로 직행하는 것과도 같다. 반란의 고장, 암하레츠의 고향, 열성당원들의 텃밭인 갈릴리는 나른한 목가적 풍경이 아니었다. 거기서 최초로 선포한 그의 메시지는 "때가 찼다"였다. "때가 찼다"는 "때가 무르익었다" "그 무엇이 완성·성취되는 결정적인 카이로스가 임박하였다"는 뜻이다. 시호 시호 이내 시호로다! "그 무엇"은 과연 무엇을 가리키는 것일까?

그 카이로스의 주체는 바로 다음에 나오는 "헤 바실레이아 투 테우ἡ βασιλεία τοῦ θεοῦ"(The Kingdom of God), 즉 "하나님의 나라"이다. 마가복음 전체를 통하여 복음이라는 단어는 7번밖에 등장하지 않는다. 그러나 "하나님의 나라"라는 표현은 14번이나 나온다. "하나님의 나라"라는 이 표현이야말로 역사적 예수의 사상을 압축하는 그 한마디일 것이다. 바울의 "복음"의 실내용은 부활이었다. 그것은 예수 사후死後의 사건이다. 그러나 예수의 복음은 이 삶에서의 "나라"의 문제였다.

"하나님의 나라"의 "나라"는 무슨 뜻인가?

우리는 "나라Kingdom"를 조선왕조적인 의미에서의 "왕의 나라," 즉 "장소place"나 "체제system"의 문제로 생각하기 쉽다. 그러나 셈족 언어의 원래의 의미는 가시적 공간개념이 아니고, 행위의 개념이었다. 이스라엘민족은 본시 공간개념의 나라를 가져본 적이 별로 없는 민족이었다. "하느님의 나라"는 하나님의 행위였고, 그것은 하나님의 "통치reign"행위였다. "바실레이아"는 "나라"가 아니라 행위요, 통치요, 권능이요, 질서였다.

마태의 천국, 마가의 하나님 나라

"하나님의 나라"는 다른 말로는 "하늘의 나라ἡ βασιλεία τῶν οὐρανῶν헤 바실레이아 톤 우라논"라고도 하는데 이 표현은 일관되게 마태에 나타난다(32회 나타남). 마가는 이 표현을 사용하지 않는다. "하늘의 나라"는 우리나라 개역판에서 일관되게 "천국"으로 번역했다. 하나님이라는 명사화되고 실체화된 개념보다는 실상 "하늘οὐρανός, 우라노스ouranos"이라는 개념이 보다 추상적이고 보편적인 의미를 전달할 수도 있다. 예수의 하나님은 구약의 하나님이 아니었고, 실체화될 수 없는 하나님이었다. 예수는 하나님의 바실레이아(통치, 질서)를 근원적으로 유대교에서 분리시키려 했다. 기실 그 분리는 바울의 율법주의비판보다 훨씬 더 래디칼한 것이었다.

"하나님의 나라"는 "하늘의 질서"였다. "하늘의 질서"는 타락한 "땅의 질서," 즉 예수가 목도하고 있는 갈릴리의 현실적 질서와는 전혀 다른 것이다. 하늘의 질서는 하늘이라는 공간 속에 갇혀있는 질서가 아니다. 그것은 반드시 땅으로 내려와 새로운 땅의 질서가 되어야만 하는 질서이다. 땅의 질서가 되어야만 하는 새로운 질서이기 때문에 그것을 "하늘의 질서," 다시 말해서 "하나님의 질서"라고 부르는 것이다. 예수는 말한다: "하나님의 나라, 즉 새로운 하늘의 질서가 가까왔다. 그것이 지금 여기 이 땅에 실현되려고 하고 있다. 그 카이로스가 무르익었다!"

"가까왔다"에 대한 여러 가지 해석

여기 "가까왔다ἤγγικεν"(엥기켄)라는 표현은 "엥기조ἐγγίςω ēnggizō"(to draw or come near to)라는 동사의 변형태인데, 실제로 그 시제의 의미는 확정짓기가 매우 곤란하다. "가까왔다"라는 우리말을 곧이곧대로 해석하면, 가까이는 왔지만 아직 안 왔다는 뜻이다. "가까왔다"는 것이 "이미 왔다"는 뜻일 수도 있고(현재완료), "지금 오고 있는 중이다"라는 현재진행형일 수도 있고 "앞으로 곧 올 것이다"라는 미래형일 수도 있다. 슈바이처는 미래형으로 해석했다. 그 나라는 이 세계의 임박한 끝날에 곧 올 것이다라고 예수는 믿었다는 것이다(이것을 "consequent eschatology"라고 부른다). 그리고 다드C. H. Dodd는 현재완료형으로 해석했다. 하나님 나라는 이미 역사 속으로 진입했다는 것이다(이것을 "realized eschatology"라고 부른다). 그리고 요아킴 예레미아스Joachim Jeremias는 하나님의 나라는 실현되고 있는 과정중에 있다고 해석했다(이것을 "progressive eschatology"라고 부른다).

프린스턴신학대학의 성서신학자 부르스 메츠거Bruce Metzger, 1914~2007는 이 와 같이 말한다: "하나님의 나라는 본질적으로 하나님의 새로운 통치질서이며, 그것은 하나님과 인간 개체 사이의 인격적 관계이다. 그러므로 그 나라가 현재이 냐 미래이냐를 묻는 것은 본질적으로 의미가 없다. 그것은 하나님의 아버지됨이 현재냐 미래냐 하고 따지는 것과도 같은 우문이다. 하나님의 나라는 현재와 미래, 양면을 포섭하는 것이다"(*The New Testament*, New York: Abingdon, 1965, p.148).

카이로스의 본래적 성격, 영원성이 아닌 역동성

그러나 나의 질문은 "카이로스"의 본래적 성격에 관한 것이다. 카이로스는 원 래 희랍적 개념이요, 그것은 종말론을 전제로 하는 것이 아니다. 시간의 종료는 헬 라사상에는 있을 수 없는 사건이다. 그렇다고 정통적 유대교사상이 종말론에 물 들어 있다고 말할 수도 없다. 유대교적인 종말론은 제2이사야에서부터 시작되는 것이며, 그것은 새로운 희망을 말하는 종말이지, 시간의 종료가 아니다.

종말론은 대체적으로 신구약간시대의 어두운 현실 속에서 근동문명의 "빛과 어둠"이라는 이원론적 사유를 배경으로 생겨난 것이다. 이스라엘민족의 야훼는 끊임없이 더불어 유랑하는 하나님이며 약속의 하나님이며, 또 약속을 위반했을 때는 징벌하는 하나님일지언정, 민족을 멸절시키고, 역사를 멸절시키고, 시간을 멸절시키고, 세계를 멸절시키는 하나님은 아니다. 그러한 종말론적 발상은 유대 교의 정통사상에도 속하지 않는다.

희랍의 조각을 보라! 아르케익시대Archaic Period를 상징하는 딱딱하고 무미건 조한 쿠로스*kouros*상과 200년이 지난 후 전성기 고전시대를 상징하는 BC 450년 경에 제작된 마이런Myron(BC 480~440에 활동한 희랍의 조각가. 파르테논신전을 조각한

피디아스, 폴리클레이토스와 동시대)의 디스코볼
로스*Discobolos*(원반던지기 선수)를 한번 비
교해보라! 원반을 가장 멀리 던지기 위한
최적의 포즈, 그 순간, 그 체형과 근육의 상
태를 세밀하게 표현한 남성 누드의 작품은
진실로 카이로스의 전형이다. 그 형상미는
고정된 영원의 순간이 아니라, 시간을 초
월한 불변의 틀을 깬 살아있는 삶, 생명의
약동, 그 다이내미즘과 텐션을 역동적으로
표현하였다. 나는 예수의 카이로스는 쿠로
스상의 영원성이 아니라 바로 디스코볼로
스의 역동성이라고 생각한다.

예수의 카이로스는 심판이 아닌 삶의 기쁨,

기적도 나라가 임하고 있다는 상징적 표현일 뿐

세례 요한이나 엣세네파적인 종말의 카이로스, 혹은 종말을 전제로 한 세례의
카이로스는 위협이며 협박이며 판단이며 심판이다. 예수의 카이로스는 심판이 아
니라 삶의 기쁨이다. 그것은 기쁜소식이다. 공동식사, 그 잔치의 자리에 초대받
은 기쁜소식이다. 하늘의 질서가 땅에 임한다는 것은 타락한 땅의 질서가 물러나
는 것을 뜻한다. 예수가 행하는 모든 기적의 의미는 바로 이것이다: "내가 하나님
의 손가락의 권능으로 귀신을 내쫓고 있다면, 하나님의 나라가 이미 너희에게 임
하였느니라"(눅 11:20). 또 말한다: "하나님의 나라는 볼 수 있게 임하는 것이 아니
요, 또 여기 있다 저기 있다라고도 못하리니, 하나님의 나라는 이미 너희 안에 있
나니라"(눅 17:20~21). 그가 기적을 행한다는 것 자체가, 기적 그 자체에 의미가
있는 것이 아니라, 하나님의 나라가 임하고 있다는 것을 보여주는 상징적 표상일
뿐이다.

예수의 카이로스는 개방된 식사의 자리

나는 예수는 결코 종말론적 사상가가 아니었다고 단언한다. 예수의 카이로스는 철저히 하나님의 새로운 질서가 이 땅에 임하는 현세적 카이로스요, 삶의 기쁨이 만개하는 자리였다. 그것은 개방된 식사의 자리였다. 잔치음식을 함께 나누는 기쁨은 근동지역 사람들에게 최대의 행복을 나타내는 상징이었다.

"회개하라"의 원 뜻

다음으로 우리가 해설해야 할 또 하나의 단어는 "회개하라"는 동사이다. "회개하라"는 동사는 희랍원어로는 "메타노에오μετανοέω"이고 명사형은 "메타노이아μετάνοια"이다. 그런데 이것을 "회개하라"로 번역한 것은 초대교회의 케리그마의 영향이 그 원초적 이유일 것이지만, 2천 년 동안의 서구교회 하이어라키, 그리고 한국의 지랄스러운 보수교단이 인간을 "죄인"으로 규정하는 대전제로부터 신앙의 모든 조목들을 연역해내고 있기 때문일 것이다. 인간을 "죄인"으로 규정하는 것은 구약이다.

새로운 계약, 즉 신약은 인간을 근원적으로 "죄인"으로 규정하지 않는다. 죄인이 아닌 온전한 인간으로서 하나님과 새로운, 정의로운 계약관계를 맺는 것이 신약이다. 예수는 의인을 부르러 온 것이 아니라 죄인을 부르러 왔다고 말했지만(막2:17), 그것은 인간은 근원적으로 "죄인"이라는 개념 속에서 이해될 수 없다는 것을 선포한 것이다. 예수가 부르고 있는 것은 죄인이라고 하지만, 그 죄인은 죄인이 아니기 때문에 부름을 당할 수 있는 것이다.

여러분들은 흔해빠진 말이지만 "메타피직스metaphysics"(형이상학)라는 말을 알고 있을 것이다. 이것은 아리스토텔레스의 저작들을 편집하는 과정에서 생겨난 말인데, 피지카*physika*(자연현상에 관한 논문. 물리학. 자연과학)라는 책 다음에 오는 책 *ta meta ta physika*이라는 의미이다. BC 70년경 로데스의 안드로니쿠스Andronicus of Rhodes가 아리스토텔레스의 전집을 편찬할 때 『피지카』라는 책 다음에 상당히 추상적인 주제를 다룬 무제목의 책이 있어 그렇게 부른 것인데, 후에 라틴작가들이 메타meta를 "초월"의 의미로 해석하여 "메타피직스"를 "물리적인 것을 넘어서 있는 것의 과학"이라고 규정한 것이다. 하여튼 "메타"는 접두어로서 "… 다음"이라는 뜻도 되고, "… 와 함께"도 되고, "초월"의 의미도 되지만, 여기서 중요한 것은 "상태, 장소, 계획 등의 변화"를 의미한다는 것이다. "메타노이아"의 "메타"는 "근원적인 변화radical transformation"를 의미한다. "노이아"는 철학에서 잘 쓰는 말인데, "노에오νοέω" 하면 "생각한다"라는 동사가 되고, "생각"이라는 명사가 될 때에는 "노에마νόημα" "노에시스νοησις" 등이 쓰인다. 희랍고전 사상가들은 이 말을 "감성적 인식"에 대비되는 "사유"의 맥락으로 사용하였다.

메타노이아는 생각의 회전, 그것은 멸이다

하여튼 "메타노이아"는 "과거에 지은 죄를 뉘우치라"는 "회개"의 의미가 아니고(희랍어에 이런 함의가 생겨난 것은 모두 기독교권의 언어사용에서 유래된 것이다), "생각을 바꾸라Change your mind."는 의미로 쓰인 것이다(플라톤이나 크세노폰의 용례는 모두 생각을 바꾸다라는 의미맥락이다). "생각을 바꾼다"는 것은 기존의 자기 관념이나, 고집이나, 관습이나, 신념을 허물어뜨린다는 것이다. 나는 예수의 "메타노이아"의 요청은 우리말의(불교적 용례이지만) "멸滅"과 상통한다고 확신한다. 멸滅은 고뇌의 소멸이요, 업業의 정지요, 깨달음悟의 기쁨이다. "메타노이아"가 진정으로 생각의 바꿈이 되기 위해서는 "니로다nirodha滅"가 되어야만 한다. 그러나 초대교회는 예수의 이러한 명제를 완전히 예수의 본래의도와 정반대되는 방향으로 끌고 갔다. "교회"라는 조직의 업業에 복속되는 "회개"의 굴종으로 변질시켰다.

메타노이아는 무아의 실천, 자기를 버리고 나라를 향해 가슴을 여는 것이다

생각의 바꿈, 즉 메타노이아라는 것은 "하늘의 질서(바실레이아)"의 부름에 응하는 것이다. 마음을 여는 것이다. 진정으로 마음을 열기 위해서는 자기를 버려야 한다. 무아無我의 실천은 메타노이아의 근원이다. Q자료에 속하는 비유이지만(눅 14:16~24. 마 22:1~10. 마태는 이 비유를 좀 사악하게 변형시켰다) 어떤 사람이 큰 잔치를 배설하고 많은 사람을 청하였는데 잔치할 시간이 다가와도 초청받은 사람들이 오지 않았다. 그래서 잔치를 배설한 자가 피초청인들에게 종들을 보내어, "오소서, 모든 것이 준비되었나이다"하고 간청한다. 그런데 한 사람은 밭을 샀기에 계약 뒤 처리 관계로 나가봐야 한다 하고, 한 사람은 겨릿소 다섯 쌍을 샀기에 시험하러가야 한다 하고, 또 한 사람은 아내를 취한 지 얼마 안되어 가지 못한다 하면서 모두 초청을 거부한다. 종이 돌아와 주인에게 고하니, 화가 난 주인은 종에게 이른다: "빨리 동네의 거리와 골목으로 나가서 가난한 자들과 불구의 사람들과 소경들과 다리 저는 자들을 초대하여 데려오라." 곧 종이 돌아와 가로되, "주인이시여, 명하신 대로 하였으되, 아직도 자리가 있나이다"하니, 주인은 종에게 이른다: "길거리나 울타리 곁에 서있는 사람들을 강권強勸하여서라도 내 집을 채우라! 내가 말하노니, 원래 청함을 받았던 자들은 하나도 내 잔치를 맛보지 못하리라."

가난한 자, 미래를 향하여 마음껏 가슴의 문을 여는 자

하나님의 나라가 오고 있는데, 하늘의 질서가 이 땅에 새로운 질서로서 진입하고 있는데, 땅 샀다고, 겨릿소 샀다고, 새로 얻은 마누라와 섹스해야겠다고, 그 하찮은 재물과 욕망 때문에, 하나님의 나라의 잔치에 참여하기를 거부한다! 그 얼마나 가련한 인간의 모습인가? 땅, 겨릿소, 새 마누라 이 모든 것이 집執이요, 멸滅의 대상이다. 그러나 가진 자는, 기존의 질서에 복속되어 재미를 보는 기득권자들은 "메타노이아"의 능력을 상실하고 있는 것이다. "가난한 자들이여 복이 있도다! 하나님의 나라가 곧 그대들의 것이다"(눅 6:20, 마 5:3)라는 판결은 오직 이러한 맥락에서만 의미를 지니는 것이다. 가난한 자들이란 과거를 뉘우치는 자들이 아니요 미래를 향하여 마음껏 가슴의 문을 여는 사람들이다. 이들은 이미 집착해야 할 기득권이 없기 때문이다.

기쁜소식을 믿으라, 믿음은 주관적 확신

마지막 한 구절은 "기쁜소식을 믿으라"이다. 여기 "피스튜오πιστεύω"라는 동사가 개입되어 있다. 본시 "믿음πιστις"이라는 것은 희랍고전철학에서는 특별히 중요한 의미를 갖지 않았다. 이 말은 파르메니데스와 엠페도클레스의 단편에도 등장하고 있지만, 결코 일관된 어떤 주장을 담고 있는 전문술어로서 쓰이지는 않았다. 하여튼 이 "믿음"이라는 단어는 초대교회 케리그마를 통하여 특별한 의미를 지니게 되었다. 믿음은 "주관적 확신subjective conviction"과 관련되어 있다. 그러나 믿음은 반드시 인과적 사실, 객관적 현상을 기초로 한 확신만은 아니다. 그리고 이성적 판단의 세계에 국한되지도 않는다. 그러나 우리의 삶의 모든 순간에 있어서 이성적 판단이 차지하는 영역은 중요하지만 지극히 제한된 것이라고 말할 수 있다.

기쁜소식은 그것이 정말 기쁜 것이기에 오히려 안 믿으려 한다

"기쁜소식"은 일차적으로 이성적 판단의 대상이라기보다는, 주관적 확신에 의한 믿음의 대상이다. "기쁜소식"이란 그것이 기쁜 것이기 때문에 오히려 사람들이 믿지 않는다. 기쁜소식은 하늘나라의 오심이다. 하늘나라가 지상에 실현되는 그 소식, 이스라엘이 로마의 압제로부터 해방되고, 가난한 자를 해방시키며, 불의한 자들을 제거하고, 예루살렘성전을 독식하고 있는 사악한 제사장무리로부터 풀어내는 그 소식, 눈먼자가 보며, 앉은뱅이가 걸으며, 문둥이가 깨끗함을 얻으며, 귀머거리가 들으며, 죽은자가 일어나며, 가난한 자들에게 복음이 전파되는(눅 7:22. 예수 본인이 요한의 제자들에게 고한 말) 그 신나는 기쁜소식을 믿지 않는 것이다.

현재 한국의 보수지배층, 분열된, 억압된 상태에서 재미를 보았기에 기득권을 포기하지 않는다

이것은 통일과 화합과 소통의 새로운 질서가, 하나님의 나라가 바로 이 조선땅에 임하고 있는데, 그것이 너무도 기쁜소식이기 때문에 믿지 못하는 가련한 태극기부대, 그 부대의 시위에 자신들의 존재감을 유지하려고 안간힘을 쓰는 보수정치세력, 그 암울한 세력을 지지하는 부패한 대형교회세력들의 꼬라지와도 같다. 분열된 상태에서 재미를 보았던 그 기득권을 포기할 수 없기 때문이다. 밭떼기,

겨릿소, 마누라에 집착하고 하늘나라의 잔치의 초대에 응하지 않는 가련한 군상
과도 같다.

기쁜소식은 믿어야 한다, 생각을 바꾸면 더 큰 기쁨이 온다

기쁜소식은 믿어야 하는 것이다. 그러나 그것을 믿지 못하는 자들에 의한 선포
자의 수난 또한 예정된 것이다. 카이로스의 익음, 새로운 하나님 나라(바실레이아)
의 이 땅에서의 실현, 노에마의 온전한 트랜스포메이션, 기쁜소식의 믿음, 이 예수
의 최초의 선포내용은 예수사상의 알파이자 오메가이다. 그 예수의 선포는 오늘
날 21세기에도 아직 인류가 실현하지 못하는 모든 래디칼리즘radicalism을 포섭
하는 것이다.

갈릴리호수 북단이 어촌 가버나움의 발굴지. 상당히 많은 사람들이 주거했다는 것을 알 수 있다.

요한복음의 코스모스는 어둠, 부정적

16절에서 20절까지 예수가 갈릴리 해변에서 4명의 어부를 제자로 삼는 장면이 한 폭의 그림처럼 묘사되어 있다. 같은 복음서일지라도 요한복음에서는 "바실레이아"(나라)는 이 땅에 속하지 않는다: "내 나라는 이 세상에 속한 것이 아니라"(요 18:36). 예수의 나라(바실레이아)와 이 세상(코스모스κόσμος)은 근원적으로 차원dimension을 달리하는 것이다. 요한복음 제1장에서 이미 코스모스는 어둠(스코티아σκοτία)으로 규정되고, 예수는 빛(포스φῶς)으로 규정된다. 그러나 마가가 선포하는 예수의 나라는 철저히 이 땅에, 이 세상에서 구현되는 것이다. 그래서 사역이 필요하고 제자가 필요한 것이다. 이 갈릴리 해변 자체가 가버나움 부근이었을 것이다. 마가는 가버나움 부근에서 가장 많은 설화들을 수집했다.

12제자는 픽션, 12의 상징성

"12제자"라는 것은 픽션이다. 예수의 제자가 12명이라는 좁은 인적 장막에 갇힌 것일 수는 없다. 예수운동Jesus Movement의 핵은 분명히 있었을 것이나 12명의 소수정예는 아니었다. 예수운동을 연구하는 사람들은 최소한 70여 명의 제자 그룹이 항상 같이 다녔으리라고 생각한다. 12이라는 숫자는 유대인의 종족지파인 "12지파"를 본뜬 숫자일 뿐이나 우리가 알아야 할 것은 이미 예수시대에 12지파는 존재하지 않았다는 것이다. 이어오병의 기적설화에서는 5천 명이 먹고 남은 것을 주워모은 것이 12 광주리에 가득 찼다고 했다. 12지파가 다 배불리 먹었다는 것을 은유하는 표현일 수도 있다. 예수의 부활도 "열두 제자"에게 처음 나타났다고 바울이 말하는 것을 보면 12이라는 숫자의 중요성은 바울에게도 전달된 것 같다(고전 15:5).

예수의 최측근 4명

하여튼 여기 등장하는 4명은 예수의 최측근이었던 것이 분명하다. 시몬 베드로와 그의 동생 안드레, 그리고 세베대(제베대)의 아들 야고보와 그의 동생 요한은 공관복음 12제자목록에서 공통으로 앞의 4자리를 차지한다. 예수의 가장 이물없는 측근이었던 것 같다(공자에게 자로·안회·자공·염구가 있었던 것처럼).

마가는 예수가 이들을 처음 만난 것처럼 그리고 있지만, 예수를 "목수"라고 한다면, 보통 가구를 짜는 목수가 아니라 배를 만드는 목수였을 가능성이 있기 때문에 이 지역사람들과 친분이 있었을 것이라는 가설도 유력하다. 베드로는 이 지역 어촌의 반장 노릇을 한 인물이었다. 그리고 세베대의 두 아들의 경우, "아버지와 삯꾼들을 남겨둔 채"라고 말하는 것을 보면 세베대의 배는 꽤 컸던 것 같다. 삯꾼을 고용할 정도로 어업의 규모가 컸다는 것을 알 수 있다.

여기 "사람을 낚는 어부가 되게 하리라"라는 표현은 우리말로는 어감이 좋지 않다. "인간을 구원하는 어부"라는 뜻일 것이다.

예수를 따른 최초의 어부 4인이 활동한 갈릴리호수 북단의 모습

예수의 부름에 하던 일을 멈추고 그대로 떠난다, 유튀스

여기 표현에서 18절, 20절에 모두 "곧"(유튀스)이 들어있다. 예수의 부름에 "곧" 응한다는 뜻이다. 아무런 토를 달지않고 하던 일을 멈추고 그대로 떠난다는 뜻이 니, 이것은 참으로 급박한 장면의 전환이 아닐 수 없다. 진리를 보았을 때, 우리는 가차없이 삶의 장면을 바꾸는 자세, 그 "유튀스"가 필요하다. 나도 1960년대에 대학을 세 번이나 바꾸었는데, 당시로서는 불가능에 가까운 매우 용기있는 행동 이었다. 그 가차없는 결단이 오늘의 나를 만들었다.

예수의 제자가 된다는 것, 그것은 용기있는 행동이고, 찔찔짜고 울고불고 인사 하고 그럴 여유가 없다. "곧 부르시니 … 배에 버려두고 예수를 따라 가니라." 이 마가의 판소리를 듣는 사람들은 어사출두를 앞둔 이도령을 따라가듯, 예수와 함 께 모험과 수난과 죽음을 경험하게 되는 것이다. 그 과정을 통해 예수가 누구인지, 그가 말하는 하나님의 나라, 하늘나라가 무엇인지를 구체적으로 체험하게 될 것 이다.

복음의 시작, 천국의 도래

2018년 3월 11일 내가 벙커1교회에서 행한 설교의 제목은 "복음의 시작, 천국 의 도래"였다. 그날의 기도는 다음과 같다.

> 우리의 밤은 깊었습니다. 너무도 너무도 깊고 또 길었습니다. 이 기나긴
> 칠흑같은 암흑 속에서, 빛을 지키고 새벽을 기다린 사람들, 그 사람들이
> 지금 여기 모였습니다. 이들의 가슴속에 갈망하는 것은
> 분열이 아닌 통일이며
> 저주가 아닌 사랑이며
> 적대가 아닌 용서이며
> 고소가 아닌 포용이며
> 아포칼립스의 징벌이 아닌 하나님 나라의 기다림입니다. 우리가 우리에게

죄지은 자를 사하여 준 것 같이 우리 죄를 사하여 주옵시고, 이 민족 모든 사람들의 가슴속에 이미 새벽의 빛이 밝았음을 선포하소서. 어둠이 끝나고 드디어 낮이 오고 있는데 방탕과 음주와 음란과 호색과 쟁투와 시기의 밤일을 도모하고 있는 자들! 새벽을 막으려고 어둠의 장벽을 치고 있는 어리석은 자들! 이들에게 하나님의 나라가 임박했음을 알리소서! 어둠의 행위를 벗고 빛의 갑옷을 입읍시다! 정욕과 육신의 일을 도모하지 않고 예수 그리스도의 찬란한 빛의 옷을 입읍시다! 그 찬란한 빛의 옷이 곧 십자가 수난의 옷이라는 이 파라독스를 깨닫고 실천하게 하소서!

예수를 따르는 자여! 예수의 십자가를 따르라! 예수의 십자가를 따르려면 너, 너, 너 자신의 모든 것을 버려라! 그리고 오로지 너 자신의 십자가를 메어라! 그대의 십자가에는 골고다도 없다, 빌라도도 없다, 제사장도 없다, 예루살렘도 없다, 로마병정도 없다, 막달라 마리아도 없다! 오직 김정은이 있고, 문재인이 있고, 트럼프가 있고, 애통해하는 세월호의 가족이 있고, 너무도 슬픈 죄악을 한 몸으로 이겨낸 정신대소녀들이 있고, 8천만 동포들의 신음소리가 있을 뿐이다!

구하라! 그러면 너희에게 주실 것이요. 찾으라! 그러면 찾을 것이요. 문을 두드리라! 그러면 너희에게 열릴 것이라!

우리는 과연 평화를 구했는가? 전쟁을 갈구하지는 않았는가? 우리는 과연 진리가 소통되는 길을 찾았는가? 우리는 과연 문을 두드렸는가? 문을 꼭꼭 닫고 나 혼자만의 좁은 세계 속에서 무지의 안일과 안락을 도모하지 않았는가?

하나님이시여! 이 땅에, 바로 지금 여기 조선대륙에, 참된 "예수 사건"이 일어나게 하옵소서! 여기 갈구하는 모든 사람들이 예수와 더불어 웃고 울며, 같이 애통해하고 같이 소망하며, 전 인류에게 평화의 새 세상이 도래했음을 선포하게 하소서. 여기 동포들의 강녕과 지혜를 갈구하나이다. 이 모든 말씀 마가가 전해주는 예수의 참된 모습에 힘입어 간절히 기도드렸사옵나이다. 아멘.

초기 갈릴리사역의 치유사건들
〈 마가 1:21∼45 〉

²¹And they went into Capernaum; and immediately on the sabbath he entered the synagogue and taught.

²²And they were astonished at his teaching, for he taught them as one who had authority, and not as the scribes.

²³And immediately there was in their synagogue a man with an unclean spirit;

²⁴and he cried out, "What have you to do with us, Jesus of Nazareth? Have you come to destroy us? I know who you are, the Holy One of God."

²⁵But Jesus rebuked him, saying, "Be silent, and come out of him!"

²⁶And the unclean spirit, convulsing him and crying with a loud voice, came out of him.

²⁷And they were all amazed, so that they questioned among themselves, saying, "What is this? A new teaching! With authority he commands even the unclean spirits, and they obey him."

²⁸And at once his fame spread everywhere throughout all the surrounding region of Galilee.

²⁹And immediately he left the synagogue, and entered the house of Simon and Andrew, with James and John.

²¹저희가 가버나움에 들어가니라 예수께서 곧 안식일에 회당會堂에 들어가 가르치시매

²²뭇사람이 그의 교훈에 놀라니 이는 그 가르치시는 것이 권세 있는 자와 같고 서기관들과 같지 아니함일러라

²³마침 저희 회당에 더러운 귀신 들린 사람이 있어 소리질러 가로되

²⁴나사렛 예수여 우리가 당신과 무슨 상관이 있나이까 우리를 멸하러 왔나이까 나는 당신이 누구인줄 아노니 하나님의 거룩한 자니이다

²⁵예수께서 꾸짖어 가라사대 잠잠하고 그 사람에게서 나오라 하시니

²⁶더러운 귀신이 그 사람으로 경련을 일으키게 하고 큰 소리를 지르며 나오는지라

²⁷다 놀라 서로 물어 가로되 이는 어찜이뇨 권세 있는 새 교훈이로다 더러운 귀신들을 명한즉 순종하는도다 하더라

²⁸예수의 소문이 곧 온 갈릴리 사방에 퍼지더라

²⁹회당에서 나와 곧 야고보와 요한과 함께 시몬과 안드레의 집에 들어가시니

³⁰Now Simon's mother-in-law lay sick with a fever, and immediately they told him of her.

³¹And he came and took her by the hand and lifted her up, and the fever left her; and she served them.

³²That evening, at sundown, they brought to him all who were sick or possessed with demons.

³³And the whole city was gathered together about the door.

³⁴And he healed many who were sick with various diseases, and cast out many demons; and he would not permit the demons to speak, because they knew him.

³⁵And in the morning, a great while before day, he rose and went out to a lonely place, and there he prayed.

³⁶And Simon and those who were with him pursued him,

³⁷and they found him and said to him, "Every one is searching for you."

³⁸And he said to them, "Let us go on to the next towns, that I may preach there also; for that is why I came out."

³⁹And he went throughout all Galilee, preaching in their synagogues and casting out demons.

⁴⁰And a leper came to him beseeching him, and kneeling said to him, "If you will, you can make me clean."

⁴¹Moved with pity, he stretched out his hand and touched him, and said to him,

³⁰시몬의 장모가 열병으로 누웠는지라 사람들이 곧 그의 일로 예수께 여짜온대

³¹나아가사 그 손을 잡아 일으키시니 열병이 떠나고 여자가 저희에게 수종드니라

³²저물어 해 질 때에 모든 병자와 귀신 들린 자를 예수께 데려오니

³³온 동네가 문앞에 모였더라

³⁴예수께서 각색各色 병든 많은 사람을 고치시며 많은 귀신을 내어 쫓으시되 귀신이 자기를 알므로 그 말하는 것을 허락지 아니하시니라

³⁵새벽 오히려 미명에 예수께서 일어나 나가 한적한 곳으로 가사 거기서 기도하시더니

³⁶시몬과 및 그와 함께 있는 자들이 예수의 뒤를 따라가

³⁷만나서 가로되 모든 사람이 주를 찾나이다

³⁸이르시되 우리가 다른 가까운 마을들로 가자 거기서도 전도하리니 내가 이를 위하여 왔노라 하시고

³⁹이에 온 갈릴리에 다니시며 저희 여러 회당에서 전도하시고 또 귀신들을 내어 쫓으시더라

⁴⁰한 문둥병자가 예수께 와서 꿇어 엎드리어 간구懇求하여 가로되 원하시면 저를 깨끗케 하실 수 있나이다

⁴¹예수께서 민망憫惘히 여기사 손을 내밀어 저에게 대시며 가라사대 내가 원하

"I will; be clean."

⁴²And immediately the leprosy left him, and he was made clean.

⁴³And he sternly charged him, and sent him away at once,

⁴⁴and said to him, "See that you say nothing to any one; but go, show yourself to the priest, and offer for your cleansing what Moses commanded, for a proof to the people."

⁴⁵But he went out and began to talk freely about it, and to spread the news, so that Jesus could no longer openly enter a town, but was out in the country; and people came to him from every quarter.

노니 깨끗함을 받으라 하신대

⁴²곧 문둥병이 그 사람에게서 떠나가고 깨끗하여진지라

⁴³엄嚴히 경계警戒하사 곧 보내시며

⁴⁴가라사대 삼가 아무에게 아무 말도 하지 말고 가서 네 몸을 제사장에게 보이고 네 깨끗케 됨을 인하여 모세의 명한 것을 드려 저희에게 증거하라 하셨더니

⁴⁵그러나 그 사람이 나가서 이 일을 많이 전파하여 널리 퍼지게 하니 그러므로 예수께서 다시는 드러나게 동네에 들어가지 못하시고 오직 바깥 한적한 곳에 계셨으나 사방에서 그에게로 나아오더라

스토리 대강

21절에서 28절까지는 마가복음에 등장하는 예수의 갈릴리사역의 첫 장면이 묘사되어 있다. 마가복음은 1장에서 9장까지가 갈릴리사역이고, 10장이 베레아 및 유대사역이다. 그리고 11장부터 16장까지가 예수의 수난과 죽음이며 그 배경은 예루살렘이다.

최초의 이적은 엑소시즘

갈릴리사역은 갈릴리바다를 중심으로 이루어지며 그 영역은 그의 영향력의 확대와 더불어 점차 확대된다. 최초의 예수사건은 엑소시즘exorcism(사람에게서 악령을 내쫓는 행위)이었다. 예수가 그의 직업이 목수이었든지 아니었든지를 불문하고 예수라는 역사적 인간은 엑소시스트exorcist였고 힐러healer였다는 것은 어김없는 사실이었다. 우선, 예수에 관한 초기 수집자료들이 상당 부분 엑소시즘과 힐링에 관한 것이라는 사실이다. 많은 사람이 그를 엑소시스트와 힐러로서 기억했다는 것은 사실이었다.

둘째로, 의학이 오늘과 같이 보편과학으로 정립되지 않은 시대에 있어서 질병은 바이러스나 세균의 감염에 의한 것이 아니라 귀신에 사로잡힘을 의미했다. 동방적 사유도 인격체인 귀신이 아니라 할지라도 사기邪氣에 감염되었다는 것을 의미했다. 우리가 보통 "감기 걸렸다"하는 것도 "사기邪氣에 감感되었다"는 뜻이다. 침을 놓거나 뜸을 뜨는 것도 그 사기를 내보내는 행위이다. 그러니까 예수시대에 힐러나 엑소시스트라는 명칭은, 요즈음의 감각과는 달리, 매우 보편적이고도 평상적인 행위의 달인을 칭하는 말이었다. "고친다to heal"는 의미는 "귀신을 내쫓는다to expel demons"는 의미이며, 또 맥락에 따라서는 "죄를 사한다to forgive sins"는 뜻과 상통한다. 몸이 아프다는 사실은 죄의 징표였다.

예수의 적대자들도 예수의 힐링 파워를 인정했다

셋째로, 그의 적대자들도 예수에게 힐링 파워가 있다는 사실 그 자체를 거부한 적은 없다. 기껏해야 그 파워가 하나님에게서 온 것이 아니라 귀신의 두목격인 바알세불에게서 온 것이라고 깎아내릴 정도의 비방만 했을 뿐이다. 예수는 팔로우어에게나 적대자들에게나 힐링 파워를 지닌 카리스마틱한 설교자였고, "거룩한 사람a Holy One"이었다. 우리 조선시대의 감각으로 말하자면 시골에 사는 "영험스러운 유의儒醫"였다. "유儒"라는 글자 속에는 비 우雨가 들어가 있는데 "기우제"와 관련이 있다. "의醫"라는 글자도 술 주가 들어가 있는데, 무당이 술을 내뿜으면서 춤을 추는 모습이다.

가버나움

예수일행은 가버나움으로 갔다. 여기 일행이라 함은 앞서 4명의 제자를 불렀으므로 5명의 일행이다. 가버나움을 지금 가보면 베드로 집이라 하는 유적이 남아 있고, 그 주변으로 꽤 많은 주거가 밀집되어 있는 고대유적이 남아있고, 또 훌륭한 로마시대의 시나고그가 그 장쾌한 모습을 드러내고 있다. 이 시나고그가 예수시대의 빌딩은 아닐지라도 대강 AD 2세기경의 건축물이라는 것은 확실시되고 있다. 그러니까 예수시대의 시나고그의 느낌을 그대로 간직하고 있다. 시나고그(우리 성경에는 "회당"이라고 번역되었지만 이것은 일반명사가 아닌 고유명사이며 특별한 제도적 의미를 지닌다) 자체가 오래된 정통유대교와 직접적 관계를 지니는 것이 아니고, 주로 하스모니아왕조시대때 생겨난 것으로 예수시대에(그러니까 AD 1세기) 성행한 로칼한 모임장소였다. 그리고 이 모임장소는 바리새운동Phariseeism과 관련이 있다.

가버나움 회당

바리새인 그들은 누구인가?

바리새운동은 사두개파와 적대적 관계에서 생겨난 것이며(파리사이오이pharisaioi라는 말 자체가 "격리" "분리"를 의미하는 것이며, 사두개파에 의하여 배척되면서 그런 이름이 생겨났을 것이다), 상당히 보편주의적이고도 대중적인 성격을 지닌 운동이었다. 이들은 성문화된 토라와 동시에 다양한 구전의 토라를 믿었으며, 랍비의 율법문화를 독자적으로 존숭했다. 랍비율법전통이 결국 미쉬나Mishnah와 탈무드Talmud의 형성에 지대한 공헌을 하였고 예루살렘성전의 멸망과 무관하게 독자적인 지역주의적 랍비유대교전통을 성립시켰다. 바리새운동은 예수에 의하여 매우 부정적인 의미로 전달되지만 실제로 그들은 매우 개방적인 율법주의자들이었다. 따라서 시나고그의 운영방식도 매우 개방적이고 공개적이었다. 누구든지 와서 성경에 관하여 읽고 토론할 수 있었으며 성구에 관하여 해설을 가할 수 있었다. 실제로 "기도"라고 하는 것도 오늘날 프로테스탄트식의 임의적 중얼거림이 아니라, 토라를 암송하는 제식적 프로세스였다.

가버나움의 회당

예수일행도 자유롭게 가버나움의 회당에 들어갈 수 있었고(시나고그는 누구에게든지 개방되어 있다) 예수는 그곳에서 자유롭게 설교할 수 있었다. 예수가 "가르쳤다 ἐδίδασκεν에디다스켄"고 하는 것은 결국 요즈음 식의 설교가 아니고 토라나 예언서를 읽고 그에 대한 해설을 가했다는 것을 의미한다. 그런데 그가 가르치는 것은 지방의 서기관(그람마튜스γραμματεύς) 같지 않았다고 했는데, 여기 "서기관scribe"이라고 번역된 "그람마테우스"는 율법에 대하여 전문적인 훈련을 받은 사람을 의미한다.

서기관 = 율법의 교사 = 율법학자

서기관은 궁극적으로 산헤드린Sanhedrin에 속하며, 실제적으로는 요즈음의 "대서방"의 서기노릇부터 변호사, 판사노릇까지 포괄하는 매우 광범위한 기능의 인간들이었으며, 바이블로 말하자면, 인도의 브라만계급과도 같이 일획일점도 틀리지 않고 암송하는 암송자들이었다. 서기관은 바리새파들과 깊은 관련이 있으나 양자는 일치하지 않는다. "바리새인의 서기관들"(막 2:16)이라는 표현도 있는데, 이것은 바리새인들에게 고용된 법적 자문관 정도의 의미일 것이다.

예수의 독창적 토라해석

이 서기관들의 토라해석은 랍비전통을 엄격하게 고수하는 것이었다. 그러나 예수의 해석은 서기관들의 해석과는 전혀 다른 권위가 있었다고 했다. "전혀 다른 권위"란 무엇이었을까? 예수는 기존의 랍비들의 해석에 의존하지 않고 직접 하나님의 성령에 의하여 토라를 해석했다. 예수는 자유로운 사상가였다. 예수는 독창적으로 토라를 해석했다. 자기자신의 영성으로 토라를 해석한 것이다.

이때 갑자기 더러운 악령 들린 사람과 해후하게 된다. 갈릴리사역에서의 최초의 사탄과의 대면이었다.

문어는 꼴뚜기가 먼저 알아본다

우리 말에 문어는 꼴뚜기가 먼저 알아본다는 말이 있고, 또 선수는 선수끼리 잘 알아본다는 말이 있지만, 예수의 갈릴리사역에서의 최초의 대결은 사람 아닌 악령과의 대면이었고, 또 예수의 정체성identity을 정확하게 파악한 것도 악령이었다. 마가복음 전체를 통하여 하나님의 아들 예수 그리스도의 삶의 시말이 악령의 인지로 시작하여 이방인 로마사람 백부장의 탄성으로 끝난다: "이 사람은 진실로 하나님의 아들이었도다.Truly this man was a son of God!"(막 15:39). 십자가상에서의 나사렛 예수의 인간적 고뇌와 죽음을 대면하는 장엄한 자세에 감동을 받고 경탄을 하는 매우 인간적인 발언이지, 케리그마적인 덮어씌움이 아니다. 십자가처형을 주관했던 로마병정 두목의 현장에서의 소박한 발언이니만큼 진실한 탄성일 뿐이다.

예수와 제자, 소외된 타자성

악령의 시인是認에서 낯선 이방인의 인간적 탄성으로 끝나는 예수의 삶은 그리스도로서의 삶이라기보다는 고독한 한 인간의 삶이다. 중간에 가이사랴 빌립보에서 베드로가 "그리스도시니이다"(막 8:29)라고 한 고백이 한 장면 있기는 하지만 그것은 베드로의 사도성을 높이기 위한 후대의 첨가일 수도 있고, 사실 그대로라 해도 베드로의 고백은 전혀 그 인식체계를 실증하는 행동체계로 연결됨이 없는 공허한 언설일 뿐이다. 베드로는 철저히 예수를 배반했을 뿐이다. 예수의 삶에는,

선택된 제자들은 결코 아무런 효용성이 없었다. 내면적 프렌드십friendship이 전혀 없었다. 예수의 제자들과의 관계는 소외된 타자성의 관계였을 뿐이다. 특히 마가에서는 그렇게 그려지고 있다.

악령은 나쁜 기, 죄는 하마르티아, 빗나감일 뿐

여기 "악령evil spirit"이라 하는 것도 "프뉴마티 아카다르토πνεύματι ἀκαθάρτῳ"인데 "아카다르토스"라는 형용사는 일차적으로 제사와 관련하여 "부정하다" "불결하다"는 뜻으로 쓰인다. 그러니까 "프뉴마티 아카다르토"는 우리말로는 "깨끗치 못한 기氣" 정도의 뜻이다. 그것은 결코 박멸의 대상이 아니라 그냥 내쫓음의 대상일 뿐이다. 우리는 성서의 용어들을 너무 실체적으로 해석하는 데 익숙해있다. 일례를 들면 기독교인들은 "죄Sin"라는 것을 실체적으로 생각하는데 익숙해있는데 "죄"는 헬라말로 "하마르티아hamartia, ἁμαρτία"라고 하는 것이다.

그것은 궁술에서 유래한 말이며, 과녁(표적)을 설정해놓고 그것에 화살이 빗나갔을 때 하마르티아라고 하는 것이다(missing the mark). 율법의 과녁을 설정해놓으면 그 과녁에 정확히 들어맞지 않는 행동은 모두 "죄"가 된다. 이것은 과녁이 설정되어 있지 않은 인생을 사는 사람에게는 너무도 황당한 것이다. 죄 중에서 가장 흔해빠진 죄가 "하나님을 믿지 않은 죄"이다. 하나님이라는 과녁이 없는 민족에게, 하나님과 특별한 계약을 맺지 않은 민족에게는 해당될 수가 없는 것이다. 우리 조선민족에게는 애초로부터 하나님에게 지은 빚도 없고, 따라서 계약을 맺을 필요도 없고, 과녁을 설정할 필요도 없다.

악령의 정확한 인식과 수법

악령들린 자가 회당에서 갑자기 큰소리로 외친다: "나사렛 예수여! 우리가 당신과 무슨 상관이 있나이까? 우리를 멸하러 왔나이까? 나는 당신이 누구인지를 압니다. 당신은 하나님의 거룩한 자이올시다."

이 악령은 "예수"라는 인간의 이름을 알고 있고, 또 예수가 나사렛에서 태어난 사람이라는 내력까지 파악하고 있다. 그리고 이 지상의 인간 예수가 하나님께서 보내신 성스러운 자(호 하기오스 투 데우ὁ ἅγιος τοῦ θεοῦ)라는 것까지 정확하게 파악하고 있다. 이것은 상대방이 누구라는 것을 정확히 파악하고 있다는 것을 표방함으로써 상대방을 제압하려는 수법인 것이다.

가버나움 회당에서의 사건, 새로운 방식, 막강한 권위

이에 대한 예수의 대처는 매우 단순하다: "나오라! 그 사람에게서 나오라!" 단순한 명령command이다. 예수 이전의 모든 엑소시스트들은 우리나라의 무당처럼 "굿"을 했다. 연기를 피우거나 춤을 추거나 주문을 외우는 정교한 제식을 행했다. 예수는 일체 그러한 제식을 행하지 않는다. 그의 권능은 "터치 앤 커맨드touth and command"이다. 가볍게 손을 대거나, 말로 명령을 내릴 뿐이다. 이것이 마가의 유니크한 스타일이다. 예수는 무당이 아니다. 예수는 귀신을 쫓는 것, 그것 자체가 목적이 아니라, 그 행위를 통하여 귀신이 살 수 없는 세계, 즉 하나님의 나라가 이 땅에 임하고 있다는 것을 보여주고 있는 것이다. 촛불혁명이 이루어지면 최순실은 이 코스모스로부터 추방되어야 하는 것이다.

이 악령은 가버나움 회당의 사람의 몸에 그릇된 소유권을 주장하고 있었던 것이다. 그 몸에서 나와라! 그 자의 몸이 너의 소유가 아니다! 네가 있어야 할 곳이 아니다.

이 사건에 대한 주변 사람들의 반응은 너무도 정확했다: "권세 있는 새 교훈이로다!"

예수의 귀신축출방식은 1)완전히 새로운 방식이었다. 그들이 미처 경험하지 못했던 것이다. 그것은 그 행위 자체로 새로운 가르침(디다케διδαχή)이다. 2)그것은 권위(엑수시아ἐξουσία)가 있었다. 그 권위, 권세는 귀신을 쪽 못쓰게 만들었다. 그것은 막강한 권위였다.

순식간에 예수의 명성은 가버나움을 중심으로 해서 온 갈릴리 사방으로 퍼져 나갔다. 마태는 "온 수리아"(현재의 시리아 지역)로 지역개념을 넓히고 있다(마 4:24). 그것은 자연스럽고도 필연적인 결과였다. 이 첫 사건에 대하여 마가는 "메시아의 비밀"을 적용하지 않았다.

시몬(베드로)의 장모를 고친 이야기

29~34절에는 베드로의 장모를 고친 이야기가 수록되어 있다. 이 설화는 분명 가버나움 지역에서 채집한 현실적 이야기를 바탕으로 하고 있을 것이다. 그래서 인지 그 질병의 심각성이 진하지 않다. 가버나움회당에서 멀지 않은 곳에 베드로의 집이 있다. 베드로의 동생 안드레의 집은 멀지 않은 곳에 따로 있었을 것이다. 그런데 그냥 베드로와 안드레의 집으로 묘사되고 있다.

그곳에는 베드로의 장모가 열병으로 침대에 누워 있었다. "열fever"이 무엇으로 기인한 것인지는 상세한 설명이 없다. "퓌렛소πυρέσσω"(열병을 앓다)라는 단어는 "불"을 의미하는 "퓌라πυρά"에서 유래된 말이다. 가벼운 열병이었을 수도 있다. 누가는 이런 표현이 좀 심심하다고 생각했다. 다시 말해서 예수의 힐링 능력의 강도를 높이기 위해서 병상태를 과장할 필요가 있다고 생각한 것이다. 고온이 동반되는 "중한 열병"(퓌레토 메갈로πυρετῷ μεγάλῳ)이라고 표현했다(눅 4:38).

마가의 표현은 담박하다.

1. 예수는 그 부인 곁으로 갔다.
2. 손을 잡아 일으켰다.
3. 열이 사라졌다.
4. 부인은 부엌에 가서 이들 식사를 준비했다.

픽션과 넌픽션의 구분을 해소

예수의 기적은 마술사의 기적이 아니다. "수리 수리 마수리"가 없다. 그냥 잡아 일으켰을 뿐이다. 이러한 마가의 담박한 표현이 우리의 의식구조 속에서 픽션과 넌픽션의 구분을 해소시켜 버리고 있는 것이다.

저물어 해질 무렵, 모든 병자들과 귀신들린 자들이 구름처럼 몰려왔다. 앞의 기술에서 우리가 주목해야만 할 중요한 사실이 개재되어 있다. 가버나움이라는 예수 갈릴리사역의 본거지에서 최초로 하나님 나라의 임하심을 입증한 두 개의 사건은 콘트라스트를 이루는 양면을 포섭하고 있다. 가버나움회당에서의 사건은 그 대상이 남자고 또 악령 들린 병증이다. 즉 정신적 질병이다. 정신적 질병은 남자에게 더 심하다. 고통받는 여자들에게는 정신적 질병을 앓을 여유가 별로 없다. 베드로집에서의 사건은 그 대상이 여자고 또 그 병증은 아주 단순한 열증세이다. 즉 물리적 사태이다. 사실 이 두 케이스가 예수가 만나는 모든 힐링사태의 디프 스트럭처라고 말할 수 있다.

	악령들린 자	베드로 장모
장소	공적 시나고그	사적 가정
성별	남자	여자
병증	정신적 질환	육체적 질환
메시아 비밀	없음	있음

불평등사태(=병)의 제거, 하나님 나라의 도래

예수는 남자건 여자건, 고귀하든 천하든, 누구인지를 막론하고, 모든 가능한 환경 속에서, 모든 종류의 질병을 가리지 않고 다 고쳤다. 그들의 질병상태가 이미 "불평등사태"이다. 진정으로 평등한 세상이 도래하기 위해서는 그들의 불평등사태가 제거되어야 한다. 태어나서부터 앉은뱅이로 태어난 자, 유전병으로 불구가 된 자, 이 자들은 "재수 나빠서" 그렇게 된 것이라고 치부해버릴 수가 없다.

그런데 전통사회의 모랄은 그것을 모두 "죄"의 탓으로 돌렸다. 예수에게는 그러한 "죄"의 개념이 부재한 것이다. 그것은 불평등사태일 뿐이고, 그 불평등사태는 제거의 대상이 되어야 한다. 그 "제거"처럼 드라마틱하게 "하나님나라의 도래"를 실증하는 사태는 없다. 마가는 이러한 "이야기Story"를 통하여 예수의 진실을 전달하려는 것이다. 기실 예수의 래디칼리즘은 21세기에나 와서 "복지"개념을 통해 실현되어가고 있다고 말할 수 있다.

메시아 비밀이라는 전제 없이도 해석이 가하다

"예수께서는 온갖 병자들을 고쳐주시고 많은 마귀를 쫓아내시며 자기 일을 입밖에 내지 말라고 당부하셨다. 마귀들은 예수가 누구신지를 잘 알고 있었기 때문이다." 여기 브레데William Wrede, 1859~1906(브레스라우 신학대학 교수)가 말한 "메시아 비밀"의 테마를 도입할 필요까지도 없을지 모른다. 브레데의 "메시아 비밀"(1901)이라는 가설은 그 나름대로 강력한 성서해석 방법론으로 가치를 지닌다. 그의 가설의 핵심은 역사적 예수 본인이 자신을 "메시아"로서 파악하는 의식이 부재했다는 사실과 초대교회에서 그를 메시아로서 규정해야만 했던 당위성 사이의 충돌을 설명하려는 것이다. 그리고 그의 가설은 이미 양식사학이라는 성서신학조류를 잉태시키는 데 결정적 역할을 하였으므로 그 역사적 가치는 이미 성서신학의 고전에 속한다.

그러나 우리는 그러한 가설의 연역적 전제가 없이 케이스 바이 케이스, 마가의 텍스트를 읽을 수도 있다. 예수는 단순히 자신이 엑소시스트나 힐러로서 알려지는 것을 원하지 않았을 수도 있다. 그의 근원적인 목적이 기적이나 엑소시즘이나 힐링에 있지 않기 때문이다. 그리고 드라마적으로 볼지라도, 예수 본인이 처음부터 기적과 치유를 행하면서 본인 스스로 메시아라는 것을 선포하면 무지하게 재미없는 드라마가 될 것은 뻔하다. 청중으로 하여금 판단을 보류케 하고, 궁금케 하고, 질문케 하고, 예수가 과연 누구인지 그 아이덴티티의 질문을 하나의 화두로 가슴에 지니고 갈 때 그 의미는 극대화된다. 마가의 전략은 텍스트 그 자체로 하여금 질문을 제기하게 하고, 그것을 따라가는 자들이 스스로 인간과 세계와 역사에 대한 그들의 이해를 확충시켜 나가게 하는 것이다.

35~39절의 내용, 예수의 기도와 전도, 일 · 쉼 · 기도의 리듬

35~39절에는 매우 짧지만 많은 테마들이 중첩되어 있다. 39절은 전형적인 편집구(설화파편과 파편을 연결시키는 편집자의 멘트)이다. 이 전체 스토리가 하나의 짧은 "선언이야기pronouncement stroy"(예수의 선언이 들어가 있는 짤막한 대화양식. "카이사르의 것은 카이사르에게. 막 12:13~17"은 전형적인 선언담론에 속한다. 영국학자 빈센트 테일러Vincent Taylor에 의하여 처음 제기됨)인데, 우선 예수의 사생활의 여정을 알 수 있게 하는 테마가 나온다. 기도와 가르침(설교), 고독과 사역, 충전과 행동이라는 삶의 리듬이 암시되고 있다. 마가의 예수는 고독을 즐긴다. 혼자 있기를 좋아한다. 마태나 누가는 이러한 예수의 모습을 드러내지 않는다.

마가의 예수가 혼자서 기도드리는 것을 좋아한다는 것은, 예수의 인간됨humanity을 전적으로 드러내는 것이다. 그가 스트레스를 받거나, 유혹에 시달리거나, 결단의 시간이 오면 그는 한 인간으로서 하나님의 인도와 격려를 기도하게 되는 것이다. 예수 삶의 싸이클은 일work과 쉼rest과 기도prayer의 리듬을 타고 있다. 조용히 기도하고 있는 예수에게 제자들은 말한다: "빨리 가버나움으로 돌아갑시다. 모두들 선생님을 찾고 있습니다." 예수는 말한다: "이 근방 다른 가까운 동네에도 가자! 거기에서도 전도해야 한다(케뤽소κηρύζω전파하다). 나는 이 일을 하러 왔다."

공성이불거

여기 매우 중요한 테마가 있다. 이미 가버나움에서 예수는 명성을 얻었고 대접받을 수 있는 기반을 획득했다. 그러니까 제자들은 재미보기 쉬운 그 안락한 보금자리로 되돌아가기를 선호한다. 그러나 예수는 노자가 말하는 "공성이불거功成而弗居"(공이 이루어지면 그곳에 거하지 않는다)를 실천한다. 나는 새로운 모험의 자리를 향해 떠나야 한다. 구거舊居에 안주하면 아니 된다. 끊임없는 도전! 그것이 예수의 사명이다: "나는 이 일을 하러 왔노라. 예수는 전 갈릴리지방을 두루 다니면서 여러 회당에서 전도하며 마귀를 내쫓았다(39절)." 천국의 혁명은 이미 시작된 것이다.

40~45절의 이야기, 나병환자

제1장의 마지막 부분, 40~45절에는 나병환자를 고친 이야기가 들어있다. 여기 "나병환자"는 원어로 "레프로스λεπρὸς"인데, 레위기 13장에 나오는 광범위한 악성 피부병을 헬라말로 번역한 것이다(히브리어ṣāraʻaṭ). 오늘날 우리가 문둥병이라고 부르는 "레프러시leprosy"(한센씨병Hansen's disease)에 국한되지 않는다. 악성 아토피 피부염환자도 여기 레프로스에 해당된다. 다양한 스킨 디스오더skin disorder는 환자에게 더없는 고통을 안겨주는데, 그것은 단지 물리적 아픔일 뿐 아니라 사회적 아픔이었기 때문이다. 피부병환자들은 격리된 삶을 살아야 했으며, 사람이 사는 집으로 들어가는 것도 법으로 금지되어 있었으며, 찢어진 헌옷을 입고 머리는 빗으로 빗을 수 없었다. 그리고 얼굴의 하반은 가려야 했으며 사람들과 만나면 경고로서 "나는 더럽소! 나는 더럽소!Unclean, unclean"하고 외쳐야만 했다.

여기 "레프로스"가 예수께 다가와서 꿇어 엎드리어 간구하였다는 것은, 대단히 있기 어려운 상황이다. 우선 레프로스는 사람에게 함부로 접근할 수 없기 때문이다. 그가 예수에게 다가와 무릎을 꿇었다는 것은, 그가 이미 예수가 "보통 인간"이 아니라는 것을 알았다는 뜻이다. 히브리사회에 "무릎을 꿇는다"는 것은 신 앞에 엎드림이며, 왕에게 경의를 표하는 행동(역대상 29:20)이다. 여기 레프로스는 신적인 권능을 가진 인간 앞에 엎드린 것이다.

도올의 마가복음 강해

예수의 치유능력에 대한 레프로스의 믿음

이 레프로스는 예수의 치유능력(ability)에 대하여 확고한 믿음이 있다. 단지 레프로스가 문제삼은 것은 예수가 치유능력을 발휘할 의지가 있느냐 없느냐 (willingness)에 관한 것일 뿐이다. 칸트는 인간의 의지의 자유에 관하여, "네가 해야만 하기 때문에 너는 할 수 있다.Du kannst, denn du sollst."라는 유명한 말을 했지만, 이 레프로스는 예수에게 "당신이 하시려고만 한다면, 당신은 하실 수 있나이다You can, if you will"라고 말하고 있는 것이다. 레프로스의 강력한 믿음이 예수에게 전달되었다.

예수는 측은한 마음으로 그에게 손을 댄다. 곧 나병 증세가 사라진다. 예수께서 곧 그를 보내신다. 여기 42절과 43절에 "곧" 즉 "유튀스εὐθὺς"가 두 번이나 나오고 있다. 장면의 전환이 간결한 것이다.

율법의 터무니없는 가혹함

예수가 사람을 치유했을 때, 피치유자들은 대강 감격하여 예수의 제자가 되어 따라다니기를 원한다. 그러나 예수는 그것을 허락하지 않는다. 반드시 자신의 삶의 본래위치로 복귀할 것을 명한다. 44절의 내용은 한국사람이 그냥 읽어서는 이해되지 않는다. 그러나 구약의 레위기 13장과 14장을 읽어보면 대강 이해가 갈 것이다. 피부병 중증환자로 판정나서 격리가 되었던 사람이 피부병이 나아서 격리가 풀리고 삶의 원위치로 복귀하게 되는 것도 모세의 율법에 따른 절차를 밟아야만 가능하다.

피부병의 나음을 지금처럼 의사가 판정하는 것이 아니라 제사장이 판정하는 것이다. 이 정결제식을 위하여 피부병을 앓았던 사람은 살아있는 정결한 새 두 마리, 백향목 솔가지, 진홍색의 털실, 우슬초 한 포기를 바쳐야 하고(레위기 14:4), 다시 8일 이후에 흠이 없는 어린 숫양 두 마리, 흠이 없는 일 년 된 암양 한 마리, 곡식예물로 바칠 고운 밀가루 십 분의 삼 에바(부피단위)를 기름에 반죽한 것, 기름 한 록

(두 홉 반)을 바쳐야 한다. 이 모든 것을 준비하려면 엄청 많은 돈이 들겠지만, 중요한 것은 모세의 율법이라는 것이 얼마나 인간을 옥죄는 규정인가 하는 것에 관한 것이다.

그토록 소외당하였던 자가 또다시 이런 율법에 예속되어야만 한다는 것을 생각하면 치가 떨리는 것이다. 어떻게 피부병이 나은 사람에게 동물의 피 몇 방울 찍어주는 제식을 행하기 위하여 이토록 많은 제물이 필요하단 말인가! 제사장계급은 이러한 사소한 일에 있어서까지 폭리를 취한다. 문제는 이러한 제식을 거치지 않으면 정상인으로서 사회생활을 영위할 수 없다는 데 서민의 애환이 있다.

정상적 삶으로의 복귀, 천국운동의 확산

예수로서 이러한 삶의 복귀과정을 명한다는 것은("모세가 명한 대로 예물을 드려 네가 깨끗해졌다는 것을 그들에게 증명하여 보여라") 매우 가혹한 명령인 듯이 보인다. 그러나 예수는 자기 삶에서 소외된 자들이 자기 삶의 원래자리로 복귀하는 것이야말로 그들의 권리회복이며 해방운동이라고 생각한 것이다. 그리고 이 치유된 자는 새로운 생명을 얻은 자이며, 모든 것을 새롭게 바라보는 인식의 전환(메타노이아)이 이루어진 자이다. 이런 사람이 자기의 본래위치에서 자기의 변화된 모습을 증언하는 것이야말로 그 자체로써 이미 강력한 천국운동의 전파, 확산이 되는 것이다. 이 확산의 속도가 얼마나 빨랐고 강력했는지, 예수는 나병환자가 복귀한 동네에는 들어갈 수도 없었다. 여기에 예수운동의 모종의 정치적 측면이 잠복해있다고 말할 수 있다. 이러한 텐션 속에서 2장부터 전개되는 이야기를 파악할 필요가 있다.

기적사화의 실상

2018년 3월 18일, 나의 벙커1교회 설교제목은 "기적설화의 실상實相"이었다. 이날 500명에 가까운 인파가 몰렸다. 특별히 청중이 많았다. 이날의 기도는 다음과 같았다:

도올의 마가복음 강해

우리가 존경하고 따르는 예수님께서는 우리가 진리라고 믿는 그런 것들을 가르치지 아니 하셨습니다. 당대의 사람들이 진리라고 안일하게 믿는 것들이 진리가 아님을 항변하셨습니다. 예수님께서는 진리를 거부하셨습니다. 진리는 고정불변의 것이 아니라 항상 살아있는 인간의 삶 속에서 역동적으로 생성되는 것임을 가르쳐 주셨습니다.

예수님은 그러한 역설적 항거 때문에 십자가라는 참혹한 형벌로 죽임을 당하셨습니다. 그러나 바로 그 역설적 항거 때문에 십자가 위에서 부활하셨습니다. 예수님께서는 진리를 거부하심으로써 우리로 하여금 새로운 하나님의 진리를 찾도록 인도하고 계십니다. 진리는 결코 객관적 물건이 아닙니다. 예수님께서는 사랑 그 물건을 설교하시지 아니 하셨습니다. 하나님에 대한 우리의 절대적 사랑, 온전한 헌신은 오직 이웃에 대한 사랑을 통해서만 드러날 수 있습니다. 이웃에 대한 사랑은 내가 내 몸을 사랑하는 것과도 같은, 즉각적이고도 절대적인 헌신으로 실천되어야만 참된 사랑입니다. 사랑은 개념이 아닌 행위입니다. 그런데 우리는 어디서 이웃을 발견해야 할까요? 우리의 이웃은 여리고의 강도일까요? 제사장일까요? 레위인일까요? 착한 사마리아인일까요? 이웃은 발견되어야 할 대상이 아닙니다. 내가 착한 사마리아인이 되는 것이 곧 이웃사랑의 출발입니다. 사마리아인은 유대사회에서 가장 천시되던 이방인이었습니다. 모세율법의 밖에 있는 아웃캐스트였습니다. 그런데 바로 그 사마리아인이 정통성을 자랑하는 예루살렘사람을 구했습니다. 우리에게 사마리아인은 북한동포일수도 있습니다. 아니! 북한동포를 바라보는 우리 마음의 자세가 착한 사마리아인이 되어야만 할 것입니다.

"원수를 사랑하라"는 예수님의 말씀에는 우월한 위치에 있는 사람일수록 자기를 원수처럼 대하는 약자들을 내 몸과 같이 사랑할 때만이 하나님나라가 도래할 수 있다고 하는 역설이 내포되어 있습니다.

예수님께서는 "의인을 부르러 온 것이 아니라 죄인을 부르러 왔다"고 말씀하셨습니다. 이것은 죄인을 모조리 하나님나라에 집어 넣어주겠다는 안일한 구원론적 메시지가 아닙니다. 의인과 죄인의 구분, 그 종교적, 윤리적, 사회적 차별 그 자체가 픽션임을 항변하고 있는 하나의 역설입니다.

99마리의 양을 두고 길 잃은 1마리의 양을 찾아나서는 예수님! 목자라면 99마리의 양을 보호해야 함에도 불구하고, 1마리를 위해 길을 떠나는 예수는 수학적 공리에 맞지 않는 도박을 감행하고 있으며, 위험한 모험의 여정을 떠나고 있습니다. 인류의 역사는 99마리의 안전으로 보장된 것이 아니라, 1마리의 비극으로 그 진정한 동력을 획득한 것입니다. 우리 모두 예수님의 십자가 여정에 동참합시다. 이 중요한 통일과 화해의 절기에 지배자가 되지 말고 가난한 자가 됩시다. 마음을 비우고 복음을 받아들입시다! 마음이 병든 자들이여! 마음을 씻읍시다. 눈먼 자들이여! 눈을 뜹시다. 앉은뱅이들이여! 일어나 걸읍시다! 죽은 자들이여! 살아납시다! 십자가의 길에서 실족하지 말고 우리 한민족, 고조선의 찬란한 영광을 되찾읍시다. 여기 벙커교회 도반들에게, 서로 물고 뜯고 있는 암울한 세태를 향해 참된 예수의 모습을 전할 수 있는 지혜와 용기와 헌신을 허락하소서. 매주 일요일의 모임을 통해 끊임없이 메타노이아의 새 사람이 되게 하옵소서. 이 모든 말씀, 갈릴리 풍진 속의 맨발의 예수, 그 예수의 권능으로 간절히 기도드립니다. 아멘.

중풍병자를 고치신 예수, 레위를 부르시다
〈 마가 2:1~17 〉

[1]And when he returned to Capernaum after some days, it was reported that he was at home.
[2]And many were gathered together, so that there was no longer room for them, not even about the door; and he was preaching the word to them.
[3]And they came, bringing to him a paralytic carried by four men.
[4]And when they could not get near him because of the crowd, they removed the roof above him; and when they had made an opening, they let down the pallet on which the paralytic lay.
[5]And when Jesus saw their faith, he said to the paralytic, "My son, your sins are forgiven."
[6]Now some of the scribes were sitting there, questioning in their hearts,
[7]"Why does this man speak thus? It is blasphemy! Who can forgive sins but God alone?"
[8]And immediately Jesus, perceiving in his spirit that they thus questioned within themselves, said to them, "Why do you question thus in your hearts?
[9]Which is easier, to say to the paralytic, 'Your sins are forgiven,' or to say, 'Rise, take up your pallet and walk'?
[10]But that you may know that the Son

[1]수일 후에 예수께서 다시 가버나움에 들어가시니 집에 계신 소문이 들린지라

[2]많은 사람이 모여서 문 앞에라도 용신容身할 수 없게 되었는데 예수께서 저희에게 도道를 말씀하시더니

[3]사람들이 한 중풍병자를 네 사람에게 메워 가지고 예수께로 올새
[4]무리를 인因하여 예수께 데려갈 수 없으므로 그 계신 곳의 지붕을 뜯어 구멍을 내고 중풍병자의 누운 상床을 달아내리니

[5]예수께서 저희의 믿음을 보시고 중풍병자에게 이르시되 소자小子야 네 죄 사赦함을 받았느니라 하시니
[6]어떤 서기관들이 거기 앉아서 마음에 의논하기를
[7]이 사람이 어찌 이렇게 말하는가 참람僭濫하도다 오직 하나님 한 분 외에는 누가 능히 죄를 사하겠느냐
[8]저희가 속으로 이렇게 의논하는 줄을 예수께서 곧 중심中心에 아시고 이르시되 어찌하여 이것을 마음에 의논하느냐

[9]중풍병자에게 네 죄 사함을 받았느니라 하는 말과 일어나 네 상床을 가지고 걸어가라 하는 말이 어느 것이 쉽겠느냐
[10]그러나 인자人子가 땅에서 죄를 사하는

of man has authority on earth to forgive sins" — he said to the paralytic —

[11]"I say to you, rise, take up your pallet and go home."

[12]And he rose, and immediately took up the pallet and went out before them all; so that they were all amazed and glorified God, saying, "We never saw anything like this!"

[13]He went out again beside the sea; and all the crowd gathered about him, and he taught them.

[14]And as he passed on, he saw Levi the son of Alphaeus sitting at the tax office, and he said to him, "Follow me." And he rose and followed him.

[15]And as he sat at table in his house, many tax collectors and sinners were sitting with Jesus and his disciples; for there were many who followed him.

[16]And the scribes of the Pharisees, when they saw that he was eating with sinners and tax collectors, said to his disciples, "Why does he eat with tax collectors and sinners?"

[17]And when Jesus heard it, he said to them, "Those who are well have no need of a physician, but those who are sick; I came not to call the righteous, but sinners."

권세가 있는 줄을 너희로 알게 하려하노라 하시고 중풍병자에게 말씀하시되

[11]내가 네게 이르노니 일어나 네 상을 가지고 집으로 가라 하시니

[12]그가 일어나 곧 상을 가지고 모든 사람 앞에서 나가거늘 저희가 다 놀라 영광을 하나님께 돌리며 가로되 우리가 이런 일을 도무지 보지 못하였다 하더라

[13]예수께서 다시 바닷가에 나가시매 무리가 다 나아왔거늘 예수께서 저희를 가르치시니라

[14]또 지나가시다가 알패오의 아들 레위가 세관稅關에 앉아 있는 것을 보시고 저에게 이르시되 나를 좇으라 하시니 일어나 좇으니라

[15]그의 집에 앉아 잡수실 때에 많은 세리稅吏와 죄인들이 예수와 그 제자들과 함께 앉았으니 이는 저희가 많이 있어서 예수를 좇음이러라

[16]바리새인의 서기관들이 예수께서 죄인과 세리들과 함께 잡수시는 것을 보고 그 제자들에게 이르되 어찌하여 세리와 죄인들과 함께 먹는가

[17]예수께서 들으시고 저희에게 이르시되 건강한 자에게는 의원이 쓸데 없고 병든 자에게라야 쓸데 있느니라 내가 의인義人을 부르러 온것이 아니요 죄인罪人을 부르러 왔노라 하시니라

제2장의 첫 기적사화, 당국의 압박 초래

2장 1절부터 3장 6절까지는 동질의 내용을 지니는 이야기 5편이 함께 편집되어 일종의 독립된 섹션을 이루고 있는 인상을 풍긴다. 1장 21절에 예수의 일행은 최초로 가버나움으로 간 것으로 되어있다. 1장에서 예수는 악령들린 자를 고치고, 시몬의 장모와 많은 병자를 고치고, 또 새로운 지역으로 광범위하게 전도여행을 다니고, 또 나병환자를 고쳤다. 그러한 사건이 일어난 주변의 반응은 매우 호의적인, 순결한 호기심에 찬 군중의 몰림이었다. 민중은, 오클로스는 병든 상태로부터 벗어나고자 갈망했다. 첫 가버나움 중심 사역은 호의적인 확산이었다.

그러나 본시 드라마라는 것은 그러한 긍정적 반응만으로 구성될 수가 없다. 예수의 행위에 대한 안티테제가 등장하지 않을 수 없다. 2장 1절은 두 번째 가버나움으로 간 이야기가 시작되는데, 앞으로 나타나는 이야기는 모두 유대정통주의자 종교적 지도자들과의 충돌이 표출되고 있다. 이 다섯 개의 이야기가 반드시 시간적으로 순차적으로 일어난 것도 아닐 것이고, 또 예수 갈릴리사역의 한 시기의 한 공간에 밀집된 이야기도 아닐 것이다. 그러나 마가는 이 같은 주제의 이야기들을 한 군데로 몰아 편집함으로써 긴장감을 높이고 있다. 제자를 모으고, 기적을 행하고, 복음을 확산시키자, 반대와 탄압이 일어나면서 마가의 이야기는 새로운 차원의 텐션을 획득한다.

여기서 우리가 대면하는 예수의 불경죄는 결국 14장 64절에서 예루살렘의 대제사장이 예수의 죄질이 사형에 해당된다는 판결을 내리는 장면까지 그 텐션을 유지하면서 복음서의 흐름을 형성한다. 죽음의 그림자는 예수의 여정에 끊임없이 따라다닌다. 예수는 그럼에도 불구하고 가버나움을 다시 떠나 갈릴리의 대도시를 기피하고, 호숫가, 가정집, 밀밭, 무명의 시나고그, 야산을 두루두루 다닌다. 예수는 그가 선포하는 하나님의 나라 그 모습대로 새로운 삶의 방식, 새로운 가치관의 우선체계, 새로운 공동체를 실현한다. 그는 새 포도주였고, 그래서 새 부대에 담겨져야 하는 것이다.

나는 개인적으로 1절에서 12절까지에 실린 가버나움 가정집에서 중풍병자를 고치신 이야기를 많은 기적사화(치유사화) 중에서 가장 멋있는 샘플의 하나라고 평가한다.

예수시대의 고가옥의 구조, 천정에서 달아 내려보내는 것 쉽게 가능

실제로 나는 이런 이야기가 전개되었을 법한 예수시대의 고가옥을 가보았는데, "지붕을 벗겨 구멍을 내고 중풍병자를 눕힌 침상(크라밧토스κράβαττος)을 예수 앞으로 달아 내려보냈다"는 표현이 매우 리얼한 사태임을 알 수 있었다.

우리나라 초가집처럼 초가를 걷어내고 그 짚 아래에 있는 흙더미를 긁어내고 서까래 사이에 침상을 달아 내린다면, 너무도 많은 사람에게 폐가 될 뿐 아니라, 농가의 최대재산인 집을 망가뜨리는 흉악한 범죄행위가 될 것이다. 그러나 갈릴

내가 어렵게 찾아낸 고가옥인데, 바로 예수시대의 가옥이 온전하게 보존된 것이다. AD 749년에 지진이 나면서 땅속에 묻혀 보존되었는데 현재는 카즈린 고대민속촌Ancient Katzrin Park이 되었다. 내가 앉아있는 곳이 단층건물의 옥상인데 밖으로 나있는 계단으로 쉽게 올라갈 수 있다. 내가 바라보고 있는 곳에 싸릿대거적 같은 것이 있는데 그것만 걷어내면 바로 방 안으로 내려갈 수 있다. 그 거적 밑의 방이 옆 사진이다. 강우량이 희소한 지역의 가옥구조이다.

리 지역의 가옥은 돌로 쌓아올린 벽과 벽 사이에 굵직한 나무를 걸치고 그 위에 텐트를 걸쳐놓은 아주 단순한 구조였다. 그리고 지붕에서 많은 활동을 하기 때문에 지붕이 평평하고 올라 다니기 좋게 계단이 옆으로 만들어져 있다. 따라서 중풍환자를 지붕으로부터 달아 내리는 문제는 그리 어려운 과제상황이 아니었다. 단지 그러한 발상을 아무도 하지 못했을 뿐이다.

환자가 애처롭게 지붕에서부터 내려오는 모습을 보고 예수는 그의 믿음을 확인한다. 네 명의 친구와 중풍환자는 수단과 방법을 가리지 않고 예수를 만나기만 할 수 있다면 병이 치유되리라는 확신이 있었던 것이다.

예수는 그 행위를 믿음의 표현으로 가상히 여긴다. 그리고 그가 한 행위는 즉각 병을 고쳐준 것이 아니라, 그의 삶에 대한 새로운 인식의 선포였다. "테크논 아피엔타이 수 하이 하마르티아이 Τέκνον ἀφίενταί σου αἱ ἁμαρτίαι" (소자야! 네 죄는 사함을 받았느니라. My son, your sins are forgiven).

예수는 이런 방에 꽉 들어찬 군중들 사이에 있었다. 네 명이 지붕을 걷어내고 서까래 사이로 중풍병자를 들것에 눕힌 채 달아 내려보낸 것이다. 그 현장의 장면을 쉽게 상상할 수 있는 리얼한 성서 유적이다.

힐링, 죄사함의 성례

앞서 말했듯이, 고대인들은 "아프다"는 사실을 "죄를 지었다"는 사실로 인식했다. 병을 고친다는 것은 죄를 사한다는 의미와 상통한다. 예수의 힐링 기적은 그에게 있어서는 죄사함의 성례sacraments of forgiveness였다.

왜 먼저 병을 고쳐줄 것이지 죄사함의 성례를 먼저 베푸는가? 거기 있던 율법학자들은 대노하여 외친다: "이 젊은 촌놈이 어찌 이런 말을 함부로 뇌까리며 하나님을 모독하는가? 하나님 말고 누가 인간의 죄를 용서할 수 있단 말인가!"

예수에게 있어서는 인간이 아프다고 하는 것은 인간이 하나님으로부터 소외되었기 때문이다. 인간을 하나님으로부터 분리시키고 있는 것이 바로 죄의 개념이다. 죄를 지었기 때문에 하나님이 타자화되는 것이다. 예수는 인성 내에 있는 신성을 회복시키기 위해서는 먼저 인간의 죄가 사해져야만 한다고 믿는다. 예수는 말한다: 너의 죄는 사함을 받았다. 너와 하나님은 하나다! 너는 하나님에게서 소외된 자가 아니다!

서기관들의 분노: 예수는 하나님의 권위를 붕괴시키고 있다

이것은 유대교의 서기관들에게는 최대의 불경이요 참람의 극치였다! "어떻게 인간이 인간의 죄를 사할 수 있단 말인가!" 이것은 인간이 하나님에게 독점된 권리를 참월하여 빼앗는 것이다. 이렇게 되면 하나님의 권위는 유실된다. 예루살렘 성전의 하이어라키는 무너지고 만다. 그러나 예수는 성전에 갇힌 하나님을 믿지 않는다.

예수가 던진 화두

예수는 서기관들의 속마음을 알아차리고 이들에게 선禪의 공안과도 같은 화두를 던진다: "중풍병자에게 네 죄는 사함을 받았다라고 말하는 것과 일어나 네 상을 가지고 걸어가라고 말하는 것 중 어느 것이 쉽겠느뇨?"

서기관들에게는 일대 난제가 던져진 것이다. 기실 그들에게는 이 두 명제가 모두 말하기 어려운 것이다. 죄사함을 받았다고 선언하는 것은 인간이 하나님에게 불경죄를 짓는 것이다. 일어나 걸어가라고 말하는 것은 물론 그보다는 쉽겠지만, 일어나 걸어가는 현상이 일어나지 않을 때는 그들은 많은 사람들 앞에서 개똥이 되는 것이다. 그들의 로고스의 명령대로 이루어지지 않기 때문이다. 실상 그들에게는 전자가 말하기 쉬운 것이다. 죄사함을 받았다는 것은 말하기는 쉬운 것이고 뽀로가 나지 않는 것이다. 그러나 그것은 신에 대한 모독이다. 따라서 그들은 말할 수도 없고 행위를 할 수도 없는 바보들이다. 이것이 유대교 율법주의의 현실태였다. 아마도 이 이야기는 초대교회가 직면한, 유대화파들Judaizers(초대교회에서 이방인들이 크리스챤이 되기 위해서는 반드시 토라의 율법규정을 준수해야한다고 강력히 주장한 사람들)의 독주에 대한 강력한 비판을 간접적으로 드러내고 있는 것으로 사료된다. 이들이 아무 말도 못하고 머뭇거리고 있을 때, 예수는 말한다. 예수는 양자 중에 무엇을 선택했을까?

"일어나 네 요를 걷어 가지고 집으로 가라!"

예수는 행위로써 로고스를 정당화한 것이다.

중풍병자는 사람들이 보는 앞에서 벌떡 일어나 곧(유튀스) 요를 걷어가지고 걸어 나갔다. 예수의 치유설화 중에서 나는 이토록 명쾌하고 스마트하고 드라마틱한 이야기를 다시 발견하지 못한다. 마가 멋쟁이! 마가 만세!

13절에서 17절까지, 레위와 마태

13절에서부터 14절까지는 예수가 레위를 제자로 부르시는 이야기이고, 15절에서 17절까지는 예수가 제자가 된 레위의 집에서 식사하는 장면에서 바리새인의 서기관들the scribes of the Pharisees(전술)과 충돌하는 이야기이다. 사실 시공을 달리하는 두 개의 다른 파편이 하나로 짬뽕된 것이다. 마가의 편집기술의 성격을 엿볼 수 있다. 여기 레위Levi는 알패오의 아들로 되어 있는데 12제자 중의 한 명임이 분명하다. 그런데 같은 마가복음 텍스트의 12제자 중의 리스트에는 알패오의 아들이 "야고보James"로 되어 있다. 그런데 마태에는 똑같은 기사내용인데 이름만 "마태Matthew"로 되어 있다. 마태복음 저자에 의하면 세리는 마태인 것이다. 누가는 마가의 기술대로 "레위"를 고집했다. 그런데 마가의 12제자 리스트에는 레위는 없지만 마태는 들어가 있다.

그래서 여러 설이 제기되었다: 1)레위와 마태는 동일한 인간의 두 개의 다른 이름이다. 2)야고보와 레위는 동일한 인간의 두 개의 다른 이름이다. 3)마가가 복음서를 쓸 때만 해도 12제자 리스트는 확정되어 있지 않았다. 이 설 중 가장 유력한 것은 제1의 상황이고, 제3의 상황은 마가복음의 기초적 현실이라고 여겨진다. 그러나 이런 문제에 관하여 우리가 귀하게 여겨야 할 마가의 위대성은, 두 자료의 불일치를 잘 알면서도 그 오리지날 소스의 원 모습을 그대로 보존하는 성실함이다. 레위의 파편은 수집 당시 분명 "레위"로 되어있었던 것이다.

세리는 어떤 사람들인가?

여기 "세리tax collector, 텔로네스τελώνης"라는 개념이 나오는데, 우리는 지금 여기가 로마의 식민지라는 사실을 생각하면서 그 징세제도가 어떠했는지를 알아야 한다. 로마는 팔레스타인 지역을 직접 통치한 것이 아니라, 자기들에게 충실한 헤롯왕가를 통하여 간접지배방식을 취했다. 그 식민지 징세방식도 간접적 방식이었다. 예를 들면, 유대지방의 경우 연 600달란트를 책정하여 그 징세를 그 지역의 사정에 밝은 장군 출신의 로마 고관에게 청부를 주었다. 청부 받은 자는 그 이상의 세금을 거두어들여야만 자신에게 돌아오는 차액이 생기기 때문에 세금수탈에 결사적일 수밖에 없었다. 그리고 이 청부체계는 말단에까지 도급이 내려간다. 이 지역의 세금징수의 말단 하청업자들을 "세리"라고 부르는 것이다.

세리는 당연히 도급을 받은 그 지역의 주민이었고, 그들은 지역주민과 대립관계에 있고, 또 지역주민을 괴롭히는 사람들이었다. 그래서 그들은 "하마르톨로이 ἁμαρτωλοὶ," 즉 "죄인"과 같이 병기되었다. 세리야말로 죄인들의 대표적인 한 부류였던 것이다. 그러나 예수와 같은 거시적인 비젼의 사람의 입장에서 보면 "세리"야말로 단순한 착취인이 아니라, 착취로 인하여 착취당하고 있는 불쌍한 피착취인이었다. 결국 그 사회체제가 낳은 비극일 뿐이다.

여기 14절에 "레위가 세관에 앉아 있는 것을 보시고"라는 표현은 우리 체험을 가지고 생각하면 잘 이해되지 않는다. 인천공항의 출입국관리소에 앉아있는 사람일까? 국세청 사무실에 앉아있는 사람일까? 지방 세무서에 앉아있는 사람이 예수가 부른다고 곧 따라붙을 리 없지 않을까?

세관, 통행관리소

여기 "세관"이란 "텔로니온τελώνιον"을 말하는데(이 계열의 말 모두가 결말, 목표, 종국을 뜻하는 "텔로스τέλος"에서 유래된 것이다. 세금은 지배의 궁극적 목표일 수도 있다), 여기 텔로니온은 세관이라기보다는 "통행관리소toll booth" 정도의 의미이다. 가버나움은 헤롯 안티파스의 지배영역에 있어서 데카폴리스와 갈릴리가 소통되는 교통요새였다. 주요 통행 요소 요소에 초소가 있어, 통행세, 물품세 등을 부과했다. 매우 악랄한 착취였다.

요한은 단식을, 예수는 잔치를! 요한은 종말을 기대, 예수는 현실을 향유!

예수는 레위의 집에서 식사를 하게 되는데, 하여튼 레위는 돈이 좀 있는 편이라 식사신세를 지기에는 불편함이 없었을 것이다. 예수가 세리들(텔로나이)과 세리들과 같이 어울리는 "죄인부류들"(하마르톨로이)과 같이 스스럼없이 앉아 식사를 즐기는 장면은 바리새인의 서기관들(바리새인들에 의하여 위촉받은 율법전문가들)에게 가히 충격적인 것이었다. 세례 요한은 패스팅fasting을 즐겼지만 예수는 피스팅feasting을 즐겼다. 요한은 단식을 했고 예수는 잔치를 했다. 요한은 종말을 기대했지만 예수는 현실을 향유했다. 천국은 바로 잔치의 장場에 임재하는 것이다.

"그대는 어찌하여 세리와 죄인들과 함께 먹느냐?"

예수는 대답한다.

> "건강한 자에게는 의원이 쓸데없고 병든 자에게라야 쓸데가 있느니라. 나는
> 의인을 부르러 온 것이 아니요, 죄인을 부르러 왔노라!"

나는 의인을 부르러 온 것이 아니라, 죄인을 부르러 왔노라

여기 "의인"은 나중에 바울이 정교롭게 발전시키는 "의"의 개념과 관련있는 "디카이오스δίκαιος"이고, "죄인"은 "하마르톨로스άμαρτωλός"이다. 여기서 우리가 다시 생각해야 할 것은 예수가 죄인과 의인의 이분법을 설파하고 있는 것이 아니라는 것이다. 병든 자와 병들지 않은 자의 경계가 모호하듯이, 결국 의인과 죄인의 경계는 근원적으로 존재하지 않는다. "하마르티아"가 "빗나감"이라고 말했듯이 절대적 악은 존재하지 않는다. 예수는 인간을 죄인으로 바라보지 않는다. 모든 종교는 인간을 죄인으로 규정하는 데서 출발하려 한다. 예수는 그러한 인식체계를 근원적으로 해탈한 사람이다. 죄인이라는 원초적인 규정성이 있어서 율법이 구속력을 가질 수 있고, 율법의 구속력이 있어야 예루살렘성전의 권위가 유지된다. 예수의 갈릴리사역은 벌써 이념적으로 반예루살렘의 정조情調 위에 정초하고 있는 것이다.

안식일의 주인
〈 마가 2:18~3:6 〉

CHAPTER 2

¹⁸Now John's disciples and the Pharisees were fasting; and people came and said to him, "Why do John's disciples and the disciples of the Pharisees fast, but your disciples do not fast?"

¹⁹And Jesus said to them, "Can the wedding guests fast while the bridegroom is with them? As long as they have the bridegroom with them, they cannot fast.

²⁰The days will come, when the bridegroom is taken away from them, and then they will fast in that day.

²¹No one sews a piece of unshrunk cloth on an old garment; if he does, the patch tears away from it, the new from the old, and a worse tear is made.

²²And no one puts new wine into old wineskins; if he does, the wine will burst the skins, and the wine is lost, and so are the skins; but new wine is for fresh skins."

²³One sabbath he was going through the grainfields; and as they made their way his disciples began to pluck heads of grain.

²⁴And the Pharisees said to him, "Look, why are they doing what is not lawful

제 2 장

¹⁸요한의 제자들과 바리새인들이 금식禁食하고 있는지라 혹或이 예수께 와서 말하되 요한의 제자들과 바리새인의 제자들은 금식하는데 어찌하여 당신의 제자들은 금식하지 아니하나이까

¹⁹예수께서 저희에게 이르시되 혼인집 손님들이 신랑과 함께 있을 때에 금식할 수 있느냐 신랑과 함께 있을 동안에는 금식할 수 없나니

²⁰그러나 신랑을 빼앗길 날이 이르리니 그 날에는 금식할 것이니라

²¹생生베 조각을 낡은 옷에 붙이는 자가 없나니 만일 그렇게 하면 기운 새것이 낡은 그것을 당기어 해어짐이 더하게 되느니라

²²새 포도주를 낡은 가죽 부대負袋에 넣는 자가 없나니 만일 그렇게 하면 새 포도주가 부대를 터뜨려 포도주와 부대를 버리게 되리라 오직 새 포도주는 새 부대에 넣느니라 하시니라

²³안식일安息日에 예수께서 밀밭 사이로 지나가실새 그 제자들이 길을 열며 이삭을 자르니

²⁴바리새인들이 예수께 말하되 보시오 저희가 어찌하여 안식일에 하지 못할 일

on the sabbath?"

²⁵And he said to them, "Have you never read what David did, when he was in need and was hungry, he and those who were with him:

²⁶how he entered the house of God, when Abiathar was high priest, and ate the bread of the Presence, which it is not lawful for any but the priests to eat, and also gave it to those who were with him?"

²⁷And he said to them, "The sabbath was made for man, not man for the sabbath;

²⁸so the Son of man is lord even of the sabbath."

CHAPTER 3

¹Again he entered the synagogue, and a man was there who had a withered hand.

²And they watched him, to see whether he would heal him on the sabbath, so that they might accuse him.

³And he said to the man who had the withered hand, "Come here."

⁴And he said to them, "Is it lawful on the sabbath to do good or to do harm, to save life or to kill?" But they were silent.

⁵And he looked around at them with anger, grieved at their hardness of heart, and said to the man, "Stretch out your hand." He stretched it out, and his hand

을 하나이까

²⁵예수께서 가라사대 다윗이 자기와 및 함께한 자들이 핍절乏絕되어 시장嘶腸할 때에 한 일을 읽지 못하였느냐

²⁶그가 아비아달 대제사장 때에 하나님 의 전殿에 들어가서 제사장 외에는 먹지 못하는 진설병陳設餅을 먹고 함께한 자 들에게도 주지 아니하였느냐

²⁷또 가라사대 안식일은 사람을 위하여 있는 것이요 사람이 안식일을 위하여 있 는 것이 아니니

²⁸이러므로 인자는 안식일에도 주인이니 라

제 3 장

¹예수께서 다시 회당에 들어가시니 한 편便 손 마른 사람이 거기 있는지라

²사람들이 예수를 송사訟事하려 하여 안 식일에 그 사람을 고치시는가 엿보거늘

³예수께서 손 마른 사람에게 이르시되 한 가운데 일어서라 하시고

⁴저희에게 이르시되 안식일에 선을 행하 는 것과 악을 행하는 것, 생명을 구하는 것과 죽이는 것, 어느 것이 옳으냐 하시 니 저희가 잠잠潛潛하거늘

⁵저희 마음의 완악頑惡함을 근심하사 노 怒하심으로 저희를 둘러 보시고 그 사람 에게 이르시되 네 손을 내밀라 하시니 그가 내밀매 그 손이 회복되었더라

도올의 마가복음 강해

was restored.
⁶The Pharisees went out, and immediately held counsel with the Herodians against him, how to destroy him.

⁶바리새인들이 나가서 곧 헤롯당黨과 함께 어떻게 하여 예수를 죽일꼬 의논하니라

마가의 편집기술

18절에서 20절까지는 단식에 관한 질문이고, 21~22절은 새 포도주와 새 부대에 관한 것으로 양자는 본래 독자적인 파편이었다. 그런데 마가는 이 두 개의 별도의 파편을 하나의 장면에서 연속된 것인 양 연합시킴으로써 그 의미를 연속적으로 극대화시켰다.

예수의 제자들은 왜 단식 아니하나?

예수에게 던져진 질문은 "요한의 제자들이나 바리새파 사람들의 제자들은 금식하는데 어찌하여 당신의 제자들은 금식하지 아니하나이까?"였다. 이 질문에서 "바리새인의 제자들"(마데타이 톤 파리사이온μαθηταὶ τῶν Φαρισαίων)이라는 표현이 특이한데(바리새인은 예수나 요한처럼 특정인이 아니다. 그리고 제자라 할 수 있는 그룹단위를 가지고 있질 않았다), 아마도 걸출한 서기관 밑에서 율법을 공부하는 특정한 그룹이 있었을지도 모른다.

레위기를 보면(16:29~34) 원래 율법이 요구하는 단식은 일 년에 한 번 욤 키푸르 *Yom Kippur* 하루뿐이었다. 욤 키푸르는 속죄일Day of Atonement이라고 하는데 유대인 종교칼렌다 제7번째 달의 10번째 날이다(레 23:26~28). 지금도 유대인들이 지키는 엄숙한 절기이다. 그러나 출애굽사건 이후에 4번의 다른 단식일이 첨가되었다(슥 7:5, 8:19). 그러다가 신약시대에는 아주 종교적인 바리새인들은 일주일에 두 번(월요일과 목요일. 눅 18:12) 단식을 행하였다.

원래 배고픈 자가 미쳤다고 단식하나?

단식이 쓸데없이 유행병처럼 번져나갔던 것이다. 그들은 단식한다 하면서 겉으로 꾸미고 성스러움을 과시하곤 하였던 것이다. 우선 예수가 상대하는 사람들은 너무 배가 고픈 사람들이며, 단식할래야 할 여력이 없는, 생활 속에서 스스로 단식을 강요당할 수밖에 없는 굶주린 자들이다. 예수는 비유로 답한다. "혼인집 손님들이 신랑과 함께 있을 때 금식할 수 있겠느냐!"

혼례라고 하는 예식은 유대인들에게 있어서는 서민들이 누구나 함께 즐길 수 있는 너무도 반가운 절기이다. 혼인을 축하한다는 명분으로 신분을 가리지 않고 누구나 모여 먹고마실 수 있다. 이 혼인의 축제는 길 때는 일주일 가량 지속된다. 이 위대한 기쁨과 축하의 시절에 단식을 하다니! 뭔 미친 짓이냐? 예수! 내가 바로 신랑이다! 나를 따르는 자들은 모두 나의 손님이다. 하늘나라의 잔치에 모두 초대받았는데, 어찌하여 단식을 할까보냐!

그 뒤에 "신랑을 빼앗길 날이 이르리니, 그날에는 금식할 것이니라" 운운한 것은 예수가 십자가에 못박히는 사건을 암시한 것이라고 하나, 좀 어색한 삽입이다. 후대의 첨가일 수도 있고, 마가가 의도적으로 예수의 수난을 처음부터 암시하면서 그 텐션을 강화시켜 나가는 드라마적 기법으로 삽입하였다고 볼 수도 있다.

새 포도주, 새 부대 이야기의 맥락

다음에 나오는 새 포도주 – 새 부대 이야기는 단식거부가 곧 유대인 율법주의 전체에 대한 도전이라는 사실을 전제로 할 때, 예수가 선포하는 "하나님의 나라"라는 새 포도주에는 새 부대라는 새로운 형식이 필요하다는 것으로 그 의미를 새기면 쉽게 전체적 의미의 연속성이 료해될 수 있다.

그런데 우선 한국사람들은 새 포도주 – 새 부대 운운하는 것을 잘 이해하기 어렵다. 옛날에는 액체를 운반할 수 있는 그릇이 변변치 못했다. 유리병도 없었고,

도올의 마가복음 강해

나무통이나 항아리는 운반하기가 불편했다. 가장 흔히 쓰인 것은 낙타가죽이나 염소가죽으로 만든 큰 물통을 말안장 양쪽으로 걸쳐놓는 것이 상례였다. 그런데 이 염소가죽 술부대는 새 것은 유연성과 신축성이 있는데, 오래되면 딱딱해지고 신축성을 잃는다. 그런데 새 술은 발효가 충분히 되지 않았기 때문에(여기서 술이란 대개 포도주이다) 부대에 넣으면 부글부글 끓어 가스를 발생시킨다. 그래서 부대가 팽창되면 결국 부대를 터트리고 만다. 그러면 부대도 망가뜨리고 술도 유실되고 만다. 예수가 선포하는 천국의 새로움은 낡은 형식에 담길 수 없는 것이다.

마태는 마가의 내용을 거의 대동소이하게 베꼈다. 그러나 누가는 새 천조각을 새옷에서 잘라내어 새옷까지 망가뜨린다는 식으로 좀 과장된 표현을 첨가하였다. 그리고 "묵은 포도주를 마셔본 사람은 묵은 것이 더 좋다 하면서 새것을 마시려 하지 않는다"는 말을 말미에 첨가하였다. 타성에 젖은 보수계층을 질타한 말이지만 가소로운 사족일 뿐이다(눅 5:36~39).

핵심 로기온: 안식일이 사람을 위하여 있다. 사람이 안식일을 위하여 있지 않다

23절~28절의 "안식일의 주인" 담화는 불트만이 말하는 바 아포프테그마 Apophthegma(예수의 핵심적 말씀logion을 정당화하기 위하여 그 말씀의 맥락과 상황의 내레이션을 첨가한 짧은 이야기 단락)의 한 전형이다. 여기 예수의 핵심 로기온은 끝부분에 있는 "안식일이 사람을 위하여 있는 것이지, 사람이 안식일을 위하여 있는 것은 아니다"라는 말이다. 그 앞에 있는 이야기들은 이 말씀을 의미 있게 하기 위하여 구성된 것인데, 그것은 대체로 사실의 보고라기보다는 그 말씀의 의미맥락을 드러내기 위하여 이상적으로 구성된 것idealized construction이라고 본다. 그러니까 이러한 분석방법의 핵에는 "로기온"(말씀자료) 중심사고가 자리잡고 있는 것이다. 다시 말해서 위대한 사람의 명언이 있고, 그 명언을 생생하게 살려내기 위해 내레이션이나 대화들이 이상적으로 구성되었다는 것이다.

마침 안식일 당일이었다. 예수는 제자들과 밀밭 사이를 걸어가게 되었다. 그때 함께 가던 제자들이 배고프니까 밀이삭을 자르고 있었다. 이에 바리새인들이 항의한다. "저희가 어찌하여 안식일에 하지 못할 일을 하나이까?"

율법의 세부규정에 관하여

이 말에 대해서 자세한 배경설명이 필요하다. 율법은 인간의 일상행위 모든 것을 세밀하게 규정해놓고 있다. 신명기에 보면 이웃집 밭에 있는 곡식이삭을 손으로 훑어 먹는 것은 괜찮지만, 이웃집 밭에 서있는 곡식에 낫을 대면 안된다(23:26). 이웃집 포도원에 들어가서도 먹을 만큼 실컷 먹는 것은 괜찮지만 그릇에 담아가면 안된다(23:25). 어느 정도 합리성 있는 규정이라고도 할 것이다. 현대의 법치사회의 소유권개념으로 보면 조금 이해하기 어려운 부분도 있다.

여기서 마가에 나타난 "자르다 τίλλοντες틸론테스"라는 표현은 "틸로τίλλω"라는 동사에서 온 것인데, 이것이 과연 예수의 제자들이 낫으로 밀을 자른 것인지 어떤지는 알 수가 없다. "틸로"라는 동사는 "따다," "뜯다"의 뜻도 같이 있기 때문이다.

만약 예수의 제자들이 낫으로 잘랐다면 예수의 항변은 억지춘향이 궤변이 되고 만다. 밭의 주인도 민중이고 땀을 흘려 농사를 짓는 것인데 도둑처럼 잘라먹는 것을 "안식일의 주인" 운운하면서 정당화시킬 수는 없는 것이다.

성서의 구절은 당대의 생활사적 이해의 맥락 속에서 해석되어야 한다

서구 신학자들은 이러한 자세한 문제에 관하여 나만큼이라도 고민하는 사람이 별로 없다. 그들은 궁극적으로 성서의 기존관념을 둘러싼 이념논쟁만을 즐긴다. 생활사의 합리적 기반, 상식적 논리를 강구하지 않는 것이다. 이 문제에 대한 나의 생각은 이러하다. 제자들이 이삭을 낫으로 잘랐을 리는 없다. 예수를 따라다니는 거렁뱅이 같은 사람들이 갑자기 낫을 구했을 리 없다. 손으로 그냥 이삭을 훑었을 것이다. 바리새인들은 이 사태에 대하여 과도하게 율법을 적용했다. 마치 낫을 댄 죄를 범한 것처럼.

　안식일의 규정만 해도 수백 개가 되겠지만 당시 유행하던 규정은 39개조가 있었고(일체의 창조적 행위가 불가하다. 없던 것이 있게 되는 사태가 불가하다. 글씨 쓰는 것도 안되고, 불을 켜는 것도 안된다), 그 중 1조항을 범한 것이다. 내가 이스라엘 율법주의자 친구네집에서 묵은 적이 있다. 고층아파트였다. 그런데 안식일에는 엘리베이터 단추를 누를 수가 없다. 그래서 금요일 해가 지면서 토요일 해가 질 때까지 이 엘리베이터는 매 층마다 자동으로 서는 것으로 설정되어 있었다. 율법이란 이토록 황당한 것이다. 우리나라에서 이스라엘국기를 휘두르는 태극기부대 할아버지를 이스라엘 율법주의자들과 같이 살게 하면 아마 하루도 못 견딜 것이다.

예수의 해박한 경전지식, 아마도 마가의 지식일까?

　하여튼 이러한 바리새인들의 지적에 대하여 예수는 다윗과 사울왕 사이에서 일어난 사건을 들어 바리새인들의 지적을 무기력화 시킨다. 율법주의자들의 최고 조종祖宗은 다윗이다. 다윗이 특별한 상황에서 지성소에 바친 특별한 진설병(이것은 오직 대제사장과 사제들만이 먹을 수 있다)을 대제사장의 허락을 받고 다윗을 따라다니는 부하들과 함께 나눠먹은 사건을 언급하여, 바리새인들의 지적을 무기력하게 만드는 이 정황은, 마치 공자가 춘추경전을 인용하여 자기에게 던져진 비판을 모면하는 것과도 같다. 그런데 내 생각으로는 이 인용이 너무도 적절하고 시의에 맞는데, 이것도 즉각적으로 예수의 입에서 나왔다고 생각할 수는 없다.

　그렇게 될 수 있으려면 예수는 인도의 브라만 성자처럼 베다경전을 모조리 다 외우고 있어야 할 것이다. 그것은 역사적 예수의 모습이 아니다. 이 인용구에 관해서는 여러분들이 사무엘상편 21:1~10 전후를 읽어보면 정확한 감이 올 것이다. 그런데 대제사장 이름이 "아비아달Abiathar"로 되어있는데, 현재 구약성경에 쓰여있는 바에 따르면 다윗이 실제로 만난 인물은 아비아달의 아버지인 아히멜렉Ahimelech이다. 이 문제에 관한 제설을 생략하기로 하자!

하여튼 이 인용구는 마가가 첨가한 것이고, 마가시대의 구약이야기는 다양한 전승이 있어 통일된 텍스트가 있지 않았다. 어차피 소설인 바에 아비아달이든 아히멜렉이든 별 문제가 없는 것이다. 이 양자의 문제는 현존하는 구약텍스트에도 혼선이 있다. 구약학 학자들의 이야기를 액면 그대로 믿으면 안된다. 구약의 가치는 사실에 있는 것이 아니라 문학에 있다.

예수의 결론은 이러하다:

> "안식일은 사람을 위하여 있는 것이요, 사람이 안식일을 위하여 있는 것이 아니다."

후대의 서구역사에 던져진 어떠한 명제보다도 더 래디칼한 예수의 메시지

이 말을 기독인들이 예수말이라 하면서 아무렇게나 뇌까리는데 사실 이처럼 공포스러운 예수의 선포는 없다. 모든 사람이 이 말을 교회라는 조직의 권위를 허물어뜨리지 않는 범위 내에서 해석하고 있다. 예수는 휴매니스트였고, 예수가 주장한 것은 "휴매니스트적인 요구가 종교적 제식주의에 우선한다Human need is a higher law than religious ritualism."는 것일 뿐이라는 것이다.

그러나 내가 생각하기에는 안식일이 사람을 위하여 있는 것이지, 사람이 안식일을 위하여 있는 것이 아니라는 말은 모든 율법주의나 종교적 제식주의나 그와 관련된 이념적 그룬트Grund를 다 허물어버리는 래디칼한 발언이다. 사실 안식일의 상징성은 유대교의 전부이다. 사람이 정부를 위하여 있는 것이 아니라, 정부가 사람을 위하여 있다는 이 한마디의 생각, "Government of the people, by the people, for the people"이 한마디가 근대적 민주주의의 헌법이 된 것이라면, 예수의 선언은 그보다도 훨씬 더 래디칼한 것이다. 예수의 말은 당연히 다음과 같이 리프레이즈되어야 한다.

도올의 마가복음 강해

"사람이 교회를 위하여 있는 것이 아니요, 교회가 사람을 위하여 있는 것이다."

"사람이 종교를 위하여 있는 것이 아니요, 종교가 사람을 위하여 있는 것이다."

"사람이 하나님을 위하여 있는 것이 아니요, 하나님이 사람을 위하여 있는 것이다."

기독교의 후진성, 동학의 선진성

이 예수의 안식일 메시지는 유대이즘 그 자체의 부정을 넘어서서 종교라는 그 근원성의 부정을 내포하고 있는 것이다. 내가 사람이 하나님을 위하여 있는 것이 아니라 하나님이 사람을 위하여 있는 것이라는 말을 하게 되면 칼 바르트류의 학자들은 온갖 지랄발광을 서슴치 않을 것이다. 당장 이단자라고 나를 규정할 것이고, 하나님은 "절대적 타자"라고 운운하며, "위하여"라는 수식어조차 붙일 수 없는 절대적 존재라고 말할 것이다. 그러나 뭔 개소리를 해도 결국 인간의 언어일 뿐이요, 하나님이 사람을 위하여 있는 것이요, 인간이 하나님을 위하여 있는 것이 아니라는 주장은 논리이기 이전에 한국인의 정서요, 동학사상으로 이미 충분히 발현된 것이다. 사람은 하나님에게 종속될 수 없으며 사람이 곧 하나님이라는 사실은 논리적 주장이 아니라 "아이쿠 하느님"을 수시로 발하는 조선민중의 근원적 정감이다.

우리민중의 선사禪師는 이렇게 말할 것이다. 교회를 만나면 교회를 죽여라! 종교를 만나면 종교를 죽여라! 하나님을 만나면 하나님을 죽여라! 칼 바르트를 만나면 칼 바르트를 죽여라! 바로 이러한 "죽임" 속에서 우리는 예수의 최종발언을 이해하여야 한다.

"이러므로 인자(사람의 아들, 호 휘오스 투 안트로푸ό υἱὸς τοῦ ἀνθρώπου)는 안식일의 주인이니라."

인자담론

이 얼마나 멋드러지고 당당한 선포인가! 초대교회의 모든 케리그마를 뛰어넘는 예수 케리그마의 진상이 여기 있지 아니 한가! 많은 신학자들이 예수의 "인자"(사람의 아들)라는 용법이 종말론적 맥락에서만 쓰이는 말이라고 거짓선전 해대는데(특별한 의미를 부여하기 위하여 "사람의 아들"이라는 너무도 상식적 의미맥락을 종말론적으로 은폐해버리는 것이다), 사실 "인자"담론은 신약성서 27편 중에서 마가에서 최초로 등장한 것이며(마가 이전의 바울서한에는 없다. 오직 "하나님의 아들"이라는 표현이 있을 뿐이다), 마가의 인자담론은 결코 종말론적 맥락에 국한되지 않는다. 갈릴리사역장면ministry sayings에서 쓰이기 시작하여, 수난담론passion sayings, 종말담론apocalyptic sayings에 골고루 나타난다. "인자"는 사역장면에 3번, 수난담화에 9번, 종말담화에 3번 나타난다. 사람의 아들은 사람의 아들일 뿐이다. 더이상 복잡한 설명이 필요없다. 예수를 하나님의 아들로 간주하려는 많은 자들에 대하여 예수는 자기규정을 "사람의 아들"로서 선포한 것이다. 도마복음 86장은 이렇게 선포한다.

> "여우도 굴이 있고 새도 둥지가 있는데, 인간의 자식인 나는 머리를
> 뉘어 안식할 곳조차 없도다."

인자는 마가 이전의 예수 본인의 말버릇, 인자는 민중의 아들

"사람의 아들"은 마가가 지어낸 것이 아니고, 마가 이전의 자료에 분명히 존재하던 예수 본인의 전승이었다. 바로 그 사람의 아들이 안식일의 주인임을 선포하고 있는 것이다. 안식일 주인은 창조주인 하나님밖에는 없다. 하나님 밖에 안식일의 주인이 있다는 것은 유대교의 모든 논리에 정면으로 위배된다. 사람의 아들인 나! 목수 요셉과 나사렛 시골 색시 마리아 사이에서 난 사람의 아들, 평범한 민중의 아들인 나가 곧 안식일의 주인, 곧 하나님임을 선포한 것이다.

여기 이 마가의 선포가 없었더라면 요한복음의 "상호내재설the mutual in-dwelling"(요한복음 10:38, 14:10, 14:20, 17:21, 15:7~12)은 성립하지 않는다. 사람의 아들인 나 예수가 곧 안식일의 주인이다! 우리 인간, 보통사람 민중 모두가 안식일의 주인(여기 주인이라는 말은 "퀴리오스κύριός"인데, 주님, 왕King, 로드Lord를 의미한다)이다. 이 선언이야말로 역사적 예수가 진정으로 하고 싶었던 말이며, 바울의 새로운 율법주의·권위주의·부활주의에 대하여 마가가 우리에게 던지고 싶었던 유앙겔리온의 핵이었다(나의 『요한복음강해』 p.396을 참고).

서구인의 연역적 사유의 대질병

그런데 내가 이 엄청난 유앙겔리온과 더불어 해설해야만 하는 또 하나의 주제가 있다. 그것은 우리나라 민중신학(민중신학이라고 해봐야 실제로 안병무와 서남동의 신학적 관점을 중심으로 논의되는 것이다. 안병무에게 보다 치밀한 성서신학적 입장이 있다)이 이 문제를 바라보는 시각에 관한 것이다. 앞서 불트만의 "아포프테그마"를 설명했지만, 그것은 그의 양식사학이라고 하는 신학방법론을 구성하는 하나의 양식Form으로서 제시된 것이다(이 신학방법론을 이해하기 위해서는 불트만의 『공관복음전승사』라는 대작을 읽어야 한다. 나는 20대에 이 책을 읽었는데 당시 나에게는 너무도 난해한 책이었다).

그런데 이 하나의 양식인 아포프테그마를 구성하는 데 있어서도 가장 핵심적인 양식은 예수의 말씀자료(로기온)이다. "태초에 말씀이 있었다"는 요한의 말은 서구인들의 본질적인 성벽性癖을 말해주는 속담 같은 것이라고 나는 생각한다. 서구인들은 시·공을 가리지 않고 관념이 사실을 지배한다는 망상에 사로잡혀 있다. 그것은 파르메니데스의 존재론 이후 플라톤을 거쳐 모두 연역적 사고에 배어있는 하나의 편벽중세이다. 말씀(로고스)은 언어이며 관념이며 연역의 대전제이며 근원이며 본질이며 실체이며 불변의 개념이다. 하나님이 불변의 실체라면, 존재자 아닌 존재 그 자체라면 어떻게 이토록 다양하게 시시각각으로 변하는 시공세계를 지배하겠다는 것인지 도무지 이해가 가지 않는다. 본질과 현상이라는 이원론으로 어떻게 이 세계에 침투하겠다는 것인가?

우리나라 민중신학의 대전제

우리나라 민중신학은 "태초에 말씀이 있었다"는 대전제를 "태초에 사건이 있었다"라는 명제로 바꾼다. 여기 "사건"은 현대물리학의 개념을 빌린 것이며 불트만이 그 영향을 받아 쓴 개념이다. 그런데 우리가 이 사건이라는 말을 제대로 이해하려면 가장 손쉬운 방법이 바로 불교의 삼법인 중의 하나인 "제법무아諸法無我 sarvadharmā ānatmānaḥ"라는 말을 이해하는 것이다. 여기 "제법"이란, 우리의 인식의 대상으로서 현현하는 모든 존재를 의미한다. 이 모든 존재는 "아我" 즉 "아트만ātman"을 갖지 않는다는 뜻이다.

아트만을 갖지 않는다는 것은 무엇을 이름인가? 그것은 결국 영원불변하는 고정적 실체, 즉 자기동일성을 갖지 않는다는 것이다. "제법무아"는 결국 "제법은 실체를 갖지 않는다"는 뜻이다. 제법은 현대물리학적으로 말하면 에너지의 뭉침일 뿐이요, 그것은 불변의 존재가 아니라, 끊임없이 변화를 일으키면서 가까스로 방편적인 자기동일성을 유지할 뿐이다. 불교학적으로 말하면, 『반야심경』에 쓰여진대로 그것은 "오온五蘊pañca-skandha"의 가합假合일 뿐이다. 나 도올이, 도올로서 불변하는 것이 아니라 그것은 일시적인 색色·수受·상想·행行·식識의 가합일 뿐인 것이다. 걷다가 노변의 풀뿌리에 채여 자갈에 머리가 깨져도 그 가합이 흩어질 수도 있는 것이다.

요한복음, 영지주의의 이원론 체계

서구인들은 이 제법의 무아성을 코스모스의 세계현상에만 적용하고 하나님이나 말씀이나 관념에는 적용하지 않는 오류로써, 그 정신사의 대맥을 일관되게 유지해왔다. 요한복음은 이 로고스사상과 빛(하나님과 그의 아들 예수)과 어둠(코스모스)의 이원론을 견지하는 영지주의Gnosticism를 짬뽕하여 만들어진 독특한 문학이다.

민중신학의 예수사건, 전태일사건

민중신학은 이런 미신적 전제들을 일소해버리고 "예수는 갈릴리의 인격적 실체가 아니라 갈릴리 민중의 사건"이었다고 선포한다. 예수가 "실체"가 아닌 "사건"이었다면 그 사건은 인간세 시공의 어느 지평에서든지 일어날 수 있다. "예수사건"은 AD 30년경 갈릴리 – 예루살렘의 지평에서 일어난 어떠어떠한 모 인간의 개인적 사태에 국한되지 않는다.

안병무는 1970년 11월 13일, 청계천 평화시장 노동자들의 열악한 노동조건의 개선을 위하여 죽을 힘을 다하여 노력하다가 도무지 개선을 위한 루트가 다 봉쇄되어 있음을 깨닫고 자기 몸에 불을 붙여 분신자살한 "전태일사건"에서 "예수사건"을 최초로 성서문헌상의 사건이 아닌 삶의 현장의 사건으로서 "실감實感"한다. 전태일은 노동자생활을 하면서 노동자의 실태를 조사했고, 그들의 인권과 근로환경개선을 위한 친목회를 조직하고 권리청원활동을 벌이고, 노동자집회를 주도한다. 박정희 대통령에게 편지도 써보았고, 언론사에 실태의 고발도 해보았지만, 결국 모든 노력이 노동자들의 삶의 구체적 개선을 위한 조치에 이를 수 없다는 절망감에 사로잡히자, 현행 근로기준법이 노동자들의 인권을 보호하지 못하는 무능한 법임을 고발하기 위하여 근로기준법 화형식을 거행한다.

전태일은 그 자리에서 온몸에 석유와 휘발유를 붓고 라이타를 켰다. 온몸에 불이 붙은 채 평화시장을 뛰었지만 그는 방치되었다. 실려간 인근 병원에서 의사가 1만 5천 원짜리 주사 두 대면 우선 화기는 면할 수 있다고 말하면서 근로감독관에게 가서 보증을 받아오라고 했다. 그런데 감독관은 보증을 거부하고 도망쳤다. 그 의사에게 살려달라고 애원하는데도 그 의사는 주사약이 없다고 하면서 서울 성모병원으로 후송시킨다. 결국 전태일은 성모병원 응급실에서 장시간 방치된 후 숨을 거둔다.

전태일의 부활

사람 목숨(프뉴마)이 1·2만 원의 가치로도 인지가 되지 않는 사회의 부조리 속에서 죽음을 선택한 전태일! 전태일의 죽음으로 우리나라 노동운동은 시작되었다.

그는 죽음(십자가)으로써 뭇 생명의 권리를 부활시키고 그 부활 속에 자신의 영원한 이름을 남겼다. 전태일은 오늘까지 우리 가슴속에 기억되고 있다. 이 "기억"이야말로 전태일의 부활이 아니고 무엇이랴!

불트만은 23~28절 아포프테그마의 분석에 있어서도 어디까지나 "안식일이 사람을 위하여 있는 것이지, 사람이 안식일을 위하여 있는 것이 아니다"라는 예수의 말씀(로기온)을 전체 해프닝에 선행하는 것으로 본다. 그 말씀을 전승하는 과정에서 초대교회의 케리그마에 따라 그 이야기가 구성되고 추가되었다는 것이다. 그러니까 전체 아포프테그마로부터 우리가 얻어낼 수 있는 것은 말씀과 케리그마밖에 없다는 것이다.

안병무의 불트만 케리그마 중심주의에 대한 냉혹한 비판

그러나 안병무는 이러한 불트만의 케리그마 중심주의를 철저히 배격한다. 이 아포프테그마에 있어서도 선행한 것은 예수의 말씀이 아니라 민중의 사건이었다는 것이다. 그 사건은 민중이 배고파서, 하도 배고파서, 안식일인 줄 뻔히 알면서도 참다못해 밀이삭을 훑어먹는 사건, 그 사건이 실제로 선행하였다는 것이다. 그것은 예수의 명언을 정당화하기 위한 케리그마적인 구성이 아니다. 그것은 관념적 구성이 아니라 민중의 배고픈 현장의 현실일 뿐이었다는 것이다. 예수는 바로 그 현실을 두고 안식일율법을 운운하는 당대의 지배층을 향해 "안식일이 사람을 위해 있는 것이지, 사람이 안식일을 위해 있는 것이 아니다"라고 항거하였다는 것이다.

민중의 인권선언

이것은 바로 민중의 인권선언인 것이다. 인류사상 유례를 보기 힘든 최초의 "인권선언Declaration of Human Rights"이라 말할 수 있는 것이다. 민중의 배고픈 현장을 쏙 빼버리고 예수의 "말"만을 중시하는 서구신학자들의 성서읽기는 우리나라 민중신학적 성서읽기 방법과는 대차가 있는 것이다. 사건은 말씀에 앞선다. 복음은 관념이 아니다. 그것은 사건의 연속인 것이다.

3:1~6, 연속된 5개의 충돌사화의 마지막 케이스

3장 1절에서 6절까지는 또다시 예수가 시나고그에서 안식일에 손 마른 사람을 치유하는 이야기가 실려 있다. 연속된 5개의 "충돌사화conflict stories"의 마지막 케이스이다("충돌"이란 종교적 지도자들과의 충돌Conflict with the Religious Leaders을 의미한다). 이 충돌의 텐션은 드디어 "예수를 어떻게 죽일 것인가" 하는 것을 모의하는 장면으로 끝나고 있다. 다시 말해서 충돌사화의 진행의 종국에서 예수의 죽음을 암시함으로써 닥쳐올 수난을 이미 갈릴리사역 전기에서 예고하고 있는 것이다.

손 마른 사람

"손 마른 사람"(안트로포스 엑세람메넨ἄνθρωπος ἐξηραμμενην)이라는 것은 손(팔)에 마비증세가 있는 사람을 일컫는 것인데 단어선택으로 보아 선천적 장애자를 일컫는 것은 아닌 것 같다. "엑세람메넨"의 원형은 "크세라이노ζηραίνω"인데 원래 물이 마른다, 식물이 시든다는 것을 의미한다. 그러니까 후천적인 사고로 인하여 몸이 부상을 입은 것을 의미한다. 아마도 중풍의 부산물이거나, 골절로 인하여 혈액순환이 안돼 손이 오그라붙는 현상을 가리키고 있는 것 같다. 그러니까 드라마틱한 치료의 가능성이 없는 것은 아니다. 이 사화에서는 예수를 고발하는 자들이 정확하게 누구인지 지목이 되어있질 않다. 회당의 장소도 애매하고 예수를 송사하는 자들이 누구인지 구체화하지를 않았다. 그냥 어떤 사람들이라는 식으로 얼버무렸다.

그들이 회당에 온 목적은 하나님을 경배하기 위한 것이 아니라, 예수에 대해 스파이질 하기 위한 것이었다. 예수는 손 마른 사람에게 이른다: "회당 한가운데로 오라!" 그리고 예수가 뭔 짓을 할지를 꼬나보고 있는 자들을 향해 이와 같이 외친다. 하여튼 여기에는 "메시아 비밀"이 개재될 틈이 없다. 모든 것이 공개된 오픈 스페이스의 한가운데서 일어나고 있는 것이다. 예수는 외친다: "안식일에 선을 행하는 것(ἀγαθὸν ποιῆσαι아가톤 포이에사이)이 옳으냐? 악을 행하는 것(κακοποιῆσαι카코 포이에사이)이 옳으냐? 생명을 구하는 것(ψυχὴν σῶσαι프쉬켄 소사이)이 옳으냐? 죽이는 것(ἀποκτεῖναι아폭테이나이)이 옳으냐?"

A 선을 행하는 것ἀγαθὸν ποιῆσαι

B 악을 행하는 것κακοποιῆσαι

A′ 생명을 구하는 것ψυχὴν σῶσαι

B′ 죽이는 것ἀποκτεῖναι

선을 행함＝생명을 구함, 악을 행함＝생명을 죽임

A와 B의 짝을 맞춘다면 "악을 행하는 것"은 "카콘 포이에사이κακὸν ποιῆσαι"로 쓰는 것이 더 자연스러우나 "카코포이에사이"라는 한 단어로 축약시켰다. 이러한 축약법은 B′에서도 마찬가지다. "생명을 죽이는 것"(프쉬켄 아폭테이나이ψυχὴν ἀποκτεῖναι)으로 했어야 했는데 "생명을"을 생략해버렸다. 이것은 A와 A′를 B와 B′에 비해 더 강조한 용법이다. 그리고 A와 A′, B와 B′는 모두 같은 계열의 의미이지만, A보다는 A′가, B보다는 B′가 더 심화된 내용이라는 점에서 점층적 구조이다. 그 궁극적 의미내용에 초점을 맞춘 것이다. 선을 행한다는 것은 결국 생명을 구하는 것이요, 악을 행한다는 것은 결국 생명을 죽이는 것이다. 선과 악의 문제를 생명과 죽임으로 환원시킨 예수의 사고는 매우 동방적 사유와 상통한다고 말할 수 있다.

노자의 견강과 유약, 주역의 생생

노자는 말한다: "딱딱하고 고집스러운 것은 죽음의 무리요, 부드럽고 연약한 것은 삶의 무리다. 堅强者死之徒, 柔弱者生之徒." 율법주의의 견강성堅强性, 안식일에 율법의 견강을 유지하는 것은 결국 모든 것을 죽음에 빠뜨리는 것이다. 안식일은 유약함을 위하여 필요한 것이다. 유약성이야말로 생명의 근원이다. 하나님도 견강하면 죽음의 하나님이고, 하나님도 유약하면 생명의 하나님이다. 죽음의 하나님은 하나님이 아니다. 오로지 생명의 하나님만이 하나님이다.

예수는 자신의 행동을 생명을 구하는 것으로 규정하였고, 바리새인, 율법주의자들의 행동을 생명을 죽이는 것으로 규정한 것이다. 이와 같이 유대종교지도자들의 사고 및 행위와 자신의 사고와 행위를 사死와 생生으로 대비시킴으로써, 자신이 이 땅에 온 궁극적 의미를 선포하고 있는 것이다. 나는 이 땅에서 선을 행함으로써 생명을 전하고자 온 것이다. 기존의 모든 종교는 악을 행하고자 한 것이며 생명을 죽이고자 한 것이다. 예수의 본질은 영원한 생명이다. 예수라는 사건은 『주역』이 말하는 바 "생생지위역生生之謂易"의 "생생生生"(생하고 또 생한다)인 것이다. 오늘 이 땅의 기독교는 살림을 위한 것이냐? 죽임을 위한 것이냐? 솔직히 답변해보라!

> 저희가 잠잠하거늘, 저희 마음의 완악함을 근심하사 노하심으로
> 저희를 둘러보셨다.

포로시스, 마음의 완악함

나 도올의 질문에 잠잠하는 자들이여! 내가 근심하는 것은 너희들 마음의 완악함(포로세이πωρώσει)이로다! 여기 "포로시스"라고 하는 표현은 노자가 말하는 "견강堅强"의 의미와 거의 동일하다. 그것은 둔함이요, 무감각이요, 막힘이요, 완고함이요, 소통을 모르는 것이다. 즉 "메타노이아"의 가능성이 차단된 것이다. 예수는 인간의 마음의 "포로시스"에 극심한 연민을 느낀다. 예수가 가장 싫어하는 것은 "마음의 완악함"이다. 오늘날 우파임을 자처하든 좌파임을 자처하든 문제는 "마음의 완악함"에 있다. 교육에 있어서도 진보를 자처하든 보수를 자처하든 모두가 마음이 완악하다는 데 문제가 있는 것이다.

예수는 분노 속에 그들을 쳐다본다(카이 페리블렙사메노스 아우투스 메트 오르게스καὶ περιβλεψάμενος αὐτοὺς μετ᾽ ὀργῆς). 그들의 완악함이 예수를 분노하게 만든 것이다. 그리고 손이 오그라든 그 사람에게 말한다.

219

"그대의 손을 펴라!"

즉각적으로 그의 손은 온전하게 펴졌다. 이 삶의 행위에 대하여 바리새인들과 헤롯당은 예수를 죽일 것을 의논한다. 여기서도 살림과 죽임이 명료하게 대비되어 나타나고 있다. 마가의 숨은 코드는 무궁무진하다.

헤롯당, 친일파그룹

여기 "헤롯당"(헤로디아노이)은 정체가 불분명하다. 우선 그것이 하나의 독립된 정치적 파티party가 아니라는 것은 분명하다. 그리고 또 바리새파와 같은 종교적인 종파가 아니라는 것은 명백하다. 이 헤롯당이라는 것은 재미있게도 요한복음과 누가복음에는 전혀 등장하지 않는다. 그리고 이 마가─마태의 용례 이외의 2세기 이전 문헌에 전혀 나타나지 않는다. "헤롯당"이라는 것은 정당이나 종파일 수는 없다. 아마도 그 용어는 헤롯패밀리 그리고 헤롯 안티파스를 지지하는 우호세력으로서 사회적으로 영향력이 있는 유대인들을 느슨하게 가리키는 말일 것이다.

이들은 우리나라 일제 강점기의 성세 있는 친일파그룹과 비슷한 의미를 지니는 사람일 것이다. 그러니까 이들은 로마지지세력이었다. 바리새인들에게 이들 헤롯당 사람들이 가담하였고 이들은 함께 예수를 죽일 음모를 구체적으로 짜기 시작하였던 것이다. 텐션은 점점 달아오르고, 예수는 점점 더 본격적으로 갈릴리사역을 확대시켜 나간다.

갈릴리사역의 확대
〈 마가 3:7~35 〉

[7]Jesus withdrew with his disciples to the sea, and a great multitude from Galilee followed; also from Judea [8]and Jerusalem and Idumea and from beyond the Jordan and from about Tyre and Sidon a great multitude, hearing all that he did, came to him. [9]And he told his disciples to have a boat ready for him because of the crowd, lest they should crush him; [10]for he had healed many, so that all who had diseases pressed upon him to touch him. [11]And whenever the unclean spirits beheld him, they fell down before him and cried out, "You are the Son of God." [12]And he strictly ordered them not to make him known. [13]And he went up on the mountain, and called to him those whom he desired; and they came to him. [14]And he appointed twelve, to be with him, and to be sent out to preach [15]and have authority to cast out demons: [16]Simon whom he surnamed Peter; [17]James the son of Zebedee and John the brother of James, whom he

[7]예수께서 제자들과 함께 바다로 물러가시니 갈릴리에서 큰 무리가 좇으며

[8]유대와 예루살렘과 이두매와 요단강 건너편과 또 두로와 시돈 근처에서 허다(許多)한 무리가 그의 하신 큰 일을 듣고 나아오는지라

[9]예수께서 무리의 에워싸 미는 것을 면(兔)키 위하여 작은 배를 등대(等待)하도록 제자들에게 명하셨으니

[10]이는 많은 사람을 고치셨으므로 병에 고생하는 자들이 예수를 만지고자 하여 핍근(逼近)히 함이더라

[11]더러운 귀신들도 어느 때든지 예수를 보면 그 앞에 엎드려 부르짖어 가로되 당신은 하나님의 아들이니이다 하니

[12]예수께서 자기를 나타내지 말라고 많이 경계하시니라

[13]또 산에 오르사 자기의 원하는 자들을 부르시니 나아온지라

[14]이에 열 둘을 세우셨으니 이는 자기와 함께 있게 하시고 또 보내사 전도도 하며

[15]귀신을 내어쫓는 권세도 있게 하려 하심이러라

[16]이 열 둘을 세우셨으니 시몬에게는 베드로란 이름을 더하셨고

[17]또 세베대의 아들 야고보와 야고보의 형제 요한이니 이 둘에게는 보아너게 곧

surnamed Boanerges, that is, sons of thunder;

[18]Andrew, and Philip, and Bartholomew, and Matthew, and Thomas, and James the son of Alphaeus, and Thaddaeus, and Simon the Cananaean,

[19]and Judas Iscariot, who betrayed him.

[20]Then he went home; and the crowd came together again, so that they could not even eat.

[21]And when his family heard it, they went out to seize him, for people were saying, "He is beside himself."

[22]And the scribes who came down from Jerusalem said, "He is possessed by Beelzebul, and by the prince of demons he casts out the demons."

[23]And he called them to him, and said to them in parables, "How can Satan cast out Satan?

[24]If a kingdom is divided against itself, that kingdom cannot stand

[25]And if a house is divided against itself, that house will not be able to stand.

[26]And if Satan has risen up against himself and is divided, he cannot stand, but is coming to an end.

[27]But no one can enter a strong man's house and plunder his goods, unless he first binds the strong man; then indeed he may plunder his house.

[28]"Truly, I say to you, all sins will be forgiven the sons of men, and whatever

우뢰雨雷의 아들이란 이름을 더하셨으며

[18]또 안드레와 빌립과 바돌로매와 마태와 도마와 알패오의 아들 야고보와 및 다대오와 가나안인 시몬이며

[19]또 가룻 유다니 이는 예수를 판 자러라

[20]집에 들어가시니 무리가 다시 모이므로 식사할 겨를도 없는지라

[21]예수의 친속들이 듣고 붙들러 나오니 이는 그가 미쳤다 함일러라

[22]예루살렘에서 내려온 서기관들은 저가 바알세불을 지폈다 하며 또 귀신의 왕을 힘입어 귀신을 쫓아낸다 하니

[23]예수께서 저희를 불러다가 비유로 말씀하시되 사단이 어찌 사단을 쫓아낼 수 있느냐

[24]또 만일 나라가 스스로 분쟁하면 그 나라가 설 수 없고

[25]만일 집이 스스로 분쟁하면 그 집이 설 수 없고

[26]만일 사단이 자기를 거스려 일어나 분쟁하면 설 수 없고 이에 망하느니라

[27]사람이 먼저 강한 자를 결박結縛지 않고는 그 강한 자의 집에 들어가 세간을 늑탈勒奪치 못하리니 결박한 후에야 그 집을 늑탈하리라

[28]내가 진실로 너희에게 이르노니 사람의 모든 죄와 무릇 훼방毁謗하는 훼방은

blasphemies they utter;
²⁹but whoever blasphemes against the Holy Spirit never has forgiveness, but is guilty of an eternal sin"—
³⁰for they had said, "He has an unclean spirit."
³¹And his mother and his brothers came; and standing outside they sent to him and called him.
³²And a crowd was sitting about him; and they said to him, "Your mother and your brothers are outside, asking for you."
³³And he replied, "Who are my mother and my brothers?"
³⁴And looking around on those who sat about him, he said, "Here are my mother and my brothers!
³⁵Whoever does the will of God is my brother, and sister, and mother."

사하심을 얻되
²⁹누구든지 성령을 훼방하는 자는 사하심을 영원히 얻지 못하고 영원한 죄에 처하느니라 하시니
³⁰이는 저희가 말하기를 더러운 귀신이 들렸다 함이러라
³¹때에 예수의 모친과 동생들이 와서 밖에 서서 사람을 보내어 예수를 부르니
³²무리가 예수를 둘러 앉았다가 여짜오되 보소서 당신의 모친과 동생들과 누이들이 밖에서 찾나이다
³³대답하시되 누가 내 모친이며 동생들이냐 하시고
³⁴둘러 앉은 자들을 둘러 보시며 가라사대 내 모친과 내 동생들을 보라
³⁵누구든지 하나님의 뜻대로 하는 자는 내 형제요 자매요 모친이니라

전체적 구도

7절부터 12절까지 예수는 두 번째로 갈릴리호숫가로 온다. 그리고 엄청난 군중이 몰려드는 광경이 묘사되어 있다. 마가 드라마의 구성상, 바리새인들과 헤롯당 사람들이 예수를 죽음으로 몰아넣는 공모를 꾀하는 그런 긴장감 있는 장면이 6절에 등장하자마자, 예수는 대규모의 민중의 지지를 얻으면서 그의 사역을 적극적으로 확대시켜나가는 사회적 운동social movement를 전개한다. 그러나 그의 사회적 운동은 천국운동이지 정치운동이 아니다.

동학운동에 남·북접은 없었다

이러한 문제는 우리나라 동학사에서도 전봉준에 의하여 불가피하게 전개되었던 정치투쟁노선과, 보다 본질적인 "다시개벽Remaking of the Cosmos"의 포괄적인 사회운동을 전개하였던 해월 최시형의 노선의 대비적 성격에서도 동일하게 드러난다. 그러나 동학사를 쓰는 사람들이 구체적인 정황을 이해하지 못하고 후대 학자들의 관념적 언어에 따라 북접이니 남접이니 하는 말들을 함부로 쓰고 있으나 동학에는 실로 북접・남접이 따로 있을 수 없다. 수운의 도통을 이은 해월의 민중운동만이 그 주체였고, 해월이 "북도주北道主"라는 말을 즐겨 썼기 때문에 오해가 생기게 된 것이다. 전봉준이 이끈 전라도의 동학혁명은 그 자체의 필연성에 의하여 폭발된 민중의 울분이지, 거기에 무슨 북접과 남접의 대립이 있었던 것은 아니다. 동학이 추구한 것은 일관되게 "개벽운동"이었다. "개벽開闢"(새로운 세상이 열린다라는 뜻)은 메타노이아였고, 영육을 포섭하는 전인적인 "정신개벽"이었다(정精은 하초, 물리적 측면. 신神은 상초, 정신적 측면).

3:7부터 6:6까지 연속되는 한 단락

갈릴리호숫가 군중사건으로부터 예수의 후기사역이 시작되는 것으로 보는 시각도 있으나, 역시 예수의 후기사역the Later Galilean Ministry은 6:7~13에 실려 있는 12제자의 파송을 기점으로 삼아야 할 것이다. 그러니까 3:7부터 시작되는 이야기들은 6:6까지 연속되는 한 단락을 형성하고 있다.

오클로스와 플레토스

3:7의 장면은 예수가 두 번째 갈릴리호숫가에 왔을 때의 정황을 묘사하고 있다. 여기에 "큰 무리"가 몰려들었다고 했는데, 이 첫 번째 무리는 갈릴리로부터 온 무리이다. 그리고 다시 8절에 "허다한 무리"가 나타나는데, 이 허다한 무리는 팔레스타인의 핵심부인 유대와 예루살렘, 그리고 이두매와 요단강 건너편(현재 요르단 국가의 영역), 그리고 두로Tyre와 시돈Sidon(현재 레바논과 시리아 일부)으로부터 온 무리이다. "큰 무리πολὺ πλῆθος"와 "허다한 무리πλῆθος πολὺ"는 동일한 단어의 다른 번역일 뿐이다.

도올의 마가복음 강해

그런데 우리의 이목을 끄는 중요한 사실은 여기 쓰인 단어가 "오클로스"가 아니고, "플레토스πλῆθος"라는 것이다. 오클로스와 플레토스는 어떻게 다른가? 마가에서 "플레토스"라는 말은 단지 7절과 8절에서 2회 사용되었을 뿐 일체 다른 곳에는 나타나지 않는다. 그렇다면 오클로스와 플레토스는 어떻게 다른가? 오클로스는 라오스와 대비되는 말로써, 국가조직과는 무관한 그냥 잡중雜衆이다. 라오스가 "국민"이라면 오클로스는 국가로부터 소외된 "민중"이라고 말할 수 있다.

그런데 "플레토스"는, 오클로스가 소외되고 디시플린을 결여한 민중undisciplined masses, 즉 계급적 맥락의 의미가 강하다고 하다면, "다수" "다중" 즉 "전체"라고 하는 "많음"의 숫자적 맥락의 의미가 강하다고 말할 수 있다. 게다가 "폴뤼πολὺ"라고 하는 많다는 의미의 형용사를 다시 첨가하여 그 많음의 드라마틱한 의미를 더욱 강조하고 있다. 다수라는 것은 소수를 전제로 하는 것이다. 플라톤은 이데아가 소수 개별자에 깃드는 것이 아니라, 다수, 개별자들의 집합인 전체에 깃드는 것이라고 생각했다. 따라서 그에게 있어서 다수는 통일체이다.

소수의 죽임, 다수의 살림

그러니까 여기 마가가 "플레토스"를 특별히 차용한 것은 앞 단의 마른 손을 펴준 치유사화의 마지막 절이 바리새인들과 헤롯당과 사람들이 예수를 살해하는 것을 음모하는 장면으로 끝난 것과 관련이 있다. 즉 예수살해의 음모자들은 소수일 수밖에 없다. 이 소수의 음모에 대하여 예수를 지원하고 믿고 따르고 구원의 희망을 발견하는 자들은 다수, 즉 거의 민족 전체라는 것을 대비시킴으로써 복음의 성격을 강렬하게 드러내고 드라마적 긴장을 고조시키고 있는 것이다. 점점 그 대결의 골은 깊어져가고만 있는 것이다. 소수의 "죽임"의 세력과 다수의 "살림"의 세력의 대결은 마가의 예수이야기의 핵심적 주제 중의 하나이다.

마가의 국제적 스케일, 예수의 활동무대

플레토스의 주체는 어디까지나 갈릴리의 민중이다. 이 갈릴리의 플레토스는 실제로는 가버나움을 중심으로 한 민중이다. 그러나 플레토스라는 표현을 씀으로써 갈릴리의 민중 전체가 예수편에 서있다는 인상을 던져주고 있는 것이다. 이 갈릴리의 플레토스에다가, 남쪽으로 유대광야와 예루살렘 그리고 이두매 지역, 그리고 동쪽으로 요단강 건너편의 데카폴리스(데가볼리), 페레아(베레아) 지역, 그리고 북서쪽으로 두로와 시돈 즉 페니키아문명 지역, 이 모든 지역의 전 플레토스가 예수에게 가담하고 있는 것이다.

이것은 사마리아를 특별히 따로 언급하지는 않았지만, 당대 팔레스타인의 유대인 지역전체를 포괄하는 것이며, 예수 복음의 선포지역의 아우트라인을 나타내고 있는 것이다. 다시 말해서 이것은 마가의 예수드라마의 무대설정범위를 나타내는 것이다. 이것은 예수의 선교활동이 비록 갈릴리를 중심으로 이루어진 것이기는 하지만, 실제로 얼마나 국제적인 스케일의 이방인 지역을 포섭하고 있었는지를 과시하고 있는 것이다. 마가는 예수를 "갈릴리의 촌놈"으로 만들고 싶질 않은 것이다.

바울의 이방인 선교개념을 포섭

마가가 그리는 예수의 활동범위는 당대의 국제적 코스모스 전체를 포섭한다. 그래서 예수의 활동범위를 가능한 한 넓게 잡으려고 노력한다. 그리고 그 지역 공간의 현실적 위상을 고려하여 "예수에게 몰려드는 사람들"의 범위로써 예수활동의 국제적 성격을 간접적으로 나타내고 있는 것이다. 이것은 바울의 이방인선교의 특성이 이미 예수의 삶에서도 이미 실현된 것이라는 사실을 과시하고 있는 것이다.

이두매, 에돔, 페트라

여기 언급된 지역 중에서 실제로 예수가 발길이 미치지 않은 곳은 이두매 Idumea 하나뿐이다. 이두매는 헤브론Hebron 남쪽 지역인데, 실제로 갈릴리—예루살렘을 축으로 하는 예수드라마의 플로트구조 속에서는 예수가 구태여 행차하기

페트라 사암의 붉은 느낌

는 어려운 지역이다. 이두매라는 것은 에돔Edom의 희랍어표기방식인데, 예수시대에 이두매와 관련하여 가장 유명한 것은 유대인의 실제적 지배자인 헤롯대왕이 바로 이두매사람이라는 사실이다. 이두매에 관하여는 약간의 설명이 필요할 것 같다.

이두매 즉 에돔이라는 명칭은 "붉다"라는 어원과 깊은 관련이 있다. 우선 에돔의 거주지역이 붉은 사암지대이기 때문에(그 유명한 페트라Petra가 에돔사람들Edomites의 거주지역이다. 이두매 전역이 붉은 사암지대이다) 그런 이름이 붙었지만, 그 조상들의 이야기에도 "붉은"이라는 이미지와 관련된 고사가 많다.

에돔, 에서의 후손들을 집단적으로 일컫는 말

에돔은 이삭의 쌍둥이 두 아들 중 형인 에서Esau의 후손들을 집단적으로 일컫는 말이다(창 36:1, 8). 에서는 사냥을 좋아하고 들에서 살며 매우 호탕한 성격의 인물인데 반해, 그의 동생 야곱은 성격이 소극적이고 차분하여 천막에 머물러 살았다. 이삭은 에서가 사냥해 오는 고기에 맛을 들여 에서를 더 사랑하였고, 리브가(이삭의 부인)는 고분고분하여 자기 옆에 항상 머무는 야곱을 더 사랑하였다.

에서는 어느날 들판에서 돌아와 너무 배가 고파 야곱이 끓이고 있는 "붉은 죽"을 먹자고 하였는데 야곱은 그 틈에 에서에게 장자의 상속권을 팔라고 요구한다. 에서는 배가 고픈 나머지 "붉은 죽" 한 그릇에 그의 장자상속권을 야곱에게 팔아 넘긴다. 이 "붉은 죽"의 이미지는 에서의 이름이 에돔으로도 불리게 되는 사연이 된다(창 25:30~31). 뿐만 아니라 에서는 태어날 때부터 살결이 붉은데다가 온몸이 털투성이었다. 그래서 이름을 에서라 한 것이다(창 25:25).

이스라엘의 개념 속에 에서의 후손들은 들어가지 않는다

그 후에 이삭이 임종에 가까웠을 때 야곱이 속임수를 써서 에서에게 갈 아버지의 축복을 가로챈 이야기는 우리에게도 잘 알려져 있다. 이 일로 야곱과 에서는 갈라지게 된다. 그리고 속임수로 아버지의 축복을 가로챈 야곱이 하나님으로부터 "이스라엘"이라는 이름을 얻게 되었고, 그의 12아들(12지파)의 후손을 우리가 이스라엘이라 부르는 것이다. 그러므로 이스라엘이라는 개념 속에 에서의 후손은 들어가지 않는다.

에서의 후손들은 출애굽과도 관계없다

그러니까 에서의 후손들은 출애굽의 역정과도 관련이 없다. 보통 에돔이라는 지역은 사해 남쪽으로 뻗어있는 와디 아라바Wadi Arabah의 동·서 양쪽 지역을 포섭하는데, 성서상으로 이 지역은 세일Seir이라고도 불린다(창 32:3, 36:8, 사 5:4). 하여튼 에서의 후손들은 이곳에 일찍부터 정착하였고 독자적인 전통을 수립하였다. 이 지역은 농경이 가능한 곳이었다. 지정학적으로도 유대광야(예루살렘)와 아카바만the Gulf of Aqaba을 연결하는 물류의 통로를 장악하고 있는 중요한 지역이었다.

이스라엘의 역사, 사기, 보복, 도륙, 약탈의 역사

우리는 중동(근동)의 고대세계를 생각할 때(이것이 서구문명 아니 세계문명의 근원이라는 착각을 더불어 가지고 있다), 암암리 이스라엘 중심으로 생각하는 오류에 함몰되어 있다. 이스라엘 민족이 세계인들이 가장 보편적으로 애독하는 구약의 역사를 남겼고, 그 역사의 주축이 이스라엘의 구속사이기 때문에 우리는 암암리, 아니 무의식적으로, 이스라엘 민족에 대해 도덕적 우위moral priority라든가 선민Chosen People으로서의 정당성을 부여하고 있다.

그러나 이스라엘의 조상은 실로 사기꾼이다. 여러분들이 창세기 34장에 나오는 이야기, 야곱의 아들들이 세겜의 온 성을 도륙하고 약탈하는 이야기를 읽어본다면, 이스라엘 민족이 얼마나 야만적이고, 관용과 도덕적 타협을 모르는 잔악한 민족인가 하는 것을 잘 알 수 있을 것이다. 사기, 보복, 도륙, 약탈만을 일삼는 사람들, 그들에게 신의 소명으로서 주어진 "젖과 꿀이 흐르는 가나안 땅의 약속"(출 3:8, 17)이라는 것 자체가 강탈 외에 아무 것도 아니었다. 도륙과 약탈의 역사는 계속되었다. 야훼의 유일신앙이라는 것 자체가 이러한 약탈을 정당화하기 위한 방편일 뿐이다.

유일신관, 민족우월의식을 전제로 하는 전쟁의 이념일 뿐

모든 유일신관은 민족우월의식을 전제로 하는 전쟁의 이념일 뿐이다. 그것은 어떠한 경우에도 정당한 신관의 자격이 없다. 하나님이 진정으로 유일하기 위해서는 "하나"라는 개념을 초월하지 않으면 아니 된다. 그것은 "하나"가 아닌 "전체"이어야 하며, 전체는 모든 존재의 다양성을 포섭하지 않으면 아니 된다. 그것은 인간의 언어 저편의 절대적 타자인 동시에 이 세계의 전체를 포섭해야 하는 것이다. 신이 이 세계를 창조했다고 한다면, 동일한 논리로 이 세계는 신을 창조했다고 말할 수 있다. 신은 창조의 과정Process of Creation일 수밖에 없다.

에돔과 이스라엘 사이, 메꿀 수 없는 배신의 간극

에돔, 그러니까 에서의 후손의 족장들의 계보는 창세기 36:15~30에 기록되어 있으며, 일찍이 이스라엘에 왕제가 생겨나기 이전부터 왕제가 정착되었다고 보고하고 있다(36:31~43). 왕국의 역사가 오래된 것이다. 이들은 아라비아의 동편에 거주하고 있었다. 민수기 20:14~21에 보면, 모세가 이끄는 이스라엘의 출애굽 무리들이 에돔왕 영토의 변경, 카데쉬Kadesh-barnea(시내광야와 유대광야의 접경지역)에 이르렀을 때 에돔땅 왕의 대로The King's High Way(전통적인 지름길, 지금까지 유지되고 있다)를 지나갈 것을 간청한다.

왕의 대로를 벗어나는 일체의 민폐행위를 하지 않겠다고 빌고 또 빌어도 에돔 왕은 모세(이스라엘)에게 에돔의 영역에 발을 들여놓을 수 없다고 엄금의 명령을 내리고 군사를 풀어 막으려 한다. 모세의 출애굽 여정은 에돔 영역을 피해 우회해야만 했다. 이 사건만 보아도 에돔과 이스라엘 사이에는 메꿀 수 없는 배신의 간극이 있었던 것으로 보인다. 야곱(이스라엘민족)의 기만술에 또다시 당할 수 없다는 결의에 찬 단호함이 엿보인다.

이두매(에돔) 사람 헤롯대왕의 이스라엘 지배는 묘한 아이러니

그러니 예수시대의 헤롯대왕과 그의 후손들의 이스라엘 지배는 역사적 누원 累怨에 대한 보복이라는 측면도 없지는 않을 것이다. 물론 이스라엘 사람들은 롯 Lot(아브라함의 조카)의 두 딸이 근친상간을 통해 낳은 두 아들의 후손인 모압족(큰딸의 후예)과 암몬족(작은 딸의 후예. 현재 요르단의 수도 암만Amman의 명칭이 암몬족Ammonites에서 왔다)보다는 야곱의 친형제 후손인 에돔사람들을 보다 가깝게 느낀다. 그러나 이스라엘에게 가까운 형제일수록 오히려 악랄한 적수가 될 수도 있다.

에돔의 역사

역사적으로 보면, 에돔이라는 명칭은 파라오 메르네프타Pharaoh Merneptah, BC 1236~1223(이집트학의 연대는 유동적이다. BC 1213~1203. 람세스2세의 아들) 치세기간에 등장하는데, 에돔의 베두인 족속들에게 나일델타 동편의 매우 풍요로운 땅에 정착하는 것을 허락하고 있다. 뿐만 아니라, 앗시리아제국은 BC 8세기 초로부터 에돔을 명료하게 독자적인 아이덴티티를 지닌 주요 왕국으로서 인지하고 있다. 하여튼 우리가 냉정하게 이 지역역사를 바라본다면, 에서-세일이 에돔 사람들의 조상이라는 관념은 야곱-이스라엘이 이스라엘 사람들의 조상이라는 관념과 동일한 무게를 지니고 병행되어 내려온 것임을 알 수 있다.

성서 이야기에서 에돔이 가장 구체적인 세력으로 드러나는 것은 사울과 다윗이 영토확장전쟁을 감행하면서 에돔을 굴복시켰다는 기록이다(삼상 14:47~48, 삼하 8:13~14). 다윗은 소금의 계곡the Valley of Salt에서 에돔 사람 1만 8천 명을 쳐죽이고 결정적인 승리를 거둔다. 이 소금의 계곡은 브엘세바Beer-sheba 남서쪽에 있는 와디 엘 밀크Wadi el-Milk(밀크는 소금을 의미) 지역으로 비정되고 있다. 이 다윗의 승리로 인하여 아카바만으로의 접근이 가능하게 되었고, 그 루트의 확보로 솔로몬 시대의 번영이 가능했던 것으로 보인다.

그러나 그 뒤로 에돔 사람들은 유다왕국에 반기를 들고 독자적인 왕국을 수립하는데 성공한다(왕하 8:20~22). 에돔왕국은 결코 유다왕국의 지배하에 있지 않았다.

나바테아왕국

BC 587년 바빌로니아제국에 의하여 예루살렘성이 파괴된 후로, 에돔 역시 느부갓네살에 의하여 정복을 당한 것으로 기록되어 있지만 에돔 지역의 아이덴티티는 유지된 것으로 보인다. 그리고 하스모니아왕조 때도 유대인과 이두매 사람들 사이에 충돌이 있었다. BC 4세기 이후에 에돔 지역에 나바테아왕국Kingdom of the Nabateans이 성립하였다. 신약시대에는 이두매 지역(사해 동남쪽)은 나바테아왕국으로 알려졌고, 그 중심지는 페트라였다. 에돔사람들은 유대교와 같은 유일신 신앙을 가지고 있지 않았으며, 풍요의 여신들과 남신들을 섬겼다. 경제는 목축과 농경과 국제적 상업으로 풍요롭게 유지되었으며 구리가 생산되었다.

나바테아왕국의 유적은 페트라 지역에 널려있다

　어쩌다가 "이두매"에 관한 설명이 좀 길어졌는데 내가 말하고자 하는 것은 마가는 예수의 사역의 범위를 가급적이면 인종이나 문화적 특성에 관계없이 넓게 잡으려고 노력한다는 것이다. 예수의 사역이 실제적으로 갈릴리 중심으로 이루어진 것임에도 불구하고, 그의 활동이 갈릴리에 국한된 것이 아니라는 국제적·보편주의적 감각을 첨가하고 있는 것이다.

마태복음 산상수훈 장면과의 비교

　우리에게 너무도 잘 알려져 있는 마태복음 산상수훈의 장면에 몰려든 무리의 범위(마 4:25)도 "갈릴리와 데가볼리와 예루살렘과 유대와 요단강 건너편에서 허다한 무리"라고 기술되어 있는데, 이것은 명백히 마태가 마가의 3:8의 기술을 베낀 것이다. 이 전사과정에서 마태는 "데가볼리"를 따로 첨가시켰고, "이두매"를 삭제시켰다. 아마도 유대인 민족주의 색채가 강한 마태는 이두매까지는 좀 과한 "구라"라고 생각했을 것이다.

도올의 마가복음 강해

맙 씬의 연출, 격리가능성이 중요

9절에는 특별한 맙 씬mob scene이 묘사되고 있는데, 그것은 뒤(막 4:1)에 나오는 "무대연출"장면과 연결되는 재미있는 광경이다. 무리에 둘러싸일 경우 대처해야 하는 현실적 감각이 잘 드러나 있다. 너무도 많은 군중이 몰려들었기 때문에, 아무리 예수인들 현실적으로 이 군중들의 성격을 다 파악할 수도 없고, 또 이 군중들의 절박한 상태는 항상 제어불가능한 폭도로 변할 수 있기 때문에 위험의 상황을 대피할 수 있는 장치가 필요한 것이다.

예수가 호숫가를 선택하는 이유도 여차하면 배를 타고 무리로부터 안전하게 격리될 수 있기 때문이다. 따라서 호숫가에서 민중들과 섞여 그들의 갈망을 듣고 풀어주지만 항시 그들로부터 유리될 수 있는 거룻배 한 척을 대기시켜 놓는 것이다. 여기서 중요한 것은 복음서에 나타나는 군중이 예수의 복음을 따르기만 하는 낭만적인 팔로우어가 아니라, 상당히 정치적이고 이념적인 성격을 지닌 민중이었다는 측면도 배제할 수 없다는 것이다. 예수는 하나님의 나라를 선포하는 것이 궁극적 목적이었지만 예수에게 몰려드는 오클로스는 일차적으로 예수를 민간에 떠돌아다니는 용한 힐러나 이적사miracle-maker로서만 파악한다.

여기 "병에 고생하는 자들"이라는 표현에서 "병"에 해당되는 말이 "마스티가 σμάστιγας"인데 그것은 "채찍"이라는 의미이다. 우리가 아프다고 하는 것은 채찍으로 얻어맞는 것보다도 더 심한 육체적 고통이요, 그로 인한 고뇌를 의미한다. 그 채찍질을 피하기 위해 예수에게 달려드는 오클로스의 모습, 그 오클로스에 둘러싸인 예수는 결코 낭만적인 힐러·기적사의 모습은 아니다. 그토록 처참하고 비참하고 혼란스러웠던 그들에게 천국을 선포한다는 것은 실상 지난한 과제상황이었다.

예수와 귀신들

예수를 올바로 인지하는 것은 사람이 아니라 귀신들(프뉴마타πνεύματα)이다. 귀신들은 영적인 존재들이다. 이 영적인 존재들이 사람보다 예수를 정확히 인지하는 것이다: "당신은 하나님의 아들(ὁ υἱὸς τοῦ θεοῦ)이니이다." 군중은 예수가 "하나님의 아들"이라는 것을 모른다. 그러나 귀신들은 예수에게, "우리는 당신이 누구인지를 정확히 압니다"라고 표명함으로써 예수의 기를 제압하려 한다. 그리고 자기들에게 해를 끼치지 않기를 갈망하지만 그것은 무의미한 시도이다.

예수는 귀신을 박멸하지 않는다. 단지 그들이 있어야 할 자리에 있지 않는 것을 허락하지 않는 것이다. 예수가 이 시점에서 "하나님의 아들"이라는 것이 알려지지 않기를 바라는 것은 너무도 당연한 것이다. 논리적으로도 하나님의 아들이라는 것은 오직 수난과 부활의 사건 이후에나 의미있는 아이덴티티의 규정성이다. 이것은 역사적 예수 본인이 하나님의 아들로서의 자의식을 소유했느냐 아니 했느냐의 문제와 무관한 별도의 마가 드라마상의 테마라고 말할 수 있다.

열두 사도

13절부터 12제자를 임명하는 사건이 실려 있는데, 이 사건은 예수의 공생애에서 매우 모순적인 성격을 지니고 있다. 개역성경에 번역상 그 단어가 드러나지 않았지만, 원문에는 "열둘을δώδεκα 사도로서 세웠다"라고 되어있고, 거기에 앞에서 쓴 "제자"(마데테스μαθητής)라는 말과는 구분되는 "사도," 즉 "아포스톨로스 ἀπόςτολος"라는 단어가 선택되고 있다. 마데테스는 그냥 학생, 배우는 사람이라는 뜻이며, 아포스톨로스는 "보내심을 받은 자"라는 뜻으로, 특별한 임무를 부여받고 파송된 사람이라는 뜻이다. 그런데 과연 역사적 예수가 "12제자"라는 특별히 선택된 측근세력에 둘러싸인 인물이었나 하는 것은 의문의 여지가 있다.

"12제자"라는 것은 "이스라엘의 12지파"라는 개념에서 유래된 상징적 의미(마 19:28)를 지니는 것일 뿐이며, 이스라엘의 회복이라는 유대인 민족주의를 이념화하고 있을 뿐이다. 이것은 전혀 예수의 실상과는 맞아떨어지지 않는다. "12제자"라는 개념은 예수 생애의 실제개념이라기보다는, 사도행전 1:12~26에서 보여지

도올의 마가복음 강해

는 바와 같이 초대교회의 주축을 형성한 인물군에서 유래된 후대의 사건으로 사료된다. 세례 요한의 세례로부터 승천하신 날까지 예수와 줄곧 같이 있던 사람 중 12명의 돈독한 인물을 선정하여 초대교회의 권위를 확보하였던 것이다. 하여튼 12제자라는 개념은 초대교회의 성립에 중요한 역할을 했고 그 뒤로도 "사도성"의 배타적 성격은 바울을 괴롭힐 정도로 기독교정통주의의 보루가 되었던 것이다.

마가가 "12사도" 책봉의 사건을 그의 복음에 삽입한 것은 초대교회의 일반적 관념과 타협한 것으로 보인다. 그러나 이 12사도의 문제는 실제로 마가복음의 전체맥락에서 하등의 의미를 지니지 않는다. 12사도의 이름도 공관복음서 3개가 제각각이며, 요한복음은 그 리스트도 제시하지 않는다. 마가는 그의 복음서를 구성하는데 있어서 12사도를 긍정적 맥락에서보다는 부정적 맥락에서 활용하고 있는 것이다. 12제자의 두목이라고 하는 베드로도 예수에 의하여 "사탄"이라고 지탄의 대상이 되며, 마지막까지 예수를 부인하고 배반할 뿐 하등의 의미 있는 역할을 수행하지 않는다. 마가는 12제자중심의 초대교회 케리그마 그 자체를 부정적으로 바라보고, 그 전승에 저항하고 있는 것이다.

12제자 선정 이유

우선 12제자를 선정한 이유가 제시되고 있는데, 그것은 첫째, 그들이 예수 곁에 같이 있게 하려 함이요(프라이버시의 격절이 없는 내밀한 이너서클의 사람들. 같이 생활하고, 같이 여행하며, 같이 대화하고, 같이 배우는 사람들), 둘째로는, 그들로 하여금 복음을 전파하게 하고 마귀를 쫓아내는 권능을 주려 함이었다. 진리를 선포하는 행위와 마귀를 쫓아내는 권능은 결국 한 동전의 양면과도 같은 것이다.

12제자의 이름을 살펴보면, 앞서 이미 나온 대로, 베드로와 그의 동생 안드레, 그리고 세베대의 아들 야고보와 그의 동생 요한, 이 4명은 갈릴리호숫가 가버나움 부근의 어부들이다. 그리고 마태Matthew는 알패오의 아들, 세리 레위Levi(막 2:14)를 가리킨다. 그리고 "가나안인 시몬Simon the Cananaean Σίμωνα τὸν

Kαναναῖov"은 로마식민통치에 대하여 무력적 저항을 표방하는 래디칼한 정치성향의 인물이다. 눅 6:15와 행 1:13에는 그를 "열성당원Zealot"으로 표기하고 있다. 여기 "가나안인"이라는 표현도 "열심"을 뜻하는 히브리어 "카나"에서 파생된 단어로서 열심당원이라는 뜻의 "젤롯"과 동일한 의미이다.

"가룟 유다Judas Iscariot"에 관해서도 여러 제설이 분분하다. "이스카리오트"라는 성이 "카리오트Karioth라는 지역으로부터 온 사람"을 뜻한다고도 하고, 또 자객의 의미를 지니는 "시카리오스*sikarios*"와 관련되어 있다고 말하기도 하고, 또 열성당원과 동일계열의 어반 테러리스트, 가슴에 단검을 품고 다니는 시카리 Sicarii(dagger people)임을 나타내는 말이라고도 한다. 하여튼 가룟 유다도 정치적 의식이 강한 인물임에는 틀림이 없는 것 같다.

12제자의 성향

이렇게 보면, 어부 4명, 세리(친로마 세력) 1명, 열심당원(반로마 세력) 1명, 배신자 1명, 그리고 나머지는 전혀 신원을 알 수 없는 인물들로 구성되어 있는 초라한 인물그룹이다. 가룟 유다에 관해서도 "예수를 판 자"라고 규정하고 있는 것을 보면, 이미 이 복음서의 청중들은, 춘향가를 들을 때 처음부터 어사출도 장면을 알고 있는 것처럼, 예수가 어떻게 죽었다는 것을 대강 알고 있는 것처럼 보인다. 물론 그러한 사정을 전혀 모르는 청중은 배반자가 이미 제자그룹 속에 숨어있다는 사실로 인하여 스릴 있는 긴장감과 기대감을 느끼게 될 것이다.

하여튼 이 12명은 모두가 평범한 인간이었고 특별한 지식이나 예능의 훈련을 거친 인물들이 아니다. 예수의 하나님나라운동이 이렇게 비천한 인물들을 통하여 이루어졌다는 것에 관하여 서구의 신학자들은 여러 측면에서 정당화의 예찬을 아끼지 않는다. 그러나 실제로 예수운동이 이러한 초라한 인물들을 이너서클의 핵으로 삼아 전개된 운동이라고 생각하는 것은 나이브한 설정에 지나지 않는다. 예수의 패션드라마에도 이들은 전혀 참여하고 있질 못하다.

그 열둘은 예수시대의 제도인가, 초대교회의 산물인가?

어쩌면 이 "열둘"은 "제자"라는 개념과는 별도로 설정된 특별한 제도일 수도 있다. 성서신학계에서는 "그 열둘"이라는 폐쇄적 개념과 "제자"라는 개방적 개념을 별도로 이해해야 한다는 논의가 주류를 이루고 있다. 논의의 핵심은 "그 열둘"이 과연 초대교회제도의 투영인가, 예수 자신의 생전 운동에까지 소급되는 제도인가 하는 문제에 있다 할 것이다. 그러나 이러한 문제는 정답이 있는 것이 아니다. 어차피 그 모든 가설이 진정한 역사를 기술하는 자료에 기초한 것이 아니기 때문이다.

사도행전에 의하면 "그 열둘"의 지도력이 초기 예루살렘공동체의 주축을 이루었다는 것이 확실시 된다고 말할 수 있겠지만 사도행전이라는 자료조차도 원시기독교 역사의 유일한 실상을 전하지는 않는다. 내가 판단하기에는 "12제자"라는 가설은 마가의 예수생애드라마 구성에 있어서 비극적 정취를 자아내기 위한 하나의 장치에 지나지 않는다. 예수운동 그 자체는 12명이라는 폐쇄적 서클과는 무관하게 진행된 것이다. 예수의 참된 제자들은 결코 "그 열둘"이 아니었던 것이다.

21절과 31절의 연속, 바알세불 논쟁사화의 삽입

20~21절의 단락에서는 예수의 가족·친지들이 예수를 "미쳤다"고 판단하여 그를 붙잡으러 나선 이야기가 나오고, 22절부터는 갑자기 예루살렘에서 내려온 서기관들이 예수가 바알세불에게 사로잡혔다고 모함하는 이야기가 나온다. 그리고 31절부터 다시 예수의 어머니와 형제들이 밖에서 예수를 불러달라고 사람을 들여보내는 장면이 나온다. 이것은 명백히 21절과 31절은 연속되는 한 이야기 흐름이었는데, 그 사이를 끊고 바알세불 논쟁사화(22~30절)를 삽입시킨 것이다. 이러한 삽입은 마가가 종종 사용하는 기법이다(5:21~43, 6:7~30, 11:12~25, 14:1~11).

20절의 "예수께서 집에 들어가시니"라고 표현한 것은 RSV성경에서 "Then he went home;"이라 번역한 것과 일치하는데, 좀 오해를 불러일으키기 쉬운 번역이다. 예수는 예수의 집으로 간 것이 아니라, 그냥 가버나움지역의 한 집으로 들어간 것이다. "Then Jesus entered a house"라는 NIV성경번역이 더 정확하다. 물론 이 집은 베드로와 안드레의 집일 가능성이 높지만(1:29), 그렇지 않을 수도 있다. 이 집의 공간성은 3장 끝까지 지속된다.

민중 속에 퍼져나가는 예수의 영향력

예수가 이 집에 들어서자마자 엄청난 인파가 다시 몰려든다. 여기 "무리"라는 단어에 사용된 것은 "오클로스"이다. 오클로스가 모여들어 예수의 일행은 "식사할 겨를도 없었다"고 했다. 여기 "식사"에 쓰인 단어는 "아르톤ἄρτον"인데 간단한 한두 개의 "떡"을 의미한다(성서에 언급되는 당시의 "빵bread"이라는 것은 오늘날 우리가 생각하는 베이커리의 보픈 빵이 아니라 인도요리집에서 나오는 "난naan"에 가까운 것이다. 그러니까 우리말의 "호떡"에 해당된다. "호胡" 자를 사용한 것을 보아도 우리 전통떡이 아닌 서역에서 전래된 것임을 말해준다. 아르토스는 "빵"보다는 "떡"으로 번역되는 것이 더 그 실상에 가깝다). 그러니까 제대로 된 한 끼의 식사meal를 먹을 수 없을 뿐 아니라, 간단하게 한두 개의 호떡을 집어먹을 수 있는 정도의 조그만 여유도 없었다는 것이다. 요즈음 말로 하면, 패스트푸드로 한 끼 때울 틈조차 없었다는 것이다. 왜? 사람들이 몰려들어서. 이러한 정황은 예수에 대한 민중들의 관심이 고조되어 가고 있었음을 잘 보여준다.

왜 예수의 가족들은 예수를 붙잡으러 나섰을까?

예수의 가족·친지들은 예수를 붙들러 나섰다. 여기 "붙들러"에 해당되는 헬라말은 "크라테사이κρατῆσαι"인데, 그 원형인 "크라테오κρατέω"는 "체포하다"는 뜻이다. 세례 요한이 헤롯에 의하여 붙잡혔다는 의미로 사용된 단어라는 사실을 고려하면(막 6:17, 12:12), 실제로 상당히 살벌한 가족들의 의식상태를 반영하고 있다. 가족들의 예수에 대한 오해와 무지는, 예수의 권능의 근원을 마귀두목인 바알세불에 귀속시키고 있는 예루살렘 산헤드린공회 소속의 서기관들의 인식구조와 하등의 다를 바가 없다는 것을 마가는 설파하고 있는 것이다. 마가가 왜 예수의

도올의 마가복음 강해

가족설화 한 가운데 갑자기 바알세불논쟁설화를 삽입시켰는지를 우리는 맥락적으로 이해해야 한다. 가족의 예수인식구조가 서기관의 "예수 = 바알세불 똘마니" 인식구조와 동일하다는 것을 강조하고 있는 것이다.

이러한 가족의 광열하고도 비열한 의식상태를 전제로 할 때, 자기의 엄마를 목전에 놓고, "누가 내 엄마이며, 누가 내 형제들이란 말이냐?"를 외치는 예수의 처절한 고독감이 상식적으로, 그리고 드라마적으로 이해될 수 있어야 하는 것이다. 여태까지 우리들은 마가의 이러한 포괄적인 편집의도를 파악하지 못한 채 편린적인 이해의 모자이크로써만 복음서를 이해하여 온 것이다. 마가는 기본적으로 안티 예수패밀리적anti-Jesus Family이다. 예수의 십자가형틀 앞에도, 인간 예수의 지상에서의 그 마지막 순간을 목도하는 자리에도 가장 가까운 혈육인 엄마 마리아는 등장하지 않는다. 일부러 등장시키지 않은 것이다. 이러한 마가의 쿨한 태도는 요한복음의 기술방식과는 매우 다른 것이다.

예수패밀리의 세속적인 이해관계가 얽힌 행동

마가의 이러한 반예수패밀리적 기술전략은 아마도 마가공동체가 지니고 있었던 초대교회에 대한 문제의식의 반영일 수도 있다. 초대교회의 중심진원지였던 예루살렘교회가 예수패밀리에 의하여 장악된 사태에 대한 저항의식이 반영된 것일 수도 있다. 그러나 그 정확한 실상은 알 수가 없다. 하여튼 이러한 마가의 전략은 예수상에 오캄의 면도칼처럼 날카로운 보편주의를 선사하고 있는 것이다.

예수패밀리의 사람들은 예수가 "미쳤다"고 생각했다. 아니 정확히 그렇게 판단했다. 그것은 예수패밀리에 매우 오명을 가져다주는 사건이며, 패밀리에 불리한 많은 사태를 유발시킬 수 있다. 그래서 "체포하여" 집으로 데려오려고 했던 것이다. 세속적인 이해관계가 얽혀있는 행동인 것이다.

"미쳤다"는 것은 무슨 뜻인가?

여기 "미쳤다"라는 표현에 쓰인 단어는 "엑시스테미ἐξίστημι"이다. 이 단어는 "의 밖으로out of, from, away from"라는 뜻의 전치사 "에크ἐκ"와 "지속적으로 확고하고 안전한 상황이나 관계 속에 존재한다"라는 뜻의 동사 "히스테미ἵστημι"의 합성어인데, 우리말에도 "얼빠졌다," "정신나갔다," "혼이 나갔다"(혼쭐났다)는 등의 비슷한 표현이 있다. 영어로는 "to be out of one's mind"라든가, "He is beside himself"와 같은 표현이 헬라어적 어법에 정확히 해당된다. 정상적인 마음의 상태의 밖으로 존재가 나와있다는 뜻이다. 우리 언어적 표현에는 정상적인 마음의 상태가 존재 밖으로 나간다는 뜻으로 서양인의 표현과의 약간의 출입이 있다. 서양인은 귀신이 씌였기(들어왔기) 때문에, 즉 귀신이 존재를 장악했기 때문에 정상적인 마음의 상태 밖으로 존재가 밀려났다고 보는 것이다.

우리말의 "미치다"(狂)의 어근 "밑"(및, 밑)은 "마음"과 동원同源이고 "묻"(말씀)과도 동원이라고 하는데(서정범 설), 내가 생각하기에는 "미치다"(及)와도 같은 어의를 내포하는 말이 아닐까 한다. 잘 미치는(狂) 사람은 잘 미치는(及) 사람이다. 진리의 핵심에 곧바로 도달하기(미치기) 때문에 그에 미치지 못하는(不及) 사람들은 그가 미친놈(狂人)처럼 느껴지는 것이다. 나도 평생을 살면서 항상 "미쳤다"라는 소리를 너무도 많이 듣고 살았다. 친동기간에 사람들도 나를 항상 미쳤다고 했다. 오직 우리 어머니만이 나를 일순간에도 미쳤다고 생각하신 적이 없으시다. 그래서 나는 어려서부터 어머니를 믿고 살았고 어머니와 대화하면서 살았다.

나에게 동방의 철리를 가르쳐주신 선생님도 서출이었는데 머리가 워낙 특출하여 주변에 그에 미칠 인재가 없었다. 그런데 모든 사람들이 그를 항상 "미쳤다"고 하니, 본인 스스로 자위하여 말하기를 "그래! 이놈들아! 나는 미쳤다. 그러나 미쳐도 맑게 미쳤으니 청광淸狂이요, 너희들은 진짜 흐리멍텅하게 미쳤으니 탁광濁狂이다"라고 하였다. 그래서 그가 평생 애용한 호가 "청광"이다. 여기 예수를 "미쳤다"고 말하는 친속들의 규정은, 이와 같이 우리의 일상적 체험 속에서 느낄 수 있는 매우 평범한 사태로서 우리가 이입할 수 있어야만 한다. 그래야만 우리는 "역사적 예수"의 실상에 도달할 수 있게 되는 것이다.

예수는 한마디로 "미친놈"이었다. 이 미친놈이라는 규정성은 그가 패스트푸드 한 쪼가리도 먹을 겨를이 없이 민중이 몰려드는, 그만큼 그의 성세가 민중들에게 침투·확산되어가는 정황과 맞물려 있는 것이다. 이러한 정황에 대한 정보를 입수한 친지들은 그가 "미쳤다"고 판단하고 그를 체포하여 집으로 데려옴으로써 패밀리에 미칠 불리한 사태를 예방하고자 하였던 것이다.

예수가족사화와 바알세불 논쟁의 관계

이러한 가족사의 이야기는 곧바로 예수의 명성과 파급력의 위험성을 감지하여 예루살렘의 산헤드린공의회로부터 파견되어 내려온 서기관들이 곧바로 예수를 "바알세불에게 사로잡혔다"(바알세불을 지폈다. 개역성경의 우리말 고투)고 규정하는 일화로 접속되고 있다. 이러한 연접은 가족의 "미친놈" 규정을 강화시키는 동시에 이미 예수의 갈릴리사역이 로칼 이벤트가 아니라, 전 팔레스타인적 사태라는 것을 인식시킴으로써, 예수의 패션드라마를 예고하고 있는 것이다.

예루살렘에서 내려온 서기관들

여기 "예루살렘에서 내려온 서기관들καὶ οἱ γραμματεῖς οἱ ἀπὸ Ἱεροσολύμων καταβάντες카이 호이 그람마테이스 호이 아포 히에로솔뤼몬 카타반테스"이라는 구문에서 재미있는 것은 "카타반테스"(내려온)라는 표현이다. 물론 예루살렘의 고도가 갈릴리보다 높기 때문에(예루살렘 고도 754m.) "내려온다"라는 표현이 자연스러울 수도 있지만, 이 표현은 결코 지형학적인 사실의 언급이 아니다. 종로에서 살고 모든 것을 종로 중심으로 생각하는 사람은 "성북동으로 내려간다"라는 표현을 곧잘 쓴다. 마찬가지로 "예루살렘에서 내려온"이라는 표현은 예루살렘중심사고의 전형적인 한 인식패턴을 보여준다. 오늘의 지리학적 개념으로 본다면 당연히 예루살렘에서 북쪽에 있는 갈릴리로 올라왔다고 해야한다.

예루살렘은 모든 가치의 중심이므로 그 중심에서 지방인 갈릴리로 내려간다고 표현한 것이다. 당시 예루살렘은 "율법준수"의 상징이다. 이들의 입장에서 보면 이미 3장 19절까지 이미 드러난 예수의 행적은 극단적인 반율법주의의 파괴력을 과시하고 있는 것이다. 안식일의 주인이 곧 나 예수라고 선포하는 모습, 병자에게 죄사함을 선언하는 모습, 가장 저급하게 생각하던 죄인들과 자유롭게 식탁교제를 행하는 모습, 금식의 허위성을 폭로하는 모습, 새 포도주에 새 부대를 역설하는 모습, 이 모든 상황은 당시 종교적으로 민감한 문제들에 대하여 예루살렘의 권위를 전적으로 무시하는 반역이었던 것이다.

똥파리의 왕 바알세불

바알세불 논쟁설화의 핵심은 예수가 귀신을 내쫓는(사람의 병을 낫게 하는) 권능을 행사하는 바로 그 능력이 귀신의 두목인 바알세불의 힘에 의존한다는(by the help of, in the name of, under the authority of) 고발accusation에 있다. 바알세불은 가나안 지역의 토착농경민의 신인 "바알Baal"과 관련이 있을 것이다. 열왕기하 1:2절에 보면 에그론의 신the God of Ekron 바알세붑Beelzebub이라는 말이 나오는데 그 말과 여기 바알세불은 관련이 있을 것이다. 하여튼 히브리말에 "지불zibbûl"이 "똥dung"을 의미한다고 하는데, 바알이 "주Lord"의 뜻이 있으므로 바알세불은 "똥의 왕""똥의 주님"의 뜻이 된다.

혹설에 의하면 똥파리를 휘날릴 때 윙윙거리는 소리로 신탁을 전하는 블레셋신 a Philistine God이 있었다고 한다. 그런 설명들이 모두 농경문화와 관련이 있다고 보여지는데, "똥파리의 왕"이라는 표현은 그런 토착신앙에 대한 경멸감을 나타내고 있다 할 것이다(김용옥 편·역주, 『큐복음서』, pp.177~180을 참고할 것).

하여튼 바알세불이나 이 단락에 나오는 "사탄Satan"이 결코 하나님의 아크에니미archenemy로서의 독자적이고 유니크한 세력을 형성하는 2원론적 세계관의 실체는 아니라는 점을 명백히 해둘 필요가 있다. 선신과 악신의 대결이라는 이원론적 드라마가 유대교의 유일신론적 사유 속에는 자리잡을 곳이 없다. 우리가 생각하는 사탄의 개념은 대개 중세기에 희랍・로마・튜튼족의 신화의 영향 하에서 형성된 것이며, 그 뿌리는 페르시아의 이원론과 관련이 있다. 하여튼 유대교의 문헌 속에서 사탄이 바알세불로 불리는 용례는 존재하지 않는다.

어떻게 사탄이 자기 편의 사탄들을 내쫓을 수 있겠는가!

예수의 귀신을 제어하는 능력이 바알세불의 권능에 힘입은 것이라는 고발에 대한 예수의 반박은 비교적 쉽게 이해가 간다. 예수는 상대방의 논리를 곧바로 부정하는 것이 아니라, 그 논리에 즉하여, 다시 말해서 자기를 고발하는 자들의 논리 자체의 논리적 귀결을 활용하여 그 논리를 스스로 궤멸시키는 것이다. 좋다! 내가 바알세불의 권능에 의하여 귀신을 내쫓고 있다고 하자! 그것은 바로 "사탄이 사탄을 내쫓는" 형국이다. 여기 "사타나스 사타난 Σατανᾶς Σατανᾶν"이라는 표현에서 앞의 주격으로서의 사탄은 귀신들의 왕으로서의 바알세불을 가리키고 뒤의 목적격으로서의 사탄은 "귀신들"을 가리킨다.

귀신들의 왕인 사탄이 그의 졸개귀신들을 내쫓는다면 그것은 사탄의 왕이 자기 졸개들을 궤멸시키는 꼴이므로 그는 왕노릇을 할 수가 없게 된다. 이것은 논리적으로 모순된다. 그래서 예수는 말한다. 한 나라가 스스로 분쟁하면 그 나라가 설수 없고, 한 집안이 스스로 분쟁하면 그 집안이 설 수 없다. 사탄의 나라가 내분으로 갈라진다면 그 사탄의 나라는 지탱할 수 없다. 사탄의 궤멸이 초래된 것이다. 26절까지는 수미일관한 논리의 전개가 있다. 그런데 갑자기 27절은 좀 논리적으로 이해하기 어려운 내용이 있다. 그리고 28절~29절은 바알세불 논쟁과 필연적인 연결이 희박하다.

도마복음 로기온 자료들의 편집

그런데 재미있는 사실은 27절의 로기온자료가 도마복음 35장에 나오고 28~29절의 로기온자료는 도마복음 44장에 나온다. 여기서 우리가 알 수 있는 중요한 사실은 마가복음의 저자는 하나의 담론을 풍성하게 구성하는데 있어서도 자기의 임의대로 자신의 창작을 첨가한 것이 아니라, 기존의 예수의 말씀으로서 존재하는 어록파편을 다양하게 수집하여 세심하게 편집했다는 것을 알 수 있다. 이 편집의 틈새들이 마가복음을 냉정하게 읽는 사람들에게는 드러나지 않을 수 없다. 30절은 마가 자신이 그 솔기를 잘 봉합하기 위하여 첨가한 내래이션이라는 것을 알 수 있다.

27절의 내용은 강한 자의 집에 들어가 그 집 세간을 늑탈하려면 그 강자를 결박시켜 꼼짝 못하게 할 수 있을 때만이 그 집의 세간을 마음 놓고 늑탈할 수 있다는 이야기인데, 솔직히 말해서 바알세불의 이야기와 논리적으로 연결이 애매하다. 그리고 예수의 담론의 목적이 "남의 집 세간을 늑탈하는 것"이라는 사실, 다시 말해서 "남의 집을 터는 것이 참으로 좋은 일인데, 그것을 실행하는 최선의 방법론이 그 집 주인을 먼저 결박시키는 것임을 가르쳐주는 데 있다"는 이 사실은 마가복음을 냉정하게 읽는 독자들에게는 잘 이해될 수 없다. 대부분의 주석가들은 바알세불이라는 강자를 먼저 묶을 수 있어야 바알세불의 집 세간을 털 수 있고, 예수는 바알세불이라는 강자보다 더 강한 사람임을 나타낸 자신감의 과시라고 의견을 모은다. 그러나 아무리 예수라 할지라도 바알세불 집을 늑탈하는 것은 옳지 않다. 그 말 그대로라면 예수가 강도가 아니고 또 무엇이랴! 아무리 바알세불이 사탄의 두목이라 할지라도 멀쩡한 그의 집을 늑탈하는 예수가 강도가 아니고 또 무엇이 겠는가?

27절의 해석

그러니까 이 로기온파편은 본시 바알세불 논쟁사화의 일부가 아니고 독립되어 있던 말씀자료였다. 여기서 "늑탈"이란 바알세불 집을 터는 것이 아니고, 예수운동의 핵심적 과제상황을 나타내는 것이다. 여기서 "늑탈"은 빼앗는다는 뜻이 아니다. 결국 예수운동이란 당시 사회의 약자들의 운동이다. "늑탈"이란 약자들의 강자들로부터의, 그러니까 기득권세력으로부터의 "해방"을 의미한다. 이 해방은 오직 기득권세력을 결박시킬 수 있을 때만이 가능한 것이다.

이것은 사회운동가로서의 예수의 날카로운 운동전략을 말해주는 것이다. 최순실과 박근혜를 결박함으로써 비로소 약자들의 해방이 이루어지고 있는 것이다. 예수는 이미 2천 년 전에 이런 "촛불혁명"을 기획하고 있었던 장대한 사회운동가가 아니었을까? 그의 결박작전에 관해서 우리는 구체적인 정보가 없다. 그러나 그의 패션드라마 자체가 인류역사의 수없는 촛불혁명을 가능케 하는 프로젝트였다고 말할 수밖에 없다.

28절, 29절의 해석

28~29절에는 예수가, 사람들이 어떤 죄를 짓든, 입으로 어떤 욕설을 하든 그것은 다 용서받을 수 있으나 성령을 모독하는 사람은 영원히 용서받지 못한다는 것을 설파하고 있다. "영원히 용서받지 못한다," "영원히 그 죄에서 벗어날 길이 없다"라는 표현은 무엇을 강조한 데서 생겨난 표현이기는 하나 예수의 "사랑과 용서"의 논리를 생각하면 너무 끔찍한 단죄라 말할 수 있다. 그리고 마가는 30절에서 "이 말씀을 하신 것은 사람들이 예수를 더러운 악령에 사로잡혔다고 비방했기 때문"이라고 마무리 멘트를 말함으로써 이 로기온자료를 여기에 편입시킨 이유를 설파하고 있다.

자아! 도마복음의 원형은 어떻게 되어 있는가? 도마복음 제44장은 이러하다:

> 예수께서 가라사대, "누구든지 아버지에 대해 모독하는 자는 용서받을 수 있다. 그리고 누구든지 아들에 대해 모독하는 자도 용서받을 수 있다. 그러나 누구든지 성령에 대해 모독하는 자는, 이 땅에서도 저 하늘에서도, 용서받을 수 없다."

도마복음의 혁명적 성령론,
아버지니 아들이니 하는 것은 다 껍데기에 불과한 것이다

여기 아버지, 아들, 성령이라는 삼위일체의 세 항목이 다 나열되어 있으나 실제로 아버지와 아들은 성령에 비하면 부속적인 의미밖에 지니지 못하는 저차원의 것이다. 그리고 이 도마의 파편은 철학적으로 보면 후대의 삼위일체논쟁과 정반대의 입장을 취하고 있다는 것을 알 수 있다. 삼위일체는 3항목의 각각의 독자적 실체성, 실체화를 전제로 하고 있으나 도마의 예수는 실체화를 근원적으로 거부한다. 아버지에 대해 모독할 수 있다. 왜냐 하면 그것은 가현적假現的으로 실체화된 껍데기에 불과한 것이다. 아들에 대해 모독할 수도 있다. 그들이 모독하는 아들, 나 예수는 그들의 관념 속에서 실체화된 껍데기에 불과하다.

오직 실체화될 수 없는 것은 성령이다. 성령은 생명의 원천이며 존재론화될 수 없는 진리요, 힘이다. 성령에 대해 모독하는 자는, 이 땅에서도 저 하늘에서도 영원히 용서받을 수 없다. 왜냐? 그것은 자신의 내면에 대한 기만이기 때문이다. 성령을 모독하는 것은 자기를 기만하는 것이다. 예수를 모독할 수는 있으나 살아 있는 예수의 은밀한 말씀 속에 내재하는 성령을 모독할 수는 없는 것이다. 역사적 예수에게 하나님이라는 실체, 하나님의 아들이라는 실체는 다 부차적인 것이다. 오직 아버지와 아들의 권능은 실체화될 수 없는 성령의 힘이다.

마가 1:10에서 이미 예수는 성령의 체화로 규정되었다. 이것은 바알세불논쟁의 한 맥락으로 이해하기보다는 예수의 사회운동전략의 핵심으로서 이해되어야 할 것이다. 예수 그 개인에 대한 모독은 용서될 수 있지만 예수가 구현하는 진리에 대한 모독은 용서될 길이 없다. 나 도올 그 인간에 대한 훼방이나 시비는 있을 수 있지만, 나 도올이 구현하는 진리, 나 도올이 말하는 말씀에 내재하는 성령은 함부로 모독될 수 없는 것이다. 이 논의는 예수가 선포하는 하나님의 나라, 그 새로운 질서의 보편주의에 대한 절대적 공경심을 성령의 권위를 빌어 요청하고 있는 것이다.

예수의 가족해후 장면, 31〜35절, 도마복음 제99장

제일 마지막의 예수가족과의 해후의 장면(마가의 기술상으로는 예수는 나사렛에서 가버나움까지 어렵게 찾아온 엄마와 형제들을 직접 대면하지도 않고 중간 전언자들을 통하여 물리친다. 이런 모습은 우리 가족개념으로 볼 때 조금 가혹하다)은 재미있게도 거의 같은 내용이 도마복음 제99장에 실려있다. 불트만은 이 이야기가 후대의 교회공동체의 산물이라고 보았으며, 크로쌍과 같은 날카로운 학설을 잘 내는 학자도 마가 자신의 창작으로 간주하였다. 그러나 내가 생각하기에는 이 해후설화는 역사적 근거가 있는 전승으로 보여진다. 이 이야기가 도마복음서에 실려있다는 사실 그 자체가 이 설화의 역사성에 대하여 확실한 무게를 실어주고 있다. 마가에게 나타나고 있는 반가족주의적 성향은 역사적 예수의 실상을 반영하는 것이다.

예수의 엄마 마리아의 실상

우선 우리는 예수의 엄마라고 하면 "성모 마리아"라는 신화적 이미지에 현혹되어 있고, "아베 마리아Ave Maria"("Hail Mary"라는 뜻인데 그 근거는 누가복음 1:28, "Hail, O favored one, the Lord is with you."이다. 마리아의 처녀수태를 축복하는 장면이다. 2절의 가사는 1:42절의 "여자 중에 네가 복이 있으며 네 태중의 아이도 복이 있도다"에서 취한 것이다. 오늘 우리가 알고 있는 노래는 중세기의 라틴가사가 바하, 슈베르트의 작곡을 거쳐 구노Charles-François Gounod, 1818~1893에게서 완성된 것이다)와 같은 노래의 성스러움에 의하여 미화된 상을 간직하고 있지만, 이러한 마리아는 마가복음과는 완전히 무관하다.

예수의 엄마 마리아는 요즈음 중동의 문제를 다루고 있는 영화에 등장하는 평범한 시골여인을 연상하는 것으로 족하다. 마가는 세례 요한 수세受洗 이전의 예수에 관하여 일체 보고하지 않는다. 마가 6:3에는 예수가 고향에 갔을 때 동네 사람들이 그의 권능을 보고 놀라 이와 같이 말하는 장면이 수록되어 있다: "이 사람이 마리아의 아들 목수가 아니냐? 야고보와 요셉과 유다와 시몬의 형제가 아니냐? 그 누이들이 우리와 함께 여기 있지 아니 한가?"

마리아는 예수를 포함하여 7남매를 낳았다. 처녀수태는 불가

예수에게는 분명 4형제가 있었고 "누이들"이라는 복수로 보아 최소한 두 명의 자매가 있었다. 마리아는 최소한 예수를 포함하여 7명의 아이를 낳은 평범한 여인이었다. 예수가 장자라는 보장도 없다. 마리아는 처녀일 수가 없었다. 마가는 이러한 구질구질한 문제에 관하여 일체 보고하지 않는다. 예수가 처녀에게서 태어났든 안 태어났든, 이러한 문제는 예수의 예수됨, 즉 그리스도론의 핵심이 될 수 없는 것이다.

역사적 예수의 통찰력과 그 비유담론의 예리함, 그 일상적 언어의 순발력과 포괄성이라는 부정할 수 없는 탁월성을 생각할 때, 기실 우리가 주목해야 할 가족사의 한 측면은 엄마 마리아보다는 아버지 요셉이 아닐까, 나는 그렇게 생각한다. 요셉은 목수였고, 예수는 그 목수의 업業을 승계 받은 아들 목수였다. 그런데 "목수"라는 말에 해당되는 아람어, "나가르naggar"라는 말이 탈무드에서도 "배운 사람," "존경스러운 학자," 그러니까 우리말로 하면 "대유大儒"(하시딤Hasidim) 같은 의미를 지닌다고 한다(Geza Vermes, *Jesus the Jew*, London: Collins, 1973, p.21). 마가복음의 기술에서 보면 예수가 활동할 당시에는 아버지 요셉은 이승의 사람이 아니었다. 무지한 시골여자 마리아와 그의 형제들이 그를 체포하기 위해 오클로스에 둘러싸여 있는 예수를 찾고 있는 것이다.

예수는 반문한다: "누가 내 엄마고, 누가 내 형제들이냐?" 둘러앉은 사람들을 둘러보며 말한다: "바로 이 사람들이 내 엄마요 내 형제들이다. 하나님의 뜻을 행하는 자가 곧 나의 형제요, 자매요, 엄마이다."

예수는 사적인 가족공동체를 거부, 새로운 보편주의의 시작

여기서 혈연적 가족공동체는 파괴된다. 아니, 초월된다. 혈연은 "하나님의 뜻의 실천"이라는 추상적 성령개념으로 대체된다. 무소유를 실천하는 공생애의 인간 예수에게 있어서 이러한 보편주의는 기독교적 가치관의 진실한 보편주의의 바탕

도올의 마가복음 강해

이 된 것이다. 예수의 천국운동은 생물학적 혈연공동체를 뛰어넘은 새로운 이념의 공동체를 지향하고 있었던 것이다. 공생애를 사는 모든 사람들에게 가족주의의 우선시는 모든 것을 비생산적으로 만든다.

하나님의 나라에 관한 예수의 비유
〈 마가 4:1∼34 〉

[1]Again he began to teach beside the sea. And a very large crowd gathered about him, so that he got into a boat and sat in it on the sea; and the whole crowd was beside the sea on the land.
[2]And he taught them many things in parables, and in his teaching he said to them:
[3]"Listen! A sower went out to sow.
[4]And as he sowed, some seed fell along the path, and the birds came and devoured it.
[5]Other seed fell on rocky ground, where it had not much soil, and immediately it sprang up, since it had no depth of soil;
[6]and when the sun rose it was scorched, and since it had no root it withered away.
[7]Other seed fell among thorns and the thorns grew up and choked it, and it yielded no grain.
[8]And other seeds fell into good soil and brought forth grain, growing up and increasing and yielding thirtyfold and sixtyfold and a hundredfold."
[9]And he said, "He who has ears to hear, let him hear."
[10]And when he was alone, those who were about him with the twelve asked him concerning the parables.

[1]예수께서 다시 바닷가에서 가르치시니 큰 무리가 모여 들거늘 예수께서 배에 올라 바다에 떠 앉으시고 온 무리는 바다 곁 육지에 있더라

[2]이에 예수께서 여러가지를 비유로 가르치시니 그 가르치시는 중에 저희에게 이르시되

[3]들으라 씨를 뿌리는 자가 뿌리러 나가서
[4]뿌릴새 더러는 길 가에 떨어지매 새들이 와서 먹어 버렸고

[5]더러는 흙이 얇은 돌밭에 떨어지매 흙이 깊지 아니하므로 곧 싹이 나오나

[6]해가 돋은 후에 타져서 뿌리가 없으므로 말랐고

[7]더러는 가시떨기에 떨어지매 가시가 자라 기운을 막으므로 결실치 못하였고

[8]더러는 좋은 땅에 떨어지매 자라 무성하여 결실하였으니 삼십배와 육십배와 백배가 되었느니라 하시고

[9]또 이르시되 들을 귀 있는 자는 들으라 하시니라
[10]예수께서 홀로 계실 때에 함께한 사람들이 열 두 제자로 더불어 그 비유들을 묻자오니

11And he said to them, "To you has been given the secret of the kingdom of God, but for those outside everything is in parables;

12so that they may indeed see but not perceive, and may indeed hear but not understand; lest they should turn again, and be forgiven."

13And he said to them, "Do you not understand this parable? How then will you understand all the parables?

14The sower sows the word.

15And these are the ones along the path, where the word is sown; when they hear, Satan immediately comes and takes away the word which is sown in them.

16And these in like manner are the ones sown upon rocky ground, who, when they hear the word, immediately receive it with joy;

17and they have no root in themselves, but endure for a while; then, when tribulation or persecution arises on account of the word, immediately they fall away.

18And others are the ones sown among thorns; they are those who hear the word,

19but the cares of the world, and the delight in riches, and the desire for other things, enter in and choke the word, and it proves unfruitful.

20But those that were sown upon

11이르시되 하나님 나라의 비밀을 너희에게는 주었으나 외인外人에게는 모든 것을 비유로 하나니

12이는 저희로 보기는 보아도 알지 못하며 듣기는 들어도 깨닫지 못하게 하여 돌이켜 죄 사함을 얻지 못하게 하려 함이니라 하시고

13또 가라사대 너희가 이 비유를 알지 못할진대 어떻게 모든 비유를 알겠느뇨

14뿌리는 자는 말씀을 뿌리는 것이라

15말씀이 길 가에 뿌리웠다는 것은 이들이니 곧 말씀을 들었을 때에 사단이 즉시 와서 저희에게 뿌리운 말씀을 빼앗는 것이요

16또 이와 같이 돌밭에 뿌리웠다는 것은 이들이니 곧 말씀을 들을 때에 즉시 기쁨으로 받으나

17그 속에 뿌리가 없어 잠간暫間 견디다가 말씀을 인하여 환난이나 핍박이 일어나는 때에는 곧 넘어지는 자요

18또 어떤이는 가시떨기에 뿌리우는 자니 이들은 말씀을 듣되

19세상의 염려와 재리財利의 유혹과 기타 욕심이 들어와 말씀을 막아 결실치 못하게 되는 자요

20좋은 땅에 뿌리웠다는 것은 곧 말씀을

the good soil are the ones who hear the word and accept it and bear fruit, thirtyfold and sixtyfold and a hundredfold."

[21]And he said to them, "Is a lamp brought in to be put under a bushel, or under a bed, and not on a stand?

[22]For there is nothing hid, except to be made manifest; nor is anything secret, except to come to light.

[23]If any man has ears to hear, let him hear."

[24]And he said to them, "Take heed what you hear; the measure you give will be the measure you get, and still more will be given you.

[25]For to him who has will more be given; and from him who has not, even what he has will be taken away."

[26]And he said, "The kingdom of God is as if a man should scatter seed upon the ground,

[27]and should sleep and rise night and day, and the seed should sprout and grow, he knows not how.

[28]The earth produces of itself, first the blade, then the ear, then the full grain in the ear.

[29]But when the grain is ripe, at once he puts in the sickle, because the harvest has come."

[30]And he said, "With what can we compare the kingdom of God, or what

듣고 받아 삼십배와 육십배와 백배의 결실을 하는 자니라

[21]또 저희에게 이르시되 사람이 등燈불을 가져오는 것은 말 아래나 평상平床 아래나 두려 함이냐 등경燈檠 위에 두려 함이 아니냐

[22]드러내려 하지 않고는 숨긴 것이 없고 나타내려 하지 않고는 감추인 것이 없느니라

[23]들을 귀 있는 자는 들으라

[24]또 가라사대 너희가 무엇을 듣는가 스스로 삼가라 너희의 헤아리는 그 헤아림으로 너희가 헤아림을 받을 것이요 또 더 받으리니

[25]있는 자는 받을 것이요 없는 자는 그 있는 것까지 빼앗기리라

[26]또 가라사대 하나님의 나라는 사람이 씨를 땅에 뿌림과 같으니

[27]저가 밤낮 자고 깨고 하는 중에 씨가 나서 자라되 그 어떻게 된 것을 알지 못하느니라

[28]땅이 스스로 열매를 맺되 처음에는 싹이요 다음에는 이삭이요 그 다음에는 이삭에 충실한 곡식이라

[29]열매가 익으면 곧 낫을 대나니 이는 추수 때가 이르렀음이니라

[30]또 가라사대 우리가 하나님의 나라를 어떻게 비比하며 또 무슨 비유로 나타낼꼬

도올의 마가복음 강해

parable shall we use for it?

[31]It is like a grain of mustard seed, which, when sown upon the ground, is the smallest of all the seeds on earth;

[32]yet when it is sown it grows up and becomes the greatest of all shrubs, and puts forth large branches, so that the birds of the air can make nests in its shade."

[33]With many such parables he spoke the word to them, as they were able to hear it;

[34]he did not speak to them without a parable, but privately to his own disciples he explained everything.

[31]겨자씨 한 알과 같으니 땅에 심길 때에는 땅위의 모든 씨보다 작은 것이로되

[32]심긴 후에는 자라서 모든 나물보다 커지며 큰 가지를 내니 공중의 새들이 그 그늘에 깃들일 만큼 되느니라

[33]예수께서 이러한 많은 비유로 저희가 알아 들을 수 있는대로 말씀을 가르치시되

[34]비유가 아니면 말씀하지 아니하시고 다만 혼자 계실 때에 그 제자들에게 모든 것을 해석하시더라

주해 중에 겪은 일

주석이 너무 자세해지다 보면 전체적 윤곽이나 흐름을 놓칠 수도 있고, 지나치게 신학적인 토론에 몰입하다 보면 주제가 모호해지고 설명만 번쇄해질 우려가 있다. 이 글을 쓰고 있는 나는 현재 건강이 매우 좋질 못하다. 신체의 강단을 유지하는데 자신감을 계속 과시해왔지만 만 70세 생일축하연(2018년 6월 11일, 동숭동 동덕여자대학교 대강당) 이후, 실족사고도 생기고, 몸의 기본골격이 무너져버린 듯한 느낌이 들어, 무척 힘든 나날을 보내고 있다. 10·20대 관절염으로 병약한 나날을 힘들게 보낸 기억 이후로, 최초로 나의 건강이 무엇인가에 짓눌리고 있는 느낌이다. 집필의 무병巫病일까, 하여튼 될 수 있기만 하다면 경쾌한 탈고를 소망하지만 여전히 헤비한 주제성과 허약한 신체의 난감難堪성의 도수는 같이 짙어만 가고 있다(註. 결국 이 원고를 끝내는데 두 해를 걸려야 했다).

역사적 예수의 두 사실: 십자가사건과 비유담론

가벼운 주석으로 끝내기에는 너무도 진지한, 너무도 신약성서신학의 핵심적 주제라 할 수 있는 "비유담론Parables, 파라볼레παραβολή"의 문제가 이 4장의 큰 단락을 형성하고 있다. "예수의 비유"는 "역사적 예수"를 추구하는 사람들에게 있어서도 가장 오리지날한 예수담론의 원형을 함축하거나 드러내고 있는 것으로 여겨져왔다. 혹자는 이런 말을 한다: "예수라는 인간에게서 가장 확실한 두 가지 사실을 꼽으라고 한다면, 신앙심의 유무와 관계없이 누구나 동의하지 않을 수 없는 다음의 사태를 꼽아야 할 것이다. 첫째는 그가 십자가에 못박혀 죽었다는 사실이고, 둘째는 그가 비유로 말하였다는 사실이다." 참으로 명언이라 아니 할 수 없다(Arland J. Hultgren, *The Parables of Jesus*, Grand Rapids: Eerdmans Publishing Company, 2000, p.1).

역사적 예수가 누구이었든지간에 십자가에 못박혀 죽었기에 수난과 부활의 스토리가 만들어졌고, 비유담론이 있었기에 천국의 교설이 만들어졌다. 전자(십자가)는 "구원Redemption"의 문제의 근원이 되었고, 후자(비유담론)는 "계시Revelation"의 원초적 매체였다. 우리가 예수를 "그리스도"라 말하는 그 기독론Christology의 핵심은, 예수를 하나님의 계시자The Revealer of God로 보는 동시에 인간의 구원자The Redeemer of Humanity로 간주한다는 데 있는 것이다.

파라볼레의 뜻

여기 "비유"라는 말은 마가 자신이 예수가 스스로 한 말로서 사용하고 있는 표현이지만, 실제로 그 정확한 뜻은 매우 애매하다. 원래 문학장르나 담론의 양식을 지정하는 문학비평의 말들이 정확한 개념적 구분이 성립하기 어렵다. 원래 유대문학전통에 있어서는 은유나 경구, 잠언, 수수께끼, 속담, 우화, 비유로 가득찬 담론 등등의 풍요로운 전승이 있었다. 이런 것들을 표현하는 히브리말로서 "마샬mashal" "히다ḥidah" 같은 단어가 쓰였는데, 이런 표현이 70인역에서 모두 "파라볼레παραβολή"나 "파로이미아παροίμια"로 바뀌었다. 신약성서에 "파라볼레"라는 말은 50회 나오는데 공관복음서에 47회, 요한복음에 1회(10:6), 히브리서에 1회(9:9), 갈라디아서에 1회(4:24) 나온다.

"파라볼레"는 "파라παρα"라는 전치사와 "발로βαλλω"라는 동사가 결합한 것이다. "파라"는 "파라렐"이라는 말이 있듯이, 나란히, 함께, 옆에 가지런히라는 뜻이며 기본적으로 병행竝行juxtaposition의 뜻이 있다. "발로"는 "던지다to throw or let go of a thing without caring where it falls"라는 뜻이다. 그러니까 "파라볼레"는 화자가 두 개의 뜻을 가지런히 던져 병행시킴으로써, 청자로 하여금 그 두 개를 "비교comparison"케 하여 배후의 진의를 파악케 한다는 뜻이다. 그러니까 겉으로 나타나는 이야기인즉슨 아주 평범한 일상적 체험 속에서 일어나는 비근한 이야기를 하고 있을 뿐이다.

그러나 그 이야기가 진행되고 있는 동안에 평행선으로 달리는 또 하나의 이야기가 있는 것이다. 서양의 학자들은 플라톤의 이데아론적인 질병에 안 걸린 사람이 없기 때문에, 현상적 비근한 이야기를 통해 영원하고 초월적인 실재를 드러낸다고 말한다. 아마도 플라톤의 『국가론』에 나오는 "동굴의 비유"를 모델로 하여 그러한 초월의 이야기를 하는지도 모르겠다. 과연 그럴까?

비유담론이 과연 하나님 나라의 신비를 감추기 위한 것일까?

보통 우리가 사용하는 일상적 담화의 논리라고 하는 것은 가급적인 한 그 언어적 표현과 그 언어적 표현이 지향하는 의미의 관계가 1:1의 좁은 통로를 달릴 때, "명료하다(clear)"고 말한다. 그러나 비유담론은 표면적 언어체계와 그것이 지시하는 내면의 의미체계가 1:다多의 무한한 가능성을 지니고 있다. 그래서 "애매하다"고 말할 수 있다. 일상적 비근한 사태의 이야기가 무한한 해석의 가능성을 지니는 것이야말로 비유담론의 독특한 매력이라 말할 수 있다.

예수가 "비유담론"의 형식을 빌어 대중에게 이야기한 것은 하나님의 나라의 신비를 감추기 위하여, 오히려 그들이 함부로 이해하지 못하게 하기 위하여, 무작위의 대중들을 소수 제자그룹과 구분시키기 위하여, 다시 말해서 아웃사이더들이 함부로 천국의 비밀을 알지 못하게 하는 장치로서 비유를 활용하였다고 말하고 있다(4:11~12). 그러나 이것은 예수 자신의 입장표명이라고 볼 수 없다.

비유는 의미를 모호하게만 만들지 않는다.
풍요로운 의미를 단순하게 전달하는 효율적인 방편일 수도 있다

비유라는 것이 일반대중에게 꼭 난해한 것일 수만은 없다. 그리고 언어적 표현과 의미의 상관관계가 "1:다"라는 사실이 반드시 그 의미를 모호하게 만드는 작용만을 하는 것은 아니다. 상관관계의 풍요로움이 오히려 매우 단순하게 그 의미의 초점을 전달할 수도 있다. 마가에서 비유를 찾아본다면, 꼭 "씨 뿌리는 자의 비유"가 최초로 등장한 것이라고 강변할 수는 없다. "새 포도주는 새 부대에"라든가, "부잣집을 털려면 부잣집주인 강자부터 결박하고 털어라"라든가 "어찌 사탄이 사탄을 궤멸시키겠는가"라든가, "잔치집에 온 신랑친구들이 어찌 신랑과 놀고 있는데 단식을 할 수 있겠는가"라든가 등등, 이미 예수는 많은 비유를 써서 이야기하였다.

그것은 사태를 애매하게 만들기 위한 것이 아니라, 풍요로운 의미를 단순하게 전달하는 매우 효율적인 방편임이 충분히 과시되었다. 따라서 비유가 하나님의 나라의 비밀을 함부로 노출시키지 않기 위한 비의적, 밀교적 성격이 있는 것처럼 말하는 마가의 진술은 전적으로 잘못된 것이다(텍스트의 왜곡이나 초대교회 케리그마의 문제점과 관련되어 있다).

예수는 왜 비유로 말하려고 노력했을까?

그런데 예수는 왜 그렇게 비유로 말하려고 노력했을까? 예수의 비유담론은 과연 무엇을 말하고 있는가? 이제 이러한 문제에 대하여 우리는 성실하게 답변하지 않으면 안된다. 비유는 결코 알아듣기 어려운 것이 아니다. 비유는 난해한 주제를 쉽게 알아먹게 만드는 매우 효율적인 방편일 뿐이다. 예수의 비유는 듣는 사람의 이해를 돕기 위하여 고안된 것이지 방해하려고 한 것은 절대 아니다. 예수는 진리를 비의적으로 생각한 적이 없다. 천국의 비밀은 오직 마음이 "완악한" 자들에게 드러나지 않는다. 예수의 비유는 당시 민중들에게는 오히려 잘 알려졌다. 예수의 비유는 교회의 수장들에게, 목사들에게, 신부들에게, 그리고 공부를 많이 했다고 하는 신학자들에게 알려지지 않은 것이다.

비유담론에 관한 훌륭한 연구서들

내가 예수의 비유담론에 관하여 많은 이야기를 할 수가 없으므로, 그 비유담론에 관해 역사적으로 인식의 전환을 이룩한 중요한 저술 몇 개만 우선 소개하려 한다. 성서는 궁극적으로 독자들의 체험과 감수성 속에서 존재해야 하는 그 무엇이지만, 최소한의 신학적 논쟁이나 역사적 배경에 관한 기초적 지식을 체득하는 것이 중요하다. 우리나라 목회자들은 반드시 이러한 기초적인 지식을 체득한 후에 구라를 쳐도 구라를 쳐야 하는 것이다. "창조적 구라"는 반드시 엄밀한 지식의 토대 위에서 이루어져야 하는 것이다. 신도들은 공부를 아니 하는 목사들의 개구라에 현혹되어서는 아니 된다.

비유담론에 관하여 인식의 전환을 가져오게 만든 최초의 중요한 저술로서는 말부르크대학의 신약학 교수였던 아돌프 윌리허Adolf Jülicher, 1857~1938의 『예수의 비유담화』를 들 수 있다(Adolf Jülicher, *Die Gleichnisreden Jesu*. 2 vols. Tübingen: Mohr Siebeck, 1888. 1889. Reprinted, Darmstadt: Wissenschaftliche Buchgesellschaft, 1963). 윌리허는 "메시아의 비밀"을 논구한 브레슬라우대학의 빌리암 브레데William Wrede, 1859~1906와 동시대의 신학자로서 브레데의 가설을 의미있게 받아들인 리버랄 마인드의 신학자였다. 메시아의 비밀이 반드시 마가라는 복음서기자의 문학적 타협의 산물만일 필요는 없으며 그 나름대로 역사적 예수의 진실을 내포하고 있다고 봄으로써 포스트 불트만 신학자들의 새로운 연구방향의 숨통을 틔워주었다. 특히 윌리허는 『예수의 비유담화』라는 방대한 두 권의 연구를 통하여(970페이지에 이른다) 예수의 비유는 어디까지나 비유일 뿐 알레고리allegory일 수가 없다는 테제를 내걸었다. 실제로 우리 한국 독자들에게 이런 말은 그 의미가 잘 전달이 되지 않는다.

패러블과 알레고리

패러블parable(파라볼레)이라는 말과 알레고리(희랍어 "알레고리아ἀλληγορία"는 베일을 쓴 언어veiled language라는 뜻이며 또 그것은 "알로스ἄλλος"라는 말에서 왔는데 "또 하나의, 다른"의 뜻이다. 그러니까 다른 것을 의미하는 감추어진 언어라는 뜻이므로, 실제로 파라볼레와 그 의미가 확연히 구분되지 않는다)라는 말이 알고보면 다 비슷한 말이라서 그 뜻이 확연히 구분되지 않기 때문이다. 마가복음 원문을 가지고 구체적으로 설명을 하자면, 4:3~8의 단락은 비유이다.

비유는 예수의 오리지날한 말버릇이다. 그런데 10절부터 12절까지에는 열두 제자들이 예수에게 비유의 뜻을 묻는 좀 구질구질한 질문이 있고 예수가 그 이유를 말하는, 앞서 언급한 바, 좀 비의적인 냄새가 나는 구질구질한 답변이 있다. 그리고 14절~20절까지 그 비유에 대하여 예수가 설명을 하는 장면이 실려있다. 예수가 자기가 설한 비유에 대하여 그 의미를 설명하는 방식이 알레고리allegory라고 규정되는 것이다.

다시 말해서 비유에 등장하는 항목들에 대하여 모두 그것이 지칭하는 바 상징체계를 대입시키고 그 상징체계의 결구에 의하여 그 전체의미를 드러내는 것이다. "씨"는 "하늘나라에 관한 예수님의 말씀"으로 대입되고, "땅"은 "그 말씀을 듣는 자들의 마음의 상태"로 대입된다. 이런 방식의 설명을 윌리허는 "알레고리화allegorization"라고 하는데, 예수의 비유에 대한 이러한 "알레고리화"를 윌리허는 철저히 거부하는 것이다. 알레고리화 된 예수의 비유의 해석은 모두 역사적 예수 자신에게서 유래된 것이 아니고, 초대교회의 케리그마가 덧붙여 씌어진 것이라는 주장이다.

도올의 마가복음 강해

비유는 알레고리가 아니다

비유담론은 알레고리가 아니다. 윌리허는 비유담론을 그것이 말하여지고 있는 그 당장의 자리에서 매우 단순한 하나의 도덕적인 교훈을 전달하고 있는 소박한 진리의 교설이라고 보는 것이다. 비유는 알레고리적인 다원적 초점을 갖는 것이 아니라 매우 단순한, 일상생활에서의 의미를 갖는 "하나의one-point" 초점을 갖는다고 본 것이다. 나는 지금 그의 교설의 시비나 우열을 가릴 생각이 없다. 그러나 윌리허의 주장은 예수의 비유를 모든 종류의 알레고리화로부터 해방시킴으로써 그것의 소박한 "삶의 자리," 혹은 "원래적 의미"를 회복시키는 혁명적 연구들의 기초를 놓았다. 윌리허의 영향은 브레데의 영향을 뛰어넘는 진보적이고도 혁명적인 것이다.

영국 신학자 다드의 연구

윌리허의 연구 이후로 예수의 비유에 관하여 혁명적인 작업을 한 사람이 독일의 불트만Rudolf Bultmann, 1884~1976과 쌍벽을 이룬다고 말할 수 있는 영국의 대석학 다드C. H. Dodd, 1884~1973(불트만과 같은 시대를 살면서 독일의 관념론적인 신학과는 또다른 매우 합리적인 경험론적 사유의 깊이를 과시한 영국신학계의 대부. 옥스퍼드대, 베를린대에서 공부했고, 옥스퍼드대와 캠브릿지대학에서 교편을 잡았으며, 뉴잉글리쉬바이블The New English Bible을 펴냈다)이다. 다드의 『천국의 비유The Parables of the Kingdom』는 내가 신학교를 다닐 때 사두었던 책인데 그 초판은 1935년에 출간되었다. 다드는 윌리허의 알레고리화 거부라는 테제를 충실히 계승하면서도, 윌리허의 연구가 예수의 비유를 매우 단순히 일반화될 수 있는 도덕적 명제moral maxim로 환원시키고 있는 그 초보적 성격을 비판하고, 예수의 비유가 그것이 설파된 특수한 시간·공간의 역사적 세팅 속에서 각각 무엇을 의미하는가, 그 오리지날한 의도를 밝히려고 노력하였다.

단순히 비유의 문헌학적 성격을 말하기보다는 비유 속에서 드러나고 있는 하나님의 나라가 과연 무엇인가, 그 질문의 핵심을 천국의 문제로 집중시킨다. 그리고 예수의 비유는 일반화될 수 있는 도덕적 교훈이 아니며 짧고도 전율할 만한 위기와 결부되어 있으며, 따라서 역사적 예수 자신이 당면한 특별한 "삶의 정황"과 결부되어 있다는 것이다. 그 "삶의 정황"은 미래에 구현될 종말론적인 하나님나라에 관한 것이 아니다. 예수의 "삶의 정황" 그 모든 순간이 이미 실현된 하나님의 나라라는 것이다.

루터교회 계열의 신학자, 예레미아스의 획기적 연구

다드보다 12년 후에, 윌리허의 반알레고리화의 방법론과 다드의 업적과 불트만의 양식비평Formgeschichte 방법론을 종합하여 예수의 비유의 본래적인 삶의 자리, 그 원형과 의미를 복원하려고 노력한 천재적인 신학자가 요아킴 예레미아스 Joachim Jeremias, 1900~1979이다(그는 루터교회계열의 신학자이다. 괴팅겐대학과 튀빙겐대학에서 교편을 잡았다).

그의 아버지는 루터교회계열의 권위 있는 신학자 프리드리히 예레미아스 Friedrich Jeremias, 1868~1945였는데, 예루살렘에서 루터교회의 프로보스트 Provost(전체 책임자)로 근무하였다. 따라서 예레미아스 또한 10살부터 18살까지 가장 왕성한 소년기를 성서의 그 현장에서 보냈다. 예루살렘과 팔레스타인의 곳곳을 다니면서 그곳의 풍토와 생활관습을 몸에 익힐 수 있었는데 이러한 특이한 체험이 그의 신학적 성향에 새로운 방향성을 제시했다고 볼 수 있다. 그의 사상은 독일신학계에 새로운 생명력을 불어넣어 주었다.

그의 연구는 우리에게 매우 구체적인 예수의 "삶의 자리"를 우리에게 제공하고 있다. 그의 『예수의 비유*Die Gleichnisse Jesu*』는 초판이 1947(Zürich, 118pp.)에 나왔고 그 제3판이 1955년에 영역되었는데, 다행스럽게 괴팅겐대학에서 예레미아스의 강의를 직접 들은 우리나라의 신학자이며 나의 은사이신 허혁 선생님에 의하여 우리말화되었다(분도출판사, 1974). 예레미아스는 이 책 외로도 『예수시대의 예루살렘*Jerusalem in the Time of Jesus*』이라는 명저를 내어놓았다.

이외로도 요즈음 사람으로서 다음의 두 책을 권고한다.

Dan O. Via. *The Parables: Their Literary and Existential Dimension*.
Philadelphia: Fortress Press, 1967.

John Dominic Crossan. *In Parables: The Challenge of the Historical Jesus*.
New York: Harper & Row, 1973.

비아는 듀크대학의 신약학 교수이고, 크로쌍은 시카고 드폴대학의 성서신학
교수이다.

한국사람의 연구

그리고 한국사람의 연구로서 다음의 2종을 권고한다.

1. 전경연,『예수의 비유: 해석학적 연구』. 서울: 종로서관. 1980.
2. 안병무,『예수의 이야기: 성서의 비유풀이』. 서울: 한길사 안병무전집4, 1993.

1은 전경연 선생이 나의 모교인 한국신학대학 대학원에서 강의한 내용을 옮긴
것인데 내용이 평이하고 포괄적이다. 2는 우리나라 민중신학의 창시자 중의 한
분인 안병무 선생이 돌아가시기 4년 전에 쓰신 것인데 매우 독창적인 관을 가지고
쓴 것이다.

구라를 쳐도 알고 쳐라

내가 얘기하고 싶은 것은 얼마든지 구라를 쳐도 좋다는 것이다. 그러나 구라를
쳐도 기본은 알고 쳐야 한다는 것이다. 예수의 비유에 관한 연구서는 세계적으로
수백 종에 이른다. 그러나 최소한, 내가 여기 열거한 7권의 책(이 중, 윌리허, 다드, 예
레미아스는 필수)은 읽고 얘기해야 한다는 것이다. 우리는 항상 창조적 담론을 구성
하는 기본적 그램머를 알고 있어야 하는 것이다.

자아! 이제 학술적 이야기를 다 잊어버리고 내 얘기를 시작해보겠다. 예수는 과연 왜 비유로 말했을까? 입을 뻥끗하면 다 비유였고, 기실 비유가 아니면 말하지 아니 하였다(막 4:34)고도 말할 수 있는데 왜 그랬을까? 그가 노린 것이 무엇일까?

예수는 비유로 말하지 않았다, 민중의 언어로 말했을 뿐이다

나의 대답은 매우 단순명쾌하다: "예수는 비유로 말하지 않았다. 더더욱 예수는 비유를 말하지 않았다." 그렇다면 공관복음서에 41개의 비유가 있다고 하는데 (이 41개의 숫자는 예레미아스의 셈법이다. 그러나 실제로 예수의 비유의 정확한 목록을 구성하는 것은 불가능하다. 파라볼레parabolē라는 개념에 의하여 규정된 말씀이 30개 정도이나, 그 개념의 외연을 넓혀 생각하면 80개 정도에 이른다. 사실 예수의 말씀자료 전체가 비유의 다양한 담론형식에 들어간다고도 말할 수 있다), 너 도올은 이러한 성서의 사실을 부정하는가? 나 도올은 결코 성서의 사실을 부정하지 않는다. 예수는 분명 비유로 말하였다. 그러나 예수는 결단코 비유로 말하지 않았다.

"비유"는 이미 예수의 담론형식을 규정한 예수의 말씀 이외의 개념적 틀이다. 예수는 결코 비유를 말한다고 의식하면서 말씀을 전한 사람이 아니다. 예수는 비유로 말한 것이 아니라, 민중의 언어로 말한 것이다. 민중의 언어란 무엇인가? 민중은 논論하지 않는다. 민중은 관觀을 세우지 않는다. 민중은 개념적으로 사물이나 주변에 일어나고 있는 사태를 파악하지 않는다. 개념의 체계로서 관觀을 엮지 않는다. 민중은 논하지 않고 말하며, 관하지 않고 본다. 민중은 산다. 삶을 관觀하지 않고, 삶을 살 뿐이다.

민중에게 천국이란 삶의 문제일 뿐

민중에게 천국이란 삶의 문제일 뿐이다. 관념적 규정의 문제가 아닌 것이다. 민중의 삶에는 관념이나 이데아가 선재先在하지 않는다. 민중의 언어에 알레고리적 설명 즉 관념을 부여하는 것은 가당치 않은 일이다. 관념론적인 언어의 접근방식 그 자체가 반민중적이요, 지식인의 유희일 뿐이다. 복음서 자체가 이미 이러한 지적 유희에 물들어 있다는 사실을 지적한 것이 윌리허의 공헌이라 말할 수 있다.

비유라는 이야기형식의 핵심

민중이 관념적 결구 속에서 논하지 않고 말하는 방식, 다시 말해서 지적인 유희가 없이 "이야기하는 방식"이 바로 비유라는 것이다. 비유를 어떠한 특정한 담론양식이나 문학장르 개념으로서 규정하려는 모든 시도가 잘못된 것이요, 반비유적이다. 개념적인 선이해방식을 취하지 않고 곧바로 "이야기하는" 민중의 언어는 대체로 비유의 방식을 취한다고 말할 수 있다. 비유라는 것은 더블 미닝double meaning(두 개 혹은 그 이상의 의미가 겹쳐있다)을 지니는 모든 짧막한 이야기형식 전부에 해당된다고 말할 수 있는데, 오늘날의 문학장르적 용어로 말한다면 "메타포 metaphor"라는 표현 속에 다 통섭된다고 말할 수 있다. 최근에 이창동 감독이 만든 『버닝』이라는 영화도 "태운다"는 "메타포"의 해석 때문에 사건이 계속 미궁 속으로 빠져들어 간다. 그러나 결국 그 메타포는 알레고리적 해석을 얻지 못한다.

속담＝민중의 이야기, 비유 아닌 것이 없다

내가 말하는 "비유"를 이해하기 위해서는 우리말의 "속담俗談"이라는 표현을 이해하는 것이 그 실상에 가장 정확히 도달하는 첩경이 될 것 같다. "속俗"이라는 말은 그 출처가 상층부 지식인의 정신세계가 아니라는 것을 명료히 지시하고 있다. "속"은 "비속하다"는 의미를 내포한다. "담談"은 "이야기"이다. 그것은 논論이나 관觀이 아니다. 어떠한 고정불변의 이데아를 형상화하기 위한 것이 아니라 그냥 이야기하기 위한 것이다. 그러니까 "속담"은 곧바로 "민중의 이야기"를 뜻한다.

그런데 그 민중의 이야기는 어떠한가? 속담을 뜯어보면 한결같이 비유가 아닌 것이 없다. 메타포가 아닌 것이 없고, 알레고리가 아닌 것이 없고, 비꼼sarcasm, taunt 아닌 것이 없고, 경구aphorism 아닌 것이 없고, 수수께끼riddle 아닌 것이 없다. 이 모든 것이 민중의 지혜로부터 자연스럽게 형성되는 것이다. 내가 고려대학에서 교편 잡고 있을 때, 나의 부인도 연대에서 가르쳤기 때문에 아이 셋을 우리가 다 기를 수가 없어 고향에서 할머니 한 분을 모셔왔다. 우리 옛집 아랫마당 동네에서 사셨던 분이라 했는데, 물론 세칭 학식이 있는 분은 아니다. 그런데 세간을 꾸리는 솜씨와 음식솜씨가 매우 격조가 높았는데, 이 분의 말솜씨야말로 천하의 일품이었다.

아침부터 저녁까지 내내 입을 뻥끗하면 터져나오는 것이 조선민중의 지혜의 결집체인 속담이 아닌 것이 없었는데, 그 속담들이야말로 그 상황상황에서 최적의 경구였고 교훈이었고, 메타포였다. 그 말들을 기록하여 남겨둘까 하고도 생각해 보았지만 그 주어진 상황의 맥락이 없이는 큰 의미를 지니지 못하고, 그 모든 것을 기록하려면 엄청난 노력이 드는 작업이었기에 포기할 수밖에 없었다(두고두고 후회가 된다). 민중이 관념의 포로가 되지 않고 자신의 생각을 표현하는 비개념적인 방법으로서, 속담 즉 비유만큼 좋은 것이 없다.

아니 땐 굴뚝에 연기 나랴?

누구나 다 아는 예를 하나 들어보자! "아니 땐 굴뚝에 연기 나랴?" 누군가 사람들이 모여 이야기하고 있는 중에 이 말을 툭 던졌다고 하자! 분명 이런 말은 그곳에 있는 모든 사람들이 쉽게 알아들을 수 있고, 순간적으로 고개를 끄덕이면서 동의를 할 것이다. 그런데 몇십 년 후, 이 말만 기록되어 남았다면 과연 이 말이 무엇을 뜻한 것인지, 알 길이 없을 수도 있다. 이 말 자체만 떼어놓고 보면 이 말이 처해져서 의미를 가질 수 있는 맥락은 무수하다.

치정사건을 두고 하는 얘기일 수도 있고, 범죄사건을 두고 하는 얘기일 수도 있고, 단순한 거짓말을 둘러싼 얘기일 수도 있고, 하여튼 그것이 처해지는 맥락은 무수할 것이다. 그러나 이 말의 발설자는 그 말이 처해진 상황맥락을 기술할 필요가 없다. 왜냐하면 당시 그 말을 들은 사람은 그것이 뭔 말인지 다 알아들었기 때문이다. 언어는 일차적으로 소통을 목적으로 하는 것이며, 소통되었으면 그 임무는 완수한 것이다. 월리허가 말하는 "원 포인트one-point" 분석방법이라는 것은 비유는 그 전체Gestalt로서 하나의 단순한 의미전달의 초점을 가지고 있다는 뜻이다.

북은 칠수록 소리가 난다

우리 속담에 또 이런 말이 있다: "북은 칠수록 소리가 난다." 언뜻 듣기에 이것은 긍정적인 의미로 해석될 수도 있을 것 같이도 들린다. 너에게 모종의 좋은 탤런트가 있다. 그 재능을 개발하는 노력을 하면 할수록 그 재능은 더욱 더 잘 발현될 것이다. 이런 식의 해석이 가능할 수도 있을 것 같다. 그러나 이 속담은 결코 이런 긍정적인 맥락에서 쓰이는 적은 없다. 그 의미가 민중 사이에서 이미 결정되어 있는 것이다. 그 뜻인즉, 못된 상대자 하고 다투면 손해만 더 커진다는 것이다. 기운 센 쌍놈의 자식들이 동네에서 망나니로 큰 양반의 자식과 아무리 힘이 좋아 늘씬 패줄 수 있다 해도 결국 피해는 쌍놈의 자식들에게 돌아올 뿐이니 참고 건드리지 말라는 뜻이다.

"북은 칠수록 소리가 난다"라는 표현 속에는 힘없는 민중들의 체념, 드세 높은 권문세가들의 폭력, 비슷한 또래의 사이에서도 북소리 크게 나는 놈들 괜히 때릴 필요가 없다는 지혜로운 권고 등의 교훈이 함축되어 있다 할 것이다. 이것은 속담이나 비유나 메타포가 철저히 상황적이라는 것, 그리고 그러한 메타포의 언어는 문화적 맥락을 갖는다는 것, 그리고 화자와 청중 사이의 쌍방적 교섭을 전제한다는 것, 그리고 철저히 특수한 시간성과 공간성을 갖는다는 것이다. 이러한 비유의 성격이 하나님의 나라(=질서)의 선포에 관한 것이라고 한다면 우리는 단도직입적으로 하나님의 나라the Kingdom of God에 관해서도 매우 구체적인 설명을 할 수 있게 된다.

하나님나라는 인간과 인간의 해후에서 성립

하나님의 나라, 하늘의 나라the Kingdom of Heaven(天國: 마태의 표현)는 결코 시공을 초월하여 일반화될 수 있는 과학적 법칙과도 같은 사실이 아니다. 천국은 객관적 사실이 아니라 비유·속담과도 같이 인간과 인간의 해후에서 성립하는 것이다. 그 만남에는 상황성이 있고 시간성이 있고 공간성이 있고 실존성이 있다. 예수의 비유는 예수의 실존의 특수한 시간성과 공간성에서 우러나오는 창조적 긴장의 표현이다. 그것은 또다시 되풀이되고 일반화될 수 있는 과학적 사실이 아니다. 오직 그 창조적 긴장에 실존적으로 참여할 수 있는 인간들에게만 드러나는 인식의 전환, 즉 메타노이아의 사태인 것이다.

당신의 나라여 오소서! 천국은 분명 와야할 것으로 우리 미래에 걸려있는 소망이지만, 천국은 이미 예수의 삶과 더불어 이 땅에 도래하였고, 또 천국을 소망하는 사람들에게 끊임없이 오고 있는 그 무엇이다. 천국은 미래인 동시에 과거이며 또 동시에 현재진행인 것이다. 천국을 믿느냐? 천국의 도래를 받아들이느냐는 질문은 그것의 과학적 진위를 가리는 문제가 아니라 너의 삶을 천국의 도래에 걸 수 있느냐 없느냐, 그 모험의 결단을 촉구하는 선포인 것이다. 예수는 이미 마가 1:15에서, "가라사대 때가 찼고, 하나님나라가 가까웠으니 회개하고 복음을 믿으라"고 선포하였다. 다시 말해서 그의 공생애의 출발 자체가 하나님나라의 선포였다.

하나님나라는 언어적 규정성을 거부한다

그러나 그 선포 속에는 하나님나라에 대한 아무런 규정성이 없었다. 오직 "카이로스"와 "메타노이아"와 "기쁜소식"을 이야기했을 뿐이다. 그리고 그는 가버나움을 중심으로 한 갈릴리사역을 통하여 기적, 즉 사탄의 내쫓음이라는 행위로써 하나님의 나라가 임하고 있음을 오클로스에게 보여주었다. 오클로스야말로 완악한 상층인간들과는 달리 마음이 열려있는 사람들이므로, 예수의 행위 그 자체에 깃든 하나님의 사역을 있는 그대로 목도할 수 있었다.

이제 세 번째로 갈릴리호숫가로 왔을 때 예수는 비로소 하나님나라에 관해서 가르치기 시작한다. 선포에서 행위로, 행위에서 가르침으로 마가의 드라마는 전개되고 있는 것이다. "프리칭preaching"에서 "티칭teaching, διδάσκω"으로 옮아

갔을 때 예수의 입에서 쏟아져 나온 말은 "비유담화"였다. 왜냐하면 그는 그 자신이 민중이었고, "민중의 언어"로써 민중을 가르칠 수밖에 없었기 때문이다. "씨뿌리는 자"의 비유가 제일 처음 나온 이유는 바로 천국이야말로 "씨뿌림"의 행위의 모든 상황성과 시공성과 실존성의 구현체이기 때문이었다.

천국은 씨 뿌리는 행위였고, 그 행위의 주체인 사람의 문제였고, 사람과 사람의 만남의 문제였다. 천국! 그것은 외계에서 내려오는 비행접시가 아니라, 사람 그 자체였던 것이다. 천국은 사람이요, 사람의 행위요, 사람의 인식의 전환이요, 사람의 노력으로 성취되는 역사의 문제인 것이다. 천국은 인간의 씨 뿌림이요, 역사의 열매일 뿐이다. 예수는 천국을 유토피아로서 말한 적이 없다. 다윗왕조를 거부한 그가 새로운 유토피아왕조를 구가할 까닭이 없다.

4:1~2, 비유가 설파된 장면 연출

자아! 이제 보다 본문에 즉하여 자세히 설명해보자! 4:1~2절에는 이 비유가 설파된 장면, 그 무대설정에 관해 재미있는 설명이 서막으로 전개되고 있다. "예수는 다시 호숫가에서 가르치셨다"라고 되어있는데, 이것은 예수가 갈릴리호숫가로 세 번째 왔을 때의 풍광이다. 군중이 너무나 많이 모여들었기 때문에 예수는 배를 타고 그 안에 앉은 다음에 그 배를 물에 띄웠다. 이것은 매우 재미있는 장면이다. 우선 예수의 인기가 너무 높아 엄청난 인파가 그에게 몰려들었다는 사태가 인지될 수 있다. 아마도 그가 행한 이적의 여파의 축적태를 고려하면 그러한 사태는 쉽게 사실로서 인정될 수 있을 것이다.

그러나 모여드는 사람들과 예수의 가르침을 연출하는 주체측 사이에는 인식의 충돌이 있다. 구름처럼 모여드는 민중은 예수를 위대한 하늘나라의 교사로서 인지하는 것이 아니라, 단지 미러클 메이커, 즉 기적의 행위자로서 인식하고 있다. 다시 말해서 마술사 아니면 질병의 치유능력이 있는 자로서 인지하고 덤비는 것이다. 의원에게 갈 능력이 없는 자들에게, 그러면서 매일매일 질병으로 고통받는 민중들에게는 그들이 질병으로부터 해방될 수 있다는 소망, 그 이상의 "기쁜소식"은 없었을 것이다. 이들은 막무가내 예수의 손 한번 잡아보거나 도포자락이라도 한번 만져보고 싶어하는 것이다. "말씀"이라는 간접적인 매체로는 성이 차질 않는다.

직접적인 신체적 접촉direct physical contact을 원하는 것이다. 수백 명, 수천 명이 예수를 만져보겠다고 덤비는 상황, 이것은 예수로서는 감당할 수 있는 상황도 아니고 또 원하는 사태가 아니다. 우선 물리적으로 매우 위험하다. 예수는 자기의 삶의 목적이 천국을 선포하는 데 있는 것이지, 기적을 행하는 데 있지 않다고 생각했다. 따라서 그러한 가르침을 위해서는 군중과의 "거리두기distancing"가 절대적으로 필요했다.

4장의 구성

 이러한 상황에서 어부노릇을 한 제자들이 기발한 무대를 만들었다. 예수의 연단을 배 위에 만든 것이다. 그리고 배를 물가에 띄움으로서 몰려드는 군중과 거리를 둘 수 있게끔 연출한 것이다. 여차하면 배를 타고 뜰 수가 있다. 호수의 물을 격隔한 군중들은 호숫가의 언덕의 풀밭에 좌정하고 있다. 군중들의 들뜬 심리를 가라앉힌 후에 예수는 차분하게 말문을 열기 시작하는 것이다. 이것은 확실히 마가의 복음드라마가 사실적 정황의 디테일에 훨씬 더 근접하고 있다는 것을 말해준다. 마태의 산상수훈의 장면은 이러한 군중과의 텐션을 제거하였다. 이미 예수는 신격화되어 있는 것이다. 군중과의 엎치락뒤치락, 텐션이 없는 것이다. 4장의 구성은 다음과 같다.

		마가 4:1~34
I	1~2	무대설정. 비유임의 천명
II	3~9	씨뿌리는 자의 비유: 예수 본인의 말씀자료
III	10~12	비유로 말씀하신 이유 설명: 열두 제자에게
IV	13~20	비유말씀에 대한 알레고리적 해석
V	21~25	등불의 비유
VI	26~29	저절로 자라나는 씨의 비유
VII	30~32	겨자씨의 비유
VIII	33~34	비유로 가르침에 관한 결어. 민중 vs. 제자

 I은 서론introduction이고, VIII은 결어concluding remark이다. 그런데 결어를 뜯어보면, 민중에게는 비유로 말하고, 제자들에게는 알레고리화된 설명으로 말함으

로써 민중에게는 신비감만 주고 그 뜻을 못 알아듣게 했고, 제자들에게만 진정한 비밀을 노출시켰다는 결론을 총결로써 천명하고 있다. 이것은 이 단락의 언어 전체가 민중(파라볼레, 감추어짐) vs 제자(알레고리, 드러남)라고 하는 이원성의 틀 속에서 짜여졌다는 것을 알 수 있다. 이 결어는 한마디로 초대교회의 케리그마적 독단의 소산이다. 알레고리적 해석을 첨가한 이유를 정당화하는 "개소리"에 불과하다.

비유는 알레고리적 해석으로써 고착되면 생명력을 잃는다

한번 생각해보라! "아니 땐 굴뚝에 연기 나랴!" 이 말에 대하여 "아궁이의 불"은 "범죄행위"를 뜻하는 것이고 "연기"는 "그 증거"를 뜻한다는 식으로 알레고리적 해석을 고착시켰다고 한다면 비유는 비유로서의 생명력을 상실한다. 비유는 비록 원 포인트의 메시지를 전한다 할지라도 그 원 포인트는 오직 역동적 관계, 상황적 함수관계의 중층적 엮임 속에서만 의미를 발하는 것이다. 윌리허는 이러한 중층적인 역동성을 파악하지 못했다. 그럼에도 불구하고 이 단락에는 예수 비유의 오리지날 파편original fragments 4개가 들어가 있다(II씨 뿌리는 자의 비유, V등불의 비유, VI저절로 자라나는 씨의 비유, VII겨자씨의 비유).

마가복음에는 명백히 비유로 규정될 수 있는 말씀이 7개 있는데(사악한 소작인의 비유12:1~11, 무화과나무의 비유13:28~29, 그날 그 시간 문지기의 비유13:34~37) 그 중 4개가 여기 집중되어 있다. 여기 씨 뿌리는 자의 비유와 겨자씨의 비유는 대표적인 천국의 비유로서 꼽힌다(마가에는 비유라는 말이 13회 나온다. 그런데 마가 본문 속에서도 비유라는 말이 쓰이는 맥락은 매우 다양하다. 단일한 뜻이 없다. 내가 원문으로 그 용례를 다 찾아보았는데 다음과 같다: 3:23, 4:2, 10, 11, 13[2회], 30, 33, 34, 7:17, 12:1, 12, 13:28).

비유의 파편, 역사적 예수의 본래의 담화, 그 몇 가지 비유

오리지날 비유의 파편들이 역사적 예수의 본래의 담화에 속하는 것이라는 논의는 다음의 몇몇의 근거 위에서 정당화될 수 있다. 첫째, 예수의 비유담화의 성격이 그 나름대로 유니크한 것이며 제2성전시기의 유대문학The Second Temple

Literature에는 나타나지 않는다. 예수의 비유는 모든 유사성을 단절시키는 독창성이 있다.

둘째, 예수의 비유는 비근하며 독창적이지만 또 동시에 우리의 일상적 판단에 위배되는 당혹감 같은 것이 그대로 노출되어 있다. 상식적인 도덕에 위배되는 상황도 많아(남의 집을 늑탈하기 위해 들어간다 등등) 그것이 후대의 교회에서 만들어진 다듬어진 매끄러운 성격의 것일 수 없다는 추론을 정당하게 만든다. 원초적 까칠까칠함이 예수의 비유에는 살아있는 것이다.

셋째, 그 많은 예수의 비유에는 예수 당대의 삶의 모습이 가감 없이 드러나 있으며 그 문화적 배경에 잘 들어맞는다. 추상적 이념보다는 생활사적·민속사적 현실이 노출되어 있는 것이다. 그리고 비유의 담론은 매우 다양하지만 일관성 coherence이 파악될 수 있으며, 한 사람의 사상이 흘러가고 있음을 알아차릴 수 있다.

넷째, 구체적으로 확증적인 하나의 놀라운 사실이 있다. 비유담론이 마가의 창작일 수도 있지 않을까? 이러한 의문을 불식시키는 결정적인 단서가 발견된 것이다. 그것이 바로 1945년 12월 나일강 상류 게벨 알 타리프 절벽 아래에서 두 밀레니엄 동안의 침묵을 깨고 빛의 세상에 그 모습을 드러낸 체노보스키온문서 중의 하나인 도마복음서의 출현이다. 이 문헌이 이곳에 묻힌 것은 AD 4세기 후반으로 추정되지만, 도마복음서 그 자체의 성립연대는 마가복음의 성립연대보다 최소한 20년 가량 앞서는 AD 50년경이다(제설이 분분하지만, 나는 도마복음서의 번역자로서 AD 50년경설을 확고하게 취한다).

도마복음서의 출현, 비유담론연구에 획기적 근거를 제공
이 도마복음서는 현존 성서에 내재하는 Q자료와 마찬가지로 예수의 로기온 (말씀)자료로써만 구성되어 있다. "공자 가라사대"처럼, "예수 가라사대"로 시작되는 파편이 114개 수록되어 있는데(맨 앞에 서론이 있고 마지막에 제목, "토마스에 의한 복음"이 붙어있다), 이 114개의 파편 중에서 명백한 비유라 말할 수 있는 것이 14개 실려있다(이 14개의 숫자는 기실 유동적이다). 이 14개의 도마복음 비유 중에 11개가 공관복음서에 존재한다(예레미아스의 카운팅으로는 11개다. 헐트그렌Arland J. Hultgren은 10개라고 하는데 도마복음 103장을 비유로 계산하지 않았다. 허나 103장은 명백히 공관복음서와 내용이 겹치는 비유다. cf. Arland J. Hultgren, *The Parables of Jesus*, Grand Rapids: Eerdmans Publishing Company, 2000, pp.430~431). 이 도마복음서의 출현은 복음서의 비유담론의 연구에 획기적인 근거와 전기를 마련하였다.

그 어느 누구도 현존 복음서를 기초로 하여 도마복음서 자료가 성립했다는 것을 주장하지 않는다. 도마복음서의 로기온은 현존 복음서보다 앞서는 것이며, 그것은 공관복음서의 가장 빠른 원형자료라는 것을 문헌적 상식이 있는 자라면 시인하지 않을 수 없다. 사계의 모든 신학자가 이 점에서는 일치하고 있다.

마태·누가자료의 원형은 마가, 마가자료의 원형은 도마

물론 씨 뿌리는 자의 비유가 도마복음서 제9장에 실려있다. 그러니까 마태·누가의 씨 뿌리는 자의 비유는 원형이 마가자료이고, 또다시 마가자료의 원형이 도마복음이라는 사실은 부동不動의 사실이 된 것이다. 그런데 도마복음자료와 마가자료를 비교해보면 그 내용이 너무도 혹사酷似하여 별 차이가 없다. 대동소이한 로기온자료인 것이다. 다시 말해서 마가는 예수의 비유를 창작한 것이 아니라, 기존의 예수어록(말씀기록)의 내용을 충실히 베꼈다는 것이 입증되는 것이다. 이것은 예수의 비유담론의 연구야말로 "역사적 예수"에 접근하는 가장 정통적 방법이라는 것을 입증한 것이다.

지저스 세미나, 21개의 비유를 정통적 예수의 담화로 인정

지난 세기말에 열렬한 칭송과 격렬한 비난의 대상이 되었던 "지저스 세미나 Jesus Seminar"라는 것이 있다. 50명의 저명한 성서신학자와 100명의 일반 지식인으로 구성된 세미나인데 1985년에 미국 신학자 로버트 펑크Robert Funk, 1926~2005에 의하여 조직되었다. 이 세미나는 모든 정통적 기독교신앙이나 기존 교단의 종교적 태도의 모든 전제에 대하여 금기 없이 자유로운 비평을 가하였다. 이 세미나에서 복음서 구절들을 세분하여 그 내용에 관해 충분한 토의를 거치고, 최종적으로 그 예수 말씀자료의 원형의 진실성의 도수를 투표로서 결정하였다 (red: 진짜 예수말이다. pink: 예수의 말같이 들린다. gray: 예수의 말이라고 할 수 있을라나? black: 기본적으로 아닌 것 같다).

이 세미나에서 출간한 『오복음서The Five Gospel ─ 예수는 정말 무엇을 말했는 가?』(1993)는 화제의 작품인데 한국 신학계는 이단시하는 것 같다. 실제로 대부분 의 훌륭한 미국 신학자들이 결성한 이 세미나의 성과를 무시할 수는 없을 것이다. 그런데 이 세미나에서도 다양한 복음서(비정경자료도 포함)에서 확실한 것으로 선정 된 비유 33개에 대해 투표를 한 결과, 21개의 비유가 "의심할 바 없는 예수의 말 씀"으로 인정되었다. 그리고 현존성서 중의 27개 비유담화 중에서 21개가 정통적 예수의 담화로서 선정되었다. 그만큼 비유담화는 역사적 예수와 밀착되어 있는 것이다.

도마복음자료, 알레고리적 해석 부재

자아! 씨 뿌리는 자의 비유의 경우 도마와 마가의 가장 현저한 차이는 비유 그 자체는 도마와 마가가 거의 공통되는 것이지만, 도마에는 전혀 알레고리적 해석 이 없다는 것이다. 이것은 매우 확실하게 마가의 알레고리적 해석이 후대의 불필 요한 첨가이며 교회의 이익을 대변한 졸렬한 언어라는 것을 우리에게 입증해주는 것이다. 예수는 비유를 말했을 뿐이지, 제자들에게만 알아들을 수 있는 알레고리 로 그것을 다시 해석하는 짓을 전혀 하지 않았다는 것이 증명되는 것이다.

여기 마가의 오묘한 입장이 있다. 예수의 본래의 역사적 모습을 전하면서도, 초 대교회조직의 이권을 대변해야만 하는 그의 중간자적 입장의 고뇌를 엿볼 수도 있을 것 같다. 그러니까 10~12절(Ⅲ)의 비유로 말씀하신 이유를 열두 제자에게 설명하는 부분은 심각한 고려의 대상이 될 수 없다. 다시 말해서 브레데의 "메시아 비밀"의 논리로써 비유담론의 비밀스러움을 설명할 필요까지도 없을 것 같다고 많은 성서학자들이 주장하고 있다.

"메시아 비밀"이라는 이 한마디로 마가의 이중성을 다 일괄적으로 처리할 수는 없는 것이다. 예수는 천국의 비밀을 민중에게 숨기기 위하여 비유를 말한 적은 없다. 여기 마가드라마에 있어서 열두 제자만이 알아듣게 알레고리화 된 설명을 가했다는 이야기 설정은, 인사이더와 아웃사이더의 이분적 구획을 그어놓고 예수가 바로 그토록 믿고 사랑했던 인사이더들로부터 철저히 배신당하고 말았다고 하는 수난설화의 비극적 측면을 강조하기 위한 플롯 설정으로 해석될 수 있을 것 같다(※전체적으로 말하자면 알레고리를 첨가하는 행위나, 메시아 비밀을 당부하는 것은 모두 같은 동기에서 마가가 연출한 것이라고도 생각할 수 있다).

씨 뿌리는 자의 비유

자아! 이제 씨 뿌리는 자의 비유 그 자체를 설명해보자!

우선 비유 그 자체(Ⅱ)와 알레고리화 된 설명(Ⅳ)의 차이가 무엇인가, 하는 것부터 이야기할 필요가 있다. 씨 뿌리는 자의 비유에서는 그 중심이 "씨 뿌리는 자"라는 행위주체, 그 주체의 삶의 행위 전체에 놓여있다. 씨보다도 씨를 뿌리는 자의 적극적 행위가 더 중요한 것이다. 그런데 알레고리적 설명은 씨나 씨 뿌리는 자의 중요성이 부각되지 않는다. "씨"는 "하늘나라에 관한 말씀"이라고 협의의 규정을 해놓았다. 씨는 "로고스"라는 것이다. 그리고 알레고리적 설명의 전체적 의미는 그 씨가 뿌려지는 밭(토양)의 상태에 그 중점이 놓여있다. 씨 뿌리는 자의 삶의 모험은 매우 주체적이고 능동적이고 박력 있는 여정이지만, 밭의 상태는 운명적이고 수동적이고 피동적인 것이다.

이것은 교회의 신도들에게 마음의 상태를 삼십 배, 육십 배, 백 배의 열매를 맺을 수 있는 상태로 만들라는 권고이며, 협박이다. 말씀의 주체는 예수일 수밖에 없다. "씨"를 "천국에 관한 말씀"으로 알레고리화 하는 순간 모든 의미관계는 고정되어 버린다. 예수는 씨를 일방적으로 뿌린다. 그리고 그 씨를 수용하는 것은 신도들의 마음상태이다. 신도들은 그 씨가 결실을 맺을 수 있도록 마음의 상태를 만들어야 하는 것이다. 이것은 예수의 신적 권위에 대한 피동적 수용태세에 관한 메시지일 뿐이다. 예수는 결코 이런 비유를 말한 적이 없다.

예수는 씨를 뿌려본 사람이었다

맨 처음 장면으로 돌아가보자! 사람들이 너무 많이 몰려들었다. 누구든지 예수를 한번 만지고 싶어한다. 그래서 예수는 열광적 군중과 거리를 두기 위해 배 위에 올라앉았다(카데스타이καθῆσθαι: 서지 않고 앉았다. 사람들의 흥분을 가라앉히는 의미도 있었을 것이다). 그리고 호숫가 육지 언덕에 꼭 요즈음 야외공연장처럼 사람들이 삥 둘러앉아있다. 참 아름다운 광경이다. 그런데 예수를 둘러싼 이 군중들의 뒷켠으로 씨를 뿌려 곡식이 자라고 있는 푸른 밭이 보였을지도 모른다. 물론 예수가 눈에 보이는 것만을 소재로 삼아 즉흥적으로 비유를 말한 것은 아니겠지만 예수의 비유는 일상적 삶을 소재로 하고 있다.

그에게 이적을 행하여 줄 것을 갈망하는 민중에게 하나님 나라에 관한 설명을 한다는 것은 심히 난감한 과제일 수 있다. 예수는 "민중의 언어"로써 민중에게 말한다. 그런 말을 하는 예수는 그 자신이 민중일 수밖에 없다. 그의 직업이 목수였다고는 하지만, 그 본인이 농사를 지은 사람임에 분명하다. 우리 시대까지만 해도 내 주변의 모든 사람이 대부분 농사꾼이었다. 초등학교의 학동들도 모두 농사를 짓는 어린이들이었다. 씨 뿌리는 자는 예수일 뿐 아니라, 거기에 앉아있는 민중 모두가 씨 뿌리는 자인 것이다. 아니! 그에게 기쁜소식을 듣고 싶어한다면 씨를 뿌려야만 하는 것이다. 씨를 뿌려야 먹고 살 수 있는 것이다. 씨 뿌림은 존재의 당위요, 그 당위로 얻어지는 결실에 관한 이야기인 것이다.

4가지 토양의 상태, 우리 감각으로는 이해곤란

여기 예수의 비유에 우리로서는 이해하기가 곤란한 측면이 있다. 씨를 뿌리는 토양의 상태에 관해 4가지 상황이 기술되어 있다: 1)딱딱한 길가 2)흙이 거의 없는 돌밭 3)가시덤불 4)흙이 많은 좋은 땅. 그런데 우리 농부의 상식으로 볼 때, 씨는 상당히 귀한 것인데, 그 씨를 뿌리내릴 수 없는 길 위에나 돌밭, 혹은 가시덤불 위에다 뿌린다는 것이 도무지 이해가 되지 않는다.

씨를 뿌린다고 하는 것은 반드시 먼저 토양의 조건을 만들고 뿌리는 것이다. 흙을 돋우어 이랑을 만들고 그 위에 다시 골을 내어 씨를 뿌리고 흙을 덮는다(서유구 徐有榘, 1764~1845는 이랑에 씨를 뿌릴 것이 아니라 낮은 고랑에 씨를 뿌리는 견종법畎種法을 주장했다. 우리나라와 같이 봄에 수분이 부족한 나라에서는 고랑을 활용하는 것이 더 유리하다는 것이다). 이러한 우리 농부의 파종감각으로는 도무지 길에, 돌밭에, 덤불에 씨를 뿌린다는 것이 이해될 길이 없다.

예레미아스의 생활사적 해석

우리나라는 다양한 암반지형이라 할지라도, 저 황하의 황토고원과 고비사막으로부터 휘몰아치는 황사가 매년 일정 두께로 덮여 어느 곳에나 풍요로운 토양을 형성하고 있지만, 팔레스타인의 척박한 현무암지대에는 그러한 황사이동이 없어 황토흙밭의 평균적 풍요로움이 보장되지 않는다. 이 예수의 비유는 팔레스타인의 척박한 토양을 전제로 하지 않으면 성립하지 않는다. 소년시절부터 팔레스타인에서 자라난 신학자 예레미아스는 팔레스타인 지역의 민속사적 사실을 성서해석에 도입했다. 이것은 진실로 성서를 바라보는 가장 진실한 태도 중의 하나이다.

여태까지 서구역사 속에서 성서는 도무지 해석의 대상이 아니었다. 성서는 범인들이 읽으면 아니 되는 성스러운 비밀이었다. 결국 루터의 종교개혁의 핵심도 "독일어번역성경"의 저작 그것 하나일 뿐이다. 라틴어·히브리어·희랍어에 갇혀있던 성경을 모든 사람들이 읽을 수 있도록 버내큘라Vernacular, 즉 언문으로 바

척박한 팔레스타인의 땅. 씨뿌리는 자의 비유는 이러한 농지를 배경으로 하고 있다.

꾼다는 것, 그 이상의 "작위作爲"(Making)는 없었다. 로마교황청은 그것을 환영한 것이 아니라 그것을 막으려고 무진 애를 썼다. 루터의 독일어성경의 출현이야말로 모든 프로테스탄티즘의 원점이자, 로마교황청 조직과의 영원한 결별을 상징하는 것이었다. 루터의 파문이 루터를 위대한 새 역사의 에포크로 만든 것이다. 이 버내큘라 성서의 출현 이래 예레미아스가 민속사적 관점에서 성서를 분석하게 되기까지 그것은 참으로 기나긴 시간과 지난한 인식의 전환점들이 있었다.

선 파종, 후 밭고름, 그 의미

팔레스타인에서는 어차피 고른 토양이 확보되지 못하기 때문에 이랑을 만드는 작업보다 파종(씨뿌림)이 선행한다는 것이다(어떠한 경우에도 우리 감각으로는 이러한 농법은 효율적이라 말할 수 없다. 그러나 팔레스타인 농부들에게는 민속학적, 토착적인 충분한 이유가 있을 것이다). 그러니까 아무 곳에나 전체적으로 골고루 씨를 뿌리고, 그 후에 쇠스랑으로 대충 덮는 것이다.

몇 주 전에 내가 좋은 된장을 구하러 포천의 어느 농원을 갔는데, 그 집주인이 왈, 매년 100kg의 콩을 뿌려 백 가마 정도의 콩을 수확한다고 했다. 이와 같이 예견 가능한 정확한 농법으로 농사짓는 사람들에게 예수의 비유는 별 의미가 없을 것이다. 예수시대의 농부들이 이런 과학적인 농사를 지었다면 예수의 비유는 생겨나지 않았을 것이다.

예수와 예수의 비유를 듣는 모든 사람들에게 씨뿌림은 불확실한 미래를 향해 던지는 것이다. 씨는 토양의 조건과 관계없이 차별 없이 던져지는 것이다. "무차별"이라는 말은 불교에서도 상당히 중요하게 쓰는 말인데, 그것은 종교정신, 보살정신, 모든 성직자 삶의 태도의 핵이다. 만약 구원이 선택된 토양에 따라서만 이루어진다면 그것은 구원이 아니요, 율법의 폭력이다. 비극적 운명에 처하여질지라도 무차별하게 씨를 뿌리는 정신은 천국을 맞이하는 자들의 모험의 여정이다. 씨는 결코 떨어지는 땅을 선택하지 않는다.

선이해를 배제하라!

씨 뿌리는 자의 비유의 해석은 영원히 열려있다. 그것은 그 자체로 완결되는 것이며 주석학적 설명을 요하지 않는다. 그것이 설파된 그 시점의 역사적 예수의 말씀과 그것을 인지할 수 있는 나의 마음이 대등한 관계로서 해후할 때만이, 그 순간 천국의 비밀은 열리는 것이다. 그러나 예수의 비유에 대하여 선이해pre-Understanding를 갖는 것은 옳지 못하다. 선이해의 가장 큰 오류가 예수의 비유를 초월주의적 천국론(천국을 초월적 실체로 간주한다), 그리고 종말론적 전제를 가지고 임하는 것이다.

씨 뿌리는 자의 비유는 오로지 씨 뿌리는 자의 씨뿌림에 관한 것이다. 이 "씨뿌림"은 어디까지나 역사적 시공간 속에서 이루어지는 것이다. 그것은 자연의 순환 속에서 이루어지는 것이며 역사적 시간 속에서 인간의 노력에 의하여 그 결실을 거두는 것이다. 시공간 내에서 자연의 순환은 지극히 불확정적인 것이다. 그럼에도 불구하고 씨를 뿌리는 과감한 모험을 감행하는 자들에게는 결국 수십 갑절의 결실이 있게 되리라는 희망과 격려를 말하고 있는 것이다. 그 이상의 진실은 오직 이 비유를 소박하게 인지할 수 있는 자들에게만 열려있을 뿐이다.

등불의 비유

등불의 비유(V)도 도마복음 33장에 나온다. 당시 팔레스타인 사람들은 초를 쓰지 않았다. 기름을 갸름한 종재기에 붓고 그 주둥아리 부분에 심지를 놓고 불을 당긴다. 그 등잔은 반드시 등경燈檠(stand) 위에 올려놓아 불빛이 널리 퍼지도록 하였다. 여기 예수의 말은 씨 뿌리는 자의 비유와도 내면적인 연속성이 있고, 또 메시아의 비밀을 정면으로 거부하는 내용도 담고 있다. 등잔의 불을 켜서 그것을 침상 밑에 두거나(일부 지역만 비춘다) 됫박 속에 놓아 엎어버리는(불이 꺼진다) 그런 미친놈은 없을 것이다. 불을 켠다는 것은 불을 밝히기(비추기) 위한 것이다. 내면적 깨달음(빛)은 반드시 모든 사람에게 선포되어야 한다. 그 깨달음의 빛이 공개적으로 공유되어야 하고, 또 공적으로 검증되어야 하는 것이다. 예수에게 이러한 은밀성과 공개성은 항상 공존하는 것이다.

자라나는 씨의 비유

자라나는 씨의 비유(VI)에 관해서 내가 하고 싶은 말은 천국은 어떠한 경우에도 일시적인 완성태가 아니라는 것이다. 천국은 "자라나는 것"이다. 하늘나라는 역사 속에서 생성되는 것이다. 문장의 구조로 볼 때, 이 비유의 강조가 "저절로 자라남"에 있는 것은 사실이다. 그러나 서구의 신학자들은 이 "저절로"라는 것을 한결같이 인간의 작위가 미칠 수 없는 과정으로서 해석한다. 천국은 사람의 도움이 없이 실현된다는 것이다.

이것은 넌센스다! 이것은 정말 잘못된 해석이다. 저절로 자라는 것은 모두 자연自然(영어로는 "Nature"이지만, 우리말로는 "스스로 그러함What-is-so-of-itself")의 이치이다. 그것은 인간의 노력이 배제되는 것이 아니다. 단지 씨뿌림에서 낟알이 맺히기까지 인간의 노력이 배제되는 프로세스는 없다. 단지 인간의 노력으로만 콘트롤될 수 없는 스스로 그러함이 있다는 것을 깨달아야 한다는 것이다. 이것은 인간의 겸손을 요청하는 것이다.

마지막에 "낫으로 베는 것"에 관해서도 종말론적 해석만을 강요하듯이 주석자들이 떠드는데, "낫으로 벰"은 "칼"(종말)의 이미지가 있는 것이 아니고, "추수"(결실)의 이미지를 말한 것이다. "낫으로 벰"은 종말이 아니라 영원한 순환이다. 천국은 영원히 반복되어지는 추수 속에서 자라나는 것이다.

겨자씨의 비유

마지막 4번째 겨자씨의 비유(Ⅶ)는 씨 뿌리는 자의 비유의 낙관적 측면을 다시 한 번 강조하는 것이다. 미미한 시작과 상상할 수 없을 정도의 큰 결과를 대비함으로써, 미미하고 초라한 시작만을 보고있는 군중들에게 천국도래에 관한 확신을 던져주고 있는 것이다. 마가가 여기 예수의 첫 천국설교로서, 상통하는 비유 4개를 집중적으로 연결시킨 것(본래는 관련 없는 파편들이었다)은 참으로 슬기롭다 할 것이다.

2018년 7월 1일 벙커1교회에서의 기도

나는 6월달 동안에 많은 일을 겪었다. 나의 70세 생일잔치를 했고, 벙커1교회 교우와 함께 버스 두 대로 임진강 유역의 문화유산 답사여행을 했다(6. 16~17). 우리나라 강산을 이해하는데 너무도 유익한 위대한 여정이었다(현사玄史라는 나의 제자, 전문 사학자 안내). 그리고 오랜만에 만난 손자들과 같이 놀아주느라고 심히 피곤했다. 그리고 며칠 전에는 독일과 한국이 월드컵 본선에서 맞부딪혔다. 결론적으로는 16강 결정전 최종경기에서 두 팀이 다 탈락했지만, 우리가 세계최강

팀이라고 말할 수 있는 독일축구팀을 2:0으로 이긴 사태는 전 국민의 흥분을 자아낸 기념비적인 사건이었다. 독일에게 으레히 질 수밖에 없다는 선입견을 여지없이 뒤엎었던 것이다. 나는 7월 1일 벙커1교회에서 설교 후 다음과 같은 기도를 했다.

손흥민이 텅 빈 독일의 골대 속으로 쐐기골을 집어넣는 순간, 세계 최강을 자랑하던 독일축구팀이 무너졌습니다. 최소한 비길 수 있겠다는 독일의 실낱같은 희망도 사라졌습니다. 2:0이라는 영락의 패배를 맛보아야 했습니다.

우리는 이 특정한 사건으로 한국축구의 전반적인 위상을 뽐낼 수는 없습니다. 그러나 우리의 승리는 우연이 아닌 순결한 승리이며, 대회기록 최대의 활동량을 과시한 선수들의 피땀어린 투혼의 결과이며, 독일선수들의 모든 기량이 총동원된 어마어마한 공격을 막아낸 대한건아들의 진정한 실력이 발휘된 공든 탑의 모습입니다.

역사적으로 축구의 발생연원은 중국의 한나라 때로 올라갑니다. 그러나 근대적 축구가 정식으로 출발한 것은 1863년 영국에서 근대적 축구협회The Football Association가 결성된 것을 그 효시로 삼습니다. 근대적 축구는 결코 우리 체질이나 문화적 구조에 적합한 운동이 아닙니다. 그럼에도 불구하고 우리 한국인들은 그것을 체질화하고, 기량을 증대시키는 놀라운 노력을 경주해왔습니다.

역사적으로 축구의 종주국이라고 할 수 있는 중국의 14억 인구가 도저히 따라올 수 없는 기량을 확보하고, 드디어 세계최강의 독일을 참패시키는 획기적 사건을 만들어냈습니다. 우리는 외국인 감독이 아닌 한국인 재원, 신태용 감독에게도 경의를 표해야 할 것입니다.

저는 이 순간 예루살렘을 향해 가고 있는 예수를 생각합니다. 결혼과 이혼에 관해서도 모세의 율법적 세부조항을 근원적으로 거부하고, 하나님의 창조의 원리를 새롭게 천명하는 예수! 그리고 어린이를 예찬하시면서 하나님의 나라는 어린이와 같은 마음으로 순결하게 받아들이지 않으면 우리에게 임할 수 없다는 것을 말씀하시는 예수! 그리고 부자 청년에게 영원한 생명은 재화와 아상我相의 포기가 없이는 얻어질 수 없다는 것을 말하며, 슬픈 눈빛으로 그 근심 속에 돌아가는 청년을 바라보는 예수!

이 예수와 한국·독일축구와는 무슨 관계가 있을까요? 이제 근원적으로 모든 것을 새롭게 생각하지 않으면, 기존의 모든 율법적 상식과 가치관을 부정하지 않으면 구원의 길은 없습니다. 초라하게 보였던 한국팀이 세계최강의 독일팀을 이겼다는 것은 결코 우연이 아닙니다. 그러나 이 승리를 값있게 만들기 위해서는 이제 독일신학이 만들어온 예수상을 우리가 근원적으로 초극하지 않으면 안됩니다. 불트만이 말하는 예수, 칼 바르트가 말하는 예수가 우리 조선인의 예수가 될 수 없습니다.

우리 축구팀이 독일 축구팀을 이겼다면, 이제는 우리의 생각, 우리의 사상, 우리의 철학이 칸트나 헤겔의 철학을 이기지 않으면 안됩니다. 우리는 칸트를 공부할 때부터 칸트는 넘지 못할 산으로 알고 출발합니다. 우리는 신학을 공부할 때부터 성서해석의 모든 원리는 독일신학에 구비되어 있으며, 그것을 충실히 배우는 것만이 진실한 신학도가 되는 길이라고 한계선을 그어놓고 출발합니다.

우리는 이제 서구문명이 우리에게 부과해온 모든 질곡을 정신적으로 해탈하는 작업을 감행하여야 합니다. 독일 축구팀도 이길 수 있다.

기존의 나를 버리고 새로운 전략을 짜자! 칸트의 계몽주의도 초극할 수 있다. 불트만의 양식사학도 넘어설 수 있다. 불트만의 비신화화도 비신화화 되어야 한다. 칼 바르트는 침묵하라. 헤겔의 아우프헤벤의 몽상은 이제 그만! 칼 맑스도 그 시대의 요청 속에 파묻어 버려라!

이제 민주도, 평등도, 통일도, 평화도, 노동도, 복지도, 교육도, 도덕도, 종교도, 하나님도, 모두 우리 자신의 체험에서 우러나와야 합니다. 우리의 기준에 의하여 새롭게 기획되어야 합니다. 예수는 그의 시대에 이러한 천국혁명을 기획했습니다. 그러나 "예수운동 Jesus Movement"의 실상은 우리나라의 부패한 교회기독교에 의하여 은폐·왜곡되고 있습니다. 예수님은 이제 새로운 조선의 갈릴리 지평을 원하고 계십니다. 당신의 참모습을 드러내고 새로운 천국운동을 실천할 것을 기도하고 계십니다. 예수님의 기도를 본받아 우리도 열심히 기도합시다. 이 땅에 평화가 이르기를 간절히 기도합니다. 아멘.

잔잔해진 풍랑, 돼지떼 속으로 들어가는 마귀
〈 마가 4:35~5:20 〉

CHAPTER 4

³⁵On that day, when evening had come, he said to them, "Let us go across to the other side."

³⁶And leaving the crowd, they took him with them in the boat, just as he was. And other boats were with him.

³⁷And a great storm of wind arose, and the waves beat into the boat, so that the boat was already filling.

³⁸But he was in the stern, asleep on the cushion; and they woke him and said to him, "Teacher, do you not care if we perish?"

³⁹And he awoke and rebuked the wind, and said to the sea, "Peace! Be still!" And the wind ceased, and there was a great calm.

⁴⁰He said to them, "Why are you afraid? Have you no faith?"

⁴¹And they were filled with awe, and said to one another, "Who then is this, that even wind and sea obey him?"

CHAPTER 5

¹They came to the other side of the sea, to the country of the Gerasenes.

²And when he had come out of the boat, there met him out of the tombs a

제 4 장

³⁵그날 저물 때에 제자들에게 이르시되 우리가 저편으로 건너가자 하시니

³⁶저희가 무리를 떠나 예수를 배에 계신 그대로 모시고 가매 다른 배들도 함께 하더니

³⁷큰 광풍이 일어나며 물결이 부딪혀 배에 들어와 배에 가득하게 되었더라

³⁸예수께서는 고물에서 베개를 베시고 주무시더니 제자들이 깨우며 가로되 선생님이여 우리의 죽게 된 것을 돌아보지 아니하시나이까 하니

³⁹예수께서 깨어 바람을 꾸짖으시며 바다더러 이르시되 잠잠潛潛하라 고요하라 하시니 바람이 그치고 아주 잔잔潺潺하여지더라

⁴⁰이에 제자들에게 이르시되 어찌하여 이렇게 무서워하느냐 너희가 어찌 믿음이 없느냐 하시니

⁴¹저희가 심히 두려워하여 서로 말하되 저가 뉘기에 바람과 바다라도 순종하는고 하였더라

제 5 장

¹예수께서 바다 건너편 거라사인人의 지방에 이르러

²배에서 나오시매 곧 더러운 귀신 들린 사람이 무덤 사이에서 나와 예수를 만나다

man with an unclean spirit,

³who lived among the tombs; and no one could bind him any more, even with a chain;

⁴for he had often been bound with fetters and chains, but the chains he wrenched apart, and the fetters he broke in pieces; and no one had the strength to subdue him.

⁵Night and day among the tombs and on the mountains he was always crying out, and bruising himself with stones.

⁶And when he saw Jesus from afar, he ran and worshiped him;

⁷and crying out with a loud voice, he said, "What have you to do with me, Jesus, Son of the Most High God? I adjure you by God, do not torment me."

⁸For he had said to him, "Come out of the man, you unclean spirit!"

⁹And Jesus asked him, "What is your name?" He replied, "My name is Legion; for we are many."

¹⁰And he begged him eagerly not to send them out of the country.

¹¹Now a great herd of swine was feeding there on the hillside;

¹²and they begged him, "Send us to the swine, let us enter them."

¹³So he gave them leave. And the unclean spirits came out, and entered the swine; and the herd, numbering

³그 사람은 무덤 사이에 거처하는데 이제는 아무나 쇠사슬로도 맬 수 없게 되었으니

⁴이는 여러번 고랑과 쇠사슬에 매였어도 쇠사슬을 끊고 고랑을 깨뜨렸음이러라 그리하여 아무도 저를 제어할 힘이 없는지라

⁵밤낮 무덤 사이에서나 산에서나 늘 소리지르며 돌로 제 몸을 상하고 있었더라

⁶그가 멀리서 예수를 보고 달려와 절하며

⁷큰 소리로 부르짖어 가로되 지극히 높으신 하나님의 아들 예수여 나와 당신과 무슨 상관이 있나이까 원컨대 하나님 앞에 맹세하고 나를 괴롭게 마옵소서 하니

⁸이는 예수께서 이미 저에게 이르시기를 더러운 귀신아 그 사람에게서 나오라 하셨음이라

⁹이에 물으시되 네 이름이 무엇이냐 가로되 내 이름은 군대軍隊니 우리가 많음이니이다 하고

¹⁰자기를 이 지방에서 내어 보내지 마시기를 간절히 구하더니

¹¹마침 거기 돼지의 큰 떼가 산 곁에서 먹고 있는지라

¹²이에 간구하여 가로되 우리를 돼지에게로 보내어 들어가게 하소서 하니

¹³허락하신대 더러운 귀신들이 나와서 돼지에게로 들어가니 거의 이천 마리 되는 떼가 바다를 향하여 비탈로 내리달아

about two thousand, rushed down the steep bank into the sea, and were drowned in the sea.

14The herdsmen fled, and told it in the city and in the country. And people came to see what it was that had happened.

15And they came to Jesus, and saw the demoniac sitting there, clothed and in his right mind, the man who had had the legion; and they were afraid.

16And those who had seen it told what had happened to the demoniac and to the swine.

17And they began to beg Jesus to depart from their neighborhood.

18And as he was getting into the boat, the man who had been possessed with demons begged him that he might be with him.

19But he refused, and said to him, "Go home to your friends, and tell them how much the Lord has done for you, and how he has had mercy on you."

20And he went away and began to proclaim in the Decapolis how much Jesus had done for him; and all men marveled.

바다에서 몰사하거늘

14치던 자들이 도망하여 읍내와 촌에 고하니 사람들이 그 어떻게 된것을 보러 와서

15예수께 이르러 그 귀신 들렸던 자 곧 군대 지폈던 자가 옷을 입고 정신이 온전하여 앉은 것을 보고 두려워하더라

16이에 귀신 들렸던 자의 당한 것과 돼지의 일을 본 자들이 저희에게 고하매

17저희가 예수께 그 지경에서 떠나시기를 간구하더라

18예수께서 배에 오르실 때에 귀신 들렸던 사람이 함께 있기를 간구하였으나

19허락지 아니하시고 저에게 이르시되 집으로 돌아가 주께서 네게 어떻게 큰 일을 행하사 너를 불쌍히 여기신 것을 네 친속에게 고하라 하신대

20그가 가서 예수께서 자기에게 어떻게 큰 일 행하신 것을 데가볼리에 전파하니 모든 사람이 기이奇異히 여기더라

마가의 편집패턴

예수는 공생애의 출발의 초성初聲으로서 "하나님의 나라의 임재"를 선포하였고(막 1:15), 그 뒤로도 병자를 고치심으로써 하나님의 나라의 임재를 입증하였다.

도올의 마가복음 강해

그리고 열두 사도를 임명하였고, 사람들이 엄청 모여드는 자리에서 "하나님의 나라"가 과연 무엇을 의미하는지를, 비유로써 민중에게 설교하였다. 이 선포와 병고치심(=축사逐邪)의 행위와 하나님나라에 관한 자상한 비유설교는 마가 드라마의 중요한 편집패턴이라고 말할 수 있다.

설교가 종료된 후, 마가는 또다시 예수의 기적행함의 4가지 사례를 열거하고 있다. 이것은 마가의 드라마적 기법의 리듬감이다. 말씀(테오리아)과 실천(프락시스)의 사례가 반복적으로 배열되면서 "하나님의 나라"라는 주제가 점점 강렬하게 청자의 심중으로 파고드는 것이다. 하나님의 나라 즉 천국은 하늘의 질서이며 땅의 질서가 아니다. 그것은 하나님의 질서이며 인간의 질서가 아니다: "때가 찼다. 그리고 하나님나라가 가까웠다." 우리나라 최초의 마가복음 번역자 이수정李樹廷, 1842~1886은 이 구절을 이렇게 번역했다: "긔약期約이 이믜 이르럿고 신국神國이 갓가온지라."(『마가의 젼흔 복음셔 언히』, 일본 요코하마 미국성서회사, 1884년 12월 간행).

카이로스, 기약
"때" 즉 "카이로스"를 "기약"이라 옮긴 것은 매우 적절한 번역이다. 이러한 예수의 선포의 진실성은 예수의 오리지날 담론으로서 신빙성이 아주 높은 주기도문(마태 6:9~13. 누가 11:2~4. 재미있는 사실은 마가에는 주기도문이 없다는 것이다. Q자료에 속하는 것으로 그 자료를 마가가 보지 못했을 가능성이 높다)에도 연속된 테마로 나타나고 있다. 그 핵심은 "당신의 나라이 임하옵시며, 당신의 뜻이 하늘에서 이룬 것 같이 땅에서도 이루어지이다"이다.

천국은 도래를 갈망하는 인간의 참여가 없으면 오지 않는다
천국은 하늘의 질서이며 하나님의 질서이다. 그것은 공간적 시스템이 아니다. "당신의 나라이 임하옵시며"라는 것은 원문에 즉하여 쉽게 번역하면 "당신의 나라가 오게 하시옵소서"라는 뜻이다(당시는 주격조사가 "이"밖에 없었다). 이러한 에두른 표현은 결국 하나님의 나라가 오도록 만드는 주체가 궁극적으로 인간이 아니라 하나님이기 때문이다. 그러나 여기 하나님의 주권은 일방적인 것이 아니다. 오기를 갈망하는 인간의 참여가 없으면 "하나님의 나라"는 무의미한 허깨비가 되어버리고 만다. 하늘의 질서는 땅의 질서가 아니기 때문에 고귀한 것이고, 우리의 갈망의 대상이다.

그러나 그것은 반드시 이 땅에 임해야만 한다. 예수는 우리 인간이 천국으로 들어가기를 갈망하지 않았다. 4장에서 말한 씨 뿌리는 자의 비유대로, 하늘나라는 이 땅에서 거두어지는 것이다. 우리는 천국으로 들어가지 않는다. 천국이 반드시 우리의 삶 한가운데로 내려와야 한다. 그것이 바로 당신의 뜻이 하늘에서 이루어진 것 같이 이 땅 한가운데서 이루어지도록 하시옵소서라는 뜻이다. 하나님나라는 역사의 지평 위에 온다. 그 역사적 지평이란 바로 일용할 양식이 모두에게 골고루 배분되는 사회이다. 풍요를 자랑하는 대한민국에서도 있는 자들의 착취가 날로 극심해지는 양극화현상이 심화되고 있을 뿐이다. 한국에서 반드시 성취해야 할 것이 "경제민주화"이다.

기적사화, 강도의 크레센도

앞서 누누이 지적했듯이 예수의 기적사화는 천국의 도래를 실증적으로, 실천적으로, 또 상징적으로 보여주는 드라마적 사건이다. 따라서 그 기적의 강도는 더욱더 강렬해지고 대중의 참여가 확대되어 나간다. 오천 명을 먹이는 데까지 기적의 의미는 그 사회적 외연을 넓혀가고 있다.

여기 4장 끝머리에 등장하는, 4개의 이적기사 중 최초의 이적사화는 "자연기적nature miracles"이라는 카테고리 속에 들어가는 것이다.

이적의 3분류, 1)엑소시즘 2)병고치기 3)자연기적

예수의 이적은 대략적으로 분류하면, 1)귀신 쫓아내기exorcisms 2)신체적 질병의 치유healings 3)자연기적nature miracles 이 세 가지 카테고리 속에 들어간다.

예수의 이적의 가장 핵심에 있는 것은 역시 엑소시즘이었다고 확언할 수 있다. 그리고 그것은 현실적으로 가능한 것이다.

카테고리 1과 2와 3의 관계를 살펴본다면, 1에서 3으로 갈수록 우리가 경험하는 시공현상의 인과적 법칙을 더욱 강하게 위배한다. 엑소시즘은 개인적 사태이며 정신적 사태인데 반하여 자연이적은 객관적 사태이며 물리적 사태이다. 예수의 이적의 핵심이 자연이적에 있지 않았다는 것은 명백하다. 그것은 뒤늦게 초대교회에서 형성된 이야기일 가능성이 높다. 물론 그런 이야기와 관련된 근거사태가 있었다는 것은 추론 가능하지만, 그 근거사태는 시간이 지나면서 모호하게 일반화되면서 각자의 기억에 의한 수없는 환상적 담론을 수용하게 된다. 자연이적은 대체로 역사적 예수와 무관한 것이다. 그러나 드라마의 소재로서는 예수의 아이덴티티를 규정하는데 가장 강렬한 기능을 한다.

예수의 자기이해, 엑소시즘은 마술이 아닌 하나님 구원의 역사의 구현

예수의 이적이 엑소시즘을 핵으로 한다는 것은 예수의 이적 그 자체가 "사탄의 지배의 종말," 그리고 "하나님 나라의 도래"라는 사실을 입증하는 가장 효율적 방편이기 때문이다. 인간의 신체로부터 귀신을 내쫓는다는 것은 인간사회로부터 사탄의 지배를 종식시킨다는 것과 동일한 의미를 지닌다. 최순실과 같은 역질을 내쫓는 것으로 우리사회에는 촛불혁명이 이루어졌고, 하나님나라가 도래하기 시작한 것은 분명하다. 그래서 문재인과 김정은이 만났고, 김정은과 트럼프가 만났다. 그러나 그 천국의 도래를 맞이하는 주체는 어디까지나 한국사회를 이끌어 가는 지도세력이다.

그런데 이 지도세력이 한국사회 그 자체의 비전, 즉 이 땅에서 이루어져야 할 "하나님의 뜻"을 명료히 파악하고 그것을 구현해나가는 방편과 실력이 구비되어 있지 못하면 하늘나라의 도래는 또다시 유실되고 만다. 천국의 도래는 실로 지난한 것이다. 그러나 예수 시대의 민중들에게는 천국의 도래는 매우 단순한 꿈이었다. 예수는 그 꿈을 민중에게 엑소시즘을 통해 보여주었던 것이다: "소경이 보며, 앉은뱅이가 걸으며, 문둥이가 깨끗함을 받으며, 귀머거리가 들으며, 죽은 자가 살아나며, 가난한 자에게 복음이 전파된다 하라!"(마 11:5).

여기에 쓰여진 동사들은 자동사 내지 수동형이다. "내가 문둥이를 깨끗하게 한다I am cleansing lepers."가 아니라 "문둥이가 깨끗함을 입는다Lepers are cleansed."이다. 왜 수동태를 썼을까? 이것은 예수의 자기이해를 나타내고 있는 것이다. 도올은 도올에 대한 자기이해가 있다. 예수도 당연히 예수 자신에 대한 자기이해가 있다. 그것은 내가 하나님나라를 도래케 한다가 아니라, 갈릴리 지평 위를 걸어가고 있는 나 인간 예수의 행위 속에서 하나님께서 당신의 나라를 임하게 하심을 실현하고 있다는 것이다. 예수의 엑소시즘은 기적의 마술이 아니라 하나님이 직접적으로 현시되고 있는 현상일 뿐이다. 예수의 힐링은 하나님나라의 효명曉明의 상징이다. 예수의 자기이해는 자기 속에서 하나님의 구원의 역사가 구현되고 있다는 확신이다.

거라사로 추정되는 곳 갈릴리바다의 남단이 보인다

거라사인의 지방으로 가는 길

예수의 비유담론이 이루어진 장소는 갈릴리바다 북부의 가버나움 근처의 호숫가였고, 예수는 그곳에 밀려든 엄청난 인파와 거리를 두기 위해 배 위에 앉아 있었다. 이제 비유담론 천국설교를 끝낸 예수는 갈릴리바다를 가로질러 여행을 한다. 예수가 항해한 목적지가 "호수 저편" "바다 건너편the other side of the sea," 즉 "거라사인의 지방the country of the Gerasenes"이라고 했는데, 나중에 상술하겠지만 "거라사"의 위치를 데카폴리스 지역의 거라사로 비정한다면, 그것은 갈릴리바다의 남동쪽 가장자리이므로 예수일행은 가버나움 지역에서 비스듬히 남쪽으로 갈릴리바다를 거의 정중앙으로 가로질러 내려갔다는 이야기가 된다.

즉 수심이 깊은 한가운데로 질러 향남向南한 것이다. 예수가 가버나움 지역에서 천국비유설교를 행한 것은 오후였다. 그리고 해가 떨어질 즈음 배는 떠났을 것이다. 그리고 밤새 항해를 한 것이다. 갈릴리바다는 밤바다가 폭풍이 심하다. 그 지역은 특히 갑작스런 광풍이 심하게 인다. 5장 1절에서 말하는대로 "거라사인의 지방에 이른 것"은 밤새 폭풍에 시달린 후 다음날 새벽녘이었을 것이다.

바다, 코스모스가 아닌 카오스

유대인의 관념 속의 바다는, 어느 민족이든지 마찬가지의 성격이 있겠지만, 코스모스cosmos(질서)라기보다는 카오스chaos(혼돈)에 속하는 것이다. 히브리인들에게 바다는 신비와 위험과 공포의 영역이며 요동하며 불안하고 죄 많은 인간세의 상징으로 이해되기도 한다. 그들은 야훼가 바람과 풍랑을 권능으로 다스린다고 믿는다. 사나운 풍랑까지도 제압하는 예수의 권능은 곧 하나님의 권능을 현시顯示하는 것이다. 이 자연기적설화의 핵심적 메시지는 예수가 하나님의 권능을 가지고 있다는 것을 나타내려는 것이다. 그런데 재미있는 사실은 "바람을 꾸짖다ἐπετίμησεν에페티메센" "바다더러 이르시되 잠잠하라Σιώπα시오파, 고요하라πεφίμωσο페피모소"라는 표현을 쓴 것을 보면 풍랑을 잠재우는 그의 자연이적도 역시 엑소시즘의 행위에서 쓰이는 언어가 그대로 노출되어 있다는 것이다. 풍랑을

291

잠재우는 것도 귀신을 쫓아내는 것과 같은 능력의 구조적 발현이다.

예수의 자연이적, 심청이 제물 대신 꾸짖음

풍랑을 지배하는 바다귀신sea monster을 "잠잠하라, 고요하라"라는 주술적 언어의 명령으로 제압해버리는 것이다. 예수가 마술사였다면 이 귀신축출을 위해 굿을 했을 것이다. 어룡이 싸우난 듯, 벽력이 나리는 듯, 거센바람 안갯속 임당수를 뚫고 나아가는 뱃사공들은 심청이를 제물로 바쳐야만 했다. 초마자락 무릅쓰고 뱃전으로 우루루루 만경창파 갈마기 격으로 떴다 물에가 푸~웅! … 범피창파 높이떠서 도용도용 떠나간다.

이런 비극적 소동에 비한다면, 예수의 "꾸짖음"은 간결하고 강렬하다! "잠잠하라!"는 명령command 한마디에 바다는 고요해진다.

열두 제자들의 불신앙과 몰이해

이 이적설화에서 가장 두드러지는 사태는 예수에게 가장 가까운 사람들, 즉 열두 제자들의 "불신앙"과 "몰이해"이다. 예수가 같이 타고 있는데도 그 풍랑을 같이 헤쳐나갈 수 있다는 근원적인 믿음faith이 결여되어 있는 것이다. 믿음이라는 것은 예수라는 인간을 통하여 드러나고 있는 하나님의 권능에 대한 믿음이다. 제자들은 그러한 믿음을 갖지 못했다. 믿음이란 궁극적으로 인간과 하나님 사이의 직접적인 교섭을 의미하는 것이다. 하나님나라에 대한 집요한 믿음이 있어야만 하나님나라는 온다.

이 풍랑을 잠재운 설화는 제자들의 이해와 믿음의 결여에 대한 최초의 "꾸짖음"이다. 이 제자들의 몰이해와 불신앙의 사태와 그 사태에 대한 예수의 지속적인 "꾸짖음rebukes"은 마가복음의 가장 중요한 테마 중의 하나를 형성하는 것이다. 제자들은 말한다: "이 사람이 대관절 누구이길래, 바람과 바다조차도 순종하는고?" 예수는 완전히 무지의 대상으로 타자화되어 있는 것이다. 예수는 그렇게 가까운 사람들의 무지 속에서 그의 공생애를 헤쳐나갔던 것이다. 그러나 어찌 보면 마가의 드라마적 구조 속에서는 이들의 무지가 자연스럽게 예수의 수난을 초래했을지도 모른다. 제자들의 말 중에 "바람"과 "바다"는 거의 동의어라 말할 수 있다.

거라사의 귀신들린 사람 이야기의 중요성, 마태와 누가는 몰이해

우리에게 더욱 재미있는 고사는 그 다음에 이어지는 거라사의 귀신들린 사람 The Gerasene Demoniac의 이야기이다. 보통 이 이야기는 귀신축출의 기적설화양식의 모든 특성을 구현하는 전형으로서 회자되어 있다(병자의 상태, 병자의 치유, 그 결과의 놀라움이라는 세 단계의 서술). 사귀邪鬼들린 자와의 만남, 그의 위험한 상태, 엑소시스트에 대한 사귀들린 자의 대응방식의 독특성, 사귀의 축출, 사귀들이 떠나는 모습의 광대함과 급전변, 목격자들이 받은 충격적 인상, 귀신들렸던 자의 행위, 사귀들렸던 자에 대한 예수의 발언의 반反메시아비밀적 성격, 이 모든 것들이 매우 화려한 플롯을 구성하면서 예수 엑소시즘의 모든 요소들을 포함하고 있는 것이다.

재미있는 사실은 마가는 이 이야기에 20절이나 되는 많은 분량을 할당하고 있는데, 마태는 불과 7절(8:28~34), 누가는 14절(8:26~39)밖에는 할애하지 않았다는 것이다. 마태는 이 마가의 기사에 별다른 의미를 부여하지 않았을 뿐 아니라, 마가의 본래의 의도를 전혀 파악하지 못한 채 보고를 대폭 축소시켜 버린 것이다. 지나는 길에 일어난 가벼운 축사逐邪의 해프닝으로 간주해버린 것이다. 그렇다면 마가는 왜 이 축사사건을 대대적으로 보도했을까? 그가 말하고자 하는 본뜻이 무엇이었을까?

"거라사"라고 하는 지명

우선 "거라사Gerasa"라고 하는 지명은 이 축귀사건의 현장성과 관련하여 많은 추론을 일으킨다. "에이스 텐 코란 톤 게라세논εἰς τὴν χώραν τῶν Γερασηνῶν"(거라사인의 지방에)의 "게라세논"은 사본의 판본에 따라 다른 표기가 있으며, 마태는 "거라사"가 거대한 돼지떼가 바다로 빠져죽은 현장의 지리적 상황에 적합하지 않다고 생각하여, 거라사를 "가다라Gadara"로 바꾸었다. 그리고 사본에 따라 다르지만 누가 역시 거라사를 "게르게사Gergesa"(공동번역 눅 8:26)로 바꾸었다.

또 혹자의 고증에 의하면 호수 동편에 있는 "케르사Kersa"라는 도시(지금도 유적이 남아있다. 현재 지명은 "쿠르시Koursi"이다)야말로 돼지가 직접 호수로 빠져죽을 수 있는 가파른 언덕이 있고 또 호숫가에서 얼마 떨어져 있지 않은 위치라서 예수의 축사현장으로서 적합하다고 주장한다. 자아! 이러한 논의가 과연 의미있는 논의일까?

　　　　1. 거라사Gerasa

　　　　2. 가다라Gadara

　　　　3. 게르게사Gergesa

　　　　4. 케르사Kersa(Koursi)

역사서 아닌 복음서, 사실적 레퍼런스를 전제로 하지 않는다

나는 실제로 이 지명들이 대상으로 하고 있는 지역들을 다 답사해보았다. 그런데 나의 결론은 이러하다. 마가는 복음을 쓰고 있는 것이다. 역사를 집필하고 있는 것이 아니다. 복음이란 무엇인가? 기쁜소식이다. 마가가 복음을 쓰는 소이연 그 자체가 기쁜소식을 전하기 위함이다. 그는 이 기쁜소식의 방편으로서 예수의 일년도 채 안되는 짧은 공생애의 드라마를 선택한 것이다. 드라마는, 사실적 레퍼런스가 없는 것이 아니라 해도, 기본적으로 픽션이다. 예수의 기적설화는 예수의 행위 속에 드러나는 하나님의 권능을 과시하기 위한 드라마적 장치이다.

"드라마"라는 하나의 개념만으로도 불트만의 "비신화화" 논의의 차원을 복합적으로 뛰어넘는 다양한 이해방식이 가능해진다. 드라마 속에서의 지명은 반드시

사실적 레퍼런스를 전제로 하지 않는다. 지명 그 자체가 드라마적으로 구성되고 활용되는 것이다. 그리고 고대사의 지명은 오늘 우리가 규정성을 부여하는 지명과 여러 가지 측면에서 일치하지 않을 때가 많다. 고대사 문헌에 수없이 등장하는 "평양平壤"(평평한 땅, 만주에 수없이 많다)을 오늘 대동강변의 "평양"이라는 고유명사로서의 도시명에 국한시켜 해석을 내리는 오류와 동일한 것이다.

거라사 = 움케이스 = 가다라, 그리고 요르단의 제라쉬

예수 축사의 현장인 "거라사"라고 하는 것은 현재 데카폴리스 중의 하나인 요르단국가영역 내에 있는 "움케이스Umm Qais"라는 폴리스유적지를 가리키는 것이라는데 대체적으로 학자들의 견해가 일치한다. 움케이스를 "가다라"라고도 말하기 때문에 기실 상기의 4개의 지명은 혼용되고 있다고 말할 수 있다. 요르단의 수도 암만Amman(데카폴리스 중의 하나인 필라델피아Philadelphia)에서 정북으로 50km 정도 올라가면 제라쉬Jerash(보통 이 제라쉬를 거라사Gerasa라고 한다. 로마시대 때 2만 명 이상의 인구를 가진 거대한 성곽도시. 알렉산더대왕 시대때부터 번창하여 로마장군 폼페이우스가 BC 64년에 정복, 후에 데카폴리스 중의 하나가 되었다. 헬레니즘시대의 폴리스의 모든 전형적 요소가 밀집된 위대한 유적이다. 이탈리아 로마 도시설계의 원형을 보고 싶으면 제라쉬를 가볼 것이다)가 나온다.

제라쉬에서 다시 서북쪽으로(갈릴리바다를 향해) 50km 정도를 가면 움케이스가 나온다. 움케이스는 해발고도 378m의 고지에 자리잡고 있는데 3면이 가파른 절벽으로 되어있어 본시 전략적인 요충지로서 개발된 도시이다. 움케이스를 가보면 어떻게 이렇게 외딴 높은 곳에 이토록 번창한 폴리스의 위용을 갖추었을까 놀라웁기 그지없다. 움케이스는 흔히 "로만 로드Roman Road"라 불리는 길, 데쿠마누스 막시무스Decumanus Maximus(동서로 걸친 대로라는 뜻)를 기축으로 하여 온갖 다양한 시설이 꽉 들어차 있다. 로마대로에서 쳐다보면, 시리아 골란고원Golan Heights의 장엄한 위용이 보이고, 그리고 이스라엘 쪽으로는 갈릴리바다(티베리아스 호수Lake Tiberias)가 펼쳐져 있으며, 남쪽으로는 요르단 계곡Jordan Valley과 야르

로마의 베드로사원 광장의 원형이라고 말할 수 있는 제라쉬의 장관. 제라쉬는 거라사로도 불리었지만 귀신을 돼지로 모는 이야기와는 잘 맞지 않는다. 위치가 갈릴리바다에서 훨씬 남쪽이고 번화한 대도시이다. 데카폴리스의 대표적 폴리스 중의 하나이다. 아무래도 제라쉬는 예수 엑소시즘 사화와는 맞지 않는다.

무크강 협곡Yarmuk River Gorge이 보인다. 이 움케이스는 BC 3세기에는 이미 문화적으로 중요한 위치를 차지하는 도시로 부상했으며, 셀레우코스왕조에 속했을 때는 안티오키아Antiochia로도 불리었다.

BC 63년 폼페이우스가 이 지역을 정복한 후, 이 도시는 어느 정도 자치권을 가지는 로마령 데카폴리스 중의 하나로 개발되었으며 나바테아왕국의 북상을 막는 전략적 요충지 역할을 하였던 것이다. BC 30년에 아우구스투스가 이 지역을 헤롯대왕의 치하에 두었으나, BC 4년 헤롯이 죽고난 후에는 로마령 시리아의 일부로 편입되었다.

제라쉬의 카르도 막시무스(중앙대로). 알렉산더대제 때부터(BC 333) 이 도시는 번창했다. 잊지말자! 예수는 갈릴리 촌놈일 뿐 아니라 이러한 대도시를 활보하면서 교양을 키운 인물이라는 것을!

돼지가 달려 내려간 절벽

움케이스로 들어가는 로만 로드에서 보면 돼지가 달려 내려가 갈릴리바다로 빠져죽었다는 절벽이 보이는데 그 현실적 가능성은 없어 보인다(그 절벽 아래서 갈릴리 호수까지는 30마일이라는 거리가 있다). 성서학자들은 "거라사인의 지방"이라는 표현이 어느 지점을 좁게 말하는 것이 아니고 그 지역을 광범위하게 지칭하는 용어라고 해석하여 호숫가 어느 지점에서 일어난 일이라고 해석한다. 그러나 성서해석에 있어서 이런 모든 변명은 구차스러운 일이다.

다시 말해서 성서는 복음으로서 읽혀야 되는 것이다. 성서고고학이나 성서지리학, 그리고 예수 당대의 생활상을 연구하는 성서인류학 등의 학문의 성과는 우리

제라쉬에서 북쪽으로 갈릴리바다를 향해 50㎞ 정도를 가면 현재 요르단 지명으로 움케이스라는 도시가 나온다. 움케이스는 전통적으로 가다라Gadara라고 불렸는데 성서의 거라사는 이 가다라를 지칭하는 것이라고 한다. 가다라도 산상에 형성된 엄청난 도시인데 이 사진은 그 도시에서 반대쪽으로 바라본 돼지절벽을 나타내주고 있다. 그 절벽 아래로 갈릴리바다의 남단이 펼쳐지고 있다. 그 절벽을 2,000마리의 돼지가 달려내려가 갈릴리바다에 빠져 죽었다는 것을 생각하면 픽션과 넌픽션의 모호한 경계가 결국 우리의 상상력만 자극하고 있다.

가 반드시 공부할 필요가 있지만, 그것이 성서를 읽는 절대적 기준이 될 수는 없다는 것이다. 성서는 기본적으로 의미의 체계일 뿐이다. 우리의 관심은 거라사 귀신축출이야기의 사실성의 고증일 수 없다. 그것이 과연 무엇을 의미하는 "이야기"인가? 그 이야기가 소기하는 바의 의미체계를 파고들어야 한다.

거라사의 귀신들린 사람 이야기, 엑소시즘의 전형이 아니다

흔히 거라사의 귀신들린 사람의 이야기가 예수의 "엑소시즘"의 한 전형이라는 도식적 이해는 이 이야기가 나타내고자 하는 의미의 본질을 흐려버린다. 예수의 귀신축출의 이야기는 이미 1장 가버나움 회당에서의 축사사건에서 충분히 드러

도올의 마가복음 강해

여기 보이는 두 개의 사진은 같은 절벽을 같은 시각에서 찍은 것이다. 이곳이 사귀축출의 현장이라고 한다면 내가 걸어가고 있는 이 길은 예수 또한 걸었을 것이다. 이 길은 움케이스의 데쿠마누스 막시무스Decumanus Maximus(동서대로)로 연결된다. 이 도시도 프톨레미, 셀레우코스왕조 때부터 번창했다.

난 것이다(1:21~28). 가버나움 회당 귀신축출과 거라사 귀신축출은 동일한 저자의 동일한 이야기 패턴이 반복되었다는 확신을 줄 정도로 그 디프 스트럭쳐가 상통한다.

귀신이 예수의 아이덴티티를 정확하게 먼저 인지하는 것, 예수의 축출행위방식, 주변사람들의 경악, 예수의 소문과 영향력의 확대, 이 모든 이야기 패턴이 상통하는 것이다. 그렇다면 마가는 가버나움 이야기를 거라사 이야기로 확대해서 좀 화려하게 만든 것인가? 그럴 수 없다. 마가는 심층구조에서 볼 때 "반복"이라는 드라마 효과를 잘 활용하는 사람이다. 그러나 마가의 반복에는 반드시 심오한 의미의 심화와 확대가 있다. 반복되는 사건을 통하여 그 사건의 의미를 보다 리얼하게 보다 본질적으로 청자에게 전달하는 것이다.

병들림의 의미

예수의 이적행위의 가장 핵심에 있는 것이 귀신축출(엑소시즘)이라는 것은 이미 충분히 논증한 바 있다. 예수의 귀신축출이 사탄세력의 축출을 의미하며 그것은 곧 하나님의 나라의 임재를 입증하는 행위라는 것도 이미 누누이 논술하였다. 여기서 우리는 "귀신들림," "병들림"이라는 의미를 보다 본질적으로 생각해볼 필요가 있다. 대체적으로 복음서에 나타나는 귀신들린 자, 병들린 자는 정상적인 사회질서로부터 추방된 기층민중이다. 예수가 고관이나 부자를 고쳐주었다는 이야기는 거의 없다.

예수가 그토록 확실한 치유능력이 있는 자라면, 언제든지 어느 상황에서든지 사람에게 그러한 치유능력을 발휘할 수 있는 실력자라고 한다면 고관이나 부자를 고쳐주고 그 대가를 와장창 뜯어내어 그것을 민중에게 뿌려주었다면 예수는 "신끼 있는 자선사업가"로서 역사에 기록되었을 것이다. 그러나 그러한 예수는 복음의 주체가 될 수 없다.

예수와 민중이 만나 치유사건이 일어났다고 하는 민중사건

예수의 이적은 오로지 소외되고 억압받는 민중의 간절한 소망, 그 열망과 인간예수의 만남에서 성립하는 사건일 뿐이다. 예수는 자진해서 이적을 행한 것이 아니라, 자진해서 그러한 능력을 과시한 것이 아니라, 몰려드는 오클로스의 열망에 밀려 마지못해 응한다. 그 오클로스는 소외된 자로서 고독한 인간들이며, 고립된 인간들이며 가정이나 사회의 보호를 받고 있지 못하다. 따라서 우리가 보통 "아프다"고 말하는 일반 병증은 거의 없다. 나병환자, 더러운 귀신들린 자, 혈루증 환자, 소경, 벙어리 등등 신의 저주를 받은 것으로 간주되는 반사회적인 병들이다. 부유층이나 권력자가 없을 뿐 아니라 어떠한 경우에도 치유된 자들의 사회적 지위가 명시된 적이 없다. 그냥 무명의 민중들이다. 그리고 예수는 치유된 자들에게 자신의 치유능력의 능동성을 과시한 적이 없다.

일관된 그의 언어는 "너의 믿음이 너를 구원하였다"이다. 병든 민중은 당연히 병든 상태로부터 해방되기를 갈망한다. 예수가 그리스도이기 때문에, 구세주이기 때문에 그러한 믿음을 갖는 것이 아니다. 민중은 예수가 "그리스도"라는 것을 전혀 모른다. 그가 "기름"을 뒤집어썼는지 말았는지 알 바가 아니다. 예수가 그리스도라는 것은 초대교회의 케리그마에 속하는 것이다. 병든 민중들은 인간 예수를 통하여 자신들의 병든 상태가 사라질 수 있다는 소박한 믿음을 갖는 것이다. 예수가 내 병을 고쳐줄 수 있다는 믿음, 그 믿음만이 궁극적인 진실이다.

예수를 "만남"으로써 그 치유의 사건이 가능해지는 것이다. 예수가 민중을 낫게 했다고 하는 주객의 도식에 이야기의 포인트가 있는 것이 아니라, 예수와 민중이 만나 치유사건이 일어났다고 하는 민중사건, 그것이 곧 하나님나라의 임재라고 하는 의미에 마가 이야기의 포인트가 있는 것이다. 다시 말해서 예수의 귀신축출이나 병자치유사건은 하나님나라의 임재인 동시에, 민중해방의 사건인 것이다. 이 민중해방의 집단적 성격이 예수운동의 본질이고, 그것은 정치적·역사적·사회적 의미로부터 유리될 수 없다.

팔레스타인 지역, 무덤 속에서 거주가 가능

우선 거라사광인의 병증을 살펴보자! 이 광인은 무덤에서 살고 있다. 우리 감각으로 광인이 무덤가에서 산다는 것이 잘 이해되지 않는다. 우리 민담에는 공동묘지에 "도깨비"들이 살기는 하지만 사람이 살지는 못한다. 그런데 우선 팔레스타인지역의 묘제와 우리 묘제의 차이를 숙지해야 한다. 우리 묘소는 그냥 흙무덤이래서 초막을 따로 짓기 전에는 사람이 그 속에 들어가 살 수가 없다.

그러나 팔레스타인지역의 무덤은 돌무덤이며 입구에 거대한 맷돌 같은 것으로

막혀있고, 그것을 굴려 치우고 들어가면 그 속은 마치 시신들의 아파트처럼 되어 있어, 여러 사람이 누울 수 있는 공간이 있다. 아마도 시체들이나 뼈다귀를 깨끗이 치우고 나면, 그 속에서 생활할 수 있는 충분한 공간이 마련될 수 있다. 광인이 "무덤 사이에서 거처한다"는 말이 충분히 현실적 의미를 지닌다.

매닉 디프레시브 사이코시스 중에서 조증

다음으로 이 광인의 광증을 분석해보면 현대 정신병리에서 말하는 매닉 디프레시브 사이코시스manic-depressive psychosis, 즉 "조울증"이라고 부르는 정신장애의 전형적 현상을 과시하고 있다. 이 조울증은 정동장애情動障礙mood disorder를 일컫는 것으로, 사고장애thought disorder에서 유래되는 스키초프레니아 Schizophrenia(정신분열증)와는 구분된다. 스키초프레니아는 사고장애이기 때문에 정상으로 되돌아가기가 어렵지만, 매닉 디프레시브는 정동장애(감정분위기의 장애)이므로 완전한 관해寬解가 가능하다(정상인으로 되돌아올 수 있다).

그러니까 예수가 치료하는 사람들 대다수가 관해가 가능한 병증이다. 그런데 조울병躁鬱病은 보통 "조울"이라고 뭉뚱그려 말하지만, 엄밀하게는 조증躁症과 울증鬱症으로 나뉜다. 조증manic stage과 울증depressive stage이 대체로 반복해서 나타나기 때문에 우리가 보통 조울병이라고 부르는 것이다. 이 거라사 광인은 매닉 디프레시브 사이코시스의 조병躁病의 대표적 케이스다. "쇠사슬을 끊고 고랑을 깨뜨리니 아무도 그를 제어할 수 없었다"는 말이 그가 조병환자임을 나타내는 것이다. 그러나 그에게 사고장애는 없기 때문에, 예수를 정확하게 인지하고 덤비는 것이다:

달려와 절하며 큰소리로 부르짖어 가로되, 지극히 높으신 하나님의 아들 예수여! 나와 당신과 무슨 상관이 있나이까? 원컨대 하나님 앞에 맹세하고 나를 괴롭게 마옵소서.

하나님은 만신

여기 "지극히 높으신 하나님의 아들 예수Jesus, Son of the Most High God"이라는 표현에서, 우리는 이방세계에 있어서의 다신론적 세계관의 인식체계가 노골적으로 노출되어 있음을 엿볼 수 있다. "이에수 휘에 투 데우 투 휩시스투Ἰησοῦ υἱὲ τοῦ θεοῦ τοῦ ὑψίστου"에서 "휩시스투"는 최상급이다. 그러니까 하나님은 많은 것이다. 그 많은 하나님 중에서 최상급의 지극히 높으신 하나님The Most High God의 아들인 예수라고 지칭하는 것이다. 우리나라 무당 중에서도 큰 무당을 "만신萬神"이라 하는 이유는, 쎈 무당은 만 가지 신을 거느리기 때문이다.

거라사의 광인은 예수를 가장 쎈 하나님의 아들, 즉 만신 중의 만신으로 인정하는 것이다. 즉 자기가 모신 신보다 더 쎄다고 하는 것을 시인하고 들어가는 것이다. 상대방의 정확한 아이덴티티를 시인하고 들어가는 것이야말로 만신을 제압하는 유일한 길이다. 이러한 제압술책은 1장의 가버나움회당에서 만난 귀신들린 사람이 취한 술책과 동일하다: "나사렛 예수여 우리가 당신과 무슨 상관이 있나이까? 우리를 멸하러 왔나이까? 나는 당신이 누구인 줄 아노니, 하나님의 거룩한 자The Holy One of God이니이다."(막 1:24).

귀신의 조롱끼

"지극히 높으신 하나님"이라는 표현은 이방의 대왕 느부갓네살의 언어로서 다니엘 3:26에도 나온다. 그리고 그 구절의 셉튜아진트번역이 여기 표현과 일치한다(τοῦ θεοῦ τοῦ ὑψίστου). 대체로 자기네 신보다 더 쎈 신이라는 뜻이니 "만신"의 의미와 대차 없다. 그러나 여기 마가의 표현이 다니엘서에서 온 것은 물론 아니다. "원컨대 하나님 앞에 맹세하고"라는 표현은 엑소시스트, 즉 귀신을 축출하는 자가 쓰는 표현인데 쫓김을 당하는 자가 부탁용으로 말한다는 것은 어불성설이요, 일종의 조롱으로 보인다. 제일 쎈 하나님에게 잘 부탁하여 자기를 괴롭히지 말아달라는 것이다.

정신병과 민중

지금 자질구레한 주석에 원고를 낭비할 이유가 없다. 정신병과 민중의 관계를 보다 원천적으로 살펴볼 필요가 있다. 예수가 12제자를 선정한 이유를 설명하는 마가의 문장을 보면, 그 가장 주요한 이유가 12제자들에게 "귀신을 내어쫓는 권세를 부여하기 위함"이다(막 3:15). 다시 말해서 예수 혼자 감당하기 힘드니까 12명의 제자들에게 귀신을 쫓는 권능을 부여하여 그 행위를 분담하겠다는 뜻이다. 다시 말해서 귀신축출이란 개별적 사안이라기보다는 일종의 민중운동이었다는 뜻이다. 그만큼 당시 민중들 가운데는 정신병으로 고통받는 자가 많았다는 뜻이다.

그대 이름이 무엇이냐?

오늘날에도 매닉 디프레시브 사이코시스의 병중원인 분석에는 반드시 사회경제적 집단의 집단무의식적 억압 상태의 구조적 이해가 필수적이라고 말한다. 예수는 갑자기 귀신들린 자에게 "네 이름이 무엇이냐"고 묻는다. 이 질문은 좀 황당한 느낌이 있다. 상대방은 예수의 아이덴티티를 정확하게 인지하고 있는데 반하여, 예수는 상대방의 아이덴티티를 상대방에게 묻고 있다면, 그것은 장악능력의 열세를 의미할 수도 있기 때문이다. 그러나 예수는 마치 요즈음 정신분석자 psychoanalyst가 피분석자를 다루듯이 겸허한 자세로 그의 아이덴티티를 스스로 밝히도록 유도하고 있는 것이다. 그 귀결은 매우 강렬하고 정직한 결론이다.

"나의 이름은 레기온λεγιὼνι이오."

로마군단에 관하여

레기온이라는 말은 희랍어나 아람어에는 전혀 없었던 단어이다. 이 말은 순수한 로마말인데 그것이 희랍어나 아람어화 될 정도로 보편화되어 있었다는 것을 의미한다. 로마가 로마일 수 있는 이유로서 우리는 "로마군단"이라는 강력한 조직을 생각하지 않을 수 없다. 이 로마군단을 "레기온"이라 부르는데, 그냥 "모임"이라는 뜻에서 왔다. 레기온은 보통 4,000명에서 6,000명의 군인들로 구성되어 있는데, 보통 5,400명 정도라는 것이 통설이다. 당연히 그 사이즈는 융통성이 있을 것이다.

레기온은 로마군대 내에서도 가장 정예멤버들이 선택되었으며, 재산소유자, 그리고 로마시민권소유자들로써 구성되었다. 의무복무기간이 한 번에 6년을 넘지는 않았으며, 나이는 17세에서 46세 사이였다. 보병, 기병, 특공대, 돌격대, 창병, 예비병력 등으로 구성된 종합적 성격의 효율적 조직이었다. 이 레기온은 아우구스투스대제의 통치가 끝날 무렵(AD 14년) 전 로마제국 전역에 25개가 있었다. 예수 시대에 대강 그 정도의 규모였을 것이다. 로마군단이야말로 로마제국이 유지되는 강력한 조직이었다. 그만큼 피정복민에게는 억압과 착취와 공포와 원망의 대상이었다.

카이사르의 제10군단

이 여러 개의 레기온 중에서 카이사르의 제10군단(Legio X Fretensis, Tenth legion of the Strait)은 특별히 강렬한 이미지를 지니었으며 AD 6년부터 이 지역에 머물렀다. 이 제10군단은 북서 시리아의 한 도시인 키루스Cyrrhus에 AD 17년부터 AD 66년까지 머물렀다. 그러다가 에티오피아 반란을 진압하기 위하여 알렉산드리아로 이동하기로 되어 있었으나 제1차 유대인반란The First Jewish War(AD 66~73)이 발발하자 이 전쟁의 해결을 위하여 예루살렘에 주둔하게 된다. 예루살렘을 함락시킨 여러 군단 중의 하나였으며(요세푸스의 증언에 의하면 예루살렘 함락과정에서 110만의 유대인이 폭력과 기근에 죽어갔다고 했다), 또 그 마사다성채에서의 유대인 시카리들의 처절한 최후항쟁을 아작낸 것도 바로 이 제10군단이었다(AD 73년 말~74년 초에 걸쳐 4,800명 정도가 투입됨).

제10군단의 깃발 심볼, 멧돼지

그런데 재미있는 사실은 이 제10군단의 깃발 심볼이 바로 "멧돼지a wild boar"

라는 것이다. 마가는 이 복음서를 쓰는 그 시절에 로마군 제10레기온의 활약상을 잘 알고 있었을 것이므로 돼지와 레기온의 연관적 이미지나 상상력을 발휘했을 가능성이 있다. 그러나 이 설화가 채집된 것이라면 마가 이전의 설화이야기꾼들에 의하여 그러한 연관성이 도입되었을 수도 있다.

정신병, 억압상태, 로마의 억압, 민중의 저항

자아! 정신병이란 무엇인가? 정신병이란 여러 가지 각도에서 규정과 분석이 가능하겠지만 아주 쉽게 말하면 억압상태라 말할 수 있다. 억압은 개인적인 사건이나 유전요인 등 다양한 병인을 찾을 수 있겠지만 가장 큰 일반적 요인은 사회적 억압이다. 사회적 억압도 여러가지 요인의 분석이 가능하겠지만 예수시대와 같은 식민지상태에서는 로마라는 정치권력의 압제보다 더 명료하고 일반적인 것은 없다. 초대교회는 교회조직의 존속과 확대를 위하여 노골적으로 반로마적인 스탠스를 취하지 않았지만, 역사적 예수 또한 반로마적이 아니었다는 주장은 어떠한 경우에도 낭설에 속한다.

예수가 당대의 오클로스와 더불어 천국의 비젼, 즉 역사의 비젼을 만들어갔다면 그는 로마의 억압에 항거하는 행위를 하지 않을 수 없었다. 민중들에게 로마의 억압은, 저항할 수 없는 억압이다. 그러한 무기력이 지속될 때는 인간의 정신은 현실이라는 장벽으로부터 도피하여 자신의 정신세계를 왜곡시킨다. 주관적 체험과 현실의 구별이 사라지고("에고 신토닉ego-syntonic"이라는 표현을 쓴다. 꿈과 현실의 구분이 없다), 자신이 비정상이라는 병식病識 자체가 사라진다. 그러면서 그 행동이 사회적 허용의 범위를 일탈할 때 우리는 "정신병" 즉 "싸이코시스psychosis"라는 표현을 쓴다.

민중이 스스로 자신의 억압상태를 밝힘

예수 앞에 나타난 정신병자 즉 귀신들린 자는 예수에게 "나의 이름은 레기온이오"라고 말한다. 예수가 귀신들린 자에게 들린 귀신의 이름을 물었다는 것은 매우 특이한 정황이다. 주석가들은 귀신에게도 이름이 있다고 말하지만, 웃기는 얘기다. 귀신에게 무슨 이름이 있겠는가? 앞서 말했듯이 인간 예수는 요즈음의 정신분석가처럼 민중에게 자신의 억압상태를 스스로 드러내게 만들었다는 것이다.

민중은 억압상태의 본질이 로마식민지통치, 로마군단의 막강한 위력에 있다는 것을 스스로 밝힌 것이다. 나의 이름은 레기온(로마군단)이라고 밝힌 후에 이렇게 덧붙인다: "우리는 숫자가 많기 때문이오.ὅτι πολλοί ἐσμεν 호티 폴로이 에스멘." 로마군단은 4천 명에서 6천 명 사이이다. 그러니까 귀신들린 자가 말하기를 내 속에 있는 귀신은 한 5천 명 된다는 것을 밝힌 것이다. 이것은 자신의 정신병상태가 로마제국이라고 하는 거대한 세력의 억압으로 유발된 것임을 밝히고 있는 것이다.

나의 존재로부터 로마군단을 추방해주오

거라사의 광인이 무덤에서 산다는 것은 산 자들과 살지 않고 죽은 자들과 살고 있다는 것을 의미한다. 산 사람과의 관계가 단절되는 영락의 삶, 이것은 살았어도 살았다고 말할 수 없는 민중의 삶을 상징하는 것이다. 무덤 사이에서 자기분열로 고통하는 이 광인은 바로 로마세력과의 모순 속에서 고뇌하는 당시의 보편적 인간상을 나타내는 것이다. 일제시대 때 왜놈들에게 억눌린 조선민중의 심중을 연상하면 쉽게 이해될 것이다. 이 광인은 자신의 존재로부터 로마군대를 추방하기를 갈구하고 있는 것이다. 이 광인의 언어를 살펴보면, "나"라는 단수형과 "우리"라는 복수형을 번갈아 쓰고 있는데, 이것은 나와 우리가 갈등을 일으키고 있음을 나타내는 것이다. "나"는 귀신들린 자 그 사람일 것이고, "우리"는 로마라는 귀신의 집단성을 나타내는 것이다.

예수의 엑소시즘, 단순한 귀신축출이 아니다.
사회적·역사적·정치적 상황이 얽혀있다

내가 지금 말하고 싶은 것은 이러한 귀신축출의 기적사화가 단지 예수라는 권능을 가진 자의 엑소시즘을 기술하는 단순한 영적 이야기로 해석되어서는 아니

된다는 것이다. 그것은 사실이라기보다는 하나의 심볼리즘의 표현이고, 그 심볼리즘의 내면에는 무한히 복합적인 사회적·역사적·정치적 상황이 얽혀 있다는 것이다. 예수를 그리스도라는 단순한 케리그마적 상황으로 읽을 때, 이러한 기적사화는 그냥 외경스러운 권능의 표현으로만 해석될 뿐이다. "기적"이라는 것 자체가 사실 알고보면 민중의 갈망이고, 민중의 소망이고, 민중의 언어이다. 기득권자들은 현상의 유지를 원하지, 기적을 원하지 않는다. 기적사화 자체가 민중의 언어에서 형성된 것이다.

생각해보라! 일제강점시기에 누군가 서울에 와서 이런 얘기를 했다고 해보자! 경신참변(3·1운동 이후 간도에서 수만 명의 조선인을, 독립군을 토벌한다는 명목으로 무차별 학살한 사건)을 일으킨 일본 관동군 5천 명이 어떤 연고에서든지 돼지우리에 갇혀 전원 불타죽었다는 얘기를 보고한다고 해보자! 그것을 듣는 조선인들이 얼마나 통쾌한 느낌을 받았을 것인가!

귀신아! 로마군단아! 억압받는 민중에게서 나와 돼지에게로 가라!

로마제국의 꽃, 막강한 로마 제10군단이 예수가 자기들보다 더 쎈 최상의 높으신 하나님의 아들이라는 것을 감지하고 제발 이 지역에 머물게 해달라고 빈다. 그러나 예수는 너희들이 머물 곳은 사람 속이 아니라고 말한다. 이것은 민중의 의식 속에 이미 예수가 로마군단보다도 단연 우월한 위치에 있다는 것을 나타낸다. 예수는 말한다: "더러운 귀신아! 그 사람에게서 나오라!"

로마군단 귀신들은 애걸한다. 그럼 옆의 초원에서 풀을 뜯어먹고 있는 돼지떼 속으로라도 가서 살게 해주옵소서! 돼지는 유대인의 율법상의 규정에 의하여 불결한 짐승이다. 유대인 지역에서는 돼지떼를 볼 수가 없다. 그만큼 이 거라사 지역이 완벽하게 헬라화 된 이방지역임을 나타낸다. 예수는 말한다: "그래 너희 로마 군대놈들은 돼지만도 못한 더러운 놈들이다. 그래 너희들은 사람에게서 나와 돼지 속으로 들어가 살아라!" 이것은 예수의 의식 속에서, 그리고 예수를 따르는 민중의 의식 속에서 로마제국 그 자체가 불결한 귀신이요, 불결한 돼지와 동일시되고 있다는 것을 나타내고 있다.

억압받는 민중의 저항의식, 그리고 카타르시스

마가는 돼지의 숫자를 밝히고 있다: "이천 마리나 되는 돼지떼." 오천 마리나 되는 로마 레기온귀신들이 이천 마리의 돼지떼 속으로 들어가려니 옹색하고 비좁은 곳에서 대혼란이 일어날 수밖에 …… 자극 받아 미쳐버린 돼지는 달리기 시작, 마치 미대륙을 달리는 버팔로떼처럼, 팔레스타인의 젖줄 갈릴리바다로 뛰어들어 몰사한다.

마가복음은 당시 우리가 지금 인지하는 복음서가 아니었다. 그것은 민중의 마음을 움직이는 드라마였고, 원맨오페라였고, 판소리였다. 이러한 장면을 지금 우리가 어떻게 해석하든지간에, 판소리로서 이것이 케뤽스κῆρυξ에 의하여 초대교회사람들에게 낭송되었을 때는, 홍소, 폭소, 청량감에 샤워를 하고난 느낌을 흠뻑 던져주었을 것이다.

아우구스티누스, 아퀴나스의 엉뚱한 주석

이러한 역사적 맥락을 망각한 어리석은 주석가들, 이미 중세기의 성 아우구스티누스Saint Augustine of Hippo, 354~430나 가톨릭신학의 집대성자 토마스 아퀴나스Thomas Aquinas, 1225~1274와 같은 대가들이 기독교인은 짐승살해에 대하여 아무 죄가 없음을 예수께서 보여주셨다고 하는 황당한 주석을 내려, 환경파괴에 대한 서구인의 죄의식을 없애 버렸다.

마태나 누가는 돼지떼의 숫자를 명시하지 않는다. 돼지떼 2,000마리는 상식적으로도 좀 "과한 구라"라고 생각되었기 때문이다. 그러나 최초로 이 이야기를 기록한 마가는 2,000마리의 웅장한 돼지떼의 모습을 과시하고자 한다. 이것은 그만큼 통쾌한 함의를 지니고 있었기 때문이다.

예수의 민중운동은 반로마, 반제국주의

이것은 어디까지나 "엑소시즘"의 형식을 빌은 한 이야기일 뿐이다. 그러나 실제로 이 이야기의 저변에 깔려있는 역사적 예수의 행위가 어떠한 정황에서 어떠한 방식으로 이루어졌는지에 관해서는 구체적인 사건을 기술할 방도가 없다. 그러나 2,000마리의 돼지떼를 상실한 그 동네로서는 엄청난 금액의 "손해배상"을 예수에게 요구했어야 마땅하다. 그러나 그들은 예수에게 "자기들의 지방을 하루속히 떠나줄 것만을 간청한다." 이것은 돼지떼의 죽음으로 인한 경제적 손실보다 더 엄중한 로마당국으로부터의 박해가 그들을 기다리고 있었기 때문일 것이다. 그 실제적 정황이 무엇인지는 알 수가 없으나 예수운동은 민중운동이었고, 민중운동은 반로마, 반제국주의운동의 성격을 분명히 띠고 있었다는 것이다.

조선의 민중이여! 분노하라! 저항하라!

오늘날 우리사회의 촛불혁명도 민중의 반제국주의적 각성이 그 저변에 흐르고 있다. 해방 이후의 냉전질서 속의 모든 압제가 제국주의적 탐욕에 의한 것이지 우리민족 스스로의 정죄定罪와 상호비방, 상호저주의 아무런 이유가 있을 수 없다는 자각이 촛불혁명을 추동시킨 것이다. 강대국들의 냉전질서형성을 위하여 우리민족은 300만 이상의 목숨을 앗아간 동족상잔의 비극을 세계사에 선물했다. 그리고 우리민족의 희생으로 만들어진 냉전질서 속의 최대의 희생양이 또다시 조선민중이라는 사실, 그 사실을 아직도 객관적으로 자각하고 있지 못한 조선동포 8천만이야말로 모두 로마제국 레기온의 귀신을 모시고 사는 거라사의 광인과 무엇이 다를손가!

거라사의 광인은 레기온을 추방함으로써 비로소 정상인의 모습으로 되돌아올 수 있었다. 다시 말해서 제국주의를 축출함으로써 진정한 자기 모습을 되찾을 수 있었다. 이 자는 정상인으로서 예수를 따를 것을 간청한다. 예수는 "나를 따르라"라고 함부로 말하지 않는다. 자신의 추종자를 만드는 것이 예수운동의 본질이 아니다. 귀신이 축출되었다 할지라도 그에게 남은 것은 자신의 삶의 자리로 돌아가는 일이다. 삶의 자리로 되돌아감으로써만 귀신축출은 완성되는 것이다. 죽은 자와 함께 살았던 그의 삶의 공간이 이제는 산 자와 함께 사는 살아있는 자기 자리로 이동되어야 하는 것이다.

거라사 광인의 관해, 데카폴리스로 복음을 전파

예수는 말한다: "집으로 돌아가라. 너희 친속들에게 주께서 너에게 큰일을 행하신 것을 고하라." 여기 "집οἰκόν오이콘"이라는 단어는 우리가 경제의 뜻으로 쓰는 "에코노미economy"와 같은 어원의 말인데, 결국 가정을 회복하고, 자신의 경제권을 회복하라는 뜻이다. 예수를 따라오는 것보다 자신의 진정한 삶을 회복하는 것이 하늘나라의 도래에 더 큰 도움을 준다. 교회를 나가야 할 것이 아니라, 자기 삶으로 돌아가야만 진정한 크리스챤이 되는 것이다. 이 거라사 광인에게 예수가 취한 태도는 메시아비밀의 가설과 어긋난다. 하여튼 예수는 이 거라사광인의 관해寬解(억압풀림, 정상회복)를 통하여 이방세계(데카폴리스)로 복음을 전파하는 상징적인 교두보를 마련한 것이다. 사회운동가로서의 역사적 예수의 면모를 엿볼 수 있다.

야이로의 딸, 혈루증 여인
〈 마가 5:21~43 〉

21And when Jesus had crossed again in the boat to the other side, a great crowd gathered about him; and he was beside the sea.
22Then came one of the rulers of the synagogue, Jairus by name; and seeing him, he fell at his feet,
23and besought him, saying, "My little daughter is at the point of death. Come and lay your hands on her, so that she may be made well, and live."
24And he went with him. And a great crowd followed him and thronged about him.
25And there was a woman who had had a flow of blood for twelve years,
26and who had suffered much under many physicians, and had spent all that she had, and was no better but rather grew worse.
27She had heard the reports about Jesus, and came up behind him in the crowd and touched his garment.
28For she said, "If I touch even his garments, I shall be made well."
29And immediately the hemorrhage ceased; and she felt in her body that she was healed of her disease.
30And Jesus, perceiving in himself that power had gone forth from him,

21예수께서 배를 타시고 다시 저편으로 건너 가시매 큰 무리가 그에게로 모이거늘 이에 바닷가에 계시더니
22회당장會堂長 중 하나인 야이로라 하는 이가 와서 예수를 보고 발 아래 엎드리어
23많이 간구懇求하여 가로되 내 어린 딸이 죽게 되었사오니 오셔서 그 위에 손을 얹으사 그로 구원救援을 얻어 살게 하소서 하거늘
24이에 그와 함께 가실새 큰 무리가 따라가며 에워싸 밀더라

25열 두 해를 혈루증血漏症으로 앓는 한 여자가 있어
26많은 의원에게 많은 괴로움을 받았고 있던 것도 다 허비하였으되 아무 효험이 없고 도리어 더 중하여졌던 차에

27예수의 소문을 듣고 무리 가운데 섞여 뒤로 와서 그의 옷에 손을 대니

28이는 내가 그의 옷에만 손을 대어도 구원을 얻으리라 함일러라
29이에 그의 혈루 근원이 곧 마르매 병이 나은 줄을 몸에 깨달으니라

30예수께서 그 능력이 자기에게서 나간 줄을 곧 스스로 아시고 무리 가운데서

immediately turned about in the crowd, and said, "Who touched my garments?" [31]And his disciples said to him, "You see the crowd pressing around you, and yet you say, 'Who touched me?'" [32]And he looked around to see who had done it. [33]But the woman, knowing what had been done to her, came in fear and trembling and fell down before him, and told him the whole truth. [34]And he said to her, "Daughter, your faith has made you well; go in peace, and be healed of your disease." [35]While he was still speaking, there came from the ruler's house some who said, "Your daughter is dead. Why trouble the Teacher any further?" [36]But ignoring what they said, Jesus said to the ruler of the synagogue, "Do not fear, only believe." [37]And he allowed no one to follow him except Peter and James and John the brother of James. [38]When they came to the house of the ruler of the synagogue, he saw a tumult, and people weeping and wailing loudly. [39]And when he had entered, he said to them, "Why do you make a tumult and weep? The child is not dead but sleeping." [40]And they laughed at him. But he put them all outside, and took the child's father and mother and those who were

돌이켜 말씀하시되 누가 내 옷에 손을 대었느냐 하시니 [31]제자들이 여짜오되 무리가 에워싸 미는 것을 보시며 누가 내게 손을 대었느냐 물으시나이까 하되 [32]예수께서 이 일 행한 여자를 보려고 둘러 보시니 [33]여자가 제게 이루어진 일을 알고 두려워하여 떨며 와서 그 앞에 엎드려 모든 사실을 여짜온대

[34]예수께서 가라사대 딸아 네 믿음이 너를 구원하였으니 평안平安히 가라 네 병에서 놓여 건강할지어다 [35]아직 말씀하실 때에 회당장의 집에서 사람들이 와서 가로되 당신의 딸이 죽었나이다 어찌하여 선생을 더 괴롭게 하나이까 [36]예수께서 그 하는 말을 곁에서 들으시고 회당장에게 이르시되 두려워 말고 믿기만 하라 하시고 [37]베드로와 야고보와 야고보의 형제 요한 외에 아무도 따라옴을 허許치 아니하시고 [38]회당장의 집에 함께 가사 훤화喧譁함과 사람들의 울며 심히 통곡함을 보시고

[39]들어가서 저희에게 이르시되 너희가 어찌하여 훤화하며 우느냐 이 아이가 죽은 것이 아니라 잔다 하시니

[40]저희가 비웃더라 예수께서 저희를 다 내어보내신 후에 아이의 부모와 또 자기와 함께한 자들을 데리시고 아이 있는

with him, and went in where the child was.
[41]Taking her by the hand he said to her, "Talitha cumi"; which means, "Little girl, I say to you, arise."
[42]And immediately the girl got up and walked (she was twelve years of age), and they were immediately overcome with amazement.
[43]And he strictly charged them that no one should know this, and told them to give her something to eat.

곳에 들어가사
[41]그 아이의 손을 잡고 가라사대 달리다 굼 하시니 번역하면 곧 소녀야 내가 네게 말하노니 일어나라 하심이라
[42]소녀가 곧 일어나서 걸으니 나이 열 두살이라 사람들이 곧 크게 놀라고 놀라거늘

[43]예수께서 이 일을 아무도 알지 못하게 하라고 저희를 많이 경계하시고 이에 소녀에게 먹을 것을 주라 하시니라

갈릴리 서편은 유대화된 지역, 동편은 헬라화된 이방지역, 예수는 왔다갔다

예수는 배를 타고 다시 저편으로(팔린 에이스 토 페란πάλιν εἰς τὸ πέραν) 간다(21). 여기 "저편"이라는 말은, 예수가 가버나움에서 비유담론으로 천국에 관한 설교를 행한 후에 배를 타고 풍랑에 가득 찬 바다를 뚫고 데카폴리스 이방의 땅에 와서 이적을 행한 사실을 전제로 하여 이해되어야 한다. "저편으로"라는 것은 다시 배를 타고 본래의 가버나움지역으로 간다는 것을 의미한다. 예수는 골방에 쑤셔 박혀 신비적인 메시지를 발하고 자기 모습을 가리는 요즈음 "교주스타일"의 인간이 아니다. 모든 것은 대중에게 공개되어 있고, "유튀스"라는 말처럼 끊임없이 두발로 걸어다니며 활동하는 사람이다.

끊임없이 갈릴리바다를 두고 서편과 동편을 왔다갔다 하는데, 여기 심볼리즘은 서편은 유대화된 지역이요, 동편은 헬라화된·세계화된 이방지역이라는 것이다. 율법적 성향이 강한 보수적 서쪽 동네와 종교적 성향이 짙지 않은 리버럴한 동쪽 동네 양쪽에 동시에 천국을 선포하는 것이다. 우리가 남·북을 통일해야 하는 과

제상황을 안고 있듯이 예수도 당시에 동·서를 소통시켜야 하는 과제상황을 안고 있었다. 마가는 바울적 보편주의의 단초를 이미 예수에게서 발견하고 있는 것이다.

두 독립된 이야기의 삽입편집

21절에서 43절까지의 단락에는 기본적으로 야이로라고 하는 회당장의 어린 딸의 소생기적사화Raising Jairus's daughter가 실려있다. 그런데 재미있게도, 이 소생기적의 이야기가 진행되는 과정에 전혀 다른 하나의 이야기, 혈루병을 앓는 여인을 고치는 치유기적사화Healing a woman with a hemorrhage가 삽입되어 있다. 야이로의 딸이야기와 혈루병 여인의 이야기는 물론 독립된 이야기로서 수집되었을 것이다. 그러나 마가는 이 두 이야기를 하나의 이야기 흐름 속에 융합시켰다.

이러한 마가의 드라마적 수법은 이미 제3장 바알세불이야기에서도 동일하게 쓰였던 것이다. 바알세불이야기가 예수의 친척들(엄마와 형제자매 포함)이 예수가 미쳤다고 찾아나서서 예수를 만나기까지의 과정 한가운데 삽입되어 있는 것이다 (3:20~36의 예수친척이야기 속에 22~30이 바알세불이야기이다). 하여튼 마가의 이러한 삽입기법은 두 독립된 이야기가 서로에게 긴장감을 주고 서스펜스를 고조시킨다.

플로트 구성의 엇박, 서로에게 텐션을 고조시킴

혈루증여인의 등장으로 인한 시간의 지연은, 목숨이 경각에 달려있는 회당장(예수운동 관련하여 등장한 인물로서는 지위가 가장 높은 인물이었을지도 모른다. 유대인 지역사회의 리더, 히브리말로는 로쉬하케네세트rosh ha-keneset라고 부른다)의 딸의 애처로운 기다림의 긴장감을 고조시킨다. 목숨이 경각에 처한 야이로의 딸을 고치러 가는 예수, 그것도 큰 군중(오클로스 폴뤼스ὄχλος πολύς)에 에워싸여 떠밀려 가듯이 떠밀려 가는 예수, 그 예수의 옷깃이라도 만지고 싶어 그 군중을 밀치고 등장하는 혈루의 여인, 이 모든 전개는 리얼타임의 연쇄적 사건으로서 직선적 시간 위에 스릴 있게 배열되고 있다. 혈루병여인의 불시의 등장으로 야이로의 딸의 상황은 더욱 악화될 뿐이다.

야이로의 딸의 애타는 기다림을 생각할 때 혈루병여인의 사건에도 당연히 긴장감이 증폭된다. 예수는 특별한 애정을 가지고 이 혈루병여인의 사건을 마무리 짓는다. 그 과정에서 애처롭게 애처롭게 기다리던 야이로의 딸은 숨이 넘어가버린다. 이제 야이로의 딸의 사건은 치유사건에서 그 성격이 소생사건으로, 환생사건으로, 부활사건의 원형으로 변질되어야 하는 것이다. 불행하게도 오늘날 복음서를 읽는 독자들은, 이러한 드라마적 긴장감을 전혀 감지하지 못한 채, 성서를 그냥 성스러운 이야기로서, 예수라는 그리스도의 당연한 권능의 이야기로서 그냥 "봉독"하기만 하고 앉아 있는 것이다. 넌센스가 아닐까?

혈루증

물론 이 두 이야기는 가버나움 근처, 그러니까 예수의 오리지날 터프turf(텃밭, 가장 친근한 영역)에서 일어난 일이다. 군중 속에서 예수의 두루마기자락이라도 만져볼까 했던 여인은 혈루병hemorrhage이라는 고정된 이름이 있는 특별한 병을 앓고 있는 것이 아니고, 원문에 보면 "뤼세이 하이마토스ῥύσει αἵματος"라 했으니, 그냥 "피가 흐른다"는 뜻이다. 이것은 이 여인이 자궁에서 피가 흐르는 "하혈下血"로 고생했다는 것을 알 수 있다. 그것도 열두 해라고 했으니 만성적 자궁병으로 고생한 것이다. 이러한 만성적 자궁병에 대하여 자궁을 직접 관찰하거나 만질 수 없었던 고대사회에서는 그 원인규명도 안될 수밖에 없었을 것이고 또 치료방법도 자궁병과 무관한 약초를 달여 먹거나, 무녀의 굿과 같은 주술적 방법이 고작이었을 것이다.

그런데 중요한 사실은 이 여자는 자기의 병을 고치기 위하여 많은 의사들에게 치료를 받느라고 온갖 수모를 다 겪었고 가지고 있던 재산마저 탕진하였다는 것이다. 그리고 아무런 효험이 없었을 뿐 아니라 오히려 병은 더 심하여졌다는 것이다. 오늘날 오진으로 고생하는 사람들, 유명한 병원 찾아다니다가 오히려 병원에서 몸이 악화되는 현상, 그리고 "용하다"는 사기꾼들에게 돈만 뜯기는 사태가 연상되는데, 여기서 중요한 사실은 이 여자가 여러 병원을 찾아다닐 정도의 재력과 어느 정도의 교양이나 집안배경이 있는 사람이라는 것이 추론된다는 것이다.

이스라엘 율법의 하혈 저주

이스라엘의 율법적 관념에 의하면, 여성의 하혈이라는 것은 불결한 것으로 격리의 대상이며(정상적 월경 때도 7일간 격리된다. 레위기 15:19), 더구나 부정기적인 하혈은 신의 진노를 받은 것으로 간주되어 격리의 대상이다. 심한 경우는 생활권에서 추방된다. 그러나 이 여인은 추방되지 않고 계속 치료를 받은 것으로 보아 괜찮은 환경 속에서 산 여인이라는 것을 알 수 있다. 제2장에서 중풍병환자를 지붕에서 달아 내린 사건이 있었는데, 이 여인의 경우 그렇게 당당하게 전면에 나설 수 없었던 것은, 이 여자의 병증 그 자체가 부끄러운 것이고 숨겨야만 하는 것, 그러한 "비밀스러움"과 "외로움"이 이 여자의 행태에 배어있었다는 것을 의미하는 것이다.

더구나 예수는 30대 초반의 젊은 남성이고 아마도 12년을 계속 치료받았다는 것으로 미루어볼 때 이 여인은 비슷한 나이의 여성일 수 있다. 이스라엘민족의 풍습상 여성이 외간 남성 앞에 선다는 것도 이상한 일이려니와, 더구나 신체적 접촉을 위하여 접근한다는 것은 있을 수 없는 것이다. 그러니까 사람들이 확 몰려 부둥켜대는 그 혼란을 틈타 뒤에서 남몰래 살짝 예수의 옷깃을 만지려 했던 것이다.

교양있는 여인의 격조있는 부끄러움

그녀의 행태는 신체의 병마를 물리치기 위한 간절한 소망에서 나온 것이기는 하지만 교양있는 여인의 부끄러움이 배어있는 것이다. 마가는 이렇게 기술한다: "이는 내(그 여인)가 그(예수)의 옷에만 손을 대어도 구원을 얻으리라 함일러라." 예수의 옷깃에만 손이 스쳐도 나는 구원을 얻으리라, 병마로부터 해방되리라! 그 얼마나 강렬한 믿음일까!

이에 곧 혈루bleeding의 근원이 곧 마르고, 이 여인은 그 순간 스스로 병원病源이 사라지는 것을 직감한다. 그냥 몸으로 느끼는 것이다.

이 순간 예수는 그 엄청난 혼잡 속에서도 자기로부터 치료능력이 빠져나간 것을 느낀다. 여기서 "능력"이라 함은 헬라어로 "뒤나미스δύναμις"라 표기되는데 능력, 권능, 기적적 행위, 재능, 힘을 의미한다. 아리스토텔레스의 철학에서는 에네르게이아*energeia*라는 현실태에 대비되는 잠재적 능력, 잠재태를 의미하는 말이었다.

내 기를 빼내가는 자가 누구냐?

성서시대에는 그러한 철학적 의미가 쇠퇴되고 오직 "신적 권능"을 의미하는 말로 쓰였는데, 우리말로 하며는 예수가 자기 몸에서 "기가 빠져나가는 것을 느꼈다"는 뜻이다. 우리말의 "기氣"는 여기서 말하는 "뒤나미스"와 상통한다. 그 혼잡한 상태에서 알지도 못하는 가냘픈 여인의 가벼운 터치로 인하여 자기 몸의 기가 빠져나가는 것을 즉각적으로 감지하는 예수야말로 무당 중에서도 상무당이며, 한 인간으로서도 지극히 섬세하고 예민한 사람이라는 것을 알 수 있다. 이 순간 예수는 뒤를 확 돌아보며 외친다: "누가 감히 내 옷에 손을 대었느냐?"

예수의 태도는 매우 위압적으로 들린다. 공포스러운 분위기마저 감돈다. 그리고 째리는 듯한 눈초리로 뒤를 휘둘러 본다.

> "여자가 자기에게 이루어진 일을 알고 두려워 벌벌 떨면서 예수께 와서 그 앞에 엎드려(프로세페센προσέπεσεν) 모든 사실을 있는 그대로 고백한다."(33).

자아! 예수 앞에 벌벌 떨면서 엎드려 모든 것을 고백하는 그 여인! 엄청난 오클로스 인파가 밀려 닥치고 있는 이 광경에서 예수는 뭐라 말했을까?

"딸아! 네 믿음이 너를 구원하였다."

예수가 분위기를 반전시켜, 자신의 권능의 힘으로 그 여인의 혈루를 능동적으로 고친 것이 아니라 그녀의 믿음이 그녀를 병마로부터 구원하였다고 선포한 것은, 이적적 행위를 바르게 인식하는 가장 중요한 예수의 발언으로서 성서신학에서 항상 인용되고 토의되는 것이다. 그러나 상기의 예수의 발언에서 우리가 감지해야만 하는 더 중요한 사실들이 있다.

1. 교감의 문제

첫째, 북적대는 군중들 속에 휩싸인 예수에게는 예수를 부닥친 수없는 몸들이 있고 수없는 손들이 있었다. 그런데 어찌하여 혈루의 여인의 만짐만이 예수에게 특별한 것으로 감지되었을까? 여기에는 "교감交感"이라는 호상적 사태를 전제하지 않으면 안된다. 기氣는 교감되지 않으면 움직이지 않는다. 기의 운행은 일방적이질 않는다. 예수로부터 빠져나가지 않는다. 마가는 드라마작가로서 일련의 사태에 관한 상세한 기술을 하지 않았다.

그러나 예수는 이미 그 엄청난 인파 속에서도 이 여인의 눈빛을 보았거나 몸짓을 보았거나 표정을 보았거나 모종의 교감을 느꼈을 것이다. 수많은 사람들이 예수의 옷을 스치고 몸이 닿았지만 간절한 마음을 예수에게 댄 사람은 오직 이 한 여인이었다. 즉 그녀에게는 예수의 인격과 능력을 향한 진실된 믿음, 예수가 아니면 자기는 치유될 수 없다는 간절한 마음이 있었던 것이다. 이것이야말로 예수가 "믿음" 운운하게 된 일차적인 이유이다.

2. 예수가 그 여자를 찾아낸 이유

둘째, 예수가 여유로운 사람이라면, 비록 그녀가 다소곳이 몰래 자기의 옷깃을 만졌고 또 즉시 그녀의 믿음에 의하여 그녀가 구원을 얻었으면 그만이지, 구태여 뒤돌아보면서까지 그녀를 찾아내라고 공포에 가까운 그런 위압적 분위기를 자아낼 필요가 있었을까? 그 여인이 행복하게 되었다면 구태여 말하지 않아도 그대로 뒤돌아보지 않고 떠밀려가도 아름답지 아니 한가? 이에 대한 우리의 대답이 여기서 명료하게 논의되어야 한다.

예수의 기적은 미신이 아니다. 그것은 하나님나라의 도래를 의미하는 복합적 상징체계다. 여기서 가장 중요한 것은 그녀의 간절한 소망이 진실된 것이라 할지라도, 한 남자의 옷깃을 만지면 12년 묵은 혈루가 사라지리라는 믿음은 미신적 요소를 벗지 못한다. 역사적 예수는, 적어도 마가가 그리고 있는 예수는, 오늘날까지 한국교인들의 미신적 행태를 지배하고 있는 그런 왜곡된 믿음을 광정하기 위해서 그 여자를 찾아낸 것이다. 여인이여! 그것만은 확실히 알아다오. 네 병이 나은 것은 네 손이 내 옷깃에 닿았다는 물리적 사태로 인한 것이 아니라 바로 너 자신의 순결한 마음자세에 의한 것이라고, 바로 너의 믿음이 너를 구원한 것이라는 것을 확실히 알아다오.

3. 공적으로 검증되는 인가장면

셋째, 예수는 이러한 가르침을 공적인 장에서 선포할 필요를 느꼈다. 기적은 비밀스러운 신비한 행위가 아니고 공적으로 검증되는 개방적 사태라는 것이다. 그녀는 공적으로 믿음을 고백하였고 공적으로 오클로스 앞에서 인가認可를 얻은 것이다.

4. 구원과 평화

넷째, 여기 네 믿음이 너를 구원하였다 할 때에 "구원하다"라는 동사로 쓰인 말은 "세소켄σέσωκέν"이다. 세소켄은 단지 신체적 치유physical healing만을 의미하는 말이 아니고, 정신적인 구원spiritual salvation까지도 동시에 의미하고 있다. 연이어 예수가 이렇게 말한다. "평화 속에 가라! 네 병에서 놓여 건강할지어다.go in peace, and be freed from your suffering." 여기 "평화"는 "에이레넨εἰρήνην"이라는 말인데 히브리어의 "샬롬shalom"(사사기 18:6, 사무엘상 1:17)과 같은 의미다. 평화는 내면의 근심으로부터 해방되었다는 것만을 의미하는 것이 아니라 삶의 온전함과 충만함을 말하는 것이다.

5. 예수는 그 여인을 사랑했다

다섯째, 신학자들이 안 건드리는 하나의 감성적 요소가 있다. 예수는 남자요, 젊은이요, 사랑을 할 줄 아는 피끓는 청춘이다. 여기 "딸아!"라고 표현한 것은 예수가 여인을 칭한 사례로서 네 복음서를 통틀어 유일한 것이다. 야이로의 딸은 "뒤가트리온θυγάτριόν"이라고 표기되었는데, 그것은 "어린 딸"이라는 뜻이다. 그런데 여기 쓰인 말은 "뒤가테르θυγάτηρ"인데 야이로의 딸과는 계통을 달리하는 표현이며, 예수의 감정이 포옥 담긴 말이다. 극도의 친근감이 담긴 감성적 언어이다. 예수는 이 여인을 순간적으로 사랑하였을 것이다. 그러나 품위가 있는 여인이었을 것이다. 훗날 이 여인은 예수께서 십자가를 지고 골고다언덕을 올라갈 때 동행하며 땀을 닦아드렸다는 민담이 전한다고 한다. 예수는 연약하고 억압받는 여인들의 깊은 사랑을 받은 인간이었다.

드라마티스트 마가의 천재적 반전

이 혈루병여인의 사태와 더불어 청천벽력 같은 얘기가 들려온다. "평화 속에 가라"라는 말이 채 끝나기도 전에 사람들이 와서 회당장에게 비보를 전한다: "당신의 딸이 죽었나이다."

평화와 죽음이 엇갈리는 이 순간, 야이로의 입장을 한번 생각해보자! 야이로는 어찌되었든 회당장이고 이 사건이 일어나고 있는 지역의 리더격의 사람이다. 그 사람이 예수의 발아래 엎드려 간구하여 말하였다: "내 어린 딸이 죽게 되었사오니 오셔서 그 위에 손을 얹으사 그로 구원을 얻어 살게 하소서."(23). 여기에 쓰인 "구원을 얻다"라는 표현도 혈루병여인에게 쓰인 말과 같은 어간의 동사이다. 어찌되었든 딸을 위하여 이 회당장은 있는 성의를 다한 것이다. 그렇다면 예수는 한시라도 속히, 일각이라도 빨리, 야이로의 딸에게로 달려갔어야 옳다. 그런데 뒤돌아보며 자기의 "뒤나미스"를 빼앗아 간 여인을 찾는 소동을 벌여 시간을 지체시킨다. 드라마적으로 예수를 청한 회당장 야이로 측근의 사람들의 입장에서 볼 때, 예수의 행태는 좀 거만하고 무례하고 산만하고 기분나쁜 것일 수도 있다.

그러나 마가는 이러한 예수의 모습을 일련의 사태의 긴장감을 증폭시키기 위해 일부러 삽입시킨다. 하여튼 주변사람들의 반응은 기분이 더럽게 나쁘다는 식의 빈정거리는 말이었다: "이미 따님이 죽었는데, 저 선생에게 더 폐를 끼칠 필요가 있겠나이까?"

여기 "선생"이라는 말은 "퀴리오스κύριος"가 아니라 "디다스칼로스διδάσκαλος" 이다. 주님이 아니라, 당시 유대사회에서 흔해빠진 평범한 랍비나 율법교사들에 게 쓰는 말이었다. 실상 드라마적으로 말하자면, "뭐 저 자식한테 더 신세질 일 있 겠습니까?" 정도의 느낌의 표현인 것이다.

두려워 말라! 믿기만 하여라! 믿음이라는 주제의 확대

예수는 곁에서 이들이 뇌까리는 말을 들은 체도 하지 않는다. 그리고 회당장 본인에게 정확히 말한다: "두려워 말라! 믿기만 하여라Μὴ φοβοῦ μόνον πίστευε 메 포부 모논 피스튜에."

여기 마가가 노리고 있는 주제가 드러난다. 혈루여인의 경우도 그 여자가 온전 한 생명을 얻을 수 있었던 이유는 "믿음" 하나였다. 사실 "피가 계속 끊임없이 흐 른다"는 사태는 죽음을 상징하는 것이다. 그 죽음은 믿음으로서 극복되었다. 마 가가 이 두 이야기를 중첩시킨 이유는 바로 "믿음"이라는 주제의 확대였다. 믿음 은 궁극적으로 인간의 최종적 사태인 죽음까지도 극복할 수 있다는 것을 보여주 려는 것이다.

야이로의 딸은 이미 죽었다. 그것을 가사상태라고 표현하든 죽었다고 표현하든 큰 차이가 없다. 어차피 이것은 드라마이다. 야이로의 딸은 이미 죽었기 때문에 회 당장의 집안의 성세라면 주변의 사람들이 곧 몰려들게 되어 있다. 그리고 즉각적 으로 전문적으로 곡哭하는 사람들이 곡을 시작한다. 팔레스타인의 곡사哭師들은 박수를 치면서 곡을 한다고 한다. 예수가 도착했을 때는 많은 사람들이 모여 곡을 하고 있었다. 예수는 그들을 향해 소리친다: "왜 소란을 떨면서 울고(곡하고) 있느냐? 그 아이는 죽은 것이 아니다! 잠을 자고있는 것이다."

죽음 → 잠 → 깸

예수의 등장으로 그 아이의 "죽음"은 "잠"으로 바뀐다. "잠"이란 "깨어날 수 있는 잠정적 상태"를 의미한다. 예수에게는 죽음이 삶의 최종적 사태로서 인식되지 않는 것이다. 이에 대한 어떠한 철학적·과학적 변론도 나는 하고 싶질 않다. 예수의 인식의 진실성을 우리는 일단 긍정해야 한다. 그리고 우리는 이것을 드라마로 읽어야 한다.

예수가 야이로의 딸이 죽은 것이 아니라 잠을 자고 있는 것이라고 하니깐, 곡을 하면서 시장판 같은 굿판을 벌이고 있었던 사람들이 깔깔대고 웃는다. 죽은 것과 자는 것도 구분 못하는 어리석은 인간이여! 하고 예수를 깔보는 것이다. 그들은 예수에 대한 믿음이 전무한 것이다. 울음이 웃음으로 변할 정도로, 그들에게는 진지한 삶의 인식이 부재한 것이다.

이적, 삶을 회복하는 행위

예수는 그 난장을 벌이고 있던 사람들에게 전원퇴장을 명한다. 그 따위 인간들 앞에서 이적을 행하고 싶질 않았던 것이다. 예수의 이적은 실제로 이적이 아니다. 그것은 본질적으로 삶을 회복하는 행위일 뿐이다. 그리고 제자들 중에서도 가장 먼저 제자로 삼았던 세 사람, 베드로와 세베대의 아들 야고보와 그의 동생 요한, 이 세 사람만을 선발한다. 그리고 야이로와 야이로의 부인 두 사람, 그러니까 총 5명만을 데리고 아이가 누워있던 방으로 들어간다. 도떼기시장 같은 분위기에서 죽음의 극복이라는 가장 엄중한 사태를 연출할 수는 없었던 것이다. 부모는 간절한 심정을 가지고 있다. 그리고 제자 중에서도 시몬·야고보·요한은 가장 핵을 이루는 인물이다. 진실하고 엄숙한 교감의 분위기가 있어야만 한다. 예수의 행위는 너무도 간결하다.

아이의 손을 잡고 "탈리다쿰Ταλιθακουμ"이라 외친다. "탈리다쿰"은 예수가 당대에 쓰던 토속말 아람어이다. "소녀야 내가 네게 말하노니 일어나라"는 뜻이다.

소녀는 곧 일어나 걷는다. 그제서야 이 소녀의 나이가 밝혀진다. "소녀의 나이 열두 살이라. 사람들이 곧 크게 놀라고 놀라거늘 ……"

예수의 소박한 인간적 갈망

예수는 이 엄청난 기적사건에 관해 다섯 사람에게 간곡히 부탁한다: "아무도 이 일을 알지 못하게 하라." 이것이 과연 "메시아비밀"일까? 이 사태는 "메시아 비밀"일 수 없다. 이미 도떼기시장과도 같은 곡판이 벌어졌었고, 그들은 야이로의 딸이 죽었다는 것을 알고 있다. 그리고 그들은 그 딸이 죽은 것이 아니라 잠자고 있을 뿐이라고 말하는 예수를 조롱하고 야유를 놓았다. 그런데 곧바로 야이로의 딸이 살아났는데, 어찌 "이 일을 아무에게도 알리지 말라"는 예수의 간곡한 경계가 의미를 지닐 수 있겠는가? 그것은 실제로 불가능한 부탁이다. 이것은 결코 비밀이 될 수 없으므로 메시아비밀의 가설에 부합되지 않는다.

이것은 소박하게 해석될 수밖에 없다. 예수는 이 사태가 알아야 될 사람들만 알아야지, 공연히 모든 사람들에게, 알 필요도 없는 사람들에게까지 무차별하게 확대되어 제멋대로 해석한 소문만 무성하게 퍼져나가는 것을 원치 않았던 것이다. 예수는 이적을 행했으나 불필요한 유명세를 타고 싶질 않은 것이다. 예수의 메시아적 권위는 조용하게 진정으로 알 만한 몇 사람에게만 알려지는 것을 바랬던 것이다. 이것은 이 사건의 실제적 결말과는 무관한 예수의 소박한 인간적 갈망일 뿐이다. 이러한 마가의 기술은 예수라는 인간의 진정성을 높인다.

죽음도 소생도 일종의 심볼리즘

천국의 도래를 선포하는 예수의 세계인식 속에서 "죽음"은 "잠"에 불과한 것이다. 그러나 죽음으로부터 삶으로 다시 환원하는 사건은 사실의 차원이 아니라 드라마적 차원의 사건이다. 그러나 이 드라마적 사건의 도입을 위하여 마가는 혈루의 여인을 도입하여 소생사건의 리얼리티를 높였다. 그리고 그것을 "믿음"이라는 주제 속에 포섭시켰다. 죽은 자를 살리는 전통은 이미 "엘리야―엘리사" 선지의 전통에서 있었던 것이고, 그러한 심볼리즘은 유대인들에게는 생소한 것이 아니다.

여기 12해 동안 피를 흘렸다든가, 소녀의 나이가 12이라는 표현은 모두 유대전통의 심볼리즘이다. 죽음도 소생도 일종의 심볼리즘이다. 드라마는 이 심볼들을 사용함으로써 드라마의 의미를 증폭시킨다. 예수를 이미 하나님의 아들로서 선포한 마가의 입장에서, 소생기적은 그 궁극적인 입증이다. 그의 드라마에 충분히 도입할 만한 심볼리즘인 것이다. 그러나 마가의 위대함은 이러한 심볼리즘을 마구 도입하지 않는다는 것이다. 이런 사건이 여러 번 일어났다면 복음서는 일종의 해괴한 마술서가 되고 말았을 것이다. 마가의 이러한 드라마적 트릭 때문에 인류는 예수의 심볼리즘을 사실인 것처럼 오석誤釋하고 살아왔다고 말할 수 있다.

그러나 마가의 진정한 의도는 최후진술에서 드러난다.

"이에 소녀에게 먹을 것을 주라 하시니라."

예수의 궁극적 관심은 삶으로의 복귀

예수의 궁극적 관심Ultimate Concern은 그녀의 죽음으로부터의 부활이 아니라, 삶으로의 복귀이다. 일상적 삶으로의 복귀가 그 궁극적 관심이다. 그러기 위해서는 "먹어야 한다." 이것은 예수의 주기도문이 "나라이 임하옵시며"를 말한 후에 곧바로 "오늘날 우리에게 일용할 양식을 주옵시고"를 말한 것과 동일한 문법이다.

고향에서 존경받지 못하는 예수
〈 마가 6:1∼6 〉

¹He went away from there and came to his own country; and his disciples followed him.

²And on the sabbath he began to teach in the synagogue; and many who heard him were astonished, saying, "Where did this man get all this? What is the wisdom given to him? What mighty works are wrought by his hands!

³Is not this the carpenter, the son of Mary and brother of James and Joses and Judas and Simon, and are not his sisters here with us?" And they took offense at him.

⁴And Jesus said to them, "A prophet is not without honor, except in his own country, and among his own kin, and in his own house."

⁵And he could do no mighty work there, except that he laid his hands upon a few sick people and healed them.

⁶And he marveled because of their unbelief. And he went about among the villages teaching.

¹예수께서 거기를 떠나사 고향으로 가시니 제자들도 좇으니라

²안식일이 되어 회당에서 가르치시니 많은 사람이 듣고 놀라 가로되 이 사람이 어디서 이런 것을 얻었느뇨 이 사람의 받은 지혜智慧와 그 손으로 이루어지는 이런 권능權能이 어찌됨이뇨

³이 사람이 마리아의 아들 목수가 아니냐 야고보와 요셉과 유다와 시몬의 형제가 아니냐 그 누이들이 우리와 함께 여기 있지 아니하냐 하고 예수를 배척한지라

⁴예수께서 저희에게 이르시되 선지자가 자기 고향과 자기 친척과 자기 집 외에서는 존경을 받지 않음이 없느니라 하시며

⁵거기서는 아무 권능도 행하실 수 없어 다만 소수의 병인에게 안수按手하여 고치실 뿐이었고

⁶저희의 믿지 않음을 이상히 여기셨더라 이에 모든 촌에 두루 다니시며 가르치시더라

갈릴리 전기사역의 마무리, 고향방문

여기 짧막한 한 단의 "고향방문" 파편만을 다루는 이유는 상징적으로 크게 보아 이 파편에서 예수의 갈릴리사역의 전기사역이 마무리되기 때문이다. 다음

단의 "열둘 파송"으로부터 예수 갈릴리사역의 후기, 보다 대규모적이고 적극적인 예수운동이 전개되고 있다. 고향방문이란 어떤 의미에서 "죽음을 각오한 자"(수난을 예견하고 있는 사회운동가)의 자기 삶에 대한 회고와 마무리, 존재의 뿌리에 대한 경배를 상징할 수 있다.

그러나 그는 노골적으로 무시당하고 배척을 받는다. 그가 그것을 예상하고 갔는지, 예상하지 않았는지는 모르되, 이미 마가는 3장에서 "하나님의 뜻을 행하는 사람이 곧 내 형제요 자매요 엄마일 뿐 혈연이 따로 있을 수 없다"(3:33~35)는 예수의 쿨한 자세를 언급한 바 있다. 예수와 예수의 혈육과의 관계는 마가에서는 매우 비정하게 설정되고 있다. 예수의 천국운동에 예수의 가족과 친지는 포함되지 않는다. 이것은 예루살렘교회를 예수 패밀리가 장악한 단계에서 그것을 비판적으로 바라보는 시각의 영향이라고 보기도 하지만 그런 추측은 어디까지나 추론일 뿐 정밀한 논거가 될 수 없다.

현재의 나사렛 모습

327

야가 갸 아냐?

안식일이 되어 나사렛회당에서 예수가 가르치자 많은 사람이 그 말씀에 감명을 받고 놀란다. 그러나 그 친지들은 그 사실을 액면 그대로 수용하는 마음자세를 가지고 있질 못한다: "쟤가 도대체 어떤 지혜를 받았기에 저런 기적을 행하누? 쟤가 우리 동네 목수 아냐? 엄마는 우리가 잘 아는 마리아고, 형제들도 야고보, 요셉, 유다, 시몬이 아닌가? 쟤 누이들도 우리 하고 같이 살고 있는 영자, 영희 아냐?" 하면서 도무지 예수의 현실태, 그 권능과 카리스마를 시인하려 하지 않았다. 그때에 예수의 유명한 말이 나온다. 그러나 이것은 실상 당대에 누구나 알았던 속담 같은 것이었다: "선지자가 자기 고향과 자기 친척과 자기 집 이외에서는 존경을 받지 않음이 없느니라."

고향에서 배척, 보편적으로 존경받는다는 것의 반증?

기실 이것은 선지자가 고향에서 배척받는다는 이야기가 아니라, 고향에서만 배척을 당할 뿐 그 이외의 지역에서는 존경을 받는다는, 다시 말해서 보편적인 존경을 받는다는 사실에 더 강조점이 놓여있는 표현이다. 그런데 이 이야기는 4복음서에 다 공통으로 출현하고 있는데, 요한복음의 경우는 그 맥락이 매우 다르다. 요한복음은(4:43~45) 궁극적으로 선지자는 고향에서 대접을 받지 못한다는 통념에 대한 역전을 말하고 있다. 그리고 이 파편은 그 원형이 도마복음서에 보존되어 있다. 그 제31장에 다음과 같이 예수의 말로서 나온다.

예수께서 가라사대, "선지자가 고향에서 환영을 받는 자가 없느니라.
의사는 그 의사를 아는 가까운 자들을 고치지 아니 한다."

도마복음왈, 명의사라도 가까운 가족은 잘 고치지 못해

도마복음에는 고향에서 환영을 못 받는다는 것이 직설적으로 확언이 되어있고, 그 맥락이 부연되어 있다. 명의사라 할지라도 가까운 자기 가족은 잘 치료하지 못하는 상황과 비슷하다는 것이다. 사실 이 도마복음의 원래 맥락은 마가보다 누가

자료(눅 4:23~24)에 더 잘 계승되어 있다(이 모든 논의에 관해서는 나의 책, 『도올의 도마복음한글역주』제3권, pp.53~58을 참고할 것).

하여튼 거두절미하고 예수는 오랜만에 고향을 방문했다가 김샜다. 그 파편은 "예수는 그들에게 믿음이 없는 것을 보고 이상하게 여겼다. And he marveled because of their unbelief."라는 말로 끝냈다.

핵심적 주제는 불신앙과 예수의 고독

그러니까 앞에 믿음을 주제로 한 이야기가 계속 연속되다가 여기서 그 믿음을 주제로 한 이야기들이 반反믿음, 무無믿음Unbelief에서 끝남으로써 그의 갈릴리 사역의 전반부가 종결되는 것이다. 그들의 반믿음, 무믿음이야말로 예수가 일상적으로 처하는 리얼리티의 실상이다. 예수에게 가까운 사람들일수록 반믿음, 무믿음에 빠져있다.

그러기 때문에 예수의 공생애는 보편적인 지평을 획득한다. 그의 고향, 그의 존재의 뿌리가 그를 배척한다는 것은 그의 사역이 새롭게 보편적인 지평 위에서 수립되어야 한다는 것을 상징적으로 보여준다. 가까운 자들의 닫힌 귀를 열려고 애쓸 것이 아니라, 진정으로 듣고 싶어하는 자들에게는 누구든지 복음을 전파해야 하는 것이다. 그는 열린 마음의 지평을 찾아 끊임없이 선포의 여로를 걸어간다. 고향의 배척이 그에게 더 넓은 세계를 열어주었던 것이다.

선지자가 고향에서 배척받는다는 이야기는 보편적 명제 아니다

선지자는 고향에서 배척받는다는 이야기는 절대 금언이 될 수 없다. 공자의 위대한 생애도 결국 거로去魯(고향 노나라를 떠남)에서 귀로歸魯(고향 노나라로 돌아옴)에 이르는 여정이고 결국 고향에서 대접을 받고 고향에서 인류사를 움직이는 위대한 고적古籍들을 편찬하였다. 동학의 창시자 최수운은 자기 고향에서 득도하고 포교하였고, 원불교의 창시자 박중빈도 자기 고향에서 득도하고 가까운 친지들을 제자로 삼아 고향의 땅을 개간하면서 교세를 폈다.

하여튼 고향에서 배척받는 선지자의 이미지는 보편적인 명제로서 수용될 수 없다. 그것은 예수가 고향이 아닌 가버나움을 배경으로, 그리고 세례 요한과의 관계에서 천국운동을 펼친 자라고 하는 특수성이 있을 뿐이다. 결국 이 고향배척설화는 예수의 삶의 특수정황을 이야기하고 있을 뿐이다. 그리고 매우 일반적인 인간적 상황을 이야기하고 있을 뿐이다.

"쟤는 우리 동네 목수였던 애잖아? 아무개 아들이고 아무개 형 아냐?" 이 설화는 궁극적으로 예수가 얼마나 소박한 인간인지를 말해주고 있을 뿐이다. 이것은 극도의 반이적설화인 것이다. 평범한 인간 예수를 그리고 있는 것이다. 나도 고향에 가서 친구를 찾는다든가, 옛 동창을 찾는다든가 하는 일을 하지 않는다. 단지 혈연, 학연, 지연 때문에 마음이 안 통하는 대화를 나누며 쇠주잔을 기울이는 바보 같은 짓을 하지 않는다. 그러한 인간에게 찾아오는 것은 "고독"이다. 여기 이 설화의 궁극적 주제는 단독자인 예수의 실존적 고독이다. 그리고 그것은 예수의 고독일 뿐 아니라, 예수운동에 참여하는 모든 방랑자의 고독일 것이라고 나는 생각한다.

열두 제자의 파송
〈 마가 6:7~13 〉

[7]And he called to him the twelve, and began to send them out two by two, and gave them authority over the unclean spirits.
[8]He charged them to take nothing for their journey except a staff; no bread, no bag, no money in their belts;
[9]but to wear sandals and not put on two tunics.
[10]And he said to them, "Where you enter a house, stay there until you leave the place.
[11]And if any place will not receive you and they refuse to hear you, when you leave, shake off the dust that is on your feet for a testimony against them."
[12]So they went out and preached that men should repent.
[13]And they cast out many demons, and anointed with oil many that were sick and healed them.

[7]열두 제자를 부르사 둘씩 둘씩 보내시며 더러운 귀신을 제어制馭하는 권세를 주시고

[8]명命하시되 여행을 위하여 지팡이 외에는 양식이나 주머니나 전대纏帶의 돈이나 아무 것도 가지지 말며
[9]신만 신고 두 벌 옷도 입지 말라 하시고

[10]또 가라사대 어디서든지 뉘 집에 들어가거든 그곳을 떠나기까지 거기 유留하라
[11]어느 곳에서든지 너희를 영접지 아니하고 너희 말을 듣지도 아니하거든 거기서 나갈 때에 발아래 먼지를 떨어버려 저희에게 증거를 삼으라 하시니
[12]제자들이 나가서 회개하라 전파하고

[13]많은 귀신을 쫓아내며 많은 병인病人에게 기름을 발라 고치더라

삽입기법: 파송, 세례 요한의 죽음, 파송 후 이야기

6장 7절부터 13절까지는 "그 열둘 파송"에 관한 것이고, 14절에서 29절까지는 세례 요한의 죽음이 기술되어 있다. 그리고 30절에서는 다시 파송되었던 자들이 돌아왔을 때의 상황이 연접되어 있다. 그러니까 여기서도 세례 요한의 죽음(헤로디아의 딸의 춤)의 이야기는 기실 "그 열둘"의 파송이야기가 계속되는 사이에 삽입

된 것이다. 그러니까 이것도 혈루여인이야기가 야이로의 딸의 소생설화 한가운데 삽입된 것과 같은 방식으로 삽입된 것이다.

자아! 그렇다면 12파송의 이야기 속에 세례 요한의 처참한 죽음이야기가 삽입된 것은 무슨 이유에서일까? 이 삽입으로 12파송과 세례 요한의 죽음이 시간적으로 같은 장에서 일어난 사건이 아님에도 불구하고 동일한 무게를 지니고 병렬된 것이다. 그 이유는 무엇일까?

세례 요한의 죽음, 예수의 정치적 죽음을 암시

세례 요한은 분명히 예수의 선구자이고 예수의 공생애를 스타트시킨 스승이요, 대선배이다(세례 요한과 예수의 나이가 비슷한 것처럼 누가복음서에 기술되어 있지만 그 실제정황은 모른다. 세례 요한은 예수보다는 윗세대 사람일 가능성이 높다). 예수의 갈릴리사역의 본격화, 즉 사회운동화를 의미하는 "12파송사건"을 기술하면서 세례 요한의 죽음을 동시에 언급하는 것은 결국 예수운동은 예수를 세례 요한과도 같은 정치적 죽음으로 휘몰게 되리라는 것을 암시한다고도 말할 수 있을 것이다.

그러니까 12파송의 배면에는 예수의 죽음이라는 절박한 상황이 깔려있다고도 말할 수 있다. 세례 요한의 이야기는 "그 소식을 들은 요한의 제자들이 와서 그 시체를 거두어다가 장사를 지냈다"라는 말로 종결되고 있는데, 이것은 예수의 12제자들이 예수의 시체를 거두어다가 장사를 지내게 되리라는 것을 암시하고 있다. 그러나 예수의 시체를 거두어다가 장사를 지낸 것은 그 열둘이 아니었다. 그 열둘은 예수가 죽는 순간까지 그리고 부활의 그 순간까지도 예수를 이해하지 못했다.

투스 도데카, 그 열둘

자아! 여기 우선 마가의 텍스트에서 "열두 제자"라는 말은 사용되지 않는다는 것을 명기해둘 필요가 있다. 우리 성경에 이런 표현이 나오는 것은 번역상의 방편적 오역 때문이다. 마태에서는 "12제자"라는 말이 쓰이지만(마 10:1), 오리지날

도올의 마가복음 강해

마가에서는 "그 열둘τοὺς δώδεκα투스 도데카"이라는 말만 있고 "12제자"라는 말은 쓰이지 않는다. 제자들은 희랍어로 "마데타이μαθηται"(단수는 마데테스 μαθητής)인데, 마가에서 마데타이는 "12"과 결합되지 않는다. 그래서 나는 앞서 "그 열둘the Twelves"이라고만 표현한 것이다.

그 열둘 < 제자들 < 오클로스

마가의 표현에 있어서는 예수 측근으로서 "그 열둘"이 가장 근접해 있는 소수 그룹임에 틀림이 없다. 그리고 "제자들"이라는 표현은 그 열둘을 포함하는 보다 넓은 그룹의 개념이다. 그리고 더 넓은 개념으로서 "오클로스"가 있다. 예수 사후에 성립한 예루살렘교회가 "그 열둘 (가룟 유다 대신 맛디아가 선정됨. 행1:15~26)을 중심으로 형성된 것은 역사적 사실로서 간주되고 있으므로 그 사실에 의거하여 "그 열둘"이 추론되어 꾸며진 것인지, 예수시대에 이미 확고하게 "그 열둘"이 있었는지는 단안을 내릴 수는 없으나, 하여튼 마가는 자기의 드라마 속에서 "그 열둘"이라는 특수그룹을 내세움으로써 예수수난사화의 비극성을 강화시키는 내러티브 전략을 세우고 있다(조태연, 『예수운동 – 그리스도교 기원의 탐구』 제3장을 참고할 것. 대한기독교서회에서 나온 이 책은 매우 좋은 책이다. 한국 신학자의 건강한 탐색이다).

12의 심볼리즘

12년 피를 흘린 여인, 12살 난 소녀의 죽음(잠)과 소생, 그 12의 파송, 그리고 5천 명이 이어오병을 배불리 먹고 난 잔여음식 12광주리, 이 열둘이라는 심볼리즘이 연접되어 나타나는 것이 판소리적으로 어떠한 효과를 주는지는 모르지만, 하여튼 청자들에게 일정한 의미를 연접시키면서 에스컬레이트 시켰을 것이다.

"사도들"은 오역, 그냥 "파송되었던 자들"

세례 요한의 죽음설화 후에, 연이어 파송된 그 열둘이 예수께 돌아와서 그들이 가르친 것과 행한 것을 낱낱이 고하는 장면이 나오는데(30절), 그 주어가 "사도들the apostles"로 되어 있다. 이것은 오역에 불과하다. "사도"는 "아포스톨로스

ἀπόστολος"라 하여 초대교회에서 매우 존엄한 위치를 지니는 사람을 의미했는데 (바울은 스스로 자기를 "사도"라 부르며 그 사도성apostolicity을 입증하기 위해 애를 쓴다), "그 열둘"이 돌아왔을 때는 그들의 성공적인 가르침과 행함을 통하여 "사도들"로서 승격되었다는 것을 의미하는 것일까? 이것은 낭설이다! 원래 "아포스톨로스"라는 말은 후대에 특별한 의미를 부여하기 전에는 "파송하다ἀποστέλλω아포스텔로"라는 동사에서 유래된 말이다.

6:7에 "그 열둘을 불러 둘씩둘씩 보내시며"라 할 때 "보내시며αὐτοὺς ἀποστέλλειν"라는 동사로 "아포스텔로"라는 단어가 쓰였다. "아포"는 "……으로부터"라는 뜻으로 분리를 나타낸다. 동사 "스텔로"는 떠난다는 뜻이다(살후 3:6). "아포스텔로"는 "……으로부터 분리하여 보낸다," "특별한 사명을 부여하여 파견한다"는 뜻이다. 따라서 예수께 돌아온 이 열둘에게 "아포스톨로이 ἀπόστολοι"라는 말을 쓴 것은(30), 그들이 "사도"가 되었다는 것을 의미하는 것이 아니라, 단지 아무 의미 없이 "파송되었던 자들"이라는 의미일 뿐이다. 따라서 30절의 "아포스톨로이"를 "사도들"로 번역하는 것은 오역이다. 결코 이 열둘은, 계속 연이어지는 사화들의 장면에 나타나는 행태로 볼 때, 예수의 가르침이나 예수가 부여한 권능을 바르게 사용하고 바르게 체험한 사람들이 못되었다(9:28~29).

파송장면, 역사적 예수에 관한 정보자료가 풍성
이 12파송장면은 매우 간략하지만(7절에 불과) 실제로 그것이 함축하는 의미는 엄청나다. 역사적 예수의 실상을 알 수 있게 하는 많은 정보를 함축하고 있다.

우선 열둘을 보내는데 둘씩둘씩 짝지어 보낸다. 이것은 광막하고 고독한 여로 속에서 서로 의지하고 도우라는 뜻도 되지만, 서로의 충실치 못함을 감시하고 정확한 업적을 평가하는 뜻도 된다. 이러한 식의 사도파견은 초대교회의 일반관행에 속하는 것이었다. 그런데 여기서 말하는 대로 둘씩 짝지어 보낸다면 겨우 6세트 밖에는 되지 않는다. 열둘이라는 숫자가 "운동"이라는 개념에서 보면 현실성

도올의 마가복음 강해

이 없다. 그런데 누가복음에는(10:1) 짝지어 파송한 제자들이 "칠십인ἑβδομήκοντα 헵도메콘타"이 되었다고 명료하게 적고 있다(판본에 따라 "칠십이인"으로 되어 있는 것도 있는데 12의 6배수인 72가 보다 정확한 숫자일 것 같다).

누가자료의 72인이 더 정확한 숫자

누가의 큐자료가 비록 마가보다 뒤에 쓰여진 것이라 할지라도 보다 오리지날한 상황을 반영한다고 나는 생각한다. 대강 예수운동을 펼친 최측근의 인물들이 70여 명은 되었을 것이다. 그래야 운동으로서 파급력을 지닐 수 있고, "파송"의 의미가 살아난다. 마가에 기록된 바, 파송되는 제자들에게 부여한 권능은 "더러운 귀신을 제어하는 권세"였다. 여기 "귀신"이라는 표현에 "프뉴마πνεῦμα"라는 단어가 쓰이고 있다. 예수는 엑소시스트였다. 엑소시즘이라는 정신적 치유를 가장 근간으로 하는 힐러였다. 그러한 정신적 치유능력은 측근의 제자들에게 전달이 가능했을 것이다.

예수운동의 초기승가 계율

그런데 여기서 중요한 것은 이 파송되는 자들이 가져야 하는 "생활자세"에 관한 것이다. 이 생활자세는 피파송인이라는 몇몇의 제자들에게만 적용되는 것이 아니라 예수운동의 초기승가僧伽samgha 내에서 지켜져야만 하는 계율일반을 의미하는 것이기도 했다. 물론 우리는 이 초기승가계율을 통하여 역사적 예수의 모습을 조명할 수 있다. 이 생활자세는 예수 자신의 삶의 모습이기도 했다. 공관복음에 이 파송에 관한 자료가 다 실려있고 그 계통이 매우 복잡하지만 마가복음에 한정하여 생각해보기로 한다.

1. 여행을 위하여 지팡이만은 허용한다. 지팡이(랍돈ῥάβδον)는 외부의 위험이나 공격으로부터 자신을 보호해주는 기능과 더불어 장거리여행시 걸음을 보다 더 가볍게 해주는 기능을 했다. 실상 예수가 다닌 갈릴리지역에는 뱀이 많아 지팡이가 뱀의 공격을 막는 좋은 방편이기도 했다.

2. 양식을 가지고 다니지 말라. 먹을 것 즉 식량의 준비가 없이 다닌다는 것은 순수한 걸식의 만행을 의미하는 것이다. 식량이 두둑히 준비되어 있으면 삶의 절박함이 없어진다.

3. 배낭을 걸머메고 다니지 말라. 배낭이라는 주머니도 소유의 상징이다. 무엇인가를 집어넣을 수 있는 주머니나 배낭이 있다는 것은 소유, 꼬불침을 의미하는 것이다.

4. 전대를 지니지 말라. 돈지갑을 가지고 다니지 말라는 것인데, 이때 지갑이란 요즈음 가죽지갑 같은 것이 아니고 동전을 허리에 차는 것을 말한다. 잔돈도 몸에 지니지 말라는 뜻이다.

5. 신발은 허용한다. 그런데 신고있는 것을 닳아빠질 때까지 그냥 신어라. 마태 버전에는 신발과 지팡이가 허용되지 않는다. 누가 버전에도 신발과 지팡이가 허용되지 않는다. 그러니까 큐자료에는 신발과 지팡이가 금지되어 있었던 것으로 보인다. 그러나 사실 이 갈릴리지역은 현무암지대로서 거친 자갈길이 많아 실제로 가죽샌달이 없이 맨발로 다닌다는 것은 거의 불가능하다. 극도의 무소유, 극도의 금욕수련을 상징하는 계율인 것 같으나 그 현실성을 고려하여 마가는 지팡이와 신발을 허용한 것으로 보인다. 대부분의 신학자들은 샌달과 지팡이가 허용되지 않는 극도의 금기가 오리지날 계율이고 그것을 마가가 현실에 맞게 조정한 것이라고 보지만, 나는 마가의 현실감각이 오리지날이고, 마태와 누가는 그것을 이념적인 결벽성 때문에 더 래디칼하게 만든 것일 수도 있다고 본다.

6. 길거리 지나다니면서 아무에게도 문안하지 말라. 이것은 초기승단에서 걸식할 때 상대방의 얼굴을 쳐다보지 않는 것과도 상통한다. 무차별의 마음상태를 유지하는 것이다. 길거리에서 문안인사를 하지 않는다는 것에

갈릴리는 바람이 심하고 땅에 모난 자갈이 많다. 정말 바람이 쎄게 불 때는 내 몸이 휙 날아가 버릴 듯 하다. 이곳을 지팡이도 없고 샌달도 없이 또 단벌의 천만 휘두르고 다닌다는 것은 불가능에 가깝다. 예수의 무소유는 가혹한 무소유였다는 것을 나는 갈릴리 풍진속에서 느낄 수 있었다.

대한 신학자들의 주석은 유대인의 문안인사가 상당히 시간을 잡아먹는 복잡한 것이었기에, 쓸데없는 시간낭비를 하거나, 주어진 목적 외에 딴 짓을 하지 않는다는 전념의 뜻이 있다고 말한다. 말없이 고개 숙이고 걸어가는 것은 수행자의 기본자세일 것이다. 이 조항은 마가에 없다.

7. 옷도 두 벌 입지 말라. "옷 두 벌"은 갈릴리에서 매우 유용하다. 예수가 입은 옷은, 몸 전체를 카바하는 원피스의 두루마기 스타일인데 홑겹이다. 그런데 팔레스타인에서는 낮과 밤의 일교차가 심해 밤에는 춥다. 따라서 여행하는 자는 여벌을 가지고 다녀야 한다. 그런데 예수는 이것을 금지시켰다. 여벌의 덮음이 필요하다면 그것은 숙박하는 집의 성의에 따라 제공받는 것이 옳다. 그만큼 성실하게 파송작업을 타인을 위해서 해야만 할 것이다(보통 속옷 두 벌이라고 표현하는데, 실상은 속에 입는 키톤이나 페플로스 하나와

겉에 걸치는 히마티온 하나를 의미했을 수도 있다).

8. 어느 동네에 들어가든지 일단 거처를 정했으면 어느 집이 되었든지간에 그 동네를 떠날 때까지 그 거처를 옮기지 말 것. 이것은 숙소를 쇼핑하지 말라는 뜻이다. 더 나은 숙소가 마련된다고 그리로 가면 처음 제공자의 입장이 난처해지고, 그 성의 있는 행동을 부끄럽게 만든다. 내 일신의 편의를 도모하면 안된다는 철저한 금욕주의적 수행자세가 이런 금기 속에 깔려있다.

이상에서 우리가 알 수 있듯이 예수의 초기승가의 계율은 극도로 검약하고, 극도의 무소유, 극도의 금욕, 극도의 자기부정, 걸식, 방랑, 수행을 실천하는 것이었음을 알 수 있다. 공관복음서에서 이 파송장면이야말로 원시기독교가 어떤 모습이었는지를 깨닫게 해주는 인상 깊은 담론이다. 그것은 개인 토굴 비하라*vihāra*에 앉아 수행하는 원시불교의 수행자들의 모습을 연상케 하기도 하고, 뱀이 묵은 허물을 벗어버리듯, 저 광야를 가고 있는 코뿔소의 외뿔처럼, 혼자 수행의 길을 가고 있는『숫타니파타*Sutta-nipāta*』나『담마파다*Dhammapada*』의 이름 없는 수행자들, 추위를 가릴 옷 한 벌과 바리때 한 개만을 든 채 길에서 살다가 길에서 사라져 간 수많은 외로운 각자覺者들을 연상시킨다. 오늘날 우리가 생각하는 보수교단 기득권층의 성직자모습과는 너무도 대조적이다. 동시에 과연 종교의 본질이 어디에 있는가를 반문케 된다.

코뿔소의 외뿔*khaggavisāṇa*은 보통 동물의 뿔이 쌍으로 나있는 것과 달리 외로운, 고독한 모습이다. 그것은 "홀로 걸어가는 수행자," "홀로 깨닫는 사람*paccekabuddha*"의 심경心境, 생활生活을 나타내는 비유이다. 구도자는 타인들의 훼예포폄毁譽褒貶에 구애됨이 없이 단지 홀몸으로 자신의 신념에 따라 생활하고 수도하는 사람이다. 후대불교에서는(『숫타니파타』는 초기종단이 형성되기 이전의『도마복음』과도 같은 경전이다) 이러한 코뿔소의 외뿔 같은 수행자를 독각獨覺이라 불렀다.

성문과 보살의 합친 개념

여기 마가가 기술하고 있는 "그 열둘"은 불교의 삼승三乘(세 가지 실천의 방편)으로 말하자면, 독각보다는 성문聲聞(예수님의 말씀을 직접 듣고 그것을 충실히 실천하는 사람)과 보살菩薩(사람들을 구원하기 위하여 서원하고 그것을 실천하는 사람)을 합친 개념에 가깝다. 그러나 독각의 자세 또한 포함된다. 12파송은 일차적으로 귀신을 내쫓기 위한 것이고 독각은 홀로 깨닫기 위한 것이다. 물론 독각 중에도, 여기 둘씩 짝지어 떠나는 것처럼, "부행독각部行獨覺"(그룹을 지어 수행함)이라는 것이 있다. 파송된 자의 궁극적 실천목표는 하나님나라(=천국)의 임재함을 선포하는 것이다. 그것은 메타노이아를 요구하는 것이고, "메타노이아"라는 것은 불교에서 말하는 "깨달음"과도 상통한다.

서양의 신학자들은 이러한 파송장면을 대할 때에, 오직 선포라는 전도양식evangelistic form에만 사로잡혀 독각의 수행과 같은 삶의 자리를 전혀 파악하지 못한다. 그리고 기껏 생각한다는 것이 헬레니즘의 이질적인 요소의 영향 정도라고 말한다. 예수와 아포스톨로이(파송된 자들)의 삶에 배어있는 것은 극단적인 금욕과 무소유이다. 미국 신학계의 리딩 멤버 중의 한 사람인 크로쌍은 이 장면에서 견유학파Cynicism의 사람들을 연상시킨다고 말한다. 가장 고전적인 시닉Cynic의 이야기는 디오게네스Diogenes of Sinope, BC 412~323와 알렉산더대왕Alexander the Great, BC 356~323이 BC 336년에 고린도Corinth에서 만나는 장면이다. 이때 알렉산더는 죽은 아버지의 막강한 군사력을 정비하여 세상을 정복하기 위하여 페르시아원정을 획책하고 있는 20살의 청년이다. 디오게네스는 세상의 가치에 대한 무관심에 숙달된 76세의 현자이다. 이 이야기는 키케로의 저작에 실려있다:

> 디오게네스는 견유학파의 사람들 중에서도 가장 솔직하게 자기 의견을 말하는 사람이다. 알렉산더대왕이 큰 여물통 속에서 살고있는 디오게네스를 굽어보면서 말했다: "그대가 원하는 것이 있으면 무엇이든지 말해보시오."
> 디오게네스는 말했다: "나의 햇빛을 가리지 말아주시오."

견유학파와 예수운동

우리가 이들을 견유犬儒라고 말하는 것은 그들이 스스로 자기들의 삶의 방식을 "개와 같다κυνικός퀴니코스"고 표현했기 때문이다. "개와 같다"는 뜻은 첫째로 "부끄러움을 모름shamelessness"에 대한 극도의 찬양이다. 둘째로, 부끄러움을 모른다는 것은 인간세의 세속적 관행이나 가치관에 완벽하게 "무관심indifference" 하다는 것을 의미한다. 그들은 개처럼 길거리에서 섹스하고, 개처럼 맨발로 다니며, 개처럼 통 속에서 잔다. 이것은 세속적 가치보다 못한 저열함을 의미하는 것이 아니라, 그것을 초월하는 고매함을 의미한다고 생각했다. 셋째로 개는 잘 지킨다. 견유학파 사람들은 자신들의 철학의 신조를 잘 지킨다. 넷째로 개는 적과 친구를 잘 가릴 줄 안다. 그래서 견유학파의 현자들은 자기들의 철학을 이해하고 동조하는 사람들에게는 친절하게 대하고, 그렇지 못한 자들은 짖어대어 쫓아 버린다.

이 견유학파의 사상은 실제로 헬레니즘시대의 사상Hellenistic philosophies을 가장 단적으로 대변하는 것이었으며 이들의 철학은 스토아학파Stoics의 사상으로 흡수·발전하여 꽃을 피운 것이다. 견유의 사상은 인생의 목적이 덕德스러운 삶을 사는 것이며, 그것은 자연에 합치되는 삶을 사는 것이라고 하였다. 이성적인 인간은 이성에 힘입어 부나 권력이나 섹스나 명성 같은 세속적 욕망을 거부하고 자신에 내재하는 가장 자연스러운 방식으로 행복을 획득할 수 있다. 아주 엄격한 훈련과정을 거쳐 모든 소유로부터 해탈된 단순소박한 삶을 살 수가 있다.

디오게네스의 스승인 아테네의 안티스테네스Antisthenes, BC 445~365는 소크라테스의 정신을 충실히 계승한 그의 제자였다. 안티스테네스는 자족과 인내와 부지런함을 강조한다. 그는 덕德이야말로 최상선이라고 말한다. 인간이 존재하는 이유가 바로 덕에 합치되는 삶을 사는 것이다. 덕은 덕 자체를 위한 것이다. 덕이야말로 인생의 무상함과 관련 없이 행복을 창조하기 때문이다. 덕만이 인간을 해방시킬 수 있으며, 인생의 예견할 수 없는 고행길로부터 독립적으로 만들 수 있다. 행복은 행운에 의지하거나 욕망의 충족에 종속될 수 없다. 인간은 자기를 둘러싼

도올의 마가복음 강해

밖의 세계를 제어할 수 있는 힘이 없다. 그러므로 자기 속의 세계, 즉 내면의 욕망의 세계를 제어하는 것이 현명한 방책이다.

그러므로 덕이라고 하는 것은 욕구로부터의 해방, 욕망에 대한 무관심, 자아중심적 열정의 제거the elimination of egotistical passion, 자기제어의 능력을 온전하게 구현하는 삶의 방식을 의미했다. 견유들은 자연상태로의 회귀를 주장했기 때문에 반문명적 삶의 가치를 표방했다. 문명이 지향하는 부, 심미적 세련, 예술, 학문, 과학, 수학을 거부했다. 디오게네스는 선포하였다: "현존의 모든 가치를 재주조한다. I recoin current values."이것은 19세기 말 니체에 의하여 재확인된 말이기도 하다.

지금 내가 자세히 헬레니즘시대의 철학을 논구할 수는 없으나, 헬레니즘Hellenistic시대의 철학은, 고전시대의Hellenic 철학이 폴리스적 세계관의 산물이라고 한다면, 그것을 초월하는 광대한 코스모폴리스적 세계관Cosmopolitan *Weltanschauung*이 탄생시킨 새로운 철학성향이라고 말할 수 있다. 이 헬레니즘시대의 철학사조속에서 기독교는 태동되었던 것이다. 그러니까 폴리스라고 하는 좁은 영역의 질서감이 사라지고, 무시로 밀어닥치는 이방인의 침략으로 빚어지는 사회의 혼란, 인생의 무상함, 정치권력에 대한 불신이 팽배하게 되었고, 사람들은 자연히 공동체생활에 대한 의욕을 잃고, 저마다 안심입명을 누리는 데만 마음이 쏠리게 되었다.

이 파송장면에 나타난 예수의 모습을 디오게네스적 가치전이와 연상시키면서, 크로쌍은 예수를 지팡이 없고, 신발 없고, 배낭 없는 견유의 성자로서 규정한다. 그는 말한다:

> "역사적 예수는 농민출신의 유대인 견유이다.The historical Jesus was a peasant Jewish Cynic. 예수가 살았던 농촌마을은 세포리스Sepphoris와 같은

그레코-로만 도시에 아주 가까이 있었기 때문에 견유학파 사람들의 직접적 영향이나 그들에 관한 지식이 불가능하다고 말하는 것은 어불성설이다. 그의 사역은 남부 갈릴리의 농가나 주택지 사이에서 이루어진 것이며, 그 사역의 내용은 무료치유와 공동식사이다. 예수는 자신을 드러내지 않았고 제자들이 표면에 나섰는데 그것은 종교적, 경제적 평등주의a religious and economic egalitarianism를 표방하는 것이었다. 예수운동의 평등주의는 유대인의 종교적 권위나 로마식민지세력의 위계질서를 근원적으로 거부하는 것이었다. 그는 이전과는 다른 새로운 종류의 하나님의 새로운 브로커로서 인식되는 것을 거부하고, 끊임없이 움직였으며, 나사렛이나 가버나움에 안착하지 않았다. 그는 브로커도 아니었고, 중재자도 아니었다. 그는 파라독시컬 하게도 인성과 신성 사이에는, 그리고 또 인간과 인간 사이에는 어떠한 브로커나 중재자도 있을 수 없다는 것을 역설하는 선포자였다. 그가 행하는 기적이나 비유담론, 치유와 공동식사는 개인들로 하여금 하나님과의 중재 없는 물리적, 영적 접촉을 할 수 있도록 만드는 장치였다. 또한 인간과 인간이 서로 중재 없는 물리적, 영적 접촉을 할 수 있도록 도와주었다. 한 마디로 그의 사역을 요약하자면, 그는 중재 없고 브로커 없는 하나님의 나라the unmediated or brokerless Kingdom of God를 선포하는 것이었다."(John Dominic Crossan, *Jesus—A Revolutionary Biography*, Harper San Francisco, 1995, p.198).

크로쌍의 규정성에 대한 반론

상당히 절박하고 질박한, 강렬한 규정이다. 그러나 그의 규정방식은 서양학자들의 한계를 너무 잘 드러내주고 있다. 우선 예수는 농민이 아니다. 예수가 아무리 농민의 사정을 잘 알고, 농사에 관한 지식이 있고, 또 농민의 담론을 사용한다 할지라도 그를 농민으로 규정할 수는 없다. 크로쌍은 "농민묵시론주의peasant apocalypticism"라는 개념을 쓰고 있으나 묵시사상이 소외당하는 농민계층에게만 있는 것은 아니다. 예수는 "목수"라고 규정되는 일반적 기술에서 볼 수 있듯이

도올의 마가복음 강해

그는 "장인"에 속하는 사람이고, 장인이라는 것은 매우 특수한 디시플린(도제관계)을 거쳐서 달성되는 것이다. 예수의 지적·언어적 수준에 관하여 일방적 규정을 하기 곤란하지만(학자마다 생각이 다 다르다. 예수는 무식자로 규정되기도 하고 유식자로 규정되기도 한다) 상당한 통찰력을 지닌 인물로서 강도 높은 디시플린(아레떼의 수련)을 거친 사람임에 틀림없다.

다음으로 그를 "유대인"으로 규정하는 것은 신학자들이 기독교를 서구전통 속에 가두어놓고 싶어하는 무의식적 성향 때문에 생겨나는 검토되지 않은 규정성이다. 그들은 암암리 서구문명의 뿌리를, 제 아무리 래디칼한 성서신학자일지라도, 모두 헤브라이즘에 두고 있는 것이다. 아무 생각 없이 모든 인류의 조상은 아담과 이브라고 보는 것이다. "유대인"이라는 개념 자체가 매우 모호한 개념이며, 우리가 알아야 할 것은 구약·신약의 시대에는 영토·주권·국민이라는 3대요소를 갖춘 국가라는 개념이 존재하지 않았다는 것이다. 오늘날과 같은 이스라엘국가 속의 국민으로서 유대인이라는 개념은 존재하지 않는다.

예수는 유대인이 아니다. 유대인이라는 개념은 실상 바빌론유수 이후에 시온주의와 결합되어 구체적 의미를 지니는 개념이고, 예수시대에 유대인은 유대지방에 사는 사람을 지칭하는 말이었고, 그것은 예루살렘성전의 절대적 권위를 인정하는 종교적 그룹에 한정되는 말이었다. 유대인은 토라의 권위를 인정하는 율법주의자들, 율법에 예속된 삶을 영위하는 사람들이다. 우리가 예루살렘성전의 권위를 인정하지 않는 사마리아인을 유대인이라 부르지 않듯이, 그보다 더 예루살렘지역에서 격절되어 있는 갈릴리사람을 유대인이라 부를 수는 없는 것이다. 예수는 갈릴리사람일 뿐이고, 갈릴리사람 중에서도 유대인전통에서 볼 때는 매우 이질적인 사상을 가진 사람이었다. 예수가 크게 보아 팔레스타인문명권 속의 사람이기는 하지만 그를 곧바로 나치가 포로수용소에 보내기 위해 잡아들이는 "유대인"처럼 유대인이라 규정할 수는 없다(예수가 할례를 받았다는 것도 낭설일 가능성이 높다. 오직 눅2:27에만 기재되어 있는데 그 이야기는 전후맥락 전체가 날조된 것이다).

셋째로, 유대인전통에서 볼 때 너무도 혁명적인 이질성을 체화하고 있는 예수라는 인간을 감지한 신학자가 기껏해야 그를 디오게네스류의 "견유cynic"로서 규정하는 것은 서양의 지식인들이 얼마나 좁은 편견 속에서 세상을 바라보는가 하는 것을 폭로시켜줄 뿐이다.

예수에게 물론 견유적 측면이 없지 않을 것이다. 그러나 견유학파의 탄생 그 자체가 헬레니즘이라고 하는 새로운 코스모폴리타니즘cosmopolitanism(보편주의적 사유를 내포)의 토양에서 태어난 것이고, 또한 헬레니즘의 철학들은 동방적 사유와의 해후 속에서 태어난 것이라는 사실을 반드시 전제로 해야한다. 희랍의 고전철학시대까지는 어디까지나 철학적 사색의 근본이 우주의 실재를 탐구하는 존재론적 사유체계를 전제로 하여 전개된 것이다. 플라톤의 이데아론이나 아리스토텔레스의 형상질료론이 모두 근원에 있어서는 파르메니데스의 형이상학적 일원론 Metaphysical Monism으로부터 연화衍化되어 내려온 것이다.

그러나 헬레니즘의 철학은 우주론이나 존재론, 다시 말해서 실재Being에 대한 관심이 있는 것이 아니라, 인간의 심적 평안이라는 매우 구체적인 실존의 문제로 그 포커스를 회전시킨 것이다. 스토아학파의 아파테이아apatheia(무감정. 자연에 따르는 삶), 에피큐로스학파의 아타락시아ataraxia(마음의 평정), 회의학파의 에포케 epochē(판단중지), 신플라톤학파의 엑스타시스ekstasis(탈자脫自)가 모두 『숫타니파타』나 『담마파다』에 나타나고 있는 무아anātman적 사유를 근본으로 깔고 있는 것이다. 무아의 실천을 통해 청정淸靜하고도 평안한 열반Nirvāṇa의 이상이 달성된다고 하는 인도(동방)적 사유가 알렉산더대왕의 문화교류정책으로 헬레니즘세계에 만연케 된 것이다. 예수는 이러한 시대에 태어나, 아테네를 중심으로 한 고전철학적 형이상학의 고층건물과 유대인의 율법주의적 야훼하이어라키의 동시붕괴를 체험하면서, 로마라는 거대권력의 허상의 허점을 간파하고, 진정한 인간의 삶으로의 복귀를 외치게 된 것이다. 천국의 도래라는 것은 인간의 회복이다. 모든 형이상학·종교적 허구로부터 인간의 삶을 회복하는 것이다.

예수와 견유의 본질적 차이

예수시대에 갈릴리지역에 견유학파의 수행자들이 꽤 많았던 것은 역사적 사실이었다. 따라서 예수가 견유들의 영향을 받았을 수도 있다. 그러나 견유의 기본행태나 담론은 본질적으로 문명을 공격하고 거부하는 데 있었다. 문명이 부과하는 모든 권위나 구속, 그리고 문명적 삶이 추구하는 목표로부터 해방되는 것을 지향했다. 그러나 예수의 프로그램은 문명을 거부하는 데 있는 것이 아니라 하나님의 나라를 선포하는 데 있었다. 정치적 권위로부터의 면역을 추구하는 것이 아니라 종교적 권위 그 자체의 종료를 추구했다. 그런 의미에서는 예수는 훨씬 더 적극적인 사회적 참여를 요구하고 있는 것이다. 견유들과는 근본적 성향이 달랐다. 이 세계에 대한 집착을 단절시키는 것이 아니라 이 세계에 대한 강렬한 애착을 시종일관 유지했다.

예수는 유대인도 아니고, 농사꾼도 아니고, 견유도 아니다. 예수는 헤브라이즘적 전통에서 볼 때 매우 이질적인 동방적 사유를 배경으로 하는 갈릴리의 민중혁명가이다. 예수의 하나님나라운동은 좁은 학파적 견지에서 규정되어야 할 것이 아니다. 동아시아문명의 무위無爲, 허虛의 사상, 그리고 인더스·갠지스강문명의 무아의 사상, 그리고 헬레니즘의 부동심의 사상을 관통하는 인류사상사의 대축大軸이 팔레스타인의 토착적 문제의식 속에서 개화한 것으로 이해되어야 할 것이다. 갈릴리지역에 이미 충만해 있던 이러한 사조를 파악하지 못하고 예수를 운운하는 것은 졸렬한 서구편견적 신학에 불과하다.

20세기에 들어서 헤겔류의 형이상학이 구체적 개체적 삶의 문제를 다루는 실존철학으로 회전하듯이 예수에게서도 율법적·존재론적 종교실재허구로부터 구체적인 인간의 삶의 실상으로의 회전이 일어났던 것이다. 그 회전에는 이미 동방적 사유의 짙은 영향이 있었다. 결국 기독교의 역사는 예수의 동방적 요소의 참신함을 또다시 초대교회의 케리그마에 의하여 유대화하고 율법화하고 초월주의화하고 종말론화하고 실재론화하는 왜곡의 역사였다. 그 왜곡은 오늘날 우리나라 보수교단 기독교의 세속철학에서도 계속 진행되고 있다.

11절에 나오는 좀 요상한 관습

11절에 좀 이상한 이야기가 있는데, 그것은 이방지역에 갔던 사람들이 유대인 지역으로 되돌아올 때 옷이나 발로부터 이방지역의 먼지를 철저히 털어버리는 유대인습관에서 유래된 것이라 한다. 이것은 곧 구원과 저주의 양면이 예수에게 다 있었다는 의미가 되는데, 평심平心하게 말하자면, 원수를 사랑하며, 미워하는 자를 선대하며, 저주하는 자를 축복하며, 너희를 모욕하는 자를 위하여 기도하라는 예수의 아가페적 가르침과 위배된다. 제자들이 그들이 머문 동네에서 좀 푸대접을 받았거나 배척받았다는 이유로 발의 먼지를 털어 그 동네를 저주한다는 것은 예수의 가르침과 위배된다. 그러나 사실, 이러한 문구가 마가에 남아있는 것은 이념적으로 철저화되기 이전의 예수운동의 소박한 실상을 말해주는 것일지도 모른다. 혹은 초대교회의 종말론적 사유 때문에 후에 첨가된 것일 수도 있다.

12~13절, 파송에 관한 총평

12~13절에 파송에 관한 총평론이 나온다. 그 열둘이 한 일을 세 가지로 요약하고 있다.

1. 회개하라는 가르침. 여기서는 회개는 "메타노이아"이다 그러니까 간략하게 말했지만 예수의 첫 선포(1:15)와 같은 내용이다.

2. 많은 귀신을 쫓아냈다. 그 열둘, 혹은 72인의 제자들이 한 가장 주요한 일은 정신병치료였다. 엑소시즘이 그 주요업무였던 것이다.

3. 많은 병인에게 기름을 발라 고치었다. 위의 항목이 엑소시즘이었다면 이것은 순수한 질병치유를 의미한다. 그런데 여기에만 유일하게 질병치유의 방법이 나와있다. 기름을 발라 기혈을 통하게 하여 병을 고쳤다는 이

야기인데, 전 복음서를 통하여 이러한 사례는 전혀 기록되지 않고 있다. 여기에만 유일하게 나타나는 것이다. 그런데 재미있는 것은 이 기름치유 방식은 인도의 아유르베다 의학Ayurveda Medicine의 보편적 양식으로 남아있다는 것이다. 아유르베다와 예수의 치유와는 모종의 관계가 있을 지도 모른다.

세례 요한의 죽음
〈 마가 6:14~29 〉

[14]King Herod heard of it; for Jesus' name had become known. Some said, "John the baptizer has been raised from the dead; that is why these powers are at work in him."

[15]But others said, "It is Elijah." And others said, "It is a prophet, like one of the prophets of old."

[16]But when Herod heard of it he said, "John, whom I beheaded, has been raised."

[17]For Herod had sent and seized John, and bound him in prison for the sake of Herodias, his brother Philip's wife; because he had married her.

[18]For John said to Herod, "It is not lawful for you to have your brother's wife."

[19]And Herodias had a grudge against him, and wanted to kill him. But she could not,

[20]for Herod feared John, knowing that he was a righteous and holy man, and kept him safe. When he heard him, he was much perplexed; and yet he heard him gladly.

[21]But an opportunity came when Herod on his birthday gave a banquet for his courtiers and officers and the leading men of Galilee.

[14]이에 예수의 이름이 드러난지라 헤롯 왕이 듣고 가로되 이는 세례洗禮 요한이 죽은 자 가운데서 살아났도다 그러므로 이런 능력이 그 속에서 운동하느니라 하고

[15]어떤이는 이가 엘리야라 하고 또 어떤 이는 이가 선지자니 옛 선지자 중의 하나와 같다 하되

[16]헤롯은 듣고 가로되 내가 목 베인 요한 그가 살아났다 하더라

[17]전에 헤롯이 자기가 동생 빌립의 아내 헤로디아에게 장가 든 고로 이 여자를 위하여 사람을 보내어 요한을 잡아 옥에 가두었으니

[18]이는 요한이 헤롯에게 말하되 동생의 아내를 취한 것이 옳지 않다 하였음이라

[19]헤로디아가 요한을 원수로 여겨 죽이 고자 하였으되 하지 못한 것은

[20]헤롯이 요한을 의롭고 거룩한 사람으 로 알고 두려워하여 보호하며 또 그의 말을 들을 때에 크게 번민煩悶을 느끼면 서도 달게 들음이러라

[21]마침 기회 좋은 날이 왔으니 곧 헤롯이 자기 생일에 대신들과 천부장들과 갈릴 리의 귀인들로 더불어 잔치할새

²²For when Herodias' daughter came in and danced, she pleased Herod and his guests; and the king said to the girl, "Ask me for whatever you wish, and I will grant it."

²³And he vowed to her, "Whatever you ask me, I will give you, even half of my kingdom."

²⁴And she went out, and said to her mother, "What shall I ask?" And she said, "The head of John the baptizer."

²⁵And she came in immediately with haste to the king, and asked, saying, "I want you to give me at once the head of John the Baptist on a platter."

²⁶And the king was exceedingly sorry; but because of his oaths and his guests he did not want to break his word to her.

²⁷And immediately the king sent a soldier of the guard and gave orders to bring his head. He went and beheaded him in the prison,

²⁸and brought his head on a platter, and gave it to the girl; and the girl gave it to her mother.

²⁹When his disciples heard of it, they came and took his body, and laid it in a tomb.

²²헤로디아의 딸이 친히 들어와 춤을 추어 헤롯과 및 함께 앉은 자들을 기쁘게 한지라 왕이 그 여아女兒에게 이르되 무엇이든지 너 원하는 것을 내게 구하라 내가 주리라 하고

²³또 맹세하되 무엇이든지 네가 내게 구하면 내 나라의 절반까지라도 주리라 하거늘

²⁴저가 나가서 그 어미에게 말하되 내가 무엇을 구하리이까 그 어미가 가로되 세례 요한의 머리를 구하라 하니

²⁵저가 곧 왕에게 급히 들어가 구하여 가로되 세례 요한의 머리를 소반에 담아 곧 내게 주기를 원하옵나이다 한대

²⁶왕이 심히 근심하나 자기의 맹세한 것과 그 앉은 자들을 인하여 저를 거절할 수 없는지라

²⁷왕이 곧 시위병 하나를 보내어 요한의 머리를 가져오라 명하니 그 사람이 나가 옥에서 요한을 목 베어

²⁸그 머리를 소반에 담아다가 여아에게 주니 여아가 이것을 그 어미에게 주니라

²⁹요한의 제자들이 듣고 와서 시체를 가져다가 장사葬事하니라

세례 요한의 삶과 죽음, 예수의 삶과 죽음

마가는 세례 요한의 사역ministry에 관하여서는 불과 3절(1:4~6)을 할당했을 뿐이지만, 그의 죽음에 관하여서는 13절(6:17~29)을 할당하고 있다. 그만큼 세례 요한의 죽음과 그 죽음에 이르는 수난Passion의 기술이 마가의 복음서구성에 있어서 중요한 의미를 지니고 있다는 것을 알 수 있다. 세례 요한은 실제로 예수라는 갈릴리사역자를 잉태시킨 뿌리가 되는 인물이며, 예수의 삶의 롤모델이라고도 할 수 있다. 세례 요한의 삶과 죽음의 기술양식과 예수의 삶과 죽음의 기술양식은 밀접한 상응성을 배제할래야 할 길이 없다. 세례 요한에 대한 기술이 비록 분량적으로는 짧다고 할 수 있어도 어쩌면 그것은 예수라는 유앙겔리온 그 전체와 동일한 성격을 지니는 어떤 담론의 패턴을 모두 구유하고 있다고 보아야 한다.

세례 요한의 수난 내러티브는 예수의 수난 내러티브를 암시하는 전주곡이라 해야 할 것이다. 우리는 마가를 통하여 세례 요한의 죽음을 접하고 있다. 어느

베레아 지역의 마캐루스는 매우 현실적인 지명이다. 사해 중간쯤의 동편에 있는데 지금은 요르단에 속해있고 "무카비르Mukawir"라는 이름으로 불린다. 마캐루스 성채는 해발 700m 위 고원에 자리잡고 있는데, BC 100년경에 세워졌고 BC 30년에 헤롯대왕에 의해 대폭 증설되었다. 보는 바와 같이 이곳은 매우 척박한 군사요새이며 사람이 드나들기가 쉽지 않다. 따라서 마가 6장에 나오는 헤롯 안티파스의 생일잔치가 이곳에서 열렸을 가능성은 희박하다.

궁전같은 성채에서 헤로디아스의 딸이 요염한 춤을 추었고 그래서 세례 요한의 모가지가 달아났다고 믿고 있다. 그리고 그 사건이 요세푸스의 역사기술과 연결시켜 마캐루스에서 모두 일어난 것처럼 믿고 있다. 마가에 의하면 세례 요한의 죽음을 야기시킨 가장 직접적인 원인은 헤롯왕 즉 헤롯 안티파스의 부인 헤로디아스Herodias의 원한이었다. 우리는 그냥 그렇게만 알고 있고, 그것이 역사적 정황에 맞는 사실인 것처럼 별반 의심 없이 받아들이고 있는 것이다. 과연 그럴까?

마가에 장소의 언급이 없다

우선 마가복음 원문을 들여다보면 그것이 어디에서 일어난 사건인지, 그 장소에 대한 언급이 일체 없다. 장소를 구체화시키면 소설적 구성이 좀 복잡해지기 때

그 꼭대기에 올라가보면 사해의 풍경이 한눈에 찬란하게 비친다. 내가 여기 도착했을 때는 2008년 4월 25일이었는데 제라쉬를 보고 저녁 해가 뉘엿뉘엿할 때쯤 도착하였다. 나는 마캐루스의 성채에서 많은 감회에 사로잡혔는데 헤로디아스의 딸(=살로메)이 기둥 사이에서 춤을 추는 모습을 연상하고 있었다. 그 광경이 비록 픽션이라 할지라도 마가의 드라마적 구성은 아직도 우리의 관념을 지배하고 있는 것이다.

문에 아예 그 시공성을 명기하지 않은 것이다. 마캐루스 성채는 사해바다를 굽어 내려다볼 수 있는 사해바다 동쪽 높은 고지에 자리잡고 있는데, 내가 직접 가서 답사해본 바로는 매우 척박한 환경 속에 외롭게 자리잡고 있으며 귀족들의 풍요로운 파티가 열리고 살로메가 춤을 추는 그러한 궁전의 모습을 더듬기에는 너무도 각박하여 상상력의 그림이 영 맞아떨어지지를 않는다.

여기 마가텍스트에 등장하는 "헤롯왕King Herod, ὁ βασιλεὺς Ἡρῴδης"은 헤롯 안티파스Herod Antipas, BC 20~AD 39를 가리키는데, 사실 이 자는 "왕"이라고 불러서는 아니 되는 인물이다. 그는 갈릴리 지역과 베레아Perea 지역에 분봉된 사분 영주四分領主tetrarch(한 지역州을 4분했을 때 그 중 하나만을 다스리는 작은 영주)의 하나일 뿐이며, 로마황제(안티파스에게 끝내 왕의 작위를 주지 않은 황제는 칼리굴라Caligula였다)로부터 끝내 왕의 작위를 얻지 못하고 추방된 인물이다(AD 39년).

마캐루스 성채로 올라가는 길은 옆의 작은 사진이 보여주는 것처럼 비좁은 마찻길이다. 그 상부에 퇴적암의 굴들이 있다. 이것은 감옥으로 알려졌는데 상당히 신빙성이 있는 추론이다.

복음서에 나오는 헤롯기사는 정확하지 않다

헤롯 안티파스는 예루살렘의 헤롯성전을 짓고 예수탄생시 2살 아래의 사내아이를 모두 죽이라고 한(모세의 출애굽사건에서 그 모티브를 빌려온 것 같다. 헤롯이 악랄한 인물이기는 하나, 이러한 유아살해는 역사적 사실로서 확인되지 않는다. 그리고 마태 2:16의 기사 외로 신약 어느 곳에도 나타나지 않는다) 그 헤롯대왕Herod the Great, BC 72~BC 4(갈릴리 총독 BC 47~BC 37, 유대인의 왕 BC 37~BC 4)의 셋째 부인(넷째라고도 한다. 헤롯 가문의 인맥은 몹시 복잡하여 정론이 없다) 말타케Malthace(사마리아 여인) 아래서 태어난 두 아들 중의 둘째를 가리킨다(첫째가 유대, 사마리아, 이두매를 다스린 아켈라우스Archelaus이고, 둘째가 갈릴리와 베레아를 다스린 안티파스 Antipas이다).

그 중의 하나가 세례 요한이 잡혀있었던 감옥이다. 세례 요한이 여기에 갇혀있었다는 것은 요세푸스의 기술로 볼 때 역사적 사실이라 말할 수 있다. 살로메의 춤은 없었어도 세례 요한의 목은 바로 이 성채에서 날아간 것이 거의 확실하다.

헤롯 안티파스가 세례 요한을 마캐루스 성채에서 처형했다고 하는 것은 논리적으로 과히 어긋나는 이야기는 아니다. 안티파스는 그의 아버지 헤롯대왕이 죽었을 때(BC 4) 갈릴리Galilee와 베레아Perea의 테트라르크tetrarch가 되었으므로 베레아는 그의 지배영역이었다. 마캐루스 성채는 베레아에 속해있다. 그러나 갈릴리와 베레아는 남북으로 멀리 떨어져 있는 영역이고 베레아의 마캐루스 성채에서 "대신들과 천부장들과 갈릴리의 귀인들과 더불어"(6:21) 생일잔치를 열었다는 이야기는 전혀 가당치 않다.

마캐루스 성채는 갈릴리의 귀족들이 헤롯이 초대한다고 올 수 있는 거리나 위치에 있는 성채가 도무지 아니기 때문이다. 구태여 그런 자리를 집어 말한다고 하면 갈릴리호수 서쪽 해안 아래쪽에 자리잡고 있는 아름다운 호반도시 디베랴 Tiberias 정도일 것이다. 헤롯 안티파스는 갈릴리와 베레아의 4분영주가 된 후에 갈릴리의 중심도시인 세포리스Sepphoris를 재건했다. 세포리스는 갈릴리를 지나가는 두 주요간선도로가 만나는 곳으로 갈릴리 상업·무역·문화의 중심지가 될 수밖에 없었다. 이 도시는 로마군대의 침공으로(BC 4년경) 파괴되어 있었는데 안티파스는 이 도시를 갈릴리에서 가장 아름다운 도시로 만들었다.

그러나 재미있게도, 나사렛에서 북서쪽으로 3마일밖에 떨어져 있지 않은 높은 지대의 세포리스는 성서에 언급되지 않는다(아마도 마태 5:14의 "산 위에 있는 동네"가 세포리스를 가리켰을 수도 있다. 예수는 분명 세포리스를 잘 알고 있었을 것이다). 안티파스는 매우 유능한 토목건설자이었으며, 세포리스의 재건에 그치지 않고 계속해서 베레아의 리비아스Livias, 갈릴리호반의 디베랴(티베리아스Tiberias)와 같은 새로운 도시를 건설한다. 리비아스는 로마 최초의 황제인 옥타비아누스Imperator Caesar Divifillius Augustus, BC 63~AD 14(재위 BC 27~AD 14)의 부인 리비아Livia Drusilla를 기념하기 위하여 안티파스가 기존의 도시를 강화하여 만든 것이다(나중에 줄리아스 Julias로도 불렸다). 안티파스는 갈릴리의 센터로서 세포리스보다는 갈릴리바다 호반의 티베이라스를 선호했다. 티베리아스는 오래된 유대인의 공동묘지 위에 건설되었기 때문에 사람들이 입주하기를 꺼려했다. 안티파스는 입주자에게 다양한 특혜를 주어 강제적으로 입주시켰다. 예수 당대에 티베리아스에는 1만 2천 명 정도의 주민이 있는 대도시였다. 하여튼 안티파스의 생일잔치가 열릴 만한 곳은 마캐루스가 아닌 티베리아스였을 것이다(Cranfield, *The Gospel According to St. Mark*, p.208).

헤로디아스

헤로디아스Herodias는 모든 문제가 야기되는 중심에 있는 여자이다. 그런데 이 여자는 헤롯대왕Herod the Great이 하스모니안왕가의 여자인 마리암 1세 Mariamme I와 결혼하여 낳은 두 아들, 아리스토불루스 4세Aristobulus Ⅳ와 알렉산더Alexander(이 둘은 모두 헤롯대왕에 의하여 BC 7년에 살해된다) 중 첫째인 아리스토불루스의 세 자녀 중의 제일 위인 맏딸이다.

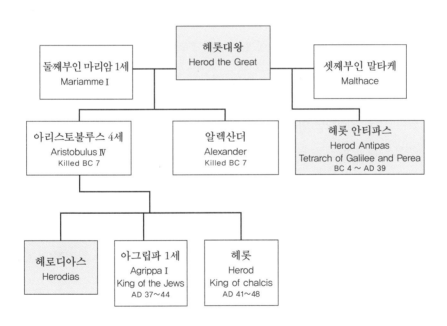

그러니까 사마리아 여자 말타케Malthace의 소생인 안티파스의 입장에서 보면 헤로디아스는 이복형의 맏딸이므로, 가까운 조카가 된다. 그런데 헤로디아스는

헤롯대왕이 마리암 2세와 결혼하여 낳은 헤롯 베오투스Herod Beothus, 그러니까 안티파스의 이복동생에게 시집을 갔다. 헤롯 베오투스는 로마에서 평민으로 살고 있었고, 헤로디아스는 화려한 로마의 생활을 선호했던 것 같다. 이 둘 사이에서 낳은 딸이 살로메Salome다.

그런데 우리가 마가복음에 요염한 무희로 등장하는 헤로디아스의 딸을 요세푸스의 족보에 의해 살로메로 단정하고, 당연히 매력적인 처녀로 생각하지만, 그리고 안티파스가 음탕한 연정을 품고 바라보는 아리따운 처녀로 생각하지만, 기실 살로메는 이투레아Iturea, 골라니티스Gaulanitis(이상은 다 갈릴리바다 북부), 트라코니티스Trachonitis(갈릴리바다 동부) 지역의 또 하나의 4분영주인 필립Philip에게 시집 갔다. 그런데 필립은 AD 34년에 죽는다. 그 후 살로메는 엄마의 동생인 칼키스 Chalcis(다마스커스의 서북부)의 왕, 헤롯과 재혼한다. 칼키스의 왕 헤롯과의 사이에서 아들을 셋이나 낳았다. 그녀는 칼키스와 아르메니아 마이너Armenia Minor의 여왕으로 불리었다. 역사적 사실과 마가의 드라마는 전혀 상황을 달리하면서 얽히어 있음을 발견하게 된다.

안티파스의 의리없는 이혼

우선 안티파스는 로마에 갔다가 헤롯 베오투스의 집에서 헤로디아스에게 연정을 품는다. 헤로디아스 역시 삼촌인 안티파스에게 매력을 느낀다. 헤로디아스는 헤롯대왕의 피를 받아 잔인하고, 하스모니안 혈통을 받아 프라이드가 강하다. 그리고 세속적 권력에 대한 강렬한 집념이 있다. 마침내 안티파스는 헤로디아스에게 청혼하기에 이른다. 헤로디아스는 그 청혼을 받아들인다. 단지 결정적인 조건을 내건다: "그대가 현재의 부인과 이혼한다면!"

안티파스는 당시 남부의 강력한 왕국, 나바테아(지금의 페트라가 그 수도이다)와 불침략동맹을 맺기 위하여 나바테아의 왕 아레타스Aretas의 딸과 결혼하여 잘 살고 있었다. 안티파스의 배신의 소식이 들려오자, 나바테아의 공주는 갈릴리에서 출발하여 트랜스요르단 지역의 마캐루스성채를 거쳐 안전하게 페트라에 도착한다. 딸의 신병을 확보한 아레타스는 무서울 것이 없었다. 아레타스는 안티파스를 향해 전쟁을 일으킨다. 안티파스는 대패한다. 이것은 안티파스의 근원적 몰락의 시작이었다.

안티파스는 로마황제 티베리우스에게 도움을 요청한다. 그러나 티베리우스는 AD 37년 3월 16일 타계하고 만다. 티베리우스를 뒤이은 새 황제 가이우스 Gaius(보통 칼리굴라Caligula라고 한다. Gaius Julius Caesar Augustus Germanicus, AD 37~41 재위)는 안티파스의 시대가 지났음을 알아차리고 헤로디아스의 남동생(그러니까 역시 안티파스의 조카이다) 아그립파 1세Agrippa I에게, 헤로디아스가 남편 안티파스의 직위로서 갈망했던 왕위King of the Jews를 주고 안티파스의 직위와 분봉영토 모든 것을 빼앗아 아그립파에게 준다. 안티파스는 골Gaul 지역의 리용 Lyons(Lugdumum)으로 귀양 보내어진다. 아그립파는 누이 헤로디아스에게 석방의 기회를 허락한다. 헤로디아스는 말한다: "남편과의 의리가 있는데 어찌 내가 너의 선물을 받을 수 있으랴!" 헤로디아스는 안티파스의 귀양을 동행했다. 귀양을 가는 자들은 어느 시점에 죽임을 당하는 것이 관례였다. 안티파스와 헤로디아스는 같이 죽었을 것이다. 이 둘 사이에 자식이 있었는지는 확인되지 않는다.

세례 요한의 항의

마가의 드라마 속에서는 안티파스(헤롯)와 헤로디아스의 결혼의 부도덕성을 강력히 규탄한 것이 세례 요한이었고 그것이 바로 세례 요한이 죽게 되는 주요 원인이었다. 세례 요한이 그 결혼의 부당성을 지적한 것은 레비레이트혼Levirate marriage의 규례에 어긋나기 때문이다. 레위기 20:21에 이렇게 쓰여져 있다.

제 형제의 아내를 데리고 사는 것은 추한 짓이다. 그것은 제 형제의 부끄러운 곳을 벗긴 것과도 같다. 그들은 후손을 보지 못하리라.

사실 중동지역에서는 형제의 부인을 데리고 사는 상황이 많다. 그러나 그것은 오직 형제가 죽었을 때만 허용되는 것이다. 그것은 오히려 의무적이다. 그러나 안티파스는 살아있는 이복동생의 부인을 탈취한 것이다. 이것은 용서 못할 간음이다. 세례 요한의 "복음"에는 이러한 도덕적 기준이 있었던 것 같다.

세례 요한의 죽음과 안티파스의 간통은 무관하다

그러나 역사가 요세푸스의 기록에 의하면 세례 요한의 죽음과 이 두 사람의 간통은 직접적인 관련성이 없다. 첫째로, 헤롯 안티파스가 세례 요한을 마캐루스성채에 가두었다가 처형한 것은 역사적 사실이라는 것이 요세푸스에 의하여 명확히 기술되고 있다. 기실 마가의 기술에서는 시간과 장소에 관한 일체 언급이 없다. 그러니까 마캐루스성채 운운하는 것은 요세푸스의 기술 때문이지, 마가의 기술 때문이 아니다.

둘째로, 세례 요한의 죽음에 헤로디아스는 일체 관여하지 않았다. 따라서 살로메의 요염한 춤도 있을 수 없다. 그것은 오스카 와일드Oscar Wilde, 1854~1900의 희곡에 기초한 리하르트 슈트라우스Richard Strauss, 1864~1949의 오페라 『살로메』에나 나오는 얘기라 말해도 무방할 것 같다(당연히 리하르트 슈트라우스의 오페라는 마가의 드라마를 더욱 드라마화 한 것이다).

셋째로, 그렇다면 세례 요한은 어떻게 죽었는가? 요세푸스 당대의 기록에 의하면, 요한은 선한 사람이었으며, 유대인들에게 의로운 삶을 살도록 명령했으며, 이웃들끼리 서로 정의dikaiosyne를 행하도록, 그리고 하나님에 대해서는 경건eusebeia을 행하도록 인도했고, 그러한 자세로써 세례를 받으러 오도록 만들었다. 세례 요한파들의 견해에 따르면 물로 받는 세례는 하나님에게 인정받기 위해 필요한 준비였다. 유대인들이 세례 요한한테 온 것은 결코 자신들이 범한 죄를 사함받기 위해서라기보다는, 그들의 몸이 물세례로 정화된다고 믿었기 때문이었다. 그들은 세례 요한에게 오기 전에 이미 그들의 영혼은 철저히 성결하게 되었다고 믿었다. 그러기 때문에 많은 사람들이 요한의 설교에 감동을 받았다. 헤롯은 요한이 몰려오는 군중들에게 막강한 영향력을 행사한다는 사실을 공포스럽게 생각했다. 군중은 그가 권유하는 것은 무엇이든지 순종하고 실행에 옮길 기세였다. 헤롯은 세례 요한의 군중에 대한 막강한 영향력이 걷잡을 수 없는 선동이나 반란을 초래할 수 있다고 생각했다. 그래서 헤롯은 사태가 걷잡을 수 없는 방향으로 발전하기 이전에 초장에 제압해야 한다고 생각했다.

세례 요한의 활동영역은 헤롯 안티파스의 지배영역이었다. 그래서 세례 요한을 마캐루스성채의 감옥에 일단 가두어 놓았다가 위험하다는 생각이 들었을 때 죽이라는 명령을 내린다. 그러니까 요한이 죽은 것은 정치역학적 구조에서 비롯된 것이지, 한 여인의 질투나 저주에서 비롯된 것이 아니었다. 그리고 우리가 알 수 있는 객관적 사실은 세례 요한의 민중에 대한 영향력이 민중반란을 일으킬 수 있을 만큼 거대한 세력으로서 인지되고 있었다는 사실이다.

넷째로, 그의 죽음의 결과는 무엇인가? 안티파스의 사형명령은 잘못된 판단의 결과였다. 세례 요한은 결코 정치적인 혁명을 꾀한 인물이 아니었다. 세례 요한의 억울한 죽음은 민중에게 허탈감과 아쉬움을 가져다주었다. 그래서 헤롯의 군대가 나바테아의 왕 아레타스에게 여지없이 파멸당한 것은 헤롯에게 내린 하나님의 징벌이라고 민중들은 믿었다. 그것은 하나님이 헤롯 안티파스를 용납하지 않으셨다는 것의 증표로서 받아들여졌다(Now the Jews had an opinion that the destruction of this army was sent as a punishment upon Herod, and a mark of God's displeasure against him. *Antiquities* 18. 116~119). 이상의 역사기록에서 세례 요한의 죽음이 헤로디아스와 관련된다면, 헤롯이 헤로디아스로 인하여 아레타스의 딸과 이혼했기 때문에 전쟁이 일어났다는 것, 그리고 헤롯이 대패했다는 것, 이러한 사실들을 민중들이 신의 진노로서 해석했다는 것 등등일 뿐이다. 세례 요한의 죽음의 원인 제공자는 헤로디아스가 아니다.

여기 마가의 기술은 마가시대의 내려오던 전승을 자기 나름대로 조합하여 만든 완벽한 드라마이지 결코 사실과의 관련성을 찾을 길이 없다. 우선 17절에 "전에 헤롯이 자기가 동생 빌립의 아내 헤로디아스에게 장가든 고로, 이 여자를 위하여 사람을 보내어 요한을 잡아 옥에 가두었으니"라고 했는데, 헤롯이 헤로디아스를 탈취한 그 남편은 빌립이 아니다. 헤로디아스는 요세푸스의 기록에 의하면 헤롯대왕과 마리암 2세와의 사이에서 난 헤롯 베오투스의 부인이었다. 그러니까 헤로디아스의 첫 남편은 헤롯 안티파스의 배다른 동생이다. 헤로디아스의 입장에서 보면 둘 다 삼촌이다.

춤춘 살로메는 허구

그런데 또 하나의 삼촌인 필립(Philip, Tetrarch of Trachonitis)은 헤로디아스의 남편이 아니라, 헤로디아스의 딸 살로메의 남편이다. 그러니까 필립은 헤로디아스의 입장에서 보면 삼촌인 동시에 자기 딸의 남편 즉 사위인 셈이다. 하여튼 살로메를 무희로 등장시키면서 모종의 혼란이 유래되었고 마가도 헤롯대왕의 복잡한 가계를 세밀하게 알고 있질 못했을 것이다. 만약 춤춘 살로메가 헤롯과 헤로디아스의 사이에서 난 딸이라고 한다면 10살 미만이다.

지금 이러한 역사적 사실 관련의 논의를 해들어가기로 한다면 끝이 없다. 여기서 알 수 있는 것은 세례 요한은 권력자들에 대한 의로운 지적으로 인하여, 터무니없는 모함을 받았고, 그래서 억울한 죽음을 당하게 되었다는 것이다. 그리고 그를 죽인 권력자 당사자도 하는 수 없이 요녀의 꾀임에 따라 죽일 수밖에 없었지만, "요한을 의롭고 거룩한 사람으로 알고 두려워하여 보호하며, 또 그의 말을 들을 때에 크게 번민을 느끼면서도 달게 들었다"는 것이다. 이 모든 구조가 예수의 죽음의 구조와 유사성을 가지고 있다는 것이다.

불트만의 그릇된 규정

불트만은 이 세례 요한의 죽음이야기를 하나의 전설(legend) 유형으로 분류한다

(*The History of the Synoptic Tradition*, pp.301~302). 그는 이 전설에는 크리스챤의 성격이 전무하며, 마가가 어떤 소스에서 이러한 이야기를 가져왔는지 알 길이 없다고 말한다. 이런 논의는 서구신학자들의 답답한 소견의 한 전형이다. 어떻게 기껏해야 3·40년 전 이야기가 "전설"일 수 있겠는가? 이것은 그 유래를 논구할 필요도, 가치도 없다. 이것은 완벽한 마가의 창작이며 역사적 인물들을 자기 드라마 속에서 임의적으로 캐릭터화 한 것이다.

여기서 가장 중요한 논의는 세례 요한의 죽음이 예수의 죽음의 선구적 유형으로써 제시되었다는 것이며, 세례 요한에게 일어난 일이 예수에게도 일어날 수 있음을 암시하고 있는 것이다. 살로메의 요한 모가지에 대한 요구에 대해 헤롯이 "심히 근심하였다"(26절)는 표현에 쓰인 단어는 "페릴뤼포스perilypos, περίλυπος"인데, 그것은 예수가 겟세마네에서 "심히 고민하여"(14:34)라고 할 때 쓰인 단어와 동일하다. 그만큼 헤롯도 세례 요한의 죽음에 대해 아쉬움과 가책을 느꼈던 것이다.

이 세례 요한의 드라마는 재미있게도 예수의 12제자파송의 스토리 중간에 끼어 넣은 것이다. 그러니까 세례 요한의 죽음과 예수의 제자파송이 신크로나이즈되어 있다는 사실은, 곧바로 예수의 죽음이 예수의 사도들의 미션의 시대를 맞아들인다는 미래적 사실을 예견하고 있는 것이다. 제29절의 "요한의 제자들이 듣고 와서 시체를 가져다가 장사하니라"라는 구절은 가볍게 넘길 성격의 문장이 아니다. 그것은 예수의 십자가형 이후의 장례과정 전체를 암시하고 있는 것이다. 요한의 제자들은 선생님의 황당한 부음을 듣고 와서 시체를 가져다가 정중한 장례를 치렀다. 예수의 제자들은 그러한 장례를 치르지 못했다. 예수의 제자가 아닌, 아리마대의 사람 요셉이 장례를 치렀고, 사회적으로 가장 천시받던 여인 세 사람이 향품을 들고 무덤에 갔을 뿐이었다.

나는 2019년 3월 31일, 벙커1교회에서 제주4·3추념예배 그리고 사단법인 평화나무(기존 교단의 사회적 비리를 척결하기 위하여 노력하는 매우 정의로운 모임) 창립기념예배를 드렸다. 그날 내가 설교를 맡았는데 나의 기도는 다음과 같다.

우리의 사랑하는 예수님, 십자가에 못박힌 예수님은 이와 같이 울부짖습니다: "아버지시여 저 사람들을 용서하여 주시옵소서. 그들은 자기가 하는 것을 알지 못함이니이다."

초대교회의 위대한 사도이자, 바울을 개종시키는 데 결정적 역할을 한 스테판은 돌로 쳐죽임을 당하면서도 그 마지막 순간에 이렇게 부르짖습니다: "주여! 이 죄를 저들에게 돌리지 마옵소서."

주여! 왜 이렇게 한국의 기독교가 바르고 정대한 길을 볼 수 없게 된 완악한 무리들에 의하여 점령된 것인 양 왜곡된 모습으로 나타나는지, 정죄되어야 할 자들이 오히려 무차별하게 자신들의 독선에서 벗어나 있는 모든 건강한 상식인들을 정죄하고 있는지, 신앙이 정치적 이념과 권력의 광포한 노예가 되어 사회적 질서를 교란시키는 불의를 행하고 있는지, 도무지 주님의 참뜻이 어디에 있는지를 헤아릴 길이 없나이다.

두 세기의 역사를 지닌 한국의 기독교는 이 민족의 개화를 위하여 적지 않은 선善한 사업을 실천하여 왔지만, 항상 선善보다는 더 많은 악惡을, 사랑보다는 저주를, 포용보다는 배타를, 주님의 말씀보다는 현세적 욕망을 부추기는 사악한 교회제도권의 언어를, 약자·빈자에 대한 보호보다는 강자·부자에 대한 아첨을, 합리보다는 독선을, 상식보다는 터무니없는 거짓 영성을, 나눔보다는 갈취를, 영적인 해방보다는 교권의 구속을 가르쳐왔습니다. 사탄의 노예들은 거짓을 선포하고, 양민을 기만하고 저주하고 학살하고, 성서의 말씀을 왜곡하여 왔습니다.

이 땅에서 타인을 "빨갱이"로 휘모는 모든 자들을, 주님이시여 단죄하소서! 정죄하소서! 추수 때에 가라지를 뽑아서 묶어 불에 태우듯이 악행을 일삼는 자들을 모조리 추려내어 불구덩이에 처넣으소서! 들을 귀가 있는 자들은 알아들어라!

한국기독교를 대표한다고 이름을 내건 단체들은 결코 한국기독교를 대표하지 않으며, 한국기독교의 참모습일 수 없습니다. 주님의 말씀에는 본시 교회도 없고 교회의 연합체도 없었습니다. 총연합을 운운하는 단체들은 모두 풀무 불구덩이에 들어가야 할 쭉정이만 남은 허명에 불과합니다. 그것은 반공이라는 이름 아래 무소불위의 권력을 휘두르고 싶어 하는 보수세력, 친일에 뿌리를 둔 보수세력, 미국의 앞잡이 노릇하는 보수세력, 이들의 집결체이며 사악한 시대의 역사적 산물일 뿐, 한국기독교민중의 갈망이나 소망이나 신앙을 대변하지 않습니다.

그들은 곧 해체될 것입니다. 자체의 죄악에 의하여 사분오열될 것입니다. 그 허명의 위선은 곧 모든 사람에게 폭로될 것입니다. 사랑하는 이 땅의 성도 여러분! 주님의 말씀으로 돌아갑시다. 세리와 창녀와 죄인의 친구인 예수, 정결의식이나 금식과 같은 불필요한 제식적 위선을 거부하는 예수, 새 포도주를 담는 영원한 새 부대 예수, 사람이 안식일을 위하여 있는 것이 아니라 안식일이 사람을 위한 것임을 선포하시는 예수, 안식일의 주인임을 선포하시는 예수, 그 예수님의 말씀으로 돌아갑시다. 그리하면 여러분들의 귀에 거짓된 연합을 빙자하여 떠드는 소수 난동자들의 망언이 들릴 수가 없습니다.

선善한 성도들이여! 단결합시다. 평화나무의 기치 아래 단결합시다! 벙커원교회가 표방하는 진리와 개방과 교제의 따스함 속으로 집결

합시다! 제주4·3의 의거와 여순민중항쟁의 정의로운 행진에 동참
합시다. 하나님의 손길이 우리를 지켜주심을 믿고 믿음과 소망과
사랑의 횃불을 치켜듭시다. 바알세불의 똘마니도 못되는 악마들의
난동을 더 이상 묵과하지 맙시다. 더 이상 그들의 허세에 짓눌리지
맙시다.

나는 이 시간 주님 앞에 무릎을 꿇고 왜 우리 민족이 이 지경에 이
르렀는지, 한국의 기독교가 왜 이러한 사탄의 광기에 감염되게 되
었는지를 기도하며 애통해합니다. 그리고 주님께서 십자가에 못박
히신 채 하신 말씀을 눈물 흘리며 되새깁니다: "아버지시여! 저희를
사하여 주시옵소서. 그들은 자기가 하는 것을 알지 못함이니이다."

주 예수 그리스도의 이름으로 비옵나이다. 아멘.

도올의 마가복음 강해

오천 명을 먹이신 기적
〈 마가 6:30~44 〉

30The apostles returned to Jesus, and told him all that they had done and taught.

31And he said to them, "Come away by yourselves to a lonely place, and rest a while." For many were coming and going, and they had no leisure even to eat.

32And they went away in the boat to a lonely place by themselves.

33Now many saw them going, and knew them, and they ran there on foot from all the towns, and got there ahead of them.

34As he went ashore he saw a great throng, and he had compassion on them, because they were like sheep without a shepherd; and he began to teach them many things.

35And when it grew late, his disciples came to him and said, "This is a lonely place, and the hour is now late;

36send them away, to go into the country and villages round about and buy themselves something to eat."

37But he answered them, "You give them something to eat." And they said to him, "Shall we go and buy two hundred denarii worth of bread, and give it to them to eat?"

30사도들이 예수께 모여 자기들의 행한 것과 가르친 것을 낱낱이 고하니

31이르시되 너희는 따로 한적한 곳에 와서 잠간 쉬어라 하시니 이는 오고 가는 사람이 많아 음식 먹을 겨를도 없음이라

32이에 배를 타고 따로 한적한 곳에 갈새

33그 가는 것을 보고 많은 사람이 저희 인줄 안지라 모든 고을로부터 도보로 그 곳에 달려와 저희보다 먼저 갔더라

34예수께서 나오사 큰 무리를 보시고 그 목자 없는 양¥ 같음을 인因하여 불쌍히 여기사 이에 여러가지로 가르치시더라

35때가 저물어가매 제자들이 예수께 나아와 여짜오되 이곳은 빈 들이요 때도 저물어가니

36무리를 보내어 두루 촌과 마을로 가서 무엇을 사 먹게 하옵소서

37대답하여 가라사대 너희가 먹을 것을 주라 하시니 여짜오되 우리가 가서 이백 데나리온의 떡을 사다 먹이리이까

³⁸And he said to them, "How many loaves have you? Go and see." And when they had found out, they said, "Five, and two fish."
³⁹Then he commanded them all to sit down by companies upon the green grass.
⁴⁰So they sat down in groups, by hundreds and by fifties.
⁴¹And taking the five loaves and the two fish he looked up to heaven, and blessed, and broke the loaves, and gave them to the disciples to set before the people; and he divided the two fish among them all.
⁴²And they all ate and were satisfied.
⁴³And they took up twelve baskets full of broken pieces and of the fish.
⁴⁴And those who ate the loaves were five thousand men.

³⁸이르시되 너희에게 떡 몇 개나 있느냐 가서 보라 하시니 알아보고 가로되 떡 다섯 개와 물고기 두 마리가 있더이다 하거늘
³⁹제자들을 명하사 그 모든 사람으로 떼를 지어 푸른 잔디 위에 앉게 하시니

⁴⁰떼로 혹 백씩, 혹 오십씩 앉은지라

⁴¹예수께서 떡 다섯 개와 물고기 두 마리를 가지사 하늘을 우러러 축사祝謝하시고 떡을 떼어 제자들에게 주어 사람들 앞에 놓게 하시고 또 물고기 두 마리도 모든 사람에게 나누어 주시매

⁴²다 배불리 먹고
⁴³남은 떡 조각과 물고기를 열 두 바구니에 차게 거두었으며
⁴⁴떡을 먹은 남자가 오천 명이었더라

4복음서에 전부 나오는 유일한 이적설화

사실 어렸을 때 예수라는 캐릭터에 관해 받은 인상 중에서 가장 짙은 기억으로 남는 것은 역시 배고픈 오천 명에게 떡과 고기를 나누어주는 이적설화에서 오는 잔상일 것 같다. 우리가 자랄 때는 너무도 많은 사람이 배고팠고, 또 교회를 간다는 것은 가끔 교회에서 나누어주는 떡이나 달걀 때문이기도 하였으니까 오천 명을 먹이는 예수의 모습은 정말 리얼한 경외의 대상이었다.

우선 이 이야기는 예수의 그 많은 이적설화 가운데서 4복음서에 전부 나오는 유일한 것이다. 다시 말해서 앞의 세 공관복음서에는 물론 제4복음서인 요한복

음에도 나온다는 뜻이다. 그만큼 이 설화는 예수라는 캐릭터를 생각할 때 빼놓을 수 없는 어떤 대표성의 모든 성격을 종합하고 있다고 보아야 할 것이다. 요한복음의 기자는 마가복음에 실린 두 설화(6장의 5천 명 설화와 8장의 4천 명 설화)를 직접 읽고 자신의 설화를 구성했다고 보는 것이 문헌비평가들의 일치된 견해이다. 요한복음은 예수의 이미지를 그리는데 그다지 기존설화에 의존하지 않는다. 그가 사용한 이적설화는 7개뿐이다(제일 마지막의 물고기 많이 잡은 것까지 카운트하면 8개: 2:1~12; 4:46~54, 5:1~18; 6:1~15, 16~21; 9:1~7; 11:1~57; 21:4~14). 그리고 재미있는 것은 일체의 귀신 쫓아내는 엑소시즘의 설화를 배제하고 있다(기실 역사적 예수의 이적 중에서 가장 가능성이 높은 것이 축귀행위였을 것이다). 요한복음은 이적설화보다는 예수의 말씀에 무게중심을 두고 있다. 공관복음서가 예수에 관한 "드라마"라고 한다면, 요한복음은 좀 장황한 "소설"류로 진화한 느낌이 들기도 한다. 그러나 요한도 이적을 하나님의 권능의 표현으로서 간주하는 데는 공관복음서의 기자들의 입장과 크게 차이가 없다. 그러나 요한은 이적의 주체를 하나님과 동일시한다. 다시 말해서 하나님과 예수 호상적 아이덴티티가 요한복음의 기저로 깔려있는 것이다.

우선 콜린스Adela Yarbro Collins는 30절을 윗 단의 끝으로 붙인다. 다시 말해서 13절과 30절은 원래 동일한 연속된 파편에 속한다고 본다: "제자들이 많은 병인에서 기름을 발라 고치더라. ~ 사도들이 예수께 모여 자기들의 행한 것과 가르친 것을 낱낱이 고하니 이르시되~." 다시 말해서 제자파송장면 속에 세례 요한의 죽음이야기가 끼어들어간 것이다. 여기 30절의 "사도들"은 "아포스톨로이 ἀπόστολοι"(아포스톨로스의 복수)의 번역인데, 마테타이μαθηταὶ와 구분되는 개념이다. 사도행전이나 바울서한에서 규정짓는 바와 같이 "사도"는 불교로 말하자면 성문이나 아라한 같은 개념이며, 교회 하이어라키에서 특별한 직분이나 권위, 권능을 가진 사람으로 인지된다. 예수 그리스도의 대행자이며, 복음의 메신저라는 것이다. 파송생활을 거치면서 예수를 대신하여 권능을 과시한 후에 예수에게로 돌아온 사람들이기 때문에 "제자"라는 말을 쓰지 않고 "사도"라는 말을 썼다는 것이다.

그러나 이러한 후대의 제도적 용례에 의하여 여기 "사도"라는 말을 규정할 필요는 없을 것 같다. "아포스톨로스"라는 명사는 "보내다"라는 뜻의 동사 "아포스텔로ἀπόστέλλω"에서 유래한 것이며, 어원적으로 "보냄을 받은 자someone who has been sent"라는 뜻이다(이 말은 고대희랍어에서는 거의 쓰이지 않았는데 신약에서 80회나 쓰였다). 여기 30절에서 제자들을 특별히 "아포스톨로스"로 부르고 있는 것은 그들이 제7절에서 예수님에 의하여 보냄을 받았기(아포스텔레인ἀπόστέλλειν) 때문이다. 그 보냄을 받은 자들이 돌아왔기 때문에 "아포스톨로스"라는 명칭으로 부르고 있는 것이다. 그러므로 30절에 사용된 "사도"는 교회를 세우는 직분임을 강조하는 신학적 의미로서의 "아포스톨로스"라는 표현이 아니라, 단지 이 동사가 본래 갖고 있는 어원적 의미 그대로 "보냄을 받은 자들"로서 이해되어야 마땅하다(앞에서 이미 설명했음).

예수가 직접 다수에게 직접 권능을 베풀다

이 예수의 기적설화는 그 많은 예수의 이적행함의 이야기 중에서도 예수가 직접 불특정 다수의 민중에게 동시에 직접 권능을 베푼 유일한 설화이다. 다른 기적 이야기는 특정한 개인에게 베풀거나, 제자들과 같은 소수에게 나타낸 것이다. 귀신을 내쫓거나, 불치병을 고치거나 한 것이 아니라, 정상적인 보통사람들 다수의 배고픔을 해결한 이야기이기 때문에 실제적으로 우리가 생각하는 "기적miracle"의 개념에 안 들어갈 수도 있다.

우선 이 사건이 일어나고 있는 도입부분의 분위기 장치는 세례 요한의 죽음장면과 연속되면서 매우 극적인 대조를 이루고 있다. 헤롯의 생일잔치를 장식하고 있는 오리엔트 분위기의 화려하고 과도하고 니글니글한 잔칫상과 굶주린 대중의 창백한 얼굴, 소수와 다중, 낭비와 결핍의 콘트라스트는 초라한 "오병이어"라는 주제를 더욱 강렬하게 부각시킨다.

5천 명을 먹이신 이 고사는 갈릴리바다에서의 세 번째 여행에서 일어난 사건이다. 그러나 이 보트여행을 호수를 건너 동편으로 간 것이 아니다. 가버나움이 있는 북쪽 호반에서 조용한 곳을 찾아 북단의 동쪽으로 이동한 것이다. 그러니까 이곳은 대체적으로 유대인 지역에 속한다. 두 번째 기적인 8장의 사천 명을 먹이신 이적은 유대인 지역이 아니라 이방인 지역이다. 갈릴리바다의 동편은 헤롯의 행정구역상 골라니티스Gaulanitis와 데카폴리스Decapolis에 속한다. 유대인이 거의 살지 않는 지역이다. 5천 명과 12광주리(먹고 남은 음식을 담은 것, 12지파와 관련된 숫자), 그리고 4천 명과 7광주리라는 심볼리즘은 유대인지역과 이방인 지역이라는 콘트라스트를 암시하는 것이다.

한적한 곳

제자들도 파송을 거친 후에 심히 지쳤을 것이고, 예수도 한적한 곳으로 가고 싶어하셨다. 북적거리는 인파 속의 자신이 피곤하게 느껴졌을 것이다. 여기 "한적한 곳ἔρημον τόπον에레몬 토폰"이라는 표현에 쓰인 "에레모스erēmos"라는 형용사는 "광야," "텅 빈 곳," "고적한 곳," 그리고 "사막"을 암시한다. 그러니까 유대인들에게 있어서는, 모세나 다윗의 경우와 마찬가지로, 광야는 축출되는 고독의 장소인 동시에, 하나님의 음성을 듣는 영감의 원천이기도 한 것이다. 그러니까 이 설화는 그러한 유대인의 신화적 감성에 호소력이 있도록 꾸며진 것이다.

예수와 제자들은 배를 타고 호반을 따라 이동하는데 민중들은 호반 북쪽의 육상로를 따라 결국 예수와 제자들이 가고자 했던 행선지에 먼저 와있게 된다. 실제적 지리감각으로 보면 그 육상로가 걷기 쉬운 지형도 아니고 또 중간에 저 북쪽의 훌레호수Lake Huleh에 갈릴리호수로 흘러내리는 요단강(북요단강)이 있기 때문에 큰 강을 건너야만 한다는 난점이 있다. 도보로 군중이 움직이는 것이, 배보다 빠르다는 것도 평심하게 생각해보면 넌센스이다. 마가의 드라마는 이런 세밀한 문제에까지 신경쓸 수 없었다. 아니, 쓸 필요가 없었다(그러한 지리적 문제까지 정밀하게 신경을 쓰면 마가복음은 쓰여질 수 없었을 것이다).

이 사진은 바로 훌레호수에서부터 갈릴리호수로 흘러들어가는 북요단강의 모습을 보여주고 있다. 저 뒷켠으로 육로로 연결된 다리가 보인다. 요단강하면 우리는 아주 큰 강으로 아는데 실제로 요단강은 양안의 사이가 좁은 샛강이다. 강우량이 많지 않은데도 이만큼의 물이 흐른다는 것이 참으로 경이롭다. 헤르몬산에서부터 흘러 내려오는 물이다. 이 북요단강은 가버나움과 벳새다(베싸이다Bethsaida) 사이에 위치하고 있다.

만나와 이어오병

예수는 고적한 광야로 가려고 했는데 또다시 "무엇인가에 갈급한" 군중에게 휩싸이게 되었다. 유대민족을 이끌고 시내광야를 40년간 헤매어야 했던 모세의 이미지와 갈릴리호반의 예수의 이미지는 과히 멀지 않다. 모세와 아론도 군중에 의하여 지탄의 대상이 되었다. 이 황량한 사막으로 우리를 끌고와서 도대체 굶겨 죽이려는가? 도대체 뭘 먹고 이 기나긴 엑소더스의 행군을 한단 말인가! 이에 하나님의 약속이 이루어진다. 하늘로부터 "만나manna"가 내려온다. 이스라엘민족은 40년간 이 만나를 먹으면서 젖과 꿀이 흐르는 가나안으로 향했다. 지금 예수의 군중은 "이어오병"을 배불리 먹으면서 이 땅에 실현되는 "하나님의 나라 Kingdom of God"를 향해 가게 되는 것이다.

색신과 법신의 문제

마가복음은 어차피 마가공동체에서 만들어낸 드라마장르이다. 그것이 사실에 기초한 것이든 아니든, 어쨌든 드라마이다. 드라마는 어차피 구라다. 픽션적 요소를 자유롭게 구사할 수 있는 것이다. 아니, 자유롭게 구사할수록 좋은 것이다. 이왕 구라를 펴려면 쎄게 펴는 것이 장땡이다. 단지 구라는 쎄게 친다고 해서 장땡은 아니다. 위대한 구라는 듣는(읽는) 사람들에게 감동을 주어야 한다. 감동에는 반드시 테마가 있다. 그 테마는 복음서의 장르에서는 매우 명확한 것이다: 그것은 예수가 그리스도이심을 선포하는 것이다. 예수가 어떠한 이적을 행하든, 그것을 사실적 인과因果의 차원과 혼동하여 논의를 계속하는 것은 어리석고 유치한 것이다.

서구신학은 아직도 예수의 색신과 법신을 구분할 줄을 모른다. 기적을 행하는 예수는 단지 역사적 인간으로서 그러한 이적의 능력을 나타내는 것이 아니다. 그것은 이 땅의 예수 안에 하나님의 능력이 나타나고 있음을 과시하려는 것이다. 따라서 그것은 색신이 아닌 법신이다. 하나님은 그를 통하여 구원의 행위를 실천하고 있는 것이다. 기적사화 전체가 예수의 행위를 통하여 하나님의 나라가 실현되고 있다는 것을 과시하기 위한 복음서기자의 장치이다. 그 장치의 사실여부는 문제가 되지 않는다. 드라마가 노리는 것은 사실여부가 아니라, 청중에게 던져주는 감동의 문제일 뿐이다. 그 감동을 통해 흥행이 잘되면 드라마는 성공한 것이다. 그러한 문제는 오늘날의 예술의 세계에 있어서도 동일하게 지속되고 있는 테마이다.

버튼 맥Burton L. Mack, 1931~ (클레어몬트신학대학의 합리적 사고를 하는 초대교회사·신약학 학자)은 이 5천명 먹이심의 기적사화가 역사적 예수의 생애에 뿌리박고 있다고 보기보다는, 초기예수운동의 공동체에서 만들어진 것이라고 본다. 자신들을 새로운 이스라엘공동체의 주역으로 간주하면서 예수를 그 공동체의 창시자로서 받들어 모시는 사람들의 신화적 창작물로서 생겨난 기적사화라는 것이다(A Myth of Innocence, p.215).

버튼 맥의 견해에 대한 나의 견해

나는 이러한 논의가 예수의 생애와 생애 이후의 초기공동체의 단절된 구분의 식에서 이루어질 수는 없다고 본다. 역사적 예수가 대중적으로 인기가 있었던 인물이었다고 한다면 얼마든지 사람들이 몰려드는 상황이 있을 수 있고, 그와 함께 장시간 여행을 같이 한 사람들이 굶주림에 허덕이는 상황, 이러한 문제발생의 상황은 얼마든지 역사적으로 가능한 사태일 수 있다는 것이다. 1)문제가 발생하고, 2)그 문제에 대하여 토론하고, 3)문제해결을 위한 구체적 방책을 강구하고, 4)대중을 준비시키고, 5)실제로 문제를 해결하고, 6)해결된 것에 대한 만족스러운 증거가 제시된다. 이러한 과정은 너무도 합리적이고 상식적이다. 단지 문제해결의 방법론이 "기적적"이었다는 것이다. 즉 "신화적" 요소가 삽입되었다는 것이다.

200데나리온

신화적 요소를 배제한다 할지라도 제자들에 의하여 제시된 현실적 방책이 있었다. 이백 데나리온이면 이들을 먹일 수 있는 빵을 사올 수 있다는 것이다. 데나리온은 당시 통용되던 은화인데, "가이사의 것은 가이사에게, 하나님의 것은 하나님께"(12:16)라고 말했을 때의 그 은화를 가리킨다. 그 앞면에 가이사의 얼굴이 주조되어 있다. 당시 노동자의 하루임금이 대체적으로 1데나리온으로 규정되어 있어 그 가치를 알 수 있다. 당시 노동자임금이 매우 박했으므로 하루임금은 지금 우리 돈으로 2만 원 정도 잡는다면 200데나리온은 약 400만 원 정도 되는 가치일 것이다. 막 14:3~9에 예수의 머리에 향유를 부은 사건에서 향유의 가격이 300데나리온 이상으로 평가되고 있으므로, 향유의 가격이 600만 원 이상 될 리는 만무하다. 향유의 가격보다 더 싼 가격으로 5천 명을 멕이는 것이 가능했다.

그렇다면 그 정도의 지출을 할 수 있는 귀부인층의 사람들이 예수 당대의 대중운동을 지원했을 수도 있다. 그러나 마가가 그러한 사실적 정보를 갈릴리지역에서 수집했다 할지라도 그것을 표현하는 방식은 대중을 움직일 수 있는 신화적 표현이었다. 신화적 대중은 신화적 표현이래야 움직일 수 있다. 만약 마가가 그렇게 합리적인 방식의 스토리를 여기 편집해 넣었더라면 이것은 평범한 소설도 되지 않는다. 마가가 지금 쓰고 있는 것은 한 사람의 비오스*bios*이다. 즉 바이오그라피*biography*(전기문학)이다. 그러나 이것은 보통 바이오그라피가 아니라, 유앙겔리온의 바이오그라피이다. 즉 제1장 제1절에서 말한 바대로, 이 바이오그라피의 주인공인 예수라는 사나이가 그리스도라는 것을 선포하기 위한 전기문학인 것이다. 그리스도라는 것은 곧 하나님의 아들이라는 것이다(1:1). 예수가 곧 하나님의 아들이라고 한다면, 예수는 하나님의 권능을 드러내는 존재이어야 한다. 이 모든 스토리들은 이러한 세팅 속에서 이야기되어지는 문학적 상상력의 발동이다.

기적사화는 기적도 아니고 신화도 아니다

그러니까 예수의 기적사화는 톡 까놓고 이야기하면 기적도 아니고 신화도 아니다. 마가공동체에서 집단적 노력(대표 집필자를 "마가"라고 하자!)에 의하여 만들어낸, 창작된 이야기*story*일 뿐이다. 이 이야기에는 기적이 실려있는 것이 아니라 의미만 실려있다. 나머지는 모두 그 의미를 받아들이는 우리의 인식체계의 문제일 뿐이다. 신화는 신화로서 해석될 때만이 신화는 그 의미를 드러낸다. 그런데 서구의 종교전통은 신화를 사실로서 인식할 것을 강요했다. 사실로서 인식하는 것을 "신앙*pistis*"이라 불렀으니, 그러한 신앙은 실제로 신앙이 아니라 강요된 미신의 피동적 수용일 뿐이다. 법신을 색신으로 착오한 것, 거기에 정치권력이 결합하고, 독단의 장기화가 상식이 되어버린 것, 그것을 우리는 기독교(Christian church hierarchy)라고 부르고 있는 것이다.

그러나 마가의 문장작법 자체가 법신과 색신의 혼동, 다시 말해서 사실적 바이오그라피의 정황과 그리스도신화의 모든 유형의 결합을 교묘하게 시도한 첫 사례라는 데 그 특징이 있다. 『예기』「악기」에서 말하는 바대로, "작자지위성作者之謂聖"이라고 한다면 마가야말로 "성인聖人"이다. "복음"이라는 문학장르를 최초로 "작作"하였기 때문이다. 이 작作의 스케일이 전 인류의 역사뿐만 아니라 전 우주적 공간성을 다 포섭하는 "구라"였고, 그 구라가 마침 절박한 마가공동체, 예루살렘멸망이라는 절체절명의 시점, 그리고 유대인의 파멸이라는 헤브라이즘의 종말의식과 기막힌 얽힘을 이루었기에, 전 인류적 의식으로 확산되어 나간 것이다. 마가의 구라는 쎌수록 좋았다. 이어오병으로 5천 명 멕이는 정도의 구라가 뭐 그리 대단할 것이 있겠는가?

이어오병, 있는 것의 나눔

만나는 하늘에서 떨어지지만, "떡 다섯 개와 물고기 두 마리"는 군중이 이미 가지고 있던 것이다. 만나는 하늘로부터 떨어지는 일방적인 선물이지만, "이어오병"은 있는 것의 "나눔"이다. 여기 심볼리즘에 내재하는 의미는 역사적 예수운동의 핵이 바로 "개방된 공동식사open commensality"였다는 것이다. 지금은 한국사회가 풍요를 구가하며 어떡하면 안 먹고 살을 뺄까 하는 데만 관심이 집중되어 있지만(희귀하게 소외된 환경 속에서 굶어죽는 사람도 있지만), 우리가 어릴 때만 해도 산다는 것은 오로지 먹기 위하여 사는 것이었고, 보릿고개 때 사람이 굶어죽는 것은 흔히 있는 일이었다. 여기서도 "큰 무리"(34)는 "목자 없는 양ὡς πρόβατα μὴ ἔχοντα ποιμένα호스 프로바타 메 에콘다 포이메나"으로 인식되고 있다. "목자 없는 양"은 물론 연민의 대상이다. 이야기의 흐름으로 본다면, 세례 요한의 죽음으로 세례 요한의 무리들이 목자를 잃고 뿔뿔이 흩어지는 상황과 연속태를 이루고 있다고도 말할 수 있다.

불쌍히 여겨질 수밖에 없는 이 목자 없는 양에게 가장 필요한 것은 무엇인가? 그것은 말할 나위도 없다! 배고픔의 해결, 식량의 제공, 그 이상 무엇이 있겠는가? 모든 운동의 중심은 "먹음"이다. "같이 먹음"이 없으면 "모임"은 이루어지지 않는다.

목자 없는 양

여기 "목자 없는 양sheep without a shepherd"이라는 표현에서 "목자"는 유대인들의 언어습관상 하나님을 의미하기도 하고, 또 이스라엘민족을 영도하는 지도자 또는 통치자를 의미하기도 한다. 구약에서 "목자 없는 양"이라는 표현은 주로 "왕을 가지지 못한 민족"을 의미하며, 따라서 여기서는 예수야말로 이스라엘민족의 메시아이며, 그들이 대망하는 새로운 왕이라는 의미를 내포하고 있다. 마가의 그리스도신화는 모세나 다윗이 가지고 있던 의미내용을 한편으로 계승하면서 한편으로는 단절시킨다. 만나와 이어오병 사이에도 계승과 단절의 양면이 있다. 막 12:37에는 그리스도는 다윗의 아들이 아니라, 다윗의 아버지, 다윗의 주님 David's Lord이라고 과감히 선포한다.

푸른 잔디 위에 앉게 하다

39절의 "푸른 잔디 위에 앉게 하시니"라는 표현에서 우리는 이 사건이 일어난 것은 대개 늦겨울이나 초봄이었다는 것을 알 수 있다. 갈릴리에서는 우기를 지난 이때만이 언덕이 푸르다. 주석가들은 여기 "앉게 하다"라는 것에 특별한 의미를 부여하여, 모든 참여자들이 폭력적인 마음을 가라앉히고 평화로운 마음의 상태를 갖게 만드는 것이라고 논구한다. 양적인 상태를 지양하여 음적인 상태로 가라앉히는 효과가 있다는 것이다. 이러한 해석도 대중운동의 정치적 폭발력을 생각할 때, 일리가 있는 것이다. 이적이 행하여지기 이전에 대중의 마음이 가라앉지 않은 상태로 있다면 어떠한 무질서가 도래할지 도무지 걷잡을 수 없는 상태로 진행할 수도 있기 때문이다(A. N. Wilson, *Jesus*, p.161). 사람들을 50명 단위, 혹은 100명 단위로 하여 앉혔는데, 이것 또한 모세가 이스라엘민족을 이끌고 광야를 헤맬 때의 광경을 연상시킨다.

오병이어에 대하여 하늘을 우러러 축사하시고, 떡을 떼어, 제자들에게 주고, 그들로 하여금 분배케 하였다는 것에 관해서도 크로쌍과 같은 주석가는 매우 심각한 의미를 부여하고 있지만 나는 이런 프로토콜적인 과정묘사는 이 설화의 강력한 아필을 감소시키는 췌언이라고 생각한다. 다시 말해서 후대 교회의 성만찬의식에서 추론된 첨가물이다. 버튼 맥은 이런 묘사 때문에 더욱 이 설화를 초기교회의 발명이라고 규정한다. 재미있는 것은 이 장면을 그대로 계승한 요한복음은

"제자를 통하여 분배한다"는 것을 빼버렸다. 즉 사도들의 위계질서적인 권위를 불필요하다고 본 것이다. 요한복음은 그만큼 예수를 더 인간적으로, 영적으로 묘사한다. 예수는 5천 명에게 손수 일일이 빵을 나누어주고, 또 물고기를 재차 나누어준다(요 6:11).

5천 명의 남자, 페미니스트들이 들으면 김새는 표현

44절의 구문은 정확히 말하자면, "떡을 먹은 사람들은 5천 명의 남자였다."라고 표현해야 옳다. 이것은 요즈음 페미니스트들이 들으면 매우 불쾌감을 자아낼 표현이다. 다시 말해서 여자는 인간으로서 동등하게 취급되지 않았던 것이다. 인구조사를 할 때에도 "전쟁에 나갈 수 있는 성인남자들"에 한정하여 카운트한다(민수기 1:2, 1:20). 모든 그룹 카운트에서 여자와 아이들은 제외된다. 마태복음은 친절하게, 남자 외로도 "여자와 어린아이들이 같이 있었다"(마 14:21)는 것을 기록해 놓았다.

재미난 사실은 이 기적설화의 구성에 있어서 일체 무리의 숫자에 관한 언급이 본론에는 없다는 것이다. 앞부분에 "오클로스"(민중)라는 표현만 있었지 그들이 얼마였는지는 언급하지 않았다. 그런데 결국 식사를 하느라고 50단위, 100단위로 앉혀놓고 준비를 시켰기 때문에 정확한 카운트가 가능하게 된 것이다. 그래서 맨 마지막 절에 배불리 먹은 사람들이 5천 명이나 되었다고 적어놓고 있다. 여자와 어린아이들까지 같이 계산하면 최소한 1만 명 이상은 되지 않았을까? 하여튼 숫자를 최후에 밝히는 마가의 문학적 기법은 "놀람"과 "경탄"을 자아내도록 매우 정교하게 배열되어 있다는 것을 알 수가 있다.

물위를 걸으심
〈 마가 6:45~52 〉

45Immediately he made his disciples get into the boat and go before him to the other side, to Bethsaida, while he dismissed the crowd.

46And after he had taken leave of them, he went up on the mountain to pray.

47And when evening came, the boat was out on the sea, and he was alone on the land.

48And he saw that they were making headway painfully, for the wind was against them. And about the fourth watch of the night he came to them, walking on the sea. He meant to pass by them,

49but when they saw him walking on the sea they thought it was a ghost, and cried out;

50for they all saw him, and were terrified. But immediately he spoke to them and said, "Take heart, it is I; have no fear."

51And he got into the boat with them and the wind ceased. And they were utterly astounded,

52for they did not understand about the loaves, but their hearts were hardened.

45예수께서 즉시 제자들을 재촉하사 자기가 무리를 보내는 동안에 배 타고 앞서 건너편 벳새다로 가게 하시고

46무리를 작별하신 후에 기도하러 산으로 가시다

47저물매 배는 바다 가운데 있고 예수는 홀로 뭍에 계시다가

48바람이 거스리므로 제자들의 괴로이 노 젓는 것을 보시고 밤 사경四更 즈음에 바다 위로 걸어서 저희에게 오사 지나가려고 하시매

49제자들이 그의 바다 위로 걸어 오심을 보고 유령인가 하여 소리지르니

50저희가 다 예수를 보고 놀람이라 이에 예수께서 곧 더불어 말씀하여 가라사대 안심安心하라 내니 두려워 말라 하시고

51배에 올라 저희에게 가시니 바람이 그치는지라 제자들이 마음에 심히 놀라니

52이는 저희가 그 떡 떼시던 일을 깨닫지 못하고 도리어 그 마음이 둔鈍하여졌음이러라

예수가 이어오병의 기적 후에 사람을 피한 이유

이어오병의 기적도 물위를 걷는 기적도 다 같이 기적의 종류로서는 "자연기적 nature miracle"(자연현상의 기적)에 속하는 것이다. 마가는 왜 자연기적을 연이어 편집했을까? 전자는 1만 명이 넘는 대중에게 드러낸 기적이었고, 후자는 소수의 이너서클인 제자들에게 드러낸 기적이었다. 이 두 사건에는 모종의 연속적 프레임이 들어있다.

우선 불특정 대중에게 기적을 드러낸다는 것은 단지 "일시적 배고픔의 해결"이라는 사태로 완결될 수 없다. 앞단의 해석에 있어, "앉아라!"라는 명령의 특별한 의미를 윌슨의 논의에 비추어 논한 바 있지만, 결국 이적이 행하여지기 이전에 대중의 마음을 가라앉혀야 할 필요성은 분명히 있었다. "배고픔"의 해결이란, 일시적인 한 끼의 해결이 아니라, 그러한 배고픔을 구조적으로 해결할 수 있는 사회적·정치적 해결을 요구하게 마련이다. 5천 명의 장정을 "이어오병"으로 먹일 수 있는 예수, 그토록 어마어마한 권능을 지닌 예수라고 한다면, 대중은 그들의 배고픔을 항구적으로 해결해줄 수 있는 영적·정치적 카리스마의 리더라고 믿지 않을 수 없다. 결국 이것은 정치적 반란이나 폭동으로 발전하지 않을 수 없다. 동학운동을 이끌었던 해월이나 녹두 전봉준에게 있었던 고민이 예수에게도 똑같이 닥치고 있는 것이다.

요한복음 기사는 이미 이러한 맥락을 명료하게 암시하고 있다: "예수께서 베푸신 기적을 보고 사람들은, '이 분이야말로 세상에 오시기로 된 예언자이시다'라고 저마다 말하였다. 그러므로 예수께서 저희가 와서 자기를 억지로 잡아 임금 삼으려는 줄을 아시고 다시 혼자 산으로 피해 가시었다."(요 6:14~15).

예수는 깽두목이 될 생각없다

예수는 결국, "유대인의 왕"(막 15장)이라는 정치적 죄목으로 로마의 형벌인 십자가형에 처하여졌다. 그러나 예수가 세우고자 하는 하나님의 나라는 그러한 정

도올의 마가복음 강해

치적 혁명에 의하여 세워질 수 있는 나라가 아니었다. 궁극적으로 정신혁명과 정치혁명이 이원적으로 이해되는 것이 옳으냐 하는 문제는 다른 차원의 논의에 속하는 것으로 차치하고서라도, 지금 당장 여기서 문제되는 것은 배고픔이 해결된 장정 5천 명에 의하여 깽두목으로 떠받들여지는 상황이 과연 옳은가 하는 것이다. 예수는 이러한 사태를 우려하고 있었다. 그러나 제자들은 이러한 문제에 관하여 전혀 인지능력도 해결능력도 없었다. 예수의 고독, 예수의 인식세계와 제자들의 인식세계의 괴리감, 그 괴리감을 극적으로 표현하고 있는 테마가 바로 "물위를 걸으심"의 이적의 본질적 테마를 형성하고 있는 것이다.

이 단은 예수그룹의 4번째 갈릴리호수 여행을 묘사하고 있다. 예수는 제자들을 재촉하여 배를 태워 건너편 벳새다(베싸이다Bethsaida: 건너편이라고 하지만, 실제로 베싸이다는 5천 명을 먹인 곳에서 조금 아래에 있는 지점이다. 그러니까 다 갈릴리호수의 동북 호반지역에 있다)로 먼저 가게 한다. 그동안 혼자서 흥분해있던 1만여 명의 군중을 해산시키는 수고를 한다. 그들의 마음을 가라앉히고 달래며 평안히 집으로 가도록 만드는 작업은 복음서에 자세히 나와있지 않지만 엄청나게 수고로운 작업이었을 것이다. 예수는 군중을 다 돌려보내고나서야 혼자 기도하려고 산으로 올라간다.

"혼자 기도하려고 산으로 올라간다"는 것은 예수의 고뇌, 당면한 현실의 문제와 하나님의 아들로서의 자신의 아이덴티티 문제, 그리고 궁극적으로 성취하고자 하는 십자가대속을 통한 전 인류의 구원이라는 이상적 테제에 관한 다양한 갈등, 이러한 고뇌가 예수라는 인간의 의식 속에서 뒤엉켜 있었을 것이다. 이 고뇌의 표현이 "산(외딴 곳, 한적한 곳)으로 피정避靜하여 기도한다"는 행위로 나타난다. 홀로 한적한 곳에서 기도하는 예수의 모습은 오늘날까지 모든 기독교수행자들의 모범이 되고 있다. 마가는 이러한 이미지를 연출했던 것이다.

세 번의 기도

마가의 드라마에는 이런 장면이 세 번 나온다. 첫 번째는 예수의 갈릴리사역의 초기장면인 가버나움에서 바쁜 안식일 하루의 활동과 흥분이 지난 다음날 새벽이었다(1:35). 두 번째는 갈릴리 후기사역에 속하는 오병이어의 이적 직후이다(6:45). 그리고 세 번째는 수난설화의 마지막 단계, 최후의 만찬 이후의 겟세마네동산에서의 기도이다(14:32~36). 이러한 시간배열을 보아도 마가는 예수라는 인간의 심상을 그리기 위하여 매우 세심한 배려를 하고 있음을 알 수 있다. 그에게 주어진 숙명적 대결, 수난을 받고, 배척을 당하고, 결국 고통스러운 십자가 죽음에 이르는 하나님의 사명을 내가 실존적으로 걸머지어야 하는가, 마는가 하는 대결 속에서 그의 기도는 이루어지고 있는 것이다. 그러한 대결은 가버나움에서 겟세마네에 이르는 여정 속에서 깊어만 간다. 그 고뇌는 겟세마네의 기도 속에서 절정에 이르고 있다. 그리고 "엘리 엘리 라마 사박다니"의 납함吶喊으로 포효되고 있다.

갈릴리바다의 특성

날이 저물었을 때에 배는 바다 한가운데 있었고, 예수는 혼자 육지에 있었다. 갈릴리바다는 폭이 제일 넓은 곳이래야 6.4km 정도인데, 육지에서도 웬만하면 항해하는 배들을 목격할 수가 있다. 보름달이 휘영청 걸려있던 때였을 것이다. 이들이 항해한 지역은 원래 지형과 기온차이로 인하여 바람이 쎄기로 유명한 지역이다. 그리고 때마침 바람은 남에서 북쪽으로 불고 있었다. 제자들은 노를 젓는 배를 타고 있었고 남쪽으로 가야했다. 그런데 역풍을 만나 노를 젓느라고 몹시 애를 쓰고 있었다. 광풍으로 물결이 출렁거렸고 노를 잡고 있는 제자들의 손에는 긴장이 걸려 있었다. 이때 예수가 호수 수면 위로 걸어왔다. 때는 제4경이었다. 로마사람들은 밤을 4경으로 나누었다. 6~9p.m.이 제1경이고, 9~12p.m.이 제2경이고, 12~3a.m.이 제3경이고, 3~6a.m.이 제4경이다. 아마도 이때는 새벽 4시쯤 되는 시간이었을 것이다

"바다 위로 걸어서 저희에게 오사 지나가려고 하시매"의 표현에서 제일 마지막 구문은 "καὶ ἤθελεν παρελθεῖν αὐτούς카이 에텔렌 파렐테인 아우투스"라고 되어 있는데, 이것을 직역하면 "그리고 그는 그들을(아우투스. 제자들을) 지나치실 것을

원하고 있었다"가 된다. 이것은 예수의 입장도, 제자의 입장도 아닌 제3자의 입장에서 그 상황을 객관화시켜 묘사한 것으로 보인다. 그냥 지나치시려고 하는 듯이 보였다는 이 상황은 그의 "물위로 걸으심"이 단지 제자들이 풍랑으로 고생하는 것을 보고 그들을 구원하기 위하여 배로 달려온 것이 아니라, 그들의 허약한 신앙을 테스트하기 위한 신적인 현현이었음을 말해주고 있는 것이다.

어느 주석가들은 "물위로 걸으심"의 행위 자체를 자연적 인과에 맞게 해석하기 위하여 때마침 떠내려가던 뗏목 위를 걸었다든가, 호반을 따라 내려가는 항해였기에 얕은 호숫가에서 첨벙첨벙 걸어간 것이 물위를 걷는 것처럼 보였다든가 하는 천박한 견해를 편다. 그러나 마가는 이미 예수를 평범한 하나의 인간으로서가 아니라, 신의 아들로서 그 신적 권능을 나타내는 존재로서 그리고 있는 것이다. 이적은 하등의 인과적 설명을 요구하지 않는다. 그것은 드라마적인 장치이며, 어떤 의미를 표현하기 위한 상징체계일 뿐이다.

제자들의 공포

갈릴리바다 한가운데서 그것도 칠흑같이 어두운 밤에 물위로 걸어오는 정체불명의 대상을 보고 섬뜩하게 놀라는 것은 인지상정일 것이다. 그러나 제자들이 바다 위를 걸어오는 실체가 그들의 스승 예수라는 것을 확인한 후에도 여전히 공포에 휩싸여 스승 예수를 "유령"으로 간주하는데 이 드라마의 핵심적 상황이 있다. 여기 "유령"으로 쓰인 단어는 "판타스마Φάντασμά"이다. 리얼한 존재가 아닌 허깨비인 것이다. 유령 예수가 그들에게 다가오자 제자들이 "소리질렀다"고 했는데, 거기에 쓰인 단어는 "아네크락산ἀνέκραξαν"이다. 원형은 "아나크라조ἀνακράζω"인데 반복을 나타내는 전치사 "아나ἀνά"와 울부짖거나 크게 소리치는 것을 의미하는 동사 "크라조κράζω"의 합성어이다. "목구멍 깊은 곳에서부터 올라오는 고통과 슬픔으로 절규하며 울부짖는" 것을 의미한다.

이 단어는 신약성서에서 5회 사용되었는데, 그 중 3회가 귀신이 예수 앞에서 울부짖으며 소리치는 장면을 묘사하는데 쓰였다(막 1:23; 눅 4:33; 8:28). 이런 단어의 사용을 통해서도 우리는 제자들의 공포가 얼마나 리얼한 것이었나를 알 수 있다. 『반야심경』에도 "공포恐怖" "전도몽상顚倒夢想" 같은 이야기가 나오는데, 마가의 드라마 자체가 전도된 몽상일 수도 있다. 그러나 드라마 내에서의 제자들은 리얼한 예수를 "기적의 행위" 때문에 전도된 몽상으로 인식하는 것이다. 여기에 바로 마가가 노리는 핵심적 과제상황이 있다.

제자들의 완악한 마음

이 스토리의 제일 마지막에 마가는 다음과 같은 멘트를 덧붙이고 있다: "이는 저희가 그 떡 떼시던 일을 깨닫지 못하고, 도리어 그 마음이 둔하여졌음이러라."

여기 "둔하다"는 표현은 "페포로메네πεπωρωμένη"인데, 그 기본형 "포로오 πωρόω"는 돌을 뜻하는 "포로스πῶρός"에서 파생된 것이다. "완고하다"(고후 3:14) 또는 "완악하다"(롬 11:7)는 뜻이다. 돌처럼 마음이 딱딱하여 전혀 교감이 없다는 뜻이다. 다시 말해서 오천 명을 오병이어로 먹이시는 자기네 스승의 모습을 친히 목격하고 그 현장에서 떡을 나누어주는 새크라멘트적 역할을 담당한 그들이라고 한다면 당연히 "물위를 걸어오는 예수" 정도는 당연한 스승님의 권능으로서 인지했어야 한다는 것이다. 그러한 인지능력이 없는 제자들의 마음은 완악하다는 것이다.

제1테마: 기적과 믿음

여기에 마가가 자기의 드라마를 통하여 제시하는 두 개의 중요한 주제가 있다. 그 첫째는 기적과 신앙faith, πίστις의 문제이다. 앞서 이미 설명했듯이 예수는 항상 자기가 한 이적을 자기자신의 기적적 권능으로 해석하지 않는다: "딸아! 네 믿음이 너를 구원하였으니 평안히 가라!"(막 5:34). 우리나라 무당들의 얘기를 들어보아도, 기도빨이 멕히려면 상호신뢰가 있어야 한다고 말한다. 굿을 해도 굿을 통해 신의 강림을 간절히 믿고 소망하는 자에게 치유의 권능이 더 잘 나타난다는 것이다.

예수는 기적행함을 자신의 권위를 입증하기 위한 방편으로서 생각한 적이 없다. 무엇을 입증하기 위한 방편으로서 기적을 행하는 것을 거부했다. 표적·표징으로서의 요청을 모두 거절하였다. 그리고 예수는 자신의 권능을 메시아의 증명으로 생각하지 않았다. 그것은 메시아됨의 증명이 아니라, 하나님의 나라가 도래하고 있음을 자연스럽게 나타내는 것일 뿐이다. 신앙이란 예수의 권능에 대한 신앙이 아니라, 하나님나라의 도래에 대한 믿음이다. 신앙이란 예수를 통하여 드러나는 하나님의 행위를 수용하는 자세를 의미하는 것이다. 신앙이란 자유로운 결단이며 강요된 견해가 아니다. 인간들은 증명으로 소환되는 것이 아니라, 결단으로 소환되는 것이다. 마태복음에 이 파편을 확대한 기사를 보면(마 14:22~33), 베드로가 예수께 "저더러 물위로 걸어오라고 하십시오" 하고 소리친다. 예수께서 "오너라" 하시자 베드로는 배에서 내려 물위를 밟고 그에게 걸어간다. 그러다가 거센 바람을 보자 그만 무서운 생각이 들어 물에 빠져버리고 만다. 그는 "주님, 살려주십시오!" 하고 비명을 지른다. 예수께서 곧 손을 내밀어 그를 붙잡으시며 "왜 의심을 품었느냐? 그렇게도 믿음이 약하냐?" 하고 말씀하시었다. 믿음이라는 테마를 부각시키기 위한 마태의 장치이기는 하지만 마가의 오리지날리티를 변형시킨 마태의 각색은 매우 졸렬하다.

제2테마: 제자들의 완악함

둘째번 테마는 마가에 일관되게 나타나는 제자들의 완악함이다. 우리는 어려서부터 교회에서 열두 제자에 대한 신화적 찬양을 듣고 자라났기 때문에 예수제자들, 진짜 성문들, 이들이야말로 위대한 인간들이라고 생각하는 폴스 임프레션 false impression에 사로잡혀 있다. 그러나 마가드라마에서 일관되게 현저한 것은 제자들의 완악함이다. 복음구성의 정신내면사적 흐름으로 본다면 그들은 오히려 예수의 적대세력이다. 가장 가까이 있으면서 가장 예수의 인간성과 신성을 이해하지 못했다. 그들은 예수의 고독을 드러내기 위하여 설정된 보조캐릭터에 불과하다. 가까운 사람일수록 더 이해하지 못한다는 것은 드라마적 절박성을 드러내는 좋은 장치이다. 그리고 그것은 예수의 수난드라마로 진행하기 위한 불가피한 장치였다. 고독한 예수, 버림받은 예수, 그럼에도 불구하고 십자가를 걸머지는 예수, 이 예수상의 진실에 우리는 이끌리게 되는 것이다.

마가의 복음드라마의 교묘성은 이 드라마의 플롯 내에서 제자들은 끝내 감화를 받지 못한다는 것이다. 끝내 예수를 이해하지 못한다. 베드로도 끝내 배신자로서 역할을 종료한다. 그들은 예수가 하나님의 아들이며 인류의 죄를 대속하기 위한 순교자적 존재라는 것을 인지하지 못했다. 마가가 이 복음서를 쓴 것은 예수 죽은 후 40년이 지난 후였다. 그러니 제자들도 다 사라진 후였다. 다시 말해서 이 복음서로 인하여 제자들이 당시의 정확한 실상을 이해할 수 있는 정황이란 전무하다.

마가가 노리는 것

마가는 무엇을 노리고 있는 것일까? 마가는 예수당대의 사람들의 바른 인식을 위하여 이 드라마를 쓴 것이 아니다. 모든 드라마가 그러하듯이 이 드라마는 마가공동체의 사람들, 그리고 향후에 이 드라마를 읽을 무수한 청중이나 독자들을 위하여 쓴 것이다. 가장 가까운 제자들마저 예수를 이해하지 못했다고 한다면, 그 안타까운 정황을 인지하는 독자들은 더욱 깊게 예수를 이해하게 되고, 더욱 그의 이적을 참된 신앙으로서 수용하게 되고, 예수가 하나님의 아들이며, 메시아임을 인지하게 되는 것이다. 이러한 방식으로 마가는 예수 주변의 캐릭터들을 교묘한 의미체로 배열함으로써 불멸의 예수상을 부각시키는 데 크게 성공하고 있다. 우리가 알고 있는 예수상, 그리고 그것으로 인하여 조직화된 기독교라는 에클레시아는 전부 마가라는 드라마작가의 책상 위에서 이루어진 것이다.

도법자연

제자들이 물위를 걷는 예수를 유령으로 알고 공포에 떨고 있을 때, 예수는 말한다: "다르세이테θαρσεῖτε, 에고ἐγώ 에미μί미ἐιμι, 메포베이스데μὴ-φοβεῖσθε." 안심하라, 나다, 두려워 말라! 이 세 마디다. 여기서 "에고 에이미" 즉 "나다"(It is I.)라는 말은, 모세가 호렙산의 떨기나무에서 하나님의 음성을 처음으로 들었을 때 묻고 대답한 유명한 하나님의 음성과 상통하는 것으로 해석하는 주석가들이 많다. 모세가 우리 조상들의 하나님께서 나를 너희에게 보내셨다고 말하면 그들은 분명히 그 하나님의 이름이 무엇이냐라고 물을 텐데, 제가 어떻게 대답해야 하오리까 하고 하나님의 아이덴티티, 그 이름을 묻는 장면이 있다(출 3:13~14). 그때 하나님은 모세에게, "에흐예 아쉐르 에흐예"라고 대답한다. KJV는 "I AM THAT I AM."이라고 번역했고, RSV는 "I AM WHO I AM."이라고 번역했다. 우리나라 공동번역은 "나는 곧 나다"라고 번역했고, 개역한글판은 "나는 스스로 있는 자니라"라고 번역했다. 이들 중에서 가장 좋은 번역은 아무래도 우리나라 개역판의 "나는 스스로 있는 자니라"라는 표현이 가장 그 원의를 드러낸다고 생각한다. 물론 출애굽기의 맥락으로 볼 때, 그것은 아브라함 이래 유대인의 족장의 시대로부터 항상 그들과 같이 있었고, 모세가 가는 곳에는 항상 같이 있을 하나님, 영원히 그들과 자연스럽게 같이 있을 하나님, 그 하나님의 아이덴티티는 "그냥 있는 자"라는 뜻이다.

그러나 우리 개역판의 "스스로 있는 자"라는 표현은 역시 노자의 "도법자연道法自然"(도는 스스로 그러함을 본받는다)과 같은 의미맥락을 연상시킨다. 즉 궁극자는 인간의 언어로 규정될 수 없고 스스로 그러함을 본받아 진행되는 존재의 총칭이라는 것이다. 따라서 여기 예수가 그냥 "나다"라고 표현한 것도, "물 위를 걷는 그 모습 그대로 이것이 나다"라는 뜻이 될 것이다. "나다." 예수에게는 말이 필요없다. 출애굽에서와 같이 민족적 아이덴티티를 드러낼 필요도 없다.

게네사렛에서 병자들을 고치심

〈 마가 6:53~56 〉

[53]And when they had crossed over, they came to land at Gennesaret, and moored to the shore.

[54]And when they got out of the boat, immediately the people recognized him,

[55]and ran about the whole neighborhood and began to bring sick people on their pallets to any place where they heard he was.

[56]And wherever he came, in villages, cities, or country, they laid the sick in the market places, and besought him that they might touch even the fringe of his garment; and as many as touched it were made well.

[53]건너가 게네사렛 땅에 이르러 대고

[54]배에서 내리니 사람들이 곧 예수신 줄을 알고

[55]그 온 지방으로 달려 돌아 다니며 예수께서 어디 계시단 말을 듣는대로 병든 자를 침상寢床채로 메고 나아오니

[56]아무데나 예수께서 들어가시는 마을이나 도시나 촌에서 병자를 시장에 두고 예수의 옷가에라도 손을 대게 하시기를 간구하니 손을 대는 자는 다 성함을 얻으니라

게네사렛

게네사렛(겐네사렛Gennesaret)은 갈릴리호수의 서북 호반에 있다. 게네사렛에서 조금 밑으로 내려오면 막달라 마리아의 출신지인 막달라Magdala가 있다. 게네사렛은 땅이 기름지고 풍요롭기로 유명하다. 따라서 인구도 많은 곳이다. 제자들은 요번에는 제대로 바다를 건넜다. 동쪽에서 서쪽으로 4km 정도의 항해를 한 것이다. 바람도 잦았고 날씨도 좋았다. 그냥 편안히 항해를 한 것이다. 게네사렛 땅에 배를 대고 육지에 내리자마자 사람들은 예수를 알아보았다. 예수는 이미 이 지역에서 이적을 행하였다. 최초의 이적은 엑소시즘exorcism에 관한 것이었다.

지금 이 단의 이적은 "힐링healing"에 집중되어 있다. 여기서 행하는 이적은 구조적으로 제5장의 혈루증 여인의 상황과 공통되는 것이다. 예수의 옷에 손을 대기만 해도 내 병이 낫겠지 하는 가냘픈 한 여인의 소망이 매우 초라하게 회당장 야이로의 딸의 고사에 삽입되어 있었다. 그리고 그때는 그러한 소망은 혈루 여인의 혼자의 생각 속에 있었던 것이다. 그런데 지금은 상황이 다르다. 누구든지 혈루 여인처럼 생각하는 것이다. 그리고 그것이 부끄러운 행동이 아니라 누구든지 할 수 있는 공개적인 행위패턴을 형성하고 있다. 혈루증 여인의 사화가 이루어진 곳과 게네사렛은 멀지않다. 소문이 이미 쫙 퍼져 있었다.

전폭적인 인간해방론

마을villages이나 도시cities나 농촌farms, 어디든지 예수가 가기만 하면 사람들은 병자들을 들것에 실어 장터에 데려다놓았다. 스치는 예수의 옷자락만이라도 만지게 해달라고 간청하였다. 그리고 손을 댄 사람은 모두 병에서 해방되었다. 싯달타의 고민도 노·병·사에서 출발하여 그토록 어려운 12연기의 사유를 통하여 근원적인 무아의 경지에 도달함으로써 구경열반 하였다. 이렇게 난해한 이론이 여기에는 없다. 그냥 예수의 옷깃만 스치면 노·병·사의 문제가 다 해결되는 것이다. 인간해방론으로서는 이 이상의 간결하고도 전폭적인 메시지가 없을 것이다.

예수에 대한 일반민중들의 믿음이 보편화되었다는 것, 그만큼 예수는 대중적 인물로 알려졌다는 것, 그리고 그러한 상황변화에 따라 예수는 보다 후하게 사람들을 접촉했다는 것, 그리고 그만큼 예수의 현 사회·정치·권력체제와의 충돌이 극대화되어가고 있었다는 것을, 일련의 사태에 대한 섬머리summary에 해당되는 이 단의 메시지는 우리에게 알려주고 있는 것이다.

유대전통의 파산: 사람을 더럽히는 것은 사람에게서 나온다
〈 마가 7:1~23 〉

¹Now when the Pharisees gathered together to him, with some of the scribes, who had come from Jerusalem, ²they saw that some of his disciples ate with hands defiled, that is, unwashed.

³(For the Pharisees, and all the Jews, do not eat unless they wash their hands, observing the tradition of the elders; ⁴and when they come from the market place, they do not eat unless they purify themselves; and there are many other traditions which they observe, the washing of cups and pots and vessels of bronze.)

⁵And the Pharisees and the scribes asked him, "Why do your disciples not live according to the tradition of the elders, but eat with hands defiled?" ⁶And he said to them, "Well did Isaiah prophesy of you hypocrites, as it is written, 'This people honors me with their lips, but their heart is far from me; ⁷in vain do they worship me, teaching as doctrines the precepts of men.'

⁸You leave the commandment of God, and hold fast the tradition of men." ⁹And he said to them, "You have a fine way of rejecting the commandment of

¹바리새인들과 또 서기관 중 몇이 예루살렘에서 와서 예수께 모였다가

²그의 제자 중 몇 사람의 부정한 손 곧 씻지 아니한 손으로 떡 먹는 것을 보았더라

³(바리새인들과 모든 유대인들이 장로들의 유전遺傳을 지키어 손을 부지런히 씻지 않으면 먹지 아니하며 ⁴또 시장에서 돌아 와서는 물을 뿌리지 않으면 먹지 아니하며 그 외에도 여러가지를 지키어 오는 것이 있으니 잔과 주발과 놋그릇을 씻음이러라)

⁵이에 바리새인들과 서기관들이 예수께 묻되 어찌하여 당신의 제자들은 장로들의 유전을 준행遵行치 아니하고 부정한 손으로 떡을 먹나이까

⁶가라사대 이사야가 너희 외식外飾하는 자에 대하여 잘 예언하였도다 기록하였으되 이 백성이 입술로는 나를 존경하되 마음은 내게서 멀도다

⁷사람의 계명誡命으로 교훈을 삼아 가르치니 나를 헛되이 경배하는도다 하였느니라

⁸너희가 하나님의 계명은 버리고 사람의 유전을 지키느니라

⁹또 가라사대 너희가 너희 유전을 지키려고 하나님의 계명을 잘 저버리는도다

God, in order to keep your tradition!

¹⁰For Moses said, 'Honor your father and your mother'; and, 'He who speaks evil of father or mother, let him surely die';

¹¹ but you say, 'If a man tells his father or his mother, What you would have gained from me is Corban'(that is, given to God) —

¹²then you no longer permit him to do anything for his father or mother,

¹³thus making void the word of God through your tradition which you hand on. And many such things you do."

¹⁴And he called the people to him again, and said to them, "Hear me, all of you, and understand:

¹⁵ there is nothing outside a man which by going into him can defile him; but the things which come out of a man are what defile him."

¹⁶(No text)

¹⁷And when he had entered the house, and left the people, his disciples asked him about the parable.

¹⁸And he said to them, "Then are you also without understanding? Do you not see that whatever goes into a man from outside cannot defile him,

¹⁹since it enters, not his heart but his stomach, and so passes on?"(Thus he declared all foods clean.)

²⁰And he said, "What comes out of a man is what defiles a man.

---

¹⁰모세는 네 부모를 공경하라 하고 또 아비나 어미를 훼방하는 자는 반드시 죽으리라 하였거늘

¹¹너희는 가로되 사람이 아비에게나 어미에게나 말하기를 내가 드려 유익하게 할 것이 고르반 곧 하나님께 드림이 되었다고 하기만 하면 그만이라 하고

¹²제 아비나 어미에게 다시 아무 것이라도 하여 드리기를 허許하지 아니하여

¹³너희의 전한 유전으로 하나님의 말씀을 폐廢하며 또 이같은 일을 많이 행行하느니라 하시고

¹⁴무리를 다시 불러 이르시되 너희는 다 내 말을 듣고 깨달으라

¹⁵무엇이든지 밖에서 사람에게로 들어가는 것은 능히 사람을 더럽게 하지 못하되

¹⁶사람 안에서 나오는 것이 사람을 더럽게 하는 것이니라 하시고

¹⁷무리를 떠나 집으로 들어가시니 제자들이 그 비유를 묻자온대

¹⁸예수께서 이르시되 너희도 이렇게 깨달음이 없느냐 무엇이든지 밖에서 들어가는 것이 능히 사람을 더럽게 하지 못함을 알지 못하느냐

¹⁹이는 마음에 들어가지 아니하고 배에 들어가 뒤로 나감이니라 하심으로 모든 식물食物을 깨끗하다 하셨느니라

²⁰또 가라사대 사람에게서 나오는 그것이 사람을 더럽게 하느니라

²¹For from within, out of the heart of man, come evil thoughts, fornication, theft, murder, adultery,
²²coveting, wickedness, deceit, licentiousness, envy, slander, pride, foolishness.
²³All these evil things come from within, and they defile a man."

²¹속에서 곧 사람의 마음에서 나오는 것은 악한 생각 곧 음란과 도적질과 살인과
²²간음과 탐욕과 악독과 속임과 음탕과 흘기는 눈과 훼방과 교만과 광패狂悖니
²³이 모든 악한 것이 다 속에서 나와서 사람을 더럽게 하느니라

활동영역의 확대

나의 주해의 주안점은 전체 맥락의 흐름을 밝히는 데 있다. 세부적인 인용문에 대한 주해나 번쇄한 주석학적 디테일에 사로잡히지 않고 전체적 의미를 파악하는 데 주력하도록 노력할 것이다. 예수는 이제 유명한 인물이 되었다. 다시 말해서 지역구가 아닌 전국구적인 인물이 된 것이다. 대중에게 직접 기적을 행사한다는 것은 당연히 정치적으로 위험한 행위이다. 그는 갈릴리호반 동북부에서 오병이어만으로 5천 명에게 배부른 식사를 제공하는 이적을 행하였고 갈릴리호반 서북부 게네사렛에서는 각지에서, 그러니까 마을, 도시, 농촌 할 것 없이 시장과 같은 오픈 스페이스에서 갈구하는 자에게는 누구에게든지 힐링healing의 선물을 준다. 눈먼 자가 보게 되고, 앉은뱅이가 일어나며, 귀머거리가 들으며, 나병환자가 깨끗해지며, 평생을 시름시름 앓던 자들이 고통에서 해방된다. 이야말로 기적같은 대승의 복음이다!

6장 마지막 구, "손을 대는 자는 다 성함을 얻으니라"와 7장 24절의 "두로지경(The region of Tyre 뛰레 지역)으로 가서" 사이에 끼어든 이 예수의 설교는 그 나름대로 필연적 맥락이 있다. 우선 공간적으로 6장까지는 자기에게 친근한 유대인 지역에서 이적을 행한 것이다. 즉 하나님나라의 임재를 가벼나움 중심으로 갈릴리호반의 북부지역에서 보여준 것이다. 그런데 7:24절부터 뛰레·시돈 그리고 데카

폴리스, 갈릴리호수의 동편으로 예수는 활동영역을 확대한다. 그런데 이 지역은 유대인이 거의 살지 않는 이방인의 지역이다. 예수의 할동영역은 이미 갈릴리라는 좁은 영역을 탈피하여 갈릴리 북부와 동부(지금의 레바논·시리아 지역)의 이방인 지역으로 확대되고 있는 것이다. 실제로 역사적 예수의 활동영역이 어떠했는지는 확언할 수 없으나 이미 유대인과 이방인이라는 문화상대주의적 충돌의 문제가 복음서 내로 진입하였다는 것을 의미한다. 즉 마가는 "이방인을 위한 복음"이라는 바울신학의 주제를 예수의 원래적 문제의식으로 환원시켜 기술하고 있는 것이다.

마가복음 내에서 예수는 당연히 이방인에게도 유대인에게도 차등을 두지 않는 인간보편주의적 태도를 취할 것임은 명백하다. 여기에 제기되는 문제는 율법적 타부에 관한 것이다.

예루살렘 이스태블리쉬먼트

예수는 갈릴리에서 이적을 행하였지만 이미 예루살렘 이스태블리쉬먼트의 주목을 받았다. 여기 바리새파 사람들과 율법학자들이 정확히 예루살렘에서 예수를 고소하기 위하여 파견된 사람들인지 어떤지는 명확하지 않지만 일단은 그러한 목적을 띤 조사단인 것은 분명하다. 사실 예수라는 존재는 이미 이 땅에서 활동을 개시하는 순간부터 세속적 권력과 충돌을 일으키지 않을 수 없는 구도 속으로 들어와 있다. 예수라는 복음 그 자체가 이미 모든 기득권자들에게는 파격이요, 위협이요, 부정이다.

이들이 트집잡은 것은 예수의 제자들이 손을 씻지 않고 부정한 손으로 음식을 먹는다는 것이다. 유대전통에서는 음식을 먹기 전에 반드시 손을 깨끗이 씻는 정결의식을 지켜야 한다. 이것은 일본의 승려 신란親鸞, 1173~1263(카마쿠라시대 전반에서 중기에 이르는 시기에 활동, 일본 정토진종淨土眞宗의 개조)의 "악인정기惡人正機"라는 사상을 연상시킨다. 살생을 안 하는 선인善人보다는 살생을 하지 않을 수 없는, 한 끼의 끼니를 떼우기 위하여 쥐라도 잡아먹어야 하는 당대의 배고픈 민중, 즉 악인

惡人들이야말로 아미타불 구제의 바른 근기根機라는 것이다. 이 지역은 물도 풍요롭지 못하고 음식을 먹기 위해 일일이 손 씻고 잔이나 단지, 놋그릇 같은 것을 깨끗이 씻어야 한다면 제식적 규율 때문에 굶으라는 얘기나 마찬가지다.

제식적 씻김의 거부

이들의 관심은 이러한 규정이 생겨나게 된 본래적 의미인 "위생hygene"에는 관심이 없다. 오직 미쉬나Mishnah(엄청 자세한 구전의 율법전통. AD 3세기 초에나 문서화된다)와 같은 랍비전승이 규정하고 있는 "제식적 씻김ritual washing"(우리나라 씻김굿의 씻김도 같은 맥락의 제식이다)에만 관심을 갖는다. 예수는 이러한 제식적 씻김을 전면적으로 거부하고 나선다. 그리고 씻김의 본래적 의도인 "깨끗함cleanliness"의 본질적 의미를 묻는다. 그는 깨끗함을 외면적 청결의 문제로 생각치 아니하고, 내면적 정결함inward purity의 문제로 환원시킨다. 그리고 이사야의 말을 인용하는데 이것은 칠십인역 이사야 29:13에 있는 말이다.

휘포크리테스

그리고 "이것은 바로 너희와 같은 위선자hypokritēs를 두고 한 말이다"라고 선언한다. "휘포크리테스"는 원래 고전희랍어에서는 "대답하는 사람one who answers"이라는 뜻이다. 그것은 무엇을 설명하거나 해석한다는 의미도 된다. 이것이 애틱희랍어에서는 "배우an actor"라는 의미로 변했다. 즉 "스테이지 위에서 어느 일단의 역할을 수행하는 자, 설명하는 자"의 뜻이 된다. 그런데 이러한 "배우"의 의미는 "…… 체 한다," "…… 꾸민다"의 뜻을 갖게 되었고, "외면으로만 공경하는 체하고, 가슴으로부터 행위하지 않는 자"의 뜻이 수반되었다. 휘포크리테스(위선자)는 타인을 기만함으로써 자신을 기만하는 자가 된 것이다.

예수는 율법을 지킨다 하는 자들의 위선을 지적하면서 "하나님의 계명τὴν ἐντολὴν τοῦ θεου텐 엔톨렌 투 테우"과 "사람의 전통τὴν παράδοσιν τῶν ἀνθρώπων텐 파라도신 톤 안트로폰"을 대비시킨다. 너희들 위선자들은 하나님의 계명을 버리고 사람의 전통을 고집하고 있다고 전면적 비판에 나선다. 이것은 진실로 유대교전승에 대한 전면적인 파산의 선고이다.

마가의 드라마가 사람들의 마음을 움직일 수 있었던 것은 예수의 이적행위에 있었던 것이 아니라, 그 주어지는 상황 상황에서 기적행위자가 아닌 정상적인 인간으로서 그가 내뱉는 언어의 신랄함과 혁명성, 그리고 근원적인 부정성에 있다. 이적행위만으로는 채워지지 않는 진실한 감동을 이성적인 예수는 정확한 시공간에서 발하는 것이다. 하나님을 빙자하여 하나님을 거부하고, 사람의 조작적이고 작위적인 계율을 하나님의 계명인 양 교묘하게 꾸미어 사기를 치고, 전해 내려오는 전통을 핑계 삼아 하나님의 말씀을 어기는 그대들은 과연 누구이뇨? 그대들이 과연 창녀와 세리와 더불어 갈릴리 풍진에 때 묻은 손으로 같이 식사를 하는 나보다 깨끗한 사람이냐? 하나님의 계명을 더 잘 지키는 자라고 자부할 수 있겠느뇨?

바울이 "마음의 할례"를 얘기했듯이 예수는 유대전통의 모든 외면적·제식적 율법을 거부하고 새로운 내면의 정결의 도덕을 제창하고 있는 것이다. 이러한 내면의 도덕을 달성하는 인간에게는 유대인과 이방인의 구분이 있을 수 없다는 것이다. 가버나움 중심의 유대인 시공에서 두로·시돈·데카폴리스의 시공으로 나아가기 이전에 바로 여기 이러한 "정결"의 문제가 삽입된 소이연이 있는 것이다. 그는 율법을 정면으로 거부함으로써 율법이 규정하는 바 차별성에 의한 인간의 차별성을 근원적으로 붕괴시키고 있는 것이다. 하나님나라에는 이방인과 유대인이 따로 있을 수 없다!

예수의 대승정신

신학자들은 예수의 이러한 래디칼한 입장을, 전통적 토라에 대한 반감 정도로 누그러뜨려 애매하게 이해하는 것이 상례이지만, 여기 예수가 "하나님의 계명을 버리고 사람의 전통을 고집하고 있다"고 통렬히 비판하는 언사는 실로 유대이즘의 전승 그 모든 것에 대한 반역을 내포하고 있다. 나는 이것을 AD 1세기의 대승

혁명의 글로벌한 기운의 일환으로서 이해한다. 1세기의 인도의 보살혁명은 기존의 모든 승가의 계율, 성문·독각의 특권의식, 하다못해 각자가 된 싯달타의 대각의 독점성을 다 파괴시킨다. 그리고 오직 "무無"의 부정성을 통하여 "공空"에 도달한다. 공空이란 모든 존재의 평등이며, "보살1승菩薩一乘"의 초계율적 구원이다(자세한 것은 나의 『스무살, 반야심경에 미치다』 제3장 싯달타에서 대승불교까지를 읽어볼 것). 예수의 사상, 마가의 사상의 기저에는 이러한 대승의 정신이 깔려있다고 나는 본다.

예수사상의 래디칼한 성격은 정결의식이 소기하는 바 참된 "정결"을 몸철학적으로 기술하는 부분(14절에서 23절까지)에서 더욱 고조되고 있다. 기독교신앙인이 아니라 할지라도, "밖에서 사람 몸안으로 들어가는 것은 사람을 더럽히지 못한다. 그것은 똥으로 나가버리기 때문이다. 그러므로 모든 식물食物은 깨끗하다. 참으로 사람을 더럽게 만드는 것은 사람 밖에서 들어가는 것이 아니라, 사람 속에서 나오는 것이다. 악한 생각, 음행, 도둑질, 살인, 간음, 탐욕, 악독, 사기, 방탕, 시기, 중상, 교만, 광패狂悖, 이 모든 악한 것이 사람 속에서 나와서 사람을 더럽게 만든다" 하는 메시지를 접할 때는 그 언어의 신랄함과 적절함, 그리고 정의로움에 가슴이 후련해지는 것을 느끼지 않을 수 없다.

이러한 메시지는 마가가 인체에 관한 매우 훌륭한 지식이 있었다는 것을 말해준다. 다시 말해서 위장관gastro-intestinal tract, 즉 입에서 항문까지는 소화라는 과정을 거치는 개방된 관으로서 인풋과 아웃풋이 끊임없이 이루어지는 체계이다. 실제로 이 위장관은 체내가 아닌 체외공간이다. 인간을 인간답게 만드는 것은 이 지아이트랙에서 소화라는 분쇄·화학작용을 거쳐 체내로 유입된 에너지원으로써 이루어지는 것이다. 음식물은 다 깨끗하다, 몸안으로 들어가는 것은 사람을 더럽히지 못한다고 예수가 일갈을 하는 것은 듣는 사람들로 하여금 충격을 자아낸다. 듣는 사람들은 모두 일상적으로 이미 코셔푸드Kosher Food적 계율에 절어 있는 사람들이기 때문이다. 13절까지는 예수는 바리새인과 서기관들 소수를 향해 이야기한 것이다. 14절부터는 오클로스(무리, 민중)를 불러 모아놓고 일대 강연을 한 것이다. 따라서 충격은 클 수밖에 없다. 이것은 그야말로 대승강론인 것이다.

먹는 것은 정결제식과 상관없다

어떠한 계율을 지키든 안 지키든 먹는 것에 관한 것이라면 그것은 "정결"과는 상관이 없다. 손을 씻고 먹든 안 씻고 먹든 그것은 일단 위장관에서 정화되어 체내로 유입되고, 정화되지 못한 더러운 것들은 똥으로서 방출되는 것이다. 그러므로 체외적인 어떠한 것도 사람을 더럽게 하지 못한다. 사람을 더럽게 만드는 것은 체내적인 것이다. 소화된 에너지로 유지되는 고도의 의식, 그 의식을 지배하는 개념이나 욕망, 사악한 생각들, 이러한 온갖 잡념에 사로잡혀 있는 인간이야말로 더러운 인간들이다! 악한 생각, 음란, 도적질, 살인, 간음, 탐욕, 악독, 기만, 음탕, 시기, 훼방, 교만, 광패, 이 모든 것을 불살라 버려라! 불살라 버리면 어떻게 되는가? 이런 욕망의 불길이 꺼진 상태를 싯달타는 "니르바나"라고 불렀다. 예수도 바로 이 "니르바나"를 "하나님의 나라"라고 부르고 있는 것이 아닐까? 우리는 너무도 예수의 혁명성을 왜곡하고 있는지도 모른다.

수로보니게(시로페니키아) 여인의 믿음
〈 마가 7:24~30 〉

²⁴And from there he arose and went away to the region of Tyre and Sidon. And he entered a house, and would not have any one know it; yet he could not be hid.

²⁵But immediately a woman, whose little daughter was possessed by an unclean spirit, heard of him, and came and fell down at his feet.

²⁶Now the woman was a Greek, a Syrophoenician by birth. And she begged him to cast the demon out of her daughter.

²⁷And he said to her, "Let the children first be fed, for it is not right to take the children's bread and throw it to the dogs."

²⁸But she answered him, "Yes, Lord; yet even the dogs under the table eat the children's crumbs."

²⁹And he said to her, "For this saying you may go your way; the demon has left your daughter."

³⁰And she went home, and found the child lying in bed, and the demon gone.

²⁴예수께서 일어나사 거기를 떠나 두로 지경地境으로 가서 한 집에 들어가 아무도 모르게 하시려하나 숨길 수 없더라

²⁵이에 더러운 귀신 들린 어린 딸을 둔 한 여자가 예수의 소문을 듣고 곧 와서 그 발 아래 엎드리니

²⁶그 여자는 헬라인이요 수로보니게 족속이라 자기 딸에게서 귀신 쫓아 주시기를 간구하거늘

²⁷예수께서 이르시되 자녀로 먼저 배불리 먹게 할지니 자녀의 떡을 취하여 개들에게 던짐이 마땅치 아니하니라

²⁸여자가 대답하여 가로되 주여 옳소이다마는 상床 아래 개들도 아이들의 먹던 부스러기를 먹나이다
²⁹예수께서 가라사대 이 말을 하였으니 돌아가라 귀신이 네 딸에게서 나갔느니라 하시매
³⁰여자가 집에 돌아가 본즉 아이가 침상에 누웠고 귀신이 나갔더라

뛰레·시돈으로 간 예수

예수는 "그곳을 떠나" 뛰레(두로) 지역으로 간다. 여기서 "그곳"은 맥락으로 볼 때, 17절의 "그 집"일 가능성도 있다. 하여튼 예수는 갈릴리 지역을 떠나 뛰레로

간 것이다. 한국에서 현지 지역의 개념이 없이 성경을 읽고 있는 사람들은 뛰레를 마치 갈릴리보다 후진 변방으로 생각하기 쉽다.

　뛰레는 시돈Sidon(모두 지중해연안에 위치한 항구도시들인데 시돈은 뛰레 위 25마일 거리에 위치), 비블로스Byblos(Gebal, Jubail, 베이루트 위 25마일)와 함께 페니키아 고문명의 중심을 형성하는 도시국가였다. 원래 뛰레는 시돈의 식민지로서 개척되었는데 점점 그 세력이 증대하여 시돈을 복속시켰고 BC 10세기경에는 지중해 해안 연안 국가들의 종주국으로서의 위상을 굳혔다. BC 9세기경에는 북아프리카의 카르타고Carthago 식민지를 개척하였다. 뛰레는 BC 19세기 중엽의 이집트문서에 언급되고 있는데, 뛰레가 이집트세력권에서 독립하자 다시 뛰레를 복속시키고자 했다는 기록이 있다. 고고학적 발굴에 의하면 뛰레는 이미 BC 2700년경에 찬란한 문명을 형성하고 있었다.

갈릴리에서 지중해 연안을 따라 북상하면 제일 먼저 만나는 주요도시가 뛰레이다. 내가 서있는 곳에서 곶처럼 나와있는 곳이 뛰레라는 도시국가였다. 알렉산더의 원정으로 지금은 대륙과 연결되었지만 원래는 섬이었다.

마가 7:24~30

BC 8세기~7세기의 상당 기간 뛰레는 앗시리아에 복속되었다. BC 585~573년 간에는 바빌로니아 대왕인 느부갓네살2세의 집요한 포위에도 불구하고 함락되지 않았다. BC 538~332 기간 동안에는 최초의 페르시아 제국인 아케메네스 제국의 왕들Achaemenian kings of Persia의 지배하에 있었다. 이 기간 동안에 뛰레는 페니키아의 헤게모니는 상실했다 할지라도 그 상업도시로서 그 영화는 잃은 적이 없다. 뛰레는 원래 섬과 주변대륙의 영토로 구성되어 있는데 항구도시로서 지중해의 무역을 관장했다.

뛰레와 알렉산더대왕

이 뛰레라는 섬의 역사에서 가장 잘 알려진 사건은 알렉산더대왕의 원정에 있어서 가장 난공불락의 집요한 전투가 뛰레정벌이었다는 사실이다. 알렉산더는 BC 332년 7개월간 이 뛰레섬을 포위하고 공략했다. 그는 주변대륙의 도시국가 시설들을 모조리 파괴하여 이 섬에 이르는 제방길을 만들었다. 아마도 당시의 여

이곳이 뛰레 한복판에 고건물의 유허가 밀집해있는 알-미나 고고학 유적지Al-Mina Archaeological Site이다. 배경으로 지중해 바다가 보인다. 내가 걷고 있는 길이 주랑형도로인데 정말 풍요로움을 과시하는 문명의 대로다웁다. 주변에 대규모 목욕탕시설이 있고, 아고라agora, 아레나arena 등이 있다.

도올의 마가복음 강해

건으로 볼 때 새만금공사보다도 몇 배 어려운 공사였으리라고 생각되는데 폭이 200m 정도 되고 길이가 800m나 되는 거대한 둑방을 쌓아 아예 독립된 섬이라는 개념을 없애버렸다. 이렇게 거대한 제방길 작전으로 이 섬이 함락되자 1만 명 정도의 주민들이 살해되었고, 3만 명 정도의 주민들이 노예로 팔려나갔다. 알렉산더의 제방은 다시 제거되지 않았고, 뛰레를 섬이 아닌 반도로 만들었다. 그 뒤 뛰레는 프톨레미 이집트에 복속되었다가 BC 200년에는 헬레니스틱 셀레우코스 왕국의 일부가 되었고, BC 64년에는 로마의 지배하에 들어간다. 그러나 로마의 지배 속에서 뛰레는 엄청난 국제도시로 다시 발돋움했다.

최대규모의 전차경기장, 히람, 이세벨

나는 그 지역을 레바논의 역사학자들과 샅샅이 답사를 해보았는데 그 돌기둥의 포장길과 거대목욕탕, 그리고 거대한 규모의 로마─비잔틴 네크로폴리스, 그리고 로마제국에서 가장 큰 규모의 전차경기장hippodrome이 있다(나중에 이스탄불에 더 큰

로마제국에서도 보기 힘들게 대형규모였던 뛰레의 전차경기장. 현재 보존된 것으로서 가장 크다. 내가 앉아있는 곳이 귀족들이 앉았던 본부석인데 그 밑으로는 번화한 바자르가 열리고 있었다. 뛰레의 이와 같은 문화수준을 생각할 때 예수가 만나고 있는 수로보니게 여인은 품위있는 도시사람이었다는 것을 알 수 있다.

경기장이 생김). 길이가 480m나 되고 폭이 120m, 4만 명의 관객을 수용할 수 있다. 전차경기의 규모가 워낙 크기 때문에 로마의 작은 트랙보다는 여기 큰 트랙에서 한번 뛰어본 사람이래야 프로로서의 경력을 인정받는다고 했다. 그러기 때문에 4년 만에 한 번 열리는 올림픽 일환의 전차경기에는 로마세계에서 쟁쟁한 인물들이 몰려들곤 했다. 구약 에제키엘(에스겔) 27장, 그리고 이사야 23장을 보면, 뛰레에 대한 저주가 적혀있는데 그만큼 역으로 뛰레의 프라이드와 유대민족의 열등의식을 읽어낼 수 있다. 솔로몬에게 성전을 지을 수 있도록 금처럼 귀한 백향목 자재를 대준 히람Hiram도 뛰레의 왕이다(BC 969~936 재위). 그리고 구약에서 가장 경멸의 대상이 된 여인, 아합왕의 부인 이세벨(제제벨Jezebel)은 바로 시돈과 뛰레의 왕 에트바알Ethbaal의 딸이다.

갈릴리문명의 원류

하여튼 뛰레라는 곳, 그 페니키아문명의 거대한 스케일은 보수적 꼴통 유대교의 분위기와는 전혀 다르다. 예수가 간 곳은 갈릴리의 변방이 아니라, 갈릴리로 유입되는 문명의 화려한 원류 지역이었던 것이다. 예수가 뛰레에 간 것은 본시 사람들이 알아보지 못하는 대도시 이방지역에서 조용히 휴식을 취하기 위함이었다. 그러나 이미 그의 명성은 갈릴리 지역을 뛰어넘어 화려한 페니키아문명의 영역에까지 퍼져있었다. 병을 치유한다든가, 이적을 행한다는 것은 얼마든지 그러한 시공을 초월하는 인기를 획득할 수 있다. 그의 피정에 대한 소망은 좌절되었다.

시리아 페니키아에서 태어난 헬라인

이때 악령이 들린 어린 딸을 둔 수로보니게(시로페니키아) 여인이 나타난다. 시로라는 것은 지금 "시리아 지역"과 관련이 있는 말이다. 이 여인의 아이덴티티를 표현하는 말이 "a Greek, born in Syrian Phoenicia시리아 페니키아에서 태어난 헬라인"(NIV)인데, 여기 "헬레니스ʾΕλληνίς"란 말은 결코 그녀가 헬라인임을 나타내는 말 같지는 않다. 그래서 "헬레니스"를 공동번역은 의역하여 "이방인"이라고 했는데 무방할 것 같다. 국적으로 말하자면 "희랍인a Greek"이 아니라, 시로페니키아사람이고, 언어를 희랍어를 썼다고 보아야 할 것이다. 여기 "시로페니키아인a Syrophoenician"이라는 말은 예수 당시는 로마의 치세 아래서 페니키아가 시리아에 속해있었기 때문에 생겨난 말인데 기실 이 말은 이 여인이 아프리카 북부 지역의 "리비오페니키아인the Libyo-Phoenicians"이 아님을 나타내는 맥락에서 사용된 것이다.

그러니까 언뜻 보기에 이 수로보니게여인은 변방의 초라한 이방인인 듯 우리는 인상을 받기 쉽지만, 이 수로보니게 여인이야말로 고품격의 교양 있는 귀부인이었다는 사실을 직시해야 한다. 그러니까 이 단의 대화는 예수 일상언어인 아람어가 아니라 희랍어로 이루어진 것이다. 마가가 그리는 예수는 어느 정도 희랍어에도 능통한 인간이었다고 보아야 할 것이다. 이 여인은 예수에게 나아가 자기 딸에게서 마귀를 쫓아내 달라고 간청한다. 예수가 마가드라마 속에서 제일 먼저 행하였던 엑소시즘의 권능을 요청하고 있는 것이다.

여기 27절에 있는 언어는 매우 불결한 언어이다. 신학자들은 이것을 미화시켜서 여러 가지 구실을 붙이지만 그것은 정직하지 못한 설명이다. 예수의 태도는 인종편견적인 것처럼 보일 수도 있다. 최소한 이 파편 자체가 드라마에 편입되는 과정에서 그것은 현지에서 수집한 사람의 그러한 정직한 표현이 그대로 보존되었다는 것을 의미할 수도 있다. 그러나 마가의 진정한 의도는 마가 당대의 마가공동체 내의 유대인 크리스챤의 입장과 예수의 이방인 선교의 보편주의의 충돌을 조화시키려는데 있었다고 보아야 할 것이다. 예수는 말한다: "나의 사명은 이스라엘의 자녀들을 먼저 구원하는 데 있다. 이스라엘사람들을 먼저 배불리 먹여야 할 텐데, 그 자녀들이 먹어야 할 빵을 이방인 개새끼들에게 던져주는 것은 좋지 않다."

그 얼마나 투박하고 저열하고 인정머리 없는 표현인가? 내가 생각키에는 예수에게 분명 이런 측면도 있었을 것이다. 유대인들은 이방인을 우리말의 뉘앙스 그대로 "개새끼"라고 불렀다. 여기 쓰인 말, "퀴나리온κυνάριον"이 야생 들개가 아니라 집에서 기르는 "작은 강아지" 정도의 뜻이라, 경멸의 뉘앙스가 완화되었다고 주석을 달지만, 결국 그것이 기본적으로 경멸어라고 하는 데는 대차가 없다.

예수는 이방인 개새끼들에게는 이적을 행할 수 없다고 튕긴 것이다. 예수의 이러한 태도야말로 인간적이고 정직하고 선어적禪語的이라 할 수 있다. 이러한 투박한 예수의 말에 수로보니게 여인은 불쾌감을 느끼기는커녕, 그것을 일단 수용하는 품위 있는 자세를 취한다. 그리고 바로 말한다: "주여! 옳소이다." 여기 주여에 해당되는 "퀴리오스κύριος"는 최고통치자로서 왕이나 인간이 아닌 하나님을 가리키는데 사용하는 단어이다. 이 여인이 이 말을 예수에게 호칭으로 썼다는 사실은 이 여인이 예수를 신적인 최고통치자로 여기고 있다는 것을 나타낸다. 이 "퀴리오스"라는 단어는 마가복음에 17회 사용되었지만, 한 사람이 예수에게 2인칭의 호격으로 사용한 용례는 오직 여기 한 군데밖에 없다. 마가의 예수는 유대인들에게는 퀴리오스(주님)로서 대접받지 못하였다. 오직 이방 지역에서 이방여자에게 퀴리오스로서 대접받았던 것이다.

"주님이시여! 옳습니다! 그러나 상 밑에 있는 개새끼도 아이들이 먹다 떨어뜨린 부스러기는 얻어 먹지 않습니까?"

품격높은 여인이 예수와 나누는 선문답

여기 "개새끼"는 "퀴나리온κυνάριον"이다. 작은 강아지를 나타낸다. 그리고 "부스러기"로 번역된 "프시키온φιχίον"은 "작은 조각"을 나타낸다. 그리고 "아이들"로 번역된 "파이디온παιδίον"은 어른이 아닌 "어리고 작은 아이"를 가리킨다. 여기 본문에 사용된 세 개의 명사들은 모두 매우 작은 것들을 가리킨다. 이 여인은 예수의 경멸이 섞인 언어를 전적으로 수용하고, 유대인이 자녀라고 한다면 이방인인 자신은 개에 불과하다는 것도 아무런 저항 없이 받아들인다. 왜? 이 여자의 관심은 그러한 아이덴티티 크라이시스에 있는 것이 아니라 오직 딸을 살려야겠다는 일념뿐이다. 다시 말해서 아상我相이 없는 것이다. 이스라엘의 자녀들이 식탁에 차려진 풍성한 음식을 먹는 것과 같이 하나님의 은혜를 마음껏 누린다고 한다면, 자신은 상에서 떨어진 부스러기와 같은 은혜라도 받아야겠다는 것이다. 극도의 겸손을 표현하면서 강하고 적극적인 신념을 표방하고 있다. 지혜로우며 품격이 높은 이 수로보니게여인은 자신의 강한 믿음을 매우 작은 것들을 가리키는 명사를 세 개씩이나 거듭 사용하면서 매우 겸손하게 표현하고, 딸의 쾌유를 간구하고 있는 것이다. 이 수로보니게여인이야말로 예수의 선문禪問에 선답禪答할 줄 알았던 것이다.

예수께서 가라사대, "이 말을 하였으니 돌아가라! 귀신이 네 딸에게서 나갔느니라."

진정한 선문답과도 같은 장면이다. 구질구질한 인과설명이 없다. 곧바로 "귀신이 네 딸에게서 나갔느니라" 하고 선언해버린다. 너무도 간결하고 직절直截하다. 예수는 이 여인의 집으로 가지 않았다. 시공을 초월한 "원격치료healing at a distance"를 행한 것이다. 예수의 원격치료는 이 사례가 유일한 것이다.

이 수로보니게여인은 즉시 집으로 돌아갔다. 본즉, 아이가 침상에 누워 있었다. 귀신은 나갔더라. "나갔더라"에 해당되는 "엑셀렐뤼도이ἐξεληλυθός"는 "엑세르코마이ἐξέρχομαι" 동사의 완료형 분사이다. 과거에 이미 끝나버린 동작의 결과가 현재 주어져 있는 상태를 나타낸다. 수로보니게여인이 집으로 돌아왔을 때는 귀신은 이미 떠나가 버렸다. 예수가 딸의 치유를 선언한 그 시간에 귀신은 떠나가 버렸던 것이다. "아이가 침상에 누워있더라"는 것은 귀신이 떠나갈 때 극심한 발작현상이 있었다는 것을 암시하고 있다. 최후의 발작 후에 정상적인 인간으로서 평온하게 누워있었던 것이다. 아이가 일어나앉아 방긋 웃고 있었다고 하는 것보다 리얼리티감각을 더 살린 기술이다. 이러한 선문답을 통해 유대인과 이방인의 거리는 좁혀지고 있었다.

갈릴리 동편으로 돌아오신 예수, 귀먹고 어눌한 자를 고치다
〈 마가 7:31~37 〉

31Then he returned from the region of Tyre, and went through Sidon to the Sea of Galilee, through the region of the Decapolis.

32And they brought to him a man who was deaf and had an impediment in his speech; and they besought him to lay his hand upon him.

33And taking him aside from the multitude privately, he put his fingers into his ears, and he spat and touched his tongue;

34and looking up to heaven, he sighed, and said to him, "Ephphatha," that is, "Be opened."

35And his ears were opened, his tongue was released, and he spoke plainly.

36And he charged them to tell no one; but the more he charged them, the more zealously they proclaimed it.

37And they were astonished beyond measure, saying, "He has done all things well; he even makes the deaf hear and the dumb speak."

31예수께서 다시 두로 지경에서 나와 시돈을 지나고 데가볼리 지경을 통과하여 갈릴리 호수에 이르시매

32사람들이 귀먹고 어눌語訥한 자를 데리고 예수께 나아와 안수하여 주시기를 간구하거늘

33예수께서 그 사람을 따로 데리고 무리를 떠나사 손가락을 그의 양 귀에 넣고 침 뱉아 그의 혀에 손을 대시며

34하늘을 우러러 탄식하시며 그에게 이르시되 에바다 하시니 이는 열리라는 뜻이라

35그의 귀가 열리고 혀의 맺힌 것이 곧 풀려 말이 분명하더라

36예수께서 저희에게 경계하사 아무에게라도 이르지 말라 하시되 경계하실수록 저희가 더욱 널리 전파하니

37사람들이 심히 놀라 가로되 그가 다 잘하였도다 귀머거리도 듣게 하고 벙어리도 말하게 한다 하니라

이방인 세계로의 진입

이방인의 세계에 있어서의 예수의 활동은 계속 확대되어 나가고 있다. 결국 그것은 갈릴리 동편 이방인 지역 호반에서 사천 명을 먹이는 기적에까지 연속된다.

도올의 마가복음 강해

사실 이방인 지역에서의 예수의 선교는 훨씬 생소하고 낯선 것이며 그 장벽을 뚫기가 쉽지 않다. 그러니까 수로보니게여인과의 선문답은 그러한 난관을 뚫고 나아가는 매우 정교한 의도가 숨어있는 것이다.

  뛰레에서 수로보니게여인의 딸을 고친 후, 예수는 시돈Sidon으로 올라갔다가, 거기서 데카폴리스 지역으로 남진하여 다시 갈릴리바다 동편으로 북상하였다는 것인데, 과연 마가가 이 지역의 정확한 지리적 감각을 가지고 이런 말을 하고 있는지는 알 수가 없다. 데카폴리스는 열 개의 폴리스로 구성된 매우 어드밴스드된, 헬라화된 문명 지역이며, 그것은 갈릴리바다에서 동남쪽으로 전개되는 광대한 지역이다. 그런데 시돈에서 데카폴리스까지는 엄청난 거리이다. 갈릴리에서 예루살렘으로 내려가는(보통 "올라간다"고 말한다) 거리보다도 두 배 이상 멀다. 그렇다면

뛰레에서 지중해 연안 따라 25마일 북상하면 시돈Sidon이 나온다. 이 도시는 이미 BC 6800~4000년 시기부터 번창한 고도로서 "가나안Canaan"이라는 말은 원래 이 지역을 두고 한 말이었다. 기원전 14~15세기에는 이집트 교역의 센터로서 막강한 페니키아 도시국가를 정립했다. BC 1200년경 필리스틴Philistines이 침공하면서 영향력이 줄기 시작했다. 예수가 이런 고문명의 센터를 배경으로 활약했다는 것(7:31)을 생각하면 예수를 "갈릴리촌놈"으로만 규정할 수는 없을 것이다. 내가 이 도시에서 인상 깊게 본 유적은 에슈몬신전the Temple of Eschmoun이다.

예수는 이방 지역을 엄청 넓게 다녔다는 얘기인데, 그 과정에서 일어난 일에 대한 설명은 전무하다. 31절 한 줄로 그 광대한 여행을 다 처리해버리고 있는 것이다. 이것은 『반야심경』 저자 못지 않은 마가의 축약법이다. 예수는 그 광대한 이방인 지역에서 많은 일을 했고 또 이적을 행하였을 것이다. 그러나 그것을 다 생략하고 갈릴리호수로 돌아와서 "귀먹고 어눌한 자"를 고친 사건 하나를 선택하여 이야기하고 있다.

마가드라마의 전체적 구성에서 보면 이적사건의 배열은 갈릴리사역시기에 몰려있다. 제자파송 이후 예루살렘을 향해 갈릴리 지역을 떠나는 시기까지를 갈릴리 후기사역으로 본다면 예수의 공공연한 이적행위는 이 후기사역시기에 몰려있다. 그것은 그가 예루살렘에 올라가서 성전을 뒤엎을 수 있는 혁명적 역량을 축적하는 과정이기도 하다. 광범위한 민중과의 소통이 없이는 베레아·유대지역에서 하나님나라를 선포할 수 있는 힘이 딸리기 때문이다. 그리고 예루살렘으로 향하는 순간 예수는 이미 수난Passion의 고행으로 접어든다. 그때에 이적을 행한다는 것은 넌센스다. 힘없고 나약한 인간으로서의 예수의 모습이 부각될 때 수난은 수난다워지는 것이다.

여기 "귀먹고 어눌한 자"를 공동번역은 "귀먹은 반벙어리"라고 했는데, 하여튼 개역이 더 정확한 뜻을 전달한다. 원어로는 "모길랄로스μογιλάλος"인데, 이것은 "어렵게"라는 뜻의 부사 "모기스μόγις"와 "말하다"는 뜻의 동사 "랄레오λαλέω"에서 유래된 말인데, 말하는데 어려움을 느끼는 상태를 가리킨다. "어눌하다" 정도가 좋은 표현인 것 같다. 나중에 "혀의 맺힌 것이 풀린다"고 말한 것을 보아도, 혀가 잘 안 돌아 제대로 표현을 못하는 것이지 완전 벙어리는 아닌 것 같다.

예수는 이 귀먹고 어눌한 자를 치료를 해주려고 했는데, 예수는 그를 무리로부터 격리시켜 따로 데려간다. 주석가들은 여러 해석을 내린다. 첫째, 환자와 개인적으로 인격적 관계를 나누기를 원했다. 둘째, 예수의 치유이적을 보고 무리가 흥분하여 또 다른 이적을 요구하는 부작용을 막기 위함이다. 셋째, 자신의 메시아 됨을 숨기시기 위해서이다. 넷째, 무리 가운데 호기심만 추구하는 자들을 피하기 위해서이다. 하여튼 이러저러한 이유가 있었을 것이나, 예수는 퍼스널 컨택을 원했고 그 치료과정을 민중에게 공개하고 싶지 않았다.

우선 이 사람은 완전 귀머거리래서 듣지를 못한다. 그러니까 주술적 언어를 통한 소통이 불가능하다. 그러니까 예수의 이적행위는 반드시 치료자와 피치료자 사이의 교감交感(Mutual Feeling)을 필요로 했던 것이다. 그러니까 그냥 멀리 서서, "네 믿음이 너를 구원하였다"든가, "일어나서 가라"라는 식의 명령이 불가능했다. 구체적 터치touch를 정확히 요구하는 작업이었다. 그런데 예수가 한 행위는 우리나라의 저급한 무당들이 하는 짓이나 하등의 다를 바가 없다: 손가락을 환자의 귓구멍에 넣었다가 빼서 그 손가락에 침을 뱉고, 침 묻은 손가락을 또다시 그의 혓바닥에 대고, 하늘을 우러러 "기를 받고," "열려라!" 하고 외치니 그의 귀가 열리고 혀가 풀렸다. 예수의 치료의 포인트는 역시 귓구멍에 있었다. "열려라"라는 것은 귓구멍이 열리는 것이다. 귀가 열리면 혀는 부수적으로 풀리게 마련이다. 그의 혀는 단지 어눌한 수준의 경직이었다.

중동지역 무속의 일환

한국의 신학자 허혁 교수가 내가 고려대학 철학과에 재학하고 있을 때, 고대 기독교학생회에 와서 성경강독을 하셨는데, 내가 참석해서 들은 기억이 있다. 그때 허혁 선생은 여기 "침 뱉아 혀에 대고" 운운하는 짓거리는 중동지역의 흔해빠진 무속의 일환일 뿐이며, 역사적 예수 또한 그러한 무당적 행위를 일삼은 특별한 인간일 수도 있다고 말씀하시며, 서구신학자들의 미화하는 발언이 모두 엉터리라고 일갈하시는 것을 들은 적이 있다.

원마가복음Ur-Markus의 주창자들은(현재 우리가 보고 있는 마가복음과 마태와 누가가 참고한 마가복음자료는 약간의 차이가 있다고 주장하는 독일신학자들의 가설. 마태 · 누가가 참고한 마가복음을 원마가복음이라 부르는데 그것은 아무래도 좀 더 소략했을 것이다. 원마가복음을 전사하는 과정에서 마태자료와 누가자료가 역수입되었을 가능성이 크다는 것이다) 원래 마가복음에는 이 귀먹고 어눌한 자의 치유일화는 없었다고 주장한다. 일리가 있는 주장이기도 하다. 그러나 이런 무당짓거리도 구약의 근사한 말들을 인용해 그 내재적 필연성을 주장하고 그 일화의 가치를 미화시킬 수 있다. 이사야 35:5~6에 말한다.

> 하나님께서 오시어 보복하시고 너희를 구원하신다.
> 그때에 소경은 눈을 뜨고
> 귀머거리는 귀가 열리리라.
> 그때에 절름발이는 사슴처럼 기뻐 뛰며
> 벙어리도 혀가 풀려 노래하리라(공동번역).

마가는 이러한 기적의 의미를 이방인 지역에서의 복음의 선포로서, 예수의 메시아적 활동의 증표로서 활용하고 있는 것이다.

사천 명을 먹이신 기적
〈 마가 8:1~10 〉

¹In those days, when again a great crowd had gathered, and they had nothing to eat, he called his disciples to him, and said to them,

²"I have compassion on the crowd, because they have been with me now three days, and have nothing to eat;

³and if I send them away hungry to their homes, they will faint on the way; and some of them have come a long way."

⁴And his disciples answered him, "How can one feed these men with bread here in the desert?"

⁵And he asked them, "How many loaves have you?" They said, "Seven."

⁶And he commanded the crowd to sit down on the ground; and he took the seven loaves, and having given thanks he broke them and gave them to his disciples to set before the people; and they set them before the crowd.

⁷And they had a few small fish; and having blessed them, he commanded that these also should be set before them.

⁸And they ate, and were satisfied; and they took up the broken pieces left over, seven baskets full.

⁹And there were about four thousand

¹그 즈음에 또 큰 무리가 있어 먹을 것이 없는지라 예수께서 제자들을 불러 이르시되

²내가 무리를 불쌍히 여기노라 저희가 나와 함께 있은지 이미 사흘이매 먹을 것이 없도다

³만일 내가 저희를 굶겨 집으로 보내면 길에서 기진氣盡하리라 그 중에는 멀리서 온 사람도 있느니라

⁴제자들이 대답하되 이 광야에서 어디서 떡을 얻어 이 사람들로 배부르게 할 수 있으리이까

⁵예수께서 물으시되 너희에게 떡 몇 개나 있느냐 가로되 일곱이로소이다 하거늘

⁶예수께서 무리를 명하사 땅에 앉게 하시고 떡 일곱 개를 가지사 축사祝謝하시고 떼어 제자들에게 주어 그 앞에 놓게 하시니 제자들이 무리 앞에 놓더라

⁷또 작은 생선 두어 마리가 있는지라 이에 축복祝福하시고 명하사 이것도 그 앞에 놓게 하시니

⁸배불리 먹고 남은 조각 일곱 광주리를 거두었으며

⁹사람은 약 사천 명이었더라 예수께서

people.
¹⁰And he sent them away; and
immediately he got into the boat with
his disciples, and went to the district of
Dalmanutha.

저희를 흩어 보내시고
¹⁰곧 제자들과 함께 배에 오르사 달마누
다 지방으로 가시니라

6장 5천 명 스토리, 8장의 4천 명 스토리

성경을 대충 읽는 사람들은 이 6장과 8장, 두 개의 이벤트를 별도의 사건으로 기억하지 못하는 사람들이 많다. 그도 그럴 것이 마가가 이 드라마를 만들었을 때는 분명 6장의 5천 명 스토리를 적당히 변형하여 만들었음에는 틀림이 없다. 즉 8장 4천 명은 6장 5천 명의 복사본임에는 틀림이 없다. 그러나 이 4천명설화는 5천명설화와는 뚜렷이 다르다. 우선 예수 본인이 나중에 8:19~20에서 말하는 것을 보면 분명 이 두 사건을 뚜렷이 다른 의미를 지니는 사건으로서 병치시켜 논하고 있다.

마가복음서 스토리상에서는 6장과 8장의 사이가 너무도 가깝지만 기실 시간적 추이로 볼 때는 이 두 사건은 상당한 거리감이 있다. 그리고 5천명사건은 유대인을 대상으로 한 것이지만 4천명사건은 이방인을 대상으로 한 것이다. 5천과 4천이라는 숫자의 대비나, 오병이어와 일곱 개의 떡, 그리고 12 광주리와 7 광주리의 대비는 유대인과 이방인의 대비를 상징하고 있다. 유대인의 심볼리즘에는 5, 12의 숫자가 쓰였고, 이방인의 심볼리즘에는 4, 7의 숫자가 쓰였다. 사도행전 6장에 정통 히브리사람들 외에 따로 이방인들Hellenists의 지도자를 세우는데 7명을 선출하는 장면이 있다. 그 장면에도 12와 7이라는 숫자가 대비되고 있다. 그러니까 4천명을 먹이시는 기적은 이방인세계에서 예수의 복음전파가 유대인세계 못지않게 자연스럽게 이루어지었음을 선포하는 것이다. 제자들도 먹을 것을 유대인에게나 이방인에게 차별 없이 나누어주는 것을 체험한다. 즉 그들이 앞으로 직면할 세계는 유대인과 이방인의 구분이 없는 보편적 세계라는 것을 상징하고 있는 것이다.

6절에 "축사祝謝하시고"는 원어가 "유카리스테오εὐχαριστέω"인데, "잘"을 의미하는 접두어 "유εὖ"와 "~에게 은혜를 베풀다"를 의미하는 동사 "카리조마χαρίζομαι"의 합성어이다. 그것은 문자 그대로 "은혜를 잊지 않고 기억하며 감사하다"다는 의미이다. 따라서 이 장면은 7개의 떡에게 "기를 불어넣는" 식의 무속적 제식이 아니라, 음식을 주신 하나님께 감사기도를 드리는 장면이다.

5천 명의 경우에는 제자들을 먼저 벳새다로 보내고 홀로 남아 무리를 해산시키는 수고를 하고 산기도를 했는데, 4천 명의 경우에는 제자들과 함께 4천 무리를 흩어 보낸다. 그만큼 무리들도 예수의 본뜻에 익숙해졌다는 것을 나타낸다. 그리고 제자들과 함께 배에 올라 달마누타Dalmanutha(달마누다)로 간다. 달마누타는 막달라 마리아의 고향 막달라Magdala의 일부를 가리키는 지명으로 알려져 있는데, 성경 전체를 통하여 여기에만 유일하게 나오고 있는 지명이다. 달마누타는 갈릴리 서편의 큰 도시인데 티베리아스 위에 있다. 그러니까 이번의 배여행은 갈릴리바다를 동쪽에서 서쪽으로 가장 멀리 중간을 가로지르는 여행이었지만 순탄한 뱃길이었다.

"달마누타 지방"으로 갔다는 뜻은 달마누타 지역 이곳저곳으로 다니면서 사역하였다는 것을 암시하고 있다. 이제 바리새인들이 또 등장하여 예수를 힐난한다.

바리새인들의 표적요구
〈 마가 8:11~13 〉

[11]The Pharisees came and began to argue with him, seeking from him a sign from heaven, to test him.
[12]And he sighed deeply in his spirit, and said, "Why does this generation seek a sign? Truly, I say to you, no sign shall be given to this generation."

[13]And he left them, and getting into the boat again he departed to the other side.

[11]바리새인들이 나와서 예수께 힐난詰難하며 그를 시험試驗하여 하늘로서 오는 표적表蹟을 구하거늘
[12]예수께서 마음속에 깊이 탄식하시며 가라사대 어찌하여 이 세대가 표적을 구하느냐 내가 진실로 너희에게 이르노니 이 세대에게 표적을 주시지 아니하리라 하시고
[13]저희를 떠나 다시 배에 올라 건너편으로 가시니라

여기서 말하는 표적, 세메이온

앞 단과의 연속선상에서 본다면, 이 바리새인들의 힐난은 달마누타 지방, 즉 갈릴리호수 서편지역에서 일어난 것이다. 바리새인들의 힐난은 여태까지의 예수의 기적행함보다 더 드라마틱한, 더 확실하게 검증될 수 있는 공적인 표적을 보여달라는 것이다. 여태까지 예수가 행한 기적에 대한 소문을 그들은 이미 들어 알고 있는 것이다. 그래서 그들은 예수를 통하여 드러나는 기적이 아닌, 직접적으로 "하늘로부터 오는 표적sēmeion apo tou ouranou"을 원하고 있는 것이다. 여기 하늘이라는 단어로 쓰인 "우라노스οὐρανός"는 물리적으로 허공, 천공, 스카이sky를 가리키는 말이다. 그러니까 "하늘로부터 오는 표적"은 "하나님으로부터 직접 오는"이라는 의미도 내포하겠지만, 예를 들자면 모세가 홍해를 가르는 그러한 행위를 요구하고 있는 것이다.

예수의 권능을 나타내는데 쓰이는 공관복음서의 단어는 "뒤나미스δύναμις"이다. 그러나 여기서 쓰인 단어는 "세메이온σημεῖον"이다. 이 "세메이온"은 "신적

인 권위의 외면화된 의심할 바 없는 증명"의 의미이다. 그리고 그것은 "시험한다 peirazō, πειράζω"는 맥락 속에서 등장하고 있다. 예수를 시험하기 위한 증표로서의 확고한 싸인을 원하는 것이다. 여기 쓰인 "페이라조"는 1:13에서 쓰인 단어와 동일하다. 즉 최초의 광야에서의 시험이라는 테마는 마귀와의 일시적 해후가 아니라, 끊임없이 예수의 내면을 괴롭힌 문제였다는 것을 알 수 있다.

예수를 시험하기 위하여 요구하는 "증표" 즉 "세메이온"을 그들의 요구대로 예수가 응한다면 그것은 진실로 마술사의 장난에 불과하다. 같은 말이라도 내가 진심에서 우러나올 때 하는 말과, 나를 고소한 자들에게 법적 근거를 대기 위하여 주워섬키는 말은 그 본질이 다르다.

예수가 자기를 시험하는 자들을 향해 깊게 탄식한다. 여기 "탄식한다"에 쓰인 말은 "아나스테나조ἀναστενάζω"인데, 가슴 밑바닥 깊은 곳으로부터 숨을 끌어올리는 것을 의미한다. 신약성서에서 단지 여기에만 쓰인 단어이다(아나+스테나조). 자기를 고소하는 비열한 인간들에 대한 깊은 실망과 비탄을 나타내는 단어이다. 예수는 말한다: "어찌하여 이 세대가 표적을 구하느뇨?" "이 세대"라는 것은 역사적 예수에게는 유대인 전체를 가리키는 말이었을 것이다.

예수는 또 말한다: "나는 이 세대에게 표적을 주지 아니 하리라!"

예수라는 실존 그 자체가 이미 기적

예수는 일관되게 그 자신의 권위를 입증하기 위하여, 자기 메시지의 진실성을 증명하기 위하여 기적을 행하는 것을 거부하였다. 예수는 자신의 권능을 메시아됨의 증명으로 생각하지 않았다. 여기에 바로 마가드라마의 위대성이 있는 것이다. 그의 메시아됨은 오직 십자가사건으로 드러나는 것이다. 브레데가 말하는 메시아의 비밀도 이러한 사태와 직결되어 있다. 기적을 행하면서 기적을 거부하는 예수의 아이러니야말로 예수를 예수답게 만드는 마가의 천재성이다. 예수는 자신의 권능의 과시를 위해 기적을 행한 적이 없다. 기적은 오로지 고통받는 인간들의 믿음에 의해 일어난 것이다. 예수는 증명을 필요로 하지 않는다. 예수는 기적을 행하지 않는다. 왜냐? 예수라는 실존 그 자체가 이미 기적이다. 그 기적을 통해 하나님의 나라(지배Reign)가 밝아오고 있을 뿐이다.

예수는 다시 배에 올라 건너편으로 간다. 갈릴리호수 서편 중간쯤에서 다시 동편 북방쪽에 있는 지역으로 가고 있는 것이다. 이토록 예수는 수없이 갈릴리호수를 지그재그로 왔다갔다 했다(이번이 6번째 항해이지만, 실제로는 더 많이 오갔을 것이다). 여기 "다시"를 뜻하는 단어는 "팔린πάλιν"인데, "유튀스εὐθὺς"와 마찬가지로 잠시도 쉬지 않고 바삐 움직이는 예수의 복음사역의 역동성을 보여주는 말이다.

갈릴리 해변, 산상수훈의 장소로 비정되는 곳.

도올의 마가복음 강해

바리새인의 누룩과 헤롯의 누룩을 주의하라
〈 마가 8:14~21 〉

[14]Now they had forgotten to bring bread; and they had only one loaf with them in the boat.

[15]And he cautioned them, saying, "Take heed, beware of the leaven of the Pharisees and the leaven of Herod."

[16]And they discussed it with one another, saying, "We have no bread."

[17]And being aware of it, Jesus said to them, Why do you discuss the fact that you have no bread? Do you not yet perceive or understand? Are your hearts hardened?

[18]Having eyes do you not see, and having ears do you not hear? And do you not remember?

[19]When I broke the five loaves for the five thousand, how many baskets full of broken pieces did you take up?" They said to him, "Twelve."

[20]"And the seven for the four thousand, how many baskets full of broken pieces did you take up?" And they said to him, "Seven."

[21]And he said to them, "Do you not yet understand?"

[14]제자들이 떡 가져오기를 잊었으매 배에 떡 한 개 밖에 저희에게 없더라

[15]예수께서 경계하여 가라사대 삼가 바리새인들의 누룩과 헤롯의 누룩을 주의하라 하신대

[16]제자들이 서로 의논하기를 이는 우리에게 떡이 없음이로다 하거늘

[17]예수께서 아시고 이르시되 너희가 어찌 떡이 없음으로 의논하느냐 아직도 알지 못하며 깨닫지 못하느냐 너희 마음이 둔하냐

[18]너희가 눈이 있어도 보지 못하며 귀가 있어도 듣지 못하느냐 또 기억지 못하느냐

[19]내가 떡 다섯 개를 오천명에게 떼어 줄 때에 조각 몇 바구니를 거두었더냐 가로되 열 둘이니이다

[20]또 일곱 개를 사천 명에게 떼어 줄 때에 조각 몇 광주리를 거두었더냐 가로되 일곱이니이다

[21]가라사대 아직도 깨닫지 못하느냐 하시니라

반야의 눈으로 꿰뚫어 보아라

자꾸만 주석이 늘어지고 있기 때문에 요점중심으로 정리하려고 한다. 나는 어

렸을 때 성경을 읽을 때부터 성경의 언어가 도무지 마음에 와닿질 않았다. 문화적 배경이 다른 데서 생겨난 단어들의 함의가 가슴에 전달이 안되기 때문이다. "바리새인들의 누룩과 헤롯의 누룩을 조심하라" 하는 말이 도대체 뭔 말인가? 누룩이란 무엇인가? 제자들의 "떡타령"과 예수의 누룩얘기는 도대체 뭔 관계가 있는가?

이 단의 대화는 달마누타 지방에서 다시 배를 타고 벳새다Bethsaida 지역으로 가는 배 안에서 일어난 대화이다. 5천명 먹이심 이후에는, 배를 타고 제자들이 먼저 갔고 그 후 예수가 캄캄한 새벽에 물위로 걸어서 따라간 일화가 있었다. 실상 여기 4천명 먹이심 이후에 배 위에서 예수와 제자간에 나눈 대화는 그 때의 주제와 연속선상에 있다. 물위를 걸어오는 예수를 유령인 줄 알고 소스라치게 놀라는 제자들, 오병이어로 5천 명을 먹이신 이적 직후임에도 불구하고 예수를 유령으로만 파악하는 그들의 멘탈리티에 깔려있는 것은 예수의 아이덴티티에 관한 몰인식, 믿음의 결여, 확신의 부족이다.

마찬가지로 여기서도 이들의(제자들의) 관심은 떡에만 있었다. 배고프면 굶주린다고 하는 물리적 사태, 그 물리적 인과에만 관심이 집중되어 있었다. 그런데 갑자기 예수는 그들을 경계하여 바리새인과 헤롯의 누룩을 조심하라고 말한다. 그들이 이 시점에서 관심을 가져야만 하는 것은 배고픔이 아니라 "누룩"이다.

"누룩"은 원어로 "쥐메ζύμη"이다. 쥐메는 밀가루반죽을 부풀어 오르게 만드는 효모leaven이다. 이 쥐메는 소량을 넣어도 밀가루반죽 전체에 영향을 주어 화학적 변화를 일으킨다. 유대인들은 이 효모를 좋은 의미로 쓰지 않고 침투성과 영향력이 강한 악의 상징적 매체로 간주한다. 사실 효모는 좋은 것인데 왜 이렇게 되었을까? 유목민들은 느긋하고 평온할 때는 당연히 효모를 넣어 빵을 만든다. 그러나 급히 이동해야 할 경우는 효모에 의한 발효과정을 기다릴 수 없다. 내가 생각하기에 효모는 이런 상황에 대비하여 부정적으로 인식된 것이다. 그래서 "무교병 unleavened bread"(효모 없는 빵)이 성스럽게 인식되기에 이른 것이다. 사실 유월절과 무교절은 다른 기원을 갖는 별도의 축제였다. 그런데 이 두 개의 축제는 하나로 결합되었다. 7일간 지속되는 무교절(7일간 무교병을 먹는다)의 첫날에 유월절의 제식이 행하여진다(니산14일 저녁에 양을 잡아 그 피를 문설주와 문 위 인방引枋에 뿌린다. 유대인들은 출애굽시기에 이러한 제식으로써 장자가 죽는 재앙을 피했다).

하여튼 여기 전 단과의 연속적 맥락에서 보면 예수가 "바리새인과 헤롯의 누룩"이라고 말한 것은 바리새인의 힐난의 내용과 연속되는 의미를 지니는 것으로 해석될 수밖에 없다. 여기 "헤롯의 누룩"은 "헤롯당의 누룩"으로 해석되어야 할 것이다. 헤롯당Herodians은 헤롯 안티파스를 추종하는 세력들이고, 특별한 종교적인 종파나 정치적인 당파를 의미하는 것은 아니었다. 그러나 헤롯왕가에 충성하는 영향력 있는 유대인들이었다.

"바리새인들의 누룩"이라고 하는 것은 예수의 행위를 정당화하기 위하여 하나님으로부터의 표적이 필요하다고 하는, 그러한 표적인증의 불신앙의 인식체계, 그러한 류의 생각을 지칭한 것이다. 그러한 생각은 효모처럼 타인에게 전파되기 쉽다고 간주한 것이다. 그래서 예수는 제자들에게 바리새인들이나 헤롯당원들이 범하는 것과 같은 오류를 범하지 말 것을 제자들에게 당부한 것이다. 여기 있는 나 예수가 바로 하나님의 아들이다. 나는 너희들과 같이 5천 명을 먹이며 열두 광주리를 거두었고, 또다시 4천 명을 먹이고도 일곱 광주리를 거두었다. 그런데도 너희들은 떡 한 개밖에 없어서 굶어죽게 생겼다고 걱정만 하고 있단 말이냐? 성령의 은혜가 쏟아지고 있는데 겨우 떡 한 개라는 물리적 조건에만 집착하고 있는 것이냐?

사실 여기 "떡 한 개One Loaf"의 상징성은 유대인과 이방인의 하나됨의 실현, 그리고 예수의 이적행위를 지배하는 모든 관념의 통일성을 상징하는 것이다. 제자들은 그 바쁜, 끊임없이 오간 수많은 여정들을 예수와 같이 했으면서도 그 의미를 깨닫지 못했고, 예수가 과연 누구인지, 예수의 아이덴티티를 전혀 파악하지 못했다. 이러한 완악함의 상태는 가이사랴 빌립보에서 예루살렘에 이르기까지, 십자가사건, 그리고 빈 무덤에 이르기까지 지속된다. 여기에 예수의 고독과 수난이 계속되고 있는 것이다.

예수는 애절하게 외친다: "너희들은 눈이 있어도 보지 못하느냐? 귀가 있어도 듣지 못하느냐? 또 있었던 사실을 기억조차 하지 못한단 말이냐?" 제일 마지막에 예수는 울부짖는다: "아직도 깨닫지 못하느냐?"

여기 "깨닫다"라는 말은 결국 불교에서 말하는 "깨달음," 즉 "대오大悟"와 크게 다르지 않다고 생각한다. 아직도 깨닫지 못하느냐? 이것은 역사적 예수가 주변의 사람들에게 끊임없이 되물었던 절규였던 것이다. 나를 알기 위해서 그래 표적이 필요하단 말이냐? 반야의 눈으로 꿰뚫어 보아라!

벳새다(베싸이다)에서 소경을 치유함
〈 마가 8:22~26 〉

²²And they came to Bethsaida. And some people brought to him a blind man, and begged him to touch him.
²³And he took the blind man by the hand, and led him out of the village; and when he had spit on his eyes and laid his hands upon him, he asked him, "Do you see anything?"
²⁴And he looked up and said, "I see men; but they look like trees, walking."

²⁵Then again he laid his hands upon his eyes; and he looked intently and was restored, and saw everything clearly.
²⁶And he sent him away to his home, saying, "Do not even enter the village."

²²벳새다에 이르매 사람들이 소경 하나를 데리고 예수께 나아와 손 대시기를 구하거늘
²³예수께서 소경의 손을 붙드시고 마을 밖으로 데리고 나가사 눈에 침을 뱉으시며 그에게 안수하시고 무엇이 보이느냐 물으시니

²⁴우러러보며 가로되 사람들이 보이나이다 나무 같은 것들의 걸어 가는 것을 보나이다 하거늘
²⁵이에 그 눈에 다시 안수하시매 저가 주목注目하여 보더니 나아서 만물을 밝히 보는지라
²⁶예수께서 그 사람을 집으로 보내시며 가라사대 마을에도 들어가지 말라 하시니라

우르마르쿠스Ur-Markus의 주창자들은 이 파편 역시, 7:32~37의 귀먹고 어눌한 자(deaf mute)의 고침과 함께 우르마르쿠스에는 없었던 파편이라고 주장한다. 7장과 8장의 이 두 파편은 4복음서 어디에도 없으며 오직 마가에만 나타난다. 마가를 미화시키기 위하여 후대의 못난 놈들이 장식적인 민담을 첨가한 것이라고 보는 것이다. 앞에서도 귓구멍에 손가락을 넣고 뺀 다음 거기에 침을 뱉어 또다시 혓바닥에 대고 운운, 여기서도 소경의 두 눈에 침을 바르고 손을 얹고 왈: "무엇이 좀 보이느냐?" 운운, 이런 짓거리를 두 번 반복하고나니 눈이 밝아지고 완전히 성해져 만물을 똑똑히 보게 되었다는 것이다.

요한복음 9장에 예수가 땅에 침을 뱉어 흙을 개어서 소경의 눈에 바른 다음 "실로암 연못으로 가서 씻어라" 하는 장면이 나온다(6~7절). 하여튼 "침을 바른다"고 하는 것이 팔레스타인지역 무당들의 흔한 푸닥거리의 한 양식이었다는 것을 알 수 있다. 이러한 미신적 신화가 사실의 체계와 혼효를 일으킴으로써, 그리고 이러한 불결한 무당짓거리가 예수 즉 하나님의 아들의 성스러운 행위로 미화되고 찬양됨으로써 인류역사에 끼친 해악은 이루 말할 수가 없다. 오늘날까지도 한국사회에서 신흥종교를 개창하여 인민을 미혹하고 싶어 안달하는 더러운 자들은 이러한 더러운 짓을 서슴치 않는다. 우리나라 역사에서 어떠한 성인도 침을 발라 사람을 고치는 기적을 행하였다는 소리를 발하지는 않는다. 우리 역사는 이미 그런 탈주술적 건강성은 이미 고조선시대로부터 확보한 것이다. 그런데 이러한 수준 낮은 기독교미신 때문에 또다시 민중들이 주술의 세계로 함몰되는 현상은 안타깝기 그지없다. 신학자 허혁 선생께서 말씀하셨듯이 이러한 미신은 정당화시킬 아무런 가치가 없다!

그러나 우리가 이것을 마가드라마의 오리지날한 배열의 한 파편으로서 시인할 때에는 그 드라마적 편집의 배경, 그 의미의 필연성을 추론해볼 수 있다. 귀먹고 어눌한 자의 경우는 그것은 이사야 선지의 메시아적 갈망의 예언에 부응하는 선포였으며 이방인과 유대인의 하나됨을 완성하는 하나의 증표로서 해석할 수 있었다면, 여기 베싸이다 소경의 치료는 제자들의 눈먼 상황, 완악하여 예수가 그리스도임을 보지 못하는 제자들에게 예수의 메시아적 권위를 드러내는 사건으로서 삽입되었다고 해석할 수도 있다.

21절에서 갈릴리바다 여행은 종료된다. 그리고 22절부터는 이미 예루살렘으로 향하는 새로운 여행이 시작되고 있는 것이다. 이 새로운 여행을 위해서는 반드시 여행자들이 모든 것을 똑똑히 바라볼 수 있는 눈을 가져야만 한다. 귀먹고 어눌한 자의 경우는 "듣는다-말한다"의 상징성이 있었다. 여기 베싸이다의 소경의 경우는 "본다"에 상징성이 있다. 관세음보살도 "관자재"의 보살이다. 즉 보는 것이

도올의 마가복음 강해

자유자재로운 보살이다. 어떻게 예수를 볼 수 없는 그들이 예수와 더불어 여행을 떠난단 말인가? 8:22부터는 마가의 드라마수법의 영화로 말하자면 "로드 무비"와 같은 수법이다. 계속 가면서 가면서 사건을 만난다. 그 첫 사건이 베싸이다 소경과의 해후이다. 베싸이다는 갈릴리바다로 흘러드는 북요단강의 동편으로 전개되고 있는 평원으로서 그곳은 대강 5천 명을 먹이신 곳 근방에 해당되는 곳이다.

여기서도 앞의 귀먹고 어눌한 자의 사례와 같이, 예수는 "격리"를 원한다. 예수는 직접 소경의 손을 잡고 마을 밖으로 데리고 나가서 그의 두 눈에 침을 바른다.

그리고 말한다: "무엇이 좀 보이느냐?" 그러자 소경은 눈을 뜨면서 말한다: "나무 같은 것이 보이는데 걸어다니는 걸 보니 아마 사람들인 것 같습니다."

여기에서 우리가 알 수 있는 결정적인 단서는 이 소경이 태생적인(헬렌 켈러와 같은) 소경이 아니라는 것이다. 일시적으로, 또는 후천적으로 꺼풀이 씌워져서 소경이 된 사람이라는 것이다. 두 번째로 다시 손을 대니, 그 사람이 "주목하여 보더라." 여기 쓰인 동사 "디아블레포διαβλέπω"는 "~을 통하여"라는 의미를 지닌 전치사 "디아διά"와 "보다"라는 의미를 지닌 동사 "블레포βλέπω"가 결합된 형태이다(신약성서에서 단 3회밖에 쓰이지 않았다. 마 7:5, 눅 6:42). 따라서 그 의미는 "사물을 꿰뚫어보다," "간파하다"는 뜻이다. 소경은 이제 완전히 회복된 눈으로 모든 사물의 실체를 분명히 볼 수 있게 회복된 것이다.

여기 "회복되었다"라는 의미의 맥락이 중요하다. 예수는 그의 가까운 팔로우어들이 예수를 제대로 꿰뚫어 볼 수 있기를 갈망하고 있는 것이다. 그러나 제자들은 예수를 보지 못했다. 점점 더 완악해질 뿐이었다. 이러한 맥락 속에서 가이사랴 빌립보에서의 그 유명한 예수-제자간의 대화가 등장하는 것이다.

베드로의 그리스도 고백
〈 마가 8:27~30 〉

[27]And Jesus went on with his disciples, to the villages of Caesarea Philippi; and on the way he asked his disciples, "Who do men say that I am?"
[28]And they told him, "John the Baptist; and others say, Elijah; and others one of the prophets."
[29]And he asked them, "But who do you say that I am?" Peter answered him, "You are the Christ."
[30]And he charged them to tell no one about him.

[27]예수와 제자들이 가이사랴 빌립보 여러 마을로 나가실새 노중路中에서 제자들에게 물어 가라사대 사람들이 나를 누구라고 하느냐
[28]여짜와 가로되 세례 요한이라 하고 더러는 엘리야, 더러는 선지자先知者 중의 하나라 하나이다
[29]또 물으시되 너희는 나를 누구라 하느냐 베드로가 대답하여 가로되 주는 그리스도시니이다 하매
[30]이에 자기의 일을 아무에게도 말하지 말라 경계하시고

가이사랴 빌립보의 역사

가이사랴 빌립보Caesarea Philippi는 헤르몬산Mt. Hermon의 만년설이 녹아내리는 그 남서쪽 기슭, 그 물이 북요단강 최북단 계곡으로 흘러 들어가는 해발 350m 평원에 위치하고 있다. 위도로 보면 뛰레Tyre와 거의 비슷한 높이이고 갈릴리호수 정북방 내륙으로 들어와 있는 지점이다. 나는 이스라엘 답사여행 중에서 가장 짙은 인상이 남는 곳으로 손꼽으라면 이곳을 꼽을 것 같다. 지금은 바니아스 자연보호구역Banias Nature Reserve으로 불리는데, 풍요로운 숲과 광활한 녹초지대가 전개되고 있다. 힘차게 흘러가는 물소리, 요단강의 주요 기점 중의 하나인 나흐르 바니아스 수원동굴The Spring Nahr Banias에서 콸콸 쏟아지는 물길이 아름다운 냇가를 형성하고 있는데 이스라엘 어느 곳에서도 보기 힘든 광경이다. 물이 얼마나 깨끗하고 차가운지, 그냥 냇물을 떠먹어도 속이 시원하다.

팔레스타인에서 보기드물게 풍요로운 녹지대, 냇물과 녹음방초가 우거진 가이사랴 빌립보. 예수의 즐거운 산보 길이었을 것이다.

　이곳을 "바니아스"라고 부르는 이유는 BC 3세기 초부터 AD 5세기에 이르기까지 이곳은 종교적 센터로서, 우리나라로 치면 대규모의 성황당이 있었던 곳이다. 구약시대에는 가나안 토착신인 바알가드Baal-gad(행운의 신)와 그의 아들 알리얀Aliyan이 모셔졌었고(모두 농경문화의 풍요, 다산과 관련 있다), 희랍시대에는 판Pan신을 모시는 동굴사당이 있었다. 판신은 목동의 신이며 양떼, 산록의 자연, 농악의 신이었으며, 님프들의 동반자이기도 하였다. 성교와 다산의 신이기도 하였다. 그래서 이 지역은 판에이온Paneion, Πανεῖον, 파네아스Paneas, 가이사랴 파네아스 Caesarea Paneas라는 이름으로 불리었다.

　폴리비우스Polybius(BC 208~125 c.: 헬레니즘시대의 역사가. 로마의 흥기를 기술)는 셀레우코스의 안티오쿠스대제Antiochus the Great가 BC 198년에 이곳에서 이집트 군대와 싸웠고 그 과정에서 유대와 사마리아의 지배권을 획득했다고 기술하고 있다. 그의 기술로 보아 BC 200년에 이곳에 판신의 성황당이 있었던 것이 분명

예수가 베드로, 그리고 여타 제자들과 함께 자신의 아이덴티티에 관해 토론을 벌인 바로 그 현장. 아우구스투스신전
과 판신전의 기단이 남아있다. 판신상의 벽감도 남아 있다. 가장 왼쪽에 깊은 바위동굴이 있는데 그곳에서 물이 철철 넘쳐
흘러나온다. 베드로는 그리스도 고백을 이 판신전 앞 계단 위에서 했다. 나의 『도마복음 한글역주』 제2권 p.281 참고.

424

하다. 그 뒤로 이 지역 서민들의 빠이빠이拜拜장소로 활용되었다. BC 20년에는 로마제국의 아우구스투스황제Caesar Augustus가 이 지역의 지배권을 헤롯대왕에게 넘긴다. 헤롯은 판신의 동굴 앞에 흰 대리석의 아름다운 신전을 지었다. 이 신전은 아우구스테움Augusteum이라고 이름 지어졌는데, 그것은 로마황제숭배의 기원a prototype을 이루는 조형물이 되었다.

헤롯이 죽고 난 후(BC 4년), 이 지역의 지배권은 그의 아들 필립에게 계승되었다. 필립은 4분영주의 한 사람으로서 BC 4년부터 AD 34년까지 이 지역을 지배했는데, 앞서 말한 대로 이 필립이 헤로디아스의 딸 살로메의 남편이다. 필립은 여기에 판신전을 중앙에 재건하고 화려하게 전체 지역을 아름다운 도시로 만들었다. 그리고 가이사랴 빌립보(필립)라고 다시 명명하였다. 그러니까 "가이사랴 빌립보"의 "가이사랴"는 당시의 로마황제였던 티베리우스를 가리키는 것이고, "빌립보"는 살로메의 남편 필립을 가리키는 것이다.

"가이사랴 빌립보"라는 이름은 헤롯대왕이 유대지역의 해변에 지어 옥타비아누스황제에게 바친 항구도시 "가이사랴 마리티마Caesarea Maritima"(바울이 2년 동안 감옥살이를 한 곳)와 구분해서 부르는 이름이기도 하다. 하여튼 예수의 예루살렘 여정의 기점이라고도 할 수 있는 이곳, 예수의 "그리스도"이심의 인간에 의한 최초의 고백이 이루어진 장소가 판신의 성황당이었다는 아이러니가 너무도 재미있다. 예수와 그의 제자들이 이곳에 왔을 당시에는 흰 대리석의 아우구스투스신전과 님프들의 벽감과 긴 계단이 있는 판신전이 엄존하고 있었다. 역사적 예수는 이러한 토착신앙에 대한 타부가 없었던 것으로 보인다.

구조적인 파라렐리즘

앞 단의 벳새다 소경치유의 설화와 이 베드로의 그리스도고백 설화 사이에는 구조적인 파라렐리즘이 성립하고 있다.

벳새다 소경치유의 설화		베드로의 그리스도고백 설화	
8:22	상황설명 ——— 상황설명		8:27
8:22~24	부분적인 개안 ——— 부분적인 이해		8:28
8:25	온전한 개안 ——— 온전한 이해		8:29
8:26	엠바고 ——— 침묵명령		8:30

　　마가의 드라마에 있어서 나타나는 이러한 구조적인 패턴은 결코 우발적인 것은 아닐 것이다. 소경의 눈을 뜨게 한다는 것은 예수의 메시아됨의 진정한 성격에 관하여 제자들이 눈을 뜬다는 것을 기대하게 만드는 상징적 장치라고 볼 수 있다. 그러나 마가의 드라마의 비극적 성격은 제자들의 이해가 결코 온전한 것이 아니었다는 것이다. 다시 말해서 이 파편만으로는 제자들의 이해의 수준을 알 수가 없다. 이 파편은 반드시 다음의 인자담론, 즉 수난에 대한 첫 번째 예고와의 연속성 속에서 이해되어야 한다. 결론부터 이야기하자면 베드로의 이해는 베싸이다의 소경이 눈을 뜬 것처럼 온전하지 않다. 소경이 눈을 뜨는 것은 오히려 쉬울 수도 있지만, 내면의 심안心眼이 온전히 개안되는 것은 쉽지 않다.

　　마태가 증보한 동일한 파편을 보면(마태 16:13~20), 베드로가 "주는 살아계신 하나님의 아들 그리스도이십니다"라고 대답하자, 예수는 너의 깨달음은 사람으로부터 온 것이 아니라 하늘에 계신 내 아버지로부터 온 것이니 복이 있다고 말하며, "너는 베드로이다. 내가 이 반석 위에 내 교회를 세우리니 죽음의 권세도 감히 그것을 누르지 못할 것이다"라고 아주 파이날한 인가認可를 선언한다. 다시 말해서 베드로의 그리스도 고백이 더할 수 없이 온전한 깨달음이며, 인간이 도달할 수 없는 신적 깨달음의 경지라는 것을 인정해주는 것이다.

불교식으로 말하면 대각大覺의 오도송을 인가해주는 셈이다. 그리고 "이 반석 위에 내 교회를 세울 것이다" 운운하는 것은 이미 예수운동의 단계를 벗어난 교회조직의 조직이권이 개입된 정치적 발언이라는 것을 짐작할 수 있다. 그러니까 후대의 교회조직에 있어서 베드로를 정통라인으로 내세우는 계파의 이권이 개입된 발언이라는 것을 쉽게 추측할 수 있다(실제로 로마교회는 이 베드로정통주의를 내세우며 그 권위를 입증했다. 베드로사원의 성립근거). 그러나 재미있는 것은 마가복음이라는 원형적 기술에는 일체 "교회ἐκκλησία" 운운하는 개구라도 없고, 베드로의 고백을 인간으로서는 도달하기 어려운 신적인 깨달음이라고 인가해주는 예수의 발언은 개코만큼도 없다.

마가라는 원복음의 진실성을 이런 장면에서도 규탄해볼 수 있다. 베드로의 고백은 생뚱맞은 것이었고, 설익은 것이었고, 적합치 않은 것이었다.

우선 예수가 제자들에게 자신의 아이덴티티에 관해 먼저 질문을 했다는 것은 매우 어색하다. 내가 누구라고 남들이 생각하느냐라는 질문을 예수 입장에서 제자들에게 던진다는 것은 좀 웃기는 질문방식이다. 크랜필드Charles Cranfield(1915~2015: 영국의 신학자. 감리교회 목사. 더햄대학 신학교수로 봉직. 마가복음 희랍어 주석을 냄)는 전통적인 유대인 방식은 반드시 그런 질문은 학생들이 랍비에게 던지는 것이지, 랍비가 학생들에게 자기존재에 관해 질문을 던지는 법은 없다고 단언한다. 내가 생각하기에는 마가의 드라마구조 속에서 이러한 대화방식은 헬레니즘의 영향을 나타낸다고 볼 수 있다. 플라톤이 구사하는 대화방식에서는 얼마든지 가능할 수 있을 것이다.

그런데 제일 어색한 것은 갑작스런 베드로의 대답이다. 밑도 끝도 없이 퉁명스럽게, "당신은 그리스도시니이다Σὺ εἶ ὁ Χριστός쉬 에이 호 크리스토스"(개역판은 "주는"이라 하였고 공동번역은 "선생님은"이라 하였지만 "쉬σύ"는 그런 의미가 없는 그냥 2인칭 대명사 "너" "당신"의 의미이다)라고 대답하는 것이다. 마가복음은 애초로부터 "하나님의 아들 예수 그리스도 복음의 시작"이라고 하여(1:1), 그리스도 복음의 성격을 선포하고 들어갔다. 그러나 여기에 이르기까지 쫓겨나는 귀신들만 예수의 정체를 알아보았지, 사람의 입에서 예수의 정체성이 그리스도 즉 하나님의 아들이라는 것을 고백한 사례는 이 베드로의 고백이 최초이다.

마지막 엠바고의 문제는 브레데의 메시아비밀의 가설과 무관하게 베드로나 제자들의 예수인식이 정확하냐 부정확하냐에 따라 그 의미맥락이 결정될 수 있다. 제자들의 예수인식이 진실한 것일 경우에도 함부로 타인에게 떠벌이지 말라고 주의를 줄 수 있는 것이고, 예수인식이 부정확하거나 미흡하거나 할 경우에는 더 더욱 그러한 틀린 인식을 남에게 전하지 말라고 주의를 줄 수 있는 것이다. 그러나 여기 전후맥락으로 볼 때, 엠바고의 참된 의미는 마가의 경우 후자의 상황인 것이 명백하다. 제자들의 예수인식이 엉터리인 것이다.

우선 "당신은 그리스도이십니다"라는 말이 지금 한국의 기독교도들에게는 매우 그럴듯하게 들리겠지만, 만약 당시 이 말이 헬레니즘문화권에서 희랍어로 얘기되었다고 한다면 아무도 그 의미를 캣치하지 못했을 것이다. 희랍어로 "크리스토스Χριστός"라는 것은 "기름부음을 받은 자"라는 의미로서 히브리말의 "메시아"라는 단어의 의미를 의역한 것인데, 전혀 그 오리지날한 의미맥락이 전달되지 않는다. 희랍어로 "크리스토스"는 그냥 "기름부음을 받은 자"일 뿐이므로, 유대 종교적 배경이 전무한 보통사람에게 그것은 그냥 "기름을 뒤집어쓴 자"일 뿐이므로 매우 불결한 꼬락서니의 인간이 되고 만다. 끈적끈적한 오일을 뒤집어쓴다는 것은 매우 불결하고 기분나쁜 일이다. 버튼 맥Burton L. Mack은 말한다:

> 희랍어에서 그 말은 "더럽게 도말되었다"든가 "기름 또는 연고로 발랐다"든가 하는 매우 일상적인 형용사 이상의 아무런 의미도 갖지 않았다. 그것은 하나의 독립된 이름으로서 쓰인 적이 없다. 희랍어문화권 내에서 그 말은 아무런 특별한 함의를 갖지 않았다. *The Last Gospel*, p.216.

도올의 마가복음 강해

그러니까 "크리스토스"가 우리가 말하는 "그리스도"가 되는 과정이란 "그리스도 신화Christ Myth"를 창출해나간 그룹에 의하여 끊임없이 그 단어에 특별한 의미를 부여하는 작위적 노력이 있고난 다음에 가능한 것이었다. 원래 예수운동을 벌여나간 사람들에게 있어서 예수의 핵심적 위상은 "천국운동The Kingdom of God Movement"에 있었다. 그런데 천국운동은 이 세상을 천국화하는 과정이었으므로 메시아의 존재를 요청하지 않았다. 그러나 종교적인 배경을 가진 인간들에게 그리스도 컬트가 일단 도입되게 되면 그들은 자신들의 정체성을 그리스도로서의 예수가 현재적으로 지배하고 있는 세계의 주체적 회중으로서 규정하게 된다. 그들에게 그리스도는 하나님의 다른 이름이 되고 만다. 그들의 공동체를 지배하는 권리를 지닌 신으로서 예수의 위상이 공고화되고 그에 따른 많은 새로운 논리가 개발된다.

그러한 논리 중의 하나가 "그리스도는 우리를 위하여 죽으시었다Christ died for us."라는 명제 같은 것인데, 이때 "우리"는 당연히 "기독교인들의 회중The congregation of Christians"을 의미한다. 그러나 역사적 예수사건과 기독교인들의 회중의 성립사건 사이에는 엄청난 시간 갭이 있다. 후대에 성립한 기독교인들을 위하여 그들과 무관했던 예수 그리스도가 죽었다는 것은 넌센스가 되고 만다. 하여튼 성서의 언어는 시간성을 집어넣고 보면 모든 것이 뒤죽박죽이 되고 만다.

"기름부음을 받은 자"라는 것은 유대교전통에 있어서 하나님의 권능의 대행자로서 하나님으로부터 인가認可를 받는 행위의 상징체계이다. 아론이 대제사장으로서(출애굽 29:7, 21) 기름부음을 받는다든가, 사울이(사무엘 상 10:1, 6) 그리고 다윗이(사무엘 상 16:13, 사무엘 하 1:14, 16) 신권의 대행자인 왕으로서 기름부음을 받는다는 것은 유대인들에게는 친숙한 심볼리즘이다(우리 어머니가 꾼 장형의 태몽이 기름배급을 받으라고 줄을 서 있는데 엄마의 바가지에만 기름이 철철 넘치는 것이었다고 한다. 한국인의 무의식에까지 유대교의 심볼리즘이 전염되는 한 사례라 볼 수 있다). 기름부음을 받는다는 것은 하나님에 의하여 선택되었다는 것과, 하나님이 부과하는 과업을 성취할 수 있는 권능을 부여받는다는 것을 의미했다. 실제적으로 기름부음은 왕이 없었던 유대민족이 왕을 모시기를 갈망했던 그런 분위기 속에서, "왕 세우기"를 상징하는 사건이었으므로 그것은 다분 정치적인 맥락을 내포한다. 하나님께서 당신의 백성을 구원하고 정의로운 왕국을 세울 수 있도록 자질을 갖춘 이상적 군주를 선택하고 기름을 붓고 그 권능을 부여하는 전체행위를 지칭하는 것이었다.

다윗과 솔로몬의 영광을 회복한다는 민족주의적, 정치적 맥락이 "그리스도" 즉 "메시아"(그리스도는 메시아의 희랍어번역일 뿐이다)라는 타이틀에는 항상 깔려있다. 그런데 예수는 이러한 민족주의적·정치적 좁은 맥락의 "그리스도"라는 정체성, 즉 그러한 "아상我相"이 없었던 인간이었다. "그리스도"라는 말은 마가복음에 전부 7번 나타나는데, 그 중에서 단지 3번만 예수의 입술 속에서 나오고 있다(9:41, 12:35, 13:21). 그렇지만 이 3번조차도 예수 자신이 본인을 지칭하는 타이틀로서 사용하지 않았다. 그렇다고 마가의 예수에게 메시아로서의 자기인식이 없었다는 것을 말하려는 것은 아니다.

예수의 메시아상과 베드로의 메시아상은 너무도 달랐던 것이다. 베드로의 메시아상은 구약의 이상적 군주로서의 민족주의적 대망의 대상이었다. 예수는 철저히 자기부정적인 대승적 무아無我anātman의 메시아였다. 이러한 극적인 차이가 이어지는 대화에서 극명하게 드러난다.

도올의 마가복음 강해

수난에 대한 첫 번째 예고
〈 마가 8:31~9:1 〉

CHAPTER 8

³¹And he began to teach them that the Son of man must suffer many things, and be rejected by the elders and the chief priests and the scribes, and be killed, and after three days rise again.

³²And he said this plainly. And Peter took him, and began to rebuke him.

³³But turning and seeing his disciples, he rebuked Peter, and said, "Get behind me, Satan! For you are not on the side of God, but of men."

³⁴And he called to him the multitude with his disciples, and said to them, "If any man would come after me, let him deny himself and take up his cross and follow me.

³⁵For whoever would save his life will lose it; and whoever loses his life for my sake and the gospel's will save it.

³⁶For what does it profit a man, to gain the whole world and forfeit his life?

³⁷For what can a man give in return for his life?

³⁸For whoever is ashamed of me and of my words in this adulterous and sinful generation, of him will the Son of man also be ashamed, when he comes in the glory of his Father with the holy

제 8 장

³¹인자人子가 많은 고난을 받고 장로들과 대제사장들과 서기관들에게 버린바 되어 죽임을 당하고 사흘만에 살아나야 할것을 비로소 저희에게 가르치시되

³²드러내놓고 이 말씀을 하시니 베드로가 예수를 붙들고 간諫하매

³³예수께서 돌이키사 제자들을 보시며 베드로를 꾸짖어 가라사대 사단아 내 뒤로 물러가라 네가 하나님의 일을 생각지 아니하고 도리어 사람의 일을 생각하는도다 하시고

³⁴무리와 제자들을 불러 이르시되 아무든지 나를 따라 오려거든 자기自己를 부인否認하고 자기自己 십자가十字架를 지고 나를 좇을 것이니라

³⁵누구든지 제 목숨을 구원코자 하면 잃을 것이요 누구든지 나와 복음福音을 위하여 제 목숨을 잃으면 구원하리라

³⁶사람이 만일 온 천하를 얻고도 제 목숨을 잃으면 무엇이 유익하리요

³⁷사람이 무엇을 주고 제 목숨을 바꾸겠느냐

³⁸누구든지 이 음란하고 죄 많은 세대에서 나와 내 말을 부끄러워하면 인자도 아버지의 영광으로 거룩한 천사들과 함께 올 때에 그 사람을 부끄러워하리라

angels."

CHAPTER 9

[1]And he said to them, "Truly, I say to you, there are some standing here who will not taste death before they see that the kingdom of God has come with power."

제 9 장

[1]또 저희에게 이르시되 내가 진실로 너희에게 이르노니 여기 섰는 사람 중에 죽기 전에 하나님의 나라가 권능權能으로 임臨하는 것을 볼 자들도 있느니라 하시니라

수난이란 무엇인가?

마가의 예수드라마의 핵심은 "수난Passion"이다. 마가가 예수의 일생을 "수난"의 일생으로 그렸기 때문에 오늘날까지 기독교가 인류보편의 생명력을 지니는 고등종교로서의 위상을 갖게 된 것이다.

그런데 "수난"이란 무엇인가? 수난이란 "고난"이다. 고난이란 무엇인가? 고난이란 자기부정이 없이는 이루어지지 않는다. 자기부정이란 대의에 대한 헌신이 없이 이루어지지 않는다. 기독교는 문제가 많지만 이러한 요소들을 골고루 갖추고 있어서 오늘날까지도 고등한 종교로서의 해석의 여지를 남기고 있는 것이다. 나는 그 핵심적 메시지를 바로 이 단락에서 읽는다. 이 단락의 메시지야말로 마가라는 복음서 작가의 철학적 핵심을 표방하고 있는 것이다.

인자담론

이 단락은 "사람의 아들"이라는 말로 시작한다. 옛 성서번역이 이 말을 한문투로 "인자人子"라고 하였기 때문에, 우리 어렸을 때 신학적으로 이러한 대화를 "인자담론"이라고 불렀다. 즉 인자를 주어로 해서 전개되는 담론이라는 뜻이다. 그러니까 "사람의 아들"과 "인자人子"는 완벽하게 동일한 말이다. 그런데 내가 신학대학 다닐 때만 해도 이 인자담론은 "종말론적 담론"과 등식이 성립하는 것

처럼 얘기되었다. 다시 말해서 종말론적 담화를 발표할 때, 다시 말해서 수난이나 죽음, 그리고 부활 같은 것을 얘기할 때만 예수가 "인자"라는 말을 주어로 썼다는 것이다. 그래서 "인자"라는 말 자체에 어떤 독자적인, 특별한 묵시적 내용이 담겨 있다고 보았던 것이다. 다시 말해서 "인자"라는 말 자체에 "메시아"적 의미가 담겨져 있다고 본 것이다.

그래서 "인자"의 의미를 구약의 비슷한 용례(다니엘 7:13)와의 관련 속에서 맥락적으로 규명하려고 노력하곤 했다. 그러나 한번 평심하게 생각해보라! 어찌하여 "사람의 아들"이라는 말이 묵시론적 · 종말론적 의미를 띨 수 있는가? 그리고 예수의 말을 예수의 말 그 자체로서 분석하는 것이 옳지, 그것을 반드시 구약의 용례에 의거하여 의미론적 맥락을 규정하는 것이 과연 타당할 것인가? 구약의 용례는 히브리적 사유 속에서 성립한 것이고(다니엘서가 원래 아람어로 쓰였다는 주장도 있다). 예수의 언어는 아람어였으며 구약의 묵시문학적 사유체계와는 거리가 멀었다. 예수의 언어는 예수 당대 아람어의 관용구적 의미 속에서 독립적으로 이해하는 것이 옳다.

인자라는 표현은 신약성서에 86회 출현하는데 공관복음서에 69회, 요한복음서에 13회, 기타에 4회 나온다(마태 30, 마가 14, 누가 25, 요한 13, 행전 1, 히브리 1, 계시록 2). 공관복음서의 중복되는 사례를 간추리면, 다른 상황의 예수의 말의 용례는 결국 51회가 되는데 그 중의 오리지날한 핵은 마가의 14회와 큐자료의 10회라고 볼 수 있다.

"인자" 즉 "호 휘오스 투 안트로푸ho huios tou anthrōpou"(사람의 아들)는 예수의 입술에서만 떨어지는 말이다. 다시 말해서 그것은 예수의 로기온자료 속에서 예수가 누구를 지칭하는 대명사적 의미로서만 쓰이는 말이다. 그런데 "호 휘오스 ό υίός"의 "호"는 정관사이다. "그 사람의 아들"이다. 특정한 대상에 한정되는 칭호이지 막연한 일반적 지칭이 아니다. 누구를 가리키는가? "인자"는 예수가 반드시 자기를 가리킬 때만 특정적으로 쓰는 말이다. 예수가 자기를 "나"라고 표현하지 않고 "그 사람의 아들"(혹은 사람의 그 아들)이라고 표현하는 것은 일종의 완곡어법circumlocution이라는 것을 알 수 있다.

인자의 아람어 표현

희랍어 자체로서 "호 휘오스 투 안트로푸"는 "사람의 아들"이라는 평범한 뜻 이외에 별다른 특별한 의미를 전달하지 않는다. 그것은 "바르 에나쉬−바르 나쉬 *bar'enash-bar nash, son of man* "(또는 바르 에나샤−바르 나샤*bar'enasha-bar nasha, the son of man*: 그러니까 괄호 속의 표현이 정관사적 표현이다)라는 아람어에 해당되는 희랍어적 표현일 뿐이다. 그것은 자기를 가리키는 에두른 표현인 동시에 특별한 상황을 강조하는 완곡어법이다. 그러니까 예수에게서 자신의 수난이나 죽음을 예언하는 말투는 당연히 특별한 상황임을 나타내는 어법을 쓸 것이 당연하다. 그러니까 내가 말하려고 하는 것은 "인자"라는 말 자체에 특별한 종말론적 의미가 선험적으로 배어있는 것은 아니라는 것이다. 단순히 심각한 실존적 결단이나 수난의 예언을 나타내는 말을 할 때 평범한 1인칭을 쓰지 않고 3인칭적인 표현으로 에두르는 것이, 당시 아람어를 사용하는 사람들의 관용구적인 습관이었다는 것이다.

자아! 이제 선거철이 다가오고 있다. 다음의 두 유세객의 연설을 비교해보자!

"여러분! 나를 믿으십시오. 나는 목숨을 걸고 개혁을 완수하겠습니다."

"여러분! 이 사람을 믿어주십시오. 이 사람은 목숨을 걸고 개혁을 완수
하겠습니다."

역시 전자보다는 후자의 방식이 더 설득력이 있다. "나" 대신에 "이 사람" "여러분의 일꾼" 등으로 표현을 바꾸면 보다 성실하고 포괄적인 함의를 지니게 된다. "I" 대신에 "Sincerely yours"(성실한 그대의 벗)이라고 하는 영어적 표현도 마

찬가지다. "내가 죽으리라" 대신에 "이 사람이 고난을 당하고 십자가에 못박히리라"라는 식으로 말하는 것은 뭐 대단한 의미가 있는 것이 아니라 아람어의 관용구적 완곡어법에 불과한 것이다.

인자는 종말론적 담론에 국한되지 않는다

인자가 반드시 종말론적 담론에만 쓰였다는 것도 넌센스에 지나지 않는다. 마가의 기존의 용법을 살펴보자! 이미 제2장에서 지붕을 뜯어 상에 눕힌 중풍병환자를 달아내렸을 때 예수는 그 중풍병자에게 "네 상을 가지고 집으로 가라"고 외친다. 이것은, 다니엘서가 국가 대 국가의 정치적 지배를 예언하고 있는 것과는 달리, 인간 예수가 죄를 사할 수 있는 신적인 권능을 소유하고 있음을 나타내주는 강력한 선포의 주체로서의 "인자"를 말하고 있는 것이다: "인자가 땅에서 죄를 사하는 권세가 있는 줄을 너희도 알게 하려 하노라!"(2:10). 그리고 또 말한다: "안식일이 사람을 위하여 있는 것이지, 사람이 안식일을 위하여 있는 것이 아니다. 따라서 인자는 안식일의 주인이니라." 이것을 우리 현대말로 고치면 바로 이러하다: "이 사람이야말로 안식일의 주인이다." 이 사람이 안식일의 주인이기 때문에 모든 사람이 안식일의 주인일 수 있는 것이다. 인간이 종교적 율법을 위하여 존재할 수는 없는 것이다. "인자"라는 말은 인간 예수의 정체성을 나타내주는 강력한 표현이다.

마가에는 나타나지 않지만, 마태, 누가에 공통으로 나타나는(Q자료에 속함) 예수의 독백으로 이런 말이 있다: "여우도 굴이 있고 공중의 새도 둥지가 있으되 오직 인자는 머리를 누일 곳도 없다"(마 8:20, 눅 9:58). 여기 쓰여진 내용은 실제로 앞뒤의 맥락이 없는 단편이다. 누가와 마태는 그 큐자료에다가 억지로 그 로기온자료를 의미있게 만드는 정황을 설정해놓고 있다. 그러나 이것은 예수의 실존적 고독 existential loneliness을 나타내는 뼈아픈 독백일 것이다. 이러한 고통스러운 신세한탄을 할 때에도 예수는 "이 사람은 머리 누일 곳조차 없다"라고 에두르는 주어를 썼다.

인자는 예수의 짙은 삶의 센티멘츠를 나타내는 아람어적 표현

"인자"는 예수의 짙은 삶의 센티멘츠를 나타내는 아람어적 표현이지 종말론적 담론의 주어는 아니다. 그런데 재미있는 사실은 상기의 큐자료가 정확하게 일치하는 형태로 도마복음서에 나온다는 사실이다(도마복음 제86장). 큐자료나 도마복음서나 모두 마가 이전의 말씀자료이다. 그러니까 마가가 복음서라는 매우 종합적인 문학장르를 창조하기 이전에 이미 단행본으로서 존재했던 자료들이다. 이 사실은 무엇을 의미하는가? "인자"라는 표현은 결코 마가라는 복음서기자의 창안이 아니며, 살아있는 역사적 예수의 자기표현의 한 양식이었다는 엄연한 사실을 말해주는 것이다.

인자가 쓰여진 맥락: 1) 지상사역 2) 수난담론 3) 묵시록적 담론

인자가 쓰여진 맥락은 크게 나누어 세 종류가 있다. 그 첫째는 지상에서의 그의 사역에 관한 담론Earthly-Ministry Sayings이고, 둘째는 수난에 관한 담론Suffering Sayings and Passion Predictions이고, 셋째는 끝날에 관한 담론, 즉 묵시록적 담론 Apocalyptic Sayings이다. 공관복음서에 나타나는 횟수는 다음과 같다.

성격 복음서	목회담론	수난담론	종말담론
마가	3	9	3
마태	7	10	13
누가	7	7	11

결론적으로 인자는 예수의 자기인식self-portrait이 어디까지나 "사람"에 있었다는 것을 나타낸다. 그러나 동시에 "그 사람"의 유니크한 성격을 드러내고 있다. 죄를 사할 수 있는 유일한 사람이라는 자기인식(a unique man like me), 안식일의 주인이 곧 나라고 선포할 수 있는 초월적 결단의 앙가쥬망이 인자에는 배어있는 것

이다. 그러면서도 그 사람은 너무도 고독하다. 인간과 초인간의 양면이 이 "인자" 라는 자기인식에는 융합되어 있다고 할 것이다.

"사람의 아들"(이 사람은)은 반드시 고난을 받는다. 장로들과 대제사장들과 서 기관들에게 배척을 당하여 그들의 손에 죽었다가 사흘만에 다시 살아난다(31절). 여기 이미 수난과 죽음과 부활이 명료하게 제시되어 있다. 마가복음이라는 드라 마가 16:8의 "빈 무덤"으로 대미를 장식한다 해도 이미 부활의 예언이 여기 명료 하게 제시되고 있는 것이다. 다시 말해서 빈 무덤으로 끝난다 해도, 그 "빔"은 부활 로 충만된 "빔"이라는 것이다. 마가에서 예수의 입에서 나오는 이 수난−부활의 예언passion-resurrection prediction은 3번 반복해서 나타나고 있으며, 또 이 장면들 은 그 나름대로 의미있게 배열된 것이다. 그리고 이 예언들은 특정한 인물들을 대상으로 하고 있는 것이다. 과연 특정한 인물들이란 누구를 가리키는가?

수난예언의 대상

첫 번째는 바로 우리가 목격하고 있는 이 장면, 가이사랴 빌립보에서 말씀하신 것이다. 그런데 여기서의 대상이란 명백히 제자그룹이지만, 그 제자라는 그룹이 명료하게 제한되어 있질 않다. "무리와 제자들the multitude with his disciples, τὸν ὄχλον σὺν τοῖς μαθηταῖς αὐτοῦ"이라는 표현이 말해주듯이 제자를 포함한 다중, 즉 오클로스를 향해 말한 것이다.

두 번째는, 예수가 헤롯 필립의 영역을 떠나 예루살렘으로 가는 길에 갈릴리 지 역을 경유하지 않을 수 없었던 상황에서 제자들에게 말씀하신다: "인자가 사람들 의 손에 넘기워 죽임을 당하고 죽은 지 삼일 만에 살아나리라"(9:31). 그리고는 제자들을 따로 불러 자신의 수난의 의미를 해설해준다(9:35).

세 번째는 예루살렘으로 올라가는 길, 입성을 앞둔 매우 긴박한 상황에서 예수 는 순례자들과 같이 길을 걷다가, 오직 12제자만을 따로 불러 매우 구체적으로 자기가 곧 당하게 될 일들을 말한다(10:33~34): "우리는 지금 예루살렘으로 올라가는 길이다. 거기에서 인자는 대제사장들과 서기관들의 손에 넘어가 사형선고를 받고 다시 이방인의 손에 넘어갈 것이다. 그러면 인자를 조롱하고 침뱉고 채찍질하고 마침내 죽일 것이다. 그러나 인자는 사흘 만에 다시 살아날 것이다."

다시 말해서 예수의 수난-부활예언은 일반민중을 향한 것이 아니라 열두 제자를 향해 말한 것이며, 그 상황의 긴박성이나 내용의 강도가 점점 강렬해지고 있다는 것을 알 수 있다. 세 번째 예언은 매우 구체적으로 능욕하고, 침뱉으며, 채찍질하고, 마침내 죽일 것이다ἀποκτενοῦσιν라고 그 참상을 형용하고 있다(예언에 십자가형 얘기는 나타나지 않는다).

예루살렘을 향한 수난의 행보는 이미 시작되었다

예수의 수난이라는 것은 예루살렘에 가는 행위가 없이는 일어날 수 없다. 예루살렘은 마가드라마에 있어서 기존의 모든 종교적·정치적 하이어라키의 정상頂上을 상징하는 권위질서이다. 예수는 갈릴리라는 시골스러운 풍토에서 민중과 더불어 쌓아올린 전혀 이질적인 천국운동의 성과를 바탕으로 그 정상의 권위체계를 무너뜨리려하고 있는 것이다. 이것은 명백히 반역이요, 혁명이요, 새로운 하나님 나라 질서의 과시이다. 새로운 하늘의 다스림의 땅에서의 실현인 것이다.

이러한 반역과 혁명은 반드시 수난을 전제로 하는 것이요, 본인의 고통스러운 죽음을 필연적으로 만드는 것이다. 이것은 진실로 한 개인의 입장에서 본다면 공포스러운 것이요, 구체적으로 육신의 참을 수 없는 고통이 수반되는 것이다. 육신이 소멸되는 고통스러운 과정을 감내해야만 하는 것이다. 아무리 "다시 살아난다"라고 하는 전제가 있다 할지라도, 그것은 신념일 뿐, "죽음," 그것도 "반역도로서 처형된다"라고 하는 처참한 형벌의 과정은 일차적으로 끔찍한 수난일 수밖에 없다. 우리는 복음서를 읽을 때, 예수 그 인간의 드라마를 읽지 않고, 하나님의 아들이라는 전제하에서 그의 신적인 권능과 초인적인 능력만을 생각하며 그냥 신화적으로 읽어내려가기 일쑤다.

　예루살렘을 향한 예수의 행보는 이미 시작되었다. 레닌이 페트로그라드로 입성할 때에는 아들의 질병 때문에 요승 라스푸틴의 광란에 홀린 차르 니콜라이 2세의 무능과 오판, 그리고 처참한 패전으로 이미 기존의 모든 하이어라키가 무너진 상태였으며, 레닌의 공산혁명을 수용할 수 있는 민중적 기반이 형성되어 있었다. 그러나 예수가 가려고 하는 예루살렘은 강고한 종교적 하이어라키가 권위를 지니고 엄존했고, 또 성전의 권위가 로마제국의 정치권력과 결탁되어 있었다. 예수의 반역은 "조롱거리"로 밖에는 여겨질 수 없는 미미한 이벤트에 불과했다. 레닌은 32명의 혁명 망명자들과 함께 독일제국이 마련해준 열차를 타고 입성했지만, 예수는 빈약하고 무지스러운 시골어부출신의(또는 그러한 미천한 신분의) 12제자와 함께 예루살렘을 향해 터덜터덜 걸어가고 있었다.

　역사적 예수가 과연 예루살렘을 갔을까? 그리고 성전을 뒤엎었을까? Who knows? 사실 그러한 문제를 사실의 여부로서 묻는다면 대답할 사람은 아무도 없다. 그러나 최소한 마가드라마 속의 예수는 예루살렘을 향해 가야만 한다. 그리고 수난과 부활의 여로를 완성해야만 한다. 예루살렘을 간다는 것은 그의 말대로 능욕을 당하고, 침뱉음을 당하며, 채찍질을 당하며, 끝내 목숨을 잃는 것을 의미하는 것이다. 이 처참한 고난의 행군을 이해해주는 사람이 없다. 예루살렘을 향해 다가가면 갈수록 인간 예수의 고뇌는 깊어만 간다. 과연 어떠한 일이 일어날 것인가? 과연 나는 하나님의 아들인가? 그러기에 이러한 고난을 수용해야 하는 것일까? 그는 예루살렘을 향해 가면 갈수록 최소한 그의 열두 제자들만이라도 이 고난의 참상, 그 실상의 본질을 이해해주기를 바랬던 것이다. 그래서 그는 예루살렘으로 가는 도상에서 제자들에게 세 번이나 반복하여 수난과 부활의 예언을 발했던 것이다.

수난에 대한 첫 번째 예고

첫 예언 때는 수제자 베드로가 예수를 붙들고 그게 뭔 말이냐고 그래서는 안된다고 펄쩍펄쩍 뛴다. 두 번째 예언 때는 제자들이 "그 말씀을 깨닫지 못했고 묻기조차 두려워했다." 세 번째 예언 때는 예수와 제자들 사이에 완벽한 단절로 인하여 발생하는 공포감과 두려움만 서려 있었다. 제자들은 전혀 예수의 예언을 수용할 수 있는 인식의 틀을 가지고 있질 못했다. 그들은 예수가 왜 예루살렘을 가고 있는지, 그 행위의 본질을 파악할 수 없었다.

내가 어렸을 적, 성경을 읽을 때는, 예수가 장로들, 대제사장들, 서기관들에게 버린 바 되어 죽임을 당하고 사흘 만에 다시 살아나게 될 것을 드러내놓고 얘기하자, 베드로가 예수를 붙들고 그래서는 안된다고 펄쩍펄쩍 뛰는 장면을 매우 아름답게 해석했다. 우리 동방인의 감각으로는 그것은 제자로서 취해야만 할 매우 도덕적인 자세처럼 느껴졌다. 선생님이 곧 나쁜 놈들과 대항하여 죽게 될 것이라고 예언하는데, 제자 된 입장에서 "선생님, 그러시면 안됩니다"라고 말리는 것은 당연한 도덕적 권면이요, 애정의 표시로서 받아들일 수밖에 없었다. 그런데 예수는 이러한 우직한 베드로의 충정에 대해 지극히 가혹하고 각박한 언어를 내뱉고 있다.

"이 사탄놈의 새끼야! 물러가라!"

개역판에 "사탄아, 내 뒤로 물러가라"라고 되어있지만, 실제로 예수의 당시의 기분을 살려낸다면 나의 번역이 보다 정확한 번역이라고 할 수 있다. 예수는 정말 화가 나있었던 것이다. 마가드라마에 있어서 예수의 공생애의 갈릴리사역은 가버나움지역에서 악령를 내쫓는 것으로부터 시작되었던 것이다(1:25). 그런데 그 악령이 뭐라 말했던가? 독자들은 악령이 나사렛 예수를 보자 한 말을 기억하시나요?: "나는 당신이 누구인 줄 아노니 하나님의 거룩한 자ὁ ἅγιος τοῦ θεοῦ니이다."

최초로 예수가 하나님의 아들이라는 것을 알아본 이는 사람이 아닌 악령(귀신,

도올의 마가복음 강해

마귀, 원어는 "프뉴마πνεῦμα"라는 넓은 의미를 지니는 단어를 썼다)이었다. 그 마귀를 향하여 예수는 "나오라! 떠나가라!"고 외쳤던 것이다. 우리는 이 제1장의 장면과 여기 8장의 베드로와의 대화장면 사이에 놀라운 유사성을 발견한다. 마가복음 전체를 통하여 예수가 사람을 향해 "사탄"이라고 지목한 사례는 오직 이 한 사례밖에 없다. 다시 말해서, 베드로는 예수에 의하여 사탄으로 지목된 유일한 인간이다. 나는 어렸을 때, 왜 베드로가 예수의 죽음예언을 놓고 인간적으로 말렸는데, 인간적인 충정을 드러냈는데, 왜 그 베드로에게 "이 사탄놈의 새끼," "이 마귀새끼" 하고 욕을 퍼붓는가? 그 말의 의미나 분위기를 파악하지 못했다. 이것은 같은 대본일지라도 연출가가 읽는 대본과 문외한의 일반독자가 읽는 대본의 차이와도 같은 문제이다.

마태의 오독에 근거하여 마가를 오독

우리는 앞 단에서 베드로가 "선생님은 그리스도이십니다"하고 고백한 것을, 이미 마태가 오독하여 아주 신성한 주제를 완결지은 완벽한 메시지로서 해석한 베드로정통주의의 장난을 액면 그대로 받아들이고서 마가를 읽는다. 다시 말해서 마태의 오독에 근거하여 마가를 오독하는 것이다. 마가는 마가 그 자체로 읽어야 한다. 마태나 누가를 전제로 해서 읽으면 아니 된다. 다시 말해서 베드로의 고백, "당신은 그리스도시니이다"라는 베드로의 대답은 근원적으로 "그리스도"의 바른 의미맥락을 파악하지 못한 허황된 서비스에 불과했던 것이다. 그러니까 베드로의 "그리스도" 고백에서 예수의 베드로 "사탄" 규정에 이르기까지는 하나의 연속된 분위기, 정의로운 교감이 두절된 답답함, 분노, 대결의 국면이 개재되어 있었던 것이다. 이것은 "그리스도"에 대한 인식의 차에서 유래되는 것이다.

베드로와 제자들은 예수의 "그리스도" 되심은 현실세계에 있어서 권력과 부를 장악한 왕이 된다는 것을 의미했다. 다윗이나 솔로몬보다도 더 영광스럽고 현란한 권좌의 탄생을 의미했다. 그들에게 이러한 기대는 충분한 근거가 있었다. 5천 명, 4천 명을 한 줌의 떡과 고기로 먹이시고, 광풍 속의 갈릴리호수면을 걸어오시는 예수, 그 예수가 하나님의 아들임을 믿어 의심치 말라는 끊임없는 권면 속에서 믿음을 구축해온 그들의 인식체계에서는 예수의 "예루살렘으로 가심"이라는 행위는 이제 하나님의 지상혁명이 실현되는 현실적 계기였다. 이 계기를 바라보는 제자들의 기대는 권력과 부의 영광이었다. 그들의 메시아 관념은 현실적 권력과 부의 성취를 의미했다. 그러므로 편벽한 시골에서 생활했던 촌부 제자들에게 예수라는 메시아의 강림은 누가 수상자리, 장관자리를 차지할 것이냐에 관한 갑론을박 이상의 별 의미를 지니지 않았던 것이다.

그러나 예수에게 "그리스도"라는 것은 수난과 죽음, 그것을 실존의 이유로서 받아들이는 고뇌와 고통일 뿐이었다. 예수는 비록 그것이 그 인간, 인자 내면의 고독한 결단이라 할지라도 최소한 예루살렘으로 동행하는 제자들만이라도 그 고뇌를 근원적으로 공감해줄 것을 바랬던 것이다. 그래서 예루살렘을 향해 가면서 더 강도 높게 그들만을 따로 불러, 더 구체적으로 그의 수난의 실상과 그 본질을 이야기하고 있는 것이다. 그러나 그럴수록 베드로를 포함하여 제자들은 예수의 실존의 핵심으로부터 멀어져만 갔다. 예수는 예루살렘으로 간다. 그러나 예수의 고뇌는 깊어만 간다. 수난과 부활의 날짜는 다가오고 있다. 그러나 예수의 회의와 불안과 고독은 짙어만 간다. 바로 이러한 역곡선들이 마가드라마의 본질이고, 희랍비극의 운명성을 뛰어넘는 복합적 구조라 말할 수 있다. 예수의 삶은 하나의 위대한 비극이었다.

제자들의 그리스도와 예수의 그리스도 이해의 엇갈림은, 예수가 베드로를 사탄으로 규정하면서 그 규정성의 내용을 설명조로 말한 다음의 언설에서 극명하게 드러난다: "이놈들! 너희들은 하나님의 일은 생각하지 아니하고 사람의 일만을 생각하는구나!"(8:33)

하나님의 일 vs. 사람의 일
여기 "하나님의 일" 대對 "사람의 일"이라는 예수의 언어는 진실로 유앙겔리온철학의 핵심이라 말할 수 있다. 서구의 신학에서는 "하나님의 일"이라고 하면 무조건 초세간적인 것, 하나님을 섬기는 신앙, 땅의 세계에 대한 경멸을 의미한다. 그러나 "하나님의 일τὰ τοῦ θεοῦ"이라는 것은 결코 초세간적인 것, 초월적인 것, 피세적인 것을 의미하지 않는다. "사람의 일τὰ τῶν ἀνθρώπων"이라는 것은 제자들의 마음속에 있는 현실적 집착, 개인적 욕망, 부귀에 대한 기대 등을 의미할 것이다. 이러한 사람의 일에 대한 하나님의 일이라는 것은 초월적 가치라기보다는 이상적 가치, 초세간적 가치라기보다는 세간내적 대의지향성大義志向性, 피세적이기보다는 현세적 구현성을 의미하는 것이다. 이러한 하나님의 일은 현세 속에서의 피흘림, 희생을 요구하는 것이다. 그것이 곧 예수의 수난Passion이다. 그러나 제자들은 먹통이다. 도무지 예수의 말이 무엇을 의미하는지 알 길이 없다. 제자만을 놓고 이야기하는 것이 처음에는 무리라고 느꼈던 것 같다. 그래서 예수는 오클로스(무리, 민중)와 제자들을 한자리에 불러놓고 이렇게 말한다:

> "누구든지 나를 따르려고 한다면, 자기를 버리고, 자기 십자가를 지고 나를 좇을 것이니라."

복음서가 쓰여진 이유, 마가사상의 핵심

아마도 이 한마디가 기독교사상의 본질이며, 복음서가 쓰여진 이유이며, 마가 드라마의 핵을 형성하는 것이며, 유앙겔리온 최초양식의 플롯의 정점을 찍는 사건이며, 마가라는 작가가 가장 어필시키고자 했던 디스꾸르의 핵심일 것이다. 예수의 언설에서 "십자가"라는 말이 처음 나오는 장면이기도 하다. 예수의 "메시아됨"의 본질은 바로 "십자가 짐"이다.

여기 바울의 사상이 얼마나 반영되었는지는 알 수가 없다. 바울의 십자가는 이미 인간 내면의 실존적 상황으로 내면화되어 있다. 갈라디아서 2:20에 있는 바울의 고백을 들어보라: "내가 그리스도와 함께 십자가에 못박혔나니 그런즉 이제는 내가 산 것이 아니요, 오직 내 안에 그리스도께서 사신 것이라." 율법을 향해 죽고 하나님을 향해 산다고 하는 그의 인의認義사상과 깊게 관련되어 있다. 바울은 또 말한다: "우리가 알거니와 우리 옛 사람이 예수와 함께 십자가에 못박힌 것은 죄의 몸이 멸하여 다시는 우리가 죄에게 종노릇하지 아니하려 함이니, 이는 죽은 자가 죄에서 벗어나 의롭다 하심을 얻었음이라"(롬 6:6~7). "그리스도와 함께 죽었으니 또한 그리스도와 함께 살리라"(롬 6:8). 바울의 메시지에서는 죽음과 삶이 수난과 부활이라고 하는 오리지날한 의미맥락을 떠나 매우 추상화되어 있다. 죄, 율법, 의, 구원 등등의 매우 철학적 개념에 의해 십자가가 포장되어 있는 것이다.

마가의 유앙겔리온의 전체구도 속에 이미 십자가는 확고한 자리를 잡고 있기 때문에 마가의 십자가사건을 바울의 영향으로만 해석할 수는 없을 것이다. 바울 신학의 대전제, 그 출발점이 바로 이러한 것이었다: "우리는 십자가에 못박힌 그리스도를 전하노라.We preach Christ crucified."(고전 1:23). 바울에게 그리스도는 죽은 그리스도요, 산 예수가 아니었다. 십자가에 못박히심으로써 그리스도화 된 죽은 예수의 의미체계였다. 그러나 마가의 예수는 어디까지나 죽은 그리스도가 아니라 산 예수다. 따라서 산 예수에게 "십자가"는 추상적 의미체계가 아니라, 그것은 로마의 형벌이며, 실존적 고뇌며, 신체적 고통이며, 하늘나라의 지상에서의 실현의 계기였다.

역사적으로 예수사건을 직접적으로 체험한 사람은 극소수였다. 그러기에 예수 사건은 대부분의 초기 크리스챤들에게 그냥 풍문이고 소문이고 스캔들이었다. 그리고 예수가 진실로 하나님의 아들이고, 또 이스라엘민족의 메시아(민족구원의 능력을 소유한 왕)라고 한다면, 어떻게 그 메시아가 그 비천한 로마놈들의 십자가 위에서 죽을 수가 있단 말이냐? 이러한 사실은 생각할 수도 없는 역설이었고, 도무지 불가능한 사태였다. 그리고 이스라엘 선민의식에 대한 최대의 불경이요 모독이었다. 그러나 마가는 유앙겔리온이라는 장르를 통하여 이 파라독스를 정면으로 수용하고, 예수의 비천하고 슬픈(로마병사들이 마구 능욕하고 머리를 치고 침뱉고 찔러댔다) 죽음이야말로 사탄이 지배하는 구시대질서가 종료되고 하나님의 의로우신 지배의 새로운 시대가 도래하는 묵시론적 이벤트라는 것을 역설하고 있는 것이다.

여기 "자기 십자가를 지고"라는 뜻은 십자가형벌이라고 하는 로마형벌의 절차적 방법과 연결되어 있다. 십자가형은 그 처형될 죄수가 자기의 십자가를 지고 십자가가 세워지고 못박히는 그 자리에까지 스스로 운반해야만 하는 것이다. 예수도 그렇게 죽었다. 문자 그대로 예수를 따른다는 것은 자기 십자가를 메고 죽음의 장소에까지 따라간다는 것을 의미한다. 예수를 따른다고 하는 것은 예수의 십자가를 메는 것이 아니다. 자기자신의 십자가를 메는 것이다.

다시 말해서 십자가는 예수를 따르려는 모든 사람의 실존에 내재하는 것이다. 마가의 예수가 여기서 과연 자신의 처형장면을 구체적으로 예언하면서 이런 말을 한 것인지는 알 수가 없다. 그러나 당시 사람들은 십자가의 참혹한 형벌방식에 대한 충분한 이해가 있었기 때문에 예수가 십자가를 하나의 메타포로서 이야기했다 해도 그 의미를 파악했을 것이다. 예수시대의 유대인들은 로마식 십자가처형을 많이 당했고, 초대교인들 또한 주변사람들의 십자가의 고난을 경험한 사람들이 많았을 것이다.

자기 자신의 십자가를 지고 나를 따르라

나를 따르라! 그것은 혁명의 광영이 아니다! 나를 따른다고 하는 것은 곧 자기의 십자가를 지고 따라야 하는 것이다. 십자가의 종국은 무엇인가? 그것은 볼쉐비키혁명이나 촛불혁명의 광화光華가 아니다! 그것은 죽음이다. 예루살렘으로 가는 것은 곧 죽으러 가는 것이다. 나를 따른다는 것은 곧 십자가를 메는 것이요, 그것은 곧 죽는다는 것을 의미한다. 예수는 제자들에게 이러한 비극적 상황, 비극적 결말을 이야기하고 있었던 것이다. 그러나 제자들은 아무도 이러한 긴박한 사태를 파악하지 못했고, 왜 죽어야 하는지도 이해하지 못했다. 결국 마가드라마 속에서 베드로는 첫 닭이 두 번 울기 전에 세 번이나 예수를 모른다고 시치미떼고(배신하고) 사라졌다.

자기를 버리고

여기 34절의 예수 말 중에 가장 핵심적 부분은 "자기의 십자가를 지고 따른다"라는 명제 그 자체이기보다는 그 앞에 있는 "자기를 버린다"라는 명제이다. 서구의 신학자들은 이 "자기를 버린다" "자기를 부인한다"라는 이 한마디에 실려있는 엄중한 의미를 제대로 파악하지 못했다. 그것을 단순히 세속적 욕심을 버린다든가, 죄악된 본성과 결별한다든다, 육체적 유혹에 굴복치 않는다든가, 사탄의 권세하에 살던 삶을 단절한다, 그리함으로써 예수를 따르는 새로운 삶을 산다든가 하는 식으로 진부하게 해석하고 만다.

"헤아우톤"은 자기라는 존재 그 전체

그러나 여기 "아파르네사스도 헤아우톤ἀπαρνησάσθω ἑαυτὸν"이라는 표현에 있어서 "헤아우톤"(자기)이라는 것은 자기라는 존재의 속성이나 지향을 가리키는 부분적인 의미가 아니라 자기라는 존재 그 전체를 의미한다. "아파르네사스도"라는 동사의 원형, "아파르네오마이ἀπαρνέομαι"는 "아르네오마이ἀρνέομαι"에 전치사 "아포ἀπό"가 접두되어 그 의미가 강조된 강조형인데 "아르네오마이"의 뜻을 살펴보면, 이는 기본적으로 "부인한다"는 뜻을 가지고 있다. "거절한다," "배반하다," "저버리다"는 뜻도 있다. 개역판에는 "자기를 부인하고"라고 했고, 공동번역에는 "자기를 버리고"라고 했는데, 나는 공동번역의 번역이 원의에 더 충실하다고 생각했다.

모든 신학자들이 "자기를 버린다"라는 것을, 기존의 육신이 지배하는 삶의 오리엔테이션을 토탈하게 하느님이 지배하는 삶으로 바꾼다는 식으로 해석하는 것이 끽이다. 그러나 나는 "자기를 버린다"는 것은 "죽음" 즉 토탈한 멸절, 즉 열반을 전제로 한 것이며, 그것은 대승정신이 표방하는 아상我相의 멸절, 즉 아상·인상·중생상·수자상의 토탈한 무화無化를 전제로 하는 것이다. 자기를 부인한다는 것은 자기의 전적인 해체를 의미하며, 그것은 예수의 죽음 앞에 자기를 해체시키는 것을 의미한다.

십자가, 아상의 해체

여기 "자기"라는 것은 곧 오온五蘊의 가합假合이다. 오온이 모두 공空이라는 자각, 그러한 보살정신을 전제로 하지 않으면 결코 온전하게 십자가를 멜 길이 없다. 십자가를 진다는 것은 외면적으로 예수를 따르는 것이 아니라 궁극적으로 자기를 해체시키는 것이다. 아상我相을 무화無化시키는 것이다. 그러기 때문에 예수는 나 예수의 십자가를 멜 생각을 말고, 너 자신의 십자가를 메어라라고 말했던 것이다. 마가의 이러한 대승정신이 제대로 해석되지 못하면서 기독교는 마가가 지향했던 대승기독교의 본질을 망각해버리고 만 것이다. 나의 언어의 진실성은 다음의 긴박한 예수의 담론에서 명백하게 드러난다:

> "누구든지 제 목숨을 살리려 하는 사람은 잃을 것이며, 나 때문에
> 또 복음 때문에 제 목숨을 잃는 사람은 살 것이다."(8:35).

이것은 결코 해석하기 어려운 담론이 아니다. 이것은 그냥 예수의 절박한 느낌을 나타내는 말이다. "자기를 버린다," "아상을 근원적으로 해체시킨다," "오온이 모두 공임을 조견한다"는 것의 구체적 의미를 써놓은 것이다. 그런데 재미있는 것은, 이것은 예수만의 말이 아니라 명량해전을 앞둔 이순신 장군의 말씀이기도 한 것이다. 그의『난중일기』정유년(1597) 9월 15일(계묘)조에 이렇게 적혀있다:

> "반드시 죽어야겠다고 하면 살 것이요, 반드시 살아야겠다고
> 하면 죽을 것이다必死則生必生則死。"

이순신과 예수

칠천량해전으로 이순신이 어렵게 구축해왔던 해군이 거의 완벽하게 궤멸된 상황에서, 간신배들의 모함으로 온갖 고문을 당해 만신창이가 된 몸을 이끌고, 불과 13척의 배로 왜군 함대 133척을 궤멸시킨, 세계해전사에 찬란한 족적을 남긴 명량해전을 앞두고 그 쓸쓸한 분위기에서 이순신 장군이 남긴 말이다. 아마도 예

수가 예루살렘으로 가는 심정이나 이순신 장군이 명량해전에서 13척의 배로(이순신에게 남은 배는 12척이었으나 나중에 1척이 추가됨), 칠천량에서 큰 승리를 거두어 의기양양한 왜군 대함대를 맞이하는 느낌은 거의 비슷한 느낌이었을 것이다. 반드시 죽어야겠다고 하면 살 수 있을 것이나, 반드시 살아야겠다고 하면 반드시 죽을 것이다.

　신앙의 궁극적 진실은 죽음을 대면하는 절박한 순간의 순결성이며, 대의에 헌신하기 위하여 아상을 해체시키는 무無의 순수함이다. 복음을 위하여, 기쁜 소식이 이 땅에 전파됨을 위하여 반드시 죽어야겠다고 결의하는 자들만이 살리라! 13척의 배로도 133척의 침략군 함대를 궤멸시켰다. 예수사건은 예루살렘에서만 일어났던 것은 아니다. 그것은 모든 역사에서 동시적으로contemporaneously 진행된 사건이었다.

시내산 성 까트린느 수도원The Monastery of S. Catherine에 소장된 예수의 변모장면을 그린 성화

예수의 변모
〈 마가 9:2~8 〉

[2]And after six days Jesus took with him Peter and James and John, and led them up a high mountain apart by themselves; and he was transfigured before them,

[3]and his garments became glistening, intensely white, as no fuller on earth could bleach them.

[4]And there appeared to them Elijah with Moses; and they were talking to Jesus.

[5]And Peter said to Jesus, "Master, it is well that we are here; let us make three booths, one for you and one for Moses and one for Elijah."

[6]For he did not know what to say, for they were exceedingly afraid.

[7]And a cloud overshadowed them, and a voice came out of the cloud, "This is my beloved Son; listen to him."

[8]And suddenly looking around they no longer saw any one with them but Jesus only.

[2]엿새 후에 예수께서 베드로와 야고보와 요한을 데리시고 따로 높은 산에 올라가셨더니 저희 앞에서 변형變形되사

[3]그 옷이 광채가 나며 세상에서 빨래하는 자가 그렇게 희게 할 수 없을만큼 심히 희어졌더라

[4]이에 엘리야가 모세와 함께 저희에게 나타나 예수로 더불어 말씀하거늘

[5]베드로가 예수께 고하되 랍비여 우리가 여기 있는 것이 좋사오니 우리가 초막草幕 셋을 짓되 하나는 주를 위하여, 하나는 모세를 위하여, 하나는 엘리야를 위하여 하사이다 하니

[6]이는 저희가 심히 무서워하므로 저가 무슨 말을 할는지 알지 못함이더라

[7]마침 구름이 와서 저희를 덮으며 구름 속에서 소리가 나되 이는 내 사랑하는 아들이니 너희는 저의 말을 들으라 하는지라

[8]문득 둘러보니 아무도 보이지 아니하고 오직 예수와 자기들 뿐이었더라

헤르몬산과 예수의 변모

예수의 "변모Transfiguration"는 우리나라 기독교인들에게 잘 알려진 이야기이다. 여기에 쓰인 단어는 "메테모르포테μετεμορφώθη"인데 영어의 "메타모르포

시스metamorphosis"와 같은 표현이다. "모르페morphē"는 형체, 형태, 형상을 가리키므로, 형체가 근원적으로 변화(메타)되었다는 것을 의미한다. 프란츠 카프카 Franz Kafka, 1883~1924가 1912년에 쓴 『변신*The Metamorphosis*』이라는 제목의 소설도 있는데, 주인공이 흉측한 괴물벌레로 변한다. 예수는 변모산 위로 올라가 찬란한 광휘를 발하는 모습으로 메타모르포시스를 일으킨다. 예수가 올라간 변모산이 어디일까? 사실 이런 질문에 답하려 한다는 것 자체가 매우 어리석은 일이지만, 신학자들은 이런 질문에 답하려 한다. 드라마 속의 상징적 사건에 나오는 지명에다가 사실적 고유명사를 논한다는 것 자체가 어리석은 일이지만, 제1설은 타보르산Mt. Tabor을 비정하기도 한다. 타보르산은 위도가 갈릴리바다보다 아래쪽에 위치하고 있는데, 나사렛 동쪽 6마일 정도에 있다. 그러나 그 앞의 사건이 가이사랴 빌립보에서 일어난 사건이므로, 가이사랴 빌립보에서 멀지 않은 헤르몬산Mt. Hermon으로 비정하는 의견이 주류를 이루고 있다.

헤르몬산. 내가 갔을 때는 4월말이었는데, 만년설로 상부가 다 덮힌 모습은 아니었다. 웅장한 느낌을 주는 산이다. 안티레바논산맥의 최남단에 위치. 백두산보다는 완만한 산이라 해야 할 것이다.

도올의 마가복음 강해

헤르몬산은 우리나라 백두산과 비슷한 높이를 가진 산으로 만년설로 휘덮여 있다(2,814m. 백두산 2,750m). 지나가다 쳐다보아도 그 웅장한 모습은 참 매력적이다. 아마도 변모산에서의 예수의 옷의 광채를 형용한 말, "세상에서 빨래하는 자가 그렇게 희게 할 수 없을 만큼 심히 희어졌더라"라는 표현은 만년설로 덮힌 헤르몬산의 이미지와 관련되어 있을 것 같다. 가이사랴 빌립보에서 베드로의 그리스도고백이 이루어진 후, 바로 간 것도 아니고 엿새 후에 떠났다. 아마도 "엿새 후"(μετὰ ἡμέρας ἓξ)라는 표현은 가이사랴 빌립보에서 그곳까지 걸어가는 데 걸린 시간일지도 모른다. 그러나 더 중요한 것은 이 "엿새"라는 심볼리즘이 모세가 시내산에서 야훼와 계약을 맺을 때 구름이 "엿새 동안" 산을 뒤덮고 있었다(출 24:15~18)는 사실과 연관지어서 생각해야 한다는 것이다.

다시 말해서 야훼와 모세의 계약, 그러니까 이스라엘민족의 구속사의 출발에 대하여 예수와 하나님과의 새로운 기원의 출발을 알리는 사건이 바로 이 변모산의 사건이라는 것이다. "높은 산"(9:2)이라는 표현에 담긴 함의는 결국 시내산과 헤르몬산을 하나로 융합시킨 심볼리즘이 될 것이다.

그리고 예수는 이 중요한 이벤트에 번거롭게 12제자를 다 데리고 올라간 것이 아니라, 베드로와 야고보와 요한, 3명의 제자만을 데리고 올라갔다. 이 3명의 제자는, 12제자가 70여 명의 제자(눅 10:1) 중의 핵이라고 한다면, 12제자 중에서도 핵이라고 말해야 할 것 같다. 그러나 사실 제자들에 관한 신상정보는 복음서 내에서 전혀 의미를 지니지 않는다. 마가의 드라마 속에서는 베드로와 세베대의 두 아들, 야고보와 요한은 예수가 갈릴리바닷가에서 최초로 만난 제자들이다(1:16~20). 이 3명은 예수가 야이로의 딸을 살릴 때도 별도로 예수와 같이 있었던 세 사람이었다(5:37). 예수가 예루살렘 성전 건너편 올리브산에서 예언을 할 때에도 이 3인만이 예수와 함께 있었다(13:3). 예수가 잡히기 전 겟세마네동산에서 피땀이 흐르는 절절한 기도를 하실 때에도 예수는 오직 이 3인만을 데리고 갔다. 이 3인에 대한 예수의 인간적 신뢰가 얼마나 깊었나 하는 것을 알 수 있다. 그러나 문제는 이토록 신뢰하고 가까이하고 싶고, 속마음을 털어놓고 싶은 핵심적 제자 3인마저 전혀 예수의 고난을 이해하지 못했다는 것이다. 그들은 고난이 생략된 영광만을 희망했던 것이다.

한국의 기독교인들은 변모산사건을 생각할 때 화려한 예수의 변신만을 영광된 그 무엇으로 생각하고, 그 변신된 광채 나는 그 모습이야말로 예수의 진실된 모습이며, 그 찬란한 변모야말로 마가드라마의 핵심이라고 생각한다. 나처럼 예수를 역사적 인간으로 생각하는 사람들에게는 마가복음의 중핵을 8장 후반에서 찾는다. 8장 후반의 인자담론이야말로 인성 예수Human Jesus의 핵심이다. 그러나 예수를 신의 아들로서 신화적으로 생각하는 사람들에게는 변모산의 일화야말로 신성 예수Divine Jesus의 핵심이다. 희랍어로 띄어쓰기 없이 양피지에 주욱 붙여 쓴 마가텍스트상으로 보면 이 변모산의 일화가 정중앙에 해당된다. 드라마의 정중앙에 가장 핵심적 신성 예수의 모습을 놓았다는 것이다.

변모의 궁극적 의미는 무엇일까?
그런데 많은 사람들이 변모산 일화에 있어서 예수의 휘황찬란한 변모 그 자체에만 황홀해하고 변모 그 자체의 진정한 의미, 혹은 마가라는 복음서저자의 리얼 인텐션real intention을 묻지 않는다. 예수의 변모라는 것은 기실 그 자체로 아무런 의미가 없다. 어떤 날은 내가 길거리에 나가도 사람들이 "오늘은 유난히 광채가 납니다"라고 말할 때가 많다. "더 희게 할 수 없을 만큼 새하얗고 눈부시게 빛났다"(9:3)라는 것이 뭐가 그렇게 대단한 이야기일 거리가 있겠는가?

변모는 변모 그 자체로 사람들에게 어떤 기이한 느낌을 준다는 것 외로는 아무런 의미가 없다. 마가는 예수가 변모했다는 것을 기술하는데 전혀 무게중심을 두지 않는다. 그것은 신적인 어떤 개입divine intervention을 위한 방편에 지나지 않는다. 마가가 기술하려는 핵심은 3절의 변모에 있는 것이 아니라 7절의 하늘로부터 들려오는 소리에 있다: 바로 그 때에 구름이 일며 그들을 덮더니 구름 속에서 "이는 내 사랑하는 아들이니 너희는 그의 말을 잘 들어라"하는 소리가 들려왔다(9:7).

우리 독자들은 이러한 신적 개입divine intervention을 이미 체험한 바 있다. 바로 이 마가드라마의 초장에 있었다. 예수가 세례 요한에게 세례를 받고 물에서 올라올 때 하늘이 갈라지고 성령이 비둘기같이 내려왔다. 그때 하늘로부터 소리가 났다: "너는 내 사랑하는 아들이다. 내가 너를 기뻐하노라." 마가는 처음부터 "하나님의 아들, 예수 그리스도 복음의 시작"을 선포했다. 그리고 곧바로 "너는 내 사랑하는 아들, 내 마음에 드는 아들이다"(공동번역)라는 것을 예수에게 확인했고, 우리는 그 장면을 목격했다. 그리고 이제 예루살렘으로 향하는 길목의 초장에서 다시 그러한 신적인 개입을 목도하게 된다. 이제 예수의 삶은 수난의 삶이다. 그러나 수난의 삶에는 일체 신적인 개입이 없다. 하나님의 개입이 없기 때문에 예수의 수난은 진실로 리얼한 수난이 된다. 다시 말해서 하나님 빽 믿고 까부는 것이 아니라는 뜻이다.

자아~ 우리는 왜 예수의 변모가 가이사랴 빌립보에서의 베드로고백 직후에 일어났나 하는 것을 생각할 필요가 있다.

신적개입 Divine Intervention	1:11	너는 내 사랑하는 아들이라 내가 너를 기뻐하노라	예수 본인에게 한 말	갈릴리사역의 시작
	9:7	이는 내 사랑하는 아들이니 너희는 저의 말을 들으라	제자들에게 한 말	유대사역의 시작

"너는 내 사랑하는 아들이다"라는 것은 우리말로 하면 "인가認可"에 해당된다. 예수는 세례 요한에게 세례를 받음으로써 세례 요한이 대변하였던 모든 역사적 전승과 의미를 계승하였고, 새로운 민중의 주체로, 하늘나라운동의 주역으로 갈릴리역사의 지평 위에 떠올랐다. "인가"라는 것은 구도자가 기나긴 세월의 각고의 수행 끝에 어떤 깨달음을 얻었을 때 그 깨달음(오도悟道)의 경지를 더 경지가

높은 스승님으로부터 인정받는 것을 의미한다. 예수가 하나님의 아들이라는 것을 공표하는 것도 일종의 "인가"라고 볼 수 있다. 그러나 제1의 경우는 하나님의 아들이라는 인가의 메시지를 들은 것은 예수 본인뿐이었다. 제2의 경우는 제자들이 들었는데 그 사태에 관하여 예수는 엠바고를 명령한다. 브레데가 말한 "메시아 비밀"의 한 사례가 된다.

인가장면, 초장, 중장, 막장에 배치

사실 이러한 인가장면은 마가복음에 한 번 더 나타난다. 예수가 십자가에 못박혀 죽는 것을 줄곧 지켜보았던, 아주 객관적인 로마군대의 백인대장이, 예수가 처절하게 울부짖는 광경, 숨을 거두는 광경을 보고 이와같이 말한다: "이 사람이야말로 진실로 하나님의 아들이었도다!"(15:39). 마가는 이와같이 예수가 "하나님의 아들"이라는 것을 확인하는 인가장면을 초장, 중장, 막장에 배치함으로써 이 예수드라마에 함장된 인성과 신성의 이중주의 비장미를 계속 심도 있게 끌어가고 있는 것이다.

사람으로부터의 인가를 하나님으로부터의 인가로 바꾼다

가이사랴 빌립보에서 베드로가 예수에게 "당신은 그리스도시니이다"라고 말한 것도 일종의 "인가장면"이라고 볼 수 있다. 그러나 바로 그 장면 후에 변모산의 구름 속의 음성을 배치한 것은 곧 베드로의 인가가 엉터리였음을 나타내고 있는 것이다. 베드로의 그리스도고백은 악령의 그리스도고백에도 못 미치는 저열한 것이었다. 따라서 마가라는 드라마티스트는 그 인가장면을 교정해야만 했던 것이다. 다시 말해서 가이사랴 빌립보에서 베드로의 그리스도고백은 "사람으로부터의 인가Recognition from Man"이다. 마가는 바로 그 사람으로부터의 인가를 "하나님으로부터의 인가Recognition from God"로 전환시킬 필요를 느꼈던 것이다.

하나님의 인가를 더욱 성스럽게 만들기 위해 그는 변모산의 광채를 방편으로 활용했던 것이다. "하나님의 아들"이라고 하는 확신이 다시 한 번 드라마의 관중

도올의 마가복음 강해

들에게 주입되면서 향후의 패션Passion의 드라마는 더욱 그 패션을 더해간다. 예수에게 변모산의 광채는 존재하지 않았다. 그 광채는 오직 십자가의 고난을 통해서만 드러나는 것이다. 하나님은 오직 십자가 위에서만 리얼하게 드러나는 존재인 것이다. 예수 주변의 그 어느 누구도 이 사실을 이해하지 못했다.

변모산의 이야기에서 우리에게는 좀 이해되기 어려운 장면이 삽입되고 있다. 엘리야가 모세와 함께 저희에게(제자 3인) 나타나 예수로 더불어 말씀한다. 여기 모세는 유대전통에서 율법the Law을 대변하고, 엘리야는 예언자the Prophets를 대변한다. 엘리야보다 더 위대한 예언자들, 일례를 들면 이사야나 예레미야를 언급할 수도 있었겠지만, 엘리야가 언급된 이유는 엘리야는 지상에서 평범하게 죽은 자가 아니라 살아있을 때 불말이 끄는 불병거를 타고 하늘로 승천한 자이다(왕하 2:11~12). 따라서 엘리야에 관한 믿음은 유대인에게 부활이나 재림에 관한 소망을 나타낸다. 모세도 120살에 지상에서 죽기는 했지만 아무도 그의 무덤이 어디 있는지를 알지 못한다(신명기 34:6~7). 두 사람 다 평범하게 죽은 것이 아니라 그냥 어디론가 떠나가버린 것이다. 그러기 때문에 항상 되돌아올 수 있는 것이다.

율법의 시대, 예언자의 시대가 끝나고 예수의 시대가 온다

이들이 언급된 것은 그들의 재림을 말한 것이 아니라, 율법의 시대, 예언자의 시대가 끝나고 예수의 새로운 시대가 시작되고 있다고 하는 것을 암시하고 있다고 나는 생각한다. 이 맥락을 전혀 이해하지 못하는 베드로는 당장 이 세 사람을 위하여, 하나는 예수를 위하여, 하나는 모세를 위하여, 하나는 엘리야를 위하여 초막을 짓자고 한다. 그리고 여기서 같이 살았으면 좋겠다고 말한다. 이 말의 구체적인 의미를 정확히 알 수는 없다. 마가는 베드로가 그 장면이 심히 무섭게 느껴져서 얼떨결에 한 말이라고 훈까지 달아놓고 있다(9:6).

헤르몬산의 만년설 위에 집이라니, 무슨 집을 짓겠는가? 집을 지었다 한들 거기서 살 수 있겠는가? 베드로는 모세와 엘리야가 하늘의 사람이지 땅의 사람이 아니라는 사실을 망각하고 있다. 예수도 헤르몬산에 정착해야 할 사람이 아니라는 것도 망각하고 있다. 그렇다면 베드로의 느낌은 이 대단한 세 인물이 만났으니 이 세 사람의 기념관이라도 지어 그 광휘를 땅위에 남겨놓자는 것이다. 베드로는 전혀 예수의 고난을 이해하지 못하고 있는 것이다. 그리고 이 땅에서의 영광만을 생각하고 있는 것이다. 불쌍한 가버나움의 촌놈, 베드로여!

모세는 시내산 떨기나무가 있는 곳에서 야훼를 최초로 만난다. 바로 그 떨기나무를 모시고 있는 성 까트린느 수도원의 경건한 모습을 필자가 바라보고 있다. 저 수도원은 AD 330년 경 지어졌다.

엘리야의 재림
〈 마가 9:9~13 〉

^{9}And as they were coming down the mountain, he charged them to tell no one what they had seen, until the Son of man should have risen from the dead.
^{10}So they kept the matter to themselves, questioning what the rising from the dead meant.
^{11}And they asked him, "Why do the scribes say that first Elijah must come?"

^{12}And he said to them, "Elijah does come first to restore all things; and how is it written of the Son of man, that he should suffer many things and be treated with contempt?
^{13}But I tell you that Elijah has come, and they did to him whatever they pleased, as it is written of him."

^{9}저희가 산에서 내려 올 때에 예수께서 경계하시되 인자가 죽은 자 가운데서 살아날 때까지는 본 것을 아무에게도 이르지 말라 하시니
^{10}저희가 이 말씀을 마음에 두며 서로 문의問議하되 죽은 자 가운데서 살아나는 것이 무엇일까 하고
^{11}이에 예수께 묻자와 가로되 어찌하여 서기관들이 엘리야가 먼저 와야 하리라 하나이까
^{12}가라사대 엘리야가 과연 먼저 와서 모든 것을 회복하거니와 어찌 인자에 대하여 기록하기를 많은 고난을 받고 멸시를 당하리라 하였느냐
^{13}그러나 내가 너희에게 이르노니 엘리야가 왔으되 기록된 바와 같이 사람들이 임의任意로 대우待遇하였느니라 하시니라

엠바고의 시한

이 단의 논의는 솔직히 말해서 평심하게 읽으면, 뭔 말인지 잘 알 수가 없다. 많은 사람들이 텍스트의 착란이나 망실이나 오류text curruption가 개입된 결과일 수 있다고도 말한다. 마가는 최초의 복음서이기 때문에 그만큼 인과적 설명보다는 상징성이 농후하고 생략이나 비약이 심하다고 말할 수 있을 것 같다.

변모산에서 내려오면서 예수는 제자들에게 당부한다: "인자가 죽었다 다시

살아날 때까지는 너희들이 변모산에서 목도한 것을 아무에게도 말하지 말라." 여기에는 엠바고의 시한이 명료하게 제시되어 있다. 그냥 너희들이 본 것을 타인에게는 말하지 말라가 아니라, "내가 죽었다가 다시 살아날 때까지"라는 엠바고의 시한이 정해져 있다는 것이다.

브레데 메시아 비밀의 소박한 뜻

브레데는 이 마가의 엠바고를 예수나 제자들의 개별적 의식의 문제로 보지 않고, 역사적 인식의 양식적 변화의 두 가지 패턴의 충돌의 문제로 파악하였다. 다시 말해서 예수가 메시아라고 하는 사실은 오직 부활절을 신봉하게 된 교회의 교인들의 인식체계에서만 가능하다는 것이다. 부활절(=예수의 죽음과 부활) 이전의 역사적 예수는 자기가 메시아라는 의식을 가지고 있지 않았다는 것이다. 그냥 평범한, 위대한 한 인간이었다는 것이다. 역사적 예수는 메시아의 아상我相을 가지고 있지 않았다. 그러나 복음서는 부활절 이후의 교회에서 쓰여진 것이므로 역사적 예수의 모습에다가 자기들의 인식구조, 즉 자기들이 생각하는 예수의 메시아 아이덴티티를 덮어씌우고 싶어한다. 그러면 역사적 예수도 메시아가 되어야만 한다.

그러나 역사적 예수는 메시아 됨을 주장하지 않았다. 이 충돌을 타협하는 수단이 바로 엠바고라는 것이다. 자기가 메시아인 것을 부활의 시점까지는 사람들에게 알리지 마라! 부활 이후에는 어차피 역사적 예수도 메시아였다는 것이 밝혀질 테니까!

브레데의 이러한 과감한 발상으로 인하여 양식사학이라고 하는 성서해석방법이 생겨났고 그 신학사적 위상은 영원한 가치를 지닌다. 그러나 예수가 과연 스스로 메시아라는 아상을 지녔는가 아니 지녔는가 하는 문제는 『금강경』을 읽고 있는 우리 동방인의 입장에서 보자면 실로 하찮은 문제이다. 예수가 메시아라는 자의식을 지녔다고 한다면 그는 진정한 메시아가 아니다. 예수가 세상을 구원하였다고 생각한다면 그것은 예수가 아니다. 세상은 근원적으로 구원의 대상이 아니다. 이 세상을 대자적으로 구원한다고 생각하는 사람은 구원자(=구세주=메시아) 가 아니다.

나는 메시아비밀을 예수의 무아無我적 양식의 발로로서 생각할 수도 있다고 생각한다. 그리고 마가의 드라마에 있어서는 역사적 예수가 메시아가 아니었다는 확고한 의식도 보장되지 않는다. 예수의 메시아됨이라는 사태는 마가드라마의 도처에 배어있다. 그리고 예수의 죽음과 부활이라는 테마는 마가의 예수 본인의 의식으로 이미 드러나 있다. 그것이 후대교회의 왜곡인지, 예수 자신의 자기 아이덴티티에 대한 회의감인지, 본인의 망상인지, 혹은 수난과 부활의 드라마의 리얼리티를 극대화하기 위하여 수난과 부활의 사전논의를 비밀로 하자는 작가 마가의 작전인지, 혹은 메시아비밀 자체가 역사적 예수의 본래 모습이었는지 도무지 알 길이 없다.

하여튼 여기서 중요한 것은 부활이 사실로서 입증되기 이전에 부활에 대한 논의는 불필요하다는 것이다. 따라서 자연스럽게 메시아로서 입증될 수 있는 시점 이전에 내가 메시아라는 것은 떠벌일 필요도 없고, 그것을 제자들이 타인에게 드러낼 필요도 없다는 것이다. 단순히 말하면, 사전에 김 뺄 필요 없다는 것이다. 그러나 가장 중요한 사실은 제자들이 끝내 "죽었다 살아난다"는 것이 무엇인지를 알 수가 없었다는 사실이다. 그러나 제자들이 이것을 알지 못했다고 하는 것은 너무도 당연한 것이다. 문제는 오히려 "나는 죽었다 살아날 것이다"라고 말하는 예수에게 있는 것이다. 이러한 문제들이 마가드라마를 영원한 비극, 영원한 수수께끼로 만드는 측면들이다.

제자들은 도무지 이해할 수가 없었다. 죽었다 다시 살아난다는 말씀이 무슨 뜻인지 몰라 서로 논의하다가 드디어 예수께 묻는다: "율법학자들은 엘리야가 먼저 와야 한다고 말하고 있는데 이거 도대체 어찌 된 일입니까?"

엘리야＝세례 요한

이게 도대체 뭔 말인가? 이것은 진정으로 새로운 메시아(＝구세주)가 도래하기로 말하면, 반드시 그 이전에 승천한 엘리야가 다시 하나님으로부터 파송되어 와서 사전정지작업을 한다는 것이 당시의 유대인들의 통념이었다는 것을 말하고 있는 것이다. 말라기 4:5~6에 이와 같은 말이 있다: "이 야훼가 나타날 날, 그 무서운 날을 앞두고 내가 틀림없이 예언자 엘리야를 너희에게 보내리니, 엘리야가 어른들의 마음을 자식들에게, 자식들의 마음을 어른들에게 돌려 화목하게 하리라. 그래야 내가 와서 세상을 모조리 쳐부수지 아니하리라."

하여튼 이러한 구약의 예언이 여기의 논의와 직접적인 관계가 있는지는 확언할 수 없으나 이러한 방식으로 이 단의 논의를 해석하는 것은 큰 무리가 없을 것 같다: "당신이 정말 죽었다가 다시 살아날 정도의 메시아라고 한다면 엘리야가 먼저 나타났어야 하는 것 아닙니까?"

이에 예수는 말한다.

"그래! 너희 말이 맞다! 엘리야는 왔다. 그런데 너희들이 그 엘리야를 마구 다루고 개차반으로 만들어 죽이지 않았느냐?"

여기 예수의 말이 또 이해가 되지 않는다. 그러나 성서의 대부분의 주석가들은 바로 예수가 세례 요한을 엘리야와 동일시하고 있다고 말한다. 동의하지 않을 수 있는 뾰족한 대안이 없다. 그래! 왔다! 엘리야가 왔다! 세례 요한이 바로 엘리야였다! 그런데 너희들이 그 엘리야에게 그토록 정당치 못한 대우를 하지 않았느냐? 예수는 말한다: "인자 또한 세례 요한처럼 고난을 받고 멸시를 당하리라! 이미 나의 운명은 결정되어 있느니라!"

악령에게 사로잡힌 아이
〈 마가 9:14~29 〉

¹⁴And when they came to the disciples, they saw a great crowd about them, and scribes arguing with them.

¹⁵And immediately all the crowd, when they saw him, were greatly amazed, and ran up to him and greeted him.

¹⁶And he asked them, "What are you discussing with them?"

¹⁷And one of the crowd answered him, "Teacher, I brought my son to you, for he has a dumb spirit;

¹⁸and wherever it seizes him, it dashes him down; and he foams and grinds his teeth and becomes rigid; and I asked your disciples to cast it out, and they were not able."

¹⁹And he answered them, "O faithless generation, how long am I to be with you? How long am I to bear with you? Bring him to me."

²⁰And they brought the boy to him; and when the spirit saw him, immediately it convulsed the boy, and he fell on the ground and rolled about, foaming at the mouth.

²¹And Jesus asked his father, "How long has he had this?" And he said, "From childhood.

²²And it has often cast him into the fire and into the water, to destroy him; but

¹⁴저희가 이에 제자들에게 와서 보니 큰 무리가 둘렀고 서기관들이 더불어 변론 辯論하더니

¹⁵온 무리가 곧 예수를 보고 심히 놀라며 달려와 문안問安하거늘

¹⁶예수께서 물으시되 너희가 무엇을 저희와 변론하느냐

¹⁷무리 중에 하나가 대답하되 선생님 벙어리 귀신 들린 내 아들을 선생님께 데려 왔나이다

¹⁸귀신이 어디서든지 저를 잡으면 거꾸러져 거품을 흘리며 이를 갈며 그리고 파리하여 가는지라 내가 선생의 제자들에게 내어쫓아 달라 하였으나 저희가 능히 하지 못하더이다

¹⁹대답하여 가라사대 믿음이 없는 세대 世代여 내가 얼마나 너희와 함께 있으며 얼마나 너희를 참으리요 그를 내게로 데려오라 하시매

²⁰이에 데리고 오니 귀신이 예수를 보고 곧 그 아이로 심히 경련을 일으키게 하는지라 저가 땅에 엎드러져 굴며 거품을 흘리더라

²¹예수께서 그 아비에게 물으시되 언제부터 이렇게 되었느냐 하시니 가로되 어릴 때부터니이다

²²귀신이 저를 죽이려고 불과 물에 자주 던졌나이다 그러나 무엇을 하실 수 있거

if you can do anything, have pity on us and help us."

²³And Jesus said to him, "If you can! All things are possible to him who believes."

²⁴Immediately the father of the child cried out and said, "I believe; help my unbelief!"

²⁵And when Jesus saw that a crowd came running together, he rebuked the unclean spirit, saying to it, "You dumb and deaf spirit, I command you, come out of him, and never enter him again."

²⁶And after crying out and convulsing him terribly, it came out, and the boy was like a corpse; so that most of them said, "He is dead."

²⁷But Jesus took him by the hand and lifted him up, and he arose.

²⁸And when he had entered the house, his disciples asked him privately, "Why could we not cast it out?"

²⁹And he said to them, "This kind cannot be driven out by anything but prayer."

든 우리를 불쌍히 여기사 도와 주옵소서

²³예수께서 이르시되 할 수 있거든이 무슨 말이냐 믿는 자에게는 능치 못할 일이 없느니라 하시니

²⁴곧 그 아이의 아비가 소리를 질러 가로되 내가 믿나이다 나의 믿음 없는 것을 도와 주소서 하더라

²⁵예수께서 무리의 달려 모이는 것을 보시고 그 더러운 귀신을 꾸짖어 가라사대 벙어리 되고 귀먹은 귀신아 내가 네게 명하노니 그 아이에게서 나오고 다시 들어가지 말라 하시매

²⁶귀신이 소리지르며 아이로 심히 경련을 일으키게 하고 나가니 그 아이가 죽은 것 같이 되어 많은 사람이 말하기를 죽었다 하나

²⁷예수께서 그 손을 잡아 일으키시니 이에 일어서니라

²⁸집에 들어가시매 제자들이 조용히 묻자오되 우리는 어찌하여 능히 그 귀신을 쫓아 내지 못하였나이까

²⁹이르시되 기도 외에 다른 것으로는 이런 유類가 나갈 수 없느니라 하시니라

불트만의 두 이야기 합본설, 여러 학자들의 다양한 견해

이 이야기는 유난히 길다. 유형으로 말하자면 기적사화miracle story의 힐링 타입의 한 하위개념인 엑소시즘 이야기라고 말할 수 있다. 불트만은 이 이야기는 두 가지의 계보가 다른 이야기가 합쳐진 것이라고 보았는데, 그 합성은 이미 마가 저작 이전에 이미 이루어졌다고 보는 것이다. 14절에서 20절까지가 하나의 독립

된 이야기이고, 21절에서 27절까지가 또 하나의 독립된 이야기이다. 그리고 제일 마지막의 28~29절의 멘트는 제2화의 결론으로서 첨가된 것이다. 제1화에서는 제자들이 주역으로 등장하고, 제2화에서는 아버지가 주도적으로 이야기를 끌고 나간다는 것이다.

요하네스 순트발Johannes Sundwall은 이 이야기의 원형은 20~27절의 내용이며 복음서기자인 마가가 그 원형에다가 14~19절과 28~29절을 첨가하였다는 것이다. 그러니까 불트만의 2유형의 합본설과는 추론이 다른 것이다. 어디까지나 원형은 하나라는 것이다. 루드거 쉔케Ludger Schenke는 19절과 23~24절이 마가에 의하여 첨가된 부분이고, 28~29절은 부차적인 내용인데 이미 마가 이전에 이루어진 부속이라는 것이다.

헬무트 쾨스터Helmut Koester(1926~2016, 불트만의 수제자로서 하바드 신학대학 교수가 된 신약학 교수)는 마가의 텍스트가 마태(17:14~20)와 누가(9:37~43)의 병행 내러티브 parallel narratives에 비해 2배가 넘도록 길다는 사실에 주목한다(마태·누가는 7절 분량인데 마가는 16절 분량이다). 보통 마태나 누가는 마가의 스토리를 베끼는 과정에서 윤색하여 늘이는 것이 보통이다. 그러나 재미있게도 마태는 기적사화에 관해서는 마가의 이야기를 간략하게 줄이는 습성이 있다. 그런데 누가조차도 마가의 이야기를 마태와 같은 방식으로 줄여 붙였다. 그리고 줄인 내용이 2종설화가 아닌 단일설화의 내용이다.

여기서 우리가 추론할 수 있는 것은 마태와 누가가 본 마가텍스트의 모습이 현재 우리가 보고 있는 마가텍스트의 모습과 달랐다는 것이다. 그 원 마가텍스트는 훨씬 짧은 형태였다고 보는 것이다. 그러나 현재 우리가 가지고 있는 텍스트에는 아무런 문제가 없고, 마태·누가가 본 텍스트와 동일한 형태인데 마태와 누가가 각각 독자적으로 텍스트를 축약시켰다고 말해도 그 설을 부인할 길은 없을 것이다. 나는 이러한 텍스트의 문제에 관한 어떤 시비를 밝히는 데는 별 관심이 없다.

단지 이런 방식으로 20세기 동안 텍스트 분석이 진행되어왔다는 좋은 사례를 독자들에게 보여주고 싶었을 뿐이다.

이 기적사화는 이해하기 어려운 구석이 전혀 없기 때문에 나의 해설을 요구하지 않는다. 단지 마지막 29절의 예수말씀의 실내용적 의미에 관하여서는 해설할 필요가 있다고 느낀다. 제자들이(앞서 언급한 3명을 제외한 9명의 그룹) 악령에게 사로잡힌 아이(실제로 그 병상을 보면 "간질epilepsy" 같다. 고대사회에서 간질병은 신적인 어떤 영감에 사로잡히는 신비로운 병으로 사료되었다)를 고치지 못한데 대한 이유를 예수에게 여쭙는 장면이다. 예수는 매우 심플하게 대답한다:

"기도 이외의 어떠한 다른 것으로도 이런 종류의 악령은 쫓아낼 수 없다."

기도라는 게 무엇인가?

다시 말해서 예수의 심플한 대답은 제자들에게 "기도祈禱Prayer"가 부족했다는 것을 책망하는 내용이다. 그냥 복음 텍스트를 읽다 보면 이 얘기는 매우 퉁명스럽게 갑자기 불거져 나온 것처럼 들린다. 도대체 "기도"라는 게 무엇인가? 지금은 교회라는 제도가 있고 그 안에서 행하는 예배와 제식이 있고, 그 틀 안에서 신도들이 행하는 기도라는 것이 형식화되어 있지만, 과연 예수시대에 기도라는 것이 제도화되어 있었나? 도대체 기도라는 게 무엇이냐?

지금 이 이야기 자체 내에서 보더라도 19절에서 예수는 "믿음이 없는 세대여"라고 말하며 모두를 책망한다. 그리고 23절에서도 아이의 아버지에게 "무슨 말이냐? 믿는 자에게는 능치 못할 일 없느니라"라는 말하면서 제자들의 불신앙을 암시한다. 다시 말해서 기도는 일차적으로 "믿음"과 상관성이 있다는 것을 알 수 있다. 가장 궁금한 것은 과연 우리가 지금 소위 "기도"라 말하는 어떤 교감양식의 원형이 역사적 예수에게 존재했었냐 하는 것이다. 예수는 과연 우리와 같은 일상적 기도를 한 사람이었는가? 이런 질문에 대한 대답은 역시 마가복음 자체 내에서 해결되어야 할 것 같다.

마가복음 내에 예수 본인의 기도에 관한 기술은 세 차례 나오고 있다. 그 첫째 케이스가 제1장에 나온다. 시몬 베드로의 장모를 고치고 모여드는 병자들을 고친 후 다음날 새벽, 예수의 동태는 이와같이 보고되고 있다.

> 다음날 새벽 예수께서는 먼동이 트기 전에 일어나 외딴 곳으로 가시어 기도하고 계셨다(1:35).

제6장에는 오병이어로써 오천 명의 민중을 먹이신 후에 물위를 걷는 기적을 행하기 전 상황에서 기도이야기가 나오고 있다.

> 그 뒤에 곧 예수께서는 제자들을 재촉하여 배를 태워 건너편 벳새다로 먼저 가게 하시고 그 동안에 혼자서 군중을 돌려보내셨다. 그들을 보내시고 나서 기도하시려고 산으로 올라가셨다(6:45~46).

세 번째 케이스는 예루살렘에서 죽음을 앞두고(잡히기 직전) 겟세마네동산에서 홀로 고독의 절규 속에서 기도하는 유명한 장면이다(14:32~39).

이 세 장면의 기도가 모두 한적한 산상에서 홀로 있을 때 이루어졌다. 대중의 소음을 피해 홀로만의 반추나 명상을 꾀하는 분위기가 있다. 그리고 그의 지상에서의 사역의 어떤 절체절명의 위기나 전환의 궁박함이 감돌고 있다. 그리고 제자들에게 세상의 유혹에 빠지지 않고 영적인 힘을 강화하기 위하여서는 기도가 필요하다는 것, 즉 기도하는 마음으로 깨어있으라는 것을 명령하기도 한다(13:33, 14:38). 그리고 남에게 보이기 위한 기도, 그 사악한 의도, 허례와 과신을 통렬히 비난한다(12:40). 그리고 예루살렘의 대성전에서 성전의 기능을 다음과 같이 간결하게 규정하고 선포한다: "성전은 만인이 기도하는 집이라"(11:17). 성전이 존재하는 목적이 곧 사람들의 기도를 위함이라고 규정해버린 것이다. 그 외의 일체의 권위주의나 제식주의를 다 거부해버린 것이다.

예수가 기도에 관하여 언급한 가장 심오하고 적절한 해설은 11:24~25에 드러나 있다.

> 그러므로 내 말을 잘 들어두어라. 너희가 **기도하며** 구하는 것이
> 무엇이든, 그것을 이미 받았다고 믿기만 하면 그대로 다 될 것이다.
> 너희가 일어서서 기도할 때에 어떤 사람과 등진 일이 생각나거든
> 그를 용서하여라. 그래야만 하늘에 계신 너희 아버지께서도 너희의
> 잘못을 용서해주실 것이다.

결국 예수가 가르치는 기도의 핵심은 믿음faith과 용서forgiveness이다. 그러나 예수 본인의 기도를 관찰하면 그 핵심은 고독과 회의와의 투쟁이며 하나님과의 영적 소통이다.

공자의 기도

공자도 왕손가王孫賈가 성주대감한테 빌까요, 조왕신에게 빌까요(어느 권력의 실세에게 아부하는 것이 실속이 있을까요 하고 묻는 것)라고 물었을 때, 답하는 유명한 말이 있다: "하늘에 죄를 얻으면 빌 곳이 없다. 獲罪於天, 無所禱也。"(3-13). 그리고 공자가 죽음에 직면했을 때 그의 애제자 자로子路가 하늘과 땅의 신들에게 기도하기를 청하였다. 이때 공자는 또 이런 말을 한다: "자로야! 나는 이미 하느님께 기도하며 살아온 지가 오래되었나니라. 丘之禱久矣。"(7-34).

다시 말해서 목숨을 구걸하는 기도는 하지 않겠다는 것이다. 그는 살면서 특정한 구복求福의 가치를 벗어나 항상 보편적 가치를 위해 하늘과 소통해오는 경건된 삶을 살았다는 것을 이야기하고 있는 것이다.

동방고전에서는 "기도祈禱"라는 것은 "기도산천祈禱山川"이라든가, "기도우종묘祈禱于宗廟"라든가 하는 용례로 잘 나타나는데, 기나 도는 주로 "구求"의 의미가 있다. "구求," "고告," "도禱"가 고대어에서는 모두 동운에 속한다. "기복제악祈福除惡"의 기복신앙과 관련이 있다. 그러나 공자의 "기도"는 그러한 건강이나 권력·부귀를 비는 성격의 것이 아니라, 하늘과의 소통, 양심과의 대화라는 의미가 강했던 것 같다. 김수환 추기경께서 나의 KBS논어강의에 나오셔서, 예수의 하나님과 공자의 하늘은 결국 같은 것을 말하고 있다고 하셨고, 기독교신앙 이외로도, 예를 들면 공자만 잘 알아도, 인간의 구원은 가능하다, 기독교는 결코 인간의 구원을 독점할 수 없다고 말씀하셨는데 참으로 위대한 신앙인이요, 신학자라 칭할 수 있을 것이다.

기도라는 것은 유한한 인간이 자신의 한계를 자각하고 그것을 넘어서는 어떤 진리를 향하여 절대자라고 상정되는 타자他者the Other를 향해, 희구하고 갈구하고 기구祈求하는 것이다. 사실 여기서 예수가 제자들에게 기도의 부족을 운운한

김수환金壽煥추기경, 1922~2009. 경상북도 군위에서 5남 3녀 중 막내로 태어남. 순교자집안. 우리나라 천주교는 김수환추기경의 사상과 활동을 계기로 비로소 한국인의 종교가 되었다고 말할 수 있다. 2002년 12월 21일, 혜화동 관저에서.

것은, 예수 또한 평소에 끊임없이 하나님과 소통하고 기구한다는 것을 의미한다. 다시 말해서 예수의 삶의 인간적 측면을 여실하게 드러낸 것이다. 예수는 끊임없이 기도했다. 그런데 제자들은 이미 예수에게서 귀신축출의 권세를 부여받았을 뿐 아니라(6:7), 실제로 귀신을 쫓아내는 많은 성과를 내었다(6:13). 그런데 왜 여기 9장의 상황에서는 아무런 귀신축출의 권세를 행사할 수 없었단 말인가?

끊임없는 교감의 프로세스

제자들은 그 동안의 예수와의 관계설정에서도 볼 수 있듯이 끊임없이 소통되어야 할 정신적 유대감이 격절되어 있었다. 그리고 제자파송 때 예수가 부여한 권능이 자기들 존재 내의 고유한 권능인 것처럼 믿었다. 그러나 예수가 부여한 권능도 전혀 평생을 유지할 수 있는 보증수표가 아니다. 그 권능은 끊임없는 갈구 즉 기도 즉 하나님과의 소통으로만 유지되는 것이다. 예수 본인의 권능도 그러한 것이다. 예수의 능력은 생득적인 것이 아니다. 이것이 바로 우리가 성서를 제대로 이해하지 못하는 이유이다. 예수의 실체화, 절대화, 권위화, 고착된 아상화我相化가 살아 있는 예수를 죽은 예수로, 관념화된 예수로 만드는 것이다. 하물며 제자들에게서랴! 마가는 이러한 일화를 통하여 신앙과 용서와 기도와 권능은 모두 끊임없는 소통과 반성과 갈구의 과정이라는 것을 강력히 웅변하고 있는 것이다.

수난에 대한 두 번째 예고
〈 마가 9:30~32 〉

[30]They went on from there and passed through Galilee. And he would not have any one know it;
[31]for he was teaching his disciples, saying to them, "The Son of man will be delivered into the hands of men, and they will kill him; and when he is killed, after three days he will rise."
[32]But they did not understand the saying, and they were afraid to ask him.

[30]그곳을 떠나 갈릴리 가운데로 지날새 예수께서 아무에게도 알리고자 아니하시니
[31]이는 제자들을 가르치시며 또 인자가 사람들의 손에 넘기워 죽임을 당하고 죽은지 삼 일만에 살아나리라는 것을 말씀하시는 연고緣故더라

[32]그러나 제자들은 이 말씀을 깨닫지 못하고 묻기도 무서워하더라

제2의 예언의 특징

첫 번째 수난예고 때에 이미 언급되었다. 여기 "그곳을 떠나 갈릴리 가운데로 지날 새They went on from there and passed through Galilee."는 헤롯 빌립의 영토로부터 다시 갈릴리로 복귀했다는 얘기가 아니다. 예수의 갈릴리사역은 이미 종료되었다. 그는 지금 구속사적 사명을 위하여 예루살렘으로 가고 있는 중이다. 그가 갈릴리를 들른 것은 단지 지리학적 위치상 갈릴리를 경유하지 않을 수 없었다는 것을 의미할 뿐이다. 여기 제2의 예언은 제1의 예언에 비해 몇 가지가 강화된 측면이 있다.

먼저 제1의 예언(막 8:31)에서는, "장로들·대제사장들·서기관들, 즉 당대의 종교적 지도자들에게 배척된 바 되어ἀποδοκιμασθῆναι(아포도키마스데나이, be rejected)"라고 했는데 여기서는 대신 "사람들의 손에 넘기워질 것이다"라는 표현을 썼다. 여기 "넘기워진다"라는 표현은(파라디도타이παραδίδοται) "배신당한다"는 뜻을

내포하고 있다. 즉 제자 중의 한 사람에 의하여 적 편에 넘겨질 것이다라는 뜻을 내포한다. "파라디도타이"는 미래적인 현재형(is going to be betrayed)이다.

그리고 제1예언에서는 "죽임을 당한다"는 수동형을 썼는데, 여기서는 "그들이 인자를 죽일 것이다"라는 능동형을 썼다. 유감스럽게도 개역본은 "죽임을 당하다"라는 수동형을 썼다. 하여튼 인간의 배신에 인간의 손에 죽임을 당한다는 테마를 강렬하게 부각시키고 있는 것이다. 이에 대한 제자들의 반응은 "공포Fear"일 뿐이었다. 이 공포는 예수의 빈 무덤에까지 그대로 지속되는 것이다.

높음에 관한 언쟁
〈 마가 9:33~37 〉

[33]And they came to Capernaum; and when he was in the house he asked them, "What were you discussing on the way?"
[34]But they were silent; for on the way they had discussed with one another who was the greatest.
[35]And he sat down and called the twelve; and he said to them, "If any one would be first, he must be last of all and servant of all."
[36]And he took a child, and put him in the midst of them; and taking him in his arms, he said to them,
[37]"Whoever receives one such child in my name receives me; and whoever receives me, receives not me but him who sent me."

[33]가버나움에 이르러 집에 계실새 제자들에게 물으시되 너희가 노중路中에서 서로 토론한 것이 무엇이냐 하시되

[34]저희가 잠잠하니 이는 노중에서 서로 누가 크냐 하고 쟁론爭論하였음이라

[35]예수께서 앉으사 열 두 제자를 불러서 이르시되 아무든지 첫째가 되고자 하면 뭇사람의 끝이 되며 뭇사람을 섬기는 자가 되어야 하리라 하시고
[36]어린 아이 하나를 데려다가 그들 가운데 세우시고 안으시며 제자들에게 이르시되
[37]누구든지 내 이름으로 이런 어린 아이 하나를 영접하면 곧 나를 영접함이요 누구든지 나를 영접하면 나를 영접함이 아니요 나를 보내신 이를 영접함이니라

제자들의 쟁론

갈릴리를 경유할 수밖에 없었던 예수와 제자들은 이제 그들의 갈릴리사역의 본산本山이라 말할 수 있는 가버나움에 당도하게 된다. 그리고 편안하게 거처를 정한다. 그 집은 아마도 베드로와 안드레 형제의 집이었을 것이다. 그런데 가버나움에 오는 도중에 제자들은 내내 말싸움을 하였다. 물론 예수는 따로 온 것 같고, 그 말싸움에 전혀 관여치 않았다. 그러나 그 내용에 관해 예수는 이미 충분한 파악이 있었던 것 같다. 예수는 묻는다: "너희가 노중에서 서로 토론한 것이 무엇이냐?"

이에 제자들은 대답을 못하고 잠잠했다고 했다. 그들은 이미 예수가 자기들의 토론의 내용을 파악했다는 것을 눈치챘고, 또 한편으로는 자기들이 토론한 것의 내용이 타당치 못하다는 것을 알고 있었다. 그들이 길거리에서 내내 말싸움한 것은 누가 더 높으냐? 누가 더 쎄냐? 누가 더 위대하냐?

여기 제자들이라는 캐릭터의 성격을 다시 한 번 생각해볼 필요가 있다. 이들은 사탄으로 규정될 정도로 하나님의 일을 생각지 아니하고 사람의 일만을 생각했다. 그리고 자신들의 권세를 과신하고 전혀 기도하는 마음씨를 갖지 못했다. 간질병 발작의 어린아이에게 전혀 속수무책이었다.

여기 누가 가장 위대하냐는 식의 말싸움은 결국 예수가 왕이 되었을 때 어느 제자가 더 높은 자리를 차지할 수 있겠느냐에 관한 세속적 권세와 영광의 언쟁이었다. 하나님의 일을 생각지 못하고 사람의 일만을 생각하는 이들의 완악함, 무감각, 상황에 적합하지 못한 비공감은 계속되고 있는 것이다. 그리고 이들이 노상에서 계속 이런 얘기를 떠들었다는 것은 이들만의 특수논쟁이 아니라, 갈릴리촌놈들이 길거리에서 말싸움하는 언쟁내용의 전형적 틀에서 벗어나지 않았다는 것을 의미한다. 우리 어렸을 때도 시골에서 흔히 말싸움하는 것은 누가 더 쎄냐 하는 것에 관한 것이었다.

예수는 열두 제자를 곁으로 부른다. 이것은 전통적 랍비와 팔로어들 사이의 전형적 관계를 나타내는 모습이다. 그리고 예수는 고립된 환경 속에서 은밀하게 타이른다. 그것은 "가치의 전도"에 관한 충격적인 가르침이었다. 하늘나라는 온다. 새로운 질서가 도래한다. 이 새로운 질서(=나라) 속에서는 꼴찌가 되는 자만이 첫째가 될 수 있다. 꼴찌가 된다는 것은 "자기를 버리고" 모든 사람πάντων(판톤)을 섬기는 자διάκονος(디아코노스)가 된다는 뜻이다. 꼴찌와 첫째의 전도가 일어나는 것이 곧 새로운 질서New Order요, 곧 천국이다. 그리고는 곧 어린아이 하나를 데려다가 제자들 앞에 세운 다음, 그 어린이를 가슴에 품으며 말한다:

도올의 마가복음 강해

"누구든지 내 이름으로 이런 어린 아이 하나를 받아들이면 곧 나를 받아들이는 것이다."

이 말은 오늘날의 독자들에게는 그냥 평범한 어린이존중사상의 한 표현처럼 들린다. 그러나 이 표현은 매우 충격적이고 심오한 가치전도를 나타내는 혁명적인 발언이다. 역사적 예수 사상의 전형적 한 표현으로 해석되어야 한다.

어린이 영접을 통한 혁명적 가치전도

당시 "어린이παιδίων파이디온"라는 것은 가치서열의 축에 끼어들 수 없는 무의미한 존재였다. 차라리 "비존재"라 말해야 옳다. 어린아이는 반드시 여인과 함께 있어야 한다. 남자어른들로 둘러싸여 있는 곳에서 예수가 어린이를 가슴에 품는다는 것은 생각할 수도 없는 하나의 상징체계이다. 로마시대의 작가들에게 어린이는 전혀 주제로 등장하지 않는다. 3:35절에서 예수가 하나님의 뜻을 행하는 자들의 새로운 가족을 말할 때에도, "형제, 자매, 모친"만을 언급하고 "어린이"는 전혀 언급치 않았다. 후손이 없는 로마시민들이 양자를 선택할 때에도 성숙한 남성을 택하지 어린이를 택하지 않았다. 어린이는 사회적으로 비존재였다. 존재의 커튼에 가린 비가시적 존재였다. 다시 말해서 "꼴찌"의 적합한 상징체였다.

여기 어린아이를 "받아들인다," "영접한다"는 표현에 쓰인 단어는 "덱세타이δεζηται"인데 그 원형 "데코마이δέχομαι"라는 동사는 일반적으로 편지, 선물, 손님, 또는 지식을 받아들이고 수용하는 것을 의미한다. 여기 문맥에서는 단지 가슴에 껴안는다는 뜻이 아니라 기르고 교육시키기 위해 자신의 가정에 받아들인다는 의미로 사용되었다. 손님으로서 환대한다는 뜻이 아니라 자신의 자녀를 삼는 것과도 같이 받아들인다는 것이다.

이것은 진실로 혁명적인 발상이다. 어린이는 집안의 노예보다도 더 무가치한 존재였다. 꼴찌가 되어 모든 사람을 섬긴다는 뜻과 어린아이를 영접한다는 뜻은 실제로 동일한 의미를 지닌다. 예수는 말한다.

> "어린아이를 영접하면 곧 나를 영접함이요, 나를 영접하는 것은 곧
> 나를 보내신 이를 영접하는 것이다."

여기 내면적으로 "어린아이≡예수≡하나님"의 등식이 성립한다. 우리나라에서도 방정환 선생이 동학의 사상을 수용하여 "어린이"라는 말을 만들어내기 전에는 "어린이"는 "차일드child"가 아니라, "무지몽매한, 어리석은 인간"이라는 뜻이었다. 세종대왕이 "어린 백성이 니르고자 할배"라 말했을 때도 "어린"은 "어리다"가 아니라 "어리석다"는 뜻이었다. "어리다"는 "몽매蒙昧함"의 뜻일 뿐이었다. 한문표현으로도 어린이는 "동몽童蒙"이었다.

대체적으로 동방사상에 있어서 도가사상에 있어서는 "어린이"와 "여성"이 존중되었지만 유가사상에서는 이 양자가 가치서열에 있어서 대접을 받지 못했다. 민주혁명이라는 것은 그 근저에 있어서는 여성과 어린이의 혁명이었다. 그러나 어린이의 존중사상이 20세기 복지국가의 현상만은 아니다. 그 깊은 근원은 역시 예수의 천국운동의 심볼이 바로 어린이였다는 사실로 귀착되어야 할 것이다.

그러나 서양역사에 있어서도 이러한 예수사상(마가사상)은 전혀 본질적인 이해를 얻지 못했다. 19세기 후반에 이미 동학사상혁명이 일어나면서 어린이에 대한 근원적인 사유의 전환이 일어났다는 것은 세계문화사의 한 중요한 전변의 고리이다. 동학의 사상적 기저를 구축한 해월에게 어린아이는 곧 "하느님"이었던 것이다. 어린이와 하느님의 등가적 가치는 동학사상의 주요한 기축이었다. 해월은 어린아이의 소리를 하느님소리라고 했다.

전통적 가치를 대변하는 율곡의 『격몽요결擊蒙要訣』만 해도 어린이를 격擊(침)

의 대상으로만 삼았지 그 독자적 가치를 인정하지 않았다. 율곡은 퍽 깊이있는 사상가임에 틀림이 없지만 어린이에게 기존의 도덕적 가치를 주입하는 데만 힘썼다. 조선왕조를 통하여 우리역사의 가치관을 어둡게 만든 노론의 완악함에 대해서도 율곡의 사상 또한 책임이 있다 할 것이다.

아브라함의 아버지 데라Terah의 고향, 이스라엘 민족의 근원지, 하란Harran. 이삭의 부인, 야곱의 네 부인이 모두 하란여자이다. 야곱은 이곳에서 르우벤, 시므온, 레위, 유다, 단, 납달리, 갓, 아셀, 잇사갈, 스불론, 요셉 11명의 아들과 딸 디나를 낳았다. 막내 베냐민은 베들레헴 부근에서 출생하였다. 아직도 이곳은 아브라함 시대의 삶의 양식을 간직하고 있는 듯했다.

475

예수의 이름을 도용하는 아웃사이더
〈 마가 9:38~42 〉

[38]John said to him, "Teacher, we saw a man casting out demons in your name, and we forbade him, because he was not following us."
[39]But Jesus said, "Do not forbid him; for no one who does a mighty work in my name will be able soon after to speak evil of me.
[40]For he that is not against us is for us.

[41]For truly, I say to you, whoever gives you a cup of water to drink because you bear the name of Christ, will by no means lose his reward.
[42]"Whoever causes one of these little ones who believe in me to sin, it would be better for him if a great millstone were hung round his neck and he were thrown into the sea.

[38]요한이 예수께 여짜오되 선생님 우리를 따르지 않는 어떤 자가 주의 이름으로 귀신을 내어쫓는 것을 우리가 보고 우리를 따르지 아니하므로 금하였나이다
[39]예수께서 가라사대 금하지 말라 내 이름을 의탁하여 능한 일을 행하고 즉시로 나를 비방할 자가 없느니라

[40]우리를 반대하지 않는 자는 우리를 위하는 자니라
[41]누구든지 너희를 그리스도에게 속한 자라 하여 물 한 그릇을 주면 내가 진실로 너희에게 이르노니 저가 결단코 상賞을 잃지 않으리라
[42]또 누구든지 나를 믿는 이 소자小子 중 하나를 실족失足케 하면 차라리 연자硏子 맷돌을 그 목에 달리우고 바다에 던지움이 나으리라

이런 말도 있었나?

우리는 마가를 평심平心하게 읽다 보면 어랏! 이런 말도 성경에 있었나 하고 도무지 고개를 갸우뚱하지 않을 수 없을 때가 많다. 성경에 버젓이 쓰여져 있는데도 우리는 그 말씀을 인지하지 못한다. 그 가장 큰 이유는, 복음서 설화기술양식이 우리와 전혀 다른 문화적 배경을 가지고 있어 그 뜻이 전달되기 어려운 상황도 적지 않지만, 그 결정적인 이유는 결국 오늘날 교회라는 조직의 이해관계에 어필되지

않는 내용은 인식의 범주에서 삭제되고 만다는 데 있다. 사실 이 단의 내용은 오늘날 우리가 말하는 에큐메니즘Ecumenism의 모든 측면을 이미 예수 본인이 다 긍정적으로 이야기했다는 것을 말해준다.

예를 들면, 오늘날 어느 대형교회의 어느 목사가 교회를 부흥시킨 비결이 있었다 하자! 그런데 어느 비범한 타 종파의 초년생 목사가 그러한 비결을 흡수하고 또 예수의 이름으로 거대한 교회공동체를 만들었다고 하자! 이 두 교회는 이단시비를 내걸며 피터지게 싸울 것이 뻔하다. 우리 주변에서 쉽게 볼 수 있는 교회간의 불화나, 종파간의 배척이나, 정통주의를 내건 이단시비는 결국 진리를 어느 한 개인이나 집단이나 특정 종교조직이 독점하려고 하는 권위주의authoritarianism, 혹은 독재주의의 소산이다. 예수는 자신이 하나님의 아들이라는 권위의식을 독점하고자 한 사람이었나? 예수를 따라다닌 자들만이(곧 불교식으로 말하자면 "성문聲聞"이다) 예수의 제자이고, 예수의 권능을 분유한 사람들이었는가? 예수는 자신의 구원행위에 관하여 매우 개방적인 가치관을 가지고 산 사람이었다는 것을 이 단의 설화는 명료히 말해주고 있다.

요한이 예수에게 묻는다. 마가복음 전체를 통하여 요한이 예수에게 단독으로 질문을 던지는 사례는 여기 한 번뿐이다: "선생님! 어떤 사람이 선생님의 이름으로 마귀를 쫓아내는 것을 보았는데 그는 우리를 따르지 않는, 우리와 전혀 상관없는 사람이었습니다. 그래서 그런 일을 못하도록 우리가 막았습니다."

제자들의 자세는 권위주의, 독점주의, 계보주의, 배타주의, 종파주의의 모든 덕성을 구현하고 있는 행위였다. 그러나 예수의 일차적 관심은 누가 그 권능을 행하느냐에 있는 것이 아니라 과연 어떤 행위에 의하여 어떤 결과가 초래되느냐 하는 것에 있다. 다시 말해서 그의 종국적 관심은 아픈 민중이 아픔에서 벗어나는 것이다(귀신축출에 의한 것이든 어떤 다른 수단에 의한 것이든 병자가 아픔에서 해방되는 것이 예수천국운동의 제1차적 목표였다).

"예수의 이름으로" 예수 이외의 사람들이 치유를 행하는 사례는 사도행전에 무수히 나온다(행 3:6, 16, 4:7, 10, 30, 19:13). 예수 당대에도 그러한 사람들이 적지 않았던 모양이다. 예수를 독점하고 있다고 생각하는 제자들의 입장에서는 이것은 용서 못할 도용이요, 이단적 행위이다. 그러나 예수 입장에서는 사랑하는 제자녀석들이 하지 못한 일들을(9:18, 28) 어떤 모르는 사람이 실천하여 소기의 바람직한 성과를 낸다고 한다면 그 모르는 자를 이단이라 정죄할 이유가 없는 것이다. 역사적 예수는 "예수의 이름"을 독점하는 인간이 아니었다. 그는 진리의 개방성을 믿었고 제자의 개념 또한 개방적이었다. 예수는 말한다:

> "아서라! 막지 말라! 내 이름에 의탁하여 기적을 행하는 사람이라면 그는
> 결코 나를 비방하지 않는다."

만고의 명언

그리고 예수는 또다시 충격적인 메시지를 발한다. 오늘날 들어도 우리에게 깊은 감명과 반추의 여지를 전한다.

> "우리를 대놓고 반대하지 않는 자는 모두 우리편에 서있다. 우리를 위하고
> 우리와 함께한다.Whoever is not against us is for us."

만고의 명언이라 할 것이다. 오늘날 우리사회가 분열과 반목과 비방의 소용돌이로 빠져들어가고 있는 이유는 정의로운 신념을 가진 자들이 그 신념에 대한 개방적 확신이 부족하기 때문이다. 엉터리 뉴스, 가짜 뉴스, 정확성을 빙자한 통계숫자, 소수의 선동작전에 쫓아 정의로운 신념을 관철하지 못하기 때문이다. 정의로운 신념은 당연히 반대의 불길이 치솟게 마련이고, 기존의 집권세력이 어떠한 방식으로든지 억누르게 마련이다. 이것을 치고나가는 신념은 침묵하는 다수, 아니 소수라도 좋다! 그들이 항상 우리와 함께하고 있다는 믿음 위에 공고히 수립되어야 한다. 예수는 또 말한다:

도올의 마가복음 강해

"나는 분명히 말한다. 너희를 그리스도에 속한 자라고 인정하여, 물 한 잔이라도 주는 사람은 결단코 하나님의 상을 잃지 않으리라."(41절)

이 절은 37절의 테마와 상통한다: "나를 받아들이는 사람은 나를 보내신 이를 받아들이는 것이다." 이 절에서 특이한 것은 예수가 자기를 객화하여 "그리스도"라 칭한 유일한 언급이라는 것이다. 예수는 자신을 그리스도라고 직접 말한 적이 없다. 여기서는 그리스도가 3인칭화되어 있다. 예수는 침묵의 지지자들에게 하나님의 상을 보장하고 있다.

이 문단에서 보이는 예수의 개방적인 대승신념은 기독교에 전승되질 않았다. 그리고 알렉산드리아의 탁월한 미모와 덕성과 실력을 갖춘 여성 철학자(a Hellenistic Neoplatonist), 수학자, 천문학자인 히파티아Hypatia, 355~415를 오직 "진리와 결혼했다"는 이유로, 기독교의 신앙에 무관심하다는 이유로, 벗기고, 살가죽을 찢고, 화형에 처해버리는 알렉산드리아의 주교 키릴로스의 악독함과 사악함이 대세를 이루는 방향으로 기독교의 역사는 흘러갔다.

기독교의 원죄는 맹목적 배타

이러한 대세는 오늘날 한국에서 "불신지옥"을 외치는 모든 맹목적 기독교인에게 전승되고 있다. 예수를 믿는 목적이 예수의 이름으로 불신자를 죽이기 위한 것이다. 예수의 복음은 오직 사람을 살리기 위한 것이다. 누가 어떠한 이름으로 "살림"을 행하더라도 예수는 그 권위를 독점하지 않는다. 오직 "하나님의 상"으로써만 그 궁극적 정당성을 논할 뿐이다. 기독교의 배타주의는 참으로 혹독한 것이요, 인간을 타락시키는 원죄다! 원죄는 사람에게 있는 것이 아니라 사람이 만든 맹목적 배타에 있는 것이다.

모세의 너그러움

심지어 구약의 모세일화에도 다음과 같은 장면이 있다. 모세가 늙었고 힘이 없고 이끄는 백성들은 맨날 똑같은 만나만 먹다 보니 불평이 이만저만이 아니었다. 모세는 힘이 부치어 야훼에게 짐이 너무 무겁다고 차라리 죽여달라고 호소한다. 야훼는 백성을 지도해온 70명의 장로를 소집하라고 명한다. 그들에게도 모세에게 나누어주었던 영력을 똑같이 나누어주겠다고 말한다. 그리하면 그들이 책임을 나누어 지게 되니 모세 혼자 애쓰지 않아도 될 것이라고 말한다. 야훼의 말씀대로 70장로들에게 야훼의 영이 내려 이들이 다 입신한다. 명단에는 올라있었는데 성막으로 가지 않고 진중에 남아있던 두 사람이 있었다. 엘닷Eldad과 메닷Medad이었다. 그런데 이들도 성막이 아닌 진중에서 입신하였다. 그러자 모세의 심복인 여호수아가 이놈들을 그대로 두어서는 아니 된다고 아뢴다. 그러자 모세는 다음과 같이 말한다: "너는 지금 나를 생각하여 질투하고 있느냐? 차라리 야훼께서 당신의 영을 이 백성 모두에게 주시어 모두가 예언자가 되었으면 좋겠다."(민 11:29~30). 기독교는 이러한 개방적 보편주의가 내재하고 있음에도 그러한 측면을 가두어 버리고 묵살시켰다.

42절은 이해하기가 어려운 구석이 많다. 보통 43~50의 문단에 붙여 해석하는 것이 관례이나, 나는 42절은 위로 붙여 해석하는 것이 옳다고 생각한다. 42절과 43절 사이에는 의미의 패턴에 단절이 있다. 42절의 "나를 믿는 이 소자"(공동번역은 "나를 믿는 이 보잘것 없는 사람들")의 "소자"(미크론μικρῶν)를 36절의 "어린아이"(파이디온παιδίον)와 연결시켜 이해하는 주석가도 있다. 그러나 보통은 "예수를 따라다니는 공동체의 이름 없는 보잘것 없는 멤버"로 해석한다. 그리하면 "연자 맷돌을 달아 바다에 던져진다"는 것은 앞 절의 "하나님의 상을 받는다"와 대구對句를 이루게 된다. 그리스도사람이라고 하여 물 한 잔이라도 대접하는 사람은 상을 받지만, 예수를 따르는 공동체의 어떠한 평범하고 시시한 멤버라도 그를 타락시키는 놈들에게는 목에 연자맷돌이 걸린다는 것이다.

도올의 마가복음 강해

어떤 주석가는 소자를 어린 남자로 보아, 그를 타락시킨다, 죄를 짓게 만든다를 희랍세계에서 유행하던 소년과의 남색男色pederasty("미크론"이 여성에도 해당되므로 소녀와의 섹스도 포함)의 문제로 해석하기도 한다(A. Y. Collins, *Mark*, p.450).

예수의 고향 나사렛의 어린아이들

481

마가 9:38~42

제자됨의 엄혹한 조건
〈 마가 9:43~50 〉

[43]And if your hand causes you to sin, cut it off; it is better for you to enter life maimed than with two hands to go to hell, to the unquenchable fire.

[44]

[45]And if your foot causes you to sin, cut it off; it is better for you to enter life lame than with two feet to be thrown into hell.

[46]

[47]And if your eye causes you to sin, pluck it out; it is better for you to enter the kingdom of God with one eye than with two eyes to be thrown into hell, [48]where their worm does not die, and the fire is not quenched.

[49]For every one will be salted with fire.

[50]Salt is good; but if the salt has lost its saltness, how will you season it? Have salt in yourselves, and be at peace with one another."

[43]만일 네 손이 너를 범죄犯罪케 하거든 찍어버리라 불구자不具者로 영생永生에 들어가는 것이 두 손을 가지고 지옥地獄 꺼지지 않는 불에 들어가는 것보다 나으니라

[44](없음)

[45]만일 네 발이 너를 범죄케 하거든 찍어버리라 절뚝발이로 영생에 들어가는 것이 두 발을 가지고 지옥에 던지우는 것보다 나으니라

[46](없음)

[47]만일 네 눈이 너를 범죄케 하거든 빼어버리라 한 눈으로 하나님의 나라에 들어가는 것이 두 눈을 가지고 지옥에 던지우는 것보다 나으니라

[48]거기는 구더기도 죽지 않고 불도 꺼지지 아니하느니라

[49]사람마다 불로서 소금 치듯함을 받으리라

[50]소금은 좋은 것이로되 만일 소금이 그 맛을 잃으면 무엇으로 이를 짜게 하리요 너희 속에 소금을 두고 서로 화목和睦하라 하시니라

소금의 기능, 부패방지, 곧 사회의 부패방지

복음서를 읽을 때 우리는 항상 로기온 파편들이 어떠한 맥락에서 무엇을 말하기 위하여 편집된 것인지, 그 대강을 파악해야 한다. 단편 자체의 의미만으로는 전체적 주제를 파악할 수 없다. 예수는 예루살렘으로 가는 길에서 끊임없이 제자들

과 소통하려 하고, 또 그 단절의 벽을 느낀다. 그리고 또 동시에 단절의 벽을 허물어보려고 노력한다. 끝내 제자들은 예수를 이해하지 못했다. 여기서 예수는 과연 나의 제자가 된다고 하는 것이 무엇을 의미하는가, 어떠한 실존적 각오와 결단이 있어야 하는가, 그것을 강변하고 있는 것이다.

49~50절에 "소금" 얘기가 나오지만 중동지역사람들에게 "소금"이란 일차적으로 부패방지의 역할을 의미하는 것이다. 냉장고가 없던 그 더운 지역에서 귀한 음식에 속하는 육류를 보존하는 방법은 소금밖에 없었다. 예수의 제자가 된다고 하는 것은 사회의 소금역할을 해야 하는 것이다. 다시 말해서 그리스도의 사람이라고 하는 것은 자기가 속한 사회가 썩지 않도록 하는 기능을 해야 한다. 그런데 사실 우리사회는 기독교인들이 오히려 썩게 만들고 있다. 돈과 권력을 장악하고 있는 기득권의 생활윤리와 기독교가 결탁되어 있는 것이다. 우리사회를 반공화하여 이념적으로 썩게 만들고, 외교적으로도 반공블럭 속에 고립시켜 넓은 세계와의 소통을 차단하고, 정치·사회적으로도 교회권력이 기득권의 이권유지와 제휴되어 있다. 기독교가 성행하면 성행할수록 우리사회는 불건강해져가고 있다. 일부 젊은이들마저 기독교의 영향하에 이성적 판단의 기준을 상실해가고 있다. 손이 죄를 짓게 하거든 그 손을 찍어 버려라! 발이 죄를 짓게 하거든 그 발을 찍어 버려라! 또 눈이 죄를 짓게 하거든 그 눈을 뽑아 버려라!

자기가 속한 사회를 썩지 않게 하려면 예수의 제자된 사람들은, 그 손과 발과 눈이 죄를 짓지 말아야 한다. 여기 "스칸달리조σκανδαλίζω"라는 동사는 실족하다, 죄를 짓게 되다, 범죄하다는 뜻이다. 손과 발과 눈은 범죄의 유혹에 가장 민감하게 반응한다. 한 손을 찍어 버려 불구자로 영생에 들어가는 것이 두 손을 가지고 지옥 꺼지지 않는 불구덩이에 들어가는 것보다는 낫다. 발과 눈의 경우도 같은 논리구조가 연속된다.

보통 고상한 주석가들은 이것을 신체적 부분에 대한 물리적 절단을 의미하는 것이 아니라, 이 지체의 범죄적 활동의 중단을 요구하는 것이며 이것은 매우 래디칼한 스피리츄얼 써저리radical spiritual surgery를 의미하는 것이라고 해석한다. 나의 생각은 다르다. 이것은 문자 그대로 신체적 절단을 요구하는 것이다. 인간의 죄악의 가장 심오한 근원은 "죄스러운 생각"에 있는 것이 아니라 "몸의 관성"에 있다. 아무리 래디칼한 정신적 수술을 감행한다 하여도 몸의 관성이 살아있는 한 범죄는 지속된다. 도박하는 자는 오늘 손을 잘라도 내일 다시 카드를 든다. 섹스, 마약, 투기, 이 모든 사회적 범죄가 몸에 대한 실존적 결단이 없이는 해결될 길이 없다. 동방인들은 "몸의 수련"을 항상 앞세우고 그 다양한 방법을 개발해왔다(요가, 좌선, 기수련 등등). 그러나 서양의 역사는 언어적 구라는 발달시켰어도 몸의 수련에는 뚜렷한 전통이 부족하다. 예수의 말씀은 진심으로 "죄와 몸"의 관계를 대상으로 하고 있는 것이다. 손을 잘라 버릴 각오가 없이는 손의 죄는 개선될 여지가 없다. 나는 43~47절의 예수 메시지는 실존적 결단을 촉구하는 매우 리얼한 명제들이라고 생각한다.

힌놈계곡과 끔찍한 몰렉(몰록)제사

여기 나오는 "지옥"이라는 표현은 희랍어로 "게엔난γέεννᾰν"인데 이것은 히브리어 "게 힌놈gê hinnōm"을 희랍어로 음역한 것이다. 더 정확하게는 "게 벤 힌놈," 즉 "힌놈의 아들의 골짜기," "애곡의 아들의 골짜기"라는 의미의 단어를 음역한 것이다. 이 골짜기는 예루살렘 남서부에 있는 "힌놈계곡Valley of Hinnom"을 가리킨다.

이 골짜기는 황소 형상의 이방신 몰렉Molech(몰록Moloch이라고도 부른다. 히브리어로 멜레크melech는 "왕"이라는 뜻이다. 몰렉molech은 "수치"라는 뜻과 연관되어 있다)에게 이스라엘 백성들이 그의 자녀들을 희생의 제물로 바쳤던 것이다(이러한 희생에 대한 언급은 레위기 18:21, 20:2~5, 왕하 23:10, 대하 28:3, 33:6, 예레미야 2:23, 7:31~32, 32:35 등에 광범위하게 언급되고 있다). "힌놈"이라는 말은 이글거리는 불 가운데로 몰렉에게 바치는 어린아이를 지나가게 할 때 어린아이의 울음소리가 났다는 데서 유래한 것이다.

아하스왕 이후로 유대인들은 자기의 자녀들을 몰렉에게 바치기 위해 불에 던져 넣는 것을 가볍게 생각하고 시행하였다.

유대인들의 관념에서 어린아이를 비존재로 여겼다는 말의 의미를 이런 제식에서도 살펴볼 수 있다. 그리고 유대인들의 생명의식의 본질적 저열함을 이런 습속에서도 살펴볼 수 있다. 그 후 요시아왕의 종교개혁(야훼정통주의) 때에 이러한 희생제사는 폐지되기에 이른다: "왕은 벤힌놈 골짜기에 있는 도벳을 부정한 곳으로 만들어 아무도 자녀를 몰렉에게 살라 바치지 못하도록 하였다"(왕하 23:10). 유대인들은 그곳을 혐오스럽게 여겨 거기에 온갖 잡다한 쓰레기를 버렸을 뿐만 아니라 죽은 동물과 매장되지 못한 범죄자들의 시체를 거기에 던졌다. 결국 시체들과 쓰레기들이 버려지게 되자 사람들은 부패물로 공기가 오염될까봐 무서워 그곳을 계속해서 불로 태웠다. 그 불은 꺼지지 않고 계속해서 탔다. 이러한 여러 정황으로 인해(죽음, 부패, 병균, 불길) 이 힌놈의 골짜기는 "지옥"의 대명사가 된 것이다.

48절은 이해하기 쉽다: "지옥에서는 그들을 파먹는 구더기도 죽지 않고 불도 꺼지지 않는다"는 죄짓고 지옥에 들어가는 사람들에 대한 형벌을 묘사한 것이다. 그러므로 43~47절과 의미가 연속된다.

그러나 49절과 50절은 이해하기가 심히 곤란하다. 메시지가 밑도끝도 없이 갑자기 튀어나오고 있기 때문이다.

· 누구나 다 불소금에 절여질 것이다(공동).
· 사람마다 불로써 소금치듯 함을 받으리라(개역).
· For every one will be salted with fire(RSV).

정말 이해가 곤란하다. 앞뒤 문장과의 연속성을 찾을 수가 없다. 현재 이 문장에 대한 해석은 레위기에 나오는 야훼에게 드리는 제사양식에 의거하여 이루어질 수밖에 없다. "to be salted with fire"는 불에 의하여 소금에 절여지듯 한다는 뜻인데, 실상 이 뜻은 "소금에 절인다"와 "불에 의하여 절여진다(=태워진다 =분향된다)" 이 두 가지 의미가 겹쳐진 표현이다. 대체적인 맥락에 관해서는 "제자됨의 자격(=덕성)"이라는 주제가 계속되고 있다는 것을 염두에 둘 필요가 있다. 먼저 레위기 2:13의 규정을 살펴보자!

> **"너희가 드리는 곡식예물에는 반드시 소금을 쳐야 한다. 너희 곡식예물에 너희 하느님과 계약을 맺을 때 치는 소금이 들어가지 않으면 안된다. 너희가 바치는 모든 예물에 소금을 쳐야 한다."**

동물에 관한 규정은 번제燔祭의 방식에 관한 것인데, 소나 양이나 염소를 희생으로 바칠 때, 피는 제단의 주변에 두루 뿌리고 내장을 덮은 기름기, 내장 속의 기름기, 두 콩팥과 거기에 붙은 기름기, 허리께의 기름기와 간과 콩팥에서 떼어낸 기름덩어리는 제단에 피운 장작불 위에 얹어 살라야 한다. 이것들은 불에 타면서 향기를 풍겨 야훼를 기쁘시게 해드린다는 것이다. 레위기 3:17에는 이와 같이 되어 있다: **"기름기는 모두 야훼께 바쳐야 한다. 너희는 어디에 살든지 대대로 영원히 이 규정을 지켜야 한다. 기름기나 피는 결코 먹지 말라."** 동물의 희생제사를 지낼 때 기름기 부분은 장작으로 살라 야훼가 흠향하는 향기로 삼고, 그 나머지 근육살 즉 풍요로운 단백질부분은 인간이 먹는 매우 합리적인 방식을 취해왔던 것이다.

여기 소금과 불은 결국 하나님께 드리는 제사를 상징하는 것이다. 따라서 예수의 제자가 된다는 것은 나의 몸을 소금으로 절이고, 불로 태워서 제사의 희생으로 바친다는 것을 의미한다. 맥락은 다르다 해도 로마서 12장 1절의 메시지는 정확하게 본 절의 의미를 부연하고 있다: **"그러므로 형제들아! 내가 하나님의 모든 자비하심으로 너희를 권하노니, 너희 몸σώματα을 하나님이 기뻐하시는 거룩한 산 제사로a living sacrifice 드리라. 이는 너희의 드릴 영적 예배니라."** 나의 몸을 불로 태워 향기를 낸다는 것은 말할 수 없는 박해와 시험과 고난과 고통을 수반하는 것이다. 아마도 로마에서 박해에 시달린 크리스챤들에게는 이러한 몸의 "산 제사"가 오히려 위로의 말이었을 수도 있다.

소금은 생명을 창조하고 부패를 방지한다. 생명은 원시바다에서 태어났다. 바닷물은 소금의 물이다. 50절의 "소금이 그 맛을 잃는다"는 표현은 삼천리 금수강산에 사는 사람들에게는 이해될 수 없다. 소금이 어떻게 짠맛을 잃을 수가 있겠는가? 그러나 중동지방의 소금은 불순물이 심하게 섞여있어 소금 자체로 부패하여 그 짠맛을 상실할 수도 있다. 그러기 때문에 순수한 소금은 그만큼 더 고귀한 것이다. 소금은 생명의 원천이요 부패를 방지한다. 따라서 예수를 따르는 자의 마음은 소금을 간직하고 있는(소금에 절여진) 마음이 되어야 한다. 그것은 헌신과 자기부정의 무아를 상징한다. 그 결론은 "평화"다. "모든 사람과 서로 화목하라be at peace with one another." 이 표현은 결국 39~40절에서 예수가 말한 개방성・포용성과도 상통하는 것이다. 자기부정의 무아가 이루어져야 비로소 포용이 가능하고, 포용이 가능할 때 비로소 평화가 오는 것이다. 무아, 포용, 평화야말로 제자됨의 궁극적 의미이다. 그것이 곧 불과 소금에 절여진다는 표현의 궁극적 내포가 되는 것이다.

제자됨과 결혼의 새로운 의미
〈 마가 10:1~12 〉

¹And he left there and went to the region of Judea and beyond the Jordan, and crowds gathered to him again; and again, as his custom was, he taught them.

²And Pharisees came up and in order to test him asked, "Is it lawful for a man to divorce his wife?"

³He answered them, "What did Moses command you?"

⁴They said, "Moses allowed a man to write a certificate of divorce, and to put her away."

⁵But Jesus said to them, "For your hardness of heart he wrote you this commandment.

⁶But from the beginning of creation, 'God made them male and female.'

⁷'For this reason a man shall leave his father and mother and be joined to his wife,

⁸and the two shall become one flesh.' So they are no longer two but one flesh.

⁹What therefore God has joined together, let not man put asunder."

¹⁰And in the house the disciples asked him again about this matter.

¹¹And he said to them, "Whoever divorces his wife and marries another, commits adultery against her;

¹예수께서 거기서 떠나 유대 지경과 요단 강 건너편으로 가시니 무리가 다시 모여 들거늘 예수께서 다시 전례前例대로 가르치시더니

²바리새인들이 예수께 나아와 그를 시험하여 묻되 사람이 아내를 내어버리는 것이 옳으니이까

³대답하여 가라사대 모세가 어떻게 너희에게 명하였느냐

⁴가로되 모세는 이혼증서離婚證書를 써주어 내어버리기를 허락하였나이다

⁵예수께서 저희에게 이르시되 너희 마음의 완악함을 인하여 이 명령을 기록하였거니와

⁶창조시로부터 저희를 남자와 여자로 만드셨으니

⁷이러므로 사람이 그 부모를 떠나서

⁸그 둘이 한몸이 될지니라 이러한즉 이제 둘이 아니요 한몸이니

⁹그러므로 하나님이 짝지어 주신 것을 사람이 나누지 못할지니라 하시더라

¹⁰집에서 제자들이 다시 이 일을 묻자온대

¹¹이르시되 누구든지 그 아내를 내어버리고 다른데 장가드는 자는 본처에게 간음을 행함이요

도올의 마가복음 강해

¹²and if she divorces her husband and marries another, she commits adultery."

¹²또 아내가 남편을 버리고 다른데로 시집가면 간음을 행함이니라

인간에 대한 새로운 이해

지금 예수는 갈릴리사역을 끝냈고, 구속사적인 대드라마의 종막終幕을 향해 예루살렘이라는 유구한 역사를 지닌, 이스라엘민족의 종교적 하이어라키의 정점인 도시를 향해 하루하루 가깝게 다가가고 있는 것이다. 이러한 긴박한 상황에서 왜 갑자기 결혼과 이혼에 관한 바리새인과의 논쟁이 끼어들고 있는 것일까? 이 단의 핵심적 로기온 자료는 아마도 매우 심플한 예수의 결혼에 대한 언급이었을 것이다. 그런데 이 자료를 내러티브 속에 집어넣은 것은 마가의 배려에 의한 의도가 있을 것이다. 아마도 이 논쟁이 예루살렘으로 가는 도중, 요단강 건너편에서 일어났다는 것 자체가 모종의 의도성을 반영하고 있다 할 것이다.

요단강 건너편이란 베레아Perea 지역이다. 베레아 지역은 헤롯 안티파스의 영역이다. 세례 요한은 헤롯 안티파스가 그의 동생의 아내인 헤로디아스Herodias와 결혼한 것이 도덕적으로 옳지 않다고 주장함으로써 결국 목숨을 잃었다(이것은 마가드라마 내의 사건임. 요세푸스의 기술은 세례 요한의 죽음은 순전히 정치적인 영향력을 둘러싼 문제였으며 헤롯 안티파스의 재혼과는 아무런 관련이 없다). 따라서 바리새인들은 예수 또한 결혼과 이혼의 문제에 관하여 책잡힐 답변을 하게 되어 안티파스의 심사를 거스르게 되면, 세례 요한의 운명을 예수 또한 반복하게 되지 않을까 하는 기대가 있었을 것이라고 추론하는 주석가도 있다.

그러나 여기 결혼과 이혼의 문제가 제기된 것은 보다 더 근원적인 주제, 즉 예수의 "제자됨Discipleship"이라는 보편적 과제상황이 연속되고 있는 것이다. 손, 발을 잘라내고, 눈을 뽑아버리더라도 죄짓는 인생을 살지 말아야 한다. 그러기 위해서는 우선 인간관계의 설정이 바르게 이루어져야 한다.

　인간관계의 설정이란, 내가 어떻게 인간을 바라보고 있는가 하는 나의 인식체계, 가치체계의 설정을 의미하는 것이다. 인간관계의 가장 근원적인 문제가 바로 남·녀의 문제요, 성교의 문제요, 결혼의 문제요, 가족의 문제요, 이혼의 문제이다. 인간은 성장하면 누구든지 결혼을 하게 되어 있다(특수한 셀리바시celibacy의 상황을 제외하면). 그리고 결혼을 해서 만든 가정Family이라는 제도는, 아무리 국가라는 제도가 위압적이라 할지라도, 인간세의 가장 기본적이고, 가장 지속적이고, 가장 의존할 수밖에 없는 문명의 제도이다. 제도로서 패밀리를 능가하는 제도는 없다. 칼 맑스도 국가제도의 균질적 당위성을 과신한 나머지 패밀리라는 사유제도를 홀대함으로써 공산사회의 몰락을 가져오게 만든 빌미를 제공하였다고도 말할 수 있다.

　1~12절의 논의는 찬찬히 읽어보면 이해 안될 구석이 별로 없다. 그래서 매우 평범한 이야기로 들린다. 더구나 미투운동까지 겪은 금세기의 감각으로 복음서를 읽을 때, 여권女權이 놀랍게 신장된 20~21세기의 상식을 깔고 읽을 때, 이 단락에서 예수가 말하고 있는 것이 얼마나 반유대교적이며, 반율법적이며, 반남성권위주의적이며, 평등적 인간관에 대한 혁명적 발언을 하고 있는지 사량키가 어렵다.

　19세기 후반에 동학사상이 인간보편의 가치를 주장하기 전까지 우리나라도 비슷한 상황이었다고 말할 수 있겠지만(실상 서양의 인간관은 더 낙후되어 있었다), 하여튼 유대교전통 속에서 여자는 결혼하지 않았다고 말할 수 있다. 다시 말해서, 여자는 주체적으로 결혼이라는 행위를 선택할 수 없었다. 여자는 단지 남자의 결혼행위(제식) 속에 주어지는 물건이었다. 유대인들은 결혼이라는 것을 한 남자와 한 여자가 평등한 주체로서 상호의 이익과 행복을 위하여 결합하는 제도적 장치라고 생각하지 않았다. 결혼이라는 제도의 주된 목적은 남녀 당사자의 문제가 아니라, 대가족의 번영과 지속을 위한 것이었고, 그 최대의 결함은 "무후無後

childlessness"였다. 장자선호사상에 관한 다양한 문화적 담론을 내가 여기 새삼 논의할 필요가 없다.

예수가 여기서 말하는 혁명적 사상은, 천지창조 때부터 하나님께서 사람을 남자와 여자로 만드셨고, 이 둘이 장성하여 부모를 떠나 결혼을 한다고 하는 것은 두 평등한 개체가 합하여 두 몸이 아닌 한 몸이 되는 것이다. 따라서 이것은 하나님께서 짝지어 주신 것이다. 하나님께서 짝지어 주신 것을 인간이 갈라놓을 수는 없다. 이것은 완벽하게 혁명적인 발언이다! 이것은 새로 도래하는 하늘나라의 새로운 인간관을 선포하는 예수의 가르침이었던 것이다. 진심으로 예수의 제자가 되기 위해서는, 예수의 제자가 되어 도래하는 새로운 하나님나라를 맞이하기 위해서는, 나의 부인부터, 나의 자식부터, 나의 가정부터 새로운 눈으로 바라보아야 할 것이 아닌가!

이 단의 모든 메시지는 11~12절에 응축되어 있다. 예수는 바리새인들에게 더이상 구질구질하게 답변하지 않고 집에 돌아와(그 이전의 메시지는 오클로스를 향한 것이었다) 제자들에게 따로 결론적인 부분을 설파한다. 많은 주석가들이 11~12절의 주제를 "재혼remarriage"이나 "간통adultery"의 문제로 귀결시키고 있는데, 사실 여기서 말하는 재혼이나 간통의 문제는 앞서 말한 근원적 인간관을 재확인하는 사례에 불과하다.

> "누구든지 자기 아내를 버리고 다른 여자와 결혼하면 그 여자와 간음하는
> 것이다. 또 아내가 자기 남편을 버리고 다른 남자와 결혼해도 간음하는
> 것이다."

여기 "간음"이라는 표현의 희랍어는 "모이칸moichan"인데(동사는 모이카오μοιχάω) 이 단어는 신약에서 27회 나오는데, 타인에게 결혼한 남자와의 부적절한 성적 활동이라는 제한된 의미로만 사용되었다. 여기 재혼이 언급되고 있는 것은, 간음의

죄가 이혼의 결과로서보다는 재혼의 결과로서 성립한다는 것을 내포하고 있다 할 것이다.

10절에서 제자들은 방금 예수께서 무리들을 향해 말씀하신 내용에 대한 명료한 부연설명을 요구한다. 이러한 제자들의 질문에 대하여 예수는 간결한 대답을 내린다: 남편이든 아내든 상대방을 버리고(이혼하고) 다른 사람과 재혼하는 것은 간통이다. 예수는 당시의 랍비전통에서는 도저히 말할 수 없는 말을 하고 있는 것이다. 무엇이 문제인가? 예수는 남자가 자기의 부인에 대하여 간음죄를 저지를 수 있다는 것을 인정하고 있는 것이다: "누구든지 자기 아내를 버리고 다른 여자와 결혼하면 그는 자기 본처에게 간음을 행하는 것이다"(10:11).

사실 이것은 괴이한 논리이다. 랍비의 유대교전통에서는 한 여인은 부정한 행실로써 자기 남편에게 간음죄를 범할 수는 있다. 그러나 한 남자는 타 남자의 부인과 성적 관계를 맺음으로써 단지 그 딴 남자에게 간음을 행할 수 있을 뿐이다. 한 남성은 어떠한 짓을 하든지간에 자기 부인에게 간음죄를 범하지는 않는다. 예수는 남편을 부인과 완전히 동일한 도덕적 의무에 복속시키고 있으며 성적관계에 대한 간음죄는 차별 없이 동일한 죄목이 성립한다는 것을 밝힘으로써 여성의 권위와 신분적 위상을 남성과 동일한 지평 위에 올려놓았다.

"아내가 자기 남편을 버리고 다른 남자와 결혼해도 간음하는 것이다."(12). 이 마지막 말에서 예수는 여자가 주체적으로 능동적으로 자기 남편과 이혼할 수 있다는 것을 확언하고 있다. 이것은 유대교에서는 인정될 수 없는 여성의 권리이다. 그러나 예수는 한 여인이 남편과 이혼할 수 있는 권리를 온전히 인정한 것이다. 이러한 문제는 실로 매우 복잡하다. 헤로디아스가 자기 남편 필립을 버리고 자기 남편의 이복형 안티파스와 결혼한 것을 보면, 예수의 시대에도 어떤 특정한 계급의 사람들 사이에서는 여자의 이혼권리가 인정된 것 같다. 미쉬나Mishnah에도 1)남편이 결혼의 의무를 이행할 수 없을 때(고자, 성교거부, 질병, 특별한 직업), 2)남편이 여자에게 결혼을 강요한 케이스일 때, 3)여자가 결혼할 수 있는 성년에 미달일 때 등등의 경우 유대인 여성에게 이혼의 권리를 허용한다는 조항이 있다. 그러나 예수의 논의는 이러한 복잡한 율법적 판례의 맥락에서 분석될 성격의 논의가 아니다.

우리가 어렸을 때, 할머니에게 들었던 옛날얘기는 대강 이렇게 시작한다: "옛날옛날에 어느 골짜기에 할머니와 할아버지가 살고 있었지……"결혼이라는 문명제도의 가장 지속적인 양식은, 일부다처제도도 있고, 일처다부도 있겠지만 그 궁극에는 항상 모노가미 즉 일부일처제가 자리잡고 있다. 가장 자연스럽고 가장 지속적이며 가장 보편적이며, 가장 민중적이다. 민중은 한 여자 한 남자의 만남만으로도 감사하고 또 감사한다. 우리가 결혼에 관하여 복잡한 제도나 윤리를 말하는 것은 모두 부귀권세의 여유가 있는 사람들 사이에서의 담론이다. 한 남자와 한 여자가 만나 한 몸이 된다. 이 한 몸은 인간이 함부로 갈라놓을 수 있는 것이 아니다. 이것이 아마도 예수가 말하려고 했던 가장 궁극적인, 가장 고귀한 담론의 핵이었을 것이다. 그리고 제자됨의 결혼관에 대한 매우 유니크한 요청이었을 것이다.

제자됨과 어린이의 순결함
〈 마가 10:13~16 〉

[13]And they were bringing children to him, that he might touch them; and the disciples rebuked them.

[14]But when Jesus saw it he was indignant, and said to them, "Let the children come to me, do not hinder them; for to such belongs the kingdom of God.

[15]Truly, I say to you, whoever does not receive the kingdom of God like a child shall not enter it."

[16]And he took them in his arms and blessed them, laying his hands upon them.

[13]사람들이 예수의 만져주심을 바라고 어린 아이들을 데리고 오매 제자들이 꾸짖거늘

[14]예수께서 보시고 분慎히 여겨 이르시되 어린 아이들의 내게 오는 것을 용납容納하고 금禁하지 말라 하나님의 나라가 이런 자의 것이니라

[15]내가 진실로 너희에게 이르노니 누구든지 하나님의 나라를 어린 아이와 같이 받들지 않는 자는 결단코 들어가지 못하리라 하시고

[16]그 어린 아이들을 안고 저희 위에 안수按手하시고 축복祝福하시니라

선언설화의 한 전형

이것은 선언설화pronouncement story의 한 전형이다. 선언설화라는 말은 원래 영국신학자 빈센트 테일러Vincent Taylor가 『복음서전통의 형성The Formation of the Gospel Tradition』이라는 책에서 공관복음서 전승에 나타나는 35~40개의 짧은 내러티브를 가리켜 이름 지은 것이다. 이 선언설화를 디벨리우스Martin Dibelius 는 "패러다임스Paradigms"(=패러디그마)라고 명명하고, 또 불트만은 "아포프템 Apophthegms"(=아포프테그마)이라고 명명하는데, 이러한 개념적 어휘에 관하여 일반독자들은 신경쓸 필요가 없다. 이것은 단지 양식사학을 만들어간 사람들 사이에서의 전문술어일 뿐 여기 우리 독자들에게는 성서해석상 큰 의미는 없다. 그 뜻

을 정확히 알고 싶은 사람은 불트만의 『공관복음전승사』(난해한 책인데 허혁 선생의 우리말 번역이 있다)를 들여다보면 될 것이다. 그러나 아포프템에 관하여 명료한 정의가 없이 폭넓게 그 말을 쓰고 있기 때문에, 우리말로 하자면 "짤막한 이야기," 그 이상의 전문적 규정성을 찾기 힘들다.

어린이에 관한 이야기는 이미 9:36~37에서 충분히 이야기되었기 때문에 어린이에 관한 당시의 관념에 관하여 반복적으로 논의할 필요는 없다. 불트만은 이 13~16절의 이야기 중에서 제15절만이 역사적 예수의 말로서 기록된 독립적인 로기온자료였으리라고 본다. 그 15절의 예수말씀에 마가가 앞뒤의 이야기자료를 맥락적 요청에 따라 첨가한 것으로 본다. 꽤 그럴듯한 설명방식이다. 그러니까 이 단락의 핵심은 "누구든지 어린이와 같이 순진한 마음으로 하나님 나라를 받아들이지 않으면 결단코 하나님 나라에는 들어가지 못할 것이다"라는 이 한마디에 있다. 여기의 어린이 주제는 9:36~37의 어린이주제와는 조금 성격이 다르다.

9장에서의 "어린이"는 "비존재"였다. 한번 생각해보라! 불이 이글이글 타오르는 힌놈의 계곡에 자기 자신의 어린 아들이 신의 제물이 되어 걸어 들어가면서 울부짖는 신음소리를 아무렇지도 않은 듯이 듣고 있는 유대인 아버지 꼴통들의 태연하고 비열한 모습들을! 『시경』 진풍秦風에 "황조黃鳥"라는 천하일품이라 할 만한 아름답고도 슬픈 노래가 한 곡 실려있다. 진나라의 목공穆公이 죽었을 때(BC 621) 그의 무덤에 세 사람의 걸출한 청년(대신 자거子車의 세 아들)을 생매장시키는 바로 그 장면을 이리저리 나는 꾀꼬리의 자유로운 모습과 그들이 아름답게 지저귀는 소리를 대비를 시켜가면서, 처절하게 그 비애로운 모습을 그려내고 있다. 백성들이 말한다: "저 푸른 하늘님이시여! 어이하여 우리 훌륭한 사람들을 죽이시는고. 저들을 나의 목숨과 바꿀 수만 있다면 사람마다 그 목숨을 백 번이라도 바치오리다." 민중의 애타는 심정이 민요로 남은 것이다. 『맹자』「양혜왕」상 4장에 보면 공자가 순장의 폐해에 관하여 이렇게 말한다: "맨 처음에 나무 용俑(사람과 같은 형상의 부장품)을 만든 놈은 반드시 자손의 씨가 말라버리는 저주를 받을 것이다."동방인의 인문주의적 정신의 눈으로 보면 서방인의 생명경시적인 패악질은 참혹의 도를 지나친다고 말할 수 있을 것이다.

예수는 어린이를 온전한 인간으로 인식한다. 내가 의과대학에서 소아과학을 배울 때 그 교재 첫머리에 쓰여져 있는 말이 이런 말이었다: "어린이는 작은 어른이 아니다A Child is not a small adult." 어린이는 어린이 나름대로의 온전한 생명체계를 가지고 있으며, 그것을 온전한 개체가 되지 못한 미완성의 존재로 보아서는 안 된다는 것이다. 그러나 구약적 세계관에 있어서는 어린이는 어른의 기준에 미치지 못하는 미완성품이요, 비존재였다.

여기 민중들이 예수에게 어린이들을 데려와 그들을 손으로 어루만져(합세타이 ἅψηται) 축복해줄 것을 갈구한다. 이미 어린이에 관하여 가르침을 받은 제자들이건만 그러한 민중의 태도에 대하여 권위주의적으로 대처하고, 그러한 접근을 막고 야단을 친다. 제자들은 전혀 예수를 이해하지 못하고 있는 것이다. 제자들의 완악함은 얼마나 문화적 관성과 그 타성이 집요한가 하는 것을 대변해주고 있다. 예수는 끊임없이 고독한 존재인 것이다. 사회적 통념과 다른 방식으로 사고하고 행동하는 모든 이들의 운명이라 할 것이다. 이러한 정황에 대해 예수는 매우 솔직하고 감정적으로 대처한다. 제자들에게 분노를 금치 못한다. 마가는 인간 예수의 감정을 표출시키는데 과감하다. 우리는 성경을 읽을 때, "예수께서 보시고 분히 여겨 이르시되"와 같은 표현을 그냥 거룩하게 넘기고 만다. 예수는 정말 핏대를 올리고 있는 것이다.

"야 이놈들아! 어린아이들이 내게 오는 것을 용납하고 막지 말라!
하나님의 나라가 바로 이런 어린이들과 같은 사람들의 것이니라!"

앞서 말했듯이 이 단락의 핵심은 15절의 로기온자료에 있다. 여기서 언급되는 "어린이"는 "하나님의 나라를 받아들인다"(개역성경은 "덱세타이δέξηται"를 "받들다"

로 번역했는데, "받아들인다"로 번역하는 것이 더 적합하다)라는 맥락에서 언급되고 있는 것이다. 여기서 어린이는 "비존재"로서가 아니라 순진무구한 "무아無我의 존재"이다. 여기 마가가 "어린이"를 다시 언급한 맥락은 다음에 나오는 부자청년의 이야기와 극적인 대비를 시킴으로써 그 의미를 드라마틱하게 강화시킨 것이다.

어린아이의 심볼리즘, 무소유

다음에 나오는 부자청년은 너무도 많은 것을 소유하고 있으며 그것을 버리기에는 너무도 심적 고통이 크다. 그러나 어린이는 아무것도 소유하고 있지 않으며 자의식적 아상이 없기 때문에 무엇이든지 순수하게 받아들인다. 무엇이든지 비어있지 않으면 받아들일 수 없다. 컵이 비어있어야 물을 부을 수 있고, 방이 비어있어야 사람이 들어갈 수 있다. 사람의 마음도 비어있어야 하나님 나라가 수용될 수 있는 것이다. 결국 여기서 말하는 어린이는 "무소유"의 심볼리즘이다. 16절의 "손을 얹어 축복한다"에 쓰인 동사는 강조와 지속의 뜻을 내포한다. 예수는 어린이의 머리를 열정적으로 만지면서 오랫동안 축복을 했다는 것을 의미하고 있다.

부자와 하나님의 나라
〈 마가 10:17~31 〉

[17]And as he was setting out on his journey, a man ran up and knelt before him, and asked him, "Good Teacher, what must I do to inherit eternal life?"

[18]And Jesus said to him, "Why do you call me good? No one is good but God alone.

[19]You know the commandments: 'Do not kill, Do not commit adultery, Do not steal, Do not bear false witness, Do not defraud, Honor your father and mother.'"

[20]And he said to him, "Teacher, all these I have observed from my youth."

[21]And Jesus looking upon him loved him, and said to him, "You lack one thing; go, sell what you have, and give to the poor, and you will have treasure in heaven; and come, follow me."

[22]At that saying his countenance fell, and he went away sorrowful; for he had great possessions.

[23]And Jesus looked around and said to his disciples, "How hard it will be for those who have riches to enter the kingdom of God!"

[24]And the disciples were amazed at his words. But Jesus said to them again, "Children, how hard it is to enter the

[17]예수께서 길에 나가실새 한 사람이 달려와서 꿇어 앉아 묻자오되 선善한 선생先生님이여 내가 무엇을 하여야 영생永生을 얻으리이까

[18]예수께서 이르시되 네가 어찌하여 나를 선하다 일컫느냐 하나님 한분 외에는 선한 이가 없느니라

[19]네가 계명誡命을 아나니 살인하지 말라, 간음하지 말라, 도적질하지 말라, 거짓 증거하지 말라, 속여 취하지 말라, 네 부모를 공경하라 하였느니라

[20]여짜오되 선생님이여 이것은 내가 어려서부터 다 지키었나이다

[21]예수께서 그를 보시고 사랑하사 가라사대 네게 오히려 한 가지 부족한 것이 있으니 가서 네 있는 것을 다 팔아 가난한 자들을 주라 그리하면 하늘에서 보화寶貨가 네게 있으리라 그리고 와서 나를 좇으라 하시니

[22]그 사람은 재물이 많은고로 이 말씀을 인하여 슬픈 기색을 띠고 근심하며 가니라

[23]예수께서 둘러 보시고 제자들에게 이르시되 재물이 있는 자는 하나님의 나라에 들어가기가 심히 어렵도다 하시니

[24]제자들이 그 말씀에 놀라는지라 예수께서 다시 대답하여 가라사대 얘들아 하나님의 나라에 들어가기가 어떻게 어려

kingdom of God!

²⁵It is easier for a camel to go through the eye of a needle than for a rich man to enter the kingdom of God."

²⁶And they were exceedingly astonished, and said to him, "Then who can be saved?"

²⁷Jesus looked at them and said, "With men it is impossible, but not with God; for all things are possible with God."

²⁸Peter began to say to him, "Lo, we have left everything and followed you."

²⁹Jesus said, "Truly, I say to you, there is no one who has left house or brothers or sisters or mother or father or children or lands, for my sake and for the gospel, ³⁰who will not receive a hundredfold now in this time, houses and brothers and sisters and mothers and children and lands, with persecutions, and in the age to come eternal life.

³¹But many that are first will be last, and the last first."

운지

²⁵약대가 바늘귀로 나가는 것이 부자가 하나님의 나라에 들어가는 것보다 쉬우니라 하신대

²⁶제자들이 심히 놀라 서로 말하되 그런즉 누가 구원을 얻을 수 있는가 하니

²⁷예수께서 저희를 보시며 가라사대 사람으로는 할 수 없으되 하나님으로는 그렇지 아니하니 하나님으로서는 다 하실 수 있느니라

²⁸베드로가 여짜와 가로되 보소서 우리가 모든 것을 버리고 주를 좇았나이다

²⁹예수께서 가라사대 내가 진실로 너희에게 이르노니 나와 및 복음을 위하여 집이나 형제나 자매나 어미나 아비나 자식이나 전토田土를 버린 자는

³⁰금세今世에 있어 집과 형제와 자매와 모친과 자식과 전토를 백배나 받되 핍박을 겸하여 받고 내세來世에 영생을 받지 못할 자가 없느니라

³¹그러나 먼저 된 자로서 나중 되고 나중 된 자로서 먼저 될 자가 많으니라

이 단락의 설화는 꽤 길다. 15절이나 된다. 그러나 자세히 보면 3개의 섹션으로 나누어진다.

1) 17~22절: 예수가 자기를 찾아온 부자를 만나 이야기를 나누는 장면(보통 "부자청년"이라고 말하지만 그것은 마태복음이 마가복음을 베끼면서 이 장면을 보다 생생하게 만들기 위해 "그 청년"이라는 표현을 써서 연령층을 밝혔기 때문이다. 누가는 "관원"이라고 말함으로써 고귀한 신분의 사람이라는 것을 암시하고 있다. 그러나 마가에는 일체 연령대에 관한 암시가 없다).

2) 23~27절: 부자가 떠난 후 예수가 제자들을 향해 부자는 진실로 하나님의 나라에 들어가기가 어렵다고 하는 것을 설파하는 로기온자료.

3) 28~31절: 베드로가 "저희들은 모든 것을 버리고 예수님을 따라왔습니다" 하고 클레임하는 것에 대하여 답변하는 장면. 이 장면의 말씀은 "버림"(기존의 모든 관계를 단절하고 예수를 따름)에는 반드시 보상이 따른다는 것을 확약하고 있다.

이 전체문단의 내용은 대체적으로 문맥상의 어려움이 없기 때문에 쉽게 읽힌다. 위에서 지적한 바 3섹션이 하나의 문단으로 묶인 것은 "부Wealth"라는 테마를 공통으로 하고 있기 때문이다.

돈이 많은 것이 죄인가?

그런데 이 문단을 해석하는데 있어서 사람들은 "부"라는 문제를 현재 자본주의사회의 제 관계양상의 맥락 속에서 생각하게 마련이다. 과연 돈이 많은 것이 죄인가? 부자는 천국에 들어갈 수 없는 것일까? 천국에 들어가기 위해서는 부는 모두 거절해야 하는 것일까? 그렇다면 부자들이 교회 나올 리 없지! 그렇다면 부자들이 스트레스 안 받게 이 문단을 해석해야 할 텐데. 자본주의사회에서 부는 자본이고, 자본은 확대재생산 되어야만 하는 운명에 놓여있는 것인데 어떻게 자본을 부정한단 말인가? 그렇다면 부의 거부는 결국 사회의 파멸을 의미하는 것이 아닐까? 대부분 이러한 엉거주춤한 고민 속에서 이 문단을 해석하고 있다. 긍정도 못하고 부정도 못하는 어정쩡한 입장을 취하고 있는 것이다. 그러나 이 문단의 흐름은 매우 명료하고 단순하다.

전체 논의 자체가 예수가 제기한 것이 아니라, 길거리에서 달려와 무릎 꿇고 진지하게 구도자의 자세로 질문하는 부자에게 답변하는 구체적인 맥락 속에서 전개된 것이다. 그의 질문은 세속적인 획득을 묻는 것이 아니라, 무엇을 해야 영원한 생명을 얻을 수 있겠냐는 매우 지고한 삶의 목적에 관해 물음을 던진 것이다.

질문 자체가 예수의 논리의 틀을 형성

사실 이 질문 자체가 모든 논리의 전개에 이미 명료한 틀을 제공하고 있는 것이다. 본인은 자기는 영원한 생명을 얻을 수 있을 만큼 선한 삶을 살아왔다고 자부하고 있다. 그리고 토라가 말하는 계명을 빠짐없이 어려서부터(계명을 지켜야 하는 나이는 13세) 다 지켜왔다고 말한다. 계명은 …말라 …말라는 타부의 체계일 뿐이다. 긍정이 없다. 이에 예수는 자네가 아무리 부정론적인 계명을 잘 지켜왔다고 한들 한 가지 부족한 것이 있다고 말한다: "있는 것을 다 팔아 가난한 사람들에게 나누어주어라!"

예수 시대의 "부"라고 하는 것은 자본주의사회에서처럼 전체사회가 연동되어 있는 문제가 아니었다. 여기 부와 관련된 단어는 "크테마타ktēmata"인데 그것은 대체로 토지와 같은 부동산을 가리킨다. 없어도 살 수 있는 것이다. 처분한다 해도 삶의 붕괴를 초래하지는 않는다. 여기서 "부"라는 것은 "소유"의 문제이며, "집착"의 문제이다. 예수가 있는 것을 다 처분해서 가난한 사람들에게 나누어주라고 말하는 것은 대기업을 해체해서 그 재화를 불특정다수에게 배분하라는 뜻이 아니다. 그대가 진정으로 "영원한 생명"을 얻기를 원한다면, 부에 대한 집착을 버려야 한다는 것이다. 그 당시 예수를 따른다는 것은 자기가 가지고 있는 모든 것을 버려야 한다. 버려야 따라갈 수 있는 것이다.

이 부자가 참으로 하나님나라를 맞이하고 영원한 생명을 얻고자 한다면 당연히 현세적 가치를 부정해야 한다. 부동산을 다 처분하고 홀가분한 단독자로 돌아와 예수를 따라야 한다. 예수를 따른다는 것이 교회를 나간다는 뜻이 전혀 아니다. 십자가를 메는 새로운 삶을 산다는 뜻이다. 그 부자청년은 재산을 포기할 수 없었다. 그래서 울상이 되어, 근심하며 떠나갔다. 예수를 따르는 삶을 포기한 것이다. 돈 때문에 영생을 포기한 것이다. 여기서 마가가 보여주려 한 것은 부자의 표상은 소유의 프라이드이다. 물질적 소유와 집착으로 생겨나는 아상我相이다. 가난이야말로 이러한 아상을 깨버리는 위대한 방편인 것이다. 예수는 가난한 사람을 부유한 사람과 권세를 가진 사람의 상위上位에 놓고 있다.

여기서 예수가 가르치려고 하는 것은 부유한 사람의 정신적 빈곤이며 가난한 사람, 즉 무소유적 인간의 정신적 풍요로움이다. 그 부자청년은 재물에 대한 집착을 포기하지 않음으로써 율법의 한계를 노출시키고 토라의 전통 속에 안주하고 있는 유대교의 파탄을 노정시킨 것이다.

낙타와 밧줄

진실로 재물에 집착하는 자는 하나님 나라에 들어가기가 심히 어렵다. 기업의 장은 기업을 소유해서는 아니 된다. 기업은 자신의 부가 아니다. 기업은 소유할 수 있는 재물이 아니다. 그것은 단지 재화를 창출하는 네트워크일 뿐이다. 그것은 내가 소유할 수 없으며 나는 항상 그것을 부정하고 떠날 수 있다. 그러면 그 기업은 영원히 산다. 그리고 나도 영원한 생명을 얻는다. 그것이 바로 약대가 바늘귀로 나가는 것만큼 어렵다고 말한 메시지의 본의이다. 부자는 부를 소유하지 않을 때만이 부자일 수 있는 것이다(약대를 의미하는 "카멜로스κάμηλος"가 밧줄을 의미하는 아람어 계통의 "카밀로스κάμιλος"의 오사誤寫라는 주장도 있으나, 어차피 못 들어가는 것이 마찬가지라면 밧줄보다는 낙타가 더 문학적으로 가슴에 다가오는 아름다운 표현일 수 있다. "마차를 타고 바늘귀를 지나간다"는 식의 관용구적 표현이 랍비문학에도 나타난다. 벙커1교회 교인들에게 설교시간에 물어보니까 대부분 밧줄보다는 낙타를 선호하였다).

마지막 섹션에서는 무소유를 실천한 사람에게는 반드시 세 가지 보상이 따른다는 것을 확언하고 있다. 1)현세적으로 잃어버린(=버린) 것에 대하여 그 백배 이상의 보상이 따를 것이다. 2)그러나 현세에서 박해를 받는 것 또한 피할 수 없으리라. 3)오는 세상에서 영원한 생명을 얻게 되리라. 무소유에 대한 미래적 보상을 필연시한다는 것은 인도인의 윤회사상과도 상통하는 측면이 있다고 말할 수 있다.

수난에 대한 세 번째 예고
〈 마가 10:32~34 〉

³²And they were on the road, going up to Jerusalem, and Jesus was walking ahead of them; and they were amazed, and those who followed were afraid. And taking the twelve again, he began to tell them what was to happen to him, ³³saying, "Behold, we are going up to Jerusalem; and the Son of man will be delivered to the chief priests and the scribes, and they will condemn him to death, and deliver him to the Gentiles; ³⁴and they will mock him, and spit upon him, and scourge him, and kill him; and after three days he will rise."

³²예루살렘으로 올라가는 길에 예수께서 제자들 앞에 서서 가시는데 저희가 놀라고 좇는 자들은 두려워하더라 이에 다시 열 두 제자를 데리시고 자기의 당할 일을 일러 가라사대

³³보라 우리가 예루살렘에 올라가노니 인자가 대제사장들과 서기관들에게 넘기우매 저희가 죽이기로 결안決案하고 이방인들에게 넘겨주겠고

³⁴그들은 능욕하며 침 뱉으며 채찍질하고 죽일 것이니 저는 삼 일만에 살아나리라 하시니라

여기 "예루살렘"이라는 단어가 예수의 행선지로서는 처음 언급되고 있는데, 마가드라마 전체 흐름에 있어서 이것은 매우 중요한 의미를 지닌다. 예수는 이제 정말 예루살렘으로 가고 있는 것이다. 우리는 성경을 그냥 거룩하게만 읽어왔기 때문에 드라마의 텐션을 느끼지 못한 채 그냥 종이 위에 눈길을 흘려보낼 뿐이다. 그러나 예루살렘! 예루살렘! 그 예루살렘은 패션드라마의 최종적 목적지이며 코스믹드라마의 최후적 아레나이다. 예수의 공생애는 "가버나움에서 예루살렘까지," 그것이 예수의 삶의 지리적 표상의 전부다. 드라마의 드라마틱한 효과를 위해서는 과감한 발상이 도입되어야 한다. 구라를 치려면 쎄게 쳐라! 사실 『춘향뎐』이라 해봐야 전라도 남원에서 벌어진 일이요, 『심청뎐』이라 해봐야 황주 도화동, 황해도 서해바닷가에서 벌어진 일이다. 그러한 사건을 한양에서 일어난 일로 꾸미기에는 심히 벅찬 일이다.

마가는 최초의 복음드라마의 동선을 갈릴리호숫가의 어촌에서 예루살렘까지, 매우 심플하면서도 파워풀하게 잡았다. 예수가 정말 예루살렘엘 갔는가? 이런 것은 근원적으로 대답할 길이 없다. 오직 우리는 마가의 드라마를 통하여 이 거대한 플롯을 접하게 될 뿐이다.

예루살렘은 갈릴리보다 남쪽에 위치하고 있다. 그렇다면 강원도에서 부산으로 "내려간다"고 해야 할 텐데, 여기서는 "올라간다"고 말한다.They were on their way up to Jerusalem(예수의 일행은 예루살렘으로 올라가는 길이었다). 여기 사용된 "아나바이논테스ἀναβαίνοντες"는 "올라간다"는 뜻이다. 옛 사람들에게 있어서 지리적 방위개념도 "삶의 자리"에서 규정되게 마련인데, 올라간다고 하는 뜻에는 다음의 세 가지 이유가 있다.

첫째, 예루살렘은 이스라엘의 수도였다. 따라서 지방에서 서울로 갈 때에는 보통 올라간다는 표현을 쓴다. 둘째, 예루살렘이 고도상 높은 곳에 위치하고 있다. 예루살렘은 해발 약 700m의 높은 지대에 건설된 도시였다. 나는 이미 1970년대에 갈릴리에서 예루살렘까지 예수의 루트를 따라 여행해본 경험이 있다. 그때는 전혀 지금처럼 관광화되어 있지 않았고, 예수시대의 풍경을 그대로 느껴볼 수 있었다. 셋째, 예루살렘은 성전이 있던 곳이므로 거룩한 곳이었고, 모든 종교적 하이어라키의 지고한 성소였다. 거룩한 곳으로 갈 때에는 "올라간다"라는 표현을 쓴다. 예수는 지금 하나님이 임재하고 있는 상징적 처소인 성전이 있는 예루살렘에서 자신의 몸을 산 제사로 드리기 위하여, 죽음을 향하여 고난의 길을 가고 있는 것이다. 그러나 같이 가는 제자들은 이러한 고난의 길에 동참할 만큼 마음이 열리지 못했다. 그들은 하나님의 일은 생각지 못하고 사람의 일만을 생각한다. 자기희생과 헌신과 섬김 아닌 자기욕심과 소유와 지배만을 꿈꾸고 있다. "가는 길에" 예수는 끊임없이 제자됨에 관하여 설교하였다.

10장에서 제자됨Discipleship에 관하여 세 가지 주제가 설파되었다. 그 첫째는 결혼에 관한 것이고(부인, 여자에 대한 인식의 전환), 둘째는 어린이에 관한 것이고(인간을 바라보는 시각의 전환), 셋째는 소유에 관한 것(재물과 하나님 나라의 관계에 대한 인식의 전환)이었다. 이 모두가 "인식의 전환epistemological turn"의 문제였다. 마지막으로 "무소유"가 설파된 후에 곧바로 수난에 대한 세 번째 예고가 이루어지는 것은 진실로 마가라는 드라마작가의 천재성이라 말할 수밖에 없다.

이 수난예고는 세 번째인데, 또한 마지막 예고이다. 세 개의 수난예고를 비교해 보면(8:31, 9:31, 10:33~34) 이 세 번째 예고야말로 가장 자세하고 구체적이다. 그것은 다음 여섯 개의 디테일로 구성되어 있다: 1)예수는 배신당한다. 2)예수는 사형선고를 받을 것이다. 3)그리고 이방인들(로마관원들을 의미)에게 넘겨진다. 4)그리고 그들은 예수를 능욕하고, 침을 뱉고, 채찍질 할 것이다(미래시제를 사용). 5)처형한다(죽인다ἀποκτενοῦσιν). 6)그리고 3일 만에 다시 살아날 것이다.

예수가 과연 자기가 3일 만에 다시 살아난다는 것을 예언했을까? 신·구약에 나오는 대부분의 예언은 "사전예언事前豫言"이 아니라 "사후예언a prediction after the event"이다. 고대문헌은 대개 모두 사후예언을 활용한다. 그것은 하나의 문학양식이다. 여기 부활에 대한 예언은 살아있는 역사적 예수의 입술에서 떨어진 말이 아니라, 부활절 이후의 교회담론에 속하는 것이다. 그러나 마가드라마 전체구도에 있어서 부활의 예언은 그 자체로서 확고한 의미를 지니는 것이다. 예수는 자기의 처형을 "십자가형"을 받게 될 것이라고 예언하지는 않았다. 역사적 예수는 그러한 디테일을 알았을 리 만무하다.

뻥꾸라 같은 세베대의 두 아들 야고보와 요한의 요구
〈 마가 10:35~45 〉

35And James and John, the sons of Zebedee, came forward to him, and said to him, "Teacher, we want you to do for us whatever we ask of you."

36And he said to them, "What do you want me to do for you?"

37And they said to him, "Grant us to sit, one at your right hand and one at your left, in your glory."

38But Jesus said to them, "You do not know what you are asking. Are you able to drink the cup that I drink, or to be baptized with the baptism with which I am baptized?"

39And they said to him, "We are able." And Jesus said to them, "The cup that I drink you will drink; and with the baptism with which I am baptized, you will be baptized;

40but to sit at my right hand or at my left is not mine to grant, but it is for those for whom it has been prepared."

41And when the ten heard it, they began to be indignant at James and John.

42And Jesus called them to him and said to them, "You know that those who are supposed to rule over the Gentiles lord it over them, and their great men exercise authority over them.

43But it shall not be so among you; but

35세베대의 아들 야고보와 요한이 주께 나아와 여짜오되 선생님이여 무엇이든지 우리의 구하는 바를 우리에게 하여주시기를 원하옵나이다

36이르시되 너희에게 무엇을 하여주기를 원하느냐

37여짜오되 주主의 영광榮光 중에서 우리를 하나는 주의 우편右便에, 하나는 좌편左便에 앉게 하여 주옵소서

38예수께서 가라사대 너희 구하는 것을 너희가 알지 못하는도다 너희가 나의 마시는 잔盞을 마시며 나의 받는 세례洗禮를 받을 수 있느냐

39저희가 말하되 할 수 있나이다 예수께서 이르시되 너희가 나의 마시는 잔을 마시며 나의 받는 세례를 받으려니와

40내 좌우편에 앉는 것은 나의 줄 것이 아니라 누구를 위하여 예비되었든지 그들이 얻을 것이니라

41열 제자가 듣고 야고보와 요한에 대하여 분慣히 여기거늘

42예수께서 불러다가 이르시되 이방인의 소위 집권자들이 저희를 임의로 주관하고 그 대인들이 저희에게 권세를 부리는 줄을 너희가 알거니와

43너희 중에는 그렇지 아니하니 너희 중

도올의 마가복음 강해

whoever would be great among you must be your servant,

[44]and whoever would be first among you must be slave of all.

[45]For the Son of man also came not to be served but to serve, and to give his life as a ransom for many."

에 누구든지 크고자 하는 자는 너희를 섬기는 자가 되고

[44]너희 중에 누구든지 으뜸이 되고자 하는 자는 모든 사람의 종이 되어야 하리라

[45]인자의 온 것은 섬김을 받으려 함이 아니라 도리어 섬기려 하고 자기 목숨을 많은 사람의 대속물代贖物로 주려 함이니라

나처럼 성경을 리얼하게 읽는 사람, 마치 현장에서 참여하여 목도하고 있는 듯이 느낄 수 있는 사람이라면, 성경을 읽다가 화가 치밀어 오를 때가 많다. 야! 이 뻥꾸라 같은 놈들아! 야 이 돌대가리 같은 녀석들아! 상황의 심각성을 진지하게 감지할 능력이 결여된 채 여전히 세속적 관심에 눈이 멀어 터무니없는 요구, 엉터리없는 발언을 하고 있는 것이다. 예수 또한 섬세한 감성의 젊은이였으니 나 이상으로 화가 치밀어 올랐을 것이다. 여기까지 그토록 간곡하게 "제자됨"에 관하여, 결혼(여자)과 어린이(인간이해)와 소유(물욕)에 관하여 이야기했고, 또 수난에 대한 마지막 예언을 했다. 그만큼 했으면 알아들어 먹을 만도 한데, 갑자기 가장 잘 알아들어 먹었어야 했던 두 제자, 세베대의 두 아들 야고보와 요한이 예수에게 따로 다가와 속삭인다. 예루살렘이 가까워오니까 다급해진 것이다.

"선생님, 소원이 있습니다. 꼭 들어주십시오."

예수는 말한다. "그래, 너희들이 나에게 바라는 것이 무엇이냐?"

이 뻥꾸라 새끼들이 이렇게 말한다. "선생님께서 영광의 자리에 앉으실 때 저희를 하나는 선생님 오른편에 하나는 왼편에 앉게 해주십시오."

야고보와 요한은, 베드로와 안드레 형제와 함께 가장 초기의 제자이며, 예수가 제자들 중에서도 가장 아꼈던 두 인물이다. 예수가 가장 가깝게, 이무롭게 느꼈던 두 사람이다. 그런데 이 놈들이 그러한 감정을 빌미로 삼아 예수에게 특별한 빽을 쓰고 있는 것이다. 잽싸게 예수 곁에 다가와 자기들만에게 유리한 고지를 선점하려는 것이다. 예수가 영광의 자리에 앉는다는 것은 왕이 된다는 것이요, 오른편, 왼편에 앉게 해달라는 것은 수상, 부수상자리를 우리 형제들이 차지하게 해달라는 것이다. 권좌의 백지수표a carte blanche request를 끊어달라는 것이다(Wessel, *The Expositor's Bible Commentary: Mark*, p.719). 이 소리를 들은 예수는 정말 딱할 수밖에, 그러나 그래도 사랑하는 제자들인지라 가혹하게 "사탄아!" 하고 야단치지는 않는다. 꽤 점잖게 타이른다.

> "오른편, 왼편 자리에 앉는 특권은 내가 주는 것이 아니다. 그 자리에 앉을 사람들은 하나님께서 미리 정해놓으셨다."(40).

이 대화를 듣고 있던 다른 열 제자는 화가 날 대로 났다. 야 이 새끼야! 너희들만 좋은 자리 차지하려 그래? 세베대의 두 아들과 남은 열 명의 제자그룹 사이에 격렬한 투쟁이 벌어졌다. 인간세의 모습이 다 이러하다. 마가는 이런 장면을 삽입하면서 인간세의 보편적 양상을 그리고 있는 것이다. 사실 이렇게까지 더티한 장면이 복음서에 나타나는 것은 12제자의 권위가 확립된 초대교회의 담론일 수는 없다는 것이 신학계 논사들의 정론이다. 아마도 이러한 장면이 수집된 파편이라면 초대교회 이전의 담화로 분류되어야 할 것이다. 예수의 제자들의 실상이 폭로되고 있는 것이다. 이렇게 지저분한 감투싸움이 벌어지는 상황에서 예수는 12제자를 모두 불러놓고 자신의 예루살렘행의 진짜 의미와 목적을 재차 설명한다.

> "통치자로 자처하는 사람들은 민중을 강제로 지배하고, 또 높은 권력자라 하는 사람들은 민중을 권력으로 내려 누르기만 한다. 그러나 너희는 그래서는 아니 된다."

도올의 마가복음 강해

예수는 말한다. 너희들이 생각하는 바, "높은 사람이 되고자 하는 사람은 남을 섬기는 사람이 되어야 하고, 으뜸이 되고자 하는 사람은 모든 사람의 종이 되어야 한다."

여기 섬기는 사람이라는 표현은 헬라말로 "디아코노스διάκονος"인데 이것은 식당에서 웨이터노릇 하는 사람, 즉 타인의 식사를 서빙하는 사람을 가리킨다. "모든 사람의 종"이라는 두 번째 표현에 쓰인 단어는 "둘로스δοῦλος"인데 둘로스는 노예를 의미하며 디아코노스보다도 훨씬 더 비천한 계급의 사람이다.

새로 도래하는 하나님 나라의 최고의 으뜸가는 덕성은 권세power가 아니요, 부 wealth가 아니다, 자유freedom도 아니다. 하나님 나라의 덕성은 오직 "섬김"(디아코니아διακονία)이다. 서로가 서로를 섬기고, 서로가 서로에게 종이 되는 겸양이요 "낮춤"이다. 민주사회의 제1의 원리는 "자유"가 아니다. 나의 권리만의 주장도 아니요, 나의 의무만의 클레임도 아니다. 타인에 대한 배려와 봉사가 없으면 민주는 허명이 되고 만다. 예수가 가르치고자 하는 것은 섬김과 자기헌신self-sacrifice 이다. 그것은 곧 무아無我의 덕성이다. 최종적으로 예수는 선포한다.

"이 사람이 온 것은 섬김을 받으려 함이 아니요, 도리어 섬기기 위하여 왔노라.
또 많은 사람들을 위하여 내 목숨을 대속물로 바치기 위하여 왔노라."

여기 "대속물"이라는 표현은 "뤼트론λύτρον"인데 코이네 희랍어를 쓰는 사람들의 영역에서는 노예를 해방시키기 위하여 지불하는 돈을 의미했다. 전쟁포로나 감옥에 갇힌 자를 빼내기 위해서 지불하는 속전贖錢을 의미했다. 예수는 자신의 목숨을 모든 사람의 구원을 위하여 속전으로 내놓겠다고 선언하는 것이다. 이 대속代贖이라는 개념은 매우 새로운 개념이며, 돈이 아닌 목숨을 대속으로 내놓는 것은 별로 유례가 없었다. 더구나 한 사람의 목숨으로 모든 사람의 죄를 대속하겠다는 이 대속의 사상은 아주 희귀한 논리였다. 아마도 소크라테스의 죽음 이후 그

509

러한 사유가 헬레니즘세계에 퍼졌을 가능성도 있다. 그런데 여기서 예수는 이사야가 말하는 "하나님의 종"으로서가 아니라(이사야 52:13~15, 53:10), 그 역할을 수동적으로 수행하기 위해서가 아니라, 사람의 아들로서 그 실존적 결단을 과시하고 있는 것이다. 나는 수난을 당할 것이다, 죽을 것이다, 그러나 부활할 것이다! 나는 기꺼이 이 한 목숨을 인류전체를 구원하기 위한 대속으로 바치겠노라! 어느 누구도 할 수 없는 하나님에 대한 봉사를 선언하고 있는 것이다. 슈바이처는 이러한 예수의 모습에 대해 매우 현실적인 그림을 그리고 있다.

바울사상을 한 줄로 용해

그러나 이러한 10:43~45의 선포에는 바울의 사상이 반영되어 있다는 것을 거부하기 어렵다. 아마도 이 한마디로써 생생한 복음의 드라마에 바울신학 전체를 용해시켜 삽입했다고도 말할 수 있을 것 같다. 드라마틱한 사건이나 대화의 전개에도 불구하고 끊임없이 복음의 긍정적 의미를 그 배경의 테마로 끌고가는 마가의 사유의 심오함에 우리는 고개를 숙이지 않을 수 없다.

제자됨의 한 전형, 소경 바디매오(바르티매오)
〈 마가 10:46~52 〉

⁴⁶And they came to Jericho; and as he was leaving Jericho with his disciples and a great multitude, Bartimaeus, a blind beggar, the son of Timaeus, was sitting by the roadside.

⁴⁷And when he heard that it was Jesus of Nazareth, he began to cry out and say, "Jesus, Son of David, have mercy on me!"

⁴⁸And many rebuked him, telling him to be silent; but he cried out all the more, "Son of David, have mercy on me!"

⁴⁹And Jesus stopped and said, "Call him." And they called the blind man, saying to him, "Take heart; rise, he is calling you."

⁵⁰And throwing off his mantle he sprang up and came to Jesus.

⁵¹And Jesus said to him, "What do you want me to do for you?" And the blind man said to him, "Master, let me receive my sight."

⁵²And Jesus said to him, "Go your way; your faith has made you well." And immediately he received his sight and followed him on the way.

⁴⁶저희가 여리고에 이르렀더니 예수께서 제자들과 허다한 무리와 함께 여리고에서 나가실 때에 디매오의 아들인 소경 거지 바디매오가 길가에 앉았다가

⁴⁷나사렛 예수시란 말을 듣고 소리질러 가로되 다윗의 자손 예수여 나를 불쌍히 여기소서 하거늘

⁴⁸많은 사람이 꾸짖어 잠잠하라 하되 그가 더욱 심히 소리질러 가로되 다윗의 자손이여 나를 불쌍히 여기소서 하는지라

⁴⁹예수께서 머물러 서서 저를 부르라 하시니 저희가 그 소경을 부르며 이르되 안심安心하고 일어나라 너를 부르신다 하매

⁵⁰소경이 겉옷을 내어버리고 뛰어 일어나 예수께 나아오거늘

⁵¹예수께서 일러 가라사대 네게 무엇을 하여주기를 원하느냐 소경이 가로되 선생님이여 보기를 원하나이다

⁵²예수께서 이르시되 가라 네 믿음이 너를 구원하였느니라 하시니 저가 곧 보게 되어 예수를 길에서 좇으니라

여리고

여리고는 이 지구상에서 인간이 군집해서 산 도시 중에서 끊임없이 지속적으로

산 최고最古의 도시로 꼽는다. 그런데 그 고도는 최저로서 해수면보다 260m 낮다. 모세의 바톤을 이어받은 여호수아가 요단강을 건너 젖과 꿀이 흐르는 땅을 밟은 후 최초로 점령한 땅이 바로 여리고였다. 여호수아는 무자비한 학살을 자행한다 (수 6:21). 여리고는 크리스챤들에게는 예수가 광야에서 시험을 받은 곳으로 알려져 있고, 또 요단강에서 세례 요한에게 세례를 받은 곳도 이 부근으로 비정되고 있다. 12세기에 희랍정교회에서 40일수도원Monastery of the Qurantul이라는 사원을 절벽에 지었다. 상당히 엄숙한 분위기가 있다. 나는 2007년 4월 25일 황혼이 뉘엿뉘엿 깔릴 때 여리고를 방문하였다. 낮에 마사다성채를 보고 그곳에 도착하였는데 한 팔레스타인 여인이 양떼를 몰고 가면서 흙바람을 일으키는 모습이 고도의 쓸쓸함을 자아낸다.

여리고

여리고는 사해북단에 위치한 오아시스 도시인데 요단강 서쪽으로 5마일, 예루살렘의 북동쪽으로 15마일의 지점에 위치하고 있다. 예수는 여리고를 경유하여 예루살렘으로 올라갔다. 드디어 예루살렘으로 입성하는 그 직전에, 예수는 길가에 앉아있던 소경의 눈을 뜨게 만드는 이적을 행한다. 이것은 예수의 마지막 치유 이적이다. 예수의 첫 치유이적인 1:21~28의 엑소시즘 기사에도 "나사렛 예수"라는 말이 공통으로 나온다.

예수는 예루살렘을 향한 여행을 시작하기 직전 벳새다(베싸이다)에서 이미 소경의 눈을 뜨게 하는 이적을 행한 바 있다(8:22~26). 그때는 예수가 무당 푸닥거리처럼 소경의 두 눈에 침을 바르고 또 한 번에 고친 것이 아니라 2단계에 걸쳐 치유를

40일 광야의 유혹 현장, 희랍정교회 쿠란툴사원

행하였다. 그 직후에 가이사랴 빌립보에서 베드로의 그리스도고백이 이루어졌다. 소경을 눈을 뜨게 하는 치유이적은 베드로야말로 진짜 소경이라는 것을 대비적으로 드러내주고 있다. 여기서도 마찬가지의 대비가 있다. 마가는 이렇게 대비되는 사건들을 반복적으로 사용함으로써 그 의미를 극명하게 드러내는 효과적인 방법을 교묘하게 활용하고 있다.

이번에는 순서가 거꾸로 되었지만, 세베대의 두 아들 야고보와 요한의 세속권력에 대한 집착, 그 백지수표를 요구하는 터무니없는 망언과 나머지 10제자들의 경쟁적 성화, 그 제자들의 완악한 눈먼 마음에 대비하여 이 여리고의 소경이야기가 삽입되고 있는 것이다. 그러니까 부귀와 권세에 눈이 먼 제자들의 모습 → 여리고의 소경의 눈뜨는 모습 → 드디어 군중의 환호 속에 예루살렘으로 입성하는 모습은 모종의 드라마적 주제의 연속성이 있다. 이 여리고 소경의 삽화는 여태까지의 치유기적 이야기와는 매우 다른 분위기가 있다. 뭔가 따스하고 온화한 느낌이 매우 깔끔하게 처리되고 있다.

이름이 최초로 밝혀짐

우선 길거리에 앉아있는 소경 걸인의 모습은 당시 팔레스타인 거리에서 흔히 볼 수 있는 광경이다. 그런데 이 일화에서는 치유되는 소경의 이름이 최초로 밝혀지고 있다. 예수가 이적을 행할 때 그 상대방의 이름이 공개된 것은 이 파편이 유일하다. 바르티매오Bartimaeus는 "티매오의 아들the Son of Timaeus"이라는 설명까지 친절하게 붙어있다.

뿐만 아니라 바르티매오는 나사렛 예수라는 소리를 듣고, "다윗의 자손이신 예수님, 저에게 자비를 베푸소서!"라고 큰소리로 외친다. 이에 대하여 예수와 같이 가던 많은 사람들이 그를 조용히 하라고 꾸짖었지만, 그는 더 크게 "다윗의 자손이시여, 저에게 자비를 베푸소서!" 하고 외친다. 여기 "다윗의 자손"이라는 표현에는 메시아라는 뜻이 내포되어 있음은 물론이다. 혹자는 "나사렛 예수"라는 말도 나사렛이 단순히 나사렛Nazareth이라는 지명을 가리키는 것이 아니라, "나자레노이nazarēnoi," 혹은 "나조라이오이nazōraioi"라는 아람어 유래의 희랍어표기가(영어로는 "Nazarene" 또는 "Nazorean") 기름부음을 받은 자라는 뜻을 내포한다고 말한다. 하여튼 메시아비밀설의 관례로 따지자면 예수도 불편해할 것 같은데 전혀 그렇지 않다. 그리고 친절하게 걸음을 멈추고 그를 불러 오라고 말한다.

그러자 소경 바르티매오는 겉옷을 홀떡 벗어버리고 벌떡 일어나 예수에게 냉큼 다가왔다. 겉옷을 홀떡 벗어던진다 하니 한국사람은 웃 몸통을 드러내는 무례한 행동처럼 해석할 수 있는데, 이것을 바르게 해석하려면, 당대의 의상에 대한 지식이 필요하다. 여기 "겉옷"은 "히마티온ἱμάτιον"이라는 것인데 아주 널찍한 4각형의 천조각을 몸에 휘감는 것이다. 그것은 보통 몸에 맞게 재단된 페플로스Peplos나 키톤Chiton과 같은 옷 위에 걸쳐 입게 마련이다. 겉옷 즉 히마티온을 떨쳐버렸다는 것은, 그것이 몸을 치렁치렁 휘감고 있기 때문에 뛰어가기에는 매우 거추장스러운 것이므로 땅에 벗어던지고 홀가분하게 뛰어갔다는 것을 의미한다.

히마티온은 걸인들이 잠을 잘 때도 이불처럼 사용하는 것이다. 소경이 곧바로 예수에게 뛰어갔다는 것은 그가 완전한 소경이 아니라 어느 정도 희미하게나마 물체를 분간할 수 있었다는 것을 의미할 수도 있다. 그에게 달려온 바르티매오에게 예수는 묻는다. 이때 묻는 예수의 말은 오묘하게도 세베대의 두 아들 야고보와 요한에게 한 말과 정확하게 일치한다.

내가 너희에게 무엇을 해주기를 바라느냐?
What do you want me to do for you?

이 질문에 예수의 두 형제 제자는 당신이 왕이 될 때 하나는 영광스러운 당신의 우편에, 하나는 좌편에 앉게 하여 주옵소서라고 말한다. 세속적 권세와 영화에 눈이 멀어있는 것이다. 그러나 막상 눈이 멀어있는 바르티매오는 이렇게 말한다:

"선생님!"

여기 "선생님"이라고 한 말은 희랍어로 "랍부니Rabbouni"인데, 이 말은 "랍비Rabbi"와는 또다른 어감으로서 극도의 존중을, 기도에서 신에게 붙이는 호칭이다. 그러면서도 매우 친밀한 느낌을 나타내는 어감이 실려있다(요한복음 20:16에는 무덤 안에서 막달라 마리아가 부활한 예수를 보는 순간 무의식적으로 외치는 말이다. 공동번역의 "라뽀니"가 좋은 번역이다. 가장 인간적인 칭호이다).

바르티매오는 말한다:

"라뽀니! 제 눈을 뜨게 하여주십시오."

두 제자는 수상, 부수상을 달라고 했는데, 이 눈먼 바르티매오, 전혀 예수를 접견하지도 못했던 길가의 소경은 "눈만 뜨게 해달라고," "정상적인 인간으로 돌아가게 해달라고," "신체적 강건함을 얻게 해달라고" 외치는 것이다. 제자들은 부귀와 영화를 원하는데, 이 바르티매오는 "시력" 하나를 애타게 갈구하고 있는 것이다. 부와 권세와 성공, 스펙을 원하는 것이 아니라 눈뜬 인간이 되기를 원하는 것이다. 단지 정상적 인간이 되기를 원하는 것이다. 이것은 우리의 "하나님 나라"에 대한 토탈한 가치전도를 요구하는 것이다. 마가가 생각하는 예수의 천국운동의 본질을 토로하는 것이다. 예루살렘으로 입성하기 직전에 나타나는 이 삽화는 지극히 많은 것을 의미하는 상징체계이다. 마가는 묻는다. 누가 과연 예수의 제자인가? 그 완악한 마음의 12명인가? 소경 바르티매오인가?

바르티매오의 요청에 예수는 침뱉거나 단계적인 치유방법을 쓰지 않는다.

"가라! 네 믿음이 너를 낫게 하였다."

마지막 구절의 유니크한 성격: 예루살렘으로 같이 가자!

여기 "낫게 하다"(소조σώζω)는 말은 "구원을 얻는다to be saved"는 뜻과 겹쳐있다. 눈을 뜸과 동시에 마음의 눈을 뜨는 것이다. 그런데 제일 마지막의 구문은 모든 힐링사화에서 매우 유니크한 것이다.

예수의 말씀이 떨어지자 곧 소경은 눈을 뜨고 예수를 따라나섰다(52).

이것은 매우 이례적인 것이다. 여태까지의 모든 치유기적에서 피치유자에게 예수는 반드시 너의 곳으로 가라고 했지 예수를 따라오라는 이야기를 한 적이 없다. 그러나 바르티매오의 상징성은 진정한 예수의 반려로서 십자가에로 가는 길을 동행하는 자격을 획득했다는 것이다. 제자들은 결코 눈을 뜨지 못했는데 여리고의 소경은 눈을 뜨고 예수를 동행하는 자가 된 것이다. **노외路外의 거지**a beggar beside the road(46)에서 **노중路中의 제자**a disciple on the road(52)로 변신한 것이다. 이제 예루살렘은 다가오고 있는 것이다.

예루살렘 입성
〈 마가 11:1∼11 〉

¹And when they drew near to Jerusalem, to Bethphage and Bethany, at the Mount of Olives, he sent two of his disciples,

²and said to them, "Go into the village opposite you, and immediately as you enter it you will find a colt tied, on which no one has ever sat; untie it and bring it.

³If any one says to you, 'Why are you doing this?' say, 'The Lord has need of it and will send it back here immediately.'"

⁴And they went away, and found a colt tied at the door out in the open street; and they untied it.

⁵And those who stood there said to them, "What are you doing, untying the colt?"

⁶And they told them what Jesus had said; and they let them go.

⁷And they brought the colt to Jesus, and threw their garments on it; and he sat upon it.

⁸And many spread their garments on the road, and others spread leafy branches which they had cut from the fields.

⁹And those who went before and those who followed cried out, "Hosanna!

¹저희가 예루살렘에 가까이 와서 감람산 벳바게와 베다니에 이르렀을 때에 예수께서 제자 중 둘을 보내시며

²이르시되 너희 맞은편 마을로 가라 그리로 들어가면 곧 아직 아무 사람도 타 보지 않은 나귀 새끼의 매여 있는 것을 보리니 풀어 끌고 오너라

³만일 누가 너희에게 왜 이리 하느냐 묻거든 主가 쓰시겠다 하라 그리하면 즉시 이리로 보내리라 하시니

⁴제자들이 가서 본즉 나귀 새끼가 문앞 거리에 매여 있는지라 그것을 푸니

⁵거기 섰는 사람 중 어떤이들이 가로되 나귀 새끼를 풀어 무엇하려느냐 하매

⁶제자들이 예수의 이르신대로 말한대 이에 허락하는지라

⁷나귀 새끼를 예수께로 끌고 와서 자기들의 겉옷을 그 위에 걸쳐두매 예수께서 타시니

⁸많은 사람은 자기 겉옷과 다른이들은 밭에서 벤 나무가지를 길에 펴며

⁹앞에서 가고 뒤에서 따르는 자들이 소리지르되 호산나 찬송讚頌하리로다 주의

Blessed is he who comes in the name of the Lord!
[10]Blessed is the kingdom of our father David that is coming! Hosanna in the highest!"
[11]And he entered Jerusalem, and went into the temple; and when he had looked round at everything, as it was already late, he went out to Bethany with the twelve.

이름으로 오시는이여

[10]찬송하리로다 오는 우리 조상 다윗의 나라여 가장 높은 곳에서 호산나 하더라

[11]예수께서 예루살렘에 이르러 성전에 들어가사 모든 것을 둘러 보시고 때가 이미 저물매 열 두 제자를 데리고 베다니에 나가시다

번쇄하게 디테일에 신경을 쓰면서 주석을 달다보면, 그 전체그림을 놓치거나 핵심적 주제의식이 흐려지기 때문에 될 수 있는 대로 대강의 흐름을 파악하는 방향으로 강해가 이루어져야 한다. 드디어 예수는 최후의 결전지인 예루살렘에 입성한다. 11장부터 16장까지 진행방식은, 초반의 1장부터 3장까지의 진행방식과 마찬가지로 매우 긴박하고 빠르고 생략적이며 압축적으로 진행된다. 사실 11장부터 16장까지의 진행과정이 몇 달이 걸렸을 수도 있고, 주석가에 따라 6개월 정도의 기간이 현실적으로 필요했다고 추정하기도 한다.

예수가 예루살렘에 당도한 것은 가을이었으며 초막절The Feast of Tabernacles(선조들이 40년 동안 장막에서 살며 방랑하던 유목생활을 기념하는 축제. 우리나라 추석에 해당. 이 축제는 7일 동안 계속되며 이어서 8일 동안의 거룩한 모임holy convocation이 있게 된다) 축제 때였고 이때로부터 예수의 예루살렘사역은 6개월에 걸친 과정이라는 것이다. 그러나 이렇게 하면 드라마의 긴박감이 떨어진다. 마가복음의 11장 입성으로부터 16장 빈 무덤까지의 기간은 7일간의 사건으로 본다. 전통적으로 교회사적인 관점에서 본다면 입성한 날이 일요일이 되고 그로부터 7일간이 수난주간Passion Week이 된다. 그리고 다음 일요일 부활절 예배를 보는 것이다(일요일 부활절 예배날짜의 비정

에 관해서는 역사적으로 여러 가지 설이 있다). 이 수난주간은 유대인의 유월절Passover에 해당되고, 그 의미도 상통하는 바가 있다. 부활절은 크리스챤의 유월절이다. 바울이 고전 5:7에서 그리스도께서 유월절의 양이 되셨다고 한 것으로 보아 이미 초대교회에서 이런 양식이 정착했던 것 같다. 그러니까 유대인의 유월절 행사가 기독인의 부활절 행사로 스무스하게 이행되어간 것이다. 7일간 뭔 일이 일어났는가?

예루살렘 입성장면, 애잔하다

우리는 보통 예수의 예루살렘 입성장면이 예루살렘 군중의 열렬한 환호 속에 전 도시가 들썩거릴 정도로 성대하게 이루어진 것이라는 인상을 가지고 있다. 이러한 인상은 모두 마태, 누가, 요한의 뻥튀기 구라에서 유래되는 것이다. 마가는 그러한 지고의 긍정적인 가치를 이 장면에 부여하지 않았다. 마가는 이 장면을 매우 아이러니칼하고, 열렬하지만 초라하고, 애수가 스며있는 분위기로 연출하였다.

일례를 들면, 새끼 당나귀를 타고 들어가는 것도 스가랴 9:9절의 메시아예언을 성취하는 것이라고 보통 해설하지만, 군사용의 큰 말을 구할 길도 없었을 것이고, 소박한 예수의 겸양의 미덕에도 맞기 때문에 그냥 그렇게 된 것이라고 보아야 할 것이다. 새끼 당나귀 위에 군중들이 자기 히마티온을 벗어 임시방편의 안장을 만들고 또 많은 사람들이 히마티온을 길거리에 깔아 환영과 존경의 예를 표했다는 것, 돈키호테의 한 장면을 연상하는 것으로 족할 것 같다.

하여튼 예수의 예루살렘 입성이 역사적 사실이었다고 한다면 이 장면은 역사적 근거가 조금은 있었을 것이다. 하여튼 이 환영장면은 예루살렘의 민중에게도 예수의 메시아적 성격이 소문으로라도 유포되어 있었다는 것을 나타낸다. 이 장면을 연출하기 위해서라도 앞에 소경 바르티매오의 눈을 뜨게 하는 장면을 삽입해야 한다. 소경도 눈을 뜨고 입성의 제자행렬에 참여한다는 설정은 이 예루살렘 민중의 환영장면과 오버랩 되어 있다. 여기 "호산나Hosanna"라는 환호성은 "구원하시옵소서! 비나이다"라는 뜻인데 성전참배하는 사람들에게 외치는 제식적 챈

팅의 일종으로 별로 특별한 의미는 없다. 그런데 핵심은 바로 군중이 외치는 예수상에 있다.

"찬미하여라! 우리 조상 다윗의 나라가 오고 있도다!"(10).

여기 예루살렘의 군중에게 유포된 신념은 역시 정치적이다. 그들은 예수의 "하나님 나라"가 무엇인지를 모르고 있다. 그들은 자기들의 민족적 조상, 첫 왕국의 주인공 다윗의 나라(왕국)가 재현될 것이라는 기대에 차있는 것이다. 기실 예수에게 있어서 "조상 다윗의 나라"는 부정되어야 할 나라다! 바로 그가 예루살렘에 오고 있는 목적 그 자체가 그러한 부정을 위한 것이다.

여기서 독자들이 알아야 할 것은 **AD** 30년경에 죽은 예수사건과 그 40년 이후에 일어난 예루살렘성전의 파괴사건(AD 70: 로마유대전쟁The Roman-Jewish War AD 66~70)은 마가복음에 있어서 항상 동전의 양면처럼 오버랩 되어 있다는 것이다. 마가는 성전파괴 직후에 쓰여진 것이다. 다시 말해서 유대교전통의 모든 권위체계, 율법, 정치, 종교적 하이어라키의 결집체인 예루살렘성전이 파괴됨으로써 그 비통한 폐허 속에서 피어난 것이 바로 마가의 복음서문학양식이라는 것이다. 복음은 성전파괴로부터 시작한 것이다.

여기 호산나를 외치는 예루살렘의 군중이 그들의 조상 다윗의 왕국의 도래를 찬양하고 있는 것은, 바로 로마군대의 위압에 눌린 민중의 정치적·군사적 소망을 표출하고 있는 어떤 역사적 페이소스인 것이다. 그러나 그러한 열망은 예수의 입성의 본래정신과 무관한 것이다. 예수의 입성장면은 갑자기 예루살렘성전에 들어가는 장면과 연결된다. 입성을 둘러싼 군중의 환호와 성전에 들어감이라는 사태는 엄청난 사건이 일어나야만 정상이다. 그러나 그 사태의 마무리는 너무도 황당하고 진술하다.

성전에서 이것 저것 모두 둘러보시고나니 이미 날이 저물었다. 그래서 열두제자와 함께 베다니로 갔다(11).

사전답사에 불과했다. 그리고 그 열광하던 군중들도 연기처럼 사라져버렸다. 메시아적 왕국이 도래해야 할 판에 아무것도 일어나지 않은 것이다. 그냥 날이 저물고 만 것이다.

베다니

무화과 나무에 대한 저주
〈 마가 11:12~14 〉

¹²On the following day, when they came from Bethany, he was hungry. ¹³And seeing in the distance a fig tree in leaf, he went to see if he could find anything on it. When he came to it, he found nothing but leaves, for it was not the season for figs. ¹⁴And he said to it, "May no one ever eat fruit from you again." And his disciples heard it.

¹²이튿날 저희가 베다니에서 나왔을 때에 예수께서 시장嘶腸하신지라 ¹³멀리서 잎사귀 있는 한 무화과無花果나무를 보시고 혹 그 나무에 무엇이 있을까 하여 가셨더니 가서 보신즉 잎사귀 외에 아무 것도 없더라 이는 무화과의 때가 아님이라 ¹⁴예수께서 나무에게 일러 가라사대 이제부터 영원토록 사람이 네게서 열매를 따먹지 못하리라 하시니 제자들이 이를 듣더라

베다니

예루살렘에 입성한 날, 날이 저물어 예수일행은 베다니로 갔고, 베다니에서 하루를 잤다(베다니는 요한복음에는 예수의 중요한 거점으로 나온다. 마리아·마르타·나사로의 집이다. 요 11:1~44. 12:1~11. 요한의 자료는 마가와는 다른 계통에서 유래된 것 같다. 마가에는 14:3에 나병환자 시몬의 집으로 다시 언급된다. 베다니는 예루살렘 남동쪽으로 2마일 정도 떨어져 있는 곳인데 여리고를 가기 위해서는 이곳을 경유하게 된다).

그 다음날 예수일행은 곧바로 예루살렘성전으로 가게 되는데, 가기 위해 베다니의 집에서 나올 때 목격한 무화과 나무에 관하여 저주를 퍼붓는 해괴한 스토리가 여기 삽입되어 있는 것이다. 많은 사람들이 이 삽화挿話에 관하여 그럴듯한 설명을 많이 하지만 실제로 명쾌하게 이 이야기를 풀어내는 해석은 없다. 그리고 모두 이런 말을 덧붙인다. "복음서에 나오는 스토리 중에서 가장 해석하기 어려운 이야기 중의 하나이다." 그런데 사실 외면적으로 보면 해석이 어려울 것이 없다.

예수를 한 인간으로 보면 너무도 해석이 쉽다. 예수일행은 베다니에서 아침을 제대로 얻어 먹지 못한 모양이었다. 그래서 배가 고팠던 참이었다고 마가는 기록하고 있다(12). 그런데 무화과 나무가 눈에 띄었다. 나뭇가지에 무성하게 잎이 달렸다.

무화과

우리나라 사람들은 무화과 나무를 성경에 나온다고 매우 성스럽게 생각하는 경향이 있는데, 이 나무는 뽕나무과에 속한 나무로서 열매가 매우 풍성하게 열린다. 열매도 살이 많아 먹음직스럽다. 단백질 분해효소인 피신이 함유되어 소화작용을 촉진시킨다. 우리나라 사람들은 "무화과無花果"라는 이름 때문에 꽃이 없이 과일을 맺는 것으로 아는데, 전혀 그렇지 않다. 꽃이 보이지 않게 필 뿐이며 모든 매카니즘이 일반 과수와 동일하다(학명은 "Ficus carica," "Common fig"라고 부른다).

무화과 나무와 그 열매

예수는 배고파 죽겠는데 배를 불릴 수 있는 무화과를 보니까 기뻐서 무화과를 따먹으려고 그 나무로 달려갔다. 그런데 무성한 잎사귀밖에 없었다. 먹을 수 있는 열매가 아무것도 없었다. 그런데 또 마가는 "무화과철이 아니었다"는 쓸데없는 멘트까지 달아놓고 있다. 무화과는 3·4월에 꽃이 피어 6월이 되어야 열매를 맺는다. 유월절시기로 계산하면 예수가 여기에 있을 시기는 태양력기준 3~4월이다. 당연히 무화과 열매가 없는 시기였다. 없으면 없는 대로 그냥 지나쳤으면 좋은데 예수는 그 특정한 무화과 나무를 향해 저주를 퍼붓는다:

"이제부터 너는 영원히 열매를 맺지 못하여 아무도 너에게서 열매를 따먹지 못할 것이다."

아니, 나무가 뭔 죄가 있다고 나무에게 이토록 가혹한 저주를 퍼붓는 것일까? 배고픈데 핏대 난다고 이렇게 저주를 퍼붓는다면 예수는 정말 "나쁜 놈a bad guy"이 아닐까? 이런 질문에 대하여 누구도 설득력 있는 답변을 할 수는 없으나, 다음에 나오는 성전전복사건과 관련하여 유의미한 해설이 가능할 수도 있다.

이것은 하나의 상징적 비유의 이야기가 사실적인 사건담론으로 전환되면서 오해가 발생한 경우일 것이다. 예수가 그 많은 설교를 하였고, 기적을 행하였어도 이렇게 어떤 존재의 파멸을 초래하는 이적을 행한 적은 없다. 이것은 복음서에 나타나는 유일한 파괴기적사화이다.

무화과 저주와 성전파괴

그런데 이 무화과의 비유를 이해하기 위해서는 "예루살렘성전의 파괴"라는 역사적 사건을 이해해야만 한다. 앞서 내가 말했듯이 우리나라의 판소리작가들이 감히 한양을 무대로 할 수 없듯이 복음서작가 또한 예루살렘을 대상으로 그것을 전복하고 그것을 파멸시키고 그것의 기능의 종료를 선언하는 그런 행위나 메타포적인 담론을 구사할 수 없었다. 그러나 예루살렘성전의 파멸이라는 것은 이미 사실로서 드러난 사건이다. 우리나라도 경복궁이 완전히 타버렸고 육조건물이 다 폭격당하고, 서울 종로통의 육의전六矣廛이 다 파멸되어 폐허가 되고 권력상층부가 사라진 상황이었다면 숙종~영·정조시대의 작가들이 한양을 상대로 엄청난 이야기들을 많이 꾸며내었을 것이다.

AD 70년 8월 30일 헤롯의 제2성전(카운팅하는 방식에 따라 제3성전이라고도 함)은 무너졌고 로마군대에 의한 예루살렘도시의 정복은 그 해 9월 8일에 완료되었다. 그 슬픔은 오늘까지도 서벽으로 남아있는 웨일링 월Wailing Wall(통곡의 벽)에 간직되어 있다. 그때 도륙된 유대인들의 숫자가 110만 명을 넘는다고 하니(요세푸스의 주장) 가히 그 처참한 광경을 상상하고도 남는다. 복음서는 이러한 처참한 민족의 비극 속에서 피어난 새로운 "나라"에 대한 인식의 체계를 대상으로 하고 있다. 예수의 죽음, 예수의 십자가는 당시 비전을 가진 유대인 사상가들에게 있어서는 예루살렘의 멸망 그 자체였다. 그것은 이스라엘의 멸망 그 자체였다. 이스라엘의 전승은 새롭게 태어나지 않으면 아니 된다라는 생각이 마가에게는 있는 것이다.

열매 없는 무화과, 이스라엘을 상징

여기 무화과 나무는 이스라엘을 상징한다. 겉모양만 무성하게 폼을 잡고 있지만 실제로는 인간의 몸에 생명을 제공하는 열매가 하나도 없다. 무화과 나무여! 차라리 말라 비틀어져라! 영원히 열매를 맺지 말아라! 이것이 곧 구약의 종료였고 신약의 탄생이었다. 예수의 예루살렘행보는 이러한 세기적 전환을 상징하고 있는 것이다.

예루살렘성전을 뒤엎는 예수
〈 마가 11:15~19 〉

¹⁵And they came to Jerusalem. And he entered the temple and began to drive out those who sold and those who bought in the temple, and he overturned the tables of the money-changers and the seats of those who sold pigeons;
¹⁶and he would not allow any one to carry anything through the temple.
¹⁷And he taught, and said to them, "Is it not written, 'My house shall be called a house of prayer for all the nations'? But you have made it a den of robbers."

¹⁸And the chief priests and the scribes heard it and sought a way to destroy him; for they feared him, because all the multitude was astonished at his teaching.
¹⁹And when evening came they went out of the city.

¹⁵저희가 예루살렘에 들어가니라 예수께서 성전聖殿에 들어가사 성전 안에서 매매賣買하는 자들을 내어쫓으시며 돈 바꾸는 자들의 상床과 비둘기 파는 자들의 의자椅子를 둘러 엎으시며

¹⁶아무나 기구器具를 가지고 성전 안으로 지나다님을 허許치 아니하시고
¹⁷이에 가르쳐 이르시되 기록된바 내 집은 만민萬民의 기도祈禱하는 집이라 칭稱함을 받으리라고 하지 아니하였느냐 너희는 강도强盜의 굴혈窟穴을 만들었도다 하시매
¹⁸대제사장들과 서기관들이 듣고 예수를 어떻게 멸할까 하고 꾀하니 이는 무리가 다 그의 교훈을 기이奇異히 여기므로 그를 두려워함일러라

¹⁹매양 저물매 저희가 성밖으로 나가더라

성전의 4구역

예루살렘성전은 크게 4구역으로 나뉘어져 있다. 가장 큰 구역이 이방인코트 the Court of the Gentiles이며 뚜껑 없는 4각의 콰드랭글이다. 그리고 여성코트the Court of the Woman, 이스라엘코트the Court of Israel(할례를 치른 유대인 남성만을 위한 코트)가 있고, 또 그 핵심인 지성소the Holy of Holies가 있다.

일반인들이 쉽게 들어갈 수 있는 곳은 이방인코트인데 이곳은 유대인만이 아닌 전 세계에 흩어져 있는 다이애스포라의 교민들, 그리고 외국인들이 찾아온다. 이 코트는 전체 면적이 35에이커에 이르며 3면이 회랑으로 둘러쳐져 있다. 한 면은 지성소콤플렉스와 접하고 있다. 그 폭이 325야드, 길이가 500야드에 이르는 엄청 큰 곳이다. 그 회랑portico(일종의 스토아στοά)의 돌기둥은 높이가 30피트인데 그 밑 둥아리는 어른 3명이 아름으로 둘러야 맞닿는다고 한다(요세푸스의 기술).

이렇게 거대한 회랑이 필요한 이유는 이곳에서 제식을 위한 엄청난 돈거래가 이루어지기 때문이고, 또 희생제식 자체가 엄청난 양의 동물이 도살되고 태워지고 하기 때문이다. 그런데 이런 제식에 쓰이는 비둘기, 양 따위의 동물은 신성한 코서Kosher 기준에 맞아야 하기 때문에 자기 집이나 외부에서 가져오면 그 검사 기준이 까다로와 통과될 수가 없다. 그러니까 반드시 성전에서 사야만 코셔기준을 통과하는 것이다. 하나님께 바치는 희생제물은 반드시 깨끗하고 신성한 물건이어야만 한다는 것이다. 여기 15절에 보면 "환전상"(콜뤼비스톤κολλυβιστῶν)이 언급되고 있는데, 이것은 외국에서 오는 사람들이 로마제국의 돈을 사용하려 해도 할 수가 없는 데서 등장하는 개념이다. 반드시 튀리안 화폐The Tyrian currency(옛부터 사용해온 히브리 쉐켈Shekel에 가깝게 오는 돈)를 써야 한다. 매년 내는 성전세the annual temple tax도 이 돈으로 지불해야 한다. 그래서 기회만 되면 이 돈으로 환전을 해야 성전에서 여러 활동을 할 수 있다.

헤롯성전이 AD 66년에 완성되었을 때(BC 20년경부터 시작된 성전공사가 완성되자마자 로마유대전쟁이 시작되었다), 그 해 유월절에만 255,600마리의 양이 희생되었다고 하니 이 예루살렘성전의 제식규모를 짐작할 수 있을 것이다. 환전을 할 때에도 터무니없는 환율로 환전하는 사람들을 등쳐먹고 또 그 튀리안 화폐로 동물을 구입할 때도 신성한 물건이라 하여 시중의 몇 배를 받는다. 그러니까 그 회랑 안의 광경이란 돈과 제물의 흥정이 난무하는 아수라 중의 아수라장이라 할 것이다.

성전의 사기꾼들, 거룩한 제사장들

이 엄청난 돈거래는 허가받은 상인에 의하여 이루어지지만, 그 터무니없는 부정한 착취이윤은 대부분 성전의 제사장계급, 사두개인, 서기관, 그리고 산헤드린의 주머니 속으로 빨려 들어간다. 예수는 이러한 죄악상을 알고 있었다. 종교조직 즉 성전Temple의 존재가 민중의 고초의 원인이라는 것을 잘 알고 있었다. 예루살렘성전에 들어갔다고 하는 것은 가장 번화하고 사람이 많은 이방인코트로 갔다는 것이요, 거기서 닥치는 대로 탁자와 의자를 뒤엎고(요한복음에는 밧줄로 채찍을 만들어 휘둘렀다고 하니, 아주 물리적으로 폭력적인 행위였다) 성전에서의 거래나 행위를 금지시켰다.

성전의 종언

16절에 "또 물건들을 나르느라고 성전뜰을 질러 다니는 것도 금하셨다"라는 표현이 있는데 이것은 두 가지로 해석이 가능하다. 그 첫째는 예루살렘도시에서 감람산The Mount of Olives 쪽으로 가려고 할 때 성전마당을 통해 가로지르면 지름길이 된다. 그래서 많은 사람들이 성전을 일종의 지름길통로로 활용하고 있었던 것이다. 예수는 성전을 편의를 위한 수단으로 활용하는 것을 허락할 수 없었다.

또 하나는 여기 "기구" "물건"으로 쓰인 단어가 "스큐오스$\sigma\kappa\varepsilon\hat{\upsilon}o\varsigma$"인데 이것은 "제사를 위한 기구"로 볼 수가 있다. 그래서 제사를 위하여 기구를 운반하는 것인데 그것을 금지시켰다고 하는 것은, 예수는 아예 성전의 제식활동 자체가 불법이라고 규정하고 있었던 것이다. 이러한 금지는 유대교적인 제식의 종언을 의미하는 것이다. 실상 그것은 성전의 종언the End of Temple을 의미하는 것이다. 예수의 이러한 개입은 종교적 행위를 넘어서는 정치적인 앙가쥬망이다. 제물과 환전을 다 뒤엎는다는 것은 성전의 존립근거, 산헤드린의 권위체계를 근원적으로 마비시키는 것이다. 그것은 마치 오늘날의 현실에 대비해서 말하자면, 대기업과 거대 로펌과 검찰·사법조직이 하나의 카르텔을 이루어 민중의 삶을 착취하고 있는 가장 근원적인 루트를 단절하는 것과도 같다. 이것을 어찌 단순한 종교적 신념의 프로테스트라고 볼 수 있겠는가? 예수는 자기가 살고있는 사회의 근원적 정치권력의 구도, 즉 민중생활의 구도를 전복하려 하고 있는 것이다.

강도의 소굴

예수는 성전을 뒤엎으며 외친다! 하나님의 집은 만민이 기도하는 집일 뿐이다 (이사야 56:7)! 이렇게 더러운 장사를 하는 곳이 아니다. 네 이놈들! 너희는 이 집을 강도의 소굴a den of robbers(예레미야 7:11에 같은 표현이 있다)로 만들어버렸구나!

모든 종교적 하이어라키의 상층부세력들은 이러한 예수의 도발을 용서할 수 없었다: "우리가 합심하여 이 촌놈을 죽이자!" 그러나 예수의 과감한 행동과 가르침에 모든 군중이 모여들고 감화를 받고 감탄하고 있었다. 예수의 예루살렘행은 민중과 산헤드린의 대결양상을 심화시키고 있었다. 갈릴리에서의 평온한 이적활동과는 전혀 다른 격동 속에 예수는 자기자신을 정위定位하였던 것이다. 이렇게 또 하루가 저물었다.

저녁 때가 되자 예수와 제자들은 성밖으로 나갔다(19).

그들은 다시 베다니로 돌아간 것이다.

뿌리째 마른 무화과 나무: 믿음과 용서
〈 마가 11:20~26 〉

²⁰As they passed by in the morning, they saw the fig tree withered away to its roots.
²¹And Peter remembered and said to him, "Master, look! The fig tree which you cursed has withered."
²²And Jesus answered them, "Have faith in God.
²³Truly, I say to you, whoever says to this mountain, 'Be taken up and cast into the sea,' and does not doubt in his heart, but believes that what he says will come to pass, it will be done for him.
²⁴Therefore I tell you, whatever you ask in prayer, believe that you have received it, and it will be yours.

²⁵And whenever you stand praying, forgive, if you have anything against any one; so that your Father also who is in heaven may forgive you your trespasses."
26

²⁰저희가 아침에 지나갈 때에 무화과나무가 뿌리로부터 마른 것을 보고

²¹베드로가 생각이 나서 여짜오되 랍비여 보소서 저주詛呪하신 무화과나무가 말랐나이다
²²예수께서 대답하여 저희에게 이르시되 하나님을 믿으라
²³내가 진실로 너희에게 이르노니 누구든지 이 산山더러 들리어 바다에 던지우라 하며 그 말하는 것이 이룰줄 믿고 마음에 의심치 아니하면 그대로 되리라

²⁴그러므로 내가 너희에게 말하노니 무엇이든지 기도하고 구하는 것은 받은 줄로 믿으라 그리하면 너희에게 그대로 되리라
²⁵서서 기도할 때에 아무에게나 혐의嫌疑가 있거든 용서容恕하라 그리하여야 하늘에 계신 너희 아버지도 너희 허물을 사赦하여 주시리라 하셨더라

²⁶(없음)

다음날 이른 아침, 이들은 전날과 똑같이 베다니의 집을 나섰다. 당연히 무화과 나무가 보일 것이다. 그런데 놀라웁게도 예수일행은 그 무화과 나무가 예수의 저주대로 아주 뿌리째 말라있는 것을 목도한다. 베드로가 문득 생각이 나서 예수

에게 멘트를 날린다:

　"랍비여! 보소서! 저주하신 무화과 나무가 말랐나이다."

　그렇다면 이 베드로의 멘트에 대하여 논리적으로 연결이 되는 문답이 이루어져
야 할 텐데, 예수는 매우 엉뚱한 대답을 한다.

　"내가 진실로 너희에게 이르노니, 누구든지 마음에 의심을 품지 않고
　자기가 말한 대로 되리라고 믿기만 하면, 이 산더러 '번쩍 들려서 저
　바다에 빠져버려라'라고 말해도 그대로 이루어지리라."(23).

　이런 경우, 우리는 여러 가지 가설을 세울 수 있지만, 우선 23절의 내용은 도마
복음에도 로기온자료로 나오고 있고(48장), 그 관련된 로기온자료들이 마태, 누가
에 많이 나오기 때문에(나의 저서 『도마복음 한글역주』3, pp.131~135를 참고할 것), 무화과
나무의 테마와는 별도로 그것이 독립된 로기온자료로서 기존해 있었다는 것을 알
수 있다. 그러기 때문에 기존의 로기온파편을 어떻게 삽입할까 고민하다가, 마가
는 무화과 나무의 테마에 연결시킨 것이다. 따라서 무리는 있을 수 있지만 연결된
해석은 가능하다.

　23절의 이야기는 아주 사소한 문제 같지만, "산 보고 움직여라" 해도 그러한 사
실에 대한 확고한 믿음만 있다면 산은 움직일 것이라는 사유체계는, 사막에 사는
셈족 사유Semitic thinking의 한 전형을 나타낸다고 말할 수 있다. 동방인에게는 자
연의 장구함과 지속, 그리고 함부로 바뀔 수 없는 안정감, 그리고 있는 그대로의
조화나 아름다움에 대한 예찬이 있기 때문에 산 보고 움직여라는 얘기는 하지 않
는다.

　그러나 사막에 사는 사람에게는 자연은 매우 불안정한 것이며, 변하기 쉬운 것

이며, 신기루와 같은 것이기 때문에 산도 여기 있다가 저기 있다가 할 수가 있다. 그러니까 인간의 허약함이나 무능, 그 무상함에 대하여 절대자의 전지전능함과 안정성에 대한 확고한 믿음을 대비적으로 강조하는 사유가 발달하는 것이다. 이 것은 서양인, 특히 셈족적 사유에 내재하고 있는 연역적 사유의 근원이다.

　무화과 나무는 이미 뿌리로부터 생명을 상실했다. 뿌리째 말라비틀어져 버렸다. 이것은 무엇을 의미하는가? 그것은 예루살렘멸망이라는 역사적 사건과 함께 마가류의 사상가들의 인식체계 속에 새롭게 피어난 희망이다. 그것은 예루살렘 성전의 복원이 아니라 근원적인 해체를 의미하는 것이다(Mark portrays the clearing of the temple not as its restoration but as its dissolution. James R. Edwards, *The Pillar New Testament Commentary: Mark*, p.346). 성전이 뿌리째 말라버렸다. 율법의 시대는 갔다. 부패한 종교적 하이어라키가 인간세상의 모든 권위를 독점하던 시대는 사라졌다. 이것이 파멸이요, 저주가 아니라, 축복이요, 희망이요, 새로운 시작이다. 이 무無로부터의 새로운 출발에 필요한 것은 무엇인가? 그것은 바로 산이라도 움직여라 하면 움직이게 만들 수 있는 믿음이다.

주기도문 내용의 일부

　기도란 바로 이 믿음을 기도하는 것이다. 성전은 사라졌다. 그렇지만 성전은 이제 예수가 대신할 수 있다. 이제야 비로소 하나님의 나라가 도래한다. 하늘에서 이루어진 뜻이 땅에서도 이루어질 수 있다. 그러기 위해서는 용서하라! 너희가 너희를 등진 자들을 용서할 때만이 하나님은 너희 잘못을 용서하여 주실 것이다. 마가에는 주기도문이 없다. 그러나 주기도문은 Q자료에 속한다. 그래서 마가의 자료범위 속에 Q자료도 있었을 것이다. 주기도문의 내용은 일부 여기에 편입된 것이다. 우리가 우리에게 죄지은 자를 사하여 준 것 같이, 우리 죄를 사하여 주시옵소서라는 사유는 역사적 예수의 오리지날한 사유패턴에 속하는 것이라고 나는 생각한다. 타인에 대한 배려가 없이는 나 실존의 구원이 근원적으로 불가능한 것이다.

예수의 권한은 누가 주는가?
〈 마가 11:27~33 〉

27And they came again to Jerusalem. And as he was walking in the temple, the chief priests and the scribes and the elders came to him,

28and they said to him, "By what authority are you doing these things, or who gave you this authority to do them?"

29Jesus said to them, "I will ask you a question; answer me, and I will tell you by what authority I do these things.

30Was the baptism of John from heaven or from men? Answer me."

31And they argued with one another, "If we say, 'From heaven,' he will say, 'Why then did you not believe him?'

32But shall we say, 'From men'?" — they were afraid of the people, for all held that John was a real prophet.

33So they answered Jesus, "We do not know." And Jesus said to them, "Neither will I tell you by what authority I do these things."

27저희가 다시 예루살렘에 들어가니라 예수께서 성전에서 걸어다니실 때에 대제사장들과 서기관들과 장로들이 나아와

28가로되 무슨 권세로 이런 일을 하느뇨 누가 이런 일 할 이 권세를 주었느뇨

29예수께서 가라사대 나도 한 말을 너희에게 물으리니 대답하라 그리하면 나도 무슨 권세로 이런 일을 하는지 이르리라

30요한의 세례가 하늘로서냐 사람에게로서냐 내게 대답하라

31저희가 서로 의논하여 가로되 만일 하늘로서라 하면 어찌하여 저를 믿지 아니하였느냐 할것이니

32그러면 사람에게로서라 할까 하였으나 모든 사람이 요한을 참 선지자로 여기므로 저희가 백성을 무서워하는지라

33이에 예수께 대답하여 가로되 우리가 알지 못하노라 하니 예수께서 가라사대 나도 무슨 권세로 이런 일을 하는지 너희에게 이르지 아니하리라 하시니라

예수의 논쟁설화의 성격이 갈릴리사역에서의 논쟁과 예루살렘사역에서의 논쟁은 사뭇 다르다. 갈릴리에서는 대등한 관계 속에서 이루어지는 상호비판이었지만, 예루살렘에서의 논쟁은 지금 죽느냐 사느냐 하는 문제를 놓고 대결을 벌이는 살벌한 결판의 장이다. 죽이려는 자들과 죽임을 당할 수밖에 없는 운명을 감지한

외로운 항거인의 투쟁인 것이다. 27절을 잘 뜯어보면 예수는 성전에 3일째 연달아 갔다. 호산나를 외치는 군중들의 환호를 받으며 첫날 간 것은 일종의 정탐, 상황파악을 위한 정찰이었다. 결의를 굳힌 둘째날 예수는 성전에 들어가 폭력적인 시위를 하며 모든 상행위 가판대를 뒤엎어버린다. 행랑에서도 뜰에서도 다 금지시킨다. 이날 이미 예수에 대한 살의는 종교적 지도자들에 의하여 결정되었다. 그리고 예수는 무화과 나무를 저주했다. 그리고 바로 다음날 아침 예수는 무화과 나무가 이미 뿌리부터 썩어버린 것을 확인하고, 기도, 믿음, 용서를 설파한다.

드라마의 진행

그리고 바로 성전에 들어가 그를 죽이려는 자들과 논쟁의 대결을 벌인다. 마가의 드라마진행은 이와 같이 엄청난 긴장 속에서 숨가쁘게 진행되고 있는 것이다.

첫날 1차 성전행	호산나 군중의 환호	정탐
둘째날 2차 성전행	무화과 나무에 대한 저주	뒤엎어 버림
셋째날 3차 성전행	무화과 나무, 뿌리째 썩다	산헤드린과의 논쟁

지금 예수를 죽이려는 모든 지배세력의 결집체가 "산헤드린Sanhedrin"("같이 앉는다"는 뜻)이라는 것인데 그것은 지금으로 치면 "대법원"이라 말할 수 있을 것이다. 제사장, 서기관, 장로들의 71명으로 구성된 합의체라 할 수 있는데 이들의 결정이 당시 유대인의 종교적·정치적 삶을 지배했다. 역사적으로 보면 원래 로마가 이 팔레스타인지역을 간접통치방식으로 다스렸는데, 하스모니안왕가에서 내분이 일어나 복잡해지자, BC 66년에 폼페이우스는 직접통치방식으로 체제를 바꾸었다. 그래서 로마의 세네트(원로원)를 본뜬 산헤드린을 만든 것이다. 산헤드린은 지역엘리트들로 구성되어 있지만 로마의 지배 속에 있다. 따라서 산헤드린은 민중의 입장에서는 로마의 착취기구로만 인식되었다.

예수가 성전뜰을 걷고 있을 때 이들이 묻는다:

"당신은 무슨 권한으로 성전에서 이런 일을 행합니까? 누가 권한을 주었
길래 이런 일을 합니까?"

이에 예수는 내 질문에 답하면 내가 무슨 권한으로 이런 일을 하는지 말하겠
다고 대답하고 묻는다:

"세례 요한이 세례를 베푼 것은 그 권한을 하늘에서 받은 것이요? 사람에게
서 받은 것이요?"

벽암록 공안 제1칙, 불식(몰라!)

이 질문은 매우 교묘하다. 세례 요한의 권세가 하늘에서 왔다는 것을 인정하게
되면 자동적으로 예수의 신적 권위divine authority를 인정하지 않을 수 없다. 세례
요한의 신적 권능을 부정하게 되면, 그를 진정한 예언자로 믿고 죄사함을 얻은 광
대한 민중으로부터 배척을 당하게 될 것이다. 산헤드린은 그 종교적 권위를 상실
하는 것이다. 이에 당황한 산헤드린 원로들은 무지를 가장할 수밖에 없다.

"우리는 알지 못한다We don't know."

예수는 말한다.

"나도 말하지 않겠다."

이것은 마치 『벽암록』 공안 제1칙과도 같다. 예수는 "불식不識"을 말함으로써
자기의 권세, 권능이 하나님으로부터 온 것이라는 것을 그들이 받아들이지 않을 수
없도록 베일을 처버렸다.

포도원 소작인의 비유
〈 마가 12:1~12 〉

[1]And he began to speak to them in parables. "A man planted a vineyard, and set a hedge around it, and dug a pit for the wine press, and built a tower, and let it out to tenants, and went into another country.

[2]When the time came, he sent a servant to the tenants, to get from them some of the fruit of the vineyard.

[3]And they took him and beat him, and sent him away empty-handed.

[4]Again he sent to them another servant, and they wounded him in the head, and treated him shamefully.

[5]And he sent another, and him they killed; and so with many others, some they beat and some they killed.

[6]He had still one other, a beloved son; finally he sent him to them, saying, 'They will respect my son.'

[7]But those tenants said to one another, 'This is the heir; come, let us kill him, and the inheritance will be ours.'

[8]And they took him and killed him, and cast him out of the vineyard.

[9]What will the owner of the vineyard do? He will come and destroy the tenants, and give the vineyard to others.

[10]Have you not read this scripture: 'The very stone which the builders rejected

[1]예수께서 비유로 저희에게 말씀하시되 한 사람이 포도원을 만들고 산울로 두르고 즙汁 짜는 구유 자리를 파고 망대를 짓고 농부들에게 세貰로 주고 타국에 갔더니

[2]때가 이르매 농부들에게 포도원 소출 얼마를 받으려고 한 종을 보내니

[3]저희가 종을 잡아 심히 때리고 거저 보내었거늘

[4]다시 다른 종을 보내니 그의 머리에 상처를 내고 능욕하였거늘

[5]또 다른 종을 보내니 저희가 그를 죽이고 또 그외 많은 종들도 혹은 때리고 혹은 죽인지라

[6]오히려 한 사람이 있으니 곧 그의 사랑하는 아들이라 최후로 이를 보내며 가로되 내 아들은 공경하리라 하였더니

[7]저 농부들이 서로 말하되 이는 상속자니 자 죽이자 그러면 그 유업이 우리 것이 되리라 하고

[8]이에 잡아 죽여 포도원 밖에 내어던졌느니라

[9]포도원 주인이 어떻게 하겠느뇨 와서 그 농부들을 진멸殄滅하고 포도원을 다른 사람들에게 주리라

[10]너희가 성경에 건축자들의 버린 돌이 모퉁이의 머릿돌이 되었나니

has become the head of the corner;
¹¹this was the Lord's doing, and it is marvelous in our eyes'?"

¹²And they tried to arrest him, but feared the multitude, for they perceived that he had told the parable against them; so they left him and went away.

¹¹이것은 주로 말미암아 된 것이요 우리 눈에 기이하도다 함을 읽어 보지도 못하였느냐 하시니라
¹²저희가 예수의 이 비유는 자기들을 가리켜 말씀하심인줄 알고 잡고자 하되 무리를 두려워하여 예수를 버려두고 가니라

이 비유는 너무도 잘 알려져 있기 때문에 나의 해설을 요구하지 않는다. 그런데 비유는 그냥 비유로 읽는 것이 좋다. 그리고 전체적 느낌으로 읽는 것이 좋다. 꼭 알레고리적 대응을 시킬 필요는 없을 것이다.

포도원	이스라엘
주인	하나님
소작인	유대인 지도자들
파견된 종들	선지자들
아들이자 상속인	예수

하여튼 이것은 예수가 자기를 죽이려는 자들을 향하여 던진 노골적인 비유이다. 성전을 점유하고 있는 종교적 지도자들을 자기(=아들)를 살해하는 살인자(=소작인)들로 명백히 규정하고 있고, 이 살인자놈들은 하나님에 의하여 모조리 처단될 것이라는 것을 아주 명백하게 암시하고 있는 것이다. 뿐만 아니라 그들은 그 포도원(=성전)을 빼앗기게 될 것이다.

포도원은 이스라엘의 것이 아니라 하나님의 것

여기 포도원은 이스라엘의 것이 아니라 하나님의 것이다. 성전 또한 마찬가지다. 성전을 에워싼 인적 하이어라키는 문자 그대로 아무것도 아니다. 하나님을 대행하는 자들이 아니요, 잠깐 소작하도록 맡기어졌을 뿐이다. 그런데 그 주인의 아들을 죽인다? 있을 수 없는 일이다! 그 유일한 상속자, 그 적통은 예수일 뿐이다!

이러한 주장을 하는 예수를 처단하지 못하는 이유는 단순하다. 예수는 민중의 마음을 사로잡고 있기 때문이다. 예수는 민중에 의하여 보호되고 있다. 민중의 마음이 곧 하나님의 마음이라는 맹자적 사유도 조금은 비쳐지고 있다. 맹자에 의하면 마가의 사유는 코스믹 드라마를 관통하는 하나님의 섭리가 지나치게 강하게 표출되어 있다고도 말할 수 있다.

카이사르의 것은 카이사르에게
〈 마가 12:13〜17 〉

[13]And they sent to him some of the Pharisees and some of the Herodians, to entrap him in his talk.

[14]And they came and said to him, "Teacher, we know that you are true, and care for no man; for you do not regard the position of men, but truly teach the way of God. Is it lawful to pay taxes to Caesar, or not?

[15]Should we pay them, or should we not?" But knowing their hypocrisy, he said to them, "Why put me to the test? Bring me a coin, and let me look at it."

[16]And they brought one. And he said to them, "Whose likeness and inscription is this?" They said to him, "Caesar's."

[17]Jesus said to them, "Render to Caesar the things that are Caesar's, and to God the things that are God's." And they were amazed at him.

[13]저희가 예수의 말씀을 책責잡으려 하여 바리새인과 헤롯당 중에서 사람을 보내매

[14]와서 가로되 선생님이여 우리가 아노니 당신은 참되시고 아무라도 꺼리는 일이 없으시니 이는 사람을 외모로 보지 않고 오직 참으로써 하나님의 도道를 가르치심이니이다 가이사에게 세稅를 바치는 것이 가可하니이까 불가不可하니이까

[15]우리가 바치리이까 말리이까 한대 예수께서 그 외식外飾함을 아시고 이르시되 어찌하여 나를 시험하느냐 데나리온 하나를 가져다가 내게 보이라 하시니

[16]가져왔거늘 예수께서 가라사대 이 화상과 이 글이 뉘것이냐 가로되 가이사의 것이니이다

[17]이에 예수께서 가라사대 가이사의 것은 가이사에게, 하나님의 것은 하나님께 바치라 하시니 저희가 예수께 대하여 심히 기이히 여기더라

사실 오늘날까지 일흔두 해의 세월을 살면서도 "가이사(카이사르)의 것은 가이사에게, 하나님의 것은 하나님에게"라는 이 한마디를 알기는 알고 있으되, 명확히 나 나름대로 진단해본 적이 없다. 그런 말이 있다는 것만 알고 실제로 그 뜻에 관해서는 모호한 것이다. 사실 이 말은 예수가 모호하게 말한 것이기 때문에 우리 모두에게 모호한 것이다. 그 하드코아는 로마당국에 세를 바쳐야 하는가?라는 질문에 있다. 이런 질문이 생겨난 바탕에는 로마의 통치에 저항을 했던 젤롯당의 사

람들은 세금을 내야할 하등의 의무가 없다고 주장하고 납세를 거부했다.

예수가 만약 이 까칠한 문제에 관하여 종교적인 이유에서든지 어떠한 이유에서든지 낼 필요가 없다는 말을 한다면, 그는 곧 젤롯당(=열심당원) 레지스탕스의 멤버로 몰리어 당국이 처형할 명분이 생긴다. 지금 여기 예수에게 질문을 던지는 바리새인들과 헤롯당원들은 예수를 죽이기 위한 명분을 찾기에 광분한 상태인 것이다.

이때의 로마 은닢동전은 데나리온denarius인데 카이사르의 흉상이 부조로 새겨져 있다. 이때의 카이사르(=씨이저)는 줄리어스 씨이저가 아니라, 티베리우스 씨이저였다. 그런데 이미 당시는 씨이저는 인간이 아닌 하나님으로 숭배되고 있었다. 티베리우스 카이사르의 흉상을 둘러싸고 라틴어 명문이 새겨져 있는데 다음과 같다: "티베리우스 카이사르 디비 아우구스티 필리우스 아우구스투스Tiberius Caesar Divi Augusti Filius Augustus." 그 뜻은 "아우구스투스 하나님의 아들, 티베리우스 카이사르 아우구스투스"이다. 그러니까 예수가 티베리우스황제의 초상과 글자를 가리켰다는 것은 실제로 그것의 신성한 권위divine authority를 인정했다는 것이다.

그렇다면 정치세계에 있어서의 신적 권위와 종교적 세계에 있어서의 하나님의 권위를 별개의 문제로 보아 각각 그 존재이유를 인정했다는 뜻일까? 요즈음 말로 정교분리를 외친 것일까? 카이사르의 것과 하나님의 것을 각각 인정했다는 것은 예수의 답변의 문법적 구조로 보아도 매우 명백하다. 그렇다면 예수는 로마통치의 권위체계를 수용했단 말인가? 나는 이 예수의 대답이 어떠한 경우에도 명료하게 해석될 길이 없다고 생각한다.

모든 주석가들의 일치된 견해는 카이사르의 영역과 하나님의 영역을 별도로 인정하면서도, 결국 카이사르의 영역이 하나님의 영역에 복속된다고 하는 것을 말하고 있다는 것이다. 그러나 액면 그대로 볼 때 이러한 주장은 좀 억지스러운 면이 있다. 예수가 이거냐 저거냐, 예스냐 노냐를 묻는 황당한 질문에 대하여, 이것은 예스·노로 대답할 수 있는 성격의 문제가 아니라고, 그 곤란한 장면을 피해간 것으로 보는 것이 오히려 가장 정직한 주석이 될 것 같다. 민중의 편에 서있던 예수로서는 이러한 문제로서 과도하게 로마당국을 자극시켜 오히려 민중이 불필요한 피해를 입게 될 것을 두려워한 측면도 있을 것이다.

바울이 로마서 13:1~7에서 말하고 있는 타협적 태도가 오히려 예수말씀의 정직한 주석이 되지 않을까, 나는 그렇게 생각한다. 카이사르가 달라는 것은 주면서도, 하나님의 사업은 꿋꿋이 지켜나가자! 이 정도의 해석 이상의 대단한 답변을 했다고 보여지지는 않는다. 애매한 것은 애매하게 남겨두는 것이 정론일 것 같다. 누가의 왜곡된 보도보다는 더 정직할 것 같다: "우리는 이 사람이 백성들에게 소란을 일으키도록 선동하며 카이사르에게 세금을 못 바치게 하고 자칭 그리스도요 왕이라 하기에 붙잡아 왔습니다"(눅 23:2).

부활에 대한 토론
〈 마가 12:18~27 〉

¹⁸And Sadducees came to him, who say that there is no resurrection; and they asked him a question, saying,

¹⁹"Teacher, Moses wrote for us that if a man's brother dies and leaves a wife, but leaves no child, the man must take the wife, and raise up children for his brother.

²⁰There were seven brothers; the first took a wife, and when he died left no children;

²¹and the second took her, and died, leaving no children; and the third likewise;

²²and the seven left no children. Last of all the woman also died.

²³In the resurrection whose wife will she be? For the seven had her as wife."

²⁴Jesus said to them, "Is not this why you are wrong, that you know neither the scriptures nor the power of God?

²⁵For when they rise from the dead, they neither marry nor are given in marriage, but are like angels in heaven.

²⁶And as for the dead being raised, have you not read in the book of Moses, in the passage about the bush, how God said to him, 'I am the God of Abraham, and the God of Isaac, and the God of

¹⁸부활復活이 없다 하는 사두개인들이 예수께 와서 물어 가로되

¹⁹선생님이여 모세가 우리에게 써 주기를 사람의 형이 자식이 없이 아내를 두고 죽거든 그 동생이 그 아내를 취取하여 형을 위하여 후사後嗣를 세울지니라 하였나이다

²⁰칠 형제가 있었는데 맏이 아내를 취하였다가 후사가 없이 죽고

²¹둘째도 그 여자를 취하였다가 후사가 없이 죽고 세째도 그렇게 하여

²²일곱이 다 후사가 없었고 최후에 여자도 죽었나이다

²³일곱 사람이 다 그를 아내로 취하였으니 부활을 당하여 저희가 살아날 때에 그 중에 뉘 아내가 되리이까

²⁴예수께서 가라사대 너희가 성경도 하나님의 능력도 알지 못하므로 오해함이 아니냐

²⁵사람이 죽은 자 가운데서 살아날 때에는 장가도 아니가고 시집도 아니가고 하늘에 있는 천사들과 같으니라

²⁶죽은 자의 살아난다는 것을 의논할진대 너희가 모세의 책 중 가시나무떨기에 관한 글에 하나님께서 모세에게 이르시되 나는 아브라함의 하나님이요 이삭의 하나님이요 야곱의 하나님이로라 하신

Jacob'?
²⁷He is not God of the dead, but of the living; you are quite wrong."

말씀을 읽어보지 못하였느냐 ²⁷하나님은 죽은 자의 하나님이 아니요 산 자의 하나님이시라 너희가 크게 오해 하였도다 하시니라

사두개인에 관하여

사두개인Sadducees은 요세푸스도 유대인 종파로서 인정한, 그 위상이 매우 확실한 종교그룹이다. 이들은 매우 유식하고 지체가 높은 사람들이었으며 보수적인 삶의 태도를 지키고 있었다. 이들은 성문화된 경전의 권위만을 인정하였고, 바리새인들이 구전의 전통을 인정하는 것에 반대하였다. 성전을 둘러싼 영향력에 관하여 바리새인과 사두개인은 대립하는 세력이었다. 사두개인에 비하면 바리새인은 리버럴했다.

사두개인은 숫자적으로 소수였으나 부자들이 많았고 영향력이 컸다. 도시중심으로 살았고 대부분이 예루살렘도성 안에서 살았다. 신약에 사두개인은 14번만 언급되는데 바리새인은 100회 이상 등장한다. 사실 사두개인은 예루살렘성전을 장악한 세력이었기 때문에 예루살렘성전의 파멸(AD 70) 이후 완전히 영락하여 역사에서 사라졌다. 바리새인들이 민중에 기반을 두고 시나고그와 아카데미 중심으로 새로운 운동을 전개한 것과는 대조적이다. 사두개인은 영혼불멸을 믿지 않았으며, 죽은 자의 부활을 받아들이지 않았다. 그들은 그것이 성서문헌에 근거가 없다고 주장했다.

여기 예수에게 던져진 사두개인들의 질문은 그들이 바리새인들과 싸울 때 흔히 던지는 우스꽝스러운 질문이라고 한다. 이것은 중동지방의 레비레이트결혼 levirate marriage에 관한 이야기인데, 한 여자가 남편이 죽자 차례로 남편의 여섯 동생과 결혼한 특이한 사례를 들고 있다. 결국 7형제가 다 죽고 이들 모두의 아내

인 이 여자도 죽었는데, 부활하게 되면 이 여자는 누구의 아내가 될 것이냐고 비꼬아 물은 것이다.

예수는 그들의 부활의 개념이 지상의 삶의 연속이라는 케케묵은 사유에 그치고 있다는 것을 맹렬히 비난한다. 부활한 삶이라는 것은 우리가 생각하는 세상(=현세)의 연속이 아니라, 근원적으로 다른 차원의 새생명의 구현이라고 말한다. 현세의 인간관계를 부활한 세계에 적용할 수 없다는 것이다.

26~27절의 내용은 나로서는 이해하기가 심히 어렵다. 그러나 예수는 사두개인들이 존중하는 토라의 권위를 빌어 그들의 논리를 논박한다. 모세가 불붙은 떨기에서 하나님의 부르심을 받을 때 하나님은 모세에게 이렇게 말한다:

> "나는 네 선조들의 하나님이다. 아브라함의 하나님, 이삭의 하나님, 야곱의 하나님이다."(출 3:6).

예수는 하나님이 자기 아이덴티티를 모세에게 밝히는 과정에서 아브라함, 이삭, 야곱을 모두 현재형으로, 살아있는 사람들로서 지목했다는 것이다. 이것은 하나님에게는 모든 사람들이 살아있는 사람들일 뿐이라는 것을 나타낸다는 것이다. 하나님은 시간을 초월하는 존재이다. 따라서 현세에 살아있는 사람도 살아있고, 하늘나라에 부활한 사람도 살아있는 것이다. 따라서 하나님은 죽은자의 하나님일수 없고, 오직 살아있는 자의 하나님일 뿐이다. 이러한 주장을 통하여 예수는 자기가 곧 살아있는 자이며, 영원히 살 자, 그리고 부활할 자임을 선포하고 있는 것이다. 예수는 죽음을 말하고 있지 않고 생명을 말하고 있는 것이다. 나 도올은 이렇게 해석한다.

무엇이 가장 큰 계명이냐?
〈 마가 12:28~34 〉

[28]And one of the scribes came up and heard them disputing with one another, and seeing that he answered them well, asked him, "Which commandment is the first of all?"

[29]Jesus answered, "The first is, 'Hear, O Israel: The Lord our God, the Lord is one;

[30]and you shall love the Lord your God with all your heart, and with all your soul, and with all your mind, and with all your strength.'

[31]The second is this, 'You shall love your neighbor as yourself.' There is no other commandment greater than these."

[32]And the scribe said to him, "You are right, Teacher; you have truly said that he is one, and there is no other but he;

[33]and to love him with all the heart, and with all the understanding, and with all the strength, and to love one's neighbor as oneself, is much more than all whole burnt offerings and sacrifices."

[34]And when Jesus saw that he answered wisely, he said to him, "You are not far from the kingdom of God." And after that no one dared to ask him any question.

[28]서기관 중 한 사람이 저희의 변론하는 것을 듣고 예수께서 대답 잘하신 줄을 알고 나아와 묻되 모든 계명 중에 첫째가 무엇이니이까

[29]예수께서 대답하시되 첫째는 이것이니 이스라엘아 들으라 주 곧 우리 하나님은 유일한唯一 주主시라

[30]네 마음을 다하고 목숨을 다하고 뜻을 다하고 힘을 다하여 주 너의 하나님을 사랑하라 하신 것이요

[31]둘째는 이것이니 네 이웃을 네 몸과 같이 사랑하라 하신 것이라 이에서 더 큰 계명이 없느니라

[32]서기관이 가로되 선생님이여 옳소이다 하나님은 한 분이시요 그 외에 다른이가 없다 하신 말씀이 참이니이다

[33]또 마음을 다하고 지혜를 다하고 힘을 다하여 하나님을 사랑하는 것과 또 이웃을 제 몸과 같이 사랑하는 것이 전체로 드리는 모든 번제물燔祭物과 기타 제물祭物보다 나으니이다

[34]예수께서 그 지혜 있게 대답함을 보시고 이르시되 네가 하나님의 나라에 멀지 않도다 하시니 그 후에 감히 묻는 자가 없더라

예수의 두 계명, 반야심경

예수에 대한 심문이 계속되고 있다. 예루살렘에서 이루어지는 예수에 대한 다양한 계층의 심문은 법정에 있는 것은 아니라 해도 꼭 법정에서 자신을 변호하는 과정과도 같다. 예수는 이 기회를 통해 자기의 생각을 만천하에 진술하고 있고, 마가 또한 자기가 생각하는 새로운 하나님 나라에 관하여 강변하고 있는 것이다. 그 모든 변론 중에서 가장 중요한 것이 나는 여기 제출된 예수의 두 계명이라고 생각한다.

그 방대한 8만대장경을 『반야심경』이나 『금강경』의 몇 줄로 환원시킬 수 있다고 한다면 2천 년의 기독교의 모든 교리를 딱 이 두 마디로 요약할 수 있다고 나는 생각한다. 여기 예수의 입을 통해 발설되어진 두 계명이 모두 구약에 나오는 구절이기 때문에 서양의 신학자들은 반드시 그 구약과의 관계에서 이것을 해석하려고 든다. 제1계명으로 제기된 것은 신명기 6:4~9에 포함되는 것으로 유대인들은 보통 쉐마*Shema*라

고 하는데, 이것을 양피지에 깨알 같이 적은 것을 말아 메주자Mezuzah라고 하는 작은 통에 집어넣어 오른쪽 문설주에 부착한다. 모든 유대인 성인남성은 아침과 저녁, 그러니까 하루에 두 번씩 반드시 이 쉐마를 암송해야 한다.

그리고 제2계명은 레위기 19:18에 나온다. 그러나 과연 예수가 이 두 계명을 구약에서 인용했을까? 마가라는 교양 있는 드라마작가가 구약의 구절을 인용형식으로 따왔을지는 몰라도, 역사적 예수는 전혀 그따위 인용에 관심이 없었다. 예수는 토라를 부정했고, 단식을 거부했고, 밀이삭을 잘랐다.

메주자

안식일에도 병자를 고치는 반율법적 행위를 서슴치 않고 행하였으며 율법이 사람을 위하여 있는 것이지 사람이 율법을 위하여 있지 않다고 외쳤다. 그리고 또 외쳤다: "내가 바로 안식일의 주인이다!"

율법학자가 예수의 변론이 대단한 경지를 달리고 있다는 것을 감지하고 예수에게 물은 것은 이런 것이다.

"모든 계명 중에서 어느 것이 첫째 가는 계명입니까?"

보통 랍비들이 암송하고 인용하는 계율이 613개가 있다고 한다. 그 중 부정형이 365개이고, 긍정형이 248개라고 한다. 율법이란 기본적으로 "…하지 말라"는 타부의 체계이다. 이 많은 율법조문 중에서 제일 으뜸가는 것 딱 하나만 고른다면 무엇이겠냐고 물은 것이다. 예수는 서슴치 않고 대답한다.

> 1. 네 마음을 다하고 목숨을 다하고 뜻을 다하고 힘을 다하여 주 너의 하나님을 사랑하라.
>
> 2. 네 이웃을 네 몸과 같이 사랑하라.Love your neighbor as yourself.

그리고 말한다: "이것보다 더 위대한 계명은 없다." 예수는 자기에게 결집되어 내려온 모든 유대교적인 전승을 이 두 마디로 요약하고, 또 그것이 하나님 나라의 새로운 계명이라는 것을 천명한 것이다. 원래의 질문은 첫째가는 하나만 묻는 것이었지만 예수는 두 개를 같이 이야기했다. 왜냐하면 이 두 개의 계명은 분리될 수 없기 때문이다. 이 두 개의 계명은 함께, 조금도 순위를 가릴 수가 없이, 가장 지고한 가장 위대한 계명이라고 예수는 생각한 것이다.

나는 예수사상의 핵심을 "이웃에 대한 사랑"이라고 생각한다. 그런데 이웃을 내 몸과 같이 사랑하라고 말한다. "내 몸과 같이"라는 것은 도덕적 원칙이나 의식적 덕성의 축적을 통해서 달성되는 행위가 아니라, 특별한 규정성이 없이 그냥 자연스럽게 달성되는 것이라는 의미를 내포하고 있다. 내가 나를 사랑하는 것은 어떠한 상황적 변수에서든지 즉각적으로 행동하는 것이다. 그것은 개념적 사유를 떠난다. 위험이 닥칠 때 무의식적으로 피하는 것과 마찬가지로 자연스럽게 이루어진다. 그러한 즉각적 행동의 경지와 같이, 이웃을 사랑한다는 것은 결코 쉬운 일이 아니다. 그런데 이러한 이웃사랑이 이루어지기 위해서는 반드시 하나님을 사랑해야만 한다는 것이다. 네 가슴, 네 영혼, 네 의지, 네 힘을 다하여 너의 하나님을 사랑하라!

하나님을 사랑한다는 것은 무엇을 의미하는가? 그것은 보편적 선의지에 나를 전적으로 맡긴다는 것을 의미한다. 하나님은 구체적인 물건이 아니다. 그가 전지전능하다는 것은 언제고 공평하고 균형 있는 전체적인 판단을 내린다는 의미이며, 인간은 그러한 절대자의 의지에 전적으로 복종한다는 것을 의미한다. 그런데 이 복종한다는 의미는 군대에서 상관에게 복종한다는 것과 전혀 의미가 다르다. 하나님과의 관계는 그러한 훈령적인 명령체계가 부재한 것이다.

하나님에게 절대복종한다는 것은 결국 나를 비운다는 것이며 나의 이기적 아상을 전적으로 포기하는 것을 의미한다. 하나님을 사랑할 수 있을 때 우리는 비로소 참으로 이웃을 사랑할 수 있게 된다. 이웃을 사랑한다는 것은 특정한 인간에 대한 감정의 유로를 의미하는 것만은 아니다. 그러한 사소한 개별적인 사랑을 포섭하는 인간전체에 대한 사랑으로 발전되어야만 하는 것이다. 하나님 아버지가 자비로운 것처럼 너희도 자비로워라! 하늘에 계신 아버지가 온전한 것처럼 너희도 온전하라!(마 5:48). 사랑이라는 것은 결국 우리가 온전해지려는 노력이다.

그것은 이웃에 대한 사랑을 통해서만 이루어지는 것이다. 이웃에 대한 사랑은 곧 하나님에 대한 사랑을 의미하는 것이다. 하나님에 대한 사랑은 결국 무아無我이며, 나의 십자가인 것이다. 나는 이것이 예수교정신의 핵심이라고 생각한다. 이것이 마가가 복음서를 쓴 가장 근원적 동기라고 생각한다.

예수가 과연 다윗의 아들이냐?

〈 마가 12:35~37 〉

³⁵And as Jesus taught in the temple, he said, "How can the scribes say that the Christ is the son of David?
³⁶David himself, inspired by the Holy Spirit, declared, 'The Lord said to my Lord, Sit at my right hand, till I put thy enemies under thy feet.'
³⁷David himself calls him Lord; so how is he his son?" And the great throng heard him gladly.

³⁵예수께서 성전에서 가르치실새 대답하여 가라사대 어찌하여 서기관들이 그리스도를 다윗의 자손이라 하느뇨
³⁶다윗이 성령에 감동하여 친히 말하되 주께서 내 주께 이르시되 내가 네 원수를 네 발 아래 둘 때까지 내 우편에 앉았으라 하셨도다 하였느니라
³⁷다윗이 그리스도를 주라 하였은즉 어찌 그의 자손이 되겠느냐 하시더라 백성이 즐겁게 듣더라

나 도올은 한국사람인가? 혈통으로 말하자면 나 도올은 말갈의 사람일 수도 있고 북부여의 후손일 수도 있고 예의 후손, 맥의 후손, 삼한의 후손, 읍루의 후손, 인도 허황후의 후손일 수도 있다. 한국사람이라는 것도 따지자면 이렇게 복잡한데 왜 서양의 신학자들은 예수를 "유대인"이라는 카테고리에만 가두려고 하는가? 과연 예수가 유대인일까? 유대인이라는 게 도대체 무엇이냐? 자지껍질이 짤린 사람들이냐? 몰록에게 태연하게 자기 어린 자식들을 희생제물로 바치는 자들이냐? 이세벨 공주의 후손들이냐? 바알을 섬기던 자들이냐? 바빌론의 족속들이냐?

여기 35절을 자세히 뜯어보면 지금 예수는 아직도 예루살렘성전의 뜰에서 많은 군중이 모인 앞에서 이야기하고 있음을 알 수 있다. 그러니까 제3일, 세 번째 성전에 들어온 일정이 계속되고 있는 것이다. 11:20에 보면 "이른 아침"이라는 표현을 썼는데, 매우 일찍 일어나 성전으로 갔고 하루종일 그곳에서 둘째날 성전을 뒤엎은 사건에 대한 후폭풍을 과감하게 현장에서 대면하고 있는 것이다. 온갖 지배

계층의 사람들이 예수에게 다가와 질문을 던지며 그를 죽일 틈새를 찾고 있는 것이다. 그러니까 대사제들, 율법학자, 장로들은 모두 법정으로 치자면 검사들이다.

그런데 요번에는 예수가 스스로 자기변호를 하고 있다. 그것은 바로 예수 스스로가 자신의 아이덴티티(정체성)를 밝히고 있는 것이다. 가이사랴 빌립보에서는 예수가 제자들에게 "사람들이 나를 누구라고 하느냐?" 하고 자기 정체성에 관한 질문을 던졌다. 이 중요한 질문을 예수 스스로가 성전에서 밝히는 것은 엄청난 의미가 있다.

첫째로, 예루살렘성전이라고 하는 것은 이스라엘의 종교적 중심이며, 산헤드린의 권위의 원천이다. 따라서 바로 이 자리에서 자신의 메시아됨의 정체성을 밝힌다는 것은 기존의 세력에 대한 엄청난 충격과 타격을 가하는 것이다.

둘째로, 예수의 질문은 서기관the scribes(개역판에서는 "서기관"이라는 표현을 썼고 공동번역에서는 "율법학자들"이라고 번역했다. NIV에서는 "teachers of the law")을 겨냥하고 있다. 이들이야말로 유대교의 지성과 종교적 열정을 대변하는 엘리트들이다. 그런데 이미 포도원의 비유에서 예수는 본인을 이미 "하나님의 아들the Son of God," 즉 하나님의 정통 상속인으로서 암시를 했다. 따라서 이러한 문제에 관한 본인의 명쾌한 주장은 기존의 모든 지식의 체계를 전복시키는 것이다. 그 당시 새로 등장하는 메시아는 "다윗의 아들son of David"이다 라는 믿음은 매우 보편적으로 유포되어 있었다. 그래서 예수가 예루살렘에 입성할 때 민중들은 "우리 조상 다윗의 나라가 오고 있다"고 함성을 질렀던 것이다.

그런데 역사적 예수는 단언컨대 자신을 "다윗의 자손"으로 생각한 사람이 아니다. 이러한 주장을 하면 한국의 목사들은 개소리 말라고 펄펄 뛸 것이다. 그런데 그들은 이것이 내 말이 아니라 바로 복음서에 쓰여져 있는 예수의 말이라는 것을 새카맣게 망각하고 있는 것이다. 미안하지만 예수는 다윗의 자손이 아니다!

예수는 이렇게 질문을 던진다:

> "율법학자들은 그리스도를 다윗의 자손이라고 말하는데 그게 도대체
> 뭔 소립니까?"(35).

율법학자들의 혈통의식, 그들이 생각하는 그리스도의 이미지, 그들이 생각하는
메시아의 새나라의 허구성을 폭로시키는 질문인 것이다. 예수는 이어 다윗이 성
령의 감화를 받아 썼다고 하는 다윗의 시(칠십인역 시편 110)를 인용하면서, 다윗이
스스로 그리스도를 "주님Lord"(퀴리오스κύριος)이라고 불렀다는 것을 상기시킨다.
그리고 말한다:

> "다윗 자신이 그리스도를 주님이라고 불렀는데, 그리스도가 어떻게
> 다윗의 자손이 될 수 있겠느냐?"

신의 아들, 인간의 아들

예수는 말한다. 다윗이 그리스도를 "퀴리오스"(로드Lord)라고 불렀다면 나 예수
그리스도는 다윗의 로드Lord이지 다윗의 자손, 다윗의 종이 아니다. 나는 다윗왕
의 상전, 로드Lord이다. 여기 우리는 예수의 강렬한 프라이드, 민족적 혈통의식을
뛰어넘는 새로운 인식체계를 엿볼 수 있다. 앞서 사두개인과의 논쟁에 있어서도
"부활"의 세계는, 속세의 연장태가 아닌 전혀 새로운 차원의 새로운 가치관, 새로
운 삶의 양상의 세계라는 것을 말했다. 여기서 예수는 다윗이 나의 종이지, 내가
다윗의 종이 아니라고 하는 건방진 얘기를 하려는 것은 아니다. 그리고 "내가 곧
메시아다"라고 하는 것도 명시하고 있지 않으며 3인칭으로 객관화시키고 있다.

예수가 주장하는 것은 메시아 대망에 대한 올바른 관념을 요구하고 있는 것이
다. 메시아가 기껏해야 다윗의 혈통의 연장이라고 한다면 그것은 썩어빠진 무화

과 나무와도 같은 세속의 연장태이지 진정한 메시아가 될 수 없다. 메시아는 하나님의 아들이지, 다윗의 아들일 수 없다! 신의 아들이지 인간의 아들이 아니다.

여기 우리가 반드시 주목해야 할 마가의 마지막 멘트가 있다.

많은 사람들이 이 말씀을 듣고 모두 기뻐하였다(37).

여기 "많은 사람들"(호 폴뤼스 오클로스ὁ πολὺς ὄχλος)이라는 표현에 사용된 단어도 "오클로스"이다. 갈릴리에서나 예루살렘에서나 오클로스(민중)는 항상 정직하고 진취적이다. 어떻게 그리스도가 다윗의 자손일 수 있겠냐는 소리를 듣고 기뻐하는 것이다. 골리앗을 무너뜨리는 다윗에 대한 신념도 이미 민중은 버렸다는 뜻이다. 토탈한 가치관의 전도가 일어난 것이다. 맞어! 맞어! 메시아가 다윗의 아들이라면 또다시 우리 착취해먹을 생각만 하겠군! 우리야의 아내와 간통하고 그 충직한 우리야를 전장에 내보내 죽이는 그런 놈의 새끼의 자식이 새로운 메시아라면 어떻게 이 세상을 구원한단 말이냐!

이쯤 오면, 마가의 복음드라마의 강렬한 주제가 이미 충분히 드러나고 있다. 사랑의 복음, 메시아의 복음이 이미 예루살렘성전에서 울려퍼졌던 것이다.

그럼에도 불구하고 마태는 예수의 족보를 복음서의 제일 앞에 내세웠고 예수를 다윗의 출생지 베들레헴(지금은 팔레스타인의 웨스트 뱅크에 속함)에서 태어나게 만들었고 누가는 그런 사태를 정당화시키기 위하여 로마황제 아우구스투스의 천하호구조사령까지 날조하였다(눅 2:1). 이것은 모두 마가가 거부하였던 사태들이다.

율법학자들의 허위성에 대한 경계
〈 마가 12:38~40 〉

[38]And in his teaching he said, "Beware of the scribes, who like to go about in long robes, and to have salutations in the market places

[39]and the best seats in the synagogues and the places of honor at feasts,

[40]who devour widows' houses and for a pretense make long prayers. They will receive the greater condemnation."

[38]예수께서 가르치실 때에 가라사대 긴 옷을 입고 다니는 것과 시장에서 문안問安 받는 것과

[39]회당會堂의 상좌上座와 잔치의 상석上席을 원하는 서기관들을 삼가라

[40]저희는 과부의 가산을 삼키며 외식으로 길게 기도하는 자니 그 받는 판결이 더욱 중하리라 하시니라

아직도 예루살렘성전 뜨락

역시 예루살렘성전 뜨락(quadrangle)에서 집회는 계속되고 있다. 이 단락에서는 전혀 이해되지 못할 구석이 없기 때문에 내가 소상히 해설할 필요가 없다. 그러나 율법학자들 중에서도 예수를 긍정적으로 바라볼 수 있는 사람이 있을 텐데, 이렇게 싸잡아서 "율법학자" 전체를 비판하는 듯한 인상을 주고 있는 것은 이해하기 어려운 전략일 수도 있다. 그러나 여기 예수가 서있는 곳은 예루살렘성전이다. 다시 말해서 율법학자(=서기관) 중에서도 예루살렘성전과 관련된 엘리트들을 대상으로 하고 있는 것이다. 그런데 이들은 거의 100% 예수를 죽이려 하고 있다. 예수는 이들의 위선을 폭로하는데 거침이 없다.

1. 기다란 예복을 걸치고 나다닌다.
2. 사람 많은 장터에서 인사 받기 좋아한다.
3. 회당에서 가장 높은 자리 차지한다.
4. 잔칫집에서도 최고 상석만 골라 앉는다.

5. 돈 많은 과부들의 가산을 등쳐먹는다

6. 남에게 보이려고 기도는 될 수 있는 대로 길게 한다.

5·6에 관하여 약간의 설명을 하자면 율법학자들은 그들이 베푸는 서비스(율법해설, 교육, 제식 리드, 문서작성, 법률문제상담, 변호, 바이블 정사 등등)에 대해 공식적으로 월급이 없었다. 그래서 케이스 바이 케이스 후원을 받기도 하고 돈 많은 집안에서 오는 후원금으로 생활했다. 이러한 제도가 많은 부작용을 낳았다. 일부 서기관들은 도덕적으로 타락하여 돈 많은 부인과 음행을 하여 많은 돈을 갈취하기도 했다. "기도를 길게 한다"든가 "등쳐먹는다"(가산을 삼키다. 개역)는 등의 표현은 그러한 의미를 내포하고 있다. 소위 말해서 예수 당시에도 "빤스목사" 투성이였던 것이다. 예수는 이러한 부패상에 가차 없이 정의로운 깃발을 들고 있는 것이다. 다시 한 번 기억하자! 예수는 섬김을 받으러 온 것이 아니라, 섬기러 왔다!

가난한 과부의 정성어린 헌금
〈 마가 12:41~44 〉

⁴¹And he sat down opposite the treasury, and watched the multitude putting money into the treasury. Many rich people put in large sums.

⁴²And a poor widow came, and put in two copper coins, which make a penny.

⁴³And he called his disciples to him, and said to them, "Truly, I say to you, this poor widow has put in more than all those who are contributing to the treasury.

⁴⁴For they all contributed out of their abundance; but she out of her poverty has put in everything she had, her whole living."

⁴¹예수께서 연보궤捐補櫃를 대하여 앉으사 무리의 연보 궤에 돈 넣는 것을 보실새 여러 부자는 많이 넣는데

⁴²한 가난한 과부는 와서 두 렙돈 곧 한 고드란트를 넣는지라

⁴³예수께서 제자들을 불러다가 이르시되 내가 진실로 너희에게 이르노니 이 가난한 과부는 연보 궤에 넣는 모든 사람보다 많이 넣었도다

⁴⁴저희는 다 그 풍족한 중에서 넣었거니와 이 과부는 그 구차한 중에서 자기 모든 소유 곧 생활비 전부를 넣었느니라 하셨더라

이것 또한 나의 해설을 필요치 않을 정도로 문맥이 명료하다. 그러나 그 편집상의 의미는 매우 중대하다 할 것이다. 우리는 그냥 지나치면서, 가난한 과부가 정성스럽게 헌금했구나 하고 대수롭지 않은 삽화가 하나 삽입된 것처럼 생각할 수도 있다. 그러나 이 가난한 과부의 헌금은 바로 빤스목사 율법학자들의 위선과 횡포, 사기와 곧바로 대비되고 있다는 데 큰 의미가 있다.

민중사역의 마지막 장면

그리고 그 의미는 매우 심장하다. 이 헌금이야기는 예수의 예루살렘에 있어서의 공개된 민중사역의 마지막 장면이다. 그리고 이것 역시 예루살렘성전에서 이루어진 것이다. 성전에 여자가 들어올 수 있는 구역은 제한되어 있다. 지성소는 서향 건물인데 그 서향 건물의 정문 앞에 자그마한 쿼드랭글이 있다. 여기가 바로 여성코트the Court of the Women이다. 아마도 이 마지막 장면은 여성코트에서 일어난 일일 것이다.

여성코트에는 템플 트레저리temple treasury가 있고 거기에는 13개의 연보궤가 놓여있다. 연보궤는 동물의 뿔모양으로 생겨서 쇼파르 체스트Shofar-chest라고 부른다(작은 구멍이 위로 나있어 동전을 빼갈 수 없다).

이 여성코트에는 여자뿐 아니라 남자도 들어갈 수 있다. 예수는 커다란 이방인 코트에서의 집회를 끝내고 여성코트에 제자들과 앉아서 사람들이 연보궤에 돈을 넣는 모양을 들여다보고 있다. 예수는 연보궤 맞은 편에 있는 벤치에 앉아 있다. 이때 제사장은 돈을 내는 사람들의 금액을 조사하고 크게 소리쳐 많은 사람들이 알게 한다고 한다. 돈 많이 내는 사람은 폼이 나야 하니깐. 그러나 이 가여운 여인은 부끄러운 듯 소리 없이 작은 돈을 넣었을 것이다. 그것은 당시 유통되던 최하단위의 렙톤lepton이라는 동전이었다. 렙톤 2개가 짤그렁 하는 것으로 그 금액을 알았을 것이다. 마가는 그 렙톤 2개가 당시 로마동전 쿼드란κοδράντης(고드란트quadrans) 한 개에 해당된다고 그 가치의 적음을 해설해놓고 있다. 그러니까 당시 로마인 크리스챤을 위한 배려일지도 모른다.

예수는 이 광경을 바라보고 이와 같이 말한다.

"다른 사람들은 모두 풍족한 가운데서 얼마씩 넣었지만 저 여인은 구차한
중에서 자기 모든 소유 곧 생활비 전부를 넣었느니라."

예수는 갈릴리사역을 시작하면서 어부 제자들에게 있는 것을 다 버리고 나를 따르라고 말했다. 그리고 사람을 낚는 어부가 되게 하리라고 말했다. 이제 그 소명의 결론이 바로 여기 암시되고 있다. 렙톤 동전 2개의 쨍그랑 하는 소리!

이 여자의 바침의 가치는 낸 것의 가치가 아니다. 그 가치는 바치는 자의 삶의 자리에서 차지하는 비중이다. 이 여인은 자기 삶의 모든 것을 바친 것이다. 제자됨의 진정한 완성은 자기 목숨을 버리고 예수를 따르는 것이다. 이 여인은 자기의 모든 것을 바쳤다. 바로 이 여인의 모습에서 예수는 자기의 "바침"을 오버랩시키고 있는 것이다. 예수는 이제 골고다Golgotha 산상에서 자기의 모든 것을 바치려 하고 있는 것이다.

예수는 감람산에서 예루살렘 성전을 바라보면서 마가복음 13장의 긴 예언을 하였다.
바로 그 예수의 시각에서 예루살렘을 바라보다.

감람산 강화: 성전 파괴와 재난과 마지막 날에 관한 긴 예언
〈 마가 13:1~37 〉

[1]And as he came out of the temple, one of his disciples said to him, "Look, Teacher, what wonderful stones and what wonderful buildings!"

[2]And Jesus said to him, "Do you see these great buildings? There will not be left here one stone upon another, that will not be thrown down."

[3]And as he sat on the Mount of Olives opposite the temple, Peter and James and John and Andrew asked him privately,

[4]"Tell us, when will this be, and what will be the sign when these things are all to be accomplished?"

[5]And Jesus began to say to them, "Take heed that no one leads you astray.

[6]Many will come in my name, saying, 'I am he!' and they will lead many astray.

[7]And when you hear of wars and rumors of wars, do not be alarmed; this must take place, but the end is not yet.

[8]For nation will rise against nation, and kingdom against kingdom; there will be earthquakes in various places, there will be famines; this is but the beginning of the birth-pangs.

[9]"But take heed to yourselves; for they will deliver you up to councils; and you

[1]예수께서 성전에서 나가실 때에 제자 중 하나가 가로되 선생님이여 보소서 이 돌들이 어떠하며 이 건물들이 어떠하니이까

[2]예수께서 이르시되 네가 이 큰 건물들을 보느냐 돌 하나도 돌 위에 남지 않고 다 무너뜨려지리라 하시니라

[3]예수께서 감람산에서 성전을 마주 대하여 앉으셨을 때에 베드로와 야고보와 요한과 안드레가 종용從容히 묻자오되

[4]우리에게 이르소서 어느 때에 이런 일이 있겠사오며 이 모든 일이 이루려 할 때에 무슨 징조徵兆가 있사오리이까

[5]예수께서 이르시되 너희가 사람의 미혹迷惑을 받지 않도록 주의하라

[6]많은 사람이 내 이름으로 와서 이르되 내가 그로라 하여 많은 사람을 미혹케 하리라

[7]난리와 난리 소문을 들을 때에 두려워 말라 이런 일이 있어야 하되 끝은 아직 아니니라

[8]민족이 민족을, 나라가 나라를 대적對敵하여 일어나겠고 처처處處에 지진이 있으며 기근이 있으리니 이는 재난의 시작이니라

[9]너희는 스스로 조심하라 사람들이 너희를 공회에 넘겨주겠고 너희를 회당에서

will be beaten in synagogues; and you will stand before governors and kings for my sake, to bear testimony before them.

¹⁰And the gospel must first be preached to all nations.

¹¹And when they bring you to trial and deliver you up, do not be anxious beforehand what you are to say; but say whatever is given you in that hour, for it is not you who speak, but the Holy Spirit.

¹²And brother will deliver up brother to death, and the father his child, and children will rise against parents and have them put to death;

¹³and you will be hated by all for my name's sake. But he who endures to the end will be saved.

¹⁴"But when you see the desolating sacrilege set up where it ought not to be (let the reader understand), then let those who are in Judea flee to the mountains;

¹⁵let him who is on the housetop not go down, nor enter his house, to take anything away;

¹⁶and let him who is in the field not turn back to take his mantle.

¹⁷And alas for those who are with child and for those who give suck in those days!

¹⁸Pray that it may not happen in winter.

¹⁹For in those days there will be such

매질하겠으며 나를 인하여 너희가 관장들과 임금들 앞에 서리니 이는 저희에게 증거되려함이라

¹⁰또 복음이 먼저 만국에 전파되어야 할 것이니라

¹¹사람들이 너희를 끌어다가 넘겨줄 때에 무슨 말을 할까 미리 염려치 말고 무엇이든지 그 시時에 너희에게 주시는 그 말을 하라 말하는 이는 너희가 아니요 성령이시니라

¹²형제가 형제를, 아비가 자식을 죽는데 내어주며 자식들이 부모를 대적하여 죽게 하리라

¹³또 너희가 내 이름을 인하여 모든 사람에게 미움을 받을 것이나 나중까지 견디는 자는 구원을 얻으리라

¹⁴멸망의 가증可憎한 것이 서지 못할 곳에 선것을 보거든 (읽는 자는 깨달을진저) 그 때에 유대에 있는 자들은 산으로 도망할지어다

¹⁵지붕 위에 있는 자는 내려가지도 말고 집에 있는 무엇을 가지러 들어가지도 말며

¹⁶밭에 있는 자는 겉옷을 가지러 뒤로 돌이키지 말지어다

¹⁷그날에는 아이 밴 자들과 젖먹이는 자들에게 화가 있으리로다

¹⁸이 일이 겨울에 나지 않도록 기도하라

¹⁹이는 그날들은 환난患難의 날이 되겠

tribulation as has not been from the beginning of the creation which God created until now, and never will be.

²⁰And if the Lord had not shortened the days, no human being would be saved; but for the sake of the elect, whom he chose, he shortened the days.

²¹And then if any one says to you, 'Look, here is the Christ!' or 'Look, there he is!' do not believe it.

²²False Christs and false prophets will arise and show signs and wonders, to lead astray, if possible, the elect.

²³But take heed; I have told you all things beforehand.

²⁴"But in those days, after that tribulation, the sun will be darkened, and the moon will not give its light,

²⁵and the stars will be falling from heaven, and the powers in the heavens will be shaken.

²⁶And then they will see the Son of man coming in clouds with great power and glory.

²⁷And then he will send out the angels, and gather his elect from the four winds, from the ends of the earth to the ends of heaven.

²⁸"From the fig tree learn its lesson: as soon as its branch becomes tender and puts forth its leaves, you know that summer is near.

²⁹So also, when you see these things

음이라 하나님의 창조하신 창초創初부터 지금까지 이런 환난이 없었고 후에도 없으리라

²⁰만일 주께서 그날들을 감減하지 아니하셨더면 모든 육체가 구원을 얻지 못할 것이어늘 자기의 택하신 백성을 위하여 그날들을 감하셨느니라

²¹그 때에 사람이 너희에게 말하되 보라 그리스도가 여기 있다 보라 저기 있다 하여도 믿지 말라

²²거짓 그리스도들과 거짓 선지자들이 일어나서 이적과 기사奇事를 행하여 할 수만 있으면 택하신 백성을 미혹케 하려 하리라

²³너희는 삼가라 내가 모든 일을 너희에게 미리 말하였노라

²⁴그 때에 그 환난 후 해가 어두워지며 달이 빛을 내지 아니하며

²⁵별들이 하늘에서 떨어지며 하늘에 있는 권능들이 흔들리리라

²⁶그 때에 인자가 구름을 타고 큰 권능과 영광으로 오는 것을 사람들이 보리라

²⁷또 그 때에 저가 천사들을 보내어 자기 택하신 자들을 땅 끝으로부터 하늘 끝까지 사방에서 모으리라

²⁸무화과나무의 비유를 배우라 그 가지가 연軟하여지고 잎사귀를 내면 여름이 가까운 줄을 아나니

²⁹이와 같이 너희가 이런 일이 나는 것을

taking place, you know that he is near, at the very gates.

³⁰Truly, I say to you, this generation will not pass away before all these things take place.

³¹Heaven and earth will pass away, but my words will not pass away.

³²"But of that day or that hour no one knows, not even the angels in heaven, nor the Son, but only the Father.

³³Take heed, watch; for you do not know when the time will come.

³⁴It is like a man going on a journey, when he leaves home and puts his servants in charge, each with his work, and commands the doorkeeper to be on the watch.

³⁵Watch therefore — for you do not know when the master of the house will come, in the evening, or at midnight, or at cockcrow, or in the morning —

³⁶lest he come suddenly and find you asleep.

³⁷And what I say to you I say to all: Watch."

보거든 인자가 가까이 곧 문 앞에 이른 줄을 알라

³⁰내가 진실로 너희에게 말하노니 이 세대가 지나가기 전에 이 일이 다 이루리라

³¹천지天地는 없어지겠으나 내 말은 없어지지 아니하리라

³²그러나 그 날과 그 때는 아무도 모르나니 하늘에 있는 천사들도, 아들도 모르고 아버지만 아시느니라

³³주의하라 깨어 있으라 그 때가 언제인지 알지 못함이니라

³⁴가령 사람이 집을 떠나 타국으로 갈 때에 그 종들에게 권한을 주어 각각 사무를 맡기며 문지기에게 깨어 있으라 명함과 같으니

³⁵그러므로 깨어 있으라 집 주인이 언제 올는지 혹 저물 때엘는지, 밤중엘는지, 닭 울 때엘는지, 새벽엘는지 너희가 알지 못함이라

³⁶그가 홀연히 와서 너희의 자는 것을 보지 않도록 하라

³⁷깨어 있으라 내가 너희에게 하는 이 말이 모든 사람에게 하는 말이니라 하시니라

13장은 나누어 논할 수가 없다. 이것은 하나의 통째로 연결된 강화講話이기 때문이다. 그런데 이것은 하나의 종말론적 묵시문학이다. 예루살렘성전의 파괴와 예루살렘도시 전체에 휘몰아닥칠 재난과 그리고 궁극적으로 마지막 날에 인자the Son of Man의 오심이라는 이 세 기둥의 이야기가 전개되고 있는 것이다.

그런데 마가복음은 기본적으로 예수의 생애, 그것도 길지 않았던 사역의 공생애 이야기를 단편적으로 편집한 꼴라쥬형식의 전기드라마biographical drama이기 때문에 이토록 전기와 관련 없는 긴 묵시문학적 얘기가 통째로 삽입된다는 것은 왠지 어색하고 정합적인 동질성을 파괴한다. 어느 주석가는 이 13장이 마가와 무관한, 독립적 오리진의 아포칼립스문학의 핵을 형성하는 문헌이었다고 주장하기도 한다. 다니엘 텍스트의 일종의 주석, 즉 미드라쉬midrash(유대교 바이블의 해석을 적은 논서)가 마가 이전의 초기기독교교회 내에서 보존된 것인데 그것이 마가자료로 편입된 것이라는 설명이다.

그러니까 지금 우리가 신약성서 말미에서 볼 수 있는 요한계시록(대강 AD 100년경에 성립. 도미티아누스 황제 치세 끝무렵이라면 AD 96년경)의 한 프로토타입이라는 것이다. 매우 그럴듯한 입론立論처럼 들리지만 13장을 자세히 읽어보면 이것은 역사적, 사실적 기록이지 환상적 기록이 아니며, 또한 계시록에서 보여지는 화려한 묵시문학적 비전을 결하고 있다. 단편으로 존재하던 교회 내의 여러 이야기를 마가가 긁어모아 예수의 성전담화들 이후에 편집한 예언담론으로 보인다. 따라서 우리는 이 13장을 마가복음의 오센틱authentic한 담론으로 취급하고 그 의미를 파헤쳐야 할 것이다.

예수시대에는 성전은 파괴되지 않았다. 그런데 과연 예수시대(생전)에 예수가 성전파괴와 예루살렘도시의 재난(이것은 막바로 로마유대인전쟁 AD 66~70의 재난을 기술한 것이다)을 예언했을까? 예수가 아무리 대단한 예언가라 할지라도 그것은 있을 수 없는 일이다. 왜냐하면 아무도 그것을 신빙성 있게 듣지 않을 것이고, 복음으로서의 아무런 효용이 없을 뿐 아니라, 천국도래에 대한 전제로서 설득력 있게 그 담론의 가치를 인정할 사람은 아무도 없기 때문이다. 그리고 성전을 둘러싼 권위체계에 눌려 간발의 숨도 못 쉬고 압사해버렸을 것이다.

지금 성전파괴와 재난을 복음담론의 한 고리로서 당당히 이야기할 수 있는 것은 오직 그것이 이미 현실화된 역사적 사실이기 때문이다. 실제로 성전은 파괴되었고 도시는 궤멸되었다. 예루살렘도시의 총체적 파멸이라는 이 사태는(6·25 전쟁 때 평양이 파괴된 것처럼 처절하게 초토화 되었다) 유대교뿐만 아니라 기독교역사를 생각하는데 있어서 매우 중요한 의미를 지닌다. 예루살렘성전(솔로몬 이래 유대인의 모든 소망과 궁지의 결집체)이 무너진 것은 유대교의 모든 권위체계가 붕괴되었다는 것을 의미하지만 또 동시에 기독교의 파멸이기도 했던 것이다. 그것은 무슨 뜻인가?

예수 이래의 "예수운동Jesus Movements"이라는 작은 공동체들도 상존했지만, 대세는 이미 역사적 예수를 그리스도화 하여 교회를 만든 그리스도교 공동체가 팔레스타인과 헬레니즘세계에 줄기차게 뻗어나가고 있었다는 것이다. 이 그리스도교 공동체는, 바울도 어떤 행동을 할 때 항상 인가를 받으려 노력했듯이, 정통주의의 하이어라키가 있었고, 그 하이어라키의 중심체는 어디까지나 예루살렘에 있었다. 예루살렘교회야말로 예수가 죽은 후에 40년간 그리스도운동을 총지휘한 헤드쿼터였다. 그 헤드쿼터의 권위는 12제자(예수의 성문聲聞들)의 적통성으로부터 온다는 것은 두말할 필요가 없다. 그런데 AD 70년의 예루살렘멸망은 유대교의 성전만 파괴한 것이 아니라 바로 예루살렘교회를 파멸시켰다. 다시 말해서 12제자의 막강한 권위가 잿더미가 되어버린 것이다.

마가는 전혀 예루살렘교회와는 다른 전통에서 피어난 기파奇葩(진귀한, 특이한 꽃)이다. 갈릴리지역과 안티옥지역에 이르는 팔레스타인 북부의 교회에 기반한 새로운 세력이다. 이 마가의 입장에서 본다면, 예루살렘성전의 멸망이나 예루살렘교회의 파멸은 참된 기독교의 진정한 부활이 될 수 있다고 본 것이다. 예수운동과 교회운동을 융합시킬 수 있는 새로운 예수+그리스도의 복음을 창안한 것이다. 따라서 마가 입장에서 끝끝내 베드로의 적통성이나 12제자의 제자됨을 인정하지 않는다. 아니, 인정하면 안된다. 12제자의 완악함을 드러내어야 예수의 본체가 살아나고, 수난과 부활의 본질적 의미가 드러나게 되는 것이다. 마가복음 내에서 12제자는 끝내 아무런 정당한 참여를 하지 못한다. 무덤을 찾아간 것도 아이들과 같이 인간대접을 못 받던 세 여인이었다.

이 13장의 줄거리를 알게 하기 위하여 분단하고 그 제목만 적어놓는다.

> 1~2: 성전파괴에 대한 예수의 예언
>
> 3~4: 언제 성전파괴가 일어나며 그때 어떤 징조가 나타날까요?
>
> 5~13: 그때 처신해야 할 행동양식
>
> 14~18: 파멸의 환난
>
> 19~23: 환난에 대처하는 자세
>
> 24~27: 인자의 오심
>
> 28~31: 무화과 나무의 교훈
>
> 32~37: 그날 그 시간: 깨어있어야 한다.

마가는 유대교의 예언자 전통에 대해 매우 부정적이다. 이 어마어마한 환난에 대처하는 방식이 예언자의 말을 듣거나 그리스도라 자처하는 자들의 말을 들어서는 아니 된다고 말한다. 예언자, 그리스도(메시아적 희망을 함부로 불어넣는 자)는 모두 사기꾼이라고 규정한다. 구약의 예언자 정치라는 전승, 그 자체가 이러한 파멸을 초래했다고 보는 것이다.

마가는 이성적·상황적 대처를 요구하고 있다. 마가는 계시적이 아니라 교훈적이다. 마가의 관심은 미래에 대한 환상이 아니라 현실에 대한 냉정한 대처를 요구한다. 마가는 미래에 대한 타임테이블이나 블루프린트를 제공하지 않는다. 시간의 종료를 말하는 환상적 이벤트를 마구 남발하는 유대교적 묵시문학과는 전혀 성격을 달리한다. 종말에 대한 것도 그날 그 시간이 언제 올지는 아무도 모른다. 그것은 하나님만이 아는 것이다. 우리 인간이 할 수 있는 것은 깨어있는 것이다. 늘 깨어있어라!(37).

마가 당대의 크리스챤에 대한 배려

마가는 성전의 파괴가 곧 천국의 도래라는 환상도 제시하지 않는다. 성전의 파괴는 환난일 뿐이다. 신의 섭리의지를 믿고 깨어있는 마음으로 기다려야 할 뿐이다. 그는 현재의 시련과 곤경과 수난에 대한 냉엄한 인내를 요구한다. 미래를 예단하는 종말론적 사기꾼이 되지 말라고 충고한다. 결국 마가는 예수의 생애를 얘기하다가(40년 전 이야기) 갑자기 마가의 시대로 돌아와 마가와 함께 예루살렘의 멸망을 체험한 동료 크리스챤들에게 강렬한 이성적 메시지를 발하고 있는 것이다. 40년 전에 죽은 예수의 삶의 콘텍스트를 상기시키면서! 성전은 결코 하나님 나라의 장소가 될 수 없다. 예수의 시대에도, 마가의 시대에도 하나님 나라는 성전에 임할 수 없었다. 예루살렘은 하나님 나라의 장소가 아니라, 예수의 죽음과 성전의 죽음이라는 이중의 트라우마double trauma의 장소일 뿐이다.

예수를 죽일 음모
〈 마가 14:1~2 〉

[1]It was now two days before the Passover and the feast of Unleavened Bread. And the chief priests and the scribes were seeking how to arrest him by stealth, and kill him;
[2]for they said, "Not during the feast, lest there be a tumult of the people."

[1]이틀을 지나면 유월절逾越節과 무교절無酵節이라 대제사장들과 서기관들이 예수를 궤계詭計로 잡아 죽일 방책方策을 구하며

[2]가로되 민요民擾가 날까 하노니 명절에는 말자 하더라

유월절과 무교절은 같은 개념이다. 야훼의 천사가 유대인 가정을 비켜가기 위해 양의 피를 상인방과 좌우문설주에 발랐다. 니산달 제14일(유대인력의 계산방식에 의하면 제15일)에 양을 잡고, 그 양고기는 그날 저녁 해질 때부터 자정 사이에 다 남김없이 먹는다. 이 유월절 이후로 7일간 효모가 안 들어간 빵을 먹는다. 효모가 안 들어간 빵을 먹기에 무교절無酵節이라 부른다. 유월절과 무교절은 이렇게 겹치는 개념이다. 유월절 저녁식사는 목요일 밤에 이루어진다(예수의 최후의 만찬). 그리고 여기 일어나고 있는 사건은 수난주간의 수요일의 사건으로 추정된다.

이 절기에는 전 세계에서 몰려들기 때문에 예루살렘의 인구가 2배로 늘어난다. 이런 정황에서 민중의 지지를 얻고 있는 예수를 죽인다는 것은 위험하다고 판단했다. 그러나 결국 그러한 계획은 취소되었고 유월절 축제기간 동안에 예수살해 사건은 그대로 진행된다. 예수그룹 내부의 협력자가 있었기 때문이다.

14장~16장, 전체분위기 개관

14장에서 16장에 이르는 전개의 전체적 분위기를 개관하자면, 그것은 매우 어둡고 우울하며 비극적이다. 우리가 생각하듯이 하나님 아들의 영광의 드라마가

아니다. 철저한 곤욕과 좌절과 버림 속에서 예수의 대관식이 이루어지는 것이다. 14~16장의 소위 수난사화는 예수와 제자들간의 대립, 충돌, 무교감을 극단에까지 밀고 나간다. 예수는 목숨을 잃음으로써 얻지만, 제자들은 목숨을 얻으려고만 하다가 잃고 만다. 제자들은 끝내 예수를 동반하지 못했다. 마가의 복음서는 예수의 승리와 제자들의 몰락으로 냉혹하게 끝나는 비극이다. 물론 이러한 마가의 느낌은 마태, 누가, 그리고 요한에서는 전혀 다른 양상으로 변모된다. 그러나 마가의 복음은 한 인간의 억울한 처형의 이야기이며, 하나님으로부터 버림받은 제물의 이야기, 제물의 가까운 팔로우어들의 파멸의 이야기이다. 억압적인 공기가 예수의 마지막 날들을 짓누르고 있으며 죽음의 공포로부터 헤어날 수 있는 희망의 길은 차단되어 있다.

수난에 신적인 개입은 없다. 수세受洗의 순간에 하늘에서 들렸던 소리(1:11), 변모산 구름 속에서 들렸던 성스러운 소리(9:7)가, 십자가에 못박힌 예수의 고난의 시간 내내 침묵을 지켰다. 마가에는 부활의 현신顯身도 없다. 죽음의 그림자가 마가드라마의 마지막 순간까지 걷히지 않는다. 예수의 부활은 통지되지만(16:6), 부활한 주님은 그 몸을 드러내지도 않고 제자에게 이야기하지도 않는다. 이러기 때문에 우리는 마가드라마에서 복음서양식의 오리지날리티와 장엄미, 엄숙미, 숭고미를 발견한다. 마가드라마를 독자적으로 바라보지 못하는 자는 영원히 예수를 만나지 못한다. 영원히 기독교인이 될 수 없다. 십자가의 원의를 알 수 없기 때문이다.

예수의 머리에 향유를 부은 여인
〈 마가 14:3~9 〉

³And while he was at Bethany in the house of Simon the leper, as he sat at table, a woman came with an alabaster flask of ointment of pure nard, very costly, and she broke the flask and poured it over his head.

⁴But there were some who said to themselves indignantly, "Why was the ointment thus wasted?

⁵For this ointment might have been sold for more than three hundred denarii, and given to the poor." And they reproached her.

⁶But Jesus said, "Let her alone; why do you trouble her? She has done a beautiful thing to me.

⁷For you always have the poor with you, and whenever you will, you can do good to them; but you will not always have me.

⁸She has done what she could; she has anointed my body beforehand for burying.

⁹And truly, I say to you, wherever the gospel is preached in the whole world, what she has done will be told in memory of her."

³예수께서 베다니 문둥이 시몬의 집에서 식사하실 때에 한 여자가 매우 값진 향유 香油 곧 순전純粹한 나드 한 옥합玉盒을 가지고 와서 그 옥합을 깨뜨리고 예수의 머리에 부으니

⁴어떤 사람들이 분忿내어 서로 말하되 무슨 의사意思로 이 향유를 허비하였는가

⁵이 향유를 삼백 데나리온 이상에 팔아 가난한 자들에게 줄 수 있었겠도다 하며 그 여자를 책망하는지라

⁶예수께서 가라사대 가만 두어라 너희가 어찌하여 저를 괴롭게 하느냐 저가 내게 좋은 일을 하였느니라

⁷가난한 자들은 항상 너희와 함께 있으니 아무 때라도 원하는대로 도울 수 있거니와 나는 너희와 항상 함께 있지 아니하리라

⁸저가 힘을 다하여 내 몸에 향유를 부어 내 장사葬事를 미리 준비하였느니라

⁹내가 진실로 너희에게 이르노니 온 천하에 어디서든지 복음이 전파되는 곳에는 이 여자의 행한 일도 말하여 저를 기념하리라 하시니라

여기 왜 갑자기 예수의 머리에 기름을 붓는 여인이 등장하는가? 이제 예수는 죽음의 길로 들어섰다. 예수의 죽음이야말로 예수의 대관식이다. 대관식이라는

것은 왕이 됨을 선포하는 예식이다. 예수는 삶 속에서 왕이 되는 것이 아니라 죽음 속에서 왕이 되는 것이다. 그런데 왕이 되기 위해서는 유대인들의 관념 속에서는 "기름부음"이 있어야 한다. 그런데 예수의 기름부음의 제식은 전통적인 메시아 양식과 판이하게 다르다. 왕은 선지자나 대제사장이 기름을 붓는다. 그러나 예수에게는 이름없는 한 여인이 기름을 붓는다. 아마도 그 향유의 가치는 다윗의 머리에 부은 기름보다 훨씬 더 고귀한 것일 것이다.

3백 데나리온은 한 성인이 일년 내내 노동하여 버는 수입을 능가한다. 그 여인은 자기 삶의 전부를 쏟은 것이다. 왕의 대관식은 성전이나 왕궁에서 화려하게 진행된다. 그러나 예수의 기름부음은 성전의 반대편 올리브산 동편 기슭의 베다니에서 이루어졌다(성전이 보이지 않는 외딴 곳이다). 그것도 나병환자 시몬의 집이다. 기름부음 자체의 의미를 제자들은 파악하지 못했다. 예수의 기름부음을 받으심, 그자체를 비난했다. 예수는 권세와 삶을 위하여 기름부음을 받은 것이 아니라, 죽음속으로 가기 위해 기름부음을 받은 것이다. 삶 속에서 미리 장례를 치른 것이다. 그 여인은 그 기름의 의미를 알고 있었고 예수도 같이 알고 있었다: "이 여자는 내장례를 위하여 미리 내 몸에 향유를 부은 것이다"(8).

하나님의 나라는 예루살렘당국의 기대와는 정반대 되는 방향에서 오고 있었다. 예수의 베다니 기름부음은 다윗의 기름부음의 전통을 뒤엎은 것이다. 이스라엘왕권의 모든 종교적 의미가 거부되는 것이다. 예수는 다윗전통의 부활, 피상적인 메시아 대망의 기대를 뒤엎고 역전시켰다. 예수는 이미 그의 왕궁을 죽음 속에 설치하고 있었던 것이다. 기름부음을 받음으로써 예수의 이야기는 곧바로 죽음의 대관식으로 직행한다.

배반을 약속한 가룻 유다
〈 마가 14:10~11 〉

[10]Then Judas Iscariot, who was one of the twelve, went to the chief priests in order to betray him to them.
[11]And when they heard it they were glad, and promised to give him money. And he sought an opportunity to betray him.

[10]열 둘 중에 하나인 가룻 유다가 예수를 넘겨 주려고 대제사장들에게 가매

[11]저희가 듣고 기뻐하여 돈을 주기로 약속하니 유다가 예수를 어떻게 넘겨 줄 기회를 찾더라

가룻 유다(유다 이스카리옷Judas Iscariot)라는 이름의 이스카리옷은 이쉬Ish와 케리오트Kerioth의 합성어인데, 이쉬는 사람이라는 뜻이고, 케리오트는 남부 유대지방의 타운 이름이다(헤브론 근처). 케리오트 사람 유다라는 뜻이다. 그는 12제자 중에서도 유일하게 유대지방에서 온 진짜 유대인이다(그 외는 모두 갈릴리사람들). 그런데 이스카리옷Iscariot은 아람어 시카리우스Sicarius의 변형이라는 설도 만만치 않다. 시카리우스는 "단검을 품은 사람들dagger-man"의 뜻인데 열성당원(로마통치에 격렬하게 반대하는 사람들. 로마유대전쟁의 주역이기도 했다)의 특징이다.

가룻 유다는 열성당원으로서 예수집단에 들어왔다가 예수의 정치의식이 박약한 것 같아서 그를 예루살렘 권력자들에게 넘겨 보다 래디칼한 방향으로 문제를 일으키려 했다는 설도 있으나 그 내막은 전혀 알 길이 없다. 항상 극좌는 극우로 흐르기 쉽다. 마가는 단지 가룻 유다를 예수가 가장 사랑했던 12제자 중의 한 사람이라는 것만을 강조한다. 세 번 언급될 때마다(14:10, 20, 43) "열둘 중의 하나인 one of the twelve"이라는 수식어를 쓰고 있다. 14장에서 예수의 죽음으로의 행진이 제사장권력과 내통하는 예수그룹의 핵심멤버의 배반으로 이루어지기 시작했다는 사실은 이 드라마를 접하는 사람들에게 충격을 준다.

마가는 누가나 요한이 말하듯이 "사탄의 유혹"에 의한 것이라는 소리를 하지 않는다. 예수를 따르는 제자들의 도덕적 결함의 한 전형일 뿐이며, 결국 여타 제자들도 마찬가지의 배신을 하게 될 것임을 암시하고 있다. 유다의 배신은 미리 사려되고 기획된 것이기 때문에 용서하기 어려운 것이다. 유다는 돈의 출납을 맡고 있었다. 배신으로 인해 그는 돈을 벌었다.

터키 카파도키아Cappadocia 지역의 괴레메Göreme 초대교회 안에 있는 최후의 만찬 벽화.
예수는 대구 한마리 놓고 제자들과 최후의 만찬을 하였다.

도올의 마가복음 강해

최후의 만찬
〈 마가 14:12~26 〉

[12]And on the first day of Unleavened Bread, when they sacrificed the passover lamb, his disciples said to him, "Where will you have us go and prepare for you to eat the passover?"
[13]And he sent two of his disciples, and said to them, "Go into the city, and a man carrying a jar of water will meet you; follow him,
[14]and wherever he enters, say to the householder, 'The Teacher says, Where is my guest room, where I am to eat the passover with my disciples?'
[15]And he will show you a large upper room furnished and ready; there prepare for us."
[16]And the disciples set out and went to the city, and found it as he had told them; and they prepared the passover.
[17]And when it was evening he came with the twelve.
[18]And as they were at table eating, Jesus said, "Truly, I say to you, one of you will betray me, one who is eating with me."
[19]They began to be sorrowful, and to say to him one after another, "Is it I?"
[20]He said to them, "It is one of the twelve, one who is dipping bread into the dish with me.

[12]무교절의 첫날 곧 유월절 양¥ 잡는 날에 제자들이 예수께 여짜오되 우리가 어디로 가서 선생님으로 유월절을 잡수시게 예비하기를 원하시나이까 하매

[13]예수께서 제자 중에 둘을 보내시며 가라사대 성내로 들어가라 그리하면 물 한 동이를 가지고 가는 사람을 만나리니 그를 따라가서
[14]어디든지 그의 들어가는 그 집 주인에게 이르되 선생님의 말씀이 내가 내 제자들과 함께 유월절을 먹을 나의 객실이 어디 있느뇨 하시더라 하라
[15]그리하면 자리를 베풀고 예비된 큰 다락방을 보이리니 거기서 우리를 위하여 예비하라 하신대
[16]제자들이 나가 성내로 들어가서 예수의 하시던 말씀대로 만나 유월절을 예비하니라
[17]저물매 그 열 둘을 데리시고 와서

[18]다 앉아 먹을 때에 예수께서 가라사대 내가 진실로 너희에게 이르노니 너희 중에 한 사람 곧 나와 함께 먹는 자가 나를 팔리라 하신대
[19]저희가 근심하여 하나씩 하나씩 여짜오되 내니이까
[20]이르시되 열 둘 중 하나 곧 나와 함께 그릇에 손을 넣는 자니라

573

²¹For the Son of man goes as it is written of him, but woe to that man by whom the Son of man is betrayed! It would have been better for that man if he had not been born."

²²And as they were eating, he took bread, and blessed, and broke it, and gave it to them, and said, "Take; this is my body."

²³And he took a cup, and when he had given thanks he gave it to them, and they all drank of it.

²⁴And he said to them, "This is my blood of the covenant, which is poured out for many.

²⁵Truly, I say to you, I shall not drink again of the fruit of the vine until that day when I drink it new in the kingdom of God."

²⁶And when they had sung a hymn, they went out to the Mount of Olives.

²¹인자는 자기에게 대하여 기록된대로 가거니와 인자를 파는 그 사람에게는 화禍가 있으리로다 그 사람은 차라리 나지 아니하였더면 제게 좋을뻔하였느니라 하시니라

²²저희가 먹을 때에 예수께서 떡을 가지사 축복祝福하시고 떼어 제자들에게 주시며 가라사대 받으라 이것이 내 몸이니라 하시고

²³또 잔을 가지사 사례謝禮하시고 저희에게 주시니 다 이를 마시매

²⁴가라사대 이것은 많은 사람을 위하여 흘리는바 나의 피 곧 언약言約의 피니라

²⁵진실로 너희에게 이르노니 내가 포도나무에서 난 것을 하나님 나라에서 새것으로 마시는 날까지 다시 마시지 아니하리라 하시니라

²⁶이에 저희가 찬미하고 감람산으로 나가니라

파라렐리즘

예수가 예루살렘에 입성하는 장면과 예수가 유월절 만찬을 준비하는 장면은 놀라운 파라렐리즘(병행관계)이 있다. "제자 두 사람"(11:1, 14:13)을 비밀스럽게 사전에 파견하는 것, 이 두 사람의 심부름이 신비로운 만남을 이루게 된다는 것, 그리고 그 부여된 임무가 예수의 예언대로 성취된다는 것, 그리고 이 두 사건이 예수의 최초의 예루살렘 입성과 마지막 입성을 의미한다는 것이다.

최초의 방문은 성전에서의 행동을 준비했고 결국 성전의 파멸에 대한 예언으로

끝났다. 그리고 마지막 방문은 자기자신의 죽음을 위한 잔치를 벌이고 있는 것이다. 이 두 방문은 예수가 갈릴리에서 예루살렘으로 여행하여 온 아주 근원적인 이중의 목표를 상징하고 있는 것이다. 하나는 성전의 죽음이요, 또 하나는 자신의 죽음이다.

예수는 유월절의 만찬을 출애굽의 사건을 기념하기 위한 식사로 생각하지 않았다. 그것은 죽음을 피하기 위한 제식이었다. 그러나 예수는 유월절의 만찬을 자기 죽음을 맞이하기 위한 제식으로 그 의미를 전환시켰다. 마가는 배신자 가룟 유다를 드러내지 않는다. 그래서 모든 제자들이 서로를 쳐다보면서 "나는 아니겠지요?" 한다. 즐거워야 할 유월절만찬이 모두를 의혹의 얼개 속에 걸리게 만들었다. 결코 즐거운 파티가 아니었다. 그러한 침울한 분위기 속에서 예수는 12제자들에게 빵과 포도주를 나누어준다. 그것은 곧바로 자기의 죽음을 나누어주는 것이다. 예수의 수난을 같이 하자는 것이다. 같이 죽자는 것이다. 그들은 모두 덩달아 잔을 마셨다. 그러나 그들 모두가 그 잔의 의미를 배신했다.

베드로의 장담
〈 마가 14:27~31 〉

[27]And Jesus said to them, "You will all fall away; for it is written, 'I will strike the shepherd, and the sheep will be scattered.'
[28]But after I am raised up, I will go before you to Galilee."
[29]Peter said to him, "Even though they all fall away, I will not."
[30]And Jesus said to him, "Truly, I say to you, this very night, before the cock crows twice, you will deny me three times."
[31]But he said vehemently, "If I must die with you, I will not deny you." And they all said the same.

[27]예수께서 제자들에게 이르시되 너희가 다 나를 버리리라 이는 기록된바 내가 목자牧者를 치리니 양들이 흩어지리라 하였느니라
[28]그러나 내가 살아난 후에 너희보다 먼저 갈릴리로 가리라
[29]베드로가 여짜오되 다 버릴지라도 나는 그렇지 않겠나이다
[30]예수께서 가라사대 내가 진실로 네게 이르노니 오늘 이밤 닭이 두번 울기 전에 네가 세번 나를 부인하리라

[31]베드로가 힘있게 말하되 내가 주와 함께 죽을지언정 주主를 부인否認하지 않겠나이다 하고 모든 제자도 이와 같이 말하니라

스가랴 13:7이 인용되었다고 한다.

> 칼아, 일어나
> 나의 일을 돕는다고 하는 목자를 쳐라.
> 만군의 야훼가 하는 말이다.
> 나의 목자를 쳐서 양떼를 흩뜨려라.

그러나 예수 당시나 마가 활약 시에 오늘 우리가 알고 있는 구약이라는 형태의 책이 없었다. 마가의 언어는 철저히 마가의 언어로서 이해하는 것이 옳다. 마가의 인용이 꼭 스가랴에서 온 것이라는 보장은 없다. 모두 주석가들이 비슷한 구절을

도올의 마가복음 강해

찾아낸 것일 뿐이다.

하여튼 예수는 죽을 수밖에 없는 운명임을 감지하고 있고, 자기가 죽게 되면 제자들은 예수를 배반하고 흩어지게 될 것이라는 것을 예감하고 있다. 지금 이 장면은 최후의 만찬이 열린 다락방Upper Room에서 다시 감람산(올리브산the Mount of Olives. 올리브의 한문 표현이 "감람橄欖"이다. 감람산은 예루살렘성전의 동편에 있다)으로 올라가는 도중에서 제자들과 예수 사이에서 일어난 대화를 기록한 것이다. 그런데 가장 충격적인 것은 예수의 말에 암시되고 있는 깊은 메시지이다.

> 너희는 모두 나를 버릴 것이다.
> 그러나 나는 다시 살아날 것이다.
> 나는 너희보다 먼저 갈릴리로 갈 것이다.

갈릴리의 의미

어쩌면 이 세 마디가 마가드라마 전체의 내용을 압축하고 있는지도 모른다. 여기 결정적인 메시지는 "갈릴리" 한마디이다. 예수는 갈릴리에서 태어났다. 갈릴리에서 성장했다. 그의 패밀리도 나중에 공생애의 예수를 인정하지 않을 정도로 평범하게 자라났다. 예수는 갈릴리에서 제자를 얻었다. 예수는 갈릴리에서 천국을 선포했다. 수많은 사람을 살리고 먹였다. 갈릴리는 꼴보수 유대인이 지배하는 곳이 아니다. 갈릴리에는 오클로스가 있다. 예수는 갈릴리에 에큐메니칼한 유대인+이방인 공동체의 씨앗을 뿌렸다. 제자들은 이곳에서 예수로부터 권능을 부여받고 생명의 활동을 벌였다. 갈릴리는 삶이요, 생명이요, 영원한 민중의 터전이다. 예루살렘은 죽음이요, 파멸이요, 종언이요, 민중이 흩어지는 곳이다. 예수는 예루살렘을 자신의 죽음의 장소로 선택했다. 그러나 갈릴리에서는 예수는 죽을 수 없다. 예수는 살 수밖에 없다.

예수는 예루살렘에서 죽었다. 예수는 젤롯당 반역도로 오인 받고 처형되었다.

흉악한 범죄인으로서 가장 무서운 십자가형을 받고 죽은 사람이 바로 그 예루살렘에서 부활한다는 것은 있을 수 없는 일이다. 예루살렘 인민들의 상식이나 의식이나 가슴속에서 일어날 수 없는 일이다. 예루살렘의 오클로스는 예수와 느낌을 공유한 오클로스가 아니었다. 예수는 죽었다. 그러나 예수는 갈릴리로 간다. 갈릴리에서 부활한다. 갈릴리에서는 예수는 오클로스의 마음속에서 부활하지 않을 수 없다.

나는 너희보다 먼저 갈릴리로 갈 것이다(28).

부활하여 갈릴리로 간 것이 아니라, 갈릴리로 돌아가서 부활한 것이다. 자기자신의 원점으로, 시작처로 돌아간 것이다. 이 나의 입론을 증명하는 구절은 바로 이 메시지가 마지막 빈 무덤 속에서 울려퍼지고 있다는 사실이다(16:7).

예수께서 앞서 말씀하신 대로 제자들보다 먼저 갈릴리로 가실 것이니 거기서 그 분을 만나게 될 것이라고 전하여라!

예수는 갈릴리로 갔다. 빈 무덤만 남기고.

베드로가 이 메시지를 파악했을 리 만무하다.

"모든 사람이 주님을 버릴지라도 저는 주님을 버리지 않겠나이다."

"오늘밤 닭이 두 번 울기 전에 너는 세 번이나 나를 모른다고 할 것이다."

"주님과 함께 죽는 한이 있더라도 결코 주님을 모른다고 하지 않겠습니다."

이래서 베드로의 배반은 더욱 우리를 슬프게 만든다. 그러나 끝까지 마가는 베드로를 구원하지 않았다. 그것은 베드로정통주의에 대한 가혹한 심판이었다.

도올의 마가복음 강해

겟세마네 동산에서의 기도
〈 마가 14:32~42 〉

³²And they went to a place which was called Gethsemane; and he said to his disciples, "Sit here, while I pray."
³³And he took with him Peter and James and John, and began to be greatly distressed and troubled.
³⁴And he said to them, "My soul is very sorrowful, even to death; remain here, and watch."
³⁵And going a little farther, he fell on the ground and prayed that, if it were possible, the hour might pass from him.
³⁶And he said, "Abba, Father, all things are possible to thee; remove this cup from me; yet not what I will, but what thou wilt."
³⁷And he came and found them sleeping, and he said to Peter, "Simon, are you asleep? Could you not watch one hour?
³⁸Watch and pray that you may not enter into temptation; the spirit indeed is willing, but the flesh is weak."
³⁹And again he went away and prayed, saying the same words.
⁴⁰And again he came and found them sleeping, for their eyes were very heavy; and they did not know what to answer him.
⁴¹And he came the third time, and said to them, "Are you still sleeping and

³²저희가 겟세마네라 하는 곳에 이르매 예수께서 제자들에게 이르시되 나의 기도할 동안에 너희는 여기 앉았으라 하시고
³³베드로와 야고보와 요한을 데리고 가실새 심히 놀라시며 슬퍼하사
³⁴말씀하시되 내 마음이 심히 고민하여 죽게 되었으니 너희는 여기 머물러 깨어 있으라 하시고
³⁵조금 나아가사 땅에 엎드리어 될 수 있는 대로 이 때가 자기에게서 지나가기를 구하여
³⁶가라사대 아바 아버지여 아버지께는 모든 것이 가능하오니 이 잔盞을 내게서 옮기시옵소서 그러나 나의 원대로 마옵시고 아버지의 원대로 하옵소서 하시고
³⁷돌아오사 제자들의 자는 것을 보시고 베드로에게 말씀하시되 시몬아 자느냐 네가 한시時 동안도 깨어 있을 수 없더냐
³⁸시험에 들지 않게 깨어 있어 기도하라 마음에는 원이로되 육신이 약하도다 하시고
³⁹다시 나아가 동일한 말씀으로 기도하시고
⁴⁰다시 오사 보신즉 저희가 자니 이는 저희 눈이 심히 피곤함이라 저희가 예수께 무엇으로 대답할 줄을 알지 못하더라
⁴¹세번째 오사 저희에게 이르시되 이제는 자고 쉬라 그만이다 때가 왔도다 보라

taking your rest? It is enough; the hour has come; the Son of man is betrayed into the hands of sinners.

42Rise, let us be going; see, my betrayer is at hand."

인자가 죄인의 손에 팔리우느니라

42일어나라 함께 가자 보라 나를 파는 자가 가까이 왔느니라

서구의 신학자들은 예수의 삶을 해석할 때 항상 신의 섭리라는 마스터플랜을 내세워 그러한 기획하에 예수가 움직이기 때문에 예수가 당당하고 의젓하다고 생각한다. 나는 "인간 예수"라는 말도 쓰기 싫다. 나는 예수의 인성을 밝히려는 것이 아니다. 마가가 그리고 있는 그대로 그 총체적 실상을 밝히려는 것이다. 예수가 그의 수난을 신의 플랜대로 수행했다고 한다면 그러한 예수는 궁극적으로 허령虛靈에 불과하며 예수드라마는 도케티즘Docetism(도케시스*dókēsis*에서 유래된 말. 허령, 환영의 뜻)의 드라마가 되고 만다. 겟세마네에서의 예수의 심정, 그의 기도는 애절한 그의 실존적 고뇌를 털어놓고 있는 것이다. 예수는 죽음을 편하게 받아들였을까?

핵심적 제자 3명에게 말한다:

"내 마음이 괴로워 죽을 지경이니, 너희는 여기 남아서 깨어 있어라."

예수는 죽음을 앞두고 마음이 괴로워 죽을 지경이다. 그리고 땅에 엎드려 기도한다. 할 수만 있으면 수난의 시간을 겪지 않게 해달라고 기도하는 것이다. 고통 없이 죽게 해달라는 것이다. 아니다! 그는 또 말한다:

"아버지, 나의 아버지! 아버지께서는 무엇이든지 다 하실 수 있으시오니 이 잔을 나에게서 거두어주소서."

여기 쓰인 "아버지"라는 단어는 "압바Aββα"이다. 이것은 아버지에 대한 친밀한 아람어 호칭이다. 유대인들은 신에게 이러한 호칭을 쓰는 것을 금지했다. 그것은 불경이라는 것이다. 그러나 예수는 하나님의 유니크한 아들로서 이러한 호칭을 쓸 자격이 있다고 생각한다. 그냥 위기의 순간이 되면 이물없는 친아버지 부르듯이 하나님을 부르는 것이다. 가식 없는 인간의 모습이다.

엄연한 사실

예수가 말하는 "이 잔this cup"은 10:38~39에 나오는 "고난의 잔"이다. 그것은 하나님의 진노의 잔이며(구약), 처벌과 심판의 메타포이다. 이것은 명백하게 "예수의 죽음"을 가리킨다. "이 잔의 제거"라는 것은 아버지에게 죽지 말게 해달라고 비는 것이다. 우리나라 기독교인들은 예수가 죽음을 앞두고 죽지 않게 해달라고 하나님께 매달려 기도한 이 사실, 엄연하게 마가복음이 그리고 있는 이 장면을 기억하지 못한다. 그러나 예수는 또 말한다:

"그러나 제 뜻대로 마시고 아버지의 뜻대로 하소서."

예수의 기도는 이와 같이 절박하고 절실하고 인간적이다. 인간의 고통을 고백하고 있는 것이다.

그런데 베드로는 예수가 그토록 피눈물을 흘리고 있는 그 시간에 깨어있지 못했다. 세 번이나 예수의 간곡한 깨움에도 깨어나지 못했다. 눈꺼풀이 무거워 눈을 뜨지 못했다. 변모산의 변모에도 눈을 뜨지 못했던 베드로는 여전히 눈을 뜨지 못한다. 여기 예수가 베드로를 부르는 호칭이 의미심장하다.

"시몬아! 자고 있느냐? 단 한 순간도 깨어있을 수 없단 말이냐?"(37).

여기 예수가 쓴 "시몬"은 "베드로"라는 이름으로 제자됨의 자격을 얻기 전의 이름이다. 베드로는 자격상실이다. 눈을 뜨지 못한다. 베드로가 아니라 시몬으로 강등되었다(시몬이 베드로가 된 것은 12제자 확정할 때였다. 마가 3:16).

"아직도 자고 있느냐? 아직도 쉬고 있단 말이냐? 그만하면 충분하다. 자~ 때가 왔다. 나는 나를 죽이려는 자들의 손에 넘어가게 되었다."

잡히신 예수
〈 마가 14:43~50 〉

[43]And immediately, while he was still speaking, Judas came, one of the twelve, and with him a crowd with swords and clubs, from the chief priests and the scribes and the elders.

[44]Now the betrayer had given them a sign, saying, "The one I shall kiss is the man; seize him and lead him away under guard."

[45]And when he came, he went up to him at once, and said, "Master!" And he kissed him.

[46]And they laid hands on him and seized him.

[47]But one of those who stood by drew his sword, and struck the slave of the high priest and cut off his ear.

[48]And Jesus said to them, "Have you come out as against a robber, with swords and clubs to capture me?

[49]Day after day I was with you in the temple teaching, and you did not seize me. But let the scriptures be fulfilled."

[50]And they all forsook him, and fled.

[43]말씀하실 때에 곧 열 둘 중의 하나인 유다가 왔는데 대제사장들과 서기관들과 장로들에게서 파송派送된 무리가 검劍과 몽치를 가지고 그와 함께 하였더라

[44]예수를 파는 자가 이미 그들과 군호軍號를 짜 가로되 내가 입맞추는 자가 그이니 그를 잡아 단단히 끌어가라 하였는지라

[45]이에 와서 곧 예수께 나아와 랍비여 하고 입을 맞추니

[46]저희가 예수께 손을 대어 잡거늘

[47]곁에 섰는 자 중에 한 사람이 검을 빼어 대제사장의 종을 쳐 그 귀를 떨어뜨리니라

[48]예수께서 무리에게 말씀하여 가라사대 너희가 강도를 잡는 것 같이 검과 몽치를 가지고 나를 잡으러 나왔느냐

[49]내가 날마다 너희와 함께 성전에 있어서 가르쳤으되 너희가 나를 잡지 아니하였도다 그러나 이는 성경聖經을 이루려 함이니라 하시더라

[50]제자들이 다 예수를 버리고 도망逃亡하니라

여기 중요한 메시지는 50절의 한마디이다.

"그때에 제자들은 예수를 버리고 모두 달아났다." 이것은 제자들의 제자됨의 종료를 의미한다. 모두 예수를 버렸다. 모두 튀었다. 모두 도망갔다.

알몸으로 도망친 젊은이
〈 마가 14:51~52 〉

⁵¹And a young man followed him, with nothing but a linen cloth about his body; and they seized him, ⁵²but he left the linen cloth and ran away naked.

⁵¹한 청년이 벗은 몸에 베 홑이불을 두르고 예수를 따라오다가 무리에게 잡히매

⁵²베 홑이불을 버리고 벗은 몸으로 도망하니라

이 삽화야말로 마가를 드라마티스트로서 위대하게 만드는 장면일 것이다. 아무도 어떻게 해서든지 해석할 수 없는 수수께끼! 단지 두 절의 기술로서 그 모든 것을 압축시켜 놓고 있다. 최초의 복음서인 이 마가드라마에서 이 장면만은 아무도 정직하게 해석할 수 없다고 소회를 털어놓는다. 정말이지 이 젊은이가 누구인지는 아무도 영원히 모른다.

우선 문자 그대로의 사태설명만을 시도해보자! 정상적인 남성들은 당시 속옷으로 키톤*chitōn*이라는 것을 입는다. 그런데 이 젊은이는 신돈*sindōn*이라는 겉옷만을 입었다. 이 겉옷은 보통 울로 만든다. 그런데 이 젊은이가 입고있던 것은 울(양모)로 만든 것이 아니라 린넨(얇은 아마포)으로 만든 것이다. 이 린넨은 매우 비싸기 때문에 오직 부자들만이 입는 것이다. 그런데 급하다보니 이 청년은 린넨으로 만든 겉옷을 벗어버렸다. 그 속에 키톤이나 페플로스 같은 속옷을 입지 않았기 때문에 겉옷을 벗으면 완전 나체가 된다. 당시 사람들은 빤스 같은 것을 입지 않았다 (빤스 같은 속옷이 없었던 것은 아니지만). 자아! 이게 도대체 뭔 소리인가?

역사적으로 두 갈래의 해석이 있다. 제1의 가설은 이 청년이 바로 이 복음의 저자인 마가 자신이라는 것이다. 마가는 그 현장에 있었다. 당연히 있었을 것이다.

자기가 만든 드라마 속이니까! 마가는 말한다. 내가 거기 있었던가? 아~ 거기 있었지! 그런데 나도 줄행랑칠 수밖에 없었어.

　제2의 가설은 이 젊은이가 바로 빈 무덤에서 예수의 부활을 통지하는 흰옷 입은 "웬 젊은이"라는 것이다. 더 이상의 논의는 무의미하다. 이 삽화의 최종적 결론은 이러하다: 예수의 버림받음은 토탈한 것이었다. 모든 사람이 그를 버렸다.

산헤드린 앞에 선 예수
〈 마가 14:53~65 〉

⁵³And they led Jesus to the high priest; and all the chief priests and the elders and the scribes were assembled.
⁵⁴And Peter had followed him at a distance, right into the courtyard of the high priest; and he was sitting with the guards, and warming himself at the fire.
⁵⁵Now the chief priests and the whole council sought testimony against Jesus to put him to death; but they found none.
⁵⁶For many bore false witness against him, and their witness did not agree.
⁵⁷And some stood up and bore false witness against him, saying,
⁵⁸"We heard him say, 'I will destroy this temple that is made with hands, and in three days I will build another, not made with hands.'"
⁵⁹Yet not even so did their testimony agree.
⁶⁰And the high priest stood up in the midst, and asked Jesus, "Have you no answer to make? What is it that these men testify against you?"
⁶¹But he was silent and made no answer. Again the high priest asked him, "Are you the Christ, the Son of the Blessed?"
⁶²And Jesus said, "I am; and you will

⁵³저희가 예수를 끌고 대제사장에게로 가니 대제사장들과 장로들과 서기관들이 다 모이더라
⁵⁴베드로가 예수를 멀찍이 좇아 대제사장의 집 뜰안까지 들어가서 하속들과 함께 앉아 불을 쬐더라

⁵⁵대제사장들과 온 공회公會가 예수를 죽이려고 그를 칠 증거證據를 찾되 얻지 못하니

⁵⁶이는 예수를 쳐서 거짓 증거하는 자가 많으나 그 증거가 서로 합습하지 못함이라
⁵⁷어떤 사람들이 일어나 예수를 쳐서 거짓 증거하여 가로되
⁵⁸우리가 그의 말을 들으니 손으로 지은 이 성전을 내가 헐고 손으로 짓지 아니한 다른 성전을 사흘에 지으리라 하더라 하되

⁵⁹오히려 그 증거도 서로 합하지 않더라

⁶⁰대제사장이 가운데 일어서서 예수에게 물어 가로되 너는 아무 대답도 없느냐 이 사람들의 너를 치는 증거가 어떠하냐 하되
⁶¹잠잠하고 아무 대답도 아니하시거늘 대제사장이 다시 물어 가로되 네가 찬송讚頌 받을 자의 아들 그리스도냐

⁶²예수께서 이르시되 내가 그니라 인자가

see the Son of man seated at the right hand of Power, and coming with the clouds of heaven."

63And the high priest tore his garments, and said, "Why do we still need witnesses?

64You have heard his blasphemy. What is your decision?" And they all condemned him as deserving death.

65And some began to spit on him, and to cover his face, and to strike him, saying to him, "Prophesy!" And the guards received him with blows.

권능자의 우편에 앉은 것과 하늘 구름을 타고 오는 것을 너희가 보리라 하시니

63대제사장이 자기 옷을 찢으며 가로되 우리가 어찌 더 증인을 요구하리요

64그 참람僭濫한 말을 너희가 들었도다 너희는 어떻게 생각하느뇨 하니 저희가 다 예수를 사형死刑에 해당한 자로 정죄定罪하고

65혹은 그에게 침을 뱉으며 그의 얼굴을 가리우고 주먹으로 치며 가로되 선지자 노릇을 하라 하고 하속下屬들은 손바닥으로 치더라

예수의 재판은 두 단계에서 진행된다. 첫 단계는 종교적 재판religious trial이고, 둘째 단계는 민간에서 이루어지는 행정적 재판civil trial이다. 마가는 이 두 과정을 단일하게 간결하게 끝내고 있다. 누가처럼 헤롯 안티파스에게 재판 받은 중간과정을 삽입하지 않기 때문에 행정적 재판도 빌라도재판으로 단순화된다. 이 재판에 관해 내가 췌언을 첨가할 것은 없다.

단지 대제사장 앞에 선 예수의 심문에 대한 답변은 다음과 같은 사실을 극명하게 보여주고 있다: 예수의 삶은 오해와 거짓 증언과, 잘못 규정된 아이덴티티, 그리고 엉터리 고발·정죄에 의하여 시달린 삶이었다는 것이다. 예수는 구구한 변명을 하지 않는다. 사형선고를 확인받음으로써 예수는 하나님의 아들로서, 사람의 자식으로서의 아이덴티티를 획득할 뿐이다.

예수를 세 번 부인한 베드로
〈 마가 14:66~72 〉

[66]And as Peter was below in the courtyard, one of the maids of the high priest came;

[67]and seeing Peter warming himself, she looked at him, and said, "You also were with the Nazarene, Jesus."

[68]But he denied it, saying, "I neither know nor understand what you mean." And he went out into the gateway.

[69]And the maid saw him, and began again to say to the bystanders, "This man is one of them."

[70]But again he denied it. And after a little while again the bystanders said to Peter, "Certainly you are one of them; for you are a Galilean."

[71]But he began to invoke a curse on himself and to swear, "I do not know this man of whom you speak."

[72]And immediately the cock crowed a second time. And Peter remembered how Jesus had said to him, "Before the cock crows twice, you will deny me three times." And he broke down and wept.

[66]베드로는 아래 뜰에 있더니 대제사장의 비자婢子 하나가 와서

[67]베드로의 불 쬠을 보고 주목하여 가로되 너도 나사렛 예수와 함께 있었도다 하거늘

[68]베드로가 부인否認하여 가로되 나는 네 말하는 것이 무엇인지 알지도 못하고 깨닫지도 못하겠노라 하며 앞뜰로 나갈새

[69]비자가 그를 보고 곁에 서 있는 자들에게 다시 이르되 이 사람은 그 당黨이라 하되

[70]또 부인하더라 조금 후에 곁에 서 있는 사람들이 다시 베드로에게 말하되 너는 갈릴리 사람이니 참으로 그 당이니라

[71]베드로가 저주하며 맹세하되 나는 너희의 말하는 이 사람을 알지 못하노라 하니

[72]닭이 곧 두번째 울더라 이에 베드로가 예수께서 자기에게 하신 말씀 곧 닭이 두 번 울기 전에 네가 세번 나를 부인하리라 하심이 기억되어 생각하고 울었더라

왜 예수의 산헤드린에서의 고백이 나오고 바로 베드로 부인사건이 나오고 있는가? 마가의 드라마작가로서의 놀라운 천재성은 이런 편집에서 드러나고 있다. 마가는 예수의 고백Jesus' confession과 베드로의 부인Peter's rejection을 병치시킴

으로써 독자로 하여금 이 두 사건을 대비적으로 인식하게 만들고 있다. 같은 장소에서 한 사람은 불리한 증언을 있는 그대로 받아들이고 본인이 하나님의 아들이라는 것을 확인하는데 반해, 한 사람은 오로지 살 목적으로 진실을 배척한다. "내가 그리스도이다"라고 한 예수의 고백은 예수의 죽음을 초래하고 예수가 누구인지 알지 못한다고 한 베드로의 부인은 구차스러운 삶을 허락받는다. 예수는 제자들에게 3차에 걸쳐 자신의 죽음을 예고했다(8:31, 9:31, 10:33~34). 그리고 겟세마네에서 3차례에 걸쳐 눈뜰 것을 경고했다. 베드로는 3차례에 걸쳐 예수를 부인했다. 12제자의 리더인 베드로는 상심한 채, 울면서 유앙겔리온의 스토리로부터 사라진다. 예수의 가혹한 예언을 성취한 것이다.

예수의 말씀이 머리에 떠올랐다. 그는 땅에 쓰러져 슬피 울었다(72).

빌라도의 심문
〈 마가 15:1~5 〉

[1]And as soon as it was morning the chief priests, with the elders and scribes, and the whole council held a consultation; and they bound Jesus and led him away and delivered him to Pilate.

[2]And Pilate asked him, "Are you the King of the Jews?" And he answered him, "You have said so."

[3]And the chief priests accused him of many things.

[4]And Pilate again asked him, "Have you no answer to make? See how many charges they bring against you."

[5]But Jesus made no further answer, so that Pilate wondered.

[1]새벽에 대제사장들이 즉시 장로들과 서기관들 곧 온 공회로 더불어 의논하고 예수를 결박하여 끌고 가서 빌라도에게 넘겨주니

[2]빌라도가 묻되 네가 유대인의 왕이냐 예수께서 대답하여 가라사대 네 말이 옳도다 하시매

[3]대제사장들이 여러가지로 고소告訴하는지라

[4]빌라도가 또 물어 가로되 아무 대답도 없느냐 저희가 얼마나 많은 것으로 너로 고소하는가 보라 하되

[5]예수께서 다시 아무 말씀도 대답지 아니하시니 빌라도가 기이奇異히 여기더라

마가의 붓

예수의 마지막 여로를 기술하는 마가의 붓은 지극히 절제되어 있고, 절약적이며, 매우 섬세하게 객관성을 유지하려고 노력한다. 마가는 예수의 못박히심의 야만성을 극대화하거나, 그의 죽음을 센세이셔널하게 상품화하거나, 독자로부터 센티멘탈한 감정을 유발시키기 위하여 과도하게 자극적인 감성적 언어를 사용하거나 하지 않는다. 이것이 마가의 오리지날리티를 더욱 돋보이게 만드는 점이다.

그의 십자가형 내러티브의 액센트는 야만성, 폭력성, 잔인함에 있지 않고, 예수가 겪어야만 했던 조롱the mockery과 수치the shame에 있다. 겟세마네에 있어서의

기도와 같이 예수의 내면의 실존적 고뇌가 물리적인 공포, 소름끼침을 압도한다. 예수에 대한 조롱은 예수를 인간세의 바닥으로 비하시킨다. 그러나 결국 그의 죽음의 순간에 예루살렘성전 지성소의 휘장이 위에서 아래까지 두 폭으로 찢어지고 (성전의 파멸), 로마군대의 백인대장이 "이 사람이야말로 정말 하나님의 아들이었구나"라고 고백한다. 센튜리온의 고백이야말로 예수의 수난의 클라이막스를 장식한다. 진정한 아이덴티티가 드러나는 것이다.

빌라도는 묻는다.

"네가 유대인의 왕이냐?"

예수는 대답한다.

"그것은 네 말이다."(쒸 레게이스 Σὺ λέγεις. You have said so. 개역판의 "네 말이 옳도다"는 잘못된 번역이다. 예수는 의식 속에 "유대인의 왕"이라는 규정성을 전혀 수용하지 않았다. 그것이 마가의 입장이다.)

그리고 아무말도 하지 않았다.

사형판결을 받으신 예수
〈 마가 15:6~15 〉

[6]Now at the feast he used to release for them one prisoner for whom they asked.

[7]And among the rebels in prison, who had committed murder in the insurrection, there was a man called Barabbas.

[8]And the crowd came up and began to ask Pilate to do as he was wont to do for them.

[9]And he answered them, "Do you want me to release for you the King of the Jews?"

[10]For he perceived that it was out of envy that the chief priests had delivered him up.

[11]But the chief priests stirred up the crowd to have him release for them Barabbas instead.

[12]And Pilate again said to them, "Then what shall I do with the man whom you call the King of the Jews?"

[13]And they cried out again, "Crucify him."

[14]And Pilate said to them, "Why, what evil has he done?" But they shouted all the more, "Crucify him."

[15]So Pilate, wishing to satisfy the crowd, released for them Barabbas; and having scourged Jesus, he delivered

[6]명절을 당하면 백성의 구하는대로 죄수 하나를 놓아 주는 전례가 있더니

[7]민란民亂을 꾸미고 이 민란에 살인하고 포박된 자 중에 바라바라 하는 자가 있는지라

[8]무리가 나아가서 전례대로 하여주기를 구한대

[9]빌라도가 대답하여 가로되 너희는 내가 유대인의 왕을 너희에게 놓아 주기를 원하느냐 하니

[10]이는 저가 대제사장들이 시기猜忌로 예수를 넘겨준줄 앎이러라

[11]그러나 대제사장들이 무리를 충동하여 도리어 바라바를 놓아 달라 하게 하니

[12]빌라도가 또 대답하여 가로되 그러면 너희가 유대인의 왕이라 하는 이는 내가 어떻게 하랴

[13]저희가 다시 소리지르되 저를 십자가十字架에 못 박게 하소서

[14]빌라도가 가로되 어찜이뇨 무슨 악한 일을 하였느냐 하니 더욱 소리지르되 십자가에 못 박게 하소서 하는지라

[15]빌라도가 무리에게 만족을 주고자 하여 바라바는 놓아 주고 예수는 채찍질하고 십자가에 못 박히게 넘겨주니라

him to be crucified.

빌라도는 쿨한 사람이었다. 이성적으로 생각해서, 로마인의 상식으로 볼 때, 예수가 별로 그렇게 대죄를 범한 사람 같지를 않았다. 아마도 이러한 이유 때문에 빌라도가 나중에 예수의 시체를 내어주는 호의를 베풀었을 것이다(15:45). 그러나 대사제들과 그들에게 촉발된 태극기부대류의 군중은 열렬하게 예수의 십자가형을 요구했다. 빌라도는 군중의 마음을 움직일 수가 없었다. 빌라도는 로마의 캐리어 정치인이다. 자신의 판단으로는 별로 예수가 대단한 범죄를 저지른 것으로 생각되지 않았지만, 만약 산헤드린 쪽에서 로마당국에 항의서를 보내면 빌라도는 소환될 가능성이 컸다. 그러니 그런 위험요소를 껴안을 필요가 없었다.

빌라도는 사제들과 군중을 달래기 위해 흉악범 바라바Barabbas를 놓아주고 예수에게 먼저 채찍질형을 내리고 그 다음에 십자가형에 처하게 한다. 십자가형 crucifixion 앞에 반드시 채찍질형flogging이 앞서는 것은 아니다. 이것은 특별한 처방인 것이다. 채찍은 여러 개의 가죽을 묶은 것인데, 그 가죽편의 끝부분에 뼛조각과 납조각을 박았다. 그래서 그것이 몸을 휘감으면, 실핏줄이 터지고, 나중에는 동맥이 파열되며, 살가죽이 다 벗겨진다. 채찍질이야말로 가장 고통스러운 형벌이다. 유대교는 채찍형을 40대 이하로 제한시켰으나 로마형벌은 그런 제한이 없었다. 로마의 채찍형에서 살아난 사람이 거의 없었다고 한다.

가시면류관을 쓰신 예수
〈 마가 15:16~20 〉

[16]And the soldiers led him away inside the palace (that is, the praetorium); and they called together the whole battalion.
[17]And they clothed him in a purple cloak, and plaiting a crown of thorns they put it on him.
[18]And they began to salute him, "Hail, King of the Jews!"
[19]And they struck his head with a reed, and spat upon him, and they knelt down in homage to him.
[20]And when they had mocked him, they stripped him of the purple cloak, and put his own clothes on him. And they led him out to crucify him.

[16]군병軍兵들이 예수를 끌고 브라이도리온이라는 뜰안으로 들어가서 온 군대를 모으고
[17]예수에게 자색紫色 옷을 입히고 가시면류관을 엮어 씌우고
[18]예禮하여 가로되 유대인의 왕이여 평안할지어다 하고
[19]갈대로 그의 머리를 치며 침을 뱉으며 꿇어 절하더라
[20]희롱戱弄을 다한 후 자색 옷을 벗기고 도로 그의 옷을 입히고 십자가에 못 박으려고 끌고 나가니라

총독의 공식적인 관저는 지중해연안에 있는 가이사랴Caesarea에 있었다. 허나 그가 예루살렘에 올 때에는 헤롯궁전에 머물렀다. 헤롯궁전은 예루살렘도시의 북서구역에 있다. 예수가 빌라도와 만난 곳은 바로 이곳이었다. 마가가 "프라에토리움Praetorium"(=브라이도리온)이라는 표현을 쓴 것은 총독관저의 뜰을 의미한다.

보통은 십자가를 끌고 가는 과정에도 채찍질은 계속되는데, 예수의 형편은 너무 안 좋아 채찍질은 없었던 것으로 보인다.

비탄의 길 Via Dolorosa. 현재 예루살렘 구도시에 자리잡고 있다. 예수가 십자가를 지고 골고다 언덕까지 올라갔던 길이라고 상정되는 바로 그 길이다. 아마도 콘스탄티누스 황제의 엄마 헬레나에 의하여 최초로 이 길이 그렇게 비정되었을 것이다. 현재의 이 길은 18세기에나 확정된 것이다.

595

마가 15:16~20

십자가에 못박히신 예수
〈 마가 15:21~32 〉

[21]And they compelled a passer-by, Simon of Cyrene, who was coming in from the country, the father of Alexander and Rufus, to carry his cross. [22]And they brought him to the place called Golgotha (which means the place of a skull). [23]And they offered him wine mingled with myrrh; but he did not take it. [24]And they crucified him, and divided his garments among them, casting lots for them, to decide what each should take. [25]And it was the third hour, when they crucified him. [26]And the inscription of the charge against him read, "The King of the Jews." [27]And with him they crucified two robbers, one on his right and one on his left. [28]

[29]And those who passed by derided him, wagging their heads, and saying, "Aha! You who would destroy the temple and build it in three days, [30]save yourself, and come down from the cross!" [31]So also the chief priests mocked him to one another with the scribes, saying,

[21]마침 알렉산더와 루포의 아비인 구레네 사람 시몬이 시골로서 와서 지나가는데 저희가 그를 억지臆持로 같이 가게 하여 예수의 십자가를 지우고
[22]예수를 끌고 골고다라 하는 곳(번역하면 해골의 곳)에 이르러
[23]몰약沒藥을 탄 포도주를 주었으나 예수께서 받지 아니하시니라
[24]십자가에 못 박고 그 옷을 나눌새 누가 어느 것을 얻을까 하여 제비를 뽑더라
[25]때가 제삼시가 되어 십자가에 못 박으니라
[26]그 위에 있는 죄패罪牌에 유대인의 왕이라 썼고
[27]강도 둘을 예수와 함께 십자가에 못 박으니 하나는 그의 우편에, 하나는 좌편에 있더라
[28](없음)
[29]지나가는 자들은 자기 머리를 흔들며 예수를 모욕侮辱하여 가로되 아하 성전을 헐고 사흘에 짓는 자여
[30]네가 너를 구원하여 십자가에서 내려오라 하고
[31]그와 같이 대제사장들도 서기관들과 함께 희롱하며 서로 말하되 저가 남은 구원

"He saved others; he cannot save himself.
³²Let the Christ, the King of Israel, come down now from the cross, that we may see and believe." Those who were crucified with him also reviled him.

하였으되 자기는 구원할 수 없도다

³²이스라엘의 왕 그리스도가 지금 십자가에서 내려와 우리로 보고 믿게 할지어다 하며 함께 십자가에 못 박힌 자들도 예수를 욕하더라

퀴레네Cyrene(=구레네)의 사람 시몬의 역할은 그냥 우발적이었던 것 같다. 퀴레네는 아프리카 북부, 현재 리비아에 속해있다. 시몬은 아프리카 흑인일 수도 있다. 그러나 그곳에 유대인 커뮤니티가 매우 컸기 때문에, 유월절축제에 참석하기 위해 온 한 유대인으로 간주되는 것이 보통이다.

23절에 골고다에 이르렀을 때 누군가 몰약을 탄 포도주를 예수에게 권하는 장면이 있다. 여기 몰약은 진통의 효과가 있다. 그것을 포도주에 탄 것을 많이 마시면 몸에 마비현상이 일어난다고 한다. 고통이 절감되는 것이다. 십자가형장에서 죽음의 길을 전송하는 사람 중에 이런 음료를 준비해오는 사람이 있었던 모양이다. 당시의 관례 중의 하나였다. **예수는 이 몰약포도주를 마시기를 거부한다. 그는 온전한 몸으로 모든 이 세상의 고통을 느껴가면서 죽고자 하는 것이다. 마지막 순간까지 건강한 오감을 유지하고자 하는 것이다. 이것이야말로 예수의 처절한 사투였다. 죽음의 예수 아닌 삶의 예수 모습이었다.**

성전의 당국사람들은 예수의 "기적 없는 죽음nonmiraculous death"을 조롱한다.

"남은 살리면서 자기는 살리지 못하는구나! 이스라엘의 왕 그리스도가 지금 십자가에서 내려오나 보자꾸나!"

숨을 거두신 예수
〈 마가 15:33~41 〉

33And when the sixth hour had come, there was darkness over the whole land until the ninth hour.

34And at the ninth hour Jesus cried with a loud voice, "Eloi, Eloi, lama sabachthani?" which means, "My God, my God, why hast thou forsaken me?"

35And some of the bystanders hearing it said, "Behold, he is calling Elijah."

36And one ran and, filling a sponge full of vinegar, put it on a reed and gave it to him to drink, saying, "Wait, let us see whether Elijah will come to take him down."

37And Jesus uttered a loud cry, and breathed his last.

38And the curtain of the temple was torn in two, from top to bottom.

39And when the centurion, who stood facing him, saw that he thus breathed his last, he said, "Truly this man was the Son of God!"

40There were also women looking on from afar, among whom were Mary Magdalene, and Mary the mother of James the younger and of Joses, and Salome,

41who, when he was in Galilee, followed him, and ministered to him; and also many other women who came

33제 육시가 되매 온 땅에 어두움이 임하여 제 구시까지 계속하더니

34제 구시에 예수께서 크게 소리지르시되 엘리 엘리 라마 사박다니 하시니 이를 번역하면 나의 하나님 나의 하나님 어찌하여 나를 버리셨나이까 하는 뜻이라

35곁에 섰던 자 중 어떤이들이 듣고 가로되 보라 엘리야를 부른다 하고

36한 사람이 달려가서 해융海絨에 신포도주를 머금게 하여 갈대에 꿰어 마시우고 가로되 가만 두어라 엘리야가 와서 저를 내려 주나 보자 하더라

37예수께서 큰 소리를 지르시고 운명殞命하시다

38이에 성소聖所 휘장揮帳이 위로부터 아래까지 찢어져 둘이 되니라

39예수를 향하여 섰던 백부장이 그렇게 운명하심을 보고 가로되 이 사람은 진실로 하나님의 아들이었도다 하더라

40멀리서 바라보는 여자들도 있는데 그 중에 막달라 마리아와 또 작은 야고보와 요세의 어머니 마리아와 또 살로메가 있었으니

41이들은 예수께서 갈릴리에 계실 때에 좇아 섬기던 자요 또 이 외에도 예수와 함께 예루살렘에 올라온 여자가 많이

up with him to Jerusalem. 있었더라

희랍어로 표기된 문자에 즉해서 발음하면 공동번역의 표기가 정확하다: "엘로이 엘로이 레마 사박다니 Ἐλωι ἐλωι λεμα σαβαχθανι."

"나의 하나님, 나의 하나님, 어찌하여 나를 버리셨나이까?"

우리나라 기독교는 이 예수의 마지막 절규를 소박하게 이해할 수 없었던 기독교다. 그래서 2세기 이상을 신화적 미궁 속으로 빠져들어가기만 했던 기독교! 그 기독교는 이제 새롭게 태어나야 한다. 내가 마가복음의 설교를 진행시켜왔던 벙커1교회도 한국의 기독교가 새롭게 태어나야 한다는 소망을 지니고 일체의 허식을 벗어버리고 새로운 복음운동을 전개해 나가고 있다. 우리나라 기독교는 이제 21세기 세계종교혁명의 선두에 서야 한다. 여태까지 압제의 사슬에 짓눌려 왜곡된 피세적 교회조직의 팽창만을 도모해왔던 그런 모습에서 해탈되어야 한다. 진정한 복음을 억눌린 민중과 역사에 전파해야 한다. 그러기 위해서 무엇보다도 먼저 성서를 바르게 읽어야 한다.

악마와도 같은 어둠 속에 삼켜진 채, 사회적 악의 세력들에게 압도당한 채 예수는 하나님의 부재를 통곡한다: "나의 하나님, 나의 하나님, 어찌하여 나를 버리셨나이까?"

여기 "엥카텔리페스 Ἐνκατέλιπές"는 어떤 궁핍한 상태에 있는 사람을 돕지 않고 그대로 내버려 두는 것을 의미한다. 다시 말해서 죽게 내버려 두는 것을 의미한다. 예수의 인간으로서 내뱉은 마지막 단어들의 조합은 하나님에게 던지는 질문

형이다. 하나님은 그가 세례를 받을 때 그에게 권능을 부여하였지만, 십자가 위에서는 힘없게 만들었다. 예수는 넘겨졌다(14:10, 11, 18, 21, 41, 42, 44, 15:1, 10, 15). 예수는 로마제국과 유대인의 파워 스트럭처에 맥없이 넘겨졌을 뿐 아니라, 저주받은 암흑 속으로 하나님의 구원의 손길이 없는 암흑 속으로 내팽개쳐졌다.

그는 극심한 신체적 고통을 당했을 뿐 아니라 친구들에게, 제자들에게 배신당했다. 그리고 더 고독할 수 없는 고독의 나락으로 떨어졌다. 하나님의 무개입, 그토록 도움이 절실했던 순간에 예수는 버려졌다. 이러한 그의 최후야말로 예수의 수난의 궁극적 깊이를 구성한다. 이러한 고독과 버려짐이 없었다면 예수는 사기다!

"나의 하나님, 나의 하나님, 어찌하여 나를 버리셨나이까?" 이 예수의 마지막 질문은 대답되지 않았다.

예수께서는 큰소리를 지르시고 숨을 거두셨다(37).

막달라 마리아는 이상하게 우리나라에서 "창녀"인 것처럼 왜곡되는 현상이 있다. 막달라 마리아는 갈릴리바다 서편 해안에 있는 마그달라Magdala라는 부유한 어촌의 출신인데, 상당히 지체가 높은 교양 있는 여인일 것이다. 예수를 진정으로 사모하고 사랑한 여인 같다(요한복음의 묘사는 그런 분위기를 짙게 풍긴다. 그러나 마가복음에는 단지 예수의 죽음의 장면과 관련하여 등장할 뿐이다). 작은 야고보와 요세의 어머니 마리아에 관해서는 별 정보가 없다. 살로메는 야고보와 요한의 엄마이며, 세베대의 부인이다. 이 세 여인은 갈릴리에서 예수를 항상 보좌하였고 예루살렘에까지 소리 없이 동행하였다. 소리 없는 헌신의 그림자들이었다.

무덤에 묻히신 예수
〈 마가 15:42~47 〉

[42]And when evening had come, since it was the day of Preparation, that is, the day before the sabbath,

[43]Joseph of Arimathea, a respected member of the council, who was also himself looking for the kingdom of God, took courage and went to Pilate, and asked for the body of Jesus.

[44]And Pilate wondered if he were already dead; and summoning the centurion, he asked him whether he was already dead.

[45]And when he learned from the centurion that he was dead, he granted the body to Joseph.

[46]And he bought a linen shroud, and taking him down, wrapped him in the linen shroud, and laid him in a tomb which had been hewn out of the rock; and he rolled a stone against the door of the tomb.

[47]Mary Magdalene and Mary the mother of Joses saw where he was laid.

[42]이 날은 예비일 곧 안식일 전날이므로 저물었을 때에

[43]아리마대 사람 요셉이 와서 당돌唐突히 빌라도에게 들어가 예수의 시체를 달라 하니 이 사람은 존귀한 공회원이요 하나님의 나라를 기다리는 자라

[44]빌라도는 예수께서 벌써 죽었을까 하고 이상히 여겨 백부장을 불러 죽은지 오래냐 묻고

[45]백부장에게 알아 본 후에 요셉에게 시체를 내어 주는지라

[46]요셉이 세마포細麻布를 사고 예수를 내려다가 이것으로 싸서 바위 속에 판 무덤에 넣어 두고 돌을 굴려 무덤 문에 놓으매

[47]때에 막달라 마리아와 요세의 어머니 마리아가 예수 둔 곳을 보더라

아리마대Arimathea는 예루살렘 북쪽으로 20마일 떨어져 있는 에브라임Ephraim 지역에 있는 마을인데 사무엘의 출생지라고 한다. 아리마대의 요셉은 명망 있는 산헤드린의 멤버였고, 지체가 높은 사람이었다. 그러한 위치에 있는 사람이 예수를 묻어준다는 것은 매우 용기 있는 행동이다. 그 정도의 지위가 있었기에 빌라도

총독에게 시체를 요구할 수 있었다. 마가의 표현으로는, 그가 그렇게 용기 있는 행동을 할 수 있었던 것은 "하나님의 나라를 기다리는 자"였기 때문이라고 한다. 다시 말해서 아리마대의 요셉은 예수의 하나님나라운동의 중요성을 깨닫고 있었던 유대인 상층부의 사람이었다는 뜻이다. 보통은 가족이 시체를 요구한다. 예수의 친엄마가 와있었을지는 모르지만 충격이 너무 커서 운신을 하지 못했던 것 같다. 제자들은 다 도망갔다. 예수의 형제·자매들이 예루살렘에 왔다는 기록은 없다.

빈 무덤

〈 마가 16:1~8 〉

[1]And when the sabbath was past, Mary Magdalene, and Mary the mother of James, and Salome, bought spices, so that they might go and anoint him.

[2]And very early on the first day of the week they went to the tomb when the sun had risen.

[3]And they were saying to one another, "Who will roll away the stone for us from the door of the tomb?"

[4]And looking up, they saw that the stone was rolled back; — it was very large.

[5]And entering the tomb, they saw a young man sitting on the right side, dressed in a white robe; and they were amazed.

[6]And he said to them, "Do not be amazed; you seek Jesus of Nazareth, who was crucified. He has risen, he is not here; see the place where they laid him.

[7]But go, tell his disciples and Peter that he is going before you to Galilee; there you will see him, as he told you."

[8]And they went out and fled from the tomb; for trembling and astonishment had come upon them; and they said nothing to any one, for they were afraid.

[1]안식일이 지나매 막달라 마리아와 야고보의 어머니 마리아와 또 살로메가 가서 예수께 바르기 위하여 향품을 사다 두었다가

[2]안식 후 첫날 매우 일찌기 해 돋은 때에 그 무덤으로 가며

[3]서로 말하되 누가 우리를 위하여 무덤 문에서 돌을 굴려 주리요 하더니

[4]눈을 들어본즉 돌이 벌써 굴려졌으니 그 돌이 심히 크더라

[5]무덤에 들어가서 흰 옷을 입은 한 청년이 우편에 앉은 것을 보고 놀라매

[6]청년이 이르되 놀라지 말라 너희가 십자가에 못 박히신 나사렛 예수를 찾는구나 그가 살아나셨고 여기 계시지 아니하니라 보라 그를 두었던 곳이니라

[7]가서 그의 제자들과 베드로에게 이르기를 예수께서 너희보다 먼저 갈릴리로 가시나니 전에 너희에게 말씀하신대로 너희가 거기서 뵈오리라 하라 하는지라

[8]여자들이 심히 놀라 떨며 나와 무덤에서 도망하고 무서워하여 아무에게 아무 말도 하지 못하더라

마가의 드라마는 16장 8절, 무덤에 들어갔던 세 여인이 "심히 놀라 떨며 나와 무덤에서 도망하고 무서워하며 아무 말도 하지 못하더라"로 끝난다. 우리가 상상할 수 있는 드라마로서는 더 이상 없는 복합적인 의미를 전하는 최상의 엔딩이다. 8절 이후의 텍스트는 모두 후대의 첨가이다. 마가 원 사본은 8절에서 끝난다.

많은 사람들이 무덤에서 나와 벌벌 떠는 것으로 끝나는 이 엔딩이 너무 돌연하다고 생각했다. 마가가 정말 8절에서 의도적으로 종료시킨 것일까? 16:8절 이상의 텍스트는 이미 누군가에 의해 마태·누가 이전에 탈락한 것일까?(마태·누가가 본 마가텍스트도 8절 이상의 것은 없었다). 그렇지 않으면 마가의 복음서가 미완성이었나? 그렇지 않으면 마가공동체의 사람들이 그 이후의 부분이 께름칙하다고 해서 과감하게 잘라버린 것일까? 그렇다면 천재적 에디터들의 장난일까?

이 모든 이야기들이 마가복음의 오리지날한 성격, 그 정합적整合的 구조를 정확하게 파악하지 못한 데서 생겨난 엉터리 추론에 불과하다. 마가는 예수의 부활을 이미 누차례 예수라는 복음서의 주인공을 통해 공언하고 확언하고 선포하였다. 부활된 신체를 보여준다는 것은 마가드라마의 정합적 의도에 어긋난다.

빈 무덤은 예루살렘의 멸망을 의미한다. 성전의 죽음, 이스라엘의 종료, 율법의 종언, 기존의 모든 권력체계가 사멸된 폐허를 의미한다. 그렇지만 폐허야말로 모든 소생의 근원이다. 새로운 시작을 가능케 하는 충만성이다. 빈 무덤은 갈릴리의 소생을 의미했다. 예수는 갈릴리로 갔다. 이 빈 무덤에서는 예수를 만나지 못한다. 그러나 빈 무덤의 "빔"이야말로 모든 새로운 시작의 가능성이다. 예루살렘성전이 파괴되었기 때문에, 그곳이 폐허가 되었기 때문에 비로소 유앙겔리온이 탄생될 수 있었다. 한마디 한마디를 모두 검열하고 짓누르는 예루살렘 하이어라키가 상존했다면 마가는 복음서의 한 줄도 운필하지 못했을 것이다. 마가에게는 예수의 "삶"의 원천이었던 갈릴리야말로 새로운 예루살렘이었다. 파루시아의 기착지도 예루살렘이 아니다. 종말론적 현현의 전통적 사이트는 이미 파괴되었고 텅 비어버렸다. 마가에게는 빈 무덤, 그 이상의 축복이 없었다.

예루살렘에서 부활한 예수는 상상할 수도 없었다. 그것은 끔찍한 회귀였다. 무덤 속의 흰옷 두른 젊은이는 세 여인에게 외친다! 갈릴리로 가라! 천국운동의 진정한 출발지인 갈릴리로 돌아가라! 그 많은 예언자들이 사모하던 예루살렘은 죽었다. 시온은 없다! 이 모든 죽음이 새로운 출발을 의미하는 것이다. 복음서의 끝이야말로 원점에서의 새로운 출발이다. 빈 무덤이야말로 1장 1절의 선포였다: 하나님의 아들 예수 그리스도 복음의 시작. 빈 무덤이야말로 살아있는 예수님 말씀의 모든 성취를 의미하는 것이다.

안병무는 예수의 삶이 노자가 말하는 물과도 같다고 말했다. 예수는 물과 같이 끊임없이 자기 자신을 낮추고 무화無化시킴으로써 모든 생명의 구주가 되었다고 했다. 마가의 마지막 빈 무덤이야말로 노자가 말하는 우주적인 "빔," 곧 모든 생명의 근원, 끊임없이 회귀하는 반자도지동反者道之動의 위대한 생명력이 아닐까, 나는 그렇게 생각한다.

<마지막 기도>

엄마! 당신의 기도가

저의 기도를 통하여

만민의 가슴에

울려 퍼지기를 비나이다

나는 하나님의 나라를 보았습니다

나는 예수를 만났습니다

이제 평안하시옵소서

당신의 뜻대로 이루어지이다

이 땅에 참된 복음이

새롭게 꽃피어나기를

비옵나이다

— 아멘 —

도올의 마가복음 강해
Doh-ol's Commentary on the Gospel According to Mark

2019년 10월 25일 초판 발행
2019년 11월 28일 1판 3쇄

지은이 도올 김용옥
펴낸이 남호섭
편집책임 김인혜
편집·사진 임진권
편집·제작 오성룡, 신수기
표지디자인 박현택
지도그림 박진숙
인쇄판출력 발해
라미네이팅 금성L&S
인쇄 봉덕인쇄
제책 우성제본
펴낸곳 통나무

주소: 서울시 종로구 동숭동 199-27
전화: (02) 744-7992
팩스: (02) 762-8520
출판등록 1989. 11. 3. 제1-970호
값 28,000원

ISBN 978-89-8264-141-1 (03230)